EL GRIEGO
DEL NUEVO TESTAMENTO
Texto programado

EL GRIEGO
DEL NUEVO TESTAMENTO
Texto programado

Irene Foulkes
Tomado de la 6ª edición, 1990

Calidad en Literatura Evangélica

editorial clie

Editorial CLIE
Ferrocarril, 8
08232 VILADECAVALLS (Barcelona)
E-mail: libros@clie.es
http://www.clie.es

EL GRIEGO DEL NUEVO TESTAMENTO
Texto programado
Irene W. de Foulkes
© 2010 por Editorial Clie

© Editorial SEBILA
Universidad Bíblica Latinoamericana
Apdo. 901-1000 San José, Costa Rica
E-mail: ubila@ice.co.cr
http://www.ubila.net

© Facultad de teología SEUT
Apdo. Correos 7; 28280 El Escorial (Madrid), España
E-mail: seut@facultadseut.org
http://www.facultadseut.org

ISBN: 978-84-8267-515-2

Impreso en USA / *Printed in USA*

Clasifíquese:
REL006410
Obras de referencia
Estudios lingüísticos
Referencia: 224680

*A los exegetas latinoamericanos en formación,
los seminaristas de hoy.*

Colección *SEMINARIO*

El *Seminario Evangélico Unido de Teología* (SEUT) es un centro de formación teológica y espiritual, con sede en El Escorial (Madrid, España). Su visión es servir a la Iglesia en todo el mundo de habla hispana, fundamentando su ministerio sobre dos pilares:

(1) Solidez académica de los programas impartidos.
(2) Calidad pedagógica que integre lo académico con lo práctico y lo espiritual.

La *Colección* que presentamos está constituida por títulos empleados como libros de texto del programa académico. Éste nació de un acuerdo con OTC (*The Open Theological College, University of Gloucestershire*, Reino Unido), si bien hoy día SEUT está creando material propio. Por ello, también se incluirán títulos de sus propios profesores.

Los títulos de esta colección se agrupan en cuatro áreas que reflejan de alguna manera los pilares fundamentales del programa académico. Se trata de las siguientes:

Biblia
Dogmática e Historia de la Iglesia
Ministerio y Misión
Pastoral

En SEUT creemos que la erudición no está reñida con la sencillez, y que más importante que abrumar al lector o estudiante con datos es la comprensión básica de los contenidos. Eso sí, esperamos que nuestros títulos suscite en los lectores y lectoras una seria reflexión sobre el contenido de los mismos. Esto no significa que SEUT asuma como propias todas las opiniones de los libros de la *Colección,* ya que su propósito no es presentar una teología monocolor, como tampoco lo es su propio currículum académico. De hecho, los autores presentes en la *Colección* representan a diversas tradiciones cristianas y a diversos planteamientos personales, por lo que el lector observará que sus afirmaciones se mantienen siempre en un marco de profundo respeto por el resto de tradiciones teológicas. Es más, en opinión de nuestro equipo de profesores, y por tanto de la *Colección,* la riqueza de tradiciones cristianas obliga a todo seguidor de Cristo a un mayor discernimiento que finalmente se traduce en su propio enriquecimiento espiritual.

Como habrá notado cualquier lector avezado, estamos convencidos de la calidad de la *Colección* que presentamos. Sólo esperamos que nuestro convencimiento se vea correspondido con una buena acogida del público de habla hispana al que va dirigida. Por lo demás, nada vale algo si no redunda en una mayor gloria de Dios.

Pedro Zamora
Director de SEUT

SEUT – Fundación Federico Fliedner
Alfonso XII, 9
E-28280, El Escorial (Madrid)

Títulos publicados de la colección

Biblia

Dionisio Byler, *La autoridad de la Palabra en la iglesia.*
  Una provocativa pero educativa reflexión sobre la función de las Escrituras en el seno de la iglesia.
David Casado, *Apocalipsis. Revelación y acontecimiento humano.*
  Un extenso repaso crítico a la historia de la interpretación del Apocalipsis, con especial atención a las interpretaciones modernas.
John Day, *Los Salmos. Introducción a la interpretación del salterio.*
John Drane, *Introducción al Antiguo Testamento.*
  Revisión y adaptación de Pedro Zamora a la re-edición inglesa de esta excelente presentación del AT.
Tremper Longman III, *Cómo leer los salmos.*
  Introducción a los géneros literarios de los salmos.

Dogmática e Historia de la Iglesia

Alan Richardson, *Así se hicieron los credos.*
  Estudio sobre el desarrollo de los credos durante los primeros siglos de la iglesia.

Ministerio y Misión

William J. Abraham, *El arte de la Evangelización.*
  Tratado sobre la relación entre la misión local y la global.
David Cook, *El laberinto de la ética.*
  Tratado sobre las fuentes de la ética cristiana.
Derek Williams, *Preparados para servir.*
  Tratado práctico para quienes desean dedicarse a la misión.

Pastoral

Michael Jacobs, *Esa voz interior.*
  Tratado sobre los varios enfoques que un consejero pastoral puede emplear.
Michael Jacobs, *Presto a escuchar.*
  En consejería, saber escuchar es tan importante como saber responder.
Ekkehard Heise, *Manual de homilética narrativa*
  Tratado sobre la homilética narrativa, acompañada de relatos ejemplares.

TABLA DE CONTENIDO

INTRODUCCION

El propósito de *El griego del Nuevo Testamento: texto programado*, es capacitar al estudiante de la Biblia para leer el Nuevo Testamento en griego, abriéndole así todo un mundo de estudio exegético y teológico basado en la lengua original. Este objetivo general ha determinado todo el contenido del libro, y ha dado lugar, además, a que el texto presente al estudiante, en distintos momentos de su estudio, la oportunidad de trabajar directamente con textos neotestamentarios escogidos.

Nos proponemos alcanzar el objetivo esbozado mediante la enseñanza programada, es decir, por medio del estudio progresivo en cortas etapas que involucren al estudiante en un trabajo activo e individualizado, en el cual él mismo se irá evaluando y corrigiendo.

La presentación de los temas gramaticales sigue un orden impuesto por la meta global. Los fenómenos gramaticales más importantes dentro del conjunto lingüístico del N.T. se presentan en primer lugar. Así, por ejemplo, el capítulo sobre los verbos en -μι aparece en la primera parte del libro, en tanto que se deja para el final el estudio de los tiempos perfecto y pluscuamperfecto, ya que éstos no se emplean con tanta frecuencia en el N.T.

De igual manera, el propósito de limitarnos al estadio de la lengua contenido en el N.T. nos impulsa a exigir que el estudiante aprenda solamente lo que le sirve para la lectura del mismo. Queda constatado este hecho en varias secciones del libro donde se presenta un tema completo, pero se exige del estudiante un aprendizaje activo de ciertos puntos solamente (cp. capítulo IV-59,66 ; XII-4,7, etc.).

El vocabulario se ha escogido también según la frecuencia con que aparecen las palabras en el N.T. Al aprender éstas, el estudiante adquiere el vocabulario básico con el cual lanzarse a la lectura y la exégesis. Dentro del texto programado no se dedica mucho espacio a la enseñanza de vocabulario, por considerar que el estudiante que trabaja a este nivel podrá aprender por su propia cuenta el poco vocabulario que se le pide. El vocabulario es limitado, precisamente porque el método se concentra más en enseñar las estructuras gramaticales, base fundamental para la comprensión del idioma.

Un segundo principio que ha regido el desarrollo del presente texto es el de analizar las estructuras gramaticales del griego en relación con las del español. De ahí que los puntos en que los dos idiomas se expresen de manera parecida no ameritan un comentario extenso, como por ejemplo, la estructuración de la oración subordinada relativa. En cambio hay otras áreas en que el griego y el español se construyen de manera muy diferente, y es en estos puntos donde nos detenemos más, como es el caso del estudio del participio adjetival.

Como lengua viva que es, el griego moderno guarda estrecha relación con sus estadios anteriores, constituyendo, junto con ellos, una sola lengua que ha evolucionado a través de tres mil años. Como estudiosos de este idioma, reconocemos que no tenemos el derecho de aplicar a ningún período de su historia una pronunciación que a nosotros nos pueda parecer adecuada, sino que nos encontramos ante la obligación de averiguar la pronunciación auténtica de la época de la cual nos ocupamos, o bien, en su lugar, emplear la pronunciación de los que hoy día hablan el griego como lengua materna, la pronunciación que usan aun cuando leen obras de períodos anteriores. Abundan evidencias (p. ej. los iotacismos) de que la pronunciación popular en el período Koiné fue mucho más parecida a la del griego moderno que a la pronunciación llamada erasmiana o nebrisense, que comúnmente se emplea en el ambiente académico occidental. Esta última, que se aproxima a la pronunciación del período clásico griego (S. IV a.C.), resulta inapropiada para el período Koiné. Nosotros hemos optado por una pronunciación popular (la del griego moderno) para el griego del N.T., ya que este documento representa el lenguaje popular del primer siglo.

Quisiera expresar mi agradecimiento al Seminario Bíblico Latinoamericano, donde tanto profesores como estudiantes han apoyado decididamente el proyecto de un texto programado para la enseñanza del griego. Como parte del proceso dinámico y constante de la contextualización de la enseñanza teológica que se vive en el Seminario Bíblico, el presente libro tiene el propósito de liberar tanto al profesor como al estudiante de la rigidez del aula y de los horarios impuestos, para facilitar de esta manera que el estudiante llegue más rápido y más eficazmente a su meta, que es hacer la exégesis bíblica, que tanto necesita nuestro continente.

Cabe destacar también la labor afable y eficiente de la srta. Elsa Tamez, estudiante del Seminario Bíblico, cuya habilidad para el griego trasciende en mucho su capacidad para escribirlo a máquina, lo que, por lo demás, queda comprobado en el presente texto.

Irene Foulkes,
San José, julio de 1973

Este libro de estudio/cuaderno de trabajo ha sido retecleado en el Seminario Evangélico Unido de Teología (SEUT). Hemos hecho todos los esfuerzos por eliminar las erratas que —como se comprenderá— se pueden producir en una empresa de estas características. Rogamos a los profesores que trabajan con estos materiales, que si descubren erratas que no hemos conseguido eliminar, tengan la amabilidad de notificarnos para poder tenerlo en cuenta en futuras ediciones.

Favor de enviar dichas correcciones a:

Profesor de Griego
Seminario Evangélico Unido de Teología
Apdo. Correos 7
E-28280 El Escorial (Madrid)
España

1. ¿Qué se entiende por el griego del N.T.?

El idioma que usted comienza a estudiar en este momento fue la lengua común a todo el imperio romano en los primeros siglos de nuestra era. Por su carácter de lengua popular y universal, el griego del primer siglo (y de todo el período 300 a.C. - 300 d.C.) se llama griego Koiné (*común*). Formado a base de las corrientes dialectales del griego antiguo, el griego Koiné representa una etapa en la evolución de un idioma que ostenta una historia de casi tres mil años, desde Homero hasta nuestros días.

En las diferentes áreas del mundo greco-romano, los que usaban el Koiné para el comercio, la política, etc., hablaban, además, su lengua materna. Los escritores del N.T., siendo judíos en su mayoría, hablaban arameo. Plasmaban su pensamiento semítico en estructuras griegas que a menudo reflejan un trasfondo cultural y lingüístico judío. El estilo de los autores neotestamentarios varía mucho al respecto.

Vemos entonces un doble trasfondo en el griego del N.T.: 1) el idioma popular empleado extensamente en el mundo del primer siglo, y 2) la cultura particular de la comunidad judía.

2. ¿Cuál es el objetivo del curso?

Usted probablemente tiene una meta bien definida al iniciar el presente estudio; llegar a leer el N.T. en el idioma original. Conviene que definamos más específicamente este objetivo general.

Cuando haya terminado el texto programado usted podrá estudiar el N.T. en griego con la ayuda de un léxico (diccionario) y con frecuentes consultas sobre gramática, en este libro o en algún otro manual. Uno de sus propósitos será entonces, aprender a emplear estos recursos.

Estudiamos el griego en función de la exégesis: la comprensión y la interpretación del N.T. El griego es una herramienta que, junto con otras, le ayudará a teologizar a base del texto bíblico.

3. ¿Como alcanzará usted este objetivo?

El objetivo global encierra una serie de metas específicas del aprendizaje.

3.1 Usted aprenderá a identificar todas las formas de las palabras griegas, mediante un estudio de la declinación y la conjugación.

3.2 También aprenderá a interpretar el significado de esa multitud de formas en los diferentes contextos de las oraciones, las cuales se toman de versículos del N.T. De este modo usted se familiariza desde un principio con la literatura de su interés.

3.3 Aprenderá a comprender y traducir varias construcciones gramaticales del griego que no tienen equivalencia exacta con la estructura del español, y por tanto representan una área clave para la comprensión del texto.

3.4 Aprenderá el vocabulario básico que aparece con mayor frecuencia en el N.T.

3.5 Aprenderá a leer trozos neotestamentarios más largos, en preparación para la lectura independiente.

4. ¿Como está organizado el libro?

4.1 El contenido de un libro de texto programado está organizado en pequeñas etapas micrograduadas. Los cuadros que se observan en cada página corresponden a las pequeñas etapas. Cada cuadro explica un aspecto determinado de la materia, y exige que usted escriba una respuesta. Algunos cuadros contienen poca explicación, pues su propósito es simplemente proveer práctica. Otros cuadros piden que usted trabaje con un concepto ya conocido, pero presentado en un nuevo contexto.

4.2 A la izquierda de cada página, y separada del texto explicativo por una línea vertical, se halla una columna que contiene las respuestas correctas a las preguntas de los cuadros. La tira de cartón que va incluida en el libro se usa para tapar esta columna mientras se elaboran las respuestas.

4.3 Al final de cada capítulo hay una prueba sobre todo el material del capítulo.

4.4 Los apéndices que aparecen al final del libro contienen un amplio material de referencia. Abarcan no solamente los temas estudiados en el texto programado, sino también información adicional de trasfondo.

5. ¿Cómo proceder?

5.1 Al iniciar el estudio de cada página, oculte con una tira de cartón la columna de respuestas a la izquierda.

5.2 Estudie el primer cuadro y elabore la respuesta.

5.3 Compare su respuesta con la que está en la columna de respuestas.

5.4 Rectifique, si es necesario, su respuesta.

5.5 Proceda al cuadro que sigue.

5.6 Recuerde que debe verificar inmediatamente la respuesta de cada cuadro.

5.7 Consulte en cualquier momento el material de referencia de los apéndices. Por la misma naturaleza acumulativa del aprendizaje del idioma no se puede prescindir de los puntos ya estudiados, cuando se inicia un tema nuevo de la gramática. Es probable que en los ejercicios de traducción, sobre todo, usted querrá referirse de vez en cuando a los resúmenes y paradigmas de los apéndices. Aprenda a consultarlos como parte importante de su preparación para la lectura y la exégesis del N.T.

5.8 El texto presupone que usted ha desarrollado ciertos conocimientos y habilidades en el análisis gramatical mediante sus estudios de bachillerato y universitarios. Si sucede que, al estudiar el griego, usted encuentra ciertas lagunas en su trasfondo gramatical, busque la manera de llenarlas[1] para que pueda hacer el análisis del griego que se le pide en el texto.

---

[1] Se recomienda *Curso Superior de Sintaxis Española*, novena ed., por Samuel Gili y Gaya. (Barcelona: Bibliograf. 1969)

1. El texto programado

El presente instrumento pedagógico ha tomado forma programada por las razones indicadas en la Introducción. En la Orientación para el estudiante se explica con más detalles la organización del libro y la manera en que el alumno lo estudia. Dado el hecho de que es muy difícil lograr una idea clara y completa del contenido de un libro programado al solo hojearlo, el profesor verá la necesidad de familiarizarse con todo el texto para darse cuenta de las cosas que sus alumnos están aprendiendo por sí mismos, valiéndose del estudio programado.

Usted como profesor podrá darse cuenta del orden en que se han presentado los temas gramaticales. También observará que el propósito de enseñar sólo lo que el estudiante necesita para leer el N.T. ha determinado que un tema como la acentuación, por ejemplo, no se haya incluido en la parte programada sino en un apéndice. Puesto que en pocos contextos la acentuación es de suma importancia para propósitos de lectura, no se le exige al alumno promedio que domine el material correspondiente. Sin embargo, usted probablemente encontrará que algunos estudiantes tendrán interés en estudiar este tema y pedirán su orientación. Los apéndices incluyen también información de consulta y de trasfondo, además de un amplio material que resume la declinación, la conjugación y el vocabulario.

En la descripción y análisis de la declinación de los sustantivos, reconocemos que algunos libros de texto (inclusive uno con el cual he estado muy ligada) prefieren el análisis por ocho casos. En el presente texto partimos de la premisa de que hay que describir la lengua de acuerdo con los fenómenos observables en el conjunto lingüístico determinado, en nuestro caso el griego Koiné, y no según posibles antecedentes históricos, ni tampoco según categorías lógicas impuestas. Esto nos impulsa por tanto, a definir el fenómeno caso por la alteración en los sufijos que se observa en la mayoría de los sustantivos, procedimiento que da lugar a cuatro casos comunes, más un quinto caso, el vocativo, que se encuentra con menos frecuencia. Cada caso funciona en una amplia gama de relaciones sintácticas, expresadas con o sin la ayuda de las preposiciones. Para comprender los varios sentidos expresados por los diferentes casos, comenzamos con el contexto en que se encuentran, es decir, con oraciones específicas. Con un mínimo de orientación analítica el estudiante comprende el sentido de cada locución. Por tanto no se hacen extensos catálogos de las funciones de los casos, lo que se deja a los manuales y gramáticas de consulta.

2. Cómo emplear el texto programado

La programación libera al profesor, en gran parte, de la necesidad de explicar a los alumnos los temas de la gramática griega. Por consiguiente, el profesor tendrá cuidado de no duplicar el trabajo que el texto hace solo, sino de complementarlo. El profesor asigna a los alumnos determinado capítulo del texto programado, sin ninguna discusión previa del material del mismo. No le toca al profesor «explicar materia». Por otra parte, después del estudio individual, el profesor podrá programar alguna forma de repaso y de prácticas adicionales para aquellos estudiantes que lo necesitan. Analizará las causas de sus dificultades, especialmente las que puedan originarse de ciertas lagunas en su conocimiento del análisis gramatical engeneral. Además, podrá enriquecer el estudio de los alumnos adelantados, los cuales podrán sacar provecho de trabajos exegéticos que se preparen de acuerdo con su nivel en el estudio del griego y tomando en cuenta los pasajes que aparecen en el texto.

De lo anterior se desprende que el profesor organiza el curso de griego en una forma radicalmente distinta a un curso tradicional. Puede ocurrir que durante los primeros días de trabajo con el texto programado, el profesor quiera que los alumnos lo estudien en el aula, para poder observar su progreso y orientarles en ciertas áreas, como por ejemplo en la ortografía griega y la pronunciación de las letras. Este período inicial debe ser muy breve, puesto que, después de alguna orientación, los estudiantes trabajarán mejor por su propia cuenta, y llegarán al aula solamente para el repaso, prácticas adicionales, o ejercicios de exégesis. Para estas actividades los estudiantes pueden estar distribuidos en grupos, de acuerdo con su capacidad y aprovechamiento. Debido a que no demanda mucho tiempo en el aula, el texto programado se presta también para cursos por extensión.

El profesor establecerá el ritmo de trabajo por medio de un calendario de exámenes que correspondan a ciertos capítulos en determinadas fechas. Puesto que los primeros capítulos son muy breves, el ritmo de exámenes puede ser acelerado en el comienzo del curso.

El contenido del libro está calculado para que el estudiante promedio de nivel universitario lo termine en un año lectivo, con unas 10 horas de estudio semanales. Debe contemplarse la posibilidad de que estudiantes excepcionales, o los que tengan menos carga académica, completen este curso básico en menos tiempo. Así se capacitan para ingresar más pronto en cursos de exégesis. En cambio, el estudiante que trabaja más despacio, o que dispone de menos tiempo para dedicar al estudio, bien puede ampliar el período de estudio del texto programado a unos tres semestres, por ejemplo. La meta es, por supuesto, que cada estudiante apruebe el curso. Algunos lo harán en dos semestres o menos; otros tomarán tres semestres, pero todos aprenderán a leer el N.T. en griego.

Para confeccionar los exámenes el profesor podrá tomar ideas de los últimos cuadros de repaso y resumen de cada capítulo, y también de las pruebas correspondientes. El examen deberá limitarse al mismo tipo de ejercicio que el alumno ha hecho en el libro. Por ejemplo, el texto nunca le pide que traduzca oraciones del español al griego, y por tanto el examen no debe exigir eso tampoco.

Puesto que se estudia el texto programado como paso previo a los cursos de exégesis, el profesor deberá orientar al estudiante en cuanto a cómo usar las tablas del apéndice como instrumentos de consulta en su trabajo exegético. Cuando está trabajando en los últimos capítulos, el estudiante debe valerse constantemente de los apéndices para repasar el material anterior.

Generalmente los estudiantes de griego están fuertemente motivados para el estudio; en efecto, muchos de ellos se acercan a la materia con la idea de que al aprender a leer el N.T. en griego encontrarán la solución para gran parte de sus inquietudes teológicas. El profesor se preocupará por orientar ese entusiasmo hacia una actitud más realista, al mismo tiempo que se esforzará por mantener alta la motivación, a medida que el estudiante encuentre la materia cada vez más compleja. Caben aquí las actividades especiales, que en los primeros niveles podrán partir de lo que es familiar para el alumno, por ejemplo, el asunto de las diferentes versiones del N.T. en español. Un estudio comparativo de varias traducciones de un mismo versículo señalará puntos de interés para una investigación del texto original. Cuando los estudiantes han avanzado más, podrán hacer ejercicios exegéticos simplificados.

CAPÍTULO I

Al terminar este capítulo usted podrá identificar las letras por su nombre griego. Escribirá las minúsculas y asociará con ellas las mayúsculas. Podrá repetir el alfabeto por orden. Leerá un trozo de griego en voz alta con la pronunciación del griego moderno.

1	De acuerdo con el punto de vista expuesto en la introducción general, la pronunciación adoptada para este estudio es la del griego moderno.	
	Las palabras siguientes demuestran, por sus equivalentes literales en español, el sonido de las letras correspondientes. El acento escrito es parte de la ortografía de casi todas las palabras, e indica la sílaba donde recae la fuerza de la pronunciación.	
	δόγμα Μαρία εν dogma María en	
	Escriba las palabras griegas imitando la forma manuscrita dibujada a continuación. Las flechitas indican dónde se comienza a trazar la letra.	
Revise su trabajo de acuerdo con los modelos dibujados.		

2	Las letras griegas tienen nombres diferentes a las del alfabeto español.	
	δ ο γ μ α Μ α ρ ι α ε ν delta/ómicron/gama/mi/alfa [1]mi/alfa/ro/iota/alfa épsilon/ni	
	Escriba las siguientes letras, formando así una nueva palabra.	
διαμένε	_____ traducción: *queda tú* delta/iota/alfa/mi/épsilon/ni/épsilon	
	[1] Cp. esta forma mayúscula con la mi minúscula en δόγμα.	

3	Practique la pronunciación y la escritura de las siguientes palabras. El significado de cada vocablo está en bastardillas.	
	λόγος *palabra* επί *sobre* τέκνον *niño* αδελφός *hermano* logos epí teknon adelfós	
Compare su trabajo con los modelos.		

4	Nuevas letras incluidas en las palabras del #3 son las siguientes:	
	λ ς π τ κ φ lamda sigma pi taf kapa fi	
	Escriba tres palabras griegas.	

1. πλεονέκτας
2. φάγετε
3. περί
 	
Agregue los acentos a las palabras que acaba de escribir.
	1. _____ : *avaros*
	    pi/lamda/épsilon/ómicron/ni/épsilon/kapa/taf/alfa/sigma
	
	2. _____ : *comed*
	    fi/alfa/gama/épsilon/taf/épsilon
	
	3. _____ : *alrededor*
	    pi/épsilon/ro/iota

5	Además del acento escrito, toda palabra que comience con vocal lleva escrito sobre dicha vocal uno de los dos signos siguientes, llamados espíritus. Espíritu suave: ᾽ como en ἐν, ἔφαγον, ἀδελφός Espíritu rudo: ῾ como en ὁ, ὅτε, ἁμαρτία En la antigüedad el espíritu rudo indicaba que la palabra se pronunciaba con un sonido áspero (así como una jota) delante de la vocal inicial. Sin embargo en el griego moderno no se pronuncia. El espíritu suave no afectaba la pronunciación. Identifique el espíritu que llevan las siguientes palabras. Espíritu (suave / rudo) 1. ἐπί _____ 2. εἰς _____ 3. ἔφαγε _____ 4. ὁ _____ 5. ἕλκος _____

(columna izquierda del cuadro 5)

1. suave
2. suave
3. suave
4. rudo
5. rudo

6	Hay casos en que el espíritu es un factor clave para distinguir entre dos palabras de igual ortografía, y por tanto los espíritus deben aprenderse como parte de la ortografía de las palabras, aunque no afecten la pronunciación. | οὐ	οὖ	ἐν	ἔν	ἔξω	ἕξω
---	---	---	---	---	---
u	u	en	en	exo	exo
no	*de quien*	*en*	*uno*	*afuera*	*tendré*	 Las palabras *no, en* y *afuera* llevan espíritu _____ . Las palabras *de quien, uno* y *tendré* llevan espíritu _____ .

(columna izquierda del cuadro 6)

suave

rudo

7	En los cuadros #1 y 3 todas las palabras que comienzan con vocal deben llevar espíritu suave. Agregue el espíritu suave a las palabras ἐν, ἐπί y ἀδελφός en esos cuadros.

8	La letra gama, γ, se pronuncia como la **g** de *gota* cuando le sigue una consonante o el sonido vocálico **a** u **o**.

	δόγμα γάλα *leche* dogma gala En contraste, la letra γ se pronuncia como la **y** de *yeso* cuando le sigue una vocal con sonido de **e** o **i**. Note la pronunciación. λέγετε *decís* ἐγίνετω *sucedía* léyete eyíneto
gamos oryilos agorá	Pronuncie las siguientes palabras: γάμος (*boda*), ὀργίλος (*irascible*), ἀγορά (*plaza*).

9
 	
κύριος
 	
γυνή
 	
μήτηρ
 	
δύναμις
	Además de la **iota**, ι, hay otras vocales que también se pronuncian **i**. Son **ita**, η, e **ípsilon**, υ.
	
	            ita ípsilon
	            η υ
	
	Aunque se distinguen ortográficamente las tres vocales ι, η, υ, en su pronunciación son iguales.
	
	Pronuncie las palabras y luego escríbalas.
	
	κύριος (*señor*) γυνή (*mujer*) μήτηρ (*madre*) δύναμις (*poder*)
	kirios yiní mítir dínamis

10
 	
κόσμος
 	
πίστις
	Cuando la **sigma**, ς, se encuentra al final de una palabra, se escribe tal como en las palabras λόγος y ἀδελφός.
	
	En cambio, al encontrarse en cualquier otro lugar que no sea el final, la sigma se escribe σ: ἱλασμός (*propiciación*), σκοτία (*tinieblas*).
	
	Escriba en griego: 1. kosmos (*mundo*) 2. pistis (*fe*)
	
	     sigma
	     σ ς

11 vasis évalon vlépomen presvíteros	La segunda letra del alfabeto, β, se llama **vita** y se pronuncia como la **v** de *vez*. Pronuncie las palabras: βάσις (*pie*), ἔβαλον (*eché*), βλέπομεν (*vemos*), πρεσβύτερος (*anciano*). Copie la palabra. πρεσβύτερος
12	En el alfabeto griego hay tres letras denominadas consonantes dobles porque su pronunciación combina dos sonidos consonantales sencillos: ζ = ds ξ = ks ψ = ps zita xi psi

1. dsimía ádsimos	1. La **dsita**, ζ, es sonora —algo así como el sonido de las abejas: z-z-z. Pronuncie las palabras ζημία (*pérdida*), ἄζυμος (*ázimo*).
2. éxete xenos nix	2. La **xi**, ξ, se pronuncia como la x de *éxito*. Pronuncie las palabras ἕξετε (*tendréis*), ξένος (*extraño*), νύξ (*noche*).
3. grápsomen psalmós apocálipsis skólops	3. La **psi**, ψ, se pronuncia como las letras **ps** de *rapsodia*, sonido que en español se limita a una posición intermedia en las palabras. En griego la ψ puede ser también inicial o final. Pronuncie las palabras γράψομεν (*escribiremos*), ψαλμός (*salmo*), ἀπο- κάλυψις (*revelación*), σκόλοψ (*espina*).
13 flox opsis dsimí	Antes de escribir las palabras, léalas en voz alta. φλόξ ὄψις ζυμή *llama* *cara* *levadura*
14 1. agudo 2. circunflejo 3. grave	Casi todas las palabras griegas llevan acento escrito. Este acento puede tomar tres formas. Agudo: ´ como en τίς Grave: ` como en δὲ Circunflejo: ˜ como en νῦν 1. El acento de la palabra ἀδελφός se llama acento _____ . 2. La palabra φῶς lleva acento _____ . 3. La palabra γάρ se escribe con acento _____ .
15 no siempre	El acento de una palabra puede cambiar de lugar de acuerdo con ciertas reglas que se explican en el apéndice I. Para leer el texto del N.T. basta simplemente observar este fenómeno. ἀπόλλυμι ἀπολλύομεν ἀπόστολος ἀποστόλους *destruyo* *destruimos* *apóstol* *apóstoles* (caso acusativo pl.) Al leer las palabras arriba, se observa que el acento de una palabra griega (siempre / no siempre) se escribe sobre una misma sílaba.
16 agudo grave	Como sucede con los espíritus (#5), hay algunos casos de dos palabras iguales en su forma, pero diferentes en su significado, que se distinguen únicamente por el tipo de acento que llevan. τίς: *quién* τὶς: *alguien* La palabra τίς, que lleva acento _____ , es distinta a la palabra τὶς, con acento _____ .

17 pronunciación	Este fenómeno (#16) se señalará a medida que se presente. Solamente en esos casos es necesario aprender la forma del acento como parte de la ortografía de la palabra. Por lo demás, basta observar la ubicación del acento al pronunciar las palabras. Para el propósito del lector del griego neotestamentario se hace caso a los acentos principalmente para la _____. Nota: El interesado en saber las reglas para la acentuación de las palabras puede consultar el apéndice I. Sin embargo, para leer y traducir el texto griego del N.T. (que es la meta de este curso), no se necesita dominar las reglas de la acentuación, que sí son imprescindibles para la composición original en griego o para la descripción completa del idioma.
18 fos, imón, vaptidson, os	La letra **omega**, ω, última del alfabeto, se pronuncia **o**, como en la palabra ¡*oh*! Pronuncie las palabras φῶς (*luz*), ἡμῶν (*de nosotros*), βαπτίζων (*bautizando*), ὥς (*como*).

19
 	
φῶς ἡμῶν
βαπτίζων ὥς
	Copie las cuatro palabras del #18.
	
	    omega
	    ω _____

20 [1] zeós ánzropos [1] z española	La thita, θ, se pronuncia como la **z** en España: *corazón, zapato, azúcar*. Aplique esa pronunciación a la θ de las palabras θεός (*dios*), ἄνθρωπος (*hombre*). Escriba la palabra *dios*: *θεός*

21
 	
ἔχω χαρά
 	
χριστός
 	
una jota fuerte, como se pronuncia en España.
	En la pronunciación de la letra ji, χ, se usa el sonido fuerte de la **j** española: *ajo, Jerez*.
	
	Lea y escriba:
	
	  ἔχω (*tengo*) χαρά (*gozo*) χριστός (*Cristo*)
	  ejo jará jristós
	
	  ji
	  χ _____
	
	Nótese bien que a pesar de la forma tan parecida de la χ a la **x** del alfabeto latino, la χ no se pronuncia como **x** sino como _____.

22
 	
ongos
fzongos
	Cuando la **gama**, γ, se combina con otra γ o con κ o χ, el conjunto se pronuncia **ng**(u).
	
	  ἐγγύς (*cerca*) ἄγκυρα (*ancla*) ἔλεγχος (*certeza*)
	  enguís **ángu**ira é**leng**os
	
	Lea en voz alta: ὄγκος (*carga*), φθόγγος (*sonido*).

23 Lea el alfabeto, asociando el nombre de cada letra con la forma escrita y con el sonido.

Practique la escritura de las letras.

	Nombre	Pronunciación
α	alfa	a
β	vita	v
γ	gama	**g**ota (delante de α, o, ω y consonantes)
		yeso (delante de ε, $\alpha\iota$, η, ι, υ, $\varepsilon\iota$, $o\iota$)
δ	delta	d
ε	épsilon	**e**staca
ζ	zita	ds
η	ita	i
θ	thita	z española
ι	iota	i
κ	kapa	k
λ	lamda	l
μ	mi	m
ν	ni	n
ξ	xi	**éx**ito
o	ómicron	**do**rado
π	pi	p
ϱ	ro	r
σ, ς	sigma	s
τ	taf	t
υ	ípsilon	i
ϕ	fi	f
χ	ji	j española
ψ	psi	ps
ω	omega	**o**h

_____

_____

Repita las letras en el orden alfabético hasta poder decir todo el alfabeto sin necesidad de ver la lista.

Practique escribiendo el alfabeto de memoria.

_____

_____

24 Revise su trabajo según la lista del #23.	Sin consultar el #23, escriba en el orden debido las letras del alfabeto: _____ _____ _____ _____

25

1. ἀνάθεμα
2. βασιλεύς
3. γινώσκω
4. δέχομαι
5. ἔξοδος
6. ζηλωτής
7. ἰσχύω
8. καθαρίζω
9. λόγος
10. μέσος
11. νόμος
12. ὅλος
13. παράκλητος
14. ῥαββί
15. σάρξ
16. τέλος
17. ὑπέρ
18. φιλόσοφος
19. χάρις
20. ψηφίζω

Escriba en orden alfabético las siguientes palabras.

χάρις   ζηλωτής   φιλόσοφος
ἰσχύω   ἔξοδος   ὅλος
ψηφίζω   τέλος   νόμος
ἀνάθεμα   σάρξ   ὑπέρ
λόγος   δέχομαι   μέσος
καθαρίζω   ῥαββί   παράκλητος
βασιλεύς   γινώσκω

1. _____   8. _____   15. _____
2. _____   9. _____   16. _____
3. _____   10. _____   17. _____
4. _____   11. _____   18. _____
5. _____   12. _____   19. _____
6. _____   13. _____   20. _____
7. _____   14. _____

26

1. Señor
2. hombre
3. hermano
4. conocer
5. Dios
6. palabra
7. oír
8. creer
9. niño
10. decir

Busque en el vocabulario (apéndice VI) las palabras siguientes y apunte el primer significado.

1. κύριος _____   6. λόγος _____
2. ἄνθρωπος _____   7. ἀκούω _____
3. ἀδελφός _____   8. πιστεύω _____
4. γινώσκω _____   9. τέκνον _____
5. θεός _____   10. λέγω _____

27

Como se observará en las lecciones subsecuentes, el uso de las mayúsculas es menos común en el griego que en el español. Sin embargo, aparecen con cierta frecuencia y se hace imprescindible aprender a reconocerlas.

Practique la escritura de las mayúsculas, relacionándolas con las minúsculas.

Mayúsculas	Minúsculas	Mayúsculas	Minúsculas
A	α	N	ν
B	β	Ξ	ξ
Γ	γ	O	o
Δ	δ	Π	π
E	ε	P	ρ
Z	ζ	Σ	σ, ς
H	η	T	τ
Θ	θ	Υ	υ
I	ι	Φ	φ
K	κ	X	χ
Λ	λ	Ψ	ψ
M	μ	Ω	ω

Θ - θ   Λ - λ
Z - ζ   Ξ - ξ
Δ - δ   Υ - υ
Γ - γ   P - ρ
Ω - ω   H - η
Σ - σ ς   Π - π

Sin fijarse en el alfabeto, escriba la minúscula que corresponde a cada mayúscula.

Θ ____   Γ ____   Λ ____   P ____

Z ____   Ω ____   Ξ ____   H ____

Δ ____   Σ ____   Υ ____   Π ____

28

Escriba en orden alfabético los siguientes nombres propios.

Θωμᾶς   (Tomás)   1. _____

Ὡσηέ   (Oseas)   2. _____

Ἠλίας   (Elías)   3. _____

Λάζαρος   (Lázaro)   4. _____

Ῥαχήλ   (Raquel)   5. _____

Γόμορρα   (Gomorra)   6. _____

Σόδομα   (Sodoma)   7. _____

Δαυίδ   (David)   8. _____

1. Γόμορρα
2. Δαυίδ
3. Ἠλίας
4. Θωμᾶς
5. Λάζαρος
6. Ῥαχήλ
7. Σόδομα
8. Ὡσηέ

29

Se llama diptongo al conjunto de dos vocales que se pronuncian como una sola sílaba, como en *puerto, aire, aceite.*

El diptongo αι se pronuncia como una e: δέχομαι
                                        déjom**e**

Cuando la sílaba que contiene un diptongo lleva el acento de la palabra, éste se escribe sobre la segunda vocal del diptongo. A pesar de ello el diptongo siempre se pronuncia como una sola sílaba: καί.
                    k**e**

yínome
pedso
spíleon

Lea en voz alta las siguientes palabras: γίνομαι (*llego a ser*), παίζω (*danzo*), σπήλαιον (*cueva*)

30 ejis pépiza ime irini clis	Los diptongos ει e οι se pronuncian igual: como una **i**. εἶχον (*tenía*) οἶκος (*casa*) ijon ikos Lea en voz alta las palabras: ἔχεις (*tienes*), πέποιθα (*he persuadido*), οἶμαι (*supongo*), εἰρήνη (*paz*), κλείς (*llave*).
31 dexiós íasis	Los conjuntos ει e οι son diptongos y cada diptongo forma una sola sílaba. Sin embargo estas mismas letras en posición inversa no constituyen diptongo sino que se pronuncian por aparte. ἱερόν (*templo*) ἅγιος (*santo*) ierón áyios Lea en voz alta las palabras δεξιός (*derecho*), ἴασις (*sanidad*).
32 1. kravyí 2. prosporévome 3. avlós 4. strátevma 5. evrisko	En los conjuntos αυ y ευ la υ adquiere valor de consonante. Se pronuncian **av** y **ev** delante de vocales y consonantes sonoras (β, γ, δ, ζ, λ, μ, ν, ϱ). αὔριον (*mañana*) εὐδοκία (*buena voluntad*) Εὔα (*Eva*) Δαυίδ (*David*) **av**rion **ev**dokía **ev**a **dav**id Pronuncie las palabras. 1. κραυγή 3. αὐλός 5. εὑρίσκω 2. προσπορεύομαι 4. στράτευμα
33 1. éfkeros 2. katefzino[1] 3. olokáftoma 4. éfjome 5. aftarkia [1] z española	Cuando αυ o ευ va seguido de una consonante sorda (κ, π, τ, φ, χ, θ, σ, ξ, ψ) la υ adopta la variante sorda **f**: **af**, **ef**. αὐτός (*él*) εὐθύς (*en seguida*) **af**tós **ef**zís Lea en voz alta: 1. εὔκαιρος 3. ὁλοκαύτωμα 5. αὐτάρκεια 2. κατευθύνω 4. εὔχομαι
34 1. iffranzin[1] 2. ifxísamen 3. ivlidsomin [1] z española	El conjunto ηυ se pronuncia **iv** o **if**. La variación está condicionada por la letra que le sigue, de la misma manera que en los diptongos αυ y ευ. ηὔλισα (*toqué flauta*) ηὔξησα (*crecí*) **ív**lisa **íf**xisa Pronuncie en voz alta. 1. ηὐφράνθην 2. ηὐξήσαμεν 3. ηὐλιζόμην
35 1. tutu 2. idú 3. lutrón 4. odús	El diptongo ου se pronuncia como la **u** de **su**po. ἀκούω (*oigo*) οὐρανός (*cielo*) ac**ú**o **u**ranós Lea en voz alta. 1. τούτου 2. ἰδού 3. λουτρόν 4. ὀδούς

36 1. iozesía[1] 2. idía [1] z española	El diptongo υι se pronuncia **i**. υἱός (*hijo*) συνειδυῖα (*compartiendo conocimiento*) iós sinidía Pronuncie las palabras: 1. υἱοθεσία 2. εἰδυῖα
37 Por la iota suscrita: sin ella puede ser sujeto, pero con ella es complemento indirecto.	Cuando se combina la iota, ι, con α, η u ω, se escribe debajo de esas letras: ᾳ, ῃ, ῳ. Por tanto se denomina **iota suscrita**. La iota suscrita no altera la pronunciación de la vocal. Los diptongos ᾳ, ῃ y ῳ son frecuentes en las terminaciones de los sustantivos. Contrastan, en los dos primeros ejemplos, con otras terminaciones sin iota suscrita (α, η), que indican una función gramatical diferente. Por tanto la iota suscrita constituye un factor clave para determinar la estructura de una oración. Compare los siguientes ejemplos. Μαρία: Caso nominativo; puede ser sujeto de la oración. Μαρίᾳ: Caso dativo; puede ser el complemento indirecto. ¿Cómo se sabe cuándo la palabra *María* va como sujeto y cuándo como complemento indirecto? _____ _____
38 2. η 9. ει 3. ι 11. οι 5. υ 13. υι	Marque con una X las vocales y diptongos que se pronuncian **i**. 1. ε ____ 4. ο ____ 7. αι ____ 10. ηυ ____ 2. η ____ 5. υ ____ 8. αυ ____ 11. οι ____ 3. ι ____ 6. ω ____ 9. ει ____ 12. ου ____ 13. υι ____
39 4. ο 6. ω	De la lista anterior, ¿cuáles letras se pronuncian **o**? _____
40	A modo de práctica, copie las siguientes palabras griegas, las cuales forman el vocabulario básico de las próximas lecciones. 1. ἔχω _____ : *tener* 2. θεός _____ : *dios, Dios* 3. ἀκούω _____ : *oír, escuchar* 4. λέγω _____ : *hablar, decir* 5. ἄνθρωπος _____ : *hombre* 6. γινώσκω _____ : *conocer, saber*

	7. κύριος _____ : *señor*
	8. ἀδελφός _____ : *hermano*
	9. λαμβάνω _____ : *recibir, tomar*

41

α β γ δ ε ζ
η θ ι κ λ μ
ν ξ ο π ϱ
σ (ς) τ υ φ
χ ψ ω

REPASO — El alfabeto

Repita los nombres de las letras griegas por orden alfabético. Anote los puntos donde le falla la memoria. Luego de un repaso del #23, escriba a continuación todas las letras del alfabeto en el orden debido.

_____

_____

42

Π - π
Σ - σ, ς
Ζ - ζ
Γ - γ
Δ - δ
Φ - φ

REPASO — Mayúsculas

Vuelva a estudiar el #27. Luego pruébese con el siguiente ejercicio.

Escriba la minúscula correspondiente.

Π _____   Ζ _____   Δ _____

Σ _____   Γ _____   Φ _____

43

PRUEBA

1. Lea el versículo en voz alta.

ἐγένετο Ἰωάννης βαπτίζων ἐν τῇ ἐρήμῳ καὶ κηρύσσων βάπτισμα μετανοίας εἰς ἄφεσιν ἁμαρτιῶν. (Mr. 1.4)

2. Escriba el nombre de cada letra.

1. η _____   4. ζ _____   7. φ _____

2. ψ _____   5. χ _____   8. ω _____

3. λ _____   6. γ _____   9. θ _____

3. Escriba la letra que corresponde al nombre.

1. ni _____   3. iota _____   5. psi _____

2. sigma _____   4. thita _____   6. xi _____

4. Escriba la minúscula que corresponde a la forma mayúscula.

1. Ω _____   3. Λ _____   5. Ρ _____

2. Η _____   4. Ζ _____   6. Υ _____

5. Escriba todas las letras del alfabeto por orden. (Son 24.)

_____

_____

Las respuestas se encuentran en el apéndice V-1.

Al terminar este capítulo usted podrá traducir oraciones con verbo en presente y sustantivos de 2ª declinación como sujeto o complemento directo. Asociará con los sustantivos el artículo y los adjetivos que concuerdan con ellos. Podrá traducir al español un vocabulario de 11 palabras.

1

Las terminaciones del verbo en español varían para indicar (entre otras cosas) la persona que realiza la acción.

	Singular	Plural
1ª persona	(yo) escuch*o*	(nosotros) escuch*amos*
2ª persona	(tú) escuch*as*	(vosotros) escuch*áis*
3ª persona	(él) escuch*a*	(ellos) escuch*an*

Estas terminaciones se llaman desinencias personales.
Señale, en las formas del verbo *escuchar*, las desinencias personales.

Sing.   Pl.
o   amos
as   áis
a   an

2

El verbo griego *escuchar* u *oír* es ἀκούω.
Pronúncielo, recordando que -ου- suena *u*.

Escríbalo: —————————————

El verbo griego también cambia sus desinencias para indicar la persona que realiza la acción.

	Singular	Plural
1ª persona	(yo) ἀκούω	(nosotros) ἀκού**ομεν**
2ª persona	(tú) ἀκού**εις**	(vosotros) ἀκού**ετε**
3ª persona	(él) ἀκού**ει**	(ellos) ἀκού**ουσι**

Lea las formas en voz alta. Recuerde que -ει- suena *i*.
Señale las desinencias personales.

Pronunciación:
akúo   akúomen
akúis   akúete
akúi   akúusi

Sing.   Pl.
-ω   -ομεν
-εις   -ετε
-ει   -ουσι

3

¿Cómo se traducen las seis formas del verbo ἀκούω?

	Singular	Plural
1ª pers.	*escucho*	——————————
2ª pers.	——————————	——————————
3ª pers.	——————————	——————————

Sing. escucho
escuchas
escucha
Pl. escuchamos
escucháis
escuchan

4

El verbo *decir* o *hablar* es λέγω.

	Singular	Plural
1ª pers.	λέγ**ω**	λέγ**ομεν**
2ª pers.	λέγ**εις**	λέγ**ετε**
3ª pers.	λέγ**ει**	λέγ**ουσι**

Lea la conjugación en voz alta. Recuerde que:
γ delante de ω, ο, ου, se pronuncia como la *g* en *gota*
γ delante de ε, ι, se pronuncia como la *y* en *yeso*.

¿Cómo se traducen las seis formas del verbo λέγω arriba?

Pronunciación:
lego   légomen
leyis   léyete
leyi   légusi

Sing. Pl *digo* *decimos* *dices* *decís* *dice* *dicen*	_____ _____ _____ _____ _____ _____
5 λεγ-	En la conjugación del verbo λέγω (#4) las sílabas en negrita son las desinencias personales. La parte no subrayada de cada forma es el tema verbal. El tema verbal del verbo λέγω es _____.
6 Sing. Pl. ἔχω ἔχομεν ἔχεις ἔχετε ἔχει ἔχουσι	Practique la conjugación en tiempo presente con otro verbo: ἔχω *tener*. Al tema verbal ἐχ- se agregan las mismas desinencias que usted observó en la conjugación de λέγω y ἀκούω. Consulte los cuadros #2 y #4 para completar la conjugación siguiente. Singular Plural 1ª pers. ἔχ_____ ἔχ_____ 2ª pers. ἔχ_____ ἔχ_____ 3ª pers. ἔχ_____ ἔχ_____
7 Sing. Pl. *tengo* *tenemos* *tienes* *tenéis* *tiene* *tienen*	Traduzca esas formas del verbo *tener*. _____ _____ _____ _____ _____ _____
8 *tengo*	Se dice arriba que el verbo λέγω significa *decir* o *hablar*. Sin embargo usted ya sabe que la forma λέγω se traduce *digo* o *hablo*. En español empleamos la forma del infinitivo (*decir, escuchar*, etc.) para referirnos a un verbo, porque el infinitivo es básico para toda la conjugación. En griego la forma básica no es el infinitivo sino la primera persona singular del tiempo presente: λέγω, ἀκούω, etc. Estas son las formas que aparecen por orden alfabético en un diccionario griego. Aunque la forma ἔχω se traduce literalmente _____, la acepción de ἔχω que se apunta en el diccionario es *tener*.
9 ἀκου-	El tema verbal es la parte del verbo que permanece invariable durante la conjugación. ¿Cuál es el tema del verbo ἀκούω, conjugado en el cuadro #2? _____
10 desinencias	Las terminaciones que se agregan al tema se llaman desinencias. $\begin{pmatrix} \text{-}ω & \text{-}ομεν \\ \text{-}εις & \text{-}ετε \\ \text{-}ει & \text{-}ουσι \end{pmatrix}$ se llaman _____

11 γινώσκ-	Para encontrar el tema del verbo se quita la desinencia. Ejemplo: λέγ/ω; el tema es λέγ-. El tema del verbo γινώσκω (*conocer, saber*) es _____.	

12	El término **persona** en la gramática indica la forma que asume el verbo para distinguir el sujeto.	

1ª persona: el sujeto es el que habla —*yo.*
tengo, conozco, tomo, etc.

2ª persona: el sujeto es aquel a quien se habla —*tú.*
tienes, conoces, tomas, etc.

3ª persona: el sujeto es aquel de quien se habla —*él, ella.*
tiene, conoce, toma, etc.

¿En qué persona están los siguientes verbos?

crees _____

2ª
1ª
3ª

oigo _____

habla _____

13	En el plural también distinguimos las tres personas del verbo.	

1ª persona plural: *nosotros.*
tenemos, conocemos, tomamos, etc.

2ª persona plural: *vosotros.*
tenéis, conocéis, tomáis, etc.

3ª persona plural: *ellos, ellas.*
tienen, conocen, toman, etc.

Indique la persona y el número (singular o plural) de los siguientes verbos.

1. *pueden:* _____ persona (sing. / pl.)

2. *hallarás:* _____ persona (sing. / pl.)

3. *tuvisteis:* _____ persona (sing. / pl.)

4. *contesté:* _____ persona (sing. / pl.)

5. *escribe:* _____ persona (sing. / pl.)

6. *comeremos:* _____ persona (sing. / pl.)

1. 3ª pl.
2. 2ª sing.
3. 2ª pl.
4. 1ª sing.
5. 3ª sing.
6. 1ª pl.

14	¿En qué persona están estos verbos griegos? (Procure contestar de memoria primero; después puede consultar el cuadro #2.)	

1. ἀκούει _____ persona (sing. / pl.)

1. 3ª sing.
2. 1ª pl.
3. 3ª pl.

2. γινώσκομεν _____ persona (sing. / pl.)

3. λέγουσι _____ persona (sing. / pl.)

	4. ἔχω _____ persona (sing. / pl.)
4. 1ª sing. 5. 2ª pl. 6. 2ª sing.	5. γινώσκετε _____ persona (sing. / pl.)
	6. ἀκούεις _____ persona (sing. / pl.)

15	Traduzca los verbos del #14 con la ayuda de este vocabulario.
	ἀκούω: escuchar, oír ἔχω: tener γινώσκω: conocer, saber λέγω: decir, hablar
1. (él) escucha 2. conocemos 3. dicen 4. tengo 5. conocéis 6. escuchas	1. _____ 2. _____ 3. _____ 4. _____ 5. _____ 6. _____

16	RESUMEN
	Hemos visto cuatro verbos: λέγω, ἀκούω, ἔχω, γινώσκω. Se han presentado también las desinencias del tiempo presente:
1. ἔχουσι 2. ἀκούεις 3. λέγετε 4. λέγει 5. γινώσκομεν	Singular Plural 1ª -ω -ομεν 2ª -εις -ετε 3ª -ει -ουσι Combine temas verbales con desinencias para formar los siguientes verbos en griego: 1. tienen _____ 4. dice _____ 2. oyes _____ 5. sabemos _____ 3. habláis _____

17	Traduzca la oración.
	θεός: Dios, dios θεός ἀκούει.
Dios oye.	_____

18	Aunque se invierte el orden de las palabras, no se altera el significado de la oración. Por lo general la oración comienza con el verbo.
Dios oye.	ἀκούει θεός también se traduce: _____

19	Traduzca la oración.
	ὁ ἄνθρωπος: el hombre καί: y

Dios habla y el hombre oye.	λέγει θεὸς καὶ ἀκούει ὁ ἄνθρωπος. _____
20 *El hombre habla.*	λέγει ὁ ἄνθρωπος. Traducción: _____
21 *Dios sabe*	A menudo se emplea el artículo ὁ con la palabra θεός. Por lo general no se traduce dicho artículo. γινώσκει ὁ θεός. Traducción: _____
22 θεοί	Para formar el plural del sustantivo ἄνθρωπος se sustituye la terminación singular -ος por la terminación plural -οι. ἄνθρω**πος** ἄνθρω**ποι** *hombre* *hombres* El plural del sustantivo θεός se forma de manera igual: θε**ός** θε_____ *dios* *dioses*
23 1. plural 2. singular	Indique el número: 1. ἄνθρωποι es (sing. / pl.). 2. ἄνθρωπος es (sing. / pl.).
24 1. *señores* 2. *señor*	κύριος: *señor* 1. κύριοι se traduce (*señor/señores*). 2. κύριος se traduce (*señor/señores*).
25 οἱ	El artículo en plural *los* es οἱ. Se escribe con espíritu rudo. Note su semejanza con la desinencia del sustantivo. **οἱ** ἄνθρω**ποι** _____ κύρι**οι** *los hombres* *los señores*
26 *Los hombres saben.*	γινώσκει ὁ ἄνθρωπος. γινώσκουσι οἱ ἄνθρωποι. *El hombre sabe.* Traducción: _____
27 *Los señores oyen.*	Traduzca la oración. ἀκούουσι οἱ κύριοι. _____
28 *Los señores hablan y los hombres oyen.*	Traduzca la oración. λέγουσι οἱ κύριοι καὶ οἱ ἄνθρωποι ἀκούουσι. _____

29 οἱ κύριοι οἱ ἄνθρωποι	En las oraciones vistas hasta aquí, el sustantivo sirve como sujeto activo del verbo, es decir, realiza la acción del verbo. γινώσκει **ὁ θεός**. *Dios sabe*. ἀκούουσι **οἱ κύριοι**. *Los señores oyen.* En el #28 hay dos verbos y dos sujetos. Apunte los sujetos en griego: _____ _____
30 (οἱ) κύριοι	Cuando el sustantivo desempeña el oficio de sujeto del verbo, se dice que está en caso nominativo. Señale el sustantivo en caso nominativo de la siguiente oración. ἀκούουσι οἱ κύριοι.
31 nominativo	El sustantivo que sirve como sujeto del verbo está en caso _____.
32 Sing. ἄνθρω**πος** Pl. ἄνθρω**ποι**	Cuando el sustantivo está en caso nominativo, lleva las siguientes terminaciones ya observadas: -ος -οι sing. pl. Escriba la palabra *hombre* en caso nominativo. Sing. ἄνθρωπ_____ Pl. ἄνθρωπ_____
33 sujeto	Estas formas del sustantivo en caso nominativo pueden funcionar como _____ del verbo en una oración.

34
 	
1. οἱ ἄνθρωποι
2. ὁ κύριος
	Se ha visto ya el artículo en caso nominativo:
	
	Sing. ὁ Pl. οἱ
	      el *los*
	
	Complete las oraciones:
	
	1. λέγουσι _____ ἄνθρωπ_____ . 2. ἀκούει _____ κύρι_____ .
	          los hombres *el señor*

35 complemento di- recto	γινώσκει ὁ θεός τὸν ἄνθρωπον. *Dios conoce al hombre.* ὁ θεός realiza la acción del verbo; es el sujeto. El sujeto está en caso nominativo; lleva la terminación -ος. El artículo que lo modifica también esté en nominativo: ὁ. La acción del verbo recae en el otro sustantivo, τὸν ἄνθρωπον. τὸν ἄνθρωπον es el complemento directo del verbo γινώσκει. La palabra en que recae la acción del verbo es el _____.
36	El griego señala el complemento directo por medio de una terminación distinta a la del sujeto: -ον. γινώσκει ὁ θεός τὸν ἄνθρω**πον**. *Dios conoce al **hombre**.*

-ov	A esta forma del sustantivo se le llama caso acusativo. El complemento directo del verbo está en caso acusativo y lleva la terminación _____.
37 θεόν κύριον	Nominativo: ἄνθρωπος Acusativo: ἄνθρωοπον Con los sustantivos θεός y κύριος se forma el acusativo de la misma manera. Nominativo: θεός κύριος Acusativo: θε_____ κύρι_____
38 ὁ . . . . τὸν	El artículo que modifica al sustantivo en acusativo también toma una forma distinta a la del caso nominativo. Nominativo: ὁ Acusativo: τὸν Escriba los artículos que faltan. γινώσκει _____ κύριος _____ ἄνθρωπον. *El Señor conoce al hombre.*
39 τὸν θεόν	Señale las palabras en caso acusativo. γινώσκουσι οἱ ἄνθρωποι τὸν θεόν. *Los hombres conocen a Dios.*
40 ἔχουσι οἱ κύριοι τὸν ἄνθρωπον.	Nótese que el orden usual de las palabras de la oración es el siguiente: Verbo - sujeto - Complemento directo. Empleando los vocablos anotados escriba la siguiente oración en el orden indicado. *Los señores tienen al hombre.* *señores:* οἱ κύριοι *tienen:* ἔχουσι *al hombre:* τὸν ἄνθρωπον _____ Verbo Sujeto CD
41 τοὺς ἀνθρώπους	a. ἔχουσι οἱ κύριοι τὸν ἄνθρωπον. *Los señores tienen al hombre.* b. ἔχουσι οἱ κύριοι τοὺς ἀνθρώπους. *Los señores tienen a los hombres.* En la oración **a.** el complemento directo es τὸν ἄνθρωπον. Está en caso acusativo, singular. En la oración **b.** el complemento directo aparece con una forma nueva: _____, caso acusativo, plural.
42	

42

	Singular	Plural
Nominativo	ὁ κύριος	οἱ κύριοι
Acusativo	τὸν κύριον	τοὺς κυρίους

Escoja las formas correctas para completar la oración.

τοὺς κυρίους	γινώσκει ὁ ἄνθρωπος _____. *El hombre conoce a los señores.*

43	Nótese, tanto en la oración anterior como en otras parecidas, que la traducción al español emplea la partícula *a* delante del CD.
	Esto ocurre, en español, cuando el CD es persona o personificación.
	
	    *Vemos **a** la hermana.* *Saludan **a** la aurora.*
	
	En cambio, si el CD es cosa u objeto, no lleva preposición.
	
	    Vemos la casa.
	
	El griego no hace esta distinción entre complemento directo personal y no-personal. Ninguno lleva preposición.
	
	    γινώσκουσι οἱ κύριοι τοὺς ἀνθρώπους.
	    Los señores conocen (a) los hombres.
	
	    γινώσκουσι οἱ κύριοι τοὺς λόγους.
	    Los señores conocen las palabras.

No.	¿Hay preposición delante del CD en las oraciones griegas? _____

44	El caso acusativo señala el CD.
	
	    γινώσκουσι οἱ κύριοι τοὺς ἀνθρώπους.
	    Los señores conocen a los hombres.

acusativo	El sustantivo ἀνθρώπους está en caso _____, lo cual indica que es el CD del verbo.

45	Al traducir la siguiente oración, se emplea la preposición *a* a pesar de que no aparece ninguna preposición en el griego.
	
	                         ἀδελφός: *hermano*
	    γινώσκουσι οἱ ἄνθρωποι τοὺς ἀδελφούς.

Los hombres cono-cen a los hermanos.	Trad. _____

46	Traduzca las oraciones.
	
	    1. ἔχουσι οἱ κύριοι τοὺς ἀνθρώπους.
	
	    _____
	
	    2. γινώσκει ὁ θεὸς τὸν ἀδελφόν.
	
	    _____

1. *Los señores tie-nen a los hom-bres.* 2. *Dios conoce al hermano.*	

47	Así como el artículo cambia de forma para concordar con el sustantivo, el adjetivo toma también el caso del sustantivo al cual califica.
	
	               Singular Plural
	    Nom. ἀγαθός (*bueno*) ἀγαθοί
	    Ac. ἀγαθόν ἀγαθούς
	
	    a. ὁ ἀγαθὸς κύριος λέγει.
	    b. γινώσκει ὁ ἄνθρωπος τὸν ἀγαθὸν κύριον.

Porque en la **a.** califica a un sustantivo en nominativo, κύριος, y en la **b.** a un sustantivo en acusativo, κύριον.	¿Por qué toma el adjetivo *bueno* la forma ἀγαθὸς en la oración **a.** y ἀγαθὸν en la oración **b.**? _____ _____
48 1. ἀγαθοὺς 2. ἀγαθοὶ	Supla los adjetivos que faltan. 1. γινώσκομεν τοὺς _____ κυρίους. *Conocemos a los buenos señores.* 2. λέγουσι οἱ _____ ἀδελφοί. *Hablan los buenos hermanos.*
49 1. *El* 2. *Los . . . los* 3. *Los . . . al*	Se han visto ya cuatro formas del artículo definido en griego:

	Singular	Plural
Nom.	ὁ	οἱ
Ac.	τὸν	τοὺς

Tradúzcalos:

1. λέγει ὁ ἄνθρωπος.

_____ *hombre habla.*

2. γινώσκουσι οἱ κύριοι τοὺς ἀγαθοὺς ἀδελφούς.

_____ *señores conocen a* _____ *buenos hermanos.*

3. ἔχουσι οἱ ἄνθρωποι τὸν ἀδελφόν.

_____ *hombres tienen* _____ *hermano.*

50 definidos indefinidos	Además del artículo definido *el, los,* existe en español un artículo indefinido: *un, unos.* a. *el hombre* *los hombres* b. *un hombre* *unos hombres* Las palabras *el* y *los* en **a.** son artículos _____. Las palabras *un* y *unos* en **b.** son artículos _____.
51 1. *Un hermano* 2. *un hombre*	En el griego koiné no existe un paralelo exacto para el artículo indefinido *un, unos.* Por lo general cuando falta el artículo definido en una expresión griega, al traducirla al español se emplea el artículo indefinido. λέγει ἄνθρωπος. γινώσκομεν ἄνθρωπον. **Un** *hombre habla.* *Conocemos a* **un** *hombre.* Complete la traducción. 1. ἀκούει ἀδελφός. 2. ἔχει ὁ ἀγαθὸς ἀδελφὸς ἄνθρωπον. _____ *oye.* *El buen hermano tiene a* _____.

52 1. *a unos hombres.* 2. *Unos hermanos*	Complete la traducción. 1. ἔχετε ἀνθρώπους. 2. ἀκούουσι ἀδελφοί. Tenéis _____ . _____ oyen.

53
 	
Los buenos señores tienen a unos hermanos.
 	
Los buenos señores tienen hermanos.
	Ciertas oraciones sin artículo definido pueden traducirse o con el artículo indefinido o sin él.
	
	         ἔχομεν ἀδελφούς.
	
	Tenemos a unos hermanos, o bien, Tenemos hermanos.
	
	Como el sentido de la oración varía de una traducción a otra, la forma más adecuada depende del contexto.
	
	Escriba dos posibles traducciones para la siguiente oración.
	
	     ἔχουσι οἱ ἀγαθοὶ κύριοι ἀδελφούς.
	
	_____
	
	_____

54
 	
1. *Conocéis a unos hombres.*
2. *El buen señor escucha.*
3. *Un hermano habla.*
	Traduzca las siguientes oraciones, fijándose bien en la presencia o la falta del artículo.
	
	     1. γινώσκετε ἀνθρώπους.
	
	     _____
	
	     2. ἀκούει ὁ ἀγαθὸς κύριος.
	
	     _____
	
	     3. λέγει ἀδελφός.
	
	     _____

55
 	
1. *digo, hablo*
2. *hermano*
3. *conozco*
4. *hombre*
5. *el*
6. *tengo*
7. *oigo, escucho*
8. *Dios, dios*
9. *los*
10. *Señor, señor*
11. *y*
12. *bueno*
	REPASO — Vocabulario
	
	Pruebe su conocimiento de las palabras empleadas en este capítulo al apuntar el significado de cada palabra griega.
	
	     1. λέγω _____
	
	     2. ἀδελφός _____
	
	     3. γινώσκω _____
	
	     4. ἄνθρωπος _____
	
	     5. ὁ _____
	
	     6. ἔχω _____
	
	     7. ἀκούω _____
	
	     8. θεός _____

Si tiene más de un error, vuelva a estudiar las palabras. Luego tapando sus primeras respuestas, escriba de nuevo el significado de cada palabra.	9. οἱ _____ 10. κύριος _____ 11. καί _____ 12. ἀγαθός _____

56

REPASO — Verbo

Estudie de nuevo la conjugación del verbo en el #2, y practique, en una hoja aparte, con los verbos λέγω, ἔχω, y γινώσκω. Asocie siempre con la forma griega la traducción correspondiente. Asegúrese de que domina completamente esta conjugación antes de pasar al cuadro siguiente.

57

Pruebe su conocimiento de las formas verbales.

Traducción

1. ἔχει _____

2. γινώσκομεν _____

1. *tiene*
2. *conocemos*
3. *dicen, hablan*
4. *escucháis, oís*
5. *dices, hablas*

3. λέγουσι _____

4. ἀκούετε _____

5. λέγεις _____

58

REPASO — Sustantivo

Repase el #42 para luego declinar de la misma manera ὁ θεός, ὁ ἄνθρωπος, y ὁ ἀδελφός. Practique estas declinaciones en una hoja aparte hasta que pueda hacerlas en forma perfecta.

59

REPASO — Sintaxis

Nominativo
-ος, -οι
artículo: ὁ, οἱ

Acusativo
-ον, -ους
artículo: τόν, τούς

Sujeto: El sujeto de la oración va en caso nominativo.
Complemento directo: El CD se señala con el caso acusativo.

En el caso nominativo el sustantivo termina en _____ en singular, y _____ en plural. El artículo es _____ en singular; _____ en plural.

Las terminaciones del sustantivo en acusativo son _____ en singular y _____ en plural. El artículo en acusativo es _____ en singular, y _____ en plural.

60

ὁ ἄνθρωπος porque está en caso nominativo (artículo ὁ; terminación de sustantivo: -ος).

Explique cómo sabe cuál palabra es el sujeto de la oración siguiente.

γινώσκει τὸν ἀδελφὸν ὁ ἄνθρωπος.

El sujeto es _____ porque _____

61 *El hombre conoce al hermano.* (Si su traducción no es correcta, vuelva al #36 para los sustantivos y al #56 y 57 para el verbo.)	Traduzca la oración del #60. _____
62 οἱ κύριοι	¿Cuál es el sujeto? οἱ κύριοι ἀδελφοὺς ἔχουσι. _____
63 *Los señores tienen hermanos.*	Traduzca la oración del #62. _____
64 a. *El buen señor habla.* b. *El hombre conoce al buen señor.*	REPASO — Concordancia del adjetivo Lea de nuevo el #47. Traduzca las oraciones **a.** y **b.** de ese cuadro. a. _____ b. _____
hermano **65** Si no acertó, vuelva a estudiar el #47 y el #64. Luego conteste de nuevo la pregunta del #65.	¿Quién es bueno, según la oración siguiente? (hermano / señor) ἔχει ἀδελφὸν ἀγαθὸν ὁ κύριος.
66 Las respuestas correctas se encuentran en el apéndice V-2.	PRUEBA Traduzca las oraciones. 1. γινώσκουσι οἱ ἀδελφοὶ τοὺς ἀγαθοὺς ἀνθρώπους. 2. ἀκούει ἄνθρωπος. 3. γινώσκω τὸν κύριον. 4. λέγεις. 5. λέγει ὁ ἀγαθὸς θεὸς καὶ ἀκούουσι οἱ ἄνθρωποι. 6. ἔχει ἀδελφὸν ὁ ἄνθρωπος. 7. ἀκούετε. 8. ἔχομεν ἀδελφούς.

CAPÍTULO III

Al terminar este capítulo usted podrá traducir oraciones con sustantivos de 2ª declinación que expresan posesión, o que sirven como complemento indirecto, o para invocar. Distinguirá dos formas de la posición atributiva del adjetivo. Podrá declinar sustantivos masculinos de 2ª declinación. Traducirá dos palabras nuevas.

1		Hasta ahora los sustantivos que hemos visto han desempeñado la función o de sujeto o de complemento directo.
		Sujeto - caso nominativo CD - caso acusativo
		γινώσκει ὁ ἄνθρωπος. γινώσκομεν τὸν ἄνθρωπον. *El hombre sabe.* *Conocemos al hombre.*
		En la siguiente oración τοῦ ἀνθρώπου funciona de una manera distinta. Desempeña el oficio de posesivo con respecto al otro sustantivo.
		γινώσκομεν τὸν ἀδελφὸν **τοῦ ἀνθρώπου.** *Conocemos al hermano **del hombre.***
		Al traducir la oración tenemos que usar la preposición *de* para expresar esta relación de posesión. El griego, en cambio, no emplea ninguna preposición sino que la forma misma de τοῦ ἀνθρώπου (es decir, su caso) indica su función de posesivo.
		¿Cómo se traduce la siguiente oración?
		γινώσκομεν τὸν θεὸν τοῦ ἀδελφοῦ.
del hermano		*Conocemos al Dios* _____.
2 τοῦ κυρίου τοῦ θεοῦ		La forma flexional que termina en -ου se denomina **caso genitivo.** Subraye las palabras en caso genitivo en la siguiente oración. γινώσκει ὁ ἀγαθὸς ἀδελφὸς τοῦ κυρίου τοὺς ἀνθρώπους τοῦ θεοῦ.
3 *del señor . . .* *de Dios*		Complete la traducción de la oración del #2. *El buen hermano* _____ *conoce a los hombres* _____.
4 ὁ λόγος τοῦ λόγου τὸν λόγον ὁ ἀδελφός τοῦ ἀδελφοῦ τὸν ἀδελφόν		Observe el cambio de desinencias tanto en el sustantivo como en el artículo. Nominativo: ὁ θε**ός** Genitivo: τοῦ θε**οῦ** Acusativo: τὸν θε**ὸν** Los siguientes sustantivos pertenecen a la misma pauta de declinación que θεός. Complete la declinación de las palabras. (Sujeto) Nominativo: ὁ λόγος ____ ἀδελφ____ (Posesivo) Genitivo: τ___ λόγ____ τ___ ἀδελφ____ (CD) Acusativo: τ___ λόγ____ τ___ ἀδελφ____

5 *El hermano del hombre dice la palabra de Dios.*	Complete la traducción. λέγει ὁ ἀδελφὸς τοῦ ἀνθρώπου τὸν λόνον τοῦ θεοῦ. _____ dice la palabra _____.
6 *La palabra del Se-ñor creció.*	Complete la traducción. λόγος: *palabra* ὁ λόγος τοῦ κυρίου ηὔξανεν. (Hech. 12:24) _____ creció.

7
 	
ὁ
τοῦ
τὸν
	Usted habrá notado que la desinencia del artículo en genitivo es igual a la del sustantivo: **τοῦ θεοῦ**.
	
	Complete la declinación del artículo. Nominativo: ὁ
	
	                                     Genitivo: τ_____
	
	                                     Acusativo: τ_____

8 τοῦ θεοῦ	Complete las palabras griegas. ὁ λόγος τ_____ θε_____ ἐν ὑμῖν μένει. (1 Jn. 2:14) *La palabra de Dios en vosotros permanece.*
9 genitivo plural	En el siguiente cuadro hay una forma nueva, el plural del genitivo. Singular Plural Nom. κύριος κύριοι Gen. κυρίου **κυρίων** Ac. κύριον κυρίους La palabra ἀδελφῶν está en caso _____ (singular/plural).

10
 	
sing.   λόγος
       -ου
       -ον
 	
pl.   -οι
     -ων
     -ους
	Decline la palabra λόγος *palabra*.
	
	            Singular Plural
	
	Nom. λόγ_____ λόγ_____
	
	Gen. λόγ_____ λόγ_____
	
	Ac. λόγ_____ λόγ_____

11 *del siervo* *de los siervos*	ὁ λόγος **τοῦ ἀνθρώπου** ὁ λόγος **τῶν ἀνθρώπων** *la palabra **del hombre*** *la palabra **de los hombres*** Traduzca. δοῦλος: *siervo* ὁ κύριος τοῦ δούλου ὁ κύριος τῶν δούλων *el señor*_____ *el señor* _____
12 τῶν δούλον ἐκείνων	¿Cuáles palabras están en caso genitivo plural? _____ ἔρχεται ὁ κύριος τῶν δούλων ἐκείνων. (Mt. 25:19) _____ *Viene el Señor de los siervos aquellos.*

13 *las buenas palabras de los hombres.*	Complete la traducción. λαμβάνουσι τοὺς ἀγαθοὺς λόγους τῶν ἀνθρώπων. *Reciben* _____.
14 τῶν δούλων	Complete las palabras griegas. γινώσκομεν τὸν κύριον τ_____ δούλ_____. *Conocemos al señor de los siervos.*
15 *Los siervos de los hermanos conocen las palabras del señor.*	Traduzca la oración. οἱ δοῦλοι τῶν ἀδελφῶν γινώσκουσι τοὺς λόγους τοῦ κυρίου. _____
16 1. ὁ ἀγαθὸς κύριος 2. ὁ κύριος ὁ ἀγαθός	En la siguiente oración el adjetivo ἀγαθὸς se encuentra colocado entre el artículo ὁ y el sustantivo ἀδελφός. λέγει ὁ ἀγαθὸς ἀδελφός. *El buen hermano habla.* El adjetivo puede colocarse también después del sustantivo, pero en ese caso el artículo se repite. λέγει ὁ ἀδελφός **ὁ** ἀγαθός. *El buen hermano habla.* En las dos situaciones el adjetivo simplemente califica al sustantivo. Por tanto, se dice que en cualquiera de las dos el adjetivo está en posición atributiva con respecto al sustantivo. Escriba en griego la locución *el buen señor* con las dos formas de la posición atributiva del adjetivo. 1. __ _____ _____ 2. ___ _____ ___ _____
17 *Los siervos del señor dicen las buenas palabras.*	Traduzca la oración. λέγουσι οἱ δοῦλοι τοῦ κυρίου τοὺς λόγους τοὺς ἀγαθούς. _____
18 ὁ θεὸς **ὁ** ἅγιος	En la oración anterior la locución *las buenas palabras* se expresa por cuatro palabras en griego: τοὺς λόγους τοὺς ἀγαθούς, porque el artículo se repite cuando el adjetivo atributivo se coloca después del sustantivo. Atribuya al sustantivo θεός la cualidad ἅγιος *santo*. ὁ θεὸς _____ γινώσκει τοὺς ἀνθρώπους. *El santo Dios conoce a los hombres.*
19 ὁ ἅγιος θεὸς	La oración griega del #18 se puede redactar de otra manera si colocamos el adjetivo entre el artículo y el sustantivo (cp. #16). _____ γινώσκει τοὺς ἀνθρώπους.

20 τὸν λόγον *la palabra*	Subraye el CD en la siguiente oración. ἔχει ὁ κύριος ὁ ἀγαθὸς τὸν λόγον. *El buen señor tiene la palabra.*
21 acusativo	¿En qué caso está el CD τὸν λόγον? _____
22 *al siervo*	En la oración abajo hay un complemento directo y también un complemento indirecto. El complemento indirecto expresa la persona o cosa que recibe el daño o provecho de la acción del verbo. Lleva, en español, la preposición *a* o *para*. Subraye el complemento indirecto de la oración siguiente. *El buen señor dice la palabra al siervo.*
23 una desinencia del sustantivo	Para señalar el complemento indirecto en griego se emplea no una preposición (como *a* o *para* en español) sino una desinencia especial del sustantivo: -ῳ. ὁ κύριος ὁ ἀγαθὸς λέγει τὸν λόγον **τῷ** δουλῳ. *El buen señor dice la palabra **al** siervo.* El CI en una oración griega es señalado por (una preposición / una desinencia del sustantivo).
24 τῷ δούλῳ	Cuando el sustantivo lleva la desinencia -ῳ (omega con iota suscrita) se dice que está en caso dativo. En la oración del #23, ¿cuáles palabras están en caso dativo? _____
25 δούλῳ La iota suscrita es importante; ¿la escribió?	Llene el blanco del paradigma con la desinencia adecuada. (Sujeto) Nominativo: δοῦλ**ος** (Posesivo) Genitivo: δούλ**ου** (CI) Dativo: δούλ_____ (CD) Acusativo: δοῦλ**ον**
26 τῷ ἀγαθῷ ἀνθρώπῳ	El complemento indirecto siempre se encuentra en caso dativo. ¿Cuál es el complemento indirecto de esta oración? _____ λέγομεν τοὺς λόγους τοῦ θεοῦ τῷ ἀγαθῷ ἀνθρώπῳ.
27 *Decimos las pala- bras de Dios al buen hombre.*	Traduzca la oración anterior. _____
28 nominativo genitivo dativo acusativo	Indique el caso de cada sustantivo. ὁ δοῦλος τοῦ θεοῦ λέγει τῷ ἀδελφῷ τὸν ἅγιον λόγον. Casos: _____ _____ _____ _____
29	Traduzca la oración anterior. ἅγιος: *santo*

El siervo de Dios dice la santa palabra al hermano.	_____
30 complemento indirecto	¿Qué oficio desempeña τῷ ἀδελφῷ (caso dativo) en la oración del #28? _____
31 τῷ ἀγαθῷ κυρίῳ	Complete las palabras griegas: λέγεις τ____ ἀγαθ____ κυρί____. *Hablas al buen señor.*

32
 	
κυρίοις
	Caso dativo plural. λέγετε **τοῖς κυρίοις**.
	Habláis a los señores.
	
	Complete el paradigma con el caso adecuado.
	
	                           Plural
	   Nominativo: κύριοι
	   Genitivo: κυρίων
	   Dativo: κυρί_____
	   Acusativo: κυρίους

33 τοῖς ἀδελφοῖς	Subraye las palabras que estén en caso dativo, **plural**. Παῦλος ἀπόστολος Χριστοῦ Ἰησοῦ . . . καὶ Τιμόθεος ὁ ἀδελφὸς *Pablo apóstol de Cristo Jesús . . . y Timoteo el hermano* τοῖς . . . ἀδελφοῖς ἐν Χριστῷ . . . (Col. 1:2) *a los . . . hermanos en Cristo . . .*
34 1. nominativo 2. genitivo 3. dativo 4. acusativo	Identifique los casos. ¹οἱ ἀδελφοὶ ²τοῦ κυρίου λέγουσι ³τοῖς δούλοις ⁴τὸν λόγον τὸν ἅγιον. _____ _____ _____ _____
35 sujeto CI CD	¿Qué oficio desempeñan los siguientes sustantivos en la oración anterior? ὁι ἀδελφοί _____ τοῖς δούλοις _____ τὸν λόγον _____
36 *Los hermanos del se- ñor dicen la santa palabra a los siervos.*	Traduzca la oración del #34. _____
37	Muchos sustantivos de esta declinación (llamada la segunda declinación) toman una forma especial en el singular cuando desempeñan el oficio de llamar o invocar. λέγει αὐτῷ· ναί, **κύριε**. *Le dice: «Sí, Señor».*

la de llamar o invocar	¿Qué oficio desempeña la palabra **κύριε** en esta oración? _____
38 ἀδελφέ	Esta forma del sustantivo se llama **caso vocativo**. (Es evidente la relación entre el término vocativo y la función de **invocar**). Subraye la palabra en caso vocativo. . . . ἀδελφέ, ὁ κύριος ἀπέσταλκέν με . . . (Hech. 9:17) . . . _hermano, el Señor me ha enviado_ . . .
39 δοῦλε	La desinencia para el vocativo es -ε. Complete la palabra. δοῦλ_____ γινώσκεις τὸν λόγον τοῦ θεοῦ. _Siervo, conoces la palabra de Dios._
40 _Señor, tienes las santas palabras de Dios._	Traduzca la oración. κύριε, ἔχεις τοὺς λόγους τοὺς ἁγίους τοῦ θεοῦ. _____
41 llama o invoca	No existe forma especial en plural para la función del vocativo. Se emplea el nominativo para invocar o llamar. . . . ἀδελφοί, ἐγὼ φαρισαῖός εἰμι . . . (Hch. 23:6) . . . _hermanos, yo soy fariseo_ . . . ¿Cómo funciona la palabra ἀδελφοί en esta oración? _____
42 κύριε ὁ θεὸς	En el N.T. con frecuencia se emplea el nominativo, aun en singular, en vez de la forma especial del vocativo. En este versículo ocurren tanto el vocativo como el nominativo en una misma expresión apelativa, los dos en singular. μεγάλα καὶ θαυμαστὰ τὰ ἔργα σου, κύριε ὁ θεὸς παντοκράτωρ. (Ap. 15:3) _Grandes y maravillosas (son) tus obras, Señor Dios creador de todo._ Escriba las palabras con función de invocar: _____ en caso vocativo. _____ en caso nominativo.

43 Escriba los nombres de los casos en esta declinación de ἄνθρωπος.

	Singular	Plural	
_____	ὁ ἄνθρωπος	οἱ ἄνθρωποι	_____
_____	τοῦ ἀνθρώπου	τῶν ἀνθρώπων	_____
_____	τῷ ἀνθρώπῳ	τοῖς ἀνθρώποις	_____
_____	τὸν ἄνθρωπον	τοὺς ἀνθρώπους	_____
_____	[1] - ἄνθρωπε		

nominativo
genitivo
dativo
acusativo
vocativo

[1] No hay artículo en este caso.

44 dativo pl. gentitivo sing. dativo sing. genitivo pl. vocativo sing.	Indique caso y número. τοῖς δούλοις: Caso _____ (sing. / pl.) τοῦ κυρίου: Caso _____ (sing. / pl.) τῷ κυρίῳ: Caso _____ (sing. / pl.) τῶν λόγων: Caso _____ (sing. / pl.) — ἄνθρωπε: Caso _____ (sing. / pl.)
45 Sing. Gen. τοῦ κυρίου Dat. τῷ κυρίῳ Voc. — κύριε Pl. Gen. τῶν κυρίων Dat. τοῖς κυρίοις	Repase primero el paradigma del #43; luego complete esta declinación. **Singular** **Plural** Nom. ὁ κύριος οἱ κύριοι Gen. τ_____ κυρί_____ τ_____ κυρί_____ Dat. τ_____ κυρί_____ τ_____ κυρί_____ Ac. τὸν κυρίον τοὺς κυρίους Voc. κύρι_____
46 Posesivo Gen. CI Dat. CD Ac. Invocar Voc.	El oficio de los casos es el de señalar la función de los sustantivos en la oración. Por ejemplo, el caso nominativo señala el sujeto de la oración. En el paradigma #45 apunte a la par del nombre de cada caso, la función gramatical que ésta señala. Por ejemplo, Sujeto Nom. ὁ κύριος οἱ κύριοι Si no recuerda todas las funciones, consulte los siguientes cuadros. Genitivo #1 Dativo #26 Acusativo #1 Vocativo #37
47 Compare su declinación con la del #45. Repita este ejercicio hasta que pueda hacer toda la declinación sin ningún error.	Practique, primero oralmente y luego en forma escrita, la declinación completa del #45 (artículo y sustantivo). **Singular** **Plural** Nom. ____ _____ ____ _____ Gen. ____ _____ ____ _____ Dat. ____ _____ ____ _____ Ac. ____ _____ ____ _____ Voc. ____ _____ ____ _____
48	Decline la palabra λόγος, con el artículo correspondiente. Indique también la función gramatical que señala cada caso.

| Nom. — Sujeto
Gen. — Posesivo
Dat. — CI
Ac. — CD
  Sing.
  ὁ λόγος
  τοῦ λόγου
  τῷ λόγῳ
  τὸν λόγον
   Pl.
  οἱ λόγοι
  τῶν λόγων
  τοῖς λόγοις
  τοὺς λόγους | Función   Singular   Plural

_____ Nom. ____ λογ____ ____ λογ____

_____ Gen. ____ λογ____ ____ λογ____

_____ Dat. ____ λογ____ ____ λογ____

_____ Ac. ____ λογ____ ____ λογ____ |

| | Si no tuvo toda la declinación correcta vuelva a estudiarla, practicándola hasta que pueda escribirla de memoria en forma perfecta. Es importante que no pase de este punto sin dominar esta declinación. |

| **49**

Señor, señor. | Complete la traducción.

πολλοὶ ἐροῦσίν μοι . . . Κύριε κύριε. (Mt. 7:22)

Muchos dirán a mí _____ |

| **50**

El Hijo del hombre es Señor del sábado. | Traduzca el versículo.

κύριός ἐστιν τοῦ σαββάτου ὁ υἱὸς τοῦ ἀνθρώπου. (Mt. 12:8)
       es   *sábado*   *hijo*
_____ |

| **51**

dice a los hombres... | Complete la traducción.

ἡ γυνὴ . . . λέγει τοῖς ἀνθρώποις . . . (Jn. 4:28)

La mujer _____ |

| **52**

Digo al siervo | Complete la traducción.

λέγω . . . τῷ δούλῳ, Ποίησον τοῦτο . . . (Lc. 7:8)

_____ , *Haz esto . . .* |

| **53**

de los hombres | Complete la traducción.

ἡ ζωὴ ἦν τὸ φῶς τῶν ἀνθρώπων. (Jn. 1:4)

La vida era la luz _____. |

| **54**
ἀκούω *oír, escuchar*
γινώσκω *conocer, saber*
ἔχω *tener*
λέγω *decir, hablar*

ἀδελφός *hermano*
ἄνθρωπος *hombre*
δοῦλος *siervo* | REPASO — Vocabulario

Apunte el significado de todas las palabras que se han visto hasta aquí. Luego estudie el vocabulario hasta que lo domine.

Verbos   Sustantivos   Adjetivos

ἀκούω _____ ἀδελφός _____ ἀγαθός _____

γινώσκω _____ ἄνθρωπος _____ ἅγιος _____

ἔχω _____ δοῦλος _____ |

θεός *Dios, dios* κύριος *Señor,* *señor* λόγος *palabra* ἀγαθός *bueno* ἅγιος *santo*	λέγω _____ θεός _____ κύριος _____ λόγος _____

55

PRUEBA

Al traducir estas oraciones recuerde que la traducción correcta se basa en un análisis acertado de los casos. Procure hacer toda la traducción sin consultar los cuadros de explicación ni los paradigmas..

1. λέγουσι τοῖς ἀδελφοῖς οἱ ἄνθρωποι.

2. γινώσκεις τὸν θεὸν, δοῦλε.

3. ὁ λόγος τοῦ θεοῦ λέγει τῷ ἀνθρώπῳ.

4. ἀκούομεν.

5. ἔχετε ἀγαθοὺς δούλους.

6. ἀκούει ἄνθρωπος.

7. γινώσκω τὸν ἀδελφὸν τῶν ἀνθρώπων.

La traducción se encuentra en el apéndice V-3.

Al terminar este capítulo usted podrá traducir oraciones con el verbo εἰμί en tiempo presente o imperfecto, y con atributo. Reconocerá oraciones atributivas sin verbo, por la posición predicativa del adjetivo. Traducirá una palabra nueva.

1	El verbo más común del N.T. es εἰμί: *ser, estar, haber.* Y como suele ocurrir en los idiomas, este verbo sumamente común es también muy irregular. Observe sus formas, que difieren mucho de los otros verbos que se han visto.

      Singular   Plural

soy	εἰμί	ἐσμέν	*somos*
eres	εἶ	ἐστέ	*sois*
es	ἐστίν	εἰσίν	*son*

Consultando el cuadro, traduzca lo que falta en estas oraciones.

1. εἰμὶ ὁ κύριος τῶν ἀνθρώπων.

    _____ *de los* hombres.

2. πάντες οἱ ἄνθρωποί εἰσιν ἀδελφοί.

    Todos los *hombres* _____.

3. τίς εἶ, κύριε;

    ¿Quién _____ , _____?

4. ὁ κύριός ἐστιν ὁ θεὸς ἡμῶν.

    _____ *el Dios de nosotros.*

5. δοῦλοι τῶν ἀδελφῶν ἐσμεν.

    _____

6. ὑμεῖς ἀδελφοί ἐστε.

    Vosotros _____.

Respuestas (columna izquierda):

1. *Soy el Señor*
2. *son hermanos.*
3. *eres, Señor?*
4. *El Señor es*
5. *Siervos de los hermanos somos.*
6. *sois hermanos.*

2 Casi todas las formas del verbo aparecen sin acento en las oraciones.	Compare el acento de las formas de εἰμί en la conjugación arriba con su acentuación en cada una de las oraciones. ¿Qué observó? _____ _____
3	Una palabra griega que puede perder su acento de esta manera se llama palabra enclítica. De la conjugación de εἰμί en tiempo presente todas las formas menos εἶ (2ª pers. del sing.) son enclíticas. Antes de seguir adelante, léase en el apéndice I la sección 6, que describe las características de las enclíticas.
4	Después de estudiar la conjugación de εἰμί del #1, procure traducir los versículos siguientes (#4-9) sin consultar ese paradigma.

¿Quiénes son los hermanos del Señor?	τίνες εἰσιν οἱ ἀδελφοὶ τοῦ κυρίου; ¿Quiénes _____?

5 de Dios sois.	Traduzca el versículo. ναὸς θεοῦ ἐστε. (1 Co. 3:16) Templo _____.

6 Este es el Hijo de Dios.	Traduzca el versículo οὗτός ἐστιν ὁ υἱὸς τοῦ θεοῦ. (Jn. 1:34) _éste_ _hijo_ _____

7 Soy hijo de Dios.	Complete el versículo. . . . θεοῦ εἰμι υἱός. (Mt. 27:43) _Porque él dijo,_ _____.

8 Tú eres el Cristo el Hijo de Dios.	Traduzca el versículo. εἶ ὁ Χριστὸς ὁ υἱὸς τοῦ θεοῦ. (Mt. 16:16) _Cristo_ _____

9 Somos colaboradores de Dios.	Complete la traducción. θεοῦ ἐσμεν συνεργοί. (1 Co. 3:9) _colaboradores_ _____

10 1. son (están) 2. sois (estáis) 3. soy (estoy) 4. es (está) 5. eres (estás) 6. somos (estamos)	Traduzca los verbos. 1. εἰσιν _____ 2. ἐστε _____ 3. εἰμι _____ 4. ἐστιν _____ 5. εἶ _____ 6. ἐσμεν _____

11 εἰμι ἐσμεν εἶ ἐστε ἐστιν εἰσιν Si no acertó en todas las formas, estúdielas de nuevo. Repita este test hasta que las pueda escribir sin error.	Con este verbo tan irregular no hay otra alternativa que aprender de memoria toda la conjugación. Así que estudie de nuevo el paradigma del #1. Luego pruébese escribiendo aquí las formas griegas. _soy_ _____ _____ _somos_ _eres_ _____ _____ _sois_ _es_ _____ _____ _son_

12	En oraciones con verbos como γινώσκω o λέγω hemos visto que el sujeto realiza una acción que luego recae en un complemento directo. El sujeto aparece en caso nominativo, mientras que el CD va marcado por el caso acusativo.

	γινώσκει <u>ὁ θεὸς</u> <u>τοὺς ἀδελφούς</u>.
	         sujeto-nom. CD-ac.
	
	Dios conoce a los hermanos.
	
	En contraste con este tipo de oración, hay otras que emplean verbos como εἰμί. El verbo *ser* no expresa una acción que pueda recaer sobre un CD. Esta clase de verbos sirve simplemente para atribuirle una cualidad al sujeto.
	Esa cualidad puede expresarse por medio de un adjetivo o por medio de un sustantivo.
	
	    *Los hombres son **buenos**.* *Los hombres son **hermanos**.*
	         (adjetivo) (sustantivo)
	
	En estas dos oraciones las palabras *buenos* y *hermanos* expresan cualidades del
	_____.

sujeto	

13
 	
Porque son atributos de ἄνθρω-
ποι.
	Puesto que *buenos* y *hermanos* son atributos del sujeto, concuerdan con él; es decir, van en el mismo caso.
	
	   οἱ ἄνθρωποί εἰσιν ἀγαθοί. οἱ ἄνθρωποί εἰσιν ἀδελφοί.
	   Los hombres son buenos. *Los hombres son hermanos.*
	
	¿Por qué concuerdan ἀγαθοί y ἀδελφοί con ἄνθρωποι? _____
	_____

14
 	
predicado
	Todo lo que no es sujeto en la oración se llama predicado.
	
	   οἱ ἄνθρωποί **εἰσιν ἀγαθοί**.
	   οἱ ἄνθρωποί **εἰσιν ἀδελφοί**.
	
	La parte en negrita es el _____ de las oraciones.

15 predicado	En esas dos oraciones, las palabras ἀγαθοί y ἀδελφοί forman parte del _____.
16 sujeto	Aunque están en el predicado, ἀγαθοί y ἀδελφοί son atributos del _____.

17
 	
ἅγιοι
	El atributo de la oración es el adjetivo o el sustantivo
	   — en el predicado
	   — que atribuye una cualidad al sujeto por medio del verbo *ser* (o su equivalente).
	
	Identifique el atributo. οἱ ἄνθρωποί εἰσιν ἅγιοι.
	                         Los hombres son santos.

18
 	
δοῦλοι
	Identifique el atributo.
	
	   οἱ ἀδελφοὶ τῶν ἀνθρώπων δοῦλοί εἰσιν.
	   Los hermanos de los hombres son siervos.

19
 	
No hay.
ἀγαθόν no lo
puede ser porque
no califica al suje-
	¿Encuentra usted un atributo en la siguiente oración? (Recuerde la definición del #17.)
	
	   λέγει ὁ ἅγιος ἀδελφὸς τὸν λόγον τὸν ἀγαθόν.
	   El santo hermano dice la buena palabra.

	to sino al CD; ἅγιος tampoco, porque no está en el predicado sino en el sujeto
20 οἱ λόγοι	οἱ λόγοι τοῦ κυρίου εἰσιν ἅγιοι. ἅγιοι califica a _____
21 *Las palabras del Señor son santas.*	Traduzca la oración del #20 _____
22 nominativo	¿En qué caso está el adjetivo ἅγιοι? _____
23 Porque es atributo del sujeto λόγοι.	¿Por qué está ἅγιοι en caso nominativo? _____

24
 	
οἱ θερισταὶ
	Como el orden de las palabras en la oración griega es libre, puede suceder que tanto el sujeto como el atributo precedan al verbo.
	
	    οἱ θερισταὶ ἄγγελοί εἰσιν. (Mt. 13:39)
	      segadores ángeles
	
	    Los segadores son (los) ángeles.
	
	¿Cuál palabra griega es el sujeto? _____

25 atributo	¿Qué oficio desempeña ἄγγελοι en el ejemplo anterior? _____
26 κύριος	Identifique el atributo. ὁ Ἰησοῦς κυριός ἐστιν. *Jesús es señor.*

27
 	
οἱ ἀδελφοί
	¿Cuál es el sujeto de la siguiente oración?
	
	    οἱ ἀδελφοί εἰσιν οἱ κύριοι τῶν δούλων.
	    Los hermanos son los señores de los siervos.

28 Es el atributo.	En la oración del #27, ¿qué función desempeña οἱ κύριοι? _____
29 Porque es el atributo del sujeto.	En la oración del #27, ¿por qué está οἱ κύριοι en caso nominativo? _____

30
 	
Para hacerlo resaltar. (Consulte el contexto de Mt. 17 para ver por qué.)
	Para hacer resaltar el elemento más importante de la oración, la estilística griega lo coloca al principio de la oración. Así podemos encontrar oraciones en que la palabra inicial no es ni el verbo ni el sujeto, sino otro elemento que se quiera enfatizar como, por ejemplo, el atributo.
	
	    ἐλεύθεροί εἰσιν οἱ υἱοί. (Mt. 17:26)
	     (*libres*)
	    Los hijos son libres.
	
	¿Por qué comienza esta oración con el atributo? _____
	
	_____

31 ἅγιος	Complete la palabra. ἅγι⎽⎽⎽ ἐστιν ὁ κύριος. *Santo es el Señor.*
32 Porque es atributo de ὁ κύριος, el sujeto.	¿Por qué está ἅγιος en caso nominativo? _____ _____

33
 	
yo
	Puesto que las desinencias verbales indican qué persona es el sujeto del verbo, no es necesario que la oración emplee siempre un sustantivo o un pronombre en función de sujeto. Esto ocurre tanto en griego como en español.
	
	      γινώσκομεν τὸν υἱὸν τοῦ θεοῦ.
	      Conocemos al hijo de Dios.
	
	El sujeto encerrado en la forma verbal se llama sujeto tácito, y se identifica con el pronombre correspondiente: *yo, tú, él,* etc. El sujeto tácito de la oración arriba es el pronombre *nosotros.*
	
	El sujeto tácito de la siguiente oración es _____.
	
	      ἔχω ἀδελφόν.
	      Tengo hermano.

34
 	
tú
	¿Cuál es el sujeto tácito de la oración siguiente? _____
	
	      τοὺς λόγους τοῦ θεοῦ λέγεις τοῖς ἀνθρώποις.
	      Dices las palabras de Dios a los hombres.

35
 	
al sujeto tácito
nosotros
	Al igual que el sujeto expresado, el sujeto tácito puede ser calificado por un atributo.
	
	      ἀγαθοί ἐσμεν.
	      Somos buenos.
	
	¿A quién describe el adjetivo ἀγαθοί? _____

36 Porque es atributo del sujeto tácito, que estaría en nominativo si estuviera expresado.	¿Por qué está en caso nominativo el adjetivo ἀγαθοί? _____ _____

37
 	
yo
 	
(Su equivalente en griego sería el pronombre ἐγώ.)
	No se confunda el atributo con el sujeto cuando éste es tácito. Por ejemplo, sabemos que el sujeto del verbo en 1ª persona singular es siempre el pronombre *yo.*
	
	      ἀδελφός εἰμι τοῦ κυρίου.
	      Soy hermano del Señor.
	
	¿Cuál es el sujeto de esta oración? _____

38 1ª pers. *yo*	Aunque hay una palabra en nominativo en la oración del #37, ἀδελφός, ésta no puede desempeñar la función de sujeto del verbo εἰμί, porque εἰμί es de _____ persona y su sujeto es _____.
39 atributo del sujeto	En la oración del #37, ¿qué oficio desempeña el sustantivo ἀδελφός? _____
40 *vosotros*	¿Cuál es el sujeto de la oración del #5? _____
41 *yo*	¿Cuál es el sujeto de la oración griega del #7? _____
42 En **a.** funciona como CD, lo cual se expresa con el acusativo. En **b.** es atributo del sujeto, caso nominativo.	a. γινώσκει ὁ δοῦλος τὸν κύριον. *El siervo conoce al Señor.* b. ὁ θεὸς ὁ κύριός ἐστιν. *Dios es el Señor.* ¿Por qué la palabra *Señor* está en distinto caso en las dos oraciones? _____ _____
43 ἅγιος	¿Cuál palabra en la oración siguiente es el atributo? _____ ἅγιός ἐστιν ὁ θεός. *Santo es Dios.* (o: *Dios es santo.*)
44 *Santo es Dios.* *(Dios es Santo.)*	A continuación transcribimos el atributo y el sujeto de la oración anterior. El sujeto está compuesto de un sustantivo con su artículo. <u>ἅγιος</u> <u>ὁ θεός</u>. Para nosotros, falta un verbo para que esas tres palabras puedan formar una oración completa. Para los griegos no es así. Aun sin verbo alguno, ἅγιος ὁ θεός constituye un enunciado completo, o sea una oración. Se traduce igual que la oración del #43, que sí tiene verbo. Traduzca la oración. ἅγιος ὁ θεός. _____
45	En una oración sin verbo, como ἅγιος ὁ θεός, el adjetivo se coloca fuera del conjunto artículo-sustantivo. ἅγιος [ὁ θεός] artíc. sustant. El adjetivo puede escribirse o antes o después de ese conjunto. ἅγιος [ὁ θεός.] [ὁ θεὸς] ἅγιος. Siempre que el adjetivo se coloca (dentro / fuera) del conjunto artículo-sustantivo

fuera		puede constituirse en predicado de una oración completa. ὁ νόμος ἅγιος. (Ro. 7:12) καλὸς ὁ νόμος. (1 Ti. 1:8) *La ley es santa.* *La ley es buena.* En los dos versículos citados el adjetivo queda (dentro / fuera) del conjunto artículo-sustantivo.

ἅγιοι οἱ ἄν-
θρωποι.
O bien:
   οἱ ἄνθρωποι
   ἅγιοι.
	46	Cuando el adjetivo se coloca fuera del conjunto artículo-sustantivo se dice que está en posición predicativa, porque constituye el predicado de una oración completa.
		
		Los adjetivos ἅγιος y καλός en los versículos del #45 constituyen el predicado de sus respectivas oraciones, en virtud de su posición predicativa.
		
		Redacte en griego la siguiente oración, sin usar un verbo. Coloque simplemente el adjetivo en posición predicativa.
		
		Los hombres son santos. _____

2. y 3.	**47**	¿En cuales de las siguientes locuciones está el adjetivo en posición predicativa? (Repase los ejemplos del #45.) 1. οἱ ἅγιοι ἀδελφοί 2. οἱ ἀδελφοὶ ἅγιοι 3. ἅγιοι οἱ ἀδελφοί

1. *los santos her-*
   manos
2. *Los hermanos*
   son santos.
3. *Santos son los*
   hermanos.
	48	Traduzca las tres locuciones del #47, recordando que posición predicativa significa oración completa.
		
		1. _____
		
		2. _____
		
		3. _____

49 Porque el adjetivo no está en posi- ción predicativa en el ejemplo 1.		¿Por qué el ejemplo 1. del #47 no se puede traducir como una oración completa y los ejemplos 2. y 3. sí? _____ _____

50
ἀγαθὸς ὁ θεός.
O bien:
   ὁ θεὸς ἀγαθός.
		Redacte en griego la siguiente oración, sin emplear verbo.
		
		                                   ἀγαθός: *bueno*
		
		Dios es bueno. _____

51		**Posición predicativa**: el adjetivo se coloca fuera del conjunto artículo-sustantivo. ἅγιος [ὁ θεός] [ὁ θεὸς] ἅγιος Compárese la **posición atributiva** (cp. III-16s): el adjetivo sigue al artículo. a. **ὁ ἅγιος** θεός. b. ὁ θεός **ὁ ἅγιος**. En la forma **a.** de la posición atributiva el adjetivo se coloca entre el artículo y el sustantivo.

a. artíc.-adj.-sust. b. artíc.-sust.- artíc.-adj.	En la forma **b.** de la misma el artículo se repite, para abarcar también al adjetivo pospuesto al sustantivo. En esta posición resalta el adjetivo. Represente esquemáticamente las dos formas de la posición atributiva arriba ejemplificadas. Emplee los términos artículo, sustantivo y adjetivo. a. _____ b. _____
52 1. No es oración. 2. Oración completa.	Si el adjetivo se halla en posición atributiva no tenemos una oración completa sin que haya un verbo. Una de las siguientes locuciones constituye una oración completa y la otra no. La posición del adjetivo es lo que determina. Señale cuál ejemplo es oración completa y cuál no. 1. ὁ δοῦλος ὁ κακός 2. ὁ δοῦλος κακός
53 1. *el siervo malo* 2. *El siervo es malo.*	Traduzca 1. y 2. del #52. κακός: *malo* 1. _____ 2. _____
54 3.	Indique cuál de las locuciones griegas traduce la oración: *Los hombres son malos.* 1. οἱ κακοὶ ἄνθρωποι. 2. οἱ ἄνθρωποι οἱ κακοί. 3. οἱ ἄνθρωποι κακοί.
55 1. y 3.	¿Cómo se expresa la locución: *los santos ángeles*? 1. οἱ ἄγγελοι οἱ ἅγιοι 2. ἅγιοι οἱ ἄγγελοι 3. οἱ ἅγιοι ἄγγελοι
Los ángeles **56** *son santos.* (O bien: *Santos* *son los ángeles.*)	¿Cómo se traduce la locución 2. del #55? _____
57 *éramos*	El verbo εἰμί sólo tiene tres tiempos: presente, futuro e imperfecto. A continuación, el tiempo imperfecto: |		Singular	Plural	
---	---	---	---	---
(*estaba*)	era	ἤμην	ἦμεν ο ἤμεθα	*éramos*
(*estabas*)	eras	ἦς	ἦτε	*erais*
etc.	era	ἦν	ἦσαν	*eran*	 Observe que en la 1ª persona del plural hay dos formas que expresan lo mismo: ἦμεν y ἤμεθα. Su significado es _____ .
58	Para completar la traducción de estas oraciones puede referirse a la conjugación del #57.

1. *Hermano del señor era éste.* 2. *Eran . . .* 3. *Yo era señor de los esclavos.*	1. ἀδελφὸς τοῦ κυρίου ἦν οὗτος. _____ *éste.* 2. ἦσαν ὡς πρόβατα . . . _____ *como ovejas . . .* 3. κύριος ἤμην τῶν δούλων. _____
59 ἦν: *era, estaba* ἦσαν: *eran, estaban*	Del verbo εἰμί en imperfecto aparecen en el N.T. principalmente las formas de 3ª persona, tanto en singular como en plural: ἦν e ἦσαν. ¿Cómo se traducen estas formas? ἦν: _____ ἦσαν: _____
60 *Los dos hermanos eran santos.*	Traduzca la oración: ἦσαν ἅγιοι οἱ δύο ἀδελφοί. *dos* _____
61 *Hijo de Dios era éste. (O: Éste era hijo de Dios.)*	Traduzca el versículo. θεοῦ υἱὸς ἦν οὗτος. (Mt. 27:54) *éste* _____

62
 	
había
	El uso unipersonal del verbo *haber* (*hay, había, habrá*) representa el sentido que manifiestan en algunos contextos las formas de 3ª pers. singular o plural de εἰμί.
	
	En tiempo presente: εἰσὶν θεοὶ πολλοὶ καὶ κύριοι πολλοί (1 Co. 8:5)
	                                            . . . *hay muchos dioses y muchos señores . . .*
	
	En tiempo imperfecto: ἦν ἄνθρωπος ἐκ τῶν Φαρισαίων, Νικόδημος (Jn. 3:1)
	                                            Había un hombre de los fariseos, Nicodemo . . .
	
	En tiempo futuro: ἔσονται λιμοὶ καὶ σεισμοί (Mt. 24:7)
	                                            . . . *habrá hambres y terremotos . . .*
	
	Dependiendo del contexto, entonces, la forma ἦν (tiempo imperfecto) puede traducirse *era* o *estaba* o _____.

63 *Había una división entre ellos.*	Traduzca el versículo. σχίσμα: *división* ἐν αὐτοῖς: *entre ellos* σχίσμα ἦν ἐν αὐτοῖς. (Jn. 9:16) _____
64 ἦν	Note bien el acento y el espíritu que lleva ἦν. Hay otro vocablo que fácilmente se confunde con ἦν puesto que se diferencia de éste solamente en la forma del acento y del espíritu: ἥν, el pronombre relativo (*la*) *que*. El verbo *era, estaba, había* se escribe _____.

65
 	
era, estaba
eras, estabas
era, estaba, (había)
 	
  éramos, estábamos
  erais, estabais
  eran, estaban, (ha-
    bía)
	Traduzca la conjugación.
	
	ἤμην _____ ἦμεν ο ἤμεθα _____
	
	ἦς _____ ἦτε _____
	
	ἦν _____ ἦσαν _____

66 Sing. Pl. ἦν ἦσαν	Complete la conjugación. ἤμην ἦμεν ο ἤμεθα ἦς ἦτε _____ _____

67
 	
1. genitivo pl.
2. dativo sing.
3. nominativo
   sing.
4. nominativo pl.
5. acusativo sing.
6. acusativo pl.
7. genitivo sing.
8. vocativo sing.
9. dativo pl.
 	
Si no le fue posible identificar correctamente el caso y número de todos los sustantivos, vuelva a estudiar el #48 del capítulo III antes de seguir adelante.
	REPASO — Declinación del sustantivo
	
	Identifique el caso y el número de los sustantivos siguientes.
	
	         Caso
	
	1. τῶν δούλων _____ (sing. / pl.)
	
	2. τῷ υἱῷ _____ (sing. / pl.)
	
	3. ὁ ἄνθρωπος _____ (sing. / pl.)
	
	4. οἱ κύριοι _____ (sing. / pl.)
	
	5. τὸν λόγον _____ (sing. / pl.)
	
	6. τοὺς θεούς _____ (sing. / pl.)
	
	7. τοῦ ἀδελφοῦ _____ (sing. / pl.)
	
	8. κύριε _____ (sing. / pl.)
	
	9. τοῖς υἱοῖς _____ (sing. / pl.)

68
 	
1. *somos*
2. *era (él)*
3. *son*
	REPASO — El verbo *ser*
	
	Tiempo presente: Vuelva a estudiar la conjugación de εἰμί en el #1.
	     Luego haga de nuevo el ejercicio del #10.
	     Practique escribiendo toda la conjugación como en el #11.
	
	Tiempo imperfecto: Repase el #65. Practique la conjugación en una hoja aparte.
	     Traduzca la conjugación al español.
	
	Después de hacer el repaso indicado, pruébese al traducir los siguientes verbos.
	
	     1. ἐσμέν _____
	
	     2. ἦν _____
	
	     3. εἰσίν _____

4. *es* 5. *eran* 6. *eres* 7. *sois* Si tiene algún error en la traducción, repase de nuevo las conjugaciones.	4. ἐστίν _____ 5. ἦσαν _____ 6. εἶ _____ 7. ἐστε _____
69 Las respuestas se encuentran en el apéndice V-4.	PRUEBA Traduzca las oraciones. 1. ἐσμὲν οἱ κύριοι τῶν δούλων. 2. ἅγιος ἦν ὁ ἀδελφός. 3. εἶ ὁ θεὸς τῶν ἀνθρώπων. 4. ἀδελφοὶ τοῦ δούλου τοῦ ἀγαθοῦ εἰσιν οἱ ἄνθρωποι. 5. ἐστὲ ἅγιοι. 6. υἱὸς τοῦ κυρίου εἰμι. 7. ἦσαν ἀδελφοί. 8. ὁ λόγος τοῦ θεοῦ ἅγιός ἐστιν. 9. ἄνθρωπος ἦν. 10. ἅγιος ὁ θεός.

CAPÍTULO V

Al terminar este capítulo usted podrá traducir oraciones interrogativas con la palabra τίς, τί, y sabrá de memoria su declinación.

1 τίς	En la siguiente oración la palabra interrogativa τίς funciona como sujeto. Está, por tanto, en caso nominativo. τίς ἐστιν ὁ ἀδελφός μου; *¿Quién es mi hermano?* El vocablo griego que significa *quién* es _____.
2 τίς *(quién)*	¿Cuál palabra es el sujeto de esta oración? _____ τίς γινώσκει τὸν ἀδελφόν τοῦ δούλου; *¿Quién conoce al hermano del siervo?*
3 nominativo	Por su función de sujeto, definimos el caso de τίς como caso _____.
4 *¿Quién dice . . . ?*	Complete la traducción. τίς λέγει τοὺς λόγους τοὺς ἀγαθοὺς τῷ υἱῷ; ¿_____ *las buenas palabras al hijo?*
5 τίς . . . ;	Usted habrá notado que en griego las oraciones interrogativas no llevan signos de interrogación (¿ . . . ?). En la puntuación griega el punto y coma (;) es lo que indica una pregunta. Supla la palabra griega y la puntuación que falta. _____ γινώσκει τοὺς ἀδελφούς *¿Quién conoce a los hermanos?*
6 *¿Quién es el santo hijo?*	Traduzca la pregunta. τίς ἐστιν ὁ ἅγιος υἱός; _____
7 -ος -ι -α	Toda la declinación de τίς (llamada la 3ª declinación) es diferente a la de λόγος, ἄνθρωπος, etc. (2ª declinación). 2ª declinación 3ª declinación Nom. δοῦλ**ος** τίς Gen. δούλ**ου** τίν**ος** Dat. δούλ**ῳ** τίν**ι** Ac. δοῦλ**ον** τίν**α** En la forma del nominativo τίς, falta parte del tema, la letra ν. Anote las desinencias que se agregan al tema τιν- en los otros casos. Gen. -_____ Dat. -_____ Ac. -_____

8 nominativo genitivo	Aunque la declinación de τίς es completamente distinta a la de δοῦλος, hay una desinencia, -ος, que aparece en las dos declinaciones. En la 2ª declinación esta desinencia señala el caso _____ . En la 3ª declinación -ος marca el caso _____ .
9 genitivo	τίνος y ἀνθρώπου están en un mismo caso, el _____ .
10 (Con sus propias palabras): Porque τίνος se declina según la 3ª declinación y ἀνθρώ-που según la 2ª	Aunque τίνος y ἀνθρώπου están en un mismo caso, no llevan desinencias iguales porque _____ _____
11 τίνος gen. υἱπός nom.	Analice el caso de las palabras subrayadas. **τίνος υἱός** ἐστιν; (Mt. 22:42) Casos: _____ _____
12 . . . de quién es hijo?	El caso genitivo de τίνος señala el posesivo de *quién*. Complete la traducción del versículo. τίνος υἱός ἐστιν; (Mt. 22:42) *Qué pensáis del Cristo,* _____?
13 dativo	λέγει τῷ δούλῳ ὁ κύριος. *El señor habla al siervo.* Desempeña τῷ δούλῳ la función de complemento indirecto, en caso _____ .
14 a quién	Hagamos una pregunta acerca de la oración anterior. *¿A quién habla el señor?* El sujeto siempre es ***el señor***. ¿Qué palabra ha tomado el lugar del complemento indirecto ***al siervo***? _____
15 complemento indirecto	τίνι λέγει ὁ κύριος; *¿A quién habla el señor?* La palabra τίνι está en caso dativo y funciona como _____ _____
16 ¿A quién hablan los buenos señores?	¿Cómo se traduce la pregunta? _____ τίνι λέγουσι οἱ κύριοι οἱ ἀγαθοί;
17	Traduzca el diálogo.

—¿A quién habla el santo Dios? —Habla al hijo. —¿Quién habla al hijo? —El santo Dios.	Fulano: τίνι λέγει ὁ ἅγιος θεός; _____ Mengano: λέγει τῷ υἱῷ. _____ Zutano: τίς λέγει τῷ υἱῷ; _____ Fulano: ὁ ἅγιος θεός. _____
18 τίνος τίνι	τίς se declina: Nom. τίς Gen. _____ Dat. _____ Ac. τίνα
19 acusativo	¿En qué caso está la palabra en negrita? **τίνα** γινώσκετε; _____
20 ¿A quién conocéis?	τίνα desempeña el papel de complemento directo en la pregunta anterior, que se traduce: ¿_____?
21 τίνος τίνι τίνα	Repase el #18 y luego complete la declinación de τίς. Nom. τίς Gen. _____ Dat. _____ Ac. _____
22 nominativo nominativo	En varios contextos dentro del N.T. el interrogativo τίς se usa como adjetivo. Así empleado, τίς corresponde a los adjetivos interrogativos *cuál* o *qué* en español. Como todo adjetivo, τίς adjetivo concuerda con el sustantivo al cual acompaña. En la oración siguiente, ¿cuál es el caso de τίς? _____ ¿Cuál es el caso de ἄνθρωπος? _____ τίς ἄνθρωπος ἐξ ὑμῶν ἔχων ἑκατὸν πρόβατα . . . (Lc. 15:4) *¿Cuál hombre de vosotros teniendo cien ovejas . . . ?*
23 acusativo Para concordar con μισθόν, el CD.	τίνα μισθὸν ἔχετε; (Mt. 5:46) *¿Qué recompensa tenéis?* En esta pregunta el caso de μισθόν es acusativo. ¿Cuál es el caso de τίνα? (Cp. #21) _____ ¿Por qué está en ese caso? _____
24 cuál o qué	Cuando una forma de τίς califica a un sustantivo, se traduce por los adjetivos interrogativos _____ o _____ en español.
25	Todas las formas de τίς pueden referirse a seres o sustantivos tanto masculinos

complemento directo	como femeninos, al igual que las palabras *quién* y *cuál* en español. Para referirse a un sustantivo de género neutro (Cp. Cap. VII) o a alguna cosa no determinada del todo, hay una forma diferente: τί. τί λέγει ὁ κύριος; *¿Qué dice el Señor?* El sujeto es ὁ κύριος. τί está en caso acusativo y desempeña el oficio de _____ en la oración.
26 nominativo acusativo	Esta nueva forma τί es de género neutro. Sirve tanto para el nominativo como para el acusativo. En los otros casos el neutro no se distingue del masculino y femenino. <table><tr><td></td><td>Masculino y Femenino</td><td>Neutro</td></tr><tr><td>Nom.</td><td>τίς</td><td>τί</td></tr><tr><td>Gen.</td><td>τίνος</td><td>τίνος</td></tr><tr><td>Dat.</td><td>τίνι</td><td>τίνι</td></tr><tr><td>Ac.</td><td>τίνα</td><td>τί</td></tr></table> En el neutro una misma forma sirve tanto para el caso _____ como para el caso _____ .
27 diferentes Nom τίς Ac. τίνα	Compare, en el masculino y femenino, las formas del nominativo y acusativo. Son (iguales entre sí / diferentes).
28 *Dice a ellos: «¿Qué buscáis?»*	Complete la traducción. λέγει αὐτοῖς· τί ζητεῖτε; (Jn. 1:38) _____ a ellos: «¿_____ buscáis?»
29 *¿Qué tenéis, hermanos?*	Traduzca la pregunta. τί ἔχετε ἀδελφοί; ¿_____?
30 *¿Por qué me dices bueno?*	Frecuentemente el neutro τί significa *por qué.* τί μεριμνᾶτε; (Mt. 6:28) *¿Por qué os afanáis?* Complete la traducción. τί με λέγεις ἀγθόν; (Lc. 18:19) ¿_____ me _____?
31 *¿Qué dices...* *¿Por qué hablas (dices)...*	Hay dos posibles traducciones para τί en esta oración. τί λέγεις τῷ δούλῳ; ¿_____ al siervo? ¿_____ al siervo?
en la pri- **32** mera: τίν- (τί-)	Observe el acento en todas las formas de τίς en el #26. ¿En cuál sílaba recae siempre el acento? _____

33 agudo (´)	Cuando el τίς interrogativo aparece en nominativo tiene sólo una sílaba. ¿Qué acento ha llevado esa sílaba única en todas las oraciones que se han visto? agudo (´) grave (`) circunflejo (˜)
34 τὶς, τὶ - grave τίς, τί - agudo	Algunas palabras en griego son tan parecidas que se distinguen sólo por su acento. Hay un vocablo que se escribe exactamente igual a τίς excepto en el acento, pero su significado es muy distinto: τὶς - *alguien, alguno* (pronombre y adjetivo indefinido) τὶ - *algo* Este vocablo se declina en forma igual a τίς interrogativo, excepto en el acento. El acento de τὶς, τὶ *alguien, algo* es (agudo / grave / circunflejo). Contrasta con el acento del τίς, τί interrogativo (*quién, qué*) que es (agudo / grave / circunflejo).
35 primera	Las formas de τὶς, τὶ que tienen 2 sílabas llevan el acento en la sílaba final: τινὸς, τινὶ, τινὰ. En cambio, el τίς interrogativo siempre lleva su acento en la _____ sílaba (cp. #32). Se ha visto ya un caso de este fenómeno: ἤν y ἥν (cp. IV-64). Véase también el apéndice I.
36 a. genitivo b. acusativo c. nominativo y acusativo, ge- nero neutro	Repase la declinación del #26. Luego identifique el caso de las siguientes formas. a. τίνος b. τίνα c. τί _____ _____ _____
37 … ¿por qué lloras? ¿A quién buscas?	Complete la traducción. γύναι, τί κλαίεις; τίνα ζητεῖς; (Jn. 20:15) *Mujer, ¿_____ lloras? ¿_____ buscas?*
38 τὸν λόγον	De acuerdo con la información que le provee la primera oración, conteste en griego la pregunta que le sigue. ἀκούουσι οἱ υἱοὶ τὸν λόγον. τί ἀκούουσι; _____
39 τῷ ἀνθρώπῳ	La pregunta **b.** encuentra su contestación en la oración **a.** a. λέγει τῷ ἀνθρώπῳ ὁ ἅγιος θεός. b. τίνι λέγει ὁ ἅγιος θεός; _____
40	Complete la declinación (de memoria).

M. y F. N. τίς τί τίνος τίνος τίνι τίνι τίνα τί ¿ Escribió el acento sobre la primera sílaba? (Cp. #26.)	**Singular** Masculino y Femenino Neutro Nom. τίς τί Gen. _____ _____ Dat. _____ _____ Ac. _____ _____

41

M. y F.   N.

-ες   -α
-ων   -ων
-σι   -σι
-ας   -α

La ν del tema no aparece.

En este paradigma subraye las desinencias (todo lo que sigue al tema τιν-).

                     Plural

	Masculino y Femenino	Neutro
Nom.	τίνες	τίνα
Gen.	τίνων	τίνων
Dat.	τίσι	τίσι
Ac.	τίνας	τίνα

¿Qué observa en cuanto al dativo?

_____

42

τιν + σι → τίσι

La desinencia del dativo plural es -σι. Al unirse ésta con el tema τιν- se encuentran juntas las consonantes ν y σ. Puesto que la fonética griega no admite esta combinación, la ν se pierde. Observamos (cp. #7) en el nominativo singular una pérdida similar, que se puede expresar con la siguiente fórmula:

tema τιν   +   desinencia ς   →   τίς

Escriba la fórmula para el dativo plural.

tema _____ + desinencia _____ → _____

43

nominativo

¿En qué caso está la palabra en negrita?

τίνες ἦσαν ἀγαθοί;

44

¿Quiénes eran buenos?

Traduzca la pregunta del #43.

_____

45

¿A quiénes hablan los hijos?

Fijándose bien en los casos, traduzca la pregunta.

τίσι λέγουσι οἱ υἱοί;

_____

46

¿De quienes . . .?

Complete la traducción.

                   τίνων εἰσιν οὗτοι οἱ δοῦλοι;

¿_____ *son estos siervos?*

	47		Singular		Plural	
			Masc. y Fem.	Neutro	Masc. y Fem.	Neutro
		Nom.	τίς	τί	τίνες	**τίνα**
		Gen.	τίνος		τίνων	
		Dat.	τίνι		τίσι	
		Ac.	**τίνα**	τί	τίνας	**τίνα**

47

acusativo singular

nominativo y acusativo plural

Observe las formas en negrita.

La forma τίνα representa en el masculino y femenino el caso _____ (singular / plural).

En el género neutro, τίνα representa los casos _____ y _____ (singular / plural).

48

la primera:
τίν- (τί-)

¿Cuál sílaba lleva el acento en todas las formas del interrogativo τίς, τί?

_____

49

2.
3.
5.

La lista que sigue tiene formas del interrogativo y otras del vocablo parecido (#34) que difiere del interrogativo sólo por su acento.

Señale todas las formas que se pueden traducir con los interrogativos *quién, cuál, qué* o *por qué*.

1. τινῶν		4. τινὰς	
2. τίνι		5. τίνος	
3. τί		6. τὶς	

50

Compare su tabla con la del #47. Si no acertó en todas las formas, vuelva a estudiar la tabla. Practique la declinación hasta que la pueda hacer sin errores.

Después de estudiar el paradigma del #47, decline la palabra interrogativa.

	Singular		Plural	
	Masc. y Fem.	Neutro	Masc. y Fem.	Neutro
Nom.	τ'_____	τ'_____	τίν_____	τίν_____
Gen.	τίν_____		τίν_____	
Dat.	τίν_____		τί_____	
Ac.	τίν_____	τ'_____	τίν_____	τίν_____

51

1. nom. sing.;
ac. sing.
2. ac. sing.;
nom. sing.
3. dat. sing.

Analice el caso y el número tanto de los pronombres interrogativos como de los otros sustantivos en las siguientes preguntas. Procure analizarlos sin consultar con el #47.

1. **τίς** γινώσκει **τὸν θεόν**;

Caso _____ (sing. / pl.)   caso _____ (sing. / pl.).

2. **τίνα** γινώσκει **ὁ θεός**;

Caso _____ (sing. / pl.)   caso _____ (sing. / pl.).

3. **τίνι** λέγομεν;

Caso _____ (sing. / pl.).

4. gen. sing.; nom. sing. **5.** nom. pl.; ac. sing.	4. **τίνος** ἐστιν **υἱός**; Caso _____ (sing. / pl.)　　caso _____ (sing. / pl.). 5. **τίνες** ἔχουσι **τὸν λόγον τὸν ἅγιον**; Caso _____ (sing. / pl.)　　caso _____ (sing. / pl.). Si tiene duda en cuanto al caso de alguno de los pronombres consulte ahora el #47.
52 1. *¿Quién conoce a Dios?* 2. *¿A quién conoce Dios?* 3. *¿A quién hablamos?* 4. *¿De quién es hijo?* 5. *¿Quiénes tienen la palabra santa?*	Teniendo en mente la función de cada caso analizado en el #51, traduzca las preguntas. 1. _____ 2. _____ 3. _____ 4. _____ 5. _____
53 La traducción se encuentra en el apéndice V-5.	PRUEBA Traduzca las preguntas. 1. τίς ἔχει τοὺς δούλους; 2. τί λέγει ὁ ἀδελφός; 3. τίς ἐστιν υἱὸς τοῦ θεοῦ; 4. τί ἀκούομεν; 5. τίς εἶ κύριε; 6. τίνα γινώσκει ὁ θεός; 7. τίνες λέγουσι τοῖς ἀδελφοῖς; 8. τίνι λέγουσι οἱ κύριοι; 9. τίνος ἦν ἀδελφός;

CAPÍTULO VI

Al terminar este capítulo usted podrá traducir oraciones con verbo en imperativo del presente. Traducirá oraciones con un infinitivo que funciona como complemento directo del verbo principal, con o sin un sujeto propio. Reconocerá el atributo del sujeto del infinitivo. Podrá conjugar el verbo en tiempo presente, modos indicativo, imperativo e infinitivo. Traducirá dos verbos nuevos.

1 indicativo	Cuando la persona que habla estima que sus palabras corresponden a la realidad, emplea el verbo en modo indicativo. Todas las formas verbales vistas hasta aquí son del modo indicativo. **ἀκούει.** **γινώσκομεν** τὸν ἀδελφόν. τίς ἀδελφὸς **λέγει;** *(Él) oye.* *Conocemos al hermano.* *¿Cuál hermano habla?* ¿En qué modo están los siguientes verbos? _____ **γινώσκετε** τὸν κύριον. **ἔχουσι** ἀδελφόν. **ἔστιν** ὁ κύριος; *Conocéis al señor.* *Tienen hermano.* *¿Es el señor?*
2 indicativo	No es lo mismo decir: *Conocéis a los hombres*, que *Conoced a los hombres*. En la primera oración, que enuncia un hecho real, el verbo está en modo _____ .
3 1. indicativo 2. imperativo 3. imperativo 4. indicativo	Por medio del verbo *conoced* se expresa un mandato. El verbo que denota mandato está en modo imperativo. Indique cuáles verbos están en indicativo y cuáles en imperativo. 1. *Él oye.* 3. *Oye tú.* 2. *Tened paz.* 4. *Habláis a los hombres.*
4 *hablo* *hablamos* *hablas* *habláis* *habla* *hablan*	Traduzca las formas del indicativo: Singular Plural 1ª λέγω λέγομεν 2ª λέγεις λέγετε 3ª λέγει λέγουσι
5 <u>λέγε</u> <u>λεγέτω</u> <u>λέγετε</u> <u>λεγέτωσαν</u>	El imperativo griego tiene cuatro formas. No existe en primera persona. Singular Plural *habla (tú)* λέγε λέγετε *hablad (vosotros)* *hable (él)* λεγέτω λεγέτωσαν *hablen (ellos)* Obsérvese que el imperativo emplea el mismo tema verbal que se vio en el indicativo: λεγ- Subraye el tema de las formas verbales arriba.
6	Al tema λεγ- se le agregan las desinencias del imperativo. Singular Plural 2ª λεγ - ε λέγ - ετε 3ª λεγ - έτω λεγ - έτωσαν Forme el imperativo del verbo γινώσκω.

	Singular		Plural	
γίνωσκε γινωσκέτω γινώσκετε γινωσκέτωσαν	conoce (tú) γίνωσκ_____		γινώσκ_____ conoced (vosotros)	
	conozca (él) γινωσκ_____		γινωσκ_____ conozcan (ellos)	

7

Sing. *toma (tú)*
   tome (él)
Pl. *tomad*
   tomen (ellos)

Traduzca esta conjugación en imperativo.   λαμβάνω: *tomar, recibir*

Singular		Plural	
_____ λάμβανε	λαμβάνετε	_____	
_____ λαμβανέτω	λαμβανέτωσαν	_____	

8

ten
tenga (él)
  tened
  tengan (ellos)

Usted habrá notado que en español el imperativo no tiene más formas que las de segunda persona: *conoce (tú)*, y *conoced*.

Para traducir al español la tercer persona del imperativo griego usamos formas del subjuntivo: *conozca (él), conozcan (ellos)*.

Traduzca: ἔχε _____   ἔχετε _____

    ἐχέτω _____   ἐχέτωσαν _____

9

oiga

Traduzca el verbo: ὁ ἔχων ὦτα **ἀκουέτω**. (Mt. 11:15)

           El que tiene oídos _____.

10

Son iguales en forma.

Compare las formas de 2ª persona plural en los modos indicativo e imperativo.

Indicativo		Imperativo	
ἔχω	ἔχομεν	—	—
ἔχεις	**ἔχετε**	ἔχε	**ἔχετε**
ἔχει	ἔχουσι	ἐχέτω	ἐχέτωσαν

¿Qué observa usted? _____

11

tenéis

Puesto que la forma ἔχετε sirve tanto para el indicativo como para el imperativo, hay dos traducciones posibles.

ἔχετε { *tenéis*
       tened

El contexto nos ayuda a decidir cuál es la mejor traducción.

¿Cómo se traduce el verbo ἔχετε en este versículo?

οἶδεν ὁ θεὸς ὧν χρείαν **ἔχετε**. (Mt. 6:8)

Dios sabe de qué cosas _____ *necesidad.*

12

Hay ocasiones en que el contexto no es tan claro. Surgen diferencias de opinión entre traductores.

ἐραυνᾶτε[1] τὰς γραφάς. (Jn. 5:39)

Versión Reina-Valera: *Escudriñad las escrituras.*
Versión Hispanoamericana: *Escudriñáis las escrituras.*

a las dos	La forma del verbo en griego apoya ☐ a las dos traducciones. ☐ a la de Reina-Valera solamente. ☐ a la Hispanoamericana solamente. ¹ ἐραυνάω: *escudriñar*. Este verbo lleva la terminación de 2ª persona plural en -ᾱτε en vez de -ετε.

13
 	
1. *oiga (él)*
2. *di (tú)*
3. *conoced o cono-*
   céis
4. *tengan (ellos)*
5. *toma (tú)*
	Traduzca los verbos. λαμβάνω: *tomar, recibir*
	
	   1. ἀκουέτω _____
	
	   2. λέγε _____
	
	   3. γινώσκετε _____
	
	   4. ἐχέτωσαν _____
	
	   5. λάμβανε _____

14
 	
1. *Oiga (escuche) el*
   hombre.
 	
2. *Hablen los sier-*
   vos
	El imperativo de 3ª persona lleva su sujeto expresado en caso nominativo.
	
	λεγέτω ὁ κύριος.
	Hable el señor.
	
	Traduzca las siguientes oraciones.
	
	   1. ἀκουέτω ὁ ἄνθρωπος. 2. λεγέτωσαν οἱ δοῦλοι.
	
	  _____ _____

15
 	
1. *Reciban los*
   hombres a los
   hermanos.
2. *Decid a los hom-*
   bres la palabra
   de Dios.
	El imperativo lleva también complementos.
	
	λεγέτω **τοῖς ἀνθρώποις** ὁ κύριος. ἐχέτωσαν **δούλους** οἱ κύριοι.
	*Hable el señor **a los hombres**.* *Tengan **esclavos** los señores.*
	             CI CD
	
	Traduzca las oraciones.
	
	   1. λαμβανέτωσαν τοὺς ἀδελφοὺς οἱ ἄνθρωποι.
	
	  _____
	
	   2. λέγετε τοῖς ἀνθρώποις τὸν λόγον τοῦ θεοῦ.
	
	  _____

16
 	
¿Oyes qué dicen
éstos?
	Complete la traducción. ἀκούεις τί οὗτοι λέγουσι; (Mt. 21:16)
	                                           éstos
	
	        ¿_____?

17 *Dios conoce*	Complete la traducción. ὁ θεὸς γινώσκει τὰς καρδίας ὑμῶν. (Lc. 16:15) _____ *los corazones de vosotros.*
18	Complete la traducción.

recibís	τὴν μαρτυρίαν ἡμῶν οὐ λαμβάνετε. (Jn. 3:11) *El testimonio de nosotros no* _____.
19 indicativo	Hay un elemento importante en el contexto del versículo anterior: el adverbio negativo οὐ, *no*. Existen dos negativos en griego: οὐ y μή. Como regla general, se emplea οὐ cuando el verbo de la oración va en modo indicativo. En cambio el negativo es μή con los otros modos del verbo. El hecho de que el negativo que se usa en el versículo del #18 es οὐ revela que el modo del verbo λαμβάνετε es (indicativo / imperativo).
20 *No **diga** nadie, soy tentado por Dios.*	Complete la traducción. μηδεὶς . . . λεγέτω . . . ἀπὸ θεοῦ πειράζομαι. (Stg. 1:13) *Nadie* _____ *por Dios soy tentado.*
21 1. *Decís (o Decid) la palabra.* 2. *Escuche el hijo.* 3. *Tiene esclavos.* 4. *Conoce (tú) a Dios.* 5. *Digan los hombres la palabra.* 6. *Conocen a los hombres.*	Traduzca las siguientes oraciones. 1. λέγετε τὸν λόγον. _____ 2. ἀκουέτω ὁ υἱός. _____ 3. ἔχει δούλους. _____ 4. γίνωσκε τὸν θεόν. _____ 5. λεγέτωσαν τὸν λόγον οἱ ἄνθρωποι. _____ 6. γινώσκουσι τοὺς ἀνθρώπους. _____
22 -ειν	En la siguiente oración hay un verbo nuevo: θέλω *desear*. Hay además una forma verbal nueva: el infinitivo γινώσκειν. τίς θέλει γινώσκειν τὸν θεόν; *¿Quién desea conocer a Dios?* La nueva forma lleva además del tema γινωσκ- una desinencia que indica el infinitivo. Esa desinencia es: _____.
23 λέγειν	La desinencia que marca el infinitivo es -ειν. Se agrega al tema verbal para formar el infinitivo. El infinitivo *decir* es λεγ_____.
24 3. ἔχειν	¿Cuál de las siguientes formas verbales está en modo infinitivo? 1. λέγεις 3. ἔχειν 2. ἀκούει 4. θέλει
25 1. *dices, hablas* 2. *(él) oye, escucha* 3. *tener*	Traduzca las formas verbales del #24. 1. _____ 3. _____ 2. _____ 4. _____

4. *(él) desea*	
26 -ειν	La desinencia que marca el infinitivo es _____ .
27 *Desean recibir*	Complete la traducción. θέλουσι λαμβάνειν τὸν ἅγιον λόγον. _____ la santa palabra.
28 1. *¿Quién es el Cristo?* 2. *El señor de los siervos era bueno.* 3. *Los hermanos eran santos.* 4. *Los hombres son hermanos.*	Traduzca las oraciones. 1. τίς ἐστιν ὁ Χριστός; _____ 2. ἀγαθὸς ἦν ὁ κύριος τῶν δούλων. _____ 3. ἦσαν ἅγιοι οἱ ἀδελφοί. _____ 4. ἀδελφοί εἰσιν οἱ ἄνθρωποι. _____
29 ἀκούειν	Añada la desinencia adecuada a la palabra incompleta. θέλουσι οἱ υἱοὶ τοῦ κυρίου ἀκού_____ . *Los hijos del señor desean escuchar.*
30 complemento directo	Analicemos la oración del #29. Verbo principal: θέλουσι Sujeto del verbo: οἱ υἱοί Apliquemos la pregunta que identifica el complemento directo dentro de una oración. ¿Qué es lo que <u>οἱ υἱοὶ</u> <u>θέλουσι</u>? sujeto verbo La respuesta a esta pregunta es ἀκούειν. Así que el infinitivo ἀκούειν es el _____ del verbo principal.

31
 	
Verbo principal:
  θέλει
Sujeto:
  ὁ ἄνθρωπος
CD: λέγειν
	El infinitivo es un sustantivo verbal. Manifiesta su carácter de sustantivo al funcionar como complemento directo del verbo principal.
	
	Analice la siguiente oración.
	
	θέλει ὁ ἄνθρωπος λέγειν.
	
	Verbo principal: _____
	
	Sujeto: _____
	
	CD: _____

32	El infinitivo mantiene su carácter verbal aun cuando desempeña la función de CD del verbo principal. Es así como puede llevar a su vez complementos propios.

	θέλει ὁ ἀδελφός λαμβάνειν τὸν λόγον.
V. prin.: θέλει Suj.: ὁ ἀδελφός CD: λαμβάνειν CD del inf.: τὸν λόγον	Verbo principal: _____ Sujeto: _____ CD del verbo principal: _____ CD del infinitivo: _____
33 *El hermano desea recibir la palabra.*	Traduzca la oración analizada en el #32. _____
34 V. prin.: θέλει Inf.: ἀκούειν Suj.: οἱ υἱοί	Otra cualidad verbal del infinitivo es la de tener sujeto, tácito o expreso. En la oración siguiente el sujeto del infinitivo es el mismo del verbo principal. θέλουσι οἱ υἱοὶ ἀκούειν. *Los hijos desean oír.* Verbo principal: _____ Infinitivo: _____ Sujeto del verbo prin. y del inf.: _____
35 ὁ ἀδελφός	En la oración del #32 ¿cuál es el sujeto del infinitivo? _____
36 *El buen señor desea hablar a los siervos.*	El infinitivo puede colocarse en diferentes posiciones en la oración. Traduzca la oración. λέγειν τοῖς δούλοις θέλει ὁ κύριος ὁ ἀγαθός. _____
37 V. prin.: θέλει CD: λέγειν Suj.: ὁ κύριος CI del inf.: τοῖς δούλοις	Analice la oración del #36. Verbo principal: _____ Complemento directo: _____ Sujeto del verbo prin. y del inf.: _____ CI del infinitivo: _____

38
 	
ἔχειν
λέγειν
θέλειν
	Forme los infinitivos *tener*: ἔχ_____
	
	                decir: λέγ_____
	
	                desear: θέλ_____

39	Con la ayuda de este vocabulario traduzca el versículo. μέλλω: *estar a punto de* πάσχω: *padecer* ὑπ' αὐτῶν: *por ellos, de ellos*

El hijo del hombre está a punto de padecer de ellos.	ὁ υἱὸς τοῦ ἀνθρώπου μέλλει πάσχειν ὑπ' αὐτῶν. (Mt. 17:12) _____
40 θέλ**ομεν** ἔχ**ειν**	Complete las formas verbales. θέλ_____ ἔχ_____ τὸν λόγον τοῦ θεοῦ. *Deseamos tener la palabra de Dios.*
41 CD del verbo θέ-λομεν	En la oración del #40, ¿qué oficio desempeña el infinitivo ἔχειν? _____
42 τὸν λόγον	El infinitivo ἔχειν, que funciona como CD del verbo principal θέλομεν, lleva a su vez un complemento directo propio: _____
43 *nosotros* *nosotros*	En esa misma oración, ¿quién realiza la acción de *desear* (sujeto tácito)? _____ ¿Cuál es el sujeto de *tener*? _____

44
 	
#28
V. pr./ S./inf.-CD
Los hijos del señor desean oír.
 	
#31
V. pr./ S./inf.-CD
El hombre desea hablar
	En todas las oraciones con infinitivo-CD que se han visto, el sujeto del verbo principal es a la vez el sujeto del infinitivo-CD.
	
	    #22 **τίς** θέλει γινώσκειν . . .
	Anál. Suj. V. pr. inf.-CD
	Trad. *¿Quién desea conocer . . .*
	
	    #27 θέλουσι λαμβάνειν . . .
	Anál. V. pr. inf.-CD
	Trad. *Desean recibir . . .*
	
	Analice estas oraciones:
	
	    #28 θέλουσι οἱ υἱοί τοῦ κυρίου ἀκούειν.
	Anál. _____ _____ _____
	Trad. _____
	
	    #31 θέλει ὁ ἄνθρωπος λέγειν.
	Anál. _____ _____ _____
	Trad. _____

45	No es así siempre.
	Hay oraciones en que la acción del infinitivo-CD es realizada por otro sujeto y no el del verbo principal. En español, el infinitivo puede usarse con sujeto propio después de algunos verbos que denotan percepción o mandato.
	
	      Él vio arder la casa. *Yo te ordeno salir.*
	  Suj. del vbo. pr.
		Suj. del inf. Suj. del vbo. pr.	Suj. del inf.
			
			Ordinariamente en español, sin embargo, no se construye con infinitivo una acción que tenga sujeto propio.

	*Él sabe **arder la casa**.

Aquí la lengua castellana exige una oración subordinada, introducida por la palabra *que*:

*Él sabe **que la casa arde**.*

El griego no tiene esta exigencia. Muchos verbos llevan un infinitivo-CD con sujeto propio, conjunto que funciona como complemento directo del verbo principal. Por tanto el sujeto del infinitivo aparece en caso acusativo.

γινώσκει τὸν κύριον λέγειν.
(*Él sabe al señor hablar.*)
Él sabe que el señor habla.

Analice la oración arriba.

Verbo principal: _____

Sujeto (tácito) del vbo. prin.: _____

Infinitivo.: _____

Sujeto del infinitivo: _____

* En los textos de lingüística el asterisco señala un giro inaceptable. |
| Verbo prin.: γι-νώσκει
Suj.: (*él*)
Inf.: λέγειν
Suj. del inf.: τὸν κύριον | |
| **46**

acusativo | ¿En qué caso está el sujeto del infinitivo del #45? _____ |
| **47**

τὸν ἄνθρωπον | El sujeto del infinitivo que funciona como complemento directo del verbo principal se encuentra en caso acusativo.

¿Cuál palabra es el sujeto del infinitivo?

τίς λέγει τὸν ἄνθρωπον ἀκούειν;   _____ |
| **48**

¿Quién dice que el hombre oye? | Al traducir una oración como la anterior, es obvio que no podemos usar un infinitivo en español. Tenemos que emplear una oración subordinada introducida por la palabra *que*.

Traduzca la oración, colocando la palabra *que* inmediatamente después del verbo

principal. _____ |
| **49**
Suj. del inf.: τὸν θεόν
Sabéis que Dios habla. | Señale el sujeto del infinitivo y traduzca la oración.

γινώσκετε τὸν θεὸν λέγειν.

_____ |
| **50** | En las oraciones de los #45-49, el verbo que traduce el infinitivo griego está en modo indicativo.

#45 ... λέγειν   #47 ... ἀκούειν   #49 ... λέγειν
... habla   ... oye   ... habla

Subraye el verbo español que traduce el infinitivo griego. |

tiene indicativo	γινώσκουσι τὸν ἄνθρωπον ἔχειν δοῦλον. *Saben que el hombre tiene esclavo.* ¿En qué modo está el verbo en español? _____
51 *tenga*	En las oraciones ya vistas el verbo principal expresa percepción o comunicación: #45 y 49 γινώσκω *saber*; #47 λέγω *decir*. En la oración subordinada que sigue a estos verbos, se usó el modo indicativo. En contraste con tales oraciones, tenemos otras en que el verbo principal expresa mandato o deseo. **θέλουσι** τὸν ἄνθρωπον ἔχειν δοῦλον. **Desean** *que el hombre tenga esclavo.* Después de un verbo principal de mandato o deseo, no podemos traducir el infinitivo griego con el modo indicativo. Nuestra lengua exige aquí el modo subjuntivo. Subraye en la oración arriba el verbo en subjuntivo que traduce el infinitivo griego.
52 *los hombres reciban* *(tomen) el pan*	Complete la traducción. θέλει τοὺς ἀνθρώπους λαμβάνειν τὸν ἄρτον. *Él desea que* _____ *el pan.*

53	RESUMEN
	
	Comparemos los dos tipos de oración con el infinitivo-CD que se han visto.
	
	1. El verbo principal y el infinitivo tienen un mismo sujeto.
	   Traducción: con infinitivo.
	
	   θέλω **λέγειν** τῷ κυτίῳ.
	   Deseo **hablar** *al señor.*
	
	2. El verbo principal tiene un sujeto y el infinitivo tiene otro.
	   Traducción:
	   2.1. Casi siempre con una oración subordinada. El verbo que traduce el infinitivo va en indicativo o en subjuntivo según las exigencias del verbo principal.
	
	   a. γινώσκω τὸν ἄνθρωπον **γινώσκειν** τὸν δοῦλον.
	      Sé que el hombre **conoce** *al siervo.*
	
	   b. θέλω τὸν δοῦλον **λέγειν** τῷ κυρίῳ.
	      Deseo que el esclavo **hable** *al señor.*
	
	   2.2. Con unos pocos verbos es admitida la traducción con infinitivo.
	
	   κελεύω αὐτὸν **ἀπελθεῖν**.
	   Le ordeno **salir.**
	
	Antes de traducir las siguientes oraciones, indique a cuál de las categorías arriba corresponde cada oración.

1. Tipo 2.1.b *Deseo que los hombres reciban a los hermanos.* 2. Tipo 1 *Los hombres desean tener siervos.* 3. Tipo 1 *Deseamos hablar al señor.* 4. Tipo 2.1.a *Dicen que el señor conoce a los hombres.*	1. θέλω τοὺς ἀνθρώπους λαμβάνειν τοὺς ἀδελφούς. Corresponde al tipo (1) (2.1.a.) (2.1.b) (2.2) Trad. _____ 2. θέλουσι οἱ ἄνθρωποι ἔχειν δούλους. Corresponde al tipo (1) (2.1.a.) (2.1.b) (2.2) Trad. _____ 3. θέλομεν λέγειν τῷ κυρίῳ. Corresponde al tipo (1) (2.1.a.) (2.1.b) (2.2) Trad. _____ 4. λέγουσι τὸν κύριον γινώσκειν τοὺς ἀνθρώπους. Corresponde al tipo (1) (2.1.a.) (2.1.b) (2.2) Trad. _____
54 *El señor va a tomar el pan santo.*	Traduzca la oración. μέλλω: *estar a punto de, ir a* ἄρτος: *pan* μέλλει ὁ κύριος λαμβάνειν τὸν ἄρτον τὸν ἅγιον. _____
55 (Tipo 2.1.a) *El siervo sabe que el señor oye la palabra.*	Después de hacer un análisis como en el #53, traduzca la oración. ὁ δοῦλος γινώσκει τὸν κύριον ἀκούειν τὸν λόγον. _____
56 *Deseo que vosotros habléis en lenguas.*	Traduzca el versículo. ὑμᾶς: *vosotros* (caso acusativo) λαλεῖν: *hablar* γλώσσαις: *en lenguas* θέλω ὑμᾶς λαλεῖν γλώσσαις. (1 Co. 14:5) _____
57 *Decimos que el hermano tiene siervos.*	Traduzca la oración. λέγομεν τὸν ἀδελφὸν ἔχειν δούλους. _____
58 *¿Deseáis ser hijos de Dios?*	El infinitivo del verbo *ser* es εἶναι. Traduzca la pregunta. θέλετε εἶναι υἱοὶ τοῦ θεοῦ; ¿Deseáis _____?
59	En la siguiente oración el infinitivo εἶναι es CD del verbo θέλετε, cuyo sujeto es también el sujeto de εἶναι. ἀδελφοὶ θέλετε εἶναι. *Deseáis ser hermanos.*

vosotros	El sujeto (tácito) de θέλετε εἶναι es _____.
60 nominativo	El sustantivo ἀδελφοί es atributo del sujeto tácito *vosotros*, y por tanto está en caso _____.
61 atributo	Estando en el predicado, el sustantivo ἀδελφοί atribuye una cualidad al sujeto. Por esta razón ἀδελφοί se constituye en el _____.
62 *Deseáis ser hijos del señor. (Desead...)*	Traduzca la oración. θέλετε εἶναι υἱοὶ τοῦ κυρίου. _____
63 atributo	¿Qué oficio desempeña υἱοί en esa oración? _____
64 *Di, Señor, a los siervos: «¿Por qué son santos los hijos de los hombres?»*	Traduzca la oración. λέγε, κύριε, τοῖς δούλοις· τί ἅγιοί εἰσιν οἱ υἱοὶ τῶν ἀνθρώπων; _____
65 *¿Deseas ser bueno?*	Traduzca la pregunta. ἀγαθὸς θέλεις εἶναι; _____
66 sujeto tácito, *tú*	En la pregunta del #65, el adjetivo ἀγαθός califica al _____.
67 Por ser atributo del sujeto (*tú*), que siempre se considera de caso nominativo, aun cuando es tácito.	¿Por qué el adjetivo ἀγαθός está en caso nominativo _____ _____
68 *¿Quién desea ser señor de siervos?*	Traduzca la oración. τίς θέλει εἶναι κύριος δούλων; _____
69 acusativo	Fíjese otra vez en la oración del #58. Un mismo sujeto (*vosotros*) realiza la acción de todo el concepto verbal θέλετε εἶναι. Veamos ahora una oración en que el sujeto (*vosotros*) del verbo en forma personal θέλετε no es quien realiza la acción del infinitivo εἶναι. θέλετε τοὺς ἀνθρώπους εἶναι ἀδελφούς. Aquí el sujeto del infinitivo no es *vosotros* sino τοὺς ἀνθρώπους, del caso _____ porque funciona junto con el infinitivo, como complemento directo del verbo θέλετε.

70 *los hombres sean* *hermanos.*	Como hemos visto arriba (#53), la oración en que el sujeto del verbo principal no es igual al del infinitivo, exige por lo general una traducción con oración subordinada. Complete ahora la traducción de la oración del #69: θέλετε τοὺς ἀνθρώπους εἶναι ἀδελφούς. *Deseáis que* _____
71 atributo	Analicemos esta oración simple. οἱ ἄνθρωποί εἰσιν ἀδελφοί. *Los hombres son hermanos.* Verbo: εἰσιν Sujeto: οἱ ἄνθρωποι ¿Qué oficio desempeña el sustantivo ἀδελφοί? _____
72 nominativo Porque atribuye un concepto al sujeto, concuerda con el caso nominativo de éste.	¿En qué caso está ἀδελφοί? _____ ¿Por qué está en ese caso? _____
73 τοὺς ἀνθρώπους	Analicemos la oración del #70. Verbo principal: θέλετε Sujeto tácito: *(vosotros)* CD: el conjunto inf.-sujeto propio τοὺς ἀνθρώπους εἶναι Queda un elemento más en la oración: ἀδελφούς. ¿A qué sustantivo de la oración atribuye ἀδελφούς un concepto? _____
74 Porque siendo atributo del sujeto del infinitivo τοὺς ἀνθρώπους, concuerda con su caso acusativo.	En esta oración se le atribuye un concepto, ἀδελφούς, al sujeto del infinitivo τοὺς ἀνθρώπους. Estando el sujeto del infinitivo en acusativo, el atributo concierta ahora con ese caso. θέλετε τοὺς ἀνθρώπους εἶναι ἀδελφούς. *Deseáis que los hombres sean hermanos.* ¿Por qué está en acusativo la palabra ἀδελφούς? _____ _____
75 *Deseamos que el hombre sea hijo de Dios.*	Traduzca la oración. θέλομεν τὸν ἄνθρωπον εἶναι υἱὸν τοῦ θεοῦ. _____
76	Traduzca la oración.

El hombre dice que Dios es santo.	ὁ ἄνθρωπος λέγει τὸν θεὸν εἶναι ἅγιον. _____

77
 	
¿Cómo dicen que el Cristo es hijo de David?
	Traduzca el versículo.
	
	        πῶς: _cómo_
	        Χριστός: _Cristo_
	        Δαυίδ: (aquí) _de David_ (no se declina)
	
	    πῶς λέγουσι τὸν Χριστὸν εἶναι Δαυὶδ υἱόν; (Lc. 20:41)
	
	_____

78
 	
1. _conoce (tú)_
2. _diga (él)_
3. _tomen (ellos)_
4. _oír_
5. _tenéis, tened_
	Traduzca los siguientes verbos.
	
	   1. γινώσκε _____
	
	   2. λεγέτω _____
	
	   3. λαμβανέτωσαν _____
	
	   4. ἀκούειν _____
	
	   5. ἔχετε _____

79
 	
1. θέλω(a) τοὺς ἀνθρώπους(d) **λαμβάνειν**(c) **τοὺς ἀδελφούς**(e).
2. θέλουσι(a) οἱ ἄνθρωποι(b) **ἔχειν**(c) **δούλους**(e).
3. θέλομεν(a) **λέγειν**(c) **τῷ κυρίῳ**(e).
4. λέγουσι(a) τὸν κύριον(d) **γινώσκειν**(c) **τοὺς ἀνθρώπους**(e).
	Antes de pasar a la prueba final del capítulo, vuelva al resumen del #53. Después de estudiarlo, analice las cuatro oraciones a continuación, señalando los siguientes elementos de ellas:
	
	  a. verbo principal
	  b. sustantivo en nominativo, sujeto del verbo principal
	  c. infinitivo
	  d. sustantivo en acusativo, sujeto del infinitivo
	  e. complementos del infinitivo
	
	Apunte la letra debajo de la construcción correspondiente.
	
	  1. θέλω τοὺς ἀνθρώπους λαμβάνειν τοὺς ἀδελφούς.
	
	  2. θέλουσι οἱ ἄνθρωποι ἔχειν δούλους.
	
	  3. θέλομεν λέγειν τῷ κυρίῳ.
	
	  4. λέγουσι τὸν κύριον γινώσκειν τοὺς ἀνθρώπους.

80
 	
1. _Deseo que los hombres reciban a los hermanos._
2. _Los hombres desean tener esclavos._ **3.** _Queremos (deseamos) hablar al Señor._ **4.** _Dicen que el Señor conoce a los hombres._
	Traduzca las oraciones del #79.
	
	  1. _____
	
	  2. _____
	
	  3. _____
	
	  4. _____

81 θέλετε a τοὺς ἀνθρώπους d εἶναι ἀδελφούς c f	Revise también el #74. Luego analice la oración de ese cuadro, indicando cuáles elementos de la lista siguiente aparecen en ella. θέλετε τοὺς ἀνθρώπους εἶναι ἀδελφούς. a. verbo principal b. sustantivo en nominativo, sujeto del verbo principal c. infinitivo d. sustantivo en acusativo, sujeto del infinitivo e. complementos del infinitivo f. atributo del sujeto del infinitivo

82 1. *hijo* 2. *quién* 3. *tomar, recibir* 4. *ser* 5. *desear* Estudie este vocabulario hasta dominarlo. Repase también el vocabulario del III-54.	REPASO — Vocabulario Apunte el significado de las palabras. 1. υἱός _____ 2. τίς _____ 3. λαμβάνω _____ 4. εἰμί _____ 5. θέλω _____

83 Indicativo λαμβάνω λαμβάνεις λαμβάνει λαμβάνομεν λαμβάνετε λαμβάνουσι Imperativo λάμβανε λαμβανέτω λαμβάνετε λαμβανέτωσαν Infinitivo λαμβάνειν	REPASO — Conjugación Después de un repaso detenido de los cuadros #4, 7 y 23, complete los paradigmas a continuación. Modo Indicativo Modo Imperativo Singular Plural Singular Plural λαμβάν____ λαμβάν____ — — λαμβάν____ λαμβάν____ λάμβαν____ λαμβάν____ λαμβάν____ λαμβάν____ λαμβαν____ λαμβαν____ Modo infinitivo: λαμβάν____

84 Indicativo *tomo tomamos* *tomas tomáis* *toma toman* Imperativo *toma (tú) tomad* *tome (él) tomen* *(ellos)* Infinitivo: *tomar*	Traduzca todas las formas verbales del #83. Indicativo Imperativo _____ _____ _____ _____ _____ _____ _____ _____ _____ _____ _____ _____ Infinitivo: _____

85	PRUEBA
	1. θέλεις γινώσκειν τοὺς ἀδελφούς.
	2. λέγομεν τὸν κύριον ἔχειν τοὺς δούλους.
	3. τίνες θέλουσι τὸν υἱὸν εἶναι ἀγαθόν;
	4. λαμβανέτω ὁ υἱὸς τὸν λόγον τὸν ἅγιον.
Las respuestas se hallan en el apéndice V-6.	5. ἄκουε.

Al terminar este capítulo usted podrá traducir oraciones con verbo en imperfecto. Reconocerá la ν movible agregada a ciertas formas verbales. Reconocerá el complemento directo en dativo. Identificará los casos del sustantivo neutro. Traducirá tres palabras nuevas.

presente imperfecto	**1**	Compárense los verbos en las oraciones siguientes. a. **λέγει** ὁ υἱός. El hijo **habla** b. **ἔλεγε** ὁ υἱός. El hijo **hablaba**. La forma λέγει representa una acción en tiempo presente. La forma ἔλεγε representa una acción en tiempo pasado, de aspecto durativo. En la gramática griega esta combinación de aspecto durativo y tiempo pasado recibe el nombre de tiempo imperfecto. ¿En qué tiempo gramatical están los verbos? λέγει: tiempo _____ ἔλεγεν: tiempo _____
el tema verbal λεγ-	**2**	En cuanto a su ortografía, ¿qué tiene en común la forma del imperfecto, ἔλεγε, con la del presente, λέγει? (Cp. II-2) _____
ἐ-γίνωσκε ἐ-λάμβανε ἔ-λεγε	**3**	En el tiempo imperfecto el tema va precedido de la vocal ε, llamada aumento, lo cual refiere la acción del verbo a un tiempo pasado. Subraye el aumento en estas formas del imperfecto. ἐγίνωσκε ἐλάμβανε ἔλεγε
aumento tema verbal desinencia	**4**	Identificados ya el aumento (1) y el tema verbal (2), queda solamente la desinencia personal al final de la forma verbal: ἔ - λεγ - **ε** 1 2 desinencia El verbo en el tiempo imperfecto consta de tres partes: _____ _____ _____
	5	Para conjugar el verbo en imperfecto se agregan las desinencias personales[1], indicadas abajo, al tema verbal precedido del aumento. Singular Plural ἔλεγ**ον** ἐλέγ**ομεν** ἔλεγ**ες** ἐλέγ**ετε** ἔλεγ**ε** ἔλεγ**ον** [1] En realidad, estas desinencias representan terminaciones compuestas de la vocal temática combinada con la desinencia personal. Lo mismo se puede decir de las terminaciones del tiempo presente (cp. II-2, 9).

	Conjugue el verbo λαμβάνω en tiempo imperfecto.
	Singular Plural
	ἐλάμβαν_____ ἐλαμβάν_____
-ον -ομεν -ες -ετε -ε -ον	ἐλάμβαν_____ ἐλαμβάν_____
	ἐλάμβαν_____ ἐλάμβαν_____

6
 	
tomaba (yo)
tomabas
tomaba (él)
    tomábamos
    tomabais
    tomaban
	La conjugación del primer paradigma del #5 se traduce así:
	
	hablaba (yo) *hablábamos*
	hablabas *hablabais*
	hablaba (él) *hablábamos*
	
	Traduzca las formas de λαμβάνω del #5.
	
	_____ _____
	
	_____ _____
	
	_____ _____

7 La 1ª del sing. y la 3ª del pl. tienen una misma forma.	Compare, en los paradigmas del #5, la 1ª persona del singular y la 3ª del plural. ¿Qué observa respecto a las formas verbales? _____ _____

8 hablaba (yo) hablaban	Puesto que ἔλεγον representa tanto la 1ª persona del singular como la 3ª persona del plural, se puede traducir de dos maneras: _____ _____

9 hablaban	¿Cómo se traduce ἔλεγον en el contexto siguiente? _____ ἔλεγον τῷ κυρίῳ οἱ ἄνθρωποι.

10 Recibíamos (tomábamos) las palabras del señor.	Traduzca la oración. ἐλαμβάνομεν τοὺς λόγους τοῦ κυρίου. _____

11	ἔλεγεν αὐτοῖς ὁ κύριος. *El señor hablaba a ellos.* La forma en negrita es de 3ª persona singular, que en los paradigmas aparece terminada en la desinencia -ε. Sin embargo dicha forma verbal lleva aquí una letra adicional, ν. Llamada ν- movible, esta letra puede agregarse a la forma verbal del indicativo que termine en -ε. Como regla general, la ν-movible aparece cuando la palabra que sigue al verbo comienza con vocal, como en el ejemplo arriba, pero también puede aparecer en muchos contextos delante de una consonante: ἔλεγεν τῷ κυρίῳ.

	Analice la forma verbal ἐλάμβανεν.
	___ _____ ___ ___
	aumento tema des. ν-movible
ἐ-λάμβαν-ε-ν	personal

12	De aquí en adelante los paradigmas incluirán entre paréntesis la ν-movible. Traduzca la conjugación en tiempo imperfecto de πιστέω *creer*.
	creía ἐπίστευον ἐπιστεύομεν _____
creía creíamos	_____ ἐπίστευες ἐπιστεύετε _____
creías creíais	
creía creían	_____ ἐπίστευε(ν) ἐπίστευον _____

13	Todo lo visto sobre la formación del imperfecto lo podemos sintetizar en la siguiente fórmula:
	aumento + tema + desinencias = imperfecto
	del pres. $\begin{pmatrix} -ον & -ομεν \\ -ες & -ετε \\ -ε(ν) & -ον \end{pmatrix}$
ἐγίνωσκον	Siguiendo esta fórmula, conjugue el verbo γινώσκω en tiempo imperfecto.
ἐγίνωσκες	
ἐγίνωσκε(ν)	*conocía* _____ _____ *conocíamos*
ἐγινώσκομεν	*conocías* _____ _____ *conocíais*
ἐγινώσκετε	
ἐγίνωσκον	*conocía* _____ _____ *conocían*

14	La mayoría de los verbos llevan su complemento directo en caso acusativo.
	ἐγινώσκετε **τὸν υἱὸν** τοῦ θεοῦ.
	Conocíais al hijo de Dios
	En contraste, el verbo πιστεύω *creer* lleva su complemento directo en caso dativo cuando dicho complemento directo es una persona.
	Subraye el complemento directo en caso dativo.
τῷ υἱῷ	ἐπιστεύετε τῷ υἱῷ τοῦ θεοῦ.

15	Traduzca la oración del #14.
Creíais al hijo de Dios.	_____

16	¿Cuál palabra en la siguiente oración es el complemento directo? _____
	οἱ ἅγιοι ἄνθρωποι ἐπίστευον τῷ κυρίῳ.
τῷ κυρίῳ	*Los santos hombres creían al señor.*

17	Por la terminación que llevan vemos que las palabras τῷ κυρίῳ están en caso
dativo	_____.

18	El complemento directo de πιστεύω siempre va en caso dativo si representa una persona, tal como en las oraciones anteriores.

	En cambio, el complemento directo de πιστεύω que representa no una persona sino una cosa, puede darse o en caso dativo o en caso acusativo.
	a. ἐπιστεύομεν τῷ λόγῳ τοῦ ἀδελφοῦ. *Creíamos la palabra del hermano.*
	b. ἐπιστεύομεν τὸν λόγον τοῦ ἀδελφοῦ. *Creíamos la palabra del hermano.*
a. τῷ λόγῳ dativo	Señale el complemento directo de πιστεύω en las dos oraciones e indique su caso.
b. τὸν λόγον acusativo	a. CD: _____ Caso: _____ b. CD: _____ Caso: _____

19 *Creía (él) las palabras del señor.*	Las dos oraciones se traducen igual. ἐπίστευε τοὺς λόγους τοῦ κυρίου. ἐπίστευε τοῖς λόγοις τοῦ κυρίου. _____

20 nom., dat., gen. *¿Quién creía en (a) los dioses de los hombres?* (¿Reconoce la ν-movible agregada a la forma verbal? cp. #11.)	Para traducir correctamente la siguiente pregunta, analice primero los casos. τίς ἐπίστευεν τοῖς θεοῖς τῶν ἀνθρώπων; caso _____ caso _____ caso _____ Trad. _____

21 *Di al hombre: ¿Por qué deseas que los hijos sean buenos?*	Traduzca la siguiente oración. λέγε τῷ ἀνθρώπῳ· τί θέλεις τοὺς υἱοὺς εἶναι ἀγαθούς; _____

22	Hasta ahora hemos visto solamente sustantivos de género masculino. En la misma declinación de ἄνθρωπος, κύριος, etc. (llamada la segunda declinación) hay también algunos sustantivos de género neutro. Su declinación difiere poco de la pauta ya conocida. Compárense los siguientes paradigmas del masculino y del neutro. ἔργον: obra

	Masculino		Neutro	
	Singular	Plural	Singular	Plural
Nom.	κύριος	κύριοι	ἔργον	ἔργα
Gen.	κυρίου	κυρίων	ἔργου	ἔργων
Dat.	κυρίῳ	κυρίοις	ἔργῳ	ἔργοις
Ac.	κύριον	κυρίους	ἔργον	ἔργα
Voc.	κύριε	—	—	—

Sing. Nom. ἔργον

Pl. Nom.   ἔργα
*   Ac.   ἔργα*

Subraye las formas del género neutro que llevan terminaciones distintas del masculino.

23 Nom. y ac. tienen formas iguales.	Al comparar dentro del género neutro las formas del nominativo con las del acusativo, ¿qué observa usted? _____
24 τὸ . . . τοῖς (Nótese que en esta ocasión no lleva la ν-movible el verbo ἐπίστευε.)	El artículo neutro difiere del masculino en nominativo y en acusativo. Singular Plural Nom. **τὸ** **τὰ** Gen. τοῦ τῶν Dat. τῷ τοῖς Ac. **τὸ** **τὰ** Supla los artículos que faltan. τέκνον (género neutro): _niño_ _____ τέκνον ἐπίστευε _____ ἔργοις τοῦ θεοῦ. _El niño creía las obras de Dios._
25 como sujeto	La forma τὸ τέκνον sirve tanto para el nominativo como para el acusativo. Sólo el contexto indica cómo funciona en la oración, y por ende cuál es su caso. En la oración del #24, ¿cómo funciona τὸ τέκνον? _____
26 nominativo	Debido a que el sentido de la oración del #24 demanda que entendamos a τὸ τέκνον como sujeto, decimos que esta forma representa en ese contexto el caso _____ .
27 τοῖς ἔργοις	¿Cuál es el complemento directo del verbo ἐπίστευε en la oración del #24? _____
28 dativo	¿Cuál es el caso del complemento directo τοῖς ἔργοις? _____
29 Porque el verbo πιστεύω puede llevar su CD en dativo, aun cuando éste sea una cosa.	¿Por qué está en caso dativo el complemento directo τοῖς ἔργοις (cp. #18)? _____ _____
30 _Decía el señor: «Conoced las obras de los hombres»._	Traduzca la siguiente oración. ἔλεγεν ὁ κύριος, γινώσκετε τὰ ἔργα τῶν ἀνθρώπων. _____
31 como complemento directo	¿Cómo funciona τὰ ἔργα en la oración del #30? _____
32 acusativo . . . complemento directo	La forma τὰ ἔργα sirve tanto para el nominativo como para el acusativo. En la oración del #30 la definimos como caso _____ porque funciona como _____ .

33	Hemos visto que el tiempo imperfecto del verbo se forma a base del tema del presente precedido del aumento. En verbos que comienzan por consonante (como λέγω, πιστεύω, etc.) ese aumento consta simplemente de una ε.

$$ε + λεγ\text{-} → ἐλεγ\text{-} \qquad ε + γινωσκ\text{-} → ἐγινωσκ\text{-}$$

Sin embargo, cuando el tema verbal se inicia con una vocal (como ἔχω y ἀκούω), el aumento se combina con esa vocal, y la transforma en vocal larga o en diptongo.[1]

$$ε + εχ\text{-} → εἰχ\text{-} \qquad ε + ακου\text{-} → ἠκου\text{-}$$

Concluimos, entonces, que el aumento cambia de acuerdo con la letra inicial del tema verbal. Cuando ésta es consonante, el aumento consta de una ____. Cuando el tema verbal comienza con una vocal, el aumento _____

_____

[1] Véase el apéndice II para la tabla completa de las combinaciones de las vocales.

ε.

se combina con ésta y la transforma en vocal larga o en diptongo.

34

¿Cómo se traducen las formas del verbo *oír* en tiempo imperfecto?

_____	ἤκουον	ἠκούομεν	_____
_____	ἤκουες	ἠκούετε	_____
_____	ἤκουε(ν)	ἤκουον	_____

oía *oíamos*
oías *oíais*
oía *oían*

35

En los léxicos (diccionarios) del griego los sustantivos aparecen con su forma completa en nominativo singular, seguida de la desinencia que llevan en caso genitivo. Acto seguido se señala el género del sustantivo por medio del artículo correspondiente (en nominativo).

Nom. sing.	des. del gen.	artíc.	
κύριος	-ου,	ὁ	(masculino)
ἔργον	-ου,	τὸ	(neutro)

Algunos léxicos sustituyen el artículo por una letra (m, f, n) para identificar el género. Esta es la forma adoptada en este texto dentro del programa y en el vocabulario del apéndice VI.

κύριος, -ου, m
ἔργον, -ου, n

¿Cómo aparecerá la palabra *hombre* en el vocabulario?

_____ _____ ____

Nom. sing. / des. del gen. / género

ἄνθρωπος, -ου, m

36

Busque en el apéndice VI la palabra ἄρτος para apuntar aquí su forma y su significado.

_____ , ____ , ___ : _____

ἄρτος, -ου, m:
pan

37

En el vocablo citado, ¿qué significa la -ου? _____

Es la desinencia

que lleva en caso genitivo.	_____

38 masculino con la letra m	¿De qué género es la palabra ἄρτος? _____ ¿Cómo está indicado en el vocabulario? _____

39 *Los hombres oían que los niños creían al señor.*	Traduzca la siguiente oración. ὅτι: *que* τέκνον, -ου, n: *niño* ἤκουον οἱ ἄνθρωποι ὅτι τὰ τέκνα ἐπίστευον τῷ κυρίῳ. _____

40 neutro	¿De qué género es la palabra τέκνον? _____

41 Singular Nom. ἅγιον Ac. ἅγιον Plural Nom. ἅγια Ac. ἅγια	El sustantivo neutro va concertado con la forma neutra del adjetivo. οἱ ἀγαθοὶ ἄνθρωποι τὰ ἀγαθὰ τέκνα *los buenos hombres* *los buenos niños* Adjetivos como ἀγαθός y ἅγιος se declinan en género neutro de manera igual a los sustantivos ἔργον y τέκνον. Apunte las formas de ἅγιος correspondientes a los casos indicados. Neutro Singular Plural Nom. _____ _____ Ac. _____ _____

42 τὰ ἔργα τὰ ἀγαθὰ	Complete las palabras. ἐγίνωσκεν ὁ ἅγιος θεὸς τ___ ἔργ___ τ___ ἀγαθ___ τῶν ἀνθρώπων. *El santo Dios conocía las buenas obras de los hombres.*

43 εἴχομεν εἶχες εἴχετε εἶχε(ν) εἶχον	Complete la conjugación del verbo *tener* en tiempo imperfecto. Singular Plural εἶχον _____ _____ _____ _____ _____

44 		1	2	3	S	P	Pr	I
---	---	---	---	---	---	---	---
1.		x	x		x				La traducción de los verbos debe basarse en un cuidadoso análisis de sus características temporales (como el aumento), su tema, y sus desinencias personales. Analice los siguientes verbos marcando con una X los cuadritos que definen cada forma verbal. <table><tr><td rowspan="2"></td><td colspan="3">Persona</td><td colspan="2">Número</td><td colspan="2">Tiempo</td><td rowspan="2"></td></tr><tr><td>1ª</td><td>2ª</td><td>3ª</td><td>S.</td><td>Pl.</td><td>Pres.</td><td>Imperf.</td></tr><tr><td>Modelo: εἶχες</td><td></td><td>X</td><td></td><td>X</td><td></td><td></td><td>X</td><td></td></tr><tr><td>1. πιστεύει</td><td></td><td></td><td></td><td></td><td></td><td></td><td></td><td></td></tr></table>

	1	2	3	S	P	Pr	I
2.	x				x		x
3.		x		x			x
4.		x			x	x	
5.			x	x			x

	Persona	Número	Tiempo	
2. ἠκούομεν				
3. ἐγίνωσκες				
4. λαμβάνετε				
5. εἶχεν				

45

1. *cree*
2. *oíamos*
3. *conocías*
4. *tomáis*
5. *tenía (él)*

Para completar la tabla del #44 apunte una traducción para cada verbo analizado. (Use el espacio a la derecha de la tabla.)

46

ἐπιστεύομεν

Cambie el verbo al tiempo indicado en la traducción.

πιστεύομεν τοῖς τέκνοις.   _____ τοῖς τέκνοις.

Creemos a los niños   *Creíamos a los niños.*

47

ἐγίνωσκον

Los señores conocían las obras de los niños.

Cambie el verbo al tiempo imperfecto.

(γινώσκουσι) _____ οἱ κύριοι τὰ ἔργα τῶν τέκνων.

Traduzca la oración.

_____

48

1. ἐπίστευον
2. εἴχετε
3. ἐλάμβανε(ν)
4. ἔλεγες

Cambie cada uno de los verbos al tiempo imperfecto, reteniendo la persona y número de la forma del presente.

Presente	Imperfecto
1. πιστεύω	_____
2. ἔχετε	_____
3. λαμβάνει	_____
4. λέγεις	_____

49

1. *creía (yo)*
2. *teníais*
3. *tomaba (él)*
4. *decías*

Traduzca las formas del imperfecto del #48.

1. _____

2. _____

3. _____

4. _____

50

1. *era, estaba*
2. *eran, estaban*

A modo de repaso, traduzca las siguientes formas del imperfecto del verbo εἰμί.

1. ἦν _____   2. ἦσαν _____

51

La ν-movible puede encontrarse en un verbo de 3ª persona singular del imperfecto (cp. #11): ἔλεγεν.

También puede aparecer la ν-movible en verbos que terminan en -σι, tal como la 3ª persona plural del tiempo presente.

	πιστεύουσι $\Big\}$ *creen* πιστεύουσιν
λέγουσιν	Escriba con ν-movible el verbo *dicen*. _____

52	Siguiendo con el repaso, analice y traduzca los siguientes verbos. (Consulte con el VI-83 en caso necesario.)
1. pres. imperat. 3ª sing. *tome él* 2. pres. indic. 1ª pl. *tenemos* 3. pres. imperat. 2ª sing. *di tú* 4. pres. imperat. o indic. 2ª pl. *oís, oíd* 5. pres. indic. 3ª pl. *desean*	

	Tiempo	Modo	Pers.	Núm.	Traducción
1. λαμβανέτω					
2. ἔχομεν					
3. λέγε					
4. ἀκούετε					
5. θέλουσι					

53	Siguiendo el modelo, llene la tabla.
1. πιστεύουσι(ν) πιστευέτωσαν ἐπίστευον 2. ἔχομεν εἴχομεν 3. ἀκούετε ἀκούετε ἠκούετε 4. λαμβάνω ἐλάμβανον 5. λέγει λεγέτω ἔλεγε(ν) 6. ἐστιν ἦν	

Presente		Imperfecto
Indicativo	Imperativo	Indicativo
conoces: γινώσκεις	*conoce tú:* γίνωσκε	*conocíais:* ἐγίνωσκες
1. *creen:*	*crean ellos:*	*creían:*
2. *tenemos:*	—	*teníamos:*
3. *oís:*	*oíd:*	*oíais:*
4. *tomo:*	—	*tomaba (yo):*
5. *dice:*	*diga él:*	*decía:*
6. *es:*	—	*era (él):*

54	

RESUMEN — Segunda Declinación

	Singular		Plural	
	Masculino	Neutro	Masculino	Neutro
Nom.	ὁ λόγος	τὸ ἔργον	οἱ λόγοι	τὰ ἔργα
Gen.	τοῦ λόγου	τοῦ ἔργου	τῶν λόγων	τῶν ἔργων
Dat.	τῷ λόγῳ	τῷ ἔργῳ	τοῖς λόγοις	τοῖς ἔργοις
Ac.	τὸν λόγον	τὸ ἔργον	τοὺς λόγους	τὰ ἔργα

En una hoja aparte, practique la declinación de estos y otros sustantivos hasta estar seguro de poder reconocer al instante el caso de cualquier sustantivo de 2ª declinación.

Pruebe su dominio de la declinación identificando caso y número de los sustantivos siguientes.

Procure hacer el trabajo sin mirar el paradigma arriba.

Luego, antes de ver la respuesta a la izquierda, consulte el paradigma para verificar sus definiciones.

		Caso	Núm.			Caso	Núm.
1. dat. pl.	1. τοῖς ἀδελφοῖς	___	___	6. τῷ δούλῳ		___	___
2. nom. pl							
3. ac. sing.	2. οἱ κύριοι	___	___	7. τοῦ λόγου		___	___
4. nom. o ac. pl.							
5. gen. pl.	3. τὸν θεόν	___	___	8. τὸ ἔργον		___	___
6. dat. sing.							
7. gen. sing.	4. τὰ τέκνα	___	___	9. τοὺς κυρίους		___	___
8. nom. o ac. sing.							
9. ac. pl.	5. τῶν ἀνθρώπων	___	___	10. ὁ δοῦλος		___	___
10. nom. sing.							

55

RESUMEN — Sintaxis

Hemos visto una nueva función del caso dativo: se expresa en caso dativo el complemento directo de ciertos verbos, entre ellos πιστεύω.
Esta función del dativo contrasta con otra vista anteriormente: la de señalar el complemento indirecto.

Analice en las oraciones siguientes las dos funciones distintas del caso dativo. Traduzca las oraciones.

1. ἐπιστεύομεν **τῷ υἱῷ** τοῦ θεοῦ.

     Caso _____

     Función _____

     _____

2. ἐλέγομεν **τῷ υἱῷ**.

     Caso _____

     Función _____

     _____

Respuestas en columna izquierda:

1. caso dativo;
   función: CD
Creíamos al hijo de Dios.

2. caso dativo;
   función: CI
Hablábamos al hijo.

56

RESUMEN — Conjugación

El tiempo imperfecto se distingue del presente por el aumento. Subraye el aumento en todas las formas del imperfecto en la tabla a continuación.

Las desinencias del imperfecto también se distinguen de las del presente, con la excepción de la 1ª y 2ª persona plural. Subraye también las desinencias del imperfecto.

Repase todas las formas de la siguiente tabla de conjugación analizando sus elementos constitutivos (aumento, tema verbal, desinencia).

INDICATIVO

Presente		Imperfecto	
λέγω	λέγομεν	ἔλεγον	ἐλέγομεν
λέγεις	λέγετε	ἔλεγες	ἐλέγετε
λέγει	λέγουσι	ἔλεγε(ν)	ἔλεγον

Respuestas en columna izquierda:

Imperfecto
ἔλεγ<u>ον</u>
ἔλεγ<u>ες</u>
ἔλεγ<u>ε</u>
  ἐλέγ<u>ομεν</u>
  ἐλέγ<u>ετε</u>
  ἔλεγ<u>ον</u>

	IMPERATIVO — — λέγε λέγετε Carece λεγέτω λεγέτωσαν INFINITIVO λέγειν Carece

---

57

Las distinciones de forma observadas en el #56 implican una distinción en la traducción de los dos tiempos.

Traduzca los paradigmas del #56.

INDICATIVO

Presente	Imperfecto

Presente

digo	decimos
dices	decís
dice	dicen

_____ _____   _____ _____

_____ _____   _____ _____

Imperfecto

decía	decíamos
decías	decíais
decía	decían

_____ _____   _____ _____

IMPERATIVO

—   —

Imperativo

di tú	decid
diga él	digan
	ellos

_____ _____   Carece

_____ _____

INFINITIVO

Infinitivo

decir

_____   Carece

58

Localice en la tabla del #56 los siguientes pares de formas parecidas y defina la diferencia entre ellas. Tradúzcalas.

1. λέγομεν
pres.: *decimos*
ἐλέγομεν
impf.: *decíamos*

1. λέγομεν - ἐλέγομεν   Trad. _____ _____

_____ _____

2. λέγε
imperat.: *di tú*
ἔλεγε
impf.: *decía (él)*

2. λέγε   -   ἔλεγε   Trad. _____ _____

_____ _____

3. λέγετε
pres.: *decís*, o
imperat.: *decid*
ἐλέγετε
imperf.: *decíais*

3. λέγετε - ἐλέγετε   Trad. _____ _____

_____ _____

59

Observe las distinciones de forma en los verbos de la lista siguiente.

¿Cuáles son de tiempo imperfecto? Márquelos con una X.

☐ 1. ἐπίστευε   ☐ 6. ἀκουέτω

☐ 2. ἠκούομεν   ☐ 7. ἐλάμβανε

☐ 3. λάμβανε   ☐ 8. ἔχετε

☐ 4. γινώσκομεν   ☐ 9. ἐγινώσκομεν

1, 2, 5, 7, 9   ☐ 5. εἶχον   ☐ 10. θέλουσι

60	Analice mentalmente cada verbo de esta misma lista y tradúzcalos. Antes de consultar la respuesta, verifique su traducción según los paradigmas del #56 y las traducciones del #57.

1. ἐπίστευε   6. ἀκουέτω
2. ἠκούομεν   7. ἐλάμβανε
3. λάμβανε   8. ἔχετε
4. γινώσκομεν   9. ἐγινώσκομεν
5. εἶχον   10. θέλουσι

1. _____   6. _____

2. _____   7. _____

3. _____   8. _____

4. _____   9. _____

5. _____   10. _____

1. *creía (él)*
2. *oíamos*
3. *toma tú*
4. *conocemos*
5. *tenía (yo) o tenían*
6. *oiga (él)*
7. *tomaba (él)*
8. *tenéis o tened*
9. *conocíamos*
10. *desean*

61

PRUEBA

Traduzca las siguientes oraciones.

1. ἔλεγεν ὁ θεὸς τοῖς ἀνθρώποις· τὰ ἔργα τῶν τέκνων εἰσιν ἀγαθά.

2. τίνες εἶχον τοὺς δούλους;

3. ἐπιστεύετε τῷ υἱῷ τοῦ θεοῦ.

4. ἐλαμβάνομεν τὸν ἅγιον λόγον.

5. ἔλεγον τῷ κυρίῳ τῷ ἀγαθῷ.

6. ἤκουες.

7. τὸ τέκνον θέλει γινώσκειν τὸν λόγον.

La traducción se halla en el apéndice V-7.

Al terminar este capítulo usted podrá traducir oraciones con sustantivos de 1ª declinación. Reconocerá el complemento directo señalado por el genitivo. Traducirá el complemento circunstancial de tiempo. Asociará un sujeto de género neutro, plural, con el correspondiente verbo en singular. Traducirá 11 palabras nuevas.

1
 	
η
ἡ
	Hemos visto sustantivos de la 2ª declinación —
	    de género masculino: ὁ ἄνθρωπος
	    y de género neutro: τὸ ἔργον.
	
	Pertenece a la 3ª declinación el pronombre interrogativo —
	    de géneros masculino y femenino: τίς
	    y de género neutro: τί.
	
	En la 1ª declinación, la mayoría de los sustantivos son femeninos:
	
	    ἡ φωνή: *la voz* ἡ ζωή: *la vida*
	
	Estos sustantivos terminan en la letra _____.
	
	El artículo femenino es _____ .

2 *La vida era la luz de los hombres.*	Traduzca el versículo. ἡ ζωὺ ἦν τὸ φῶς τῶν ἀνθρώπων. (Jn. 1:4) *la luz* _____

3
 	
-ή
-ῆς
-ῇ
-ήν
	Primera declinación, singular.
	
	    Nom. ἡ ζωή *la vida*
	    Gen. τῆς ζωῆς
	    Dat. τῇ ζωῇ
	    Ac. τὴν ζωήν
	
	Subraye las terminaciones de los casos (todo lo que sigue al tema ζω-).

4 Llevan idénticas terminaciones.	¿En qué se parece la declinación del artículo femenino a la del sustantivo ζωή? _____
5 genitivo	¿En qué caso están las palabras en negrita? _____ ἐγώ εἰμι ὁ ἄρτος **τῆς ζωῆς**. (Jn. 6:48)
6 *Yo soy el pan de vida.*	Traduzca el versículo del #5. ἐγώ: *yo* ἄρτος, -ου, m: *pan* _____
7 *El hijo del hombre nos dio la vida.*	Complete la traducción. ὁ υἱὸς τοῦ ἀνθρώπου ἔδωκε ἡμῖν τὴν ζωήν. _____ *dio a nosotros* _____.
8	Siguiendo el paradigma del #3, decline ἡ φωνή, *la voz*.

	Singular
ἡ φωνή τῆς φωνῆς τῇ φωνῇ τὴν φωνήν	Nom. _____ φων_____ Gen. _____ φων_____ Dat. _____ φων_____ Ac. _____ φων_____

| **9**
Voz de Dios y no de hombre. | Complete la traducción. οὐκ: *no*

ὁ . . . δῆμος ἐπεφώνει, θεοῦ φωνή καὶ οὐκ ἀνθρώπου. (Hch. 12:22)

El pueblo gritaba, _____. |

| **10**

Son las terminaciones que toma el adjetivo al concordar con los sustantivos femeninos y neutros respectivamente. | Los adjetivos toman forma femenina para concordar con los sustantivos femeninos, así como toman también forma de género neutro para concordar con los sustantivos neutros.

   Masculino   Femenino   Neutro
ὁ πρῶτος ἄνθρωπος   ἡ πρώτη φωνή   τὸ πρῶτον ἔργον
  el primer hombre   *la primera voz*   *la primera obra*

Para indicar que así se forman los diferentes géneros, el adjetivo aparece en el diccionario griego con las terminaciones de femenino y neutro además de la forma masculina completa: πρῶτος, -η, -ον.

¿Qué significan la -η y la -ον después de la palabra πρῶτος en el diccionario?

_____ |

| **11**
Los buenos siervos del señor entran a la buena vida. | Traduzca la oración.

οἱ ἀγαθοὶ δοῦλοι τοῦ κυρίου εἰσέρχονται εἰς τὴν ζωὴν τὴν ἀγαθήν.

_____ *entran a* _____ |

| **12**

ἀγαθοί
ἀγαθήν | En la oración anterior aparece dos veces el adjetivo *bueno*.

Al calificar al sustantivo οἱ δοῦλοι el adjetivo se escribe _____.

Cuando el mismo adjetivo califica a τὴν ζωήν se escribe _____. |

| **13**

1. ἀγαθὸς
2. ἀγαθὴν
3. ἀγαθὰ | Supla la forma del adjetivo ἀγαθός, -ή, -όν que concuerda con los siguientes sustantivos en género, caso y número.

1. _____ θεός.   2. ἔπεσεν εἰς τὴν _____ γῆν.
   Bueno es Dios.   *Cayó en buena tierra.*

       3. τὰ _____ ἔργα περισσεύουσι.
        Las buenas obras abundan. |

| **14**

acusativo | ¿En cuál caso está la palabra en negrita? _____

ἤκουσα **φωνὴν** ἀγγέλων πολλῶν. (Ap. 5:11)
Oí (una) voz de muchos ángeles. |

CD del **15** verbo ἤκουσα	¿Cuál función gramatical desempeña φωνὴν en esa oración? _____
16 genitivo	En el versículo siguiente, tomado también del Apocalipsis, el complemento directo del verbo ἤκουσα está en caso _____. ἤκουσα **φωνῆς** ἐκ τοῦ οὐρανοῦ. (Ap. 14:13) _Oí (una) voz del cielo._
17 CD de ἀκούει	Hay ciertos verbos que llevan el complemento directo en caso genitivo. Algunos lo llevan siempre en genitivo; otros, como ἀκούω, lo llevan o en acusativo o en genitivo como acabamos de observar (cp. #14-16). En el versículo siguiente, ¿qué oficio desempeña τῆς φωνῆς? _____ τὰ πρόβατα τῆς φωνῆς αὐτοῦ ἀκούει. (Jn. 10:3) _Las ovejas oyen su voz._
18 genitivo	¿En cuál caso está τῆς φωνῆς? _____
19 neutro plural	En el versículo del #17, el sujeto es τὰ πρόβατα, vocablo que pertenece a la 2ª declinación. Es de género (masculino / femenino / neutro), y de número (singular / plural). (Consulte el VII-22 en caso necesario.)
20 singular	El verbo que acompaña al sujeto τὰ πρόβατα es ἀκούει. ἀκούει está en forma (singular / plural).
21 _Las ovejas le siguen._	A menudo se encuentra un sujeto de género neutro, plural, con el verbo en singular. En tal caso, al traducir el verbo, empleamos el plural. Traduzca el versículo. ἀκολουθέω: _seguir_ τὰ πρόβατα αὐτῷ ἀκολουθεῖ. (Jn. 10:4) _____ le _____
22 _Creemos al hijo de él._	La palabra αὐτῷ en el #21 es la forma dativa del pronombre personal αὐτός: _él._ Nom. αὐτός - _él_ Gen. αὐτοῦ - _de él_ Dat. αὐτῷ - _a él, le_ Ac. αὐτόν - _a él, lo_ Traduzca la oración: πιστεύομεν τῷ υἱῷ αὐτοῦ. _____
23 -le (a él	Complete la traducción. θέλομεν πιστεύειν αὐτῷ. _Deseamos creer_ _____.
24 _Los hijos de los_	Traduzca la oración. ἐγίνωσκον αὐτὸν οἱ υἱοὶ τῶν ἀνθρώπων. _____

hombres lo conocían. (. . . conocían a él).

25	a. **ὁ κύριος** ἔλεγε τῷ ἀδελφῷ. b. **αὐτὸς** ἔλεγε τῷ ἀδελφῷ.
	El señor hablaba al hermano. *Él hablaba al hermano.*
	El sustantivo ὁ κύριος, de la oración **a.** se sustituyó por el pronombre personal αὐτός, *él* en la oración **b.**
	Cambie a pronombre el sustantivo ὁ θεός.
αὐτὸς	ὁ θεὸς ἅγιός ἐστιν. _____ ἅγιός ἐστιν.
	Dios es santo. *Él es santo.*

26	Supla el pronombre indicado. (Si le es necesario consulte el paradigma del #22).
	*El señor **le** hablaba. (al hermano)*
αὐτῷ	ὁ κύριος ἔλεγεν _____. (τῷ ἀδελφῷ)

27	Supla el pronombre que sustituye al sustantivo. Traduzca la oración.
αὐτὸς	(ὁ υἱὸς) _____ ἤκουε τῆς φωνῆς τοῦ θεοῦ.
Él oía la voz de Dios.	_____

28	Supla el pronombre y traduzca la oración.
αὐτοῦ	ὁ ἀδελφὸς _____ θέλει γινώσκειν τὰ ἔργα τὰ ἀγαθὰ τοῦ θεοῦ.
El hermano de él desea conocer las buenas obras de Dios.	*de él*
¿Reconoció como infinitivo la forma γινώσκειν? Si no, haga el trabajo indicado en el #28a.	_____

28a	El trabajo a continuación se exige únicamente de quienes tuvieron dificultad en reconocer el infinitivo en el #28.
	La terminación -ειν indica siempre el infinitivo.
	Señale los infinitivos de la lista siguiente y tradúzcalos.
	1. πιστεύει _____
	2. λαμβάνειν _____
	3. λέγεις _____
	4. ἀκούει _____
2. *tomar, recibir*	5. γινώσκειν _____
5. *conocer*	
6. *desear*	6. θέλειν _____

29	Supla el pronombre. Traduzca la oración.
	βλέπω: *ver* οὐ: *no*

αὐτόν *Los hombres no lo ven.*	οὐ βλέπουσιν _____ οἱ ἄνθρωποι. _____ lo _____
30 αὐτήν	La declinación del pronombre femenino *ella* es igual a la de ζωή y φωνή. Nom. αὐτή - *ella* Gen. αὐτῆς - *de ella* Dat. αὐτῇ - *a ella, le* Ac. αὐτήν - *a ella, la* ¿Cuál forma del pronombre corresponde al sustantivo en negrita? θέλεις ἔχειν **ζωήν**; θέλεις ἔχειν _____ ; *¿Deseas tener vida?* *¿Deseas tenerla?*
31 *Los buenos niños de ella recibían las palabras de él.*	Traduzca la oración. τὰ ἀγαθὰ τέκνα αὐτῆς ἐλάμβανον τοὺς λόγους αὐτοῦ. _____
hablaba **32** *a ella. (le hablaba.)*	Complete la traducción. ἔλεγεν αὐτῇ ὁ Ἰησοῦς. *Jesús* _____
33 *oyen la voz de él.* El verbo está en singular mientras que el sujeto, de género neutro, es plural. (Cp. #21)	Traduzca el versículo. τὰ πρόβατα τῆς φωνῆς αὐτοῦ ἀκούει. (Jn. 10:3) *Las ovejas* _____ ¿Qué observa usted respecto a la concordancia del verbo con el sujeto? _____ _____
34 *la vida de él.* *su vida.*	Nótese en el #33 que la expresión *la voz de él*, aunque correcta como traducción literal del griego, no es grata al oído. Nuestra lengua prefiere emplear en este caso el adjetivo posesivo *su*.[1] τῆς φωνῆς αὐτοῦ } **su** *voz* *la voz **de él*** Traduzca la siguiente locución. Hágalo primero literalmente y luego sustituya el pronombre por el adjetivo posesivo. αἴρεται ἀπὸ τῆς γῆς ἡ ζωή αὐτοῦ. (Hch. 8:33) *Es quitada de la tierra* _____ . *Es quitada de la tierra* _____ . [1] Llamamos adjetivo posesivo a la forma *su* que la gramática castellana tradicional denomina pronombre posesivo, basándonos en el hecho de que, tanto en su significado como en su función gramatical, responde a la categoría de adjetivo. (V. Samuel Gili y Gaya, *Curso superior de sintaxis española*.)

35 la voz de ella. su voz.	Traduzca αὐτῆς en esta oración, primero literalmente y luego con el adjetivo posesivo. οἱ ἄνθρωποι τῆς φωνῆς αὐτῆς ἀκούουσι. *Los hombres oyen* _____. *Los hombres oyen* _____.
36 la voz de él la voz de ella	Traduzca literalmente estas dos locuciones. ἡ φωνὴ αὐτοῦ _____ ἡ φωνὴ αὐτῆς _____
37 del siervo Porque αὐτοῦ significa *de él*, y se refiere al sustantivo masculino de la oración	La traducción de las dos locuciones del #36 resulta igual si se emplea el adjetivo posesivo *su*, puesto que éste no distingue el género del poseedor. ἡ φωνὴ αὐτοῦ ⎫ ἡ φωνὴ αὐτῆς ⎭ *su voz* Analice la oración siguiente: ὁ δοῦλος τῆς ἀδελφῆς ἔλεγε τῷ υἱῷ αυτοῦ. *El siervo de la hermana hablaba a su hijo.* ¿De quién es el hijo? (del siervo / de la hermana) ¿Cómo lo sabe? _____ _____
38 la	El género de los sustantivos en griego y en español no es siempre idéntico. Por ejemplo: ὁ λόγος (masculino) = *la palabra* (femenino) En la siguiente oración el pronombre αὐτὸν se refiere a τὸν λόγον. Los dos son de género masculino. Sin embargo, en la traducción al español se requiere un pronombre femenino para referirse a *la palabra*. λέγε τὸν λόγον καὶ ὑμεῖς τηροῦμεν **αὐτόν**. *Di tú la palabra y nosotros* _____ *guardamos.*
39 *El Dios de ellos los conoce.* *(Su Dios . . .)*	El pronombre masculino plural se declina según la pauta conocida de la 2ª declinación. Nom.　αὐτοί - *ellos* Gen.　αὐτῶν - *de ellos (su)* Dat.　αὐτοῖς - *a ellos, les* Ac.　αὐτούς - *a ellos, los* Traduzca la oración:　γινώσκει αὐτοὺς ὁ θεὸς αὐτῶν. _____

40 αὐτῶν . . . αὐτούς	Supla los pronombres: ὁ κύριος ——————— βλέπει —————— . *El señor de ellos los ve.*
41 *El señor quiere que ellos tengan vida.* Si no acertó en la traducción de la expresión αὐτοὺς ἔχειν, repase en el cap. VI los #45-53.	Al traducir la siguiente oración, tome muy en cuenta el orden de las palabras para definir la función de la palabra αὐτούς. Consulte también el cap. VI-53. ὁ κύριος θέλει αὐτοὺς ἔχειν ζωήν. ——————————————————————————
42 Que las formas del masculino y del femenino son iguales. *Dios conocía las obras de ellos (ellas).*	Pronombre personal femenino, plural. Nom. αὐταί - *ellas* Gen. αὐτῶν - *de ellas (su)* Dat. αὐταῖς - *a ellas, les* Ac. αὐτάς - *a ellas, las* Compare este paradigma con el del #39. ¿Qué observa en cuanto al caso genitivo? —————————————————————————— —————————————————————————— αὐτῶν $\begin{cases} de\ ellos \\ de\ ellas \end{cases}$ Traduzca la oración: ἐγίνωσκεν ὁ θεὸς τὰ ἔργα αὐτῶν. ——————————————————————————
43 *Dios conocía sus obras.*	Al igual que el genitivo singular (αὐτοῦ y αὐτῆς) el genitivo plural (αὐτῶν) pue-de traducirse por *su(s)*. Este adjetivo posesivo posee la misma ambigüedad de género que αὐτῶν. En su traducción del #42 sustituya el pronombre por el adjetivo posesivo. ——————————————————————————
44 de ellos	En la traducción al español de un original griego, el adjetivo posesivo *su(s)* puede representar cualquiera de los siguientes pronombres de caso genitivo. αὐτοῦ - *de él* αὐτῆς - *de ella* $\Big\}$ *su(s)* αὐτῶν- *de ellos, de ellas* Cuando existe ambigüedad en una traducción por el empleo del adjetivo posesivo *su(s)* el texto griego puede ayudar a aclararla. De acuerdo con el griego, ¿de quién es la purificación mencionada en el siguiente versículo? (de él / de ella / de ellos) Καὶ ὅτε ἐπλήσθησαν αἱ ἡμέραι τοῦ καταρισμοῦ αὐτῶν . . . (Lc. 2:22) *Y cuando se cumplieron los días de **su** purificación . . .* [1] [1] Versión ecuménica, S. de Ausejo, ed.

45 de otro	¿De quién son los discípulos? (de los fariseos / de otro) καὶ ἰδόντες οἱ φαρισαῖοι ἔλεγον τοῖς μαθηταῖς αὐτοῦ, ... (Mt. 9:11) *Y viendo (esto) los fariseos, decían a **sus** discípulos...*
46 *Jesús les dice,* *«¿Qué buscáis?»*	Traduzca el versículo. ὁ Ἰησοῦς ... λέγει αὐτοῖς, Τί ζητεῖτε; (Jn. 1:38) _____ *buscáis*
47 *Deseamos que ellos* *crean al hijo.* *Si no acertó en su* *traducción pase al* *47a.*	Antes de traducir la siguiente oración, analice cuidadosamente los verbos y los sustantivos. θέλομεν αὐτοὺς πιστεύειν τῷ υἱῷ. _____
47a vbo. pr.: θέλομεν πιστεύειν: infini- tivo suj. del inf.: αὐτοὺς τῷ υἱῷ: CD de πιστεύειν	Si su traducción en el #47 fue correcta, pase al #48. Analice de nuevo la oración anterior: El verbo principal es _____, con sujeto tácito, *nosotros*. La forma verbal πιστεύειν es de modo _____. Realiza la acción de πιστεύειν un sujeto distinto al sujeto del verbo principal. El sujeto de πιστεύειν aparece en acusativo; es la palabra_____. La palabra que queda, _____, es el _____ de πιστεύειν.
48 Singular Nom. <u>αὐτό</u> Ac. <u>αὐτό</u> Plural Nom. <u>αὐτά</u> Ac. <u>αὐτά</u>	El pronombre de género neutro se declina de la misma manera que el artículo neutro (cp. VII-24). |	Singular	Plural
---	---	---
Nom.	αὐτό	αὐτά
Gen.	αὐτοῦ	αὐτῶν
Dat.	αὐτῷ	αὐτοῖς
Ac.	αὐτό	αὐτά	 Compare este paradigma con la declinación masculina (#22, 39). Subraye las formas neutras que son distintas a las del género masculino.
49 τὰ ἔργα	¿A qué se refiere αὐτά en esta oración? _____ ὅτι: *porque* βλέπω: *ver* ἐγίνωσκεν ὁ θεὸς τὰ ἔργα τῶν ἀνθρώπων ὅτι ἔβλεπεν αὐτά.
50 *Dios conocía las* *obras de los hom-* *bres porque las* *veía.*	Traduzca la oración del #49. _____ Si no tradujo correctamente el tiempo imperfecto de los verbos, repase en el capí- tulo VII el cuadro #13. Luego pase al #50a.

50a	Se exige el trabajo siguiente solamente de los que tuvieron que hacer el repaso indicado en la respuesta anterior. Si usted tradujo correctamente los verbos del #49, pase directamente al #51.	

Indique el tiempo de los siguientes verbos.
Traduzca todos los de tiempo imperfecto.

	Tiempo	Traducción (imperfecto solamente)
1. λέγομεν	_____	_____
2. λαμβάνει	_____	_____
3. εἶχον	_____	_____
4. ἠκούομεν	_____	_____
5. ἐγίνωσκεν	_____	_____
6. θέλετε	_____	

1. presente
2. presente
3. imperfecto
   tenía (yo) o
   tenían
4. imperfecto
   escuchábamos
5. imperfecto
   conocía
6. presente

---

51 Elabore una tabla de todas las formas del pronombre personal *él, ella, ello*, consultando los cuadros indicados en caso de que no pueda completar la declinación de memoria.

Masculino *él, ellos*		Femenino *ella, ellas*		Neutro *ello*	
Singular (#22)	Plural (#39)	Singular (#30)	Plural (#42)	Singular (#48)	Plural (#48)
_____	_____	_____	_____	_____	_____
_____	_____	_____	_____	_____	_____
_____	_____	_____	_____	_____	_____

Revise su tabla por medio de los cuadros indicados.

---

52 En el pronombre femenino αὐτή, al igual que en los sustantivos de la 1ª declinación que se han visto, todas las desinencias del singular emplean la vocal η (cp. #3, 8, 30). En la fonética griega, estas desinencias en η no pueden unirse a temas terminados en las letras ε, ι, o ϙ. Los sustantivos cuyo tema termina en una de esas tres letras llevan desinencias con la vocal α.

Nom.	ἡμέρα	*día*	βασιλεία	*reino*
Gen.	ἡμέρας		βασιλείας	
Dat.	ἡμέρᾳ		βασιλείᾳ	
Ac.	ἡμέραν		βασιλείαν	

ϙ . . . ι

¿Cuál es la última letra del tema de ἡμερα? _____ ... de βασιλεία? _____

---

53 Consultando el paradigma anterior, apunte las desinencias de la declinación en α.

Nom. _____

Gen. _____

Dat. _____

Ac. _____

-α
-ας
-ᾳ
-αν

54 (en sus propias palabras) Se diferencian en que donde una tiene η la otra tiene α. Tienen en común la pauta general: Nom. -vocal sola Gen. -vocal más ς Dat. -vocal con iota suscrita Ac. -vocal más ν	Compare la declinación en η del #3 con la declinación en α del #52. ¿En qué se diferencian? _____ _____ ¿Qué pauta tienen en común? _____ _____
55 ἡ βασιλεία τῆς βασιλείας τῇ βασιλείᾳ τὴν βασιλείαν	El mismo artículo femenino se usa tanto con los sustantivos declinados en α como con los declinados en η: ἡ φωνή *la voz* ἡ ἡμέρα *el día* τῆς φωνῆς τῆς ἡμέρας τῇ φωνῇ τῇ ἡμέρᾳ τὴν φωνήν τὴν ἡμέραν Complete la declinación de *el reino.* ἡ βασιλεία _____ βασιλεί_____ _____ βασιλεί_____ _____ βασιλεί_____
56 *Éstos son los hijos del reino.*	Complete la traducción. βασιλεία, -ας, f.: *reino* οὗτοί εἰσιν οἱ υἱοὶ τῆς βασιλείας. (Mt. 13:38) *Éstos* _____
57 1. τὴν 3. ἡ 2. τῇ	Escriba los artículos correspondientes. 1. _____ ἡμέραν 2. _____ βασιλείᾳ 3. _____ ἡμέρα *día* *reino* *día*
58 1. acusativo 2. dativo 3. nominativo	¿En cuál caso está cada palabra del #57? 1. _____ 2. _____ 3. _____

59
 	
... el hijo del hombre en el corazón de la tierra.
	Complete la traducción del versículo. καρδία, -ας, f: *corazón*
	                                              γῆ, -ῆς, f: *tierra*
	                                              ἐν: *en*
	
	οὕτως ἔσται ὁ υἱὸς τοῦ ἀνθρώπου ἐν τῇ καρδίᾳ τῆς γῆς. (Mt. 12:4)
	
	Así estará _____

60 dativo	En el versículo del #59 aparece la preposición ἐν. ¿Cuál es el caso del sustantivo que le sigue? _____	

61
 	
1. ἐν τῇ ζωῇ
2. ἐν τῇ βασιλείᾳ
3. ἐν τῷ κυρίῳ
	Con la preposición ἐν se emplea el caso dativo.
	Supla la desinencia del dativo para las siguientes locuciones.
	
	    1. ἐν τ_____ ζω_____ 2. ἐν τ_____ βασιλεί_____
	      en la vida *en el reino*
	
	             3. ἐν τ_____ κυρί_____
	          en el Señor

62
 	
αὐτοῦ
αὐτῆς
αὐτῶν
	La expresión *en su corazón* traduce construcciones más explícitas en griego. Supla los pronombres. (Cp. #22, 30, 39).
	
	    ἐν τῇ καρδίᾳ _____ ⎫
	               de él ⎪
	
	    ἐν τῇ καρδίᾳ _____ ⎬ *en su corazón*
	              de ella ⎪
	
	    ἐν τῇ καρδίᾳ _____ ⎭
	          de ellos / ellas

63
 	
Los que toman
espada por espada
perecerán.
	Además de expresar la idea de ubicación ilustrada en los ejemplos anteriores, la preposición ἐν se usa también con el sentido de instrumentalidad. En un contexto donde ἐν indica el instrumento con que se realiza una acción, no es adecuado traducirla por *en*. Las preposiciones *con*, *por* y *a* comunican mejor la idea de instrumentalidad.
	
	    . . . ἀποκτεῖναι **ἐν** ῥομφαίᾳ καὶ **ἐν** λιμῷ . . . (Ap. 6:8)
	    . . . *matar* **con** *espada y* **con** *hambre* . . .
	
	Complete la traducción. μάχαιρα, -ης,[1] f: *espada, sable*
	
	    οἱ λαβόντες μάχαιραν ἐν μαχαίρῃ ἀπολοῦνται. (Mt. 26:52)
	    Los que toman _____ *perecerán.*
	
	[1] Como excepción a la regla general, μάχαιρα se declina en η en vez de α en genitivo y dativo.

64
 	
con gozo
	En Español la preposición *con* puede señalar no sólo la instrumentalidad, sino también el modo de una acción.
	    con espada — instrumentalidad
	    con gozo — modo
	
	La preposición griega ἐν expresa también modo.
	
	    . . . **ἐν** δικαιοσύνῃ κρίνει . . . (Ap. 19:11)
	    . . . *juzga* **con** *justicia* . . .
	
	Complete la traducción. χαρά, -ᾶς, f: *gozo*
	
	    ἐν χαρᾷ ἐλθὼν πρὸς ὑμᾶς . . . (Ro. 15:32)
	
	    _____ *llegando a vosotros....*

65	Resumamos las acepciones de ἐν con los siguientes ejemplos:
	ἐν τῷ οὐρανῷ — *en el cielo*
	ἐν τῇ ἐσχάτῃ ἡμέρᾳ — *en el día postrero*
	ἐν ῥομφαίᾳ — *con* o *por la espada*
	ἐν χαρᾷ — *con gozo*
	Nótese que no hay ningún ejemplo de ἐν que exprese la idea de compañía, que es la acepción más común de *con* en español (*con el hermano*). Otras preposiciones griegas (σύν, μετά, πρός) expresan ese sentido de *con*.
	Tres de las siguientes expresiones podrían traducir la preposición ἐν en griego. ¿Cuáles son?
1, 2 y 3	1. *con un garrote* 3. *en un cuarto oscuro* 2. *con furia* 4. *con un cómplice*
66	En la lista de vocabulario del apéndice VI aparecen los sustantivos con su forma completa de nominativo singular, seguida de la terminación que lleva en genitivo, y luego una letra (m, f, n) que indica su género.
	ζωή, -ῆς, f: *vida*
	¿Cómo aparece la palabra *corazón* en el vocabulario?
	_____ , _____ , _____: *corazón*
καρδία, -ας, f:	*nominativo* *term. de* *género* *genitivo*
67	La declinación en plural es igual para todos los sustantivos de la primera declinación.

Nom.	φωναί	*voces*	ἡμέραι	*días*	αὐταί	*ellas*
Gen.	φωνῶν		ἡμερῶν		αὐτῶν	
Dat.	φωναῖς		ἡμέραις		αὐταῖς	
Ac.	φωνάς		ἡμέρας		αὐτάς	

	Las desinencias del plural son:
	Nom. _____
	Gen. _____
-αι	Dat. _____
-ῶν	
-αις	
-ας	Ac. _____
68	La forma ἡμέρας es ambigua si no es acompañada por el artículo, puesto que sirve para dos casos distintos: _____ singular y _____
genitivo . . . acusativo	plural. (Consulte los paradigmas del #52 y 67.)
69	Desaparece la ambigüedad cuando se emplea el artículo con el sustantivo.
	τὰς ἡμέρας: caso _____ (singular / plural)
acusativo, pl. genitivo, sing.	τῆς ἡμέρας: caso _____ (singular / plural)

70 *Mas Dios conoce los corazones de vosotros.*	Complete la traducción. δέ: *y, mas* ὁ δὲ θεὸς γινώσκει τὰς καρδίας ὑμῶν. (Lc. 16:15) _____ *de vosotros.*
71 acusativo	En el versículo anterior, ¿cuál es el caso de τὰς καρδίας? _____
72 *. . . las voces de ellos (sus voces).*	Complete la traducción. κατίσχυον αἱ φωναὶ αὐτῶν. (Lc. 23:23) *Prevalecían* _____

73
 	
Así estará el hijo del hombre en el corazón de la tierra tres días...
	Complete la traducción del versículo.
	
	          γῆ, -ῆς, f: *tierra* ἡμέρα, -ας, f: *día*
	
	οὕτως ἔσται ὁ υἱὸς τοῦ ἀνθρώπου ἐν τῇ καρδίᾳ
	
	Así estará _____
	
	       τῆς γῆς τρεῖς ἡμέρας . . . (Mt. 12:40)
	
	_____ *tres* _____ . . .

74 dativo genitivo acusativo	Hay tres sustantivos de la 1ª declinación en el #73. Identifique sus casos. τῇ καρδίᾳ _____ τῆς γῆς _____ ἡμέρας _____ (plural)
75 acusativo	Hasta ahora hemos visto al caso acusativo solamente en su función de señalar el complemento directo del verbo. Con la locución en acusativo τρεῖς ἡμέρας (#73) se expresa no un complemento directo sino un complemento circunstancial de tiempo. Podríamos traducir *por tres días* o *durante tres días* al igual que simplemente *tres días*. Para expresar esta idea de extensión de tiempo se emplea el caso acusativo. En la oración del #73 observamos que también el complemento circunstancial de tiempo (extensión de tiempo) se expresa con el caso _____.
76 ὁ υἱὸς τοῦ ἀνθρώ- που.	Responda en griego a la siguiente pregunta sobre el versículo del #73. τίς ἔσται ἐν τῇ γῇ τρεῖς ἡμέρας; _____ *estará* *tres*
77 *¿Por qué estáis aquí todo el día desocupados?*	Complete la traducción. ἀργός: *desocupado* ὅλος, -η, -ον: *todo* ὧδε: *aquí* τί ὧδε ἑστήκατε ὅλην τὴν ἡμέραν ἀργοί; (Mt. 20:6) _____ *estáis* _____

78 acusativo	¿En cuál caso está la locución ὅλην τὴν ἡμέραν? ————————
79 Porque con el acusativo se expresa el complemento circunstancial de extensión de tiempo.	¿Por qué está en acusativo esa locución? ———————————————————————— ————————————————————————

80
 	
. . . una voz del cielo.
	Complete la traducción.
	
	         ἐκ: *de* οὐρανός, -οῦ, m: *cielo*
	
	  ἦλθεν . . . φωνὴ ἐκ τοῦ οὐρανοῦ. (Jn. 12:28)
	
	Vino —————————————————————

81
 	
Indica de dónde lo levantó.
	En la locución ἐκ τοῦ οὐρανοῦ, la preposición ἐκ señala de dónde proviene la voz, su punto de origen.
	¿Qué indica la preposición ἐκ en el siguiente versículo?
	
	  ἤγειρεν αὐτὸν ἐκ νεκρῶν. (Jn. 12:17)
	  Lo levantó de (los) muertos.
	
	————————————————————————

82
 	
1.
 	
Porque expresa procedencia.
 	
ἐκ
	Compare las dos locuciones.
	
	  a. ἡ φωνὴ τοῦ κυρίου b. ἡ φωνὴ ἐκ τοῦ οὐρανοῦ
	    la voz del señor *la voz del cielo*
	
	La locución **a.** expresa pertenencia: *la voz* pertenece *al señor*. En griego no se necesita ninguna preposición para indicar pertenencia, sino que el mismo caso genitivo señala esa relación.
	
	La locución **b.** expresa procedencia: *la voz* proviene *del cielo*. Se emplea la preposición ἐκ para expresar procedencia.
	
	¿Para cuál de las siguientes oraciones se necesita una preposición en griego? ———
	
	  ¿Por qué? ——————————————————
	
	  1. Subió **de** la tierra.
	  2. Ha venido el reino **de** Dios.
	
	Apunte la preposición: ————————

83
 	
Saca primero de tu ojo la viga. . .
	Traduzca el versículo.
	
	    ὀφθαλμός, -οῦ, m: *ojo* σου: *de ti, tu*
	
	  ἔκβαλε πρῶτον ἐκ τοῦ ὀφθαλμοῦ σου τὴν δοκόν . . . (Mt. 7:5)
	
	Saca primero ———————————— *la viga . . .*

84	En el versículo siguiente ἐκ se traduce *de* aunque no expresa procedencia en el sentido estrictamente local. Indica más bien separación.

		ἵνα τηρήσῃς αὐτοὺς **ἐκ τοῦ πονηροῦ**. (Jn. 17:15) . . . *que los guardes **del maligno**.* Complete la traducción. ὥρα, -ας, f: *hora* κἀγώ σε τηρήσω ἐκ τῆς ὥρας τοῦ πειρασμοῦ . . . (Ap. 3:10)
. . . *de la hora* . . .		*Y yo te guardaré* _____ *de la tentación* . . .
genitivo	85	¿Cuál es el caso de τῆς ὥρας en el #84? _____
ἐκ	86	El caso genitivo de τῆς ὥρας está determinado por la preposición _____ que le precede.
de	87	ἐκ se traduce _____ , en sentido de procedencia o de separación.

calificar al primer sustantivo.	88	En el versículo del #84 ocurre otro sustantivo en caso genitivo: τοῦ πειρασμοῦ, *de la tentación*. Este vocablo cumple la función de calificar al primer sustantivo, ὥρας.
		
		    ἐκ τῆς ὥρας τοῦ πειρασμοῦ
		    de la hora *de la tentación*
		       a b
		
		La locución **b** no tiene preposición en griego porque su función es la de _____ _____

en el reino de los cielos.	89	Complete la traducción.
		
		      βασιλεία, -ας, f: *reino* οὐρανός, -οῦ, m: *cielo*
		
		    οὗτος μέγας κληθήσεται ἐν τῇ βασιλείᾳ τῶν οὐρανῶν. (Mt. 5:19)
		Éste será llamado grande _____

Y yo levantaré a él (lo levantaré) en el día postrero.	90	Complete la traducción. ἔσχατος, -η, -ον: *último, postrero*
		
		    κἀγὼ ἀναστήσω αὐτὸν ἐν τῇ ἐσχάτῃ ἡμέρᾳ. (Jn. 6:44)
		    Y yo levantaré _____

dativo	91	La preposición ἐν va seguida del caso _____ .

	92	En el versículo del #90 la locución ἐν τῇ ἐσχάτῃ ἡμέρᾳ indica cuándo sucederá la acción anunciada por el verbo. Señala un tiempo determinado en que tendrá lugar.
		
		Compárense estas dos expresiones de tiempo:
		
		    ἑστήκατε **ὅλην τὴν ἡμέραν** } extensión de tiempo
		    Estáis todo el día
		
		    ἀναστήσω αὐτὸν **ἐν τῇ ἐσχάτῃ ἡμέρᾳ** } un tiempo determinado
		    Lo levantaré en el día postrero

acusativo dativo Con el dativo, que indica un tiempo determinado.	¿En cuál caso va el sustantivo que expresa extensión de tiempo? _____ ¿Con cuál caso se expresa un tiempo determinado? _____ ¿Con cuál de los dos se emplea una preposición? _____
93 a. *todo el día.*	Escoja la locución griega que exprese extensión de tiempo y complete con ella la oración. ὅλος, -η, -ον: *todo* ἐκεῖνος, -η, -ον: *aquel* ἀκούετε τοῦ λόγου τοῦ κυρίου _____ *Escuchad la palabra del señor* _____ a. ὅλην τὴν ἡμέραν b. ἐν ἐκείνῃ ἡμέρᾳ
94 espacio tiempo	Observe los diferentes sentidos en que se emplea la preposición ἐν tanto en griego como en español. ubicación en el espacio { sentido literal: ἐν τῇ γῇ *en la tierra* sentido figurado: ἐν τῷ κυρίῳ *en el Señor* ubicación en el tiempo: ἐν τῇ ἡμέρᾳ *en el día* En estos ejemplos la preposición ἐν sirve para ubicar una acción o un hecho en el _____ o en el _____.
95 *con, por, a . . .* *con*	Además de señalar ubicación en el tiempo y el espacio, la preposición ἐν puede expresar instrumentalidad y modo. 1. Instrumentalidad. Traducción: *con, por, a.* ἀποκτεῖναι ἐν ῥομφαίᾳ *matar con espada* 2. Modo. Traducción: *con* ἐν δικαιοσύνῃ κρίνει *juzga con justicia* Además de la traducción *en*, la preposición ἐν admite la traducción _____ _____ en contextos donde indica instrumentalidad, y _____ donde indica modo.
96 *La ley es santa, y el mandamiento es santo y justo y bueno.*	Al traducir el siguiente versículo, recuerde que cuando el adjetivo se encuentra en posición predicativa (es decir, fuera de la unidad artículo-sustantivo), la oración griega prescinde del verbo *ser*, el cual tiene que suplirse en la traducción. (Cp. IV #43-52). νόμος, -ου, m: *ley* δίκαιος, -α, -ον: *justo* ἐντολή, -ῆς, f: *mandamiento* ὁ νόμος ἅγιος, καὶ ἡ ἐντολὴ ἁγία καὶ δικαία καὶ ἀγαθή. (Ro. 7:12) _____

97	En el versículo anterior tres adjetivos califican a ἐντολή: ἁγία, δικαία, ἀγαθή. Tanto los adjetivos como el sustantivo están en nominativo singular y son femeninos.

Estos tres adjetivos concuerdan con ἐντολή aunque dos de ellos no terminan en la misma letra.

La concordancia no depende de una igualdad de ortografía en las terminaciones. Con tal que representen un mismo caso, género y número, los sustantivos y adjetivos pueden llevar terminaciones en α o en η.

Supla los adjetivos indicados. |

1. ἁγία
2. ἀγαθή

1. ἡ γῆ ἡ ——————————   2. ἡ ἡμέρα ἡ ——————————
   la tierra santa   *el buen día*

98

RESUMEN — Primera declinación

artículo	Singular (en η)	(en α)	artículo	Plural (todos)	
ἡ	φωνή	ἡμέρα	αἱ	φωναί	ἡμέραι
τῆς	φωνῆς	ἡμέρας	τῶν	φωνῶν	ἡμερῶν
τῇ	φωνῇ	ἡμέρᾳ	ταῖς	φωναῖς	ἡμέραις
τὴν	φωνήν	ἡμέραν	τὰς	φωνάς	ἡμέρας

Los sustantivos que se declinan en α son los que terminan su tema en ε, ι o ρ.

Compare las formas de la 1ª declinación con las de la 2ª (VII-54). Estudie los dos resúmenes hasta que sepa de memoria las desinencias de todos los casos, y en los tres géneros. Practique en una hoja aparte la declinación de las locuciones siguientes.

ὁ πρῶτος υἱός   *el primer hijo*
ἡ ἁγία ζωή   *la vida santa*
τὸ ἀγαθὸν ἔργον   *la buena obra*

99

RESUMEN — Sintaxis

1. El caso genitivo.
   El complemento directo de ciertos verbos va en caso genitivo (#14-18)

   ἄκουε **τῆς φωνῆς**.
   Oye (tú) la voz.

2. El caso acusativo.
   El complemento circunstancial de extensión de tiempo va en caso acusativo, sin preposición (#75-79).
   En la traducción se puede emplear palabras como *por* o *durante*.

   ἦσαν ὧδε **ὅλην τὴν ἡμέραν**.
   Estaban aquí (durante) todo el día.

3. Concordancia.
   Un sujeto de género neutro en plural puede ocurrir con el verbo en singular (#19-21).

   τὰ **πρόβατα ἀκούει** τῆς φωνῆς αὐτοῦ.
   Las ovejas oye(n) su voz.

100

Las palabras siguientes son nuevas en este capítulo. Después de estudiar la lista, pase al ejercicio de abajo.

αὐτός, αὐτή, αὐτό: *él, ella, ello*

βασιλεία, -ῆς, f: *reino*　　　　ἡμέρα, -ας, f: *día*

γῆ, -ῆς, f: *tierra*　　　　καρδία, -ας, f: *corazón*

ἐκ: *de*　　　　ὅλος, -η, -ον: *todo*

ἐν: *en, con; por*　　　　οὐρανός, -οῦ, m: *cielo*

ζωή, -ῆς, f: *vida*　　　　φωνή, -ῆς, f: *voz*

Tapando la lista arriba, apunte el significado de las palabras.

1. *de*
2. *todo*
3. *corazón*
4. *reino*
5. *él*
6. *voz*
7. *tierra*
8. *cielo*
9. *vida*
10. *en, con; por*
11. *día*

1. ἐκ ＿＿＿＿＿＿＿　　7. γῆ ＿＿＿＿＿＿＿

2. ὅλος ＿＿＿＿＿＿＿　　8. οὐρανός ＿＿＿＿＿＿＿

3. καρδία ＿＿＿＿＿＿＿　　9. ζωή ＿＿＿＿＿＿＿

4. βασιλεία ＿＿＿＿＿＿＿　　10. ἐν ＿＿＿＿＿＿＿

5. αὐτός ＿＿＿＿＿＿＿　　11. ἡμέρα ＿＿＿＿＿＿＿

6. φωνή ＿＿＿＿＿＿＿

101

REPASO — Verbos

Como paso preparatorio para la prueba del #103, repase por medio de los paradigmas del apéndice III todas las formas verbales que se han visto hasta ahora.

Modo indicativo — presente, imperfecto (voz activa)

Modo infinitivo — presente (voz activa)

Modo imperativo — presente (voz activa)

Practique las conjugaciones hasta estar seguro de poder traducir correctamente cualquier verbo de los modos y tiempos arriba mencionados.

102

REPASO — Sintaxis

Revise cuidadosamente en el VI-53 la construcción infinitivo-complemento directo con sujeto propio. Luego traduzca la oración.

θέλομεν αὐτοὺς ἀκούειν τῆς φωνῆς ἐκ τοῦ οὐρανοῦ.

＿＿＿＿＿＿＿＿＿＿＿＿＿＿＿＿＿＿＿＿

Queremos que ellos oigan la voz del cielo.

103

PRUEBA

Traduzca las oraciones.

κρίνω: *juzgar*

δικαιοσύνη: *justicia*

1. ἤκουον οἱ ἀδελφοὶ τὸν λόγον ὅλην τὴν ἡμέραν.

2. λεγέτωσαν οἱ υἱοὶ τῶν ἀνθρώπων ἐν ταῖς καρδίαις αὐτῶν· ἁγία ἐστιν ἡ βασιλεία τοῦ θεοῦ.

3. θέλομεν ἀκούειν φωνῆς ἐκ τοῦ οὐρανοῦ.

4. ἐπίστευεν τὰ τέκνα τῷ υἱῷ τοῦ θεοῦ.

5. θέλουσιν αὐτὸν κρίνειν ἐν δικαιοσύνῃ.

La traducción se encuentra en el apéndice V-8.

Al terminar este capítulo usted podrá traducir oraciones con verbo en futuro. Traducirá el adjetivo neutro sustantivado. Distinguirá entre sujeto y atributo. Traducirá oraciones con un concepto adjetivo en genitivo insertado entre el artículo y el sustantivo. Traducirá 11 palabras nuevas.

	1	El tiempo futuro expresa una acción que se realizará en un tiempo a que no hemos llegado todavía.
		¿Cuál de los siguientes verbos está en tiempo futuro?
		Los hombres conocen… la verdad.
		conocerán…
		conocían…
conocerán		*quieren conocer…*

	2	Compare las formas griegas de tiempo presente con las del futuro.
		Presente Futuro
		ἀκούω *oigo* ἀκούσω *oiré*
		πιστεύεις *crees* πιστεύσεις *creerás*
En el futuro aparece una σ (sigma) antes de la desinencia.		¿En qué se diferencia el futuro del presente? _____ _____

	3	El verbo en tiempo presente consta del tema verbal más la desinencia personal.
		Tiempo presente: ἀκού + ουσι → ἀκούουσι *oyen, escuchan*
		Para formar el futuro en griego, se inserta una σ (característica temporal) entre el tema verbal y la desinencia personal.
		Tiempo futuro: ἀκου + σ + ουσι → ἀκούσουσι *oirán*
		tema carac. des.
		verbal temporal pers.
		Se emplean las mismas desinencias personales del presente: -ω, -εις, -ει, etc. Forme el futuro de πιστεύω.

Presente		Futuro
πιστεύω πιστεύομεν	_____	_____
πιστεύεις πιστεύετε	_____	_____
πιστεύει πιστεύουσι	_____	_____

(respuestas col. izq.) πιστεύσω / πιστεύσεις / πιστεύσει / πιστεύσομεν / πιστεύσετε / πιστεύσουσι

	4	Traduzca la conjugación futura del #3.
		_____ _____
creeré creeremos		_____ _____
creerás creeréis		_____ _____
creerá creerán		

	5	El verbo en tiempo futuro consta de: tema verbal, característica temporal, (σ), y desinencias personales.

	Separe e identifique los elementos que componen estos verbos en tiempo futuro.

	1. ἀκούσω <u>ἀκού</u> <u>σ</u> <u>ω</u>
	                  tema carac. des.
	                          temporal pers.
	
	 2. πιστεύσεις _____ _____ _____
	                         tema carac. des.
	                          temporal pers.
	
	 3. ἀκούσομεν _____ _____ _____
	                         tema carac. des.
	                          temporal pers.

πιστεύ - σ - εις
ἀκού - σ - ομεν

---

1. *oiré*   **6**

2. *creerás*

3. *oiremos*

Traduzca los verbos del #5.

1. _____   2. _____   3. _____

---

tema: ἀκού   **7**

carac.: σ

des.: ετε

Analice las partes que forman el verbo ἀκούσετε.

    Tema verbal: _____   Carac. temporal: _____   Des. pers.: _____

8

El verbo en futuro lleva una σ entre el tema verbal y la desinencia personal.

¿Cómo se distingue el verbo en futuro del verbo en presente?

_____

_____

9

ἀπολύσω
ἀπολύσεις
ἀπολύσει
    ἀπολύσομεν
    ἀπολύσετε
    ἀπολύσουσι

Forme el futuro de ἀπολύω *libertar, liberar.*

_____   _____

_____   _____

_____   _____

10

libraré   libraremos
librarás   libraréis
librará   librarán

¿Cómo se traduce la conjugación del #9?

_____   _____

_____   _____

_____   _____

11

El hermano y los hijos de él escucharán la voz del señor.

Traduzca la siguiente oración.   καί: *y*

    ὁ ἀδελφὸς καὶ οἱ υἱοὶ αὐτοῦ ἀκούσουσι τῆς φωνῆς τοῦ κυρίου.

_____

12

En verbos como ἀκούω y πιστεύω, cuyos temas terminan en vocal, la σ del futuro puede unirse al tema sin problema: ἀκού**σ**ω, πιστεύ**σ**ω.

Otros verbos, como ἔχω por ejemplo, terminan su tema en consonante. Por tanto, al unirse a la σ a la consonante final del tema, se producen ciertos cambios ortográficos.

	Presente Futuro
	ἔχω: ἐχ + σ → ἕξω
	tema carac.
	verbal temporal
	¿Qué ocurre en el proceso de formación del futuro de ἔχω? _____
	_____
La χ más la σ se convierten en ξ.	Nótese que el futuro de ἔχω se escribe con espíritu rudo.

13	El cambio ortográfico responde a una razón fonética. Si se pronuncian juntas las dos consonantes χ y σ su sonido es igual al de la letra ξ. Por consiguiente, el futuro se escribe con esta llamada consonante doble en vez de escribirse con las dos sencillas.
	χσ → ξ
	Escriba toda la conjugación de ἔχω en futuro, recordando que lleva espíritu rudo.
	_____ _____
ἕξω ἕξομεν	_____ _____
ἕξεις ἕξετε	
ἕξει ἕξουσι	_____ _____

14	Otros verbos cuyos temas terminan en un sonido semejante al de la consonante final del tema de ἔχω también toman ξ al formar el futuro.
	Presente Futuro
	διώκω: διωκ + σ → διώξω *perseguiré*
	(*persigo*) tema carac.
	verbal temporal
διώξομεν	¿Cómo se escribe *perseguiremos*? _____

15	Traduzca la siguiente oración. ὅτι: *porque*
	ζωή, -ῆς, f: *vida*
	ὅτι ἀκούσει τοῦ ἁγίου λόγου καὶ πιστεύσει τῷ κυρίῳ,
Porque escuchará la	_____
santa palabra y	
creerá al Señor, el	ὁ ἀδελφὸς ἕξει τὴν ζωὴν τὴν αἰώνιον.
hermano tendrá la	
vida eterna.	_____ *eterna.*

16	Observe otro cambio ortográfico en la formación del futuro.
	Presente Futuro
	γράφω: γράφ + σ → γράψω *escribiré*
La ψ representa el	(*escribo*) tema carac.
sonido de la φ del	verbal temporal
tema más la σ de	
la característica	¿Qué representa la ψ de la forma γράψω? _____
temporal del fu-	
turo.	_____

17 Porque su tema verbal termina en π, que se combina con la σ del futuro para formar ψ.	El futuro del verbo cuyo tema termina en π también se escribe con ψ. πέμπω: *enviar*　　　βλέπω: *ver* Presente　　　　　　　Futuro πέμπω:　πέμπ　+　σ　→　πέμψω *enviaré* βλέπω:　βλέπ　+　σ　→　βλέψω *veré* 　　　　　tema　carac. 　　　　　verbal　temporal ¿Por qué se escriben con ψ las formas futuras de πέμπψω y βλέψω? _____ _____
18 φ　+　σ,　ψ	Debido a la unión de los sonidos χ y σ, ἔχω se escribe con ξ en el futuro. Debido a la unión de los sonidos _____ y _____ , γράφω se escribe con _____ en el futuro.
19 1. *escuchará* 2. *escribiréis* 3. *tendremos* 4. *creerás* 5. *verán*	Traduzca los siguientes verbos.　　　γράφω: *escribir* 　　　　　　　　　　　　　　　　　　βλέπω: *ver* 　1. ἀκούσει _____　　　4. πιστεύσεις _____ 　2. γράψετε _____　　　5. βλέψουσι _____ 　3. ἔξομεν _____
20 2. βλέψεις *verás* 3. ἔξετε *tendréis* 4. γράψουσι *escribirán* 5. πιστεύσομεν *creeremos*	Cambie al futuro los siguientes verbos. 　　　Presente　Futuro　　　　　　　Traducción 　1. ἀκούει　ἀκούσει　　　　　　　*escuchará* 　2. βλέπεις　_____　　　　_____ 　3. ἔχετε　_____　　　　_____ 　4. γράφουσι　_____　　　　_____ 　5. πιστεύομεν　_____　　　　_____
21 *oiréis*	Supla el verbo de la traducción. ἀκοῇ ἀκούσετε καὶ οὐ μὴ συνῆτε.　(Hch. 28:26) *De oído* _____ *y no entenderéis.*
22 *tendrá . . . de la vida.*	Complete la traducción. ὁ ἀκολουθῶν μοι . . . ἔξει τὸ φῶς τῆς ζωῆς.　(Jn. 8:12) *El que me sigue . . .* _____ *la luz* _____ .
23	Traduzca el versículo.　　　ἀπό: *de, desde* 　　　　　　　　　　　　　κατάβατω: *descienda* 　　　　　　　　　　　　　νῦν: *ahora* 　　　　　　　　　　　　　σταυρός, -οῦ, m: *cruz*

Descienda ahora de la cruz y creeremos.	καταβάτω νῦν ἀπὸ τοῦ σταυροῦ καὶ πιστεύσομεν. (Mt. 27:42) _____
24 *de o desde* *de o de dentro*	En el versículo anterior aparece la preposición ἀπό que expresa, en términos generales, la idea de alejamiento. Se traduce *de* o *desde*. Como se nota, esta definición hace de ἀπό casi un sinónimo de ἐκ. En algunas ocasiones, ἐκ y ἀπό se distinguen por el sentido de *de dentro* que expresa ἐκ, en tanto que ἀπό significa *de* en sentido más general. Sin embargo aun esta distinción no se observa siempre. La preposición ἀπό se traduce _____ o _____ y es casi sinónimo de ἐκ, que se traduce _____ o _____.
25 *Desde los días de Juan el Bautista hasta ahora, el reino de los cielos sufre violencia.*	Complete la traducción. Ἰωάννου (genitivo): *Juan* βαπτιστός: *bautista* ἀπὸ τῶν ἡμέρων Ἰωάννου τοῦ βαπτιστοῦ ἕως ἄρτι ἡ βασιλεία τῶν _____ *hasta ahora* _____ οὐρανῶν βιάζεται. (Mt. 11:12) _____ *sufre violencia.*
26 genitivo	Tanto ἀπό como ἐκ va seguido del sustantivo en caso _____.
27 no tiene	El grupo de verbos formado por aquellos cuyo tema termina en las consonantes λ o ρ (consonantes líquidas), o μ o ν (consonantes nasales), presente formas futuras que no siguen la pauta de πιστεύω, γράφω, etc. El futuro de estos verbos líquidos y nasales carece de característica temporal σ. μένω *permanezco* μενῶ *permaneceré* El futuro del verbo *permanecer* (tiene / no tiene) la característica temporal σ.
28 el acento circunflejo	Compare los dos tiempos del verbo *permanecer* del #27. ¿Qué caracteriza al futuro para distinguirlo del presente? _____
29 βαλλ- pres. βαλ- fut. ἐγειρ- pres. ἐγερ- fut.	Aunque en el verbo μένω el tema permanece igual en los dos tiempos, otros verbos líquidos y nasales presentan un tema alargado en el tiempo presente. βάλλω βαλῶ ἐγείρω ἐγερῶ *echo* *echaré* *levanto* *levantaré* El tema del verbo *echar* es _____ en presente y_____ en futuro. El tema del verbo *levantar* es _____ en presente y_____ en futuro.
30	En algunos de los verbos líquidos y nasales, el tema del futuro es distinto al del presente:

	Presente Futuro Presente Futuro
	 βάλλω βαλῶ ἐγείρω ἐγερῶ
	
	 En otros no es así.
	
	       Presente Futuro
	       μένω μενῶ
	
	 Todos por igual, sin embargo, se caracterizan por el acento circunflejo en la desinencia.
	
	 Las desinencias difieren de las ya conocidas solamente en la 1ª y 2ª persona plural, donde aparece un diptongo en la penúltima sílaba.

μενῶ μεν**οῦ**μεν μεν**εῖ**ς μεν**εῖ**τε μεν**εῖ** μενοῦσι βαλῶ βαλ**οῦ**μεν βαλ**εῖ**ς βαλ**εῖ**τε βαλ**εῖ** βαλοῦσι ¿Escribió este último con sólo una λ en el tema?	-ῶ -**οῦ**μεν -**εῖ**ς -**εῖ**τε -**εῖ** -οῦσι Forme la conjugación completa de μένω y de βάλλω en el futuro. μενῶ _____ βαλῶ _____ _____ _____ _____ _____ _____ _____ _____ _____

permaneceré   **31**
 permanecerás
 permanecerá
    permaneceremos
    permaneceréis
    permanecerán
 echaré   *echaremos*
 echarás   *echaréis*
 echará   *echarán*
	Traduzca las dos conjugaciones anteriores.
	
	 _____ _____ _____ _____
	 _____ _____ _____ _____
	 _____ _____ _____ _____

32 *digo, hablo* *diré, hablaré*	El verbo λέγω es completamente irregular en cuanto a su forma futura. Se expresa el futuro de λέγω con la forma ἐρῶ, del tipo líquido y nasal. λέγω se traduce _____ ἐρῶ se traduce _____

33
 	
 juzgaré
 juzgarás
 juzgará
    juzgaremos
    juzgaréis
    juzgarán
	Traduzca la conjugación futura de κρίνω *juzgar*.
	
	      Singular Plural
	
	 _____ κρινῶ κρινοῦμεν _____
	 _____ κρινεῖς κρινεῖτε _____
	 _____ κρινεῖ κρινοῦσι _____

34 1, 3, 4, 6, 7	Con un criterio basado en la información acerca de los temas y desinencias (#30), señale cuáles verbos de la siguiente lista son de tiempo futuro. 1. ἐγεροῦμεν 3. μενεῖ 5. κρίνω 7. ἐροῦσι 2. βάλλουσι 4. ἐγερῶ 6. βαλεῖτε

35	Traduzca todos los verbos del #34.

	βάλλω: *echar, tirar* κρίνω: *juzgar*
1. *levantaremos* 2. *tiran, echan* 3. *permanecerá* 4. *levantaré* 5. *juzgo* 6. *echaréis, tiraréis* 7. *dirán*	ἐγείρω: *levantar* μένω: *permanecer, morar* · ἐρῶ: fut de λέγω 1. _____ 5. _____ 2. _____ 6. _____ 3. _____ 7. _____ 4. _____

36	Identifique el tiempo de los siguientes verbos.
  1. futuro 2. imperfecto 3. presente 4. presente 5. futuro	1. βαλοῦμεν _____ 2. ἐμένομεν _____ 3. κρίνομεν _____ 4. ἐγείρομεν _____ 5. ἐροῦμεν _____

37	Traduzca los verbos del #36.
1. *echaremos,* *tiraremos* 2. *permanecíamos* 3. *juzgamos* 4. *levantamos* 5. *diremos*	1. _____ 2. _____ 3. _____ 4. _____ 5. _____

38	¿Cuál es el futuro de estos verbos líquidos y nasales?
   1. βαλῶ 2. ἐγερῶ 3. μενῶ	Presente Futuro κρίνω κρινῶ 1. βάλλω _____ 2. ἐγείρω _____ 3. μένω _____

39	Siguiendo el modelo, analice los demás verbos.

		Tiempo			Persona			Número		Traducción de la
		Pres.	Impf.	Fut.	1ª	2ª	3ª	Sing.	Pl.	forma analizada
1. fut. 2ª sing. *escribirás*	ἤκουε		X				X	X		*escuchaba*
2. pres. 2ª pl. *tomáis*	1. γράψεις									
3. fut. 1ª pl. *levantaremos*	2. λαμβάνετε									
4. pres. 3ª pl. *tienen*	3. ἐγεροῦμεν									
5. pres. 2ª sing. *tiras*	4. ἔχουσι									
	5. βάλλεις									

40 *Los santos morarán en el cielo.*	Traduzca la oración. οἱ ἅγιοι ἐν τῷ οὐρανῷ μενοῦσι. _____
41 τοὺς νεκρούς	El sujeto de la oración anterior es οἱ ἅγιοι. En esa oración, el adjetivo ἅγιοι no califica a ningún sustantivo sino que, acompañado del artículo, hace las veces de un sustantivo. Por tanto se le llama adjetivo sustantivado. Identifique el adjetivo sustantivado en la siguiente oración. ἐγερεῖ ὁ ἅγιος θεὸς τοὺς νεκρούς. *El santo Dios levantará a los muertos.*
42 *Los postreros serán primeros y los primeros, postreros.*	Traduzca el versículo. ἔσονται: *serán* ἔσχατος, -η, -ον: *último, postrero* πρῶτος, -η, -ον: *primero* ἔσονται οἱ ἔσχατοι πρῶτοι καὶ οἱ πρῶτοι ἔσχατοι. (Mt. 20:16) _____
43 Sujeto: οἱ ἔσχατοι Atributo: πρῶτοι	Los adjetivos sustantivados ἔσχατοι y πρῶτοι funcionan como sujetos y atributos en las dos partes de la oración anterior. En la primera parte, ¿cuál es sujeto y cuál es atributo? ἔσονται οἱ ἔσχατοι πρῶτοι. Sujeto: _____ Atributo: _____
44 Sujeto: οἱ πρῶτοι Atributo: ἔσχατοι	La segunda parte de la oración de la oración del #42 es también una oración independiente aunque carece de verbo. Siempre aparece un sujeto y un atributo. Identifíquelos. οἱ πρῶτοι ἔσχατοι. Sujeto: _____ Atributo: _____
45 ἔσχατοι πρῶτοι	Observe el uso del artículo en las dos oraciones anteriores. En la primera (#43) el artículo se usa con el adjetivo _____ . En cambio en la segunda parte (#44) el artículo acompaña al adjetivo _____ .
46 sujeto	Compare la función de esos adjetivos en las dos partes de la oración. El artículo se emplea con el adjetivo que funciona como _____ de la oración.
47 Sujeto: οἱ πρῶτοι Atributo: ἅγιοι	Con base en las observaciones del #45 y #46, sacamos el siguiente principio. El adjetivo que lleva artículo funciona como el sujeto de la oración El otro adjetivo, sin artículo, es el atributo. Aplicando ese principio a la siguiente oración, señale cuál palabra es el sujeto y cuál el atributo. ἅγιοι ἦσαν οἱ πρῶτοι.
48	Traduzca la oración del #47.

Los primeros eran[1] *santos.*	_____

[1] Si no pudo traducir correctamente el verbo, repase el IV-65.

49 Sujeto: ὁ λόγος Atributo: θεός	Podemos aplicar el principio anterior no sólo a las oraciones en que hay dos adjetivos sustantivados, sino también a oraciones copulativas de dos sustantivos, a las cuales hay que determinar cuál de los dos sustantivos es el sujeto y cuál el atributo. Como regla general, el atributo no lleva artículo. Así que el sustantivo que lleva artículo es el sujeto. Señale en la siguiente oración 1) el sujeto, 2) el atributo. θεὸς ἦν ὁ λόγος. (Jn. 1:1)
50 *La palabra (el Verbo) era Dios.*	Traduzca la oración del #49. _____
51 Esa traducción hace de θεός el sujeto, pero según el principio observado en el #47, θεός, que no lleva artículo, debe ser el atributo, y ὁ λόγος con artículo, es el sujeto.	¿Qué razón gramatical (las hay también teológicas) puede usted presentar para no traducir Jn. 1:1 «*Dios era el Verbo*»? _____ _____ _____
52 *Vence con el bien el mal.* Revise el #63 del capítulo VIII si tuvo problemas con la traducción de ἐν.	Cuando un adjetivo de género neutro se emplea como sustantivo, la traducción literal se hace con el artículo neutro *lo*. τὸ ἀγαθόν: *lo bueno* τὸ κακόν: *lo malo* En este sentido el adjetivo equivale a un sustantivo, y a menudo se traduce como tal. τὸ ἀγαθόν: *el bien* τὸ κακόν: *el mal* Traduzca el versículo. νίκα ἐν τῷ ἀγαθῷ τὸ κακόν. (Ro. 12:21) *Vence (tú)* _____
53 *Seguid siempre el bien (lo bueno).*	Traduzca el versículo. πάντοτε: *siempre* διώκω: *seguir, perseguir* πάντοτε τὸ ἀγαθόν διώκετε . . . (1 Ts. 5:15) _____
54	En el N.T. es frecuente el empleo del adjetivo sustantivado en neutro no sólo en singular sino también en plural.

Recibiste tus buenas cosas en tu vida y Lázaro asimismo las malas cosas.	Puesto que el plural del neutro como tal no existe en español, tenemos que recurrir a un circunloquio para poder traducirlo.
	
	            Singular Plural
	    τὸ ἀγαθόν: *lo bueno* τὰ ἀγαθά: *las (cosas) buenas*
	
	Es evidente que la expresión griega no incluye la palabra *cosas*, pero una traducción al español sin sustantivo no conservaría bien el sentido plural del adjetivo.
	
	Complete la traducción. σου: *tu(s)* (lit.: *de ti*)
	                                                      (Lc. 16:25)
	
	ἀπέλαβες τὰ ἀγαθά σου ἐν τῇ ζωῇ σου καὶ Λάζαρος ὁμοίως τὰ κακά.
	
	Recibiste _____ *asimismo* _____ .

55 *El padre . . . dará buenas cosas.*	Complete la traducción. ὁ πατὴρ . . . δώσει ἀγαθά. (Mt. 7:11) *El padre . . . dará* _____ .
56 neutro; concuerda con κακόν *¿Qué mal...*	Para completar la siguiente traducción, analice primero la palabra τί: su género, con qué palabra concuerda. τί . . . κακὸν ἐποίησεν; (Mt. 27:23) ¿_____ *hizo?*
57 *Los primeros siervos echarán la semilla sobre la tierra.*	Traduzca la oración. ἐπί: *en, sobre* σπόρος, -ου, m: *semilla* οἱ δοῦλοι οἱ πρῶτοι βαλοῦσι τὸν σπόρον ἐπὶ τῆς γῆς. _____
58 genitivo	En la oración anterior, ¿en cuál caso están las palabras que siguen a la preposición ἐπί? _____
59 *. . . estaba en (sobre) su cabeza . . .*	Complete la traducción. ἐπί: *en, sobre* κεφάλη, -ης, f: *cabeza* . . . τὸ σουδάριον, ὃ ἦν ἐπὶ τῆς κεφάλης αὐτοῦ . . . (Jn. 20:7) . . . *el sudario, que* _____ . . .
60 dativo	En la siguiente oración la preposición ἐπί va seguida no del caso genitivo sino del caso _____ . γράφει ἐπὶ τῇ καρδίᾳ αὐτοῦ τὰ ὀνόματα τῶν ἁγίων.
61 *Escribe los nombres de los santos en (sobre) su corazón.*	Traduzca la oración anterior. τὰ ὀνόματα: *los nombres* _____
62	Hemos observado que la preposición ἐπί se encuentra seguida del caso

genitivo … dativo	_____ en algunos contextos y del caso _____ en otros.
63 dativo	¿En cuál caso está el sustantivo que sigue a ἐπί en este versículo? _____ ἐποικοδομηθέντες ἐπὶ τῷ θεμελίῳ τῶν ἀποστόλων καὶ πρφητῶν… (Ef. 2:20) *Edificados sobre el fundamento de los apóstoles y profetas…*
64 acusativo	En la oración siguiente, el caso que sigue a la preposición ἐπί no es ni genitivo ni dativo sino _____. ἐρεῖ ὁ κύριος· θέλω βάλλειν εἰρήνην ἐπὶ τὴν γῆν.
65 *Dirá el Señor: «Deseo echar paz sobre la tierra».*	Traduzca la oración anterior. εἰρήνη, -ης, f: *paz* _____

66
 	
1. *El Señor tendrá autoridad sobre los malos.*
2. *El Espíritu Santo permanecerá sobre ellos.*
3. *Creerás en él.*
	La preposición ἐπί se emplea con las acepciones *en* o *sobre* con todos los tres casos: genitivo, dativo y acusativo.
	
	Complete la traducción de las siguientes oraciones.
	
	    1. ὁ κύριος ἕξει ἐξουσίαν ἐπὶ τῶν κακῶν.
	
	    _____ *autoridad* _____
	
	    2. τὸ πνεῦμα ἅγιον μενεῖ ἐπ' αὐτούς.
	
	    El Espíritu Santo _____
	
	    3. πιστεύσεις ἐπ' αὐτῷ.
	
	    _____

67 en, sobre	En las oraciones anteriores, ἐπί acompañado por genitivo, dativo o acusativo, siempre se tradujo _____ o _____.

68
 	
1. *Permaneceremos cerca del mar.*
2. *Sus hijos (los hijos de ellos) estaban a la puerta.*
3. *Descendieron al mar.*
	Otra acepción de ἐπί que se encuentra con los tres casos es *a* o *cerca de.*
	Complete las oraciones.
	
	    1. μενοῦμεν ἐπὶ τῆς θαλάσσης.[1]
	
	    _____ *mar.*
	
	    2. ἦσαν οἱ υἱοὶ αὐτῶν ἐπὶ τῇ θύρῃ.
	
	    _____ *puerta.*
	
	    3. κατέβησαν ἐπὶ τὴν θάλασσαν.
	
	    Descendieron _____
	
	[1] θάλασσα *mar* se declina así: -α, -ης, -ῃ, -αν.

69	La preposición ἐπί se emplea con tres casos: _____,

	_____ y _____.
	Esto contrasta con las otras preposiciones que se han visto, las cuales se emplean con un solo caso.
genitivo, dativo, acusativo	ἐν τῇ καρδίᾳ: ἐν va seguido del caso _____.
dativo genitivo genitivo	ἐκ τῆς καρδίας: ἐκ va seguido del caso _____.
	ἀπὸ τῆς καρδίας: ἀπό va seguido del caso _____.

70 neutro plural *Permanecerán las cosas santas[1] en el reino de los cielos.*	Al traducir la siguiente oración analice con cuidado el género y número de τὰ ἅγια. μενοῦσι τὰ ἅγια ἐν τῇ βασιλείᾳ τῶν οὐρανῶν. _____

[1] Si tuvo dificultad con la traducción de τὰ ἅγια repase el #54 antes de seguir adelante.

71 1. futuro 2. presente 3. presente 4. futuro 5. imperfecto	Identifique el tiempo de cada verbo. 1. βλέψομεν _____ 2. μένουσι _____ 3. πιστεύει _____ 4. ἐγερεῖτε _____ 5. ἔλεγον _____

72
 	
 1. *veremos*
 2. *permanecen*
 3. *cree*
 4. *levantaréis*
 5. *decía (yo)*
  o decían
	Traduzca los verbos del #71. βλέπω: *ver*
	                         ἐγείρω: *levantar*
	 1. _____
	
	 2. _____
	
	 3. _____
	
	 4. _____
	
	 5. _____

	Futuro	Traducción

73
 	
 1. κρινεῖ   *juzgará*
 	
 2. βαλοῦμεν
     echaremos
 3. ἐγεροῦσι
     levantarán
 4. ἀκούσετε
     escucharéis
 5. ἐρῶ   *diré*
	Cambie los verbos a futuro, conservando la persona y número de la forma en presente.
	
	 1. κρίνει _____
	
	 2. βάλλομεν _____
	
	 3. ἐγείρουσι _____
	
	 4. ἀκούετε _____
	
	 5. λέγω _____
		
		 _____
		
		 _____
		
		 _____
		
		 _____
		
		 _____

74	Existe en tiempo futuro una forma del infinitivo, aunque su empleo no es frecuen-

	te en el N.T. Se forma según la misma pauta del modo indicativo: 1) tema verbal, más 2) característica temporal σ, más 3) desinencia del infinitivo. πιστεύσειν *creer* (tiempo futuro) 1 2 3 Por supuesto los verbos líquidos y nasales forman el infinitivo en futuro sin la característica temporal σ. El acento circunflejo cae en la terminación. μενεῖν *permanecer* (tiempo futuro) Identifique los infinitivos de tiempo futuro en la lista a continuación.
1, 4, 6	1. ἀκούσειν 4. κρινεῖν 2. βάλλειν 5. ἔχειν 3. λέγειν 6. πιστεύσειν
75	Las palabras de la siguiente locución siguen el mismo orden en griego que en español. ὁ ἀδελφὸς τοῦ δούλου . . . *El hermano del siervo* . . . La expresión en genitivo τοῦ δούλου funciona en cierto sentido como un adjetivo; describe al sustantivo ἀδελφός. Se puede decir que el genitivo expresa un concepto adjetivo. Como tal, puede colocarse no solamente después del sustantivo que describe sino también en la posición atributiva propia de un adjetivo. Adjetivo Concepto adjetivo ὁ **ἀγαθὸς** ἀδελφός ὁ **τοῦ δούλου** ἀδελφός *el **buen** hermano* *el hermano **del siervo***
El hijo de Zacarías	Traduzca la locución. ὁ Ζαχαρίου υἱός ———————————— Zacarías
76 τοῦ θεοῦ	Señale en la siguiente oración un concepto adjetivo en caso genitivo. ἡ τοῦ θεοῦ ζωὴ ἐν τῷ υἱῷ αὐτοῦ ἐστιν.
77 *La vida de Dios está en su hijo.*	Traduzca la oración del #76. —————————————————
78	El concepto adjetivo se puede colocar también en la otra forma de la posición atributiva: después del sustantivo y del artículo de éste repetido. Traduzca la siguiente locución. σταυρός, -οῦ, m: *cruz* ὁ λόγος ὁ τοῦ σταυροῦ (1 Co. 1:18)
la palabra de la cruz	—————————————————
79	Con la siguiente expresión se identifica una de las *Marías* en Mt. 27:56. Μαρία ἡ **τοῦ Ἰακώβου καὶ Ἰωσὴφ** μήτηρ *María la madre **de Jacobo y José***

(En sus propias palabras) Porque el genitivo funciona como un conjunto adjetivo, se puede colocar en la posición de un adjetivo, es decir, entre el artículo ἡ y el sustantivo μήτηρ.	La locución subrayada es de caso genitivo, género masculino. ¿Cómo es que se encuentra dentro del conjunto ἡ μήτηρ, caso nominativo, género femenino? _____ _____
80 nom., nom., gen. *María la de Jacobo* (La locución no especifica si es esposa o madre de Jacobo.	Al contrario del adjetivo simple, el concepto adjetivo no concuerda con el conjunto artículo-sustantivo con el cual se asocia. Identifique los casos y traduzca la locución. Μαρία ἡ Ἰακώβου Casos: _____ _____ _____ Trad.: _____
81 *El hijo del señor echará del reino a los buenos.*	Traduzca la oración. ὁ τοῦ κυρίου υἱὸς βαλεῖ ἐκ τῆς βασιλείας τοὺς ἀγαθούς. _____
82 *¿Quiénes tendrán las palabras de Dios en sus corazones?*	Traduzca la pregunta. τίνες ἕξουσι τοὺς λόγους τοὺς τοῦ θεοῦ ἐπὶ ταῖς καρδίαις αὐτῶν; _____

83
 	
Los postreros son primeros.
 	
    Si no puso οἱ ἔσχατοι como sujeto, vuelva a repasar el #47.
	Traduzca la oración, analizando con cuidado el tiempo del verbo (cp. IV-1).
	
	                   ἔσχατος, -η, -ον: *postrero*
	  πρῶτοί εἰσιν οἱ ἔσχατοι.
	
	_____

84
 	
Desde los días del hijo del hombre los hombres conocen las buenas cosas de Dios.
 	
    Si le fue difícil traducir τὰ ἀγαθά repase el #54.
	Traduzca la oración.
	
	  ἀπὸ τῶν ἡμέρων τοῦ υἱοῦ τοῦ ἀνθρώπου γινώσκουσιν οἱ ἄνθρωποι τὰ ἀγαθὰ τοῦ θεοῦ
	
	_____
	
	_____

85	Traduzca la oración.

Las buenas cosas permanecerán sobre la tierra.	τὰ ἀγαθὰ μενοῦσι ἐπὶ τῆς γῆς.

86

RESUMEN — Tiempo futuro

El futuro se forma 1) del tema del presente, más 2) la característica del futuro σ, más 3) las desinencias del presente.

Futuro

πιστεύσω	πιστεύσομεν
πιστεύσεις	πιστεύσετε
πιστεύσει	πιστεύσουσι(ν)

Suceden cambios ortográficos en verbos con tema terminado en consonante.

Presente	Futuro
ἔχω	ἔξω
γράφω	γράψω

No aparece la σ del futuro en verbos cuyo tema termina en consonante líquida o nasal (λ, ϱ, μ, ν). estos verbos se distinguen por llevar acento circunflejo en todas las formas. La 1ª y 2ª persona del plural tienen diptongo en la penúltima sílaba.

Futuro líquido y nasal

μενῶ	μενοῦμεν
μενεῖς	μενεῖτε
μενεῖ	μενοῦσι(ν)

En una hoja aparte practique la conjugación y traducción de los siguientes verbos en tiempo futuro.

ἀκούω
ἔχω
βάλλω

87

RESUMEN — Vocabulario nuevo

Asegúrese que domine el siguiente vocabulario.

ἀπό: *de, desde*
βάλλω, (fut.) βαλῶ: *echar, tirar*
ἐγείρω, (fut.) ἐγερῶ: *levantar*
ἐπί: *en, sobre, a*
ἐρῶ: futuro de λέγω

ἔσχατος, -η, -ον: *postrero, último*
καί: *y, también*
κακός: *malo, malvado*
κρίνω, (fut.) κρινῶ: *juzgar*
μένω, (fut.) μενῶ: *permanecer*
πρῶτος, -η, -ον: *primero*

Repase también los resúmenes de vocabulario de los capítulos anteriores.

88

Antes de hacer el ejercicio siguiente, vuelva a repasar todas las formas de la 1ª declinación (VIII-98) y de la 2ª declinación (VII-54). Practique declinando los sustantivos de los paradigmas y otros sustantivos más hasta que domine todo el sistema de declinación.

1. αἱ κακαὶ φωναί nom. fem. P. *las malas voces*

2. ἐν ὅλῳ τῷ οὐρανῷ dat. masc. S. *en todo el cielo*

3. τὰ ἔσχατα nom. o ac. neut. P. *las últimas cosas*[1]

4.οἱ ἅγιοι nom. masc. P. *los santos*

5. τὸ τέκνον τὸ πρῶτον nom. o ac. neut. S. *el primer niño*

[1] Si no tradujo correctamente esta locución, repase el #54.

Escoja el adjetivo que concuerde con el sustantivo (o el artículo solo). Analice las locuciones y tradúzcalas.

Adjetivos: ἔσχατα   πρῶτον   ἅγιοι
            κακαί   ὅλῳ

Análisis

	Caso	Gén.	Núm.	Traducción

1. αἱ _____ φωναί ____ ____ (S / P) _____

2. ἐν _____ τῷ οὐρανῷ ____ ____ (S / P) _____

3. τὰ _____ ____ ____ (S / P) _____

4. οἱ _____ ____ ____ (S / P) _____

5. τὸ τέκνον τὸ _____ ____ ____ (S / P) _____

89

REPASO — Conjugación del verbo

Haga un cuadro de todo el sistema verbal que se ha visto hasta aquí, conjugando el verbo πιστεύω en todos los modos y tiempos indicados.

		Presente	Imperfecto	Futuro	Futuro líquido y nasal[1]
	Modo Indicativo	πιστευ_____			
		πιστευ_____			
		πιστευ_____			
		πιστευ_____			
		πιστευ_____			
		πιστευ_____			
	Modo Infinitivo			(πιστεύσειν)	(μενεῖν)
Modo Imperativo	Singular				
	2ª _____				
	3ª _____				
	Plural				
	2ª _____				
	3ª _____				

Después de revisar su trabajo por medio de los paradigmas del VII-56 y IX-86, estudie toda la conjugación para asegurar su dominio de ella.

[1] Emplee el verbo μένω.

90	Traduzca la primera forma de cada casilla del cuadro verbal anterior.

Indicativo
Presente: *creo*
Imperf.: *creía*
Futuro: *creeré*
Fut. liq. y nas.:
permaneceré

Infinitivo
Pres. y fut.: *creer*
Fut. liq. y nas.:
permanecer

Imperativo
cree (tú)

	Presente	Imperfecto	Futuro	Futuro líquido y nasal
Indicativo				
Infinitivo				
Imperativo				

91

1. fut. indic. 2ª sing. ἐγείρω, *levantarás*
2. pres. imperat. 3ª sing. λαμβάνω, *tome*
3. fut. indic. 1ª pl. ἀκούω *oiremos*
4. pres. indic. 3ª pl. βάλλω *echan, tiran*
5. imperf. indic. 3ª sing. γινώσκω *conocía*
6. fut. indic. 2ª pl. ἔχω *tendréis*

Al analizar los verbos siguientes, procure identificar en cada verbo todos los datos que pueda sin mirar la tabla verbal del #89.

Si queda trabajo en algún verbo después de identificar algunos elementos, consulte luego la tabla verbal.

	Tiempo	Modo	Pers.	Núm.	1ª parte fundamental[1]	Traducción
1. ἐγερεῖς						
2. λαμβανέτω						
3. ἀκούσομεν						
4. βάλλουσι						
5. ἐγίνωσκε						
6. ἕξετε						

[1] 1ª parte fundamental = el verbo en tiempo pres. 1ª sing. Ej.: λέγω

92

PRUEBA

Traduzca las oraciones.

1. ἐλέγομεν τοῖς υἱοῖς, ἀκούσετε φωνῆς ἐκ τοῦ οὐρανοῦ.

2. ὁ θεὸς αὐτῶν κρινεῖ αὐτοὺς ἐν τῇ ἐσχάτῃ ἡμέρᾳ.

3. ἐρεῖ ὁ κύριος, οἱ ἅγιοι ἕξουσι ζωὴν ἐπὶ τῆς γῆς.

4. οἱ κακοὶ ἄνθρωποι βάλλουσι τὰ ἅγια ἐκ τῆς βασιλείας.

5. ἀπὸ τῶν πρώτων ἡμερῶν μένετε ἐν τῷ λόγῳ τῷ τοῦ κυρίου.

6. ἀγαθοὶ ἦσαν οἱ ἅγιοι.

7. ἐγεροῦμεν τοὺς ἀδελφούς.

Las respuestas se encuentran en el apéndice V-9.

Al terminar este capítulo usted podrá traducir oraciones con verbo en aoristo. Traducirá todos los pronombres personales. Sabrá de memoria tres partes fundamentales para los verbos de su vocabulario.

1	Hemos analizado la formación de tres tiempos del verbo:

<table>
<tr><td>Presente</td><td>Imperfecto</td><td>Futuro</td></tr>
<tr><td>πιστεύ - ω</td><td>ἐ - πίστευ - ον</td><td>πιστεύ - σ - ω</td></tr>
<tr><td>tema   des.</td><td>aum. tema   des.</td><td>tema carac. des.</td></tr>
<tr><td>pers.</td><td>pers.</td><td>temp. pers.</td></tr>
</table>

Los verbos siguientes ilustran las diferentes maneras en que los verbos siguen las pautas señaladas arriba.

1. Combinado con la vocal inicial: $ε + α = η$

	Presente	Imperfecto	Futuro
1.	ἀκούω	ἤκουον	ἀκούσω
2.	βλέπω	ἔβλεπον	βλέψω
3.	μένω	ἔμενον	μενῶ

2. La σ se combina con la π de βλεπ- y se forma una ψ.

1. ¿Cómo se manifiesta el aumento en el imperfecto del verbo ἀκούω?

_____

3. Sin la característica temporal σ, y con acento circunflejo en la desinencia.

2. ¿Qué pasa en el verbo βλέπω cuando se le agrega la σ del futuro?

_____

3. En verbos como μένω, que terminan su tema en consonante líquida o nasal, ¿cómo se forma el tiempo futuro? _____

_____

2	El tiempo imperfecto siempre se forma a base del tema del presente; por tanto basta saber el tema del presente para reconocer un verbo en imperfecto: ἔλεγον viene del verbo λέγω.

En cambio el futuro es con frecuencia muy distinto del presente:
ἐρῶ es el futuro del verbo λέγω.

Por consiguiente se ha adoptado la costumbre de presentar los verbos en el diccionario con su forma de futuro además de la de presente.

λέγω, ἐρῶ: *decir, hablar*
πιστεύω, πιστεύσω: *creer*

Estas dos formas (junto con otras que se mencionarán en breve) se llaman **partes fundamentales** del verbo.

Las partes fundamentales del verbo *ver* son: βλέπω, βλέψω;

. . . del verbo *levantar* son: ἐγείρω, ἐγερῶ;

ἔχω, ἕξω
βάλλω, βαλῶ

(¿Apuntó correctamente los acentos?)

. . . del verbo *tener* son: _____ , _____ ;

. . . del verbo *echar* son: _____ , _____ .

---

partes fundamentales **3**	Las formas μένω, μενῶ se denominan las _____ del verbo *permanecer*.

presente y futuro	Corresponden a los tiempos _____ y _____.
4 presente futuro	La primera parte fundamental, como μένω, corresponde al tiempo _____. La segunda parte fundamental, como μενῶ, corresponde al tiempo _____.
5 primera segunda	πιστεύω es la _____ parte fundamental del verbo *creer*, y πιστεύσω es la _____ parte fundamental.
6 primera	El tiempo imperfecto se forma a base de la _____ parte fundamental.

(Si no sabía la respuesta, repase la primera parte del #2.)

7 expresan una ac- ción que se reali- zó en el pasado.	Para situar una acción en el pasado, se distinguen dos tiempos gramaticales: Imperfecto Pretérito oía oí veía vi hablaba hablé tomaba tomé A estos dos tiempos en español corresponden los tiempos imperfecto y aoristo en griego. Imperfecto Aoristo ἐπίστευον *creía* ἐπίστευσα *creí* Tanto el imperfecto como el aoristo expresan una acción que se realizó en el pasado según el punta de vista del hablante. Un tiempo pasado se designa por el aumento: ἐπίστευον, ἐπίστευσα. Tanto el imperfecto como el aoristo llevan aumento porque _____ _____
8 σ	El aoristo del verbo πιστεύω se forma con los siguientes elementos: ἐ + πίστευ + σ + α aumento tema carac. des. temporal pers. ¿Cuál es la característica temporal del aoristo? _____
9 -σα -σαμεν -σας -σατε -σε -σαν	Subraye, en el paradigma siguiente, las terminaciones compuestas de la característica temporal σ y las desinencias personales. ἐπίστευσα ἐπιστεύσαμεν ἐπίστευσας ἐπιστεύσατε ἐπίστευσε(ν)[1] ἐπίστευσαν [1] La ν-movible aparece, por lo general, cuando la palabra siguiente comienza con vocal.
10	Traduzca la conjugación anterior.

	creí _____
creí *creímos*	_____ _____
creíste *creísteis*	
creyó *creyeron*	_____ _____

11	Forme el aoristo del verbo δουλεύω, *servir*, en 1ª persona singular.
	_____ _____ _____ _____
ἐ - δούλευ - σ - α	aum. tema carac. des.
	temporal pers.

12	Conjugue el verbo δουλεύω, *servir*, en aoristo.
ἐδούλευσας	ἐδούλευσα _____
ἐδούλευσε(ν)	
ἐδουλεύσαμεν	_____ _____
ἐδουλεύσατε	
ἐδούλευσαν	_____ _____

13	Analice el aoristo ἤκουσα.
ἤ - κου - σ – α	_____ _____ _____ _____
En el aumento **ἤ-** está también la primera letra del tema α.	aum. tema carac. des.
	temporal pers.

14	ἤκουσα se traduce _____ .
oí, escuché	

15	Conjugación del verbo ἀκούω en aoristo.
ἤκουσα	*oí* _____ _____ *oímos*
ἤκουσας	
ἤκουσε(ν)	*oíste* _____ _____ *oísteis*
ἠκούσαμεν	
ἠκούσατε	*oyó* _____ _____ *oyeron*
ἤκουσαν	

16	Al agregársele la característica temporal σ a raíces terminadas en consonantes, la ortografía se altera tal como ya se observó en la formación del futuro.
	βλέπω - *ver*
	Futuro: βλεπ + σ → βλεψ-
	Aoristo: ἐβλεπ + σ → ἐβλεψ-
	γράφω - *escribir*
	Futuro: γραφ + σ → γράψ-
ἔγραψ-	Aoristo: ἐγραφ + σ → _____

ἔγραψα **17**	**Conjugación del verbo γράφω en aoristo.**	
ἔγραψας		
ἔγραψε(ν)	_____	_____
ἐγράψαμεν		
ἐγράψατε	_____	_____
ἔγραψαν		
	_____	_____

escribí **18**	**Traduzca la conjugación anterior.** γράφω: *escribir*
escribiste	
escribió	_____ _____
escribimos	
escribisteis	_____ _____
escribieron	
	_____ _____

19	**Cambie los verbos al tiempo aoristo conservando la persona y el número de la forma en presente.**

	Presente	Aoristo
	1. ἀκούεις	ἤκουσας
	2. πιστεύομεν	_____
2. ἐπιστεύσαμεν	3. βλέπουσι	_____
3. ἔβλεψαν		
4. ἔγραψε(ν)	4. γράφει	_____

20	**Traduzca los verbos en aoristo del #19.**
	1. _____
	2. _____
1. *oíste*	3. _____
2. *creímos*	
3. *vieron*	4. _____
4. *escribió*	

21	**Cambie los verbos a los tiempos indicados, conservando la persona y el número de la forma original.**

	Presente	Imperfecto	Futuro	Aoristo
2. ἔγραφον				
γράψουσι	1. πιστεύει	ἐπίστευε	πιστεύσει	ἐπίστευσε
ἔγραψαν				
3. ἠκούετε	2. γράφουσι	_____	_____	_____
ἀκούσετε				
ἠκούσατε	3. ἀκούετε	_____	_____	_____
4. ἔβλεπε(ν)				
βλέψει				
ἔβλεψε(ν)	4. βλέπει	_____	_____	_____

22	**Traduzca todos los verbos del #21.**

	Presente	Imperfecto	Futuro	Aoristo
1. *cree - creía - cre-*				
erá - creyó. **2.** *es-*	1. _____	_____	_____	_____
criben - escribían -				
escribirán - escri-	2. _____	_____	_____	_____
bieron. **3.** *oís - oí-*				
ais - oiréis - oísteis	3. _____	_____	_____	_____

4. *ve - veía - verá - vio*	4. _____ _____ _____ _____

23 1. presente 2. imperfecto 3. aoristo 4. futuro ¿Todo correcto? Pase al #24.	Identifique el tiempo de los verbos. 1. δουλεύει _____ 2. ἐδούλευε _____ 3. ἐδούλευσε _____ 4. δουλεύσει _____

Si falló en la identificación de alguno de los tiempos, repase los cuadros #1 y 8.
Luego pase al cuadro #23a.

23a 1. aoristo 2. futuro 3. presente 4. imperfecto	Identifique el tiempo de los verbos. 1. ἔγραψε(ν) _____ 2. γράψει _____ 3. γράφει _____ 4. ἔγραφε(ν) _____

24 1. *sirve* 2. *servía* 3. *sirvió* 4. *servirá* Si sus traduccio- nes son correctas, pase al #25.	Traduzca los verbos del #23. δουλεύω: *servir* 1. _____ 2. _____ 3. _____ 4. _____

Si no acertó en la traducción de todos los verbos, vuelva a estudiar los cuadros #1 y 8.
Luego pase al #24a.

24a 1. *escribió* 2. *escribirá* 3. *escribe* 4. *escribía (él)*	Traduzca los verbos del #23a. 1. _____ 2. _____ 3. _____ 4. _____

25 *Muchos le creye- ron.*	Traduzca la oración. πολλοί: *muchos* πολλοὶ ἐπίστευσαν αὐτῷ. _____

26	El nominativo singular del adjetivo *mucho* es πολύς, πολλή, πολύ. m. f. n. Nótese que el masculino y neutro llevan sólo una λ. Además las terminaciones de esas dos formas son distintas a las de otros adjetivos conocidos. Cp. ἀγαθός, αγαθή, ἀγαθόν.

Únicamente en las formas πολύς, πολύ y πολύν (acusativo sing. del masculino) aparece la irregularidad. el resto de la declinación sigue la pauta conocida.

	Singular		Plural	
	Masculino	Neutro	Masculino	Neutro
	πολύς	**πολύ**	πολλοί	πολλά
	πολλοῦ		πολλῶν	
	πολλῷ		πολλοῖς	
	πολύν	**πολύ**	πολλούς	πολλά

Supla la forma del adjetivo que concuerda con el sustantivo.

1. κύριοι π_____ : *muchos señores*

2. λόγος π_____ : *mucha palabra (discurso largo)*

3. γῆ π_____ : *mucha tierra*

1. πολλοί
2. πολύς
3. πολλή

27

Al completar la traducción del siguiente versículo, observe el sentido nuevo en que se emplea la preposición ἐκ.

οὖν *así que*   Ἰουδαῖος: *judío*

πολλοὶ οὖν ἐκ τῶν Ἰουδαίων . . . ἐπίστευσαν εἰς αὐτόν.   (Jn. 11:45)

_____ *en* _____

Así que muchos de los judíos creyeron en él.

28

En el versículo anterior ἐκ no expresa procedencia, como en la locución ἡ φωνὴ ἐκ τοῦ οὐρανοῦ - *la voz del cielo*.
La palabra πολλοί expresa una parte tomada de la cantidad τῶν Ἰουδαίων.
La preposición ἐκ comunica este sentido partitivo:

πολλοὶ **ἐκ** τῶν Ἰουδαίων
*Muchos **de** los judíos*

La preposición ἀπό también ocurre en sentido partitivo:

τίνα **ἀπὸ** τῶν δύο   (Mt. 27:21)
*cuál **de** lo dos*

Finalmente, para expresar el sentido partitivo también se emplea el genitivo solo, sin preposición.

οἱ λοιποὶ **τῶν** ἀνθρώπων   (Ap. 9:20)
*los demás **de** los hombres*

En los ejemplos anteriores, tanto las preposiciones ἐκ y ἀπό, como el uso del genitivo solo, se traducen al español con la palabra _____.

de

29

Compárense, en el #25 y el 27, las locuciones que siguen al verbo ἐπίστευσαν:

#25 ἐπίστευσαν αὐτῷ   #27 ἐπίστευσαν εἰς αὐτόν

En el #25 αὐτῷ está en caso _____ (con / sin) preposición.

En el #27, αὐτόν está en caso _____ , precedido por la preposición εἰς.

dativo, sin preposición

acusativo

30

La preposición εἰς significa primordialmente *a*, o *hacia*, pero en muchos contextos adquiere el sentido de *en*. La expresión ἐπίστευσαν εἰς αὐτόν se traduce: *Creyeron **en** él*.

	La otra expresión ἐπίστευσαν αὐτῷ admite dos traducciones: *Le creyeron, o Creyeron en él.*
1. *al hijo de Dios.* (O: *en el hijo de Dios.*) 2. *en el hijo de Dios.*	Traduzca las oraciones: 1. ἐπίστευσε ὁ ἀδελφὸς τῷ υἱῷ τοῦ θεοῦ. *El hermano creyó* _____ 2. ἐπίστευσε ὁ ἀδελφὸς εἰς τὸν υἱὸν τοῦ θεοῦ. *El hermano creyó* _____
31 *Creyeron (en) la escritura y la palabra que dijo Jesús.*	Complete la traducción. γραφή, -ῆς, f: *escritura* ἐπίστευσαν τῇ γραφῇ καὶ τῷ λόγῳ ὃν εἶπεν ὁ Ἰησοῦς. (Jn. 2:22) _____ *que dijo Jesús.*
32 aoristo	En el versículo anterior aparece el verbo εἶπεν: *dijo.* Esta forma del verbo λέγω es de tiempo aoristo aunque no manifiesta las características de ese tiempo ya vistas en verbos como ἐπίστευσε, *creyó.* εἶπεν representa el llamado **aoristo segundo**, que es simplemente una manera distinta de conjugar ciertos verbos. El significado del aoristo segundo es idéntico al del aoristo primero. Tanto εἶπεν como ἐπίστευσε están en tiempo _____.
33 -ον -ομεν -ες -ετε -ε(ν) -ον	El aoristo del verbo λέγω emplea un tema verbal muy distinto: εἰπ-. Se conjuga de la siguiente manera: Aoristo 2º *dije* εἶπον εἴπομεν *dijimos* *dijiste* εἶπες εἴπετε *dijisteis* *dijo* εἶπε(ν) εἶπον *dijeron* Subraye las desinencias personales.
34 imperfecto	Observe las desinencias subrayadas en el #33. Ese juego de desinencias no es nuevo; se ha visto antes en la conjugación del tiempo _____. (Cp. IX-89 si no puede recordar cuál es.)
35 -λαβ- distintos	Otro verbo de aoristo 2º es λαμβάνω, *tomar.* ἔλαβον ἐλάβομεν ἔλαβες ἐλάβετε ἔλαβε(ν) ἔλαβον Subraye el aumento y la desinencia en cualquiera de las formas. Lo que queda en el centro es el tema del aoristo: _____. Compárelo con el tema del presente: λαμβάν-. Los dos temas son (iguales / distintos).

36	Traduzca el aoristo de λαμβάνω conjugado en #35.
	_____ _____
tomé *tomamos*	_____ _____
tomaste *tomasteis*	
tomó *tomaron*	_____ _____

37	Porque el tema del aoristo 2º es distinto al del presente hay que memorizarlo para poder reconocer el verbo.

	Presente	Aoristo
1.	βάλλω	ἔβαλον
2.	ἔχω	ἔσχον
3.	λαμβάνω	ἔλαβον
4.	λέγω	εἶπον

Pres. | **Aor.**
1. βάλλ- | -βαλ-
2. ἔχ- | ἔσχ-
3. λαμβάν- | -λαβ-
4. λέγ- | εἶπ-

Subraye el tema del presente y el del aoristo en cada verbo. (En el 2 y el 4 el aumento se incluye en el tema.)

38	Los verbos de aoristo 2º siempre manifiestan en aoristo un tema distinto al del presente. (falso / verdadero)
verdadero	

39	La forma del aoristo se considera como una de las partes fundamentales del verbo, debido a que no se puede predecir cuál tipo de aoristo se presentará en un verbo dado.

1ª parte fund.	2ª parte fund.	3ª parte fund.
βάλλω	βαλῶ	ἔβαλον
ἔχω	ἔξω	ἔσχον
λέγω	ἐρῶ	εἶπον
πιστεύω	πιστεύσω	ἐπίστευσα

presente
futuro
aoristo

La 1ª parte fundamental coresonde al tiempo _____; la 2ª parte

fundamental al tiempo _____; y la 3ª al tiempo _____.

40	Identifique los siguientes verbos en aoristo por medio de su primera parte fundamental.

1. ἐδούλευσα viene del verbo _____ (1ª parte fund.)

2. ἔλαβον   "   "   "   _____

1. δουλεύω
2. λαμβάνω   3. εἶπον   "   "   "   _____
3. λέγω
4. ἔχω   4. ἔσχον   "   "   "   _____

41	El aoristo 2º se forma de los siguientes elementos.

aumento + tema de aoristo + desinencias personales

$$\begin{pmatrix} \text{-ον} & \text{-ομεν} \\ \text{-ες} & \text{-ετε} \\ \text{-ε(ν)} & \text{-ον} \end{pmatrix}$$ (las mismas del imperfecto)

Siguiendo la fórmula arriba, forme el aoristo del verbo λαμβάνω, cuyo tema en aoristo es -λαβ-.

ἔλαβον
ἔλαβες
ἔλαβε(ν)
   ἐλάβομεν
   ἐλάβετε
   ἔλαβον
	_____ _____
	
	_____ _____
	
	_____ _____

tomé   **42**
tomaste
tomó
   tomamos
   tomasteis
   tomaron
	Traduzca la conjugación de λαμβάνω en aoristo.
	
	_____ _____
	
	_____ _____
	
	_____ _____

43 εἶπον εἴπομεν εἶπες εἴπετε εἶπε(ν) εἶπον	Conjugue el verbo *decir* en aoristo. εἶπον _____ _____ _____ _____ _____
44 dije dijimos dijiste dijisteis dijo dijeron	Traduzca la conjugación anterior. _____ _____ _____ _____ _____ _____
45 No se confunden porque el aoristo 2º lleva un tema distinto.	Se ha mencionado (#34, 41) que las desinencias empleadas en el aoristo 2º son las mismas del tiempo imperfecto. Aquí cabe preguntarse, ¿cómo no se confunden el imperfecto y el aoristo 2º si llevan desinencias iguales? Observando las formas a continuación conteste esa pregunta. Imperfecto Aoristo ἔβαλλον ἔβαλον ἐλάμβανον ἔλαβον εἶχον ἔσχον ἔλεγον εἶπον _____ _____

46
 	
1. ἐδούλευες -
   ἐδούλευσας
2. ἔβαλλον -
   ἔβαλον
3. ἔγραφε(ν) -
   ἔγραψε(ν)
	Forme el imperfecto y el aoristo de cada verbo, conservando la persona y el número del verbo en presente. Consulte la lista del #37 para saber cuáles verbos llevan formas de aoristo 2º.
	
	Presente Imperfecto Aoristo
	
	1. δουλεύεις _____ _____
	
	2. βάλλουσι _____ _____
	
	3. γράφει _____ _____

4. ἐλέγομεν - εἴπομεν	4. λέγομεν _____ _____

---

47 1. *sirves, servías, serviste* 2. *echan, echaban, echaron* 3. *escribe, escribía, escribió* 4. *decimos, decíamos, dijimos*	Traduzca los verbos del #46. Presente Imperfecto Aoristo 1. _____ _____ _____ 2. _____ _____ _____ 3. _____ _____ _____ 4. _____ _____ _____

---

48 1. ἔβλεψε(ν) 2. ἔσχομεν 3. εἴπετε 4. ἤκουσα	Forme el aoristo. Presente Aoristo 1. βλέπει _____ 2. ἔχομεν _____ 3. λέγετε _____ 4. ἀκούω _____

---

49 1. *ve, vio* 2. *tenemos, tuvimos* 3. *decís, dijisteis* 4. *oigo, oí*	Traduzca los verbos del #48. Presente Aoristo 1. _____ _____ 2. _____ _____ 3. _____ _____ 4. _____ _____

---

50 1. aoristo 2. aoristo 3. imperfecto 4. aoristo	Para distinguir entre el aoristo y el imperfecto recuerde que 1) el aoristo 1º lleva siempre la característica temporal σ: imperfecto: ἐπίστευον aoristo: ἐπίστευσα 2) el aoristo 2º aunque emplea las mismas desinencias del imperfecto, tiene un tema verbal distinto: imperfecto: ἐλάμβανον aoristo: ἔλαβον 1. ἐπίστευσαν (imperfecto / aoristo) 2. ἔσχετε (imperfecto / aoristo) 3. ἔβαλλε (imperfecto / aoristo) 4. ἐλάβομεν (imperfecto / aoristo)

---

1. *creyeron* 2. *tuvisteis* 3. *echaba (él)* 4. *tomamos* **51**	Traduzca los verbos del #50. 1. _____ 3. _____ 2. _____ 4. _____

52	Traduzca el versículo, analizando primero el tiempo del verbo. πλούσιος, -α, ον: *rico* πολύς, πολλή, πολύ: *mucho* (cp. #26)

tiempo imperfecto *Muchos ricos echaban mucho (muchas cosas).*	πολλοὶ πλούσιοι ἔβαλλον πολλά. (Mr. 12:41) tiempo _____ _____
53 *Jesús tomó los pa- nes del niño.*	Traduzca la oración. ἄρτος, -ου, m: *pan* ἔλαβεν ὁ Ἰησοῦς τοὺς ἄρτους τοῦ τέκνου. _____
54 *Vino Jesús desde Nazaret de Galilea.*	Traduzca el versículo. ἦλθον: aoristo 2º del verbo ἔρχομαι: *ir, venir* ἦλθεν Ἰησοῦς ἀπὸ Ναζαρὲτ τῆς Γαλιλαίας . . . (Mr. 1:9) _____
55 ἦλθες ἤλθομεν ἦλθες ἤλθετε ἦλθε(ν) ἦλθον	El verbo ἔρχομαι *ir* es defectivo en tiempo presente. Por ahora se presenta sólo en tiempo aoristo. Conjugue el verbo *ir, venir* en aoristo. *fui* ἦλθον _____ *fuimos* *fuiste* _____ _____ *fuisteis* *fue* _____ _____ *fueron*
56 El aoristo líquido y nasal no tiene σ.	La mayoría de los verbos de tipo líquido y nasal presentan en aoristo formas pare-cidas al aoristo 1º, pero sin la σ. En algunos casos el tema se altera. Observe los siguientes verbos. μένω, μενῶ, ἔμεινα ἐγείρω, ἐγερῶ, ἤγειρα κρίνω, κρινῶ, ἔκρινα ¿Cómo se distinque el aoristo líquido y nasal del aoristo 1º común? _____
57 ἔκρινα ἔκρινας ἔκρινε(ν) ἐκρίναμεν ἐκρίνατε ἔκριναν	Conjugue el verbo κρίνω en aoristo. Emplee las desinencias del aoristo 1º (cp. #9), pero omita la σ. _____ _____ _____ _____ _____ _____

juzgué **58**
juzgaste
juzgó
  juzgamos
  juzgasteis
  juzgaron
	Traduzca la conjugación anterior. κρίνω: *juzgar*
	
	_____ _____
	
	_____ _____
	
	_____ _____

59	No todos los verbos de tipo líquido y nasal siguen la pauta de μένω, κρίνω, etc.

aoristo 2º	Compare las partes fundamentales βάλλω, βαλῶ, ἔβαλον. ¿Qué clase de aoristo tiene el verbo βάλλω? (aoristo 1º / aoristo 2º / aoristo líquido y nasal)

60

La siguiente lista de partes fundamentales incluye todos los verbos ya vistos, pero en algunos casos se omite alguna de las partes fundamentales porque presenta algún fenómeno especial que se explicará más adelante..

	Presente	Futuro	Aoristo	
1.	ἀκούω	ἀκούσω	ἤκουσα	_____
2.	βάλλω	βαλῶ	ἔβαλον	_____
3.	βλέπω	βλέψω	ἔβλεψα	_____
4.	γινώσκω	- - - -	- - - -	_____, _____
5.	γράφω	γράψω	ἔγραψα	_____
6.	δουλέω	δουλεύσω	ἐδούλευσα	_____
7.	ἐγείρω	ἐγερῶ	ἤγειρα	_____
8.	(ἔρχομαι)	- - - -	ἦλθον	_____, _____
9.	ἔχω	ἕξω	ἔσχον	_____
10.	θέλω	θελήσω	ἠθέλησα[1]	_____
11.	κρίνω	κρινῶ	ἔκρινα	_____
12.	λαμβάνω	- - - -	ἔλαβον	_____, _____
13.	λέγω	ἐρῶ	εἶπον	_____, _____
14.	μένω	μενῶ	ἔμεινα	_____
15.	πιστεύω	πιστεύσω	ἐπίστευσα	_____

1. oír
2. echar
3. ver
4. conocer, saber
5. escribir
6. servir
7. levantar
8. venir, ir
9. tener
10. desear
11. juzgar
12. tomar, recibir
13. decir, hablar
14. permanecer
15. creer

Escriba en el espacio provisto el significado de los verbos. (Emplee el infinitivo en español.)

[1] Nótese (1) que se agrega una sílaba en el futuro y en el aoristo -θελη-.
(2) que el aumento es ἠ- en lugar de ἐ-.

61

1. futuro μένω
permanecer
2. aoristo λέγω
decir
3. aoristo βάλλω
echar
4. futuro βλέπω
ver
5. aoristo λαμβά-
νω *tomar, recibir*

Después de estudiar detenidamente las partes fundamentales (#60), indique el tiempo de cada forma abajo, la primera parte fundamental correspondiente, y el significado del verbo.

	Tiempo	1ª parte fund.	Significado
ἔσχον	aoristo	ἔχω	*tener*
1. μενῶ			
2. εἶπον			
3. ἔβαλον			
4. βλέψω			
5. ἔλαβον			

62 1. —, πιστεύσω, ἐπίστευσα 2. ἀκούω, —, ἤκουσα 3. —, ----, ἔλαβον 4. μένω, —, ἔμεινα 5. —, βαλῶ, ἔβαλον 6. θέλω, θελήσω, —	Complete esta lista de partes fundamentales. Presente — Futuro — Aoristo 1. πιστεύω _____ _____ 2. _____ ἀκούσω _____ 3. λαμβάνω ---- _____ 4. _____ μενῶ _____ 5. βάλλω _____ _____ 6. _____ _____ ἠθέλησα
63 *Porque yo vine éstos tendrán vida.*	En la siguiente oración el empleo del pronombre personal ἐγώ hace resaltar el sujeto. ἐγώ εἰμι ὁ ἄρτος τῆς ζωῆς. (Jn. 6:35) *Yo soy el pan de (la) vida.* Traduzca la oración ⟶ ὅτι: *porque* οὗτοι: *éstos* ὅτι ἐγώ ἦλθον ἔξουσι τὴν ζωὴν οὗτοι. _____
64 1. *El Señor me juzgó / juzgaba.* 2. *Creyeron en mí.* 3. *El Señor me habló.* 4. *El profeta habló acerca de mí.*	El pronombre de la 1ª persona singular se declina como sigue. Nom. ἐγώ yo Gen. ἐμοῦ mí Dat. ἐμοί me ⎫ Ac. ἐμέ me ⎭ o: *mí* cuando va acompañado de una preposición Traduzca las oraciones. περί: (seguido de genitivo) *acerca de* 1. ἐμὲ ἔκρινε ὁ κύριος. _____ 2. ἐπίστευσαν εἰς ἐμέ. _____ 3. ἐμοὶ εἶπεν ὁ κύριος. _____ 4. περὶ ἐμοῦ εἶπεν ὁ προφήτης. _____
65 1. acusativo - CD 2. acusativo - εἰς 3. dativo - CI 4. genitivo - περί	¿Cuál es el caso de los pronombres usados en las oraciones del #64? En la 1. ἐμέ es de caso _____; funciona como el _____ de la oración. En la 2. ἐμέ es de caso _____ porque sigue a la preposición _____. En la 3. ἐμοί es de caso _____; funciona como el _____ de la oración. En la 4. ἐμοῦ es de caso _____ porque sigue a la preposición _____.
66	Las siguientes formas átonas[1] del pronombre ἐγώ son de uso frecuente. Son menos enfáticas que las tónicas del #64. [1] Son palabras enclíticas. Véase el apéndice I, 6.2.

	Gen. μου Dat. μοι Ac. με Traduzca las oraciones. 1. πολλοὶ εἶπόν μοι· κύριε, κύριε. _____ 2. ἐγερεῖ με ὁ θεὸς ἐν τῇ ἐσχάτῃ ἡμέρᾳ. _____
1. *Muchos me dijeron «Señor, Señor».* 2. *Dios me levantará en el día postrero.*	

67

El caso genitivo de los sustantivos se emplea para expresar posesión.
La traducción al español introduce la preposición *de* para señalar al poseedor.

ὁ ἀδελφὸς **τοῦ ἀνθρώπου**
*el hermano **del hombre***

Cuando el poseedor se expresa con un pronombre, el griego emplea la misma construcción genitiva para señalarlo.

ὁ ἀδελφός **μου**
el hermano **de mí*

Es obvio que en el caso de los pronombres la mejor traducción no empleará la preposición *de*. Nuestra lengua prefiere el adjetivo posesivo *mi(s)*.

ὁ ἀδελφός **μου**
el hermano **de mí → **mi** hermano*

οἱ ἀδελφοί **μου**
los hermanos **de mí → **mis** hermanos*

Traduzca la oración.   ὁ υἱός μου γινώσκει τὰ ἔργα μου.

Mi hijo conoce mis obras.

_____

68

Analice primero cuál es la función del pronombre en cada oración para poder escribirlo en el caso correcto. Use las formas átonas (#66).

1. ἔβλεψάν _____.
   Me vieron.

2. ἔγραψάς _____ τὴν ἐπιστολήν.
   Me escribiste la carta.

3. ὁ υἱός _____ εἶπε.
   Mi hijo (*el hijo de mí) habló.

1. με (CD, caso ac.)
2. μοι (CI, caso dat.)
3. μου (posesivo, caso gen.)

69

Como indica la traducción de las siguientes oraciones, el pronombre griego es enfático. Use las formas tónicas (#64).

1. _____ πιστεύσουσι.
   Me creerán a mí.

1. ἐμοὶ (CD de πιστεύω, caso dat.)

2. ἐμὲ (CD, caso ac.) 3. ἐμοῦ (posesivo, caso gen.)	2. _____ βλέψουσι. *Me verán a mí.* 3. ὁ θεός ἐστιν ὁ κύριος αὐτοῦ καὶ _____. *Dios es el Señor de él y (*de mí) mío.*
70 1. *La paz de Dios permanecerá sobre ti.* 2. *Veremos tu reino (el reino de ti).* 3. *Tú eres el Hijo de Dios.*	El pronombre de 2ª persona también presenta formas tónicas y átonas. Tónicas Átonas Nom. σύ - - *tú* Gen. σοῦ σου *ti (tu)* Dat. σοί σοι *te* ⎤ o: *ti* cuando va acompañado Ac. σέ σε *te* ⎦ de una preposición Traduzca las oraciones. 1. ἡ εἰρήνη τοῦ θεοῦ μενεῖ ἐπὶ σοί. *La paz* _____ 2. τὴν βασιλείαν σου βλέψομεν. _____ 3. σὺ εἶ ὁ υἱὸς τοῦ θεοῦ. _____
71 *Tú eres mi hijo…*	Traduzca el versículo. σὺ εἶ ὁ υἱός μου . . . (Mr. 1:11) _____
72 *Yo en ellos y tú en mí…*	Traduzca el versículo. ἐγὼ ἐν αὐτοῖς καὶ σὺ ἐν ἐμοί . . . (Jn. 17:23) _____
73 *Dime, ¿eres tú romano?*	Traduzca el versículo. Ῥωμαῖος: *romano* Λέγε μοι, σὺ Ῥωμαῖος εἶ; (Hch. 22:27) _____

74
 	
Porque no me envió Cristo a bautizar sino a evangelizar, no con sabiduría de palabra…
	Complete la traducción del versículo. γάρ: *pues, porque*
	                      ἀποστέλλω, ἀποστελῶ, ἀπέστειλα: *enviar*
	                      βαπτίζω, βαπτίσω, ἐβάπτισα: *bautizar*
	                      ἀλλά: *sino*
	                      σοφία, -ας, f: *sabiduría*
	
	οὐ γὰρ ἀπέστειλέν με Χριστὸς βαπτίζειν ἀλλὰ εὐαγγελίζεσθαι,
	
	_____ *evangelizar,*
	
	οὐκ ἐν[1] σοφίᾳ λόγου . . . (1 Co. 1:17)
	
	_____
	
	[1] Cp. VIII-64, 65.

75 *. . . dijo: ¿Qué a mí y a ti, Jesús, hijo de Dios . . . ?*	En el versículo siguiente aparece un modismo (en negrita) de origen hebreo que expresa oposición y protesta. ¿Cómo se traduce literalmente? *. . . εἶπεν·* **τί ἐμοὶ καὶ σοί,** *Ἰησοῦ υἱὲ τοῦ θεοῦ . . . ;* (Lc. 8:28) [El endemoniado] _____

76 La opinión suya es la respuesta correcta para usted.	La traducción literal del modismo anterior no comunica mucho en español. Observe cómo algunas versiones de la Biblia transforman la expresión para que tenga sentido para el lector del español.

Versión	Traducción de Lc. 8:28
Nácar-Colunga	*¿Qué hay entre mí y ti . . . ?*
Moderna:	*¿Qué tengo yo que ver contigo . . . ?*
Popular:	*¿Por qué te metes conmigo . . . ?*
Jerusalén:	*¿Qué tengo yo contigo . . . ?*
Bover-Cantera:	*¿Qué tienes que ver conmigo . . . ?*
Ecuménica:	*¿Qué tienes tú que ver conmigo . . . ?*
Valera:	*¿Qué tienes conmigo . . . ?*
Biblia para A. L.:	*¿Qué quieres conmigo . . . ?*

En su concepto, ¿cuál versión traduce más literalmente el griego? _____

Cuál versión le comunica a usted más claramente la oposición y protesta del endemoniado ante Jesús? _____

77 1. σου 2. σοί 3. σε	Supla el pronombre apropiado. 1. μενεῖ τὸ ἔργον _____ . *Permanecerá la obra *de ti (tu obra).* 2. _____ ἐροῦμεν τοὺς λόγους τῆς ζωῆς. *A ti te diremos las palabras de vida.* (Posición enfática, use la forma tónica.) 3. ἔβαλόν _____ ἐκ τῆς βασιλείας. *Te echaron del reino.*

78	Los pronombres de 1ª y 2ª persona en plural:

	1ª persona		2ª persona	
Nom.	ἡμεῖς	*nosotros*	ὑμεῖς	*vosotros*
Gen.	ἡμῶν	*(de) nosotros, nuestro*	ὑμῶν	*(de) vosotros, vuestro*
Dat.	ἡμῖν	*nosotros, nos*	ὑμῖν	*vosotros, os*
Ac.	ἡμᾶς	*nosotros, nos*	ὑμᾶς	*vosotros, os*

Compare el pronombre de 1ª persona plural con el de 2ª persona plural.

¿En qué se distinguen? _____

Sólo en la primera letra: **ἡ**μεῖς . . . **ὑ**μεῖς . . .

_____

79	Identifique el caso de cada pronombre como paso previo a la traducción. Al traducir las oraciones, note bien la diferencia entre el pronombre de 1ª persona y el de 2ª.

Casos	
1. acusativo	1. βάλλεις ἡμᾶς. _____
2. nominativo	caso: _____
3. dativo	
4. genitivo	2. ὑμεῖς ἐστε ἅγιοι. _____
	caso: _____
1. *Nos echas.*	
2. *Vosotros sois santos.*	3. ἔγραψα ὑμῖν τοὺς πρώτους λόγους.
3. *Os escribí las primeras palabras*	caso: _____
4. *En nuestros corazones (los corazones de nosotros) creemos en el Señor de los hombres.*	_____
	4. ἐν ταῖς καρδίαις ἡμῶν πιστεύομεν εἰς τὸν τῶν ἀνθρώπων κύριον.
	caso: _____
	_____

80

Traduzca los pronombres en genitivo. Luego cambie a una traducción con adjetivo posesivo.

1. τὸ ἔργον μου: *la obra de mí, mi obra*

2. τὸ ἔργον σου: *la obra* _____, _____

2. de ti, tu obra

3. de él, su obra
*   de ella, su obra*

3. τὸ ἔργον αὐτοῦ: *la obra* _____, _____

   τὸ ἔργον αὐτῆς: *la obra* _____, _____

81

1. de nosotros, nuestra ley / 2. de vosotros, vuestra ley / 3. de ellos (ellas), su ley

Traduzca los pronombres de dos maneras.

1. ὁ νόμος ἡμῶν: *la ley* _____, _____

2. ὁ νόμος ὑμῶν: *la ley* _____, _____

3. ὁ νόμος αὐτῶν: *la ley* _____, _____

82

Traduzca el versículo.

οὐ, οὐκ, οὐχ: *no*   (La ortografía de οὐ se altera según la palabra que le sigue. Se escribe οὐ delante de una palabra que comienza con consonante; οὐκ delante de vocales con espíritu suave; οὐχ delante de vocales con espíritu rudo.)

No creíste mis palabras (*las palabras de mí).

. . . οὐκ ἐπίστευσας τοῖς λόγοις μου . . .   (Lc. 1:20)

_____

83

1. ἡμῶν
2. αὐτῶν

Cambiemos el posesivo al final del versículo anterior.
Escriba los pronombres en griego.

1. οὐκ ἐπίστευσας τοῖς λόγοις _____

   de nosotros

2. οὐκ ἐπίστευσας τοῖς λόγοις _____

   de ellos

84

Escriba en griego las siguientes oraciones.

1. οὐκ ἐπιστεύ-σαμεν τοῖς λόγοις σου. 2. ... ἐπίστευσαν ... ὑμῶν	1. *No creímos tus palabras (*las palabras de ti).* οὐκ _____ τοῖς λόγοις _____. 2. *No creyeron vuestras palabras (*las palabras de vosotros).* οὐκ _____ τοῖς λόγοις _____.

85 *Y nosotros creímos en Cristo Jesús.*	Traduzca el versículo. καὶ ἡμεῖς εἰς Χριστὸν Ἰησοῦν ἐπιστεύσαμεν . . . (Gá. 2:16) _____

86
 	
Porque vino Juan a vosotros y no le creísteis.
	Traduzca el versículo. γάρ: *porque, pues*
	                     Ἰωάννης (nominativo): *Juan*
	                     πρός: (seguido del caso acusativo) *a*
	
	ἦλθεν γὰρ Ἰωάννης πρὸς ὑμᾶς . . . καὶ οὐκ ἐπιστεύσατε αὐτῷ. (Mt. 21:32)
	
	_____

87 *No lo que yo quiero sino lo que tú.*	Traduzca el versículo. ἀλλά: *pero, sino* τί: aquí se traduce *lo que* οὐ τί ἐγὼ θέλω ἀλλὰ τί σύ. (Mr. 14:36) _____

88 *¿Qué a nosotros y a ti, hijo de Dios?* *¿Viniste ... para atormentarnos?* (más libre) *¿Qué tienes con nosotros . . . ?*	En el versículo siguiente se encuentra una variante del modismo mencionado en el #75. Tradúzcalo literalmente primero y luego con un giro más libre. καὶ ἰδοὺ ἔκραξαν λέγοντες, Τί ἡμῖν καὶ σοί, υἱὲ τοῦ θεοῦ; *y he aquí gritaron diciendo:* ¿_____? ἦλθες ὧδε πρὸ καιροῦ βασανίσαι ἡμᾶς; (Mt. 8:29) ¿_____ *aquí antes del tiempo para atormentar* _____? Traducción más libre: ¿_____?

89
 	
ἐδούλευσα
ἐδούλευσας
ἐδούλευσε(ν)
  ἐδουλεύσαμεν
  ἐδουλεύσατε
  ἐδούλευσαν
 	
ἔμεινα
ἔμεινας
ἔμεινε(ν)
  ἐμείναμεν
  ἐμείνατε
  ἔμειναν
	REPASO — Tiempo Aoristo
	
	Después de repasar los paradigmas de los cuadros #9, 33 y 57 complete las siguientes conjugaciones de memoria.
	
	       Aoristo Aoristo l. y n.
	
	ἐδούλευσα _____ ἔμεινα _____
	
	_____ _____ _____ _____
	
	_____ _____ _____ _____

	Aoristo 2º
	ἦλθον _____
ἦλθον ἤλθομεν	_____ _____
ἦλθες ἤλθετε	
ἦλθε(ν) ἦλθον	_____ _____

---

90 Traduzca los paradigmas del #89.

serví servimos	Aoristo 1º	Aoristo l. y n.
serviste servisteis		
sirvió sirvieron	_____ _____	_____ _____
permanecí	_____ _____	_____ _____
permaneciste		
permaneció	_____ _____	_____ _____

permanecimos
permanecisteis
permanecieron

Aoristo 2º

_____ _____

vine vinimos
viniste vinisteis
vino vinieron

_____ _____

_____ _____

---

91 Analice los verbos.

1. aor. indic. 1ª pl. κρίνω
2. imperf. indic. 1ª sing. y 3ª pl. δουλεύω
3. aor. indic. 1ª sing. y 3ª pl. ἔχω
4. aor. indic. 3ª sing. γράφω
5. imperf. indic. 2ª sing. λέγω
6. aor. indic. 3ª sing. λέγω
7. aor. indic. 2ª pl. ἔρχομαι
8. aor. indic. 1ª sing. μένω

	Tiempo	Modo	Pers.	Núm.	1ª parte fundamental
ἔβαλε(ν)	aor.	indic.	3ª	sing.	βάλλω
1. ἐκρίναμεν					
2. ἐδούλευον					
3. ἔσχον					
4. ἔγραψε(ν)					
5. ἔλεγες					
6. εἶπε(ν)					
7. ἤλθετε					
8. ἔμεινα					

---

92 Traduzca los verbos analizados en el #91.

1. juzgamos
2. servía (yo) o servían
3. tuve o tuvieron
4. escribió
5. decías
6. dijo
7. vinisteis
8. permanecí

1. _____ 5. _____

2. _____ 6. _____

3. _____ 7. _____

4. _____ 8. _____

93 Por el tema: el imperfecto lleva el tema del presente mientras que el del aoristo 2º es distinto. Imperf. Aor. 2º -λαμβαν- -λαβ-	¿Cómo se distingue el imperfecto del aoristo 2º? _____ _____ Imperfecto Aoristo 2º ἐλάμβανον ἔλαβον ἐλάμβανες ἔλαβες etc. etc.
94 aoristo imperfecto	Identifique el tiempo de los verbos. (Repase, si le es necesario, las partes fundamentales en el #60.) 1. ἐβάλομεν _____ 2. ἐβάλλομεν _____
95 *Vosotros creísteis en nuestro Señor (en el señor de nosotros).*	Traduzca la oración. ὑμεῖς ἐπιστεύσατε εἰς τὸν κύριον ἡμῶν. _____
96 *Escribí a vosotros (Os escribí) las palabras del Señor.*	Traduzca la oración. ἔγραψα ὑμῖν τοὺς τοῦ κυρίου λόγους. _____
97 *Nos echó de su tierra (la tierra de él).*	Traduzca la oración. ἡμᾶς ἔβαλεν ἐκ τῆς γῆς αὐτοῦ. _____
98 *Permanecieron allí no muchos días.*	Traduzca el versículo. ἐκεῖ: *allí* πολύς, πολλή, πολύ: *mucho* ἐκεῖ ἔμειναν οὐ πολλὰς ἡμέρας. (Jn. 2:12) _____
99 ἡμεῖς ἡμῶν ἡμῖν ἡμᾶς	Coloque en el orden apropiado las siguientes formas del pronombre de 1ª persona plural: ἡμῖν, ἡμῶν, ἡμεῖς, ἡμᾶς. Nom. _____ Gen. _____ Dat. _____ Ac. _____
100 1. nom. 3. dat. 2. gen. 4. ac.	Identifique los casos. 1. ἐγώ ____ 2. ἐμοῦ ____ 3. ἐμοί ____ 4. ἐμέ ____

101 *¿Qué me dijiste?* o: *¿Por qué me ha-* *blaste?*	Traduzca la pregunta. τί ἐμοὶ εἶπες; _____
102 *¿Quiénes tomaron* *mi pan?*	Traduzca la pregunta. τίνες ἔλαβον τὸν ἄρτον μου; _____
103 menos	Las formas átonas μου, μοι, με son (menos / más) enfáticas que las tónicas correspondientes.
104 *Muchas multitudes* *oyeron su voz* (la *voz de él*).	Traduzca la oración. ὄχλος, -ου, m: *multitud, gentío* ὄχλοι πολλοὶ ἤκουσαν τὴν φωνὴν αὐτοῦ. _____
105 μου μοι με	Decline el pronombre ἐγώ con las formas átonas. ἐγώ _____ _____ _____
106 σου σοι σε	El pronombre σύ (*tú*) se declina de manera parecida a ἐγώ. Formas átonas σύ _____ _____ _____
107 1. nominativo 2. genitivo 3. dativo 4. acusativo 5. acusativo 6. dativo	Apunte el caso de cada uno de los siguientes pronombres. 1. ὑμεῖς _____ 4. ἡμᾶς _____ 2. ἐμοῦ _____ 5. με _____ 3. σοί _____ 6. ὑμῖν _____
108 Revise su trabajo según el #60.	REPASO — Partes fundamentales Estudie una vez más los verbos del #60 para asegurarse de su dominio de todas las partes fundamentales de cada verbo. Luego apunte las partes fundamentales que corresponden a los verbos de la lista siguiente. 1. *tener* _____ _____ _____ 2. *creer* _____ _____ _____

3. *oír*	_____	_____	_____
4. *venir, ir*	(_____)	----	_____
5. *ver*	_____	_____	_____
6. *juzgar*	_____	_____	_____
7. *escribir*	_____	_____	_____
8. *permanecer*	_____	_____	_____
9. *desear*	_____	_____	_____
10. *echar*	_____	_____	_____
11. *tomar, recibir*	_____	----	_____
12. *decir, hablar*	_____	_____	_____
13. *conocer*	_____	----	----
14. *levantar*	_____	_____	_____

Revise su trabajo según el #60.

109

PRUEBA

1. σὲ ἐγίνωσκον ἐγὼ καὶ ἤκουσα ἐγὼ τῆς φωνῆς σοῦ.

2. ὑμεῖς ἐπιστεύσατε εἰς αὐτὸν ὅτι ἔβλεψε τὰς καρδίας ὑμῶν.
   porque

La respuesta se encuentra en el apéndice V-10.

3. εἶπεν ἡμῖν ὁ θεὸς ἡμῶν· πολλοὶ ἐκ τῶν δούλων μου οὐκ ἔμειναν ἐν ἐμοί.

Al terminar este capítulo usted podrá traducir oraciones con verbo en aoristo, modos infinitivo e imperativo. Traducirá 15 palabras nuevas.

	1	Al ver los diferentes tiempos del verbo observamos que para el pasado se distinguen dos tiempos gramaticales:

Imperfecto
ἤκουον: *escuchaba*

Aoristo
ἤκουσα: *escuché*

Estos dos tiempos expresan dos aspectos diferentes de la acción. El imperfecto fija la atención en la continuidad de la acción, en el transcurso de ésta. La acción se considera como realizándose, y podría ilustrarse con una línea. En cambio, el aoristo concibe la acción como un punto: completa, acabada.

Imperfecto _____
Aoristo ·

Este concepto de aspecto de la acción que hemos ilustrado con dos tiempos del indicativo en griego se extiende también al infinitivo.

El infinitivo de tiempo presente expresa acción en transcurso, continua (lineal).

ἀκούειν: *escuchar*

Para expresar el aspecto de acción completa (puntual) con el infinitivo, existe el infinitivo de tiempo aoristo.

ἀκοῦσαι: *escuchar*

Al traducir estos dos tiempos del infinitivo griego al español empleamos una misma forma (*escuchar*), pero reconocemos que cada una de las dos formas griegas expresa diferente aspecto de la acción.

En griego el infinitivo de tiempo _____ representa acción continua.

presente
aoristo

El infinitivo de tiempo _____ expresa acción completa.

---

2 Observe el infinitivo de tiempo presente.

θέλω ἀκούειν τοῦ λόγου.
Quiero escuchar la palabra.

El infinitivo de tiempo presente expresa la continuidad de la acción, que podría parafrasearse así:

Quiero estar escuchando…

el aspecto de continuidad, de transcurso

¿Qué aspecto de la acción expresa el infinitivo presente ἀκούειν? _____

_____

---

3 En contraste con el aspecto lineal del infinitivo presente ἀκούειν, está el aspecto puntual que se expresa con el infinitivo aoristo ἀκοῦσαι.

El infinitivo aoristo se constituye con los siguientes elementos:

	$\grave{\alpha}\kappa o\bar{\upsilon}$ + σ + $\alpha\iota$
	tema del carac. sufijo de
	aoristo temporal inf. aor.
	
	Al comparar el infinitivo aoristo con las formas del indicativo aoristo, se destaca en el infinitivo la ausencia del aumento.
	
	Infinitivo Indicativo
	$\grave{\alpha}\kappa o\bar{\upsilon}\sigma\alpha\iota$ $\H{\eta}\kappa o\upsilon\sigma\alpha$
	                          $\H{\eta}\kappa o\upsilon\sigma\alpha\varsigma$
	                          etc.
	
	La función del aumento en el indicativo es indicar que la acción se realizó en el pasado. Pero una expresión verbal en infinitivo no admite tal limitación de tiempo; no se relaciona ni con el pasado ni con el presente. Es obvio entonces, que, al hablar del tiempo gramatical del infinitivo, no nos referimos a un tiempo cronológico, sino al **aspecto de la acción** (lineal o puntual) que comunican los tiempos gramaticales presente y aoristo.
	
	Por tanto, como no cabe el concepto de tiempo pasado en el infinitivo, tampoco cabe el aumento como elemento constitutivo de él.
	
	Analice el infinitivo aoristo $\pi\iota\sigma\tau\epsilon\bar{\upsilon}\sigma\alpha\iota$ en sus elementos constitutivos.
	
	——————— ———— ————
	tema carac. sufijo
	            temporal inf. aor.

$\pi\iota\sigma\tau\epsilon\bar{\upsilon}$ - σ - $\alpha\iota$	
4 no	¿Lleva aumento el infinitivo aoristo? ———————
5 *ver* (en el sentido de acción completa)	¿Qué significa el infinitivo aoristo $\beta\lambda\acute{\epsilon}\psi\alpha\iota$? ———————————— ———————————————————————
6 $\gamma\varrho\acute{\alpha}\psi\alpha\iota$	Después de observar bien el infinitivo aoristo del #5, forme el infinitivo aoristo del verbo $\gamma\varrho\acute{\alpha}\phi\omega$. ———————————
7 *No quieren ver las malas obras de los hombres.*	Traduzca la oración. $o\grave{\upsilon}\ \theta\acute{\epsilon}\lambda o\upsilon\sigma\iota\ \beta\lambda\acute{\epsilon}\psi\alpha\iota\ \tau\grave{\alpha}\ \kappa\alpha\kappa\grave{\alpha}\ \H{\epsilon}\varrho\gamma\alpha\ \tau\bar{\omega}\nu\ \grave{\alpha}\nu\theta\varrho\acute{\omega}\pi\omega\nu.$ ———————————————————————
8 Como una acción constante, que continúa.	Con el infinitivo aoristo de la oración anterior se enfoca el aspecto acabado de la acción: no se especifica ni se enfatiza la duración de ella. En contraste, ¿cómo interpreta usted la acción *ver* en la siguiente oración? ——————————————————————— $\theta\acute{\epsilon}\lambda o\upsilon\sigma\iota\ \beta\lambda\acute{\epsilon}\pi\epsilon\iota\nu\ \tau o\grave{\upsilon}\varsigma\ \upsilon\acute{\iota}o\acute{\upsilon}\varsigma.$
9	El verbo de tipo líquido o nasal forma su aoristo sin la característica temporal σ. Indicativo: $\H{\epsilon}\mu\epsilon\iota\nu\alpha$ Infinitivo: $\mu\epsilon\bar{\iota}\nu\alpha\iota$ *permanecí* *permanecer*

	El infinitivo de aoristo líquido o nasal consta de dos elementos: μεῖν - αι tema sufijo aor. inf. aor. Forme el infinitivo aoristo del verbo κρίνω, κρινῶ, ἔκρινα. _____
κρῖναι	
10 *Es necesario permanecer con vosotros en el reino del hijo.*	Traduzca la oración. δεῖ: *es necesario* σύν: (preposición seguida por el dativo) *con* δεῖ μεῖναι σὺν ὑμῖν ἐν τῇ βασιλείᾳ τοῦ υἱοῦ. _____
11 *Y procuraban prenderlo.*	Traduzca el versículo. ζητέω, (imperf. ἐζήτουν), ζητήσω, ἐζήτησα: *buscar, intentar, procurar* κρατέω. κρατήσω, ἐκράτησα: *prender, arrestar, apresar* καὶ ἐζήτουν αὐτὸν κρατῆσαι . . . (Mr. 12:12 _____
12 aoristo - completo	En el versículo anterior, el infinitivo κρατῆσαι, de tiempo (pres. / aor.), expresa el aspecto (continuo / completo) de la acción.
13 *Os digo . . . Dios puede levantar hijos a Abraham de estas piedras.*	Complete la traducción. λίθος, -ου, m: *piedra* λέγω ὑμῖν . . . δύναται ὁ θεὸς ἐκ τῶν λίθων τούτων ἐγεῖραι *puede* *estas* _____ τέκνα τῷ Ἀβραάμ. (Lc. 3:8) _____
14 infinitivo - aoristo	Defina el modo y el tiempo de ἐγεῖραι. modo: _____ tiempo: _____
15	El infinitivo aoristo se caracteriza por la terminación -σαι en aoristo 1º, y por -αι en aoristo líquido y nasal. Aoristo 1º: πιστεῦ**σαι** Aoristo l. y n.: κρῖν**αι** En cambio el infinitivo presente lleva la terminación -ειν. Presente: πιστεύ**ειν** κρίν**ειν** Defina el tiempo de los infinitivos.

	Tiempo
1. presente 2. aoristo 3. aoristo 4. aoristo 5. presente	1. μένειν _____ 2. βλέψαι _____ 3. μεῖναι _____ 4. δουλεῦσαι _____ 5. γινώσκειν _____

16

por el tema verbal

Se ha visto en el modo indicativo que los verbos de aoristo 2º se caracterizan por tener el tema de aoristo distinto al tema de presente.

Presente: **λαμβάνω**   Aoristo: **ἔλαβον**

De manera paralela, en el modo infinitivo, los verbos de aoristo 2º tienen el tema distinto al del presente. El infinitivo de aoristo 2º lleva el mismo sufijo del infinitivo presente -ειν.

Presente: λαμβάνειν   Aoristo: λαβεῖν

¿Cómo se distingue el infinitivo de aoristo 2º del infinitivo de presente?

_____

17

εἰπ - εῖν
tema   sufijo
aor.   infinitivo

El infinitivo de aoristo 2º se forma del tema de aoristo más el sufijo de infinitivo -ειν.

Analice el infinitivo aoristo del verbo λέγω, ἐρῶ, εἶπον.

εἰπ - εῖν

_____   _____

18

pres.: βάλλειν
aor.: βαλεῖν

Nótese que el tema de aoristo 2º se distingue por escribirse con una sola λ.

Del verbo λαμβάνω, ----, ἔλαβον los infinitivos son los siguientes.

Presente: λαμβάνειν   Aoristo: λαβεῖν

Del verbo βάλλω, βαλῶ, ἔβαλον los infinitivos son:

Presente: _____   Aoristo: _____

19

πιστεῦσαι
λαβεῖν

De los siguientes infinitivos, ¿cuáles son de tiempo aoristo?

πιστεῦσαι, λαμβάνειν, λαβεῖν, πιστεύειν.

20

No es bueno tomar el pan de los niños y echar(lo) a los perritos.

Traduzca el versículo.   καλός, -ή, όν: *bueno*
                                κυνάριον, -ου, n: *perrito*
                                ἄρτος, -ου, m: *pan*

(Mt. 15:26)

οὐκ ἔστιν καλὸν λαβεῖν τὸν ἄρτον τῶν τέκνων καὶ βαλεῖν τοῖς κυναρίοις.

_____

21	Del versículo anterior, identifique el modo y el tiempo de las siguientes formas verbales.
	1. λαβεῖν: modo _____ tiempo _____
infinitivo aoristo infinitivo aoristo	2. βαλεῖν: modo _____ tiempo _____

22	¿De cuál verbo viene el infinitivo aoristo ἐλθεῖν? (Consulte la lista del X-60 en
ἔρχομαι, ----, ἦλθον	caso necesario.) _____

23	Traduzca la oración. προς: a
	ἤθελον[1] ἐγὼ ἐλθεῖν πρὸς ὑμᾶς.
Yo deseaba ir a *vosotros.*	_____
	[1] Del verbo θέλω, cp. X-60.

24	Señale en la siguiente lista todos los infinitivos tanto de presente como de aoristo.
	____ 1. ἀκοῦσαι ____ 8. γράψαι
	____ 2. ἔξεις ____ 9. βλέψει
	____ 3. ἐλθεῖν ____ 10. λαβεῖν
	____ 4. πιστεύει ____ 11. βαλεῖ
	____ 5. μεῖναι ____ 12. πιστεῦσαι
1, 3, 5, 6, 8, 10, 12, 13	____ 6. βαλεῖν ____ 13. κρίνειν
	____ 7. μενεῖ ____ 14. λέγει

25	Clasifique los infinitivos del #24, apuntándolos en la columna correspondiente.

	Infinitivo presente	Infinitivo aoristo		
		Aor. 1º	Aor. líq. y nas.	Aor. 2º
Pres.: κρίνειν	_____	_____	_____	_____
Aor 1º: ἀκοῦσαι γράψαι πιστεῦσαι	_____	_____	_____	_____
Aor. l. y n.: μεῖναι	_____	_____	_____	_____
Aor 2º: ἐλθεῖν βαλεῖν λαβεῖν	_____	_____	_____	_____

26	Escriba los infinitivos de los siguientes verbos.

	Inf. presente	Inf. aoristo
1. βλέπειν βλέψαι	1. βλέπω _____	_____
2. πιστεύειν πιστεῦσαι	2. πιστεύω _____	_____
3. λέγειν εἰπεῖν	3. λέγω _____	_____
4. μένειν μεῖναι	4. μένω _____	_____

27 1. *¿Quién[1] desea servir al Dios nuestro?* 2. *Quiénes[1] dijeron «Es necesario creer al hijo»?*	Traduzca las preguntas δεῖ: *es necesario* 1. τίς θέλει δουλεύειν τῷ θεῷ ἡμῶν; _____ 2. τίνες εἶπον, δεῖ πιστεῦσαι εἰς τὸν υἱόν; _____

[1] Si la traducción de estas palabras le presentó dificultades, repáselas en el capítulo V, #47-52 antes de seguir adelante.

28 El imperativo presente κλαίετε enfoca el aspecto lineal, durativo, de la acción. Al prohibir dicha acción con el negativo μή, se insinúa que ya estaba en proceso.	El genio griego no sólo expresa el infinitivo en dos tiempos gramaticales para destacar dos diferentes aspectos de la acción (lineal en el presente; puntual en el aoristo), sino que también extiende esta distinción de aspecto al modo imperativo. El imperativo presente, visto en el capítulo VI, tiene fuerza durativa. **διώκετε** τὴν ἀγάπην (1 Co. 14:1) *Seguid el amor. (=Mantened el amor como vuestra meta.)* A menudo el imperativo presente ordena la continuación de una acción que ya está en proceso. ἑκάστη τὸν ἴδιον ἄνδρα **ἐχέτω**. (1 Co. 7:2) *Cada una tenga su propio marido. (=Siga teniéndolo.)* Como consecuencia de este enfoque en el transcurso de la acción, una prohibición que emplee el imperativo presente ha de entenderse en el sentido de «dejad de...», insinuando que ha de cesar una acción que ya se está realizando. μὴ **κλαίετε**. (Lc. 8:52) *No lloréis. (=Dejad de llorar.)* ¿Cómo se justifica la traducción *«Dejad de llorar»*? _____ _____

29 inicio o comienzo	En contraste, el imperativo aoristo enfoca por lo general el comienzo de una acción. ὃ βλέπεις **γράψον**. (Ap. 1:11) *Escribe lo que ves.* Por consiguiente, la prohibición que se expresa con el imperativo aoristo[1] impide el inicio de la acción. Compare este sentido del negativo con el del presente (#28). Μὴ **ἐπιστρεψάτω** ὀπίσω. (Mt. 24:18) *No vuelva atrás.* En contraste con el imperativo en presente, que prevé la duración de la acción ordenada, el imperativo en aoristo enfoca el _____ de la acción. [1] Poco usado. En oraciones negativas, el imperativo aoristo se sustituye casi siempre por el subjuntivo, como en español: *escribe; no escribas.*

	Nota: Cabe destacar aquí el hecho de que la distinción entre el presente y el aoristo del imperativo no es siempre absoluta. Sin embargo, en muchos pasajes la comprensión del tiempo del imperativo ilumina el texto.

30
 	
cree (tú)
crea (él)
   creed
    crean (ellos)
	A modo de repaso, he aquí el imperativo presente.
	
	           Singular Plural
	
	_____ πίστευε πιστεύετε _____
	
	_____ πιστευέτω πιστευέτωσαν _____
	
	Traduzca las cuatro formas.

31 -ε -ετε -έτω -έτωσαν	Las formas del imperativo presente constan del tema de presente más las siguientes desinencias. _____ _____ _____ _____

32
 	
-σον   -σατε
-σάτω -σάτωσαν
	El imperativo de aoristo 1º se forma del tema de aoristo más la característica temporal σ, y las desinencias del imperativo aoristo como aparecen en el siguiente paradigma.
	
	    πίστευσον πιστεύσατε
	    πιστευσάτω πιστευσάτωσαν
	
	Subraye las terminaciones (todo lo que sigue al tema).

33 no	¿Lleva aumento el imperativo aoristo? _____
34 no se refiere a un tiempo pasado	Puesto que la función del aumento en el modo indicativo es la de indicar un tiempo pasado, no puede aplicarse al modo imperativo puesto que no se puede ordenar una acción en el pasado. El imperativo aoristo no lleva aumento porque _____

35
 	
ἄκουσον
ἀκουσάτω
  ἀκούσατε
   ἀκουσάτωσαν
	Conjugue el verbo ἀκούω en el imperativo aoristo.
	
	    ἄκου_____ ἀκού_____
	
	    ἄκου_____ ἀκου_____

36
 	
oye (tú)
oiga (él)
  oíd
   oigan (ellos)
	Traduzca la conjugación del #35.
	
	_____ _____
	
	_____ _____

37	Al agregar las desinencias del imperativo aoristo al verbo βλέπω, la consonante final del tema se altera en igual forma que en el indicativo. βλέπ + σον → βλέψον

ve (tú) βλέψον vea (él) βλεψάτω ved βλέψατε vean (ellos) βλεψάτω- σαν	Complete la conjugación y traduzca las formas. Imperativo aoristo Traducción βλέψον _____ _____ _____ _____ _____ _____ _____
38 Os digo, «Servid al hijo».	Traduzca la oración. λέγω ὑμῖν, δουλεύσατε τῷ υἱῷ[1] _____ [1] El complemento directo de δουλεύω, así como el de πιστεύω aparece en caso dativo.
39 comenzar a servir	Al expresar el mandato con el imperativo aoristo δουλεύσατε (#38) el que habla da a entender que sus oyentes han de (continuar sirviendo al hijo / comenzar a servir al hijo).
40 κρῖνον κρινάτω κρίνατε κρινάτωσαν	En las desinencias del imperativo aoristo de verbos de tipo líquido y nasal como μένω, κρίνω y ἐγείρω, no aparece la característica temporal σ. μεῖνον μείνατε μεινάτω μεινάτωσαν Así resalta una vez más la pauta de los verbos cuyo tema termina en consonante líquida o nasal: no admiten la σ pospuesta a dicha consonante. Aor. indicativo: ἔμεινα, ἔμεινας, etc. Aor. infinitivo: μεῖναι Conjugue el verbo κρίνω en imperativo aoristo. _____ _____ _____ _____
41 Permaneced en mí y yo en vosotros.	Traduzca el versículo. κἀγώ: καὶ ἐγώ μείνατε ἐν ἐμοί, κἀγὼ ἐν ὑμῖν. (Jn. 15:4) _____
42 1. cree (tú) 2. juzgad 3. escriban (ellos)	Traduzca los imperativos. 1. πιστεύσον _____ 2. κρίνατε _____ 3. γραψάτωσαν _____

43	El infinitivo de aoristo 2º se forma del tema de aoristo más el sufijo del infinitivo presente.
	
	  Infinitivo aoristo 2º
	 λαβ + εῖν → λαβεῖν
	 tema sufijo
	  aor. inf.
	
	El imperativo del aoristo 2º consta del tema de aoristo más las desinencias del

	imperativo presente.
	Imperativo aoristo 2º
	$\lambda\alpha\beta$ + $\begin{bmatrix} -\varepsilon & -\varepsilon\tau\varepsilon \\ -\acute{\varepsilon}\tau\omega & -\acute{\varepsilon}\tau\omega\sigma\alpha\nu \end{bmatrix}$ → $\lambda\alpha\beta\acute{\varepsilon}$ $\lambda\acute{\alpha}\beta\varepsilon\tau\varepsilon$ $\lambda\alpha\beta\acute{\varepsilon}\tau\omega$ $\lambda\alpha\beta\acute{\varepsilon}\tau\omega\sigma\alpha\nu$
	temades. del aor.imperat. pres.
Por la distinción del tema, como p. ej. $\lambda\alpha\beta$- (aor.), $\lambda\alpha\mu\beta\alpha\nu$- (pres.).	Si se emplea el mismo juego de desinencias para las formas imperativas tanto en presente como en aoristo 2º, ¿cómo se distinguen las formas de uno y otro tiempo? _____
44 $\varepsilon\grave{\iota}\pi\acute{\varepsilon}$ $\varepsilon\grave{\iota}\pi\acute{\varepsilon}\tau\omega$ $\varepsilon\breve{\iota}\pi\varepsilon\tau\varepsilon$ $\varepsilon\grave{\iota}\pi\acute{\varepsilon}\tau\omega\sigma\alpha\nu$	Conjugue el imperativo aoristo (aoristo 2º) del verbo $\lambda\acute{\varepsilon}\gamma\omega$. $\varepsilon\grave{\iota}\pi$_____ $\varepsilon\grave{\iota}\pi$_____ $\varepsilon\grave{\iota}\pi$_____ $\varepsilon\grave{\iota}\pi$_____
45 *di (tú)decid* *digadigan*	Traduzca la conjugación anterior. __________ __________
46 (en sus propias palabras) El aoristo 2º común emplea las vocales o y ε en las desinencias, pero el aoristo 2º en -α las sustituye por α.	En el período Koiné la influencia del aoristo 1º se proyectaba en el aoristo 2º de tal manera que ciertos verbos de aoristo 2º se conjugaban a veces con la vocal α, que es característica más bien del aoristo 1º.
	Aoristo 2º común$$Aoristo 2º en -α
	$\varepsilon\grave{\iota}\pi o\nu\varepsilon\grave{\iota}\pi o\mu\varepsilon\nu\varepsilon\grave{\iota}\pi\alpha\varepsilon\breve{\iota}\pi\alpha\mu\varepsilon\nu$
	$\varepsilon\grave{\iota}\pi\varepsilon\varsigma\varepsilon\grave{\iota}\pi\varepsilon\tau\varepsilon\varepsilon\grave{\iota}\pi\alpha\varsigma\varepsilon\breve{\iota}\pi\alpha\tau\varepsilon$
	$\varepsilon\grave{\iota}\pi\varepsilon(\nu)\varepsilon\grave{\iota}\pi o\nu\varepsilon\grave{\iota}\pi\varepsilon(\nu)\varepsilon\breve{\iota}\pi\alpha\nu$
	Compare las dos conjugaciones del aoristo 2º. Describa la diferencia entre ellas. _____
47 *dijedijimos* *dijistedijisteis* *dijodijeron*	La alteración de la ortografía del aoristo 2º con el empleo de la vocal α no afecta el significado de las formas verbales. Las dos conjugaciones del #46 tienen una misma traducción: __________ __________ __________
48 *Yo dije, «Sois dioses».*	Traduzca el versículo.$$$\grave{\varepsilon}\gamma\grave{\omega}$ $\varepsilon\grave{\iota}\pi\alpha$, $\theta\varepsilon o\acute{\iota}$ $\grave{\varepsilon}\sigma\tau\varepsilon$. (Jn. 10:34) _____
49	En el imperativo ocurre también la alteración del aoristo 2º por la inserción de la vocal α tomada del aoristo 1º. En el paradigma a continuación la segunda persona del singular reproduce también la desinencia -ον del aoristo 1º (cp. #32).

ἐλθάτω
ἐλθάτε
ἐλθάτωσαν
	Imperativo aor. 2º en -α
	εἶπον εἴπατε
	εἰπάτω εἰπάτωσαν
	
	Otro verbo del aoristo 2º que presenta algunas formas del imperativo en -α es ἦλθον, el aoristo del verbo ἔρχομαι *venir*.
	
	Escriba las variantes en -α.
	
	    Singular Plural
	    ἐλθέ ἔλθετε, ἔλθ___τε
	    ελθέτω, ἐλθ___τω ἐλθέτωσαν, ἐλθ___τωσαν

50 *ven venid* *venga vengan*	Traduzca el imperativo de ἦλθον del #49. _____ _____ _____ _____
51 *Venga tu reino.*	Traduzca el versículo. ἐλθάτω ἡ βασιλεία σου. (Mt. 6:10) _____
52 aoristo, imperativo, 3ª sing.	Analice el verbo ἐλθάτω: tiempo _____ , modo _____ persona _____ , número (sing. / pl.)
53 1. 2ª pl. *oíd* 2. 3ª pl. *juzguen (ellos)* 3. 2ª sing. *di (tú)* 4. 3ª sing. *permanezca (él)*	Analice y traduzca los siguientes imperativos. Traducción 1. ἀκούσατε ___ persona (sing. / pl.) _____ 2. κρινάτωσαν ___ persona (sing. / pl.) _____ 3. εἰπέ ___ persona (sing. / pl.) _____ 4. μεινάτω ___ persona (sing. / pl.) _____
54 indicativo Si usted escogió imperativo, repase el #34 antes de seguir adelante. Si eligió el infinitivo repase el #3.	Un verbo que lleva aumento es de modo (indicativo / imperativo / infinitivo).
55 imperativo aoristo	Las siguientes desinencias son de modo _____ , tiempo _____ . -σον, -σάτω, -σάτε, -σάτωσαν
56 infinitivo	La forma que termina en -σαι (πιστεῦσαι, ἀκοῦσαι) es de aoristo 1º, modo _____ .

57 infinitivo	El sufijo -ειν se emplea en el modo _____ del presente y del aoristo 2º.

58

RESUMEN — Tiempo Aoristo

Haga su propia tabla del aoristo al conjugar los verbos πιστεύω (aor. 1º), κρίνω (aor. l. y n.) y λαμβάνω (aor. 2º). Después de completar el cuadro, revise cuidadosamente su conjugación según los cuadros indicados.

	Aoristo 1º	Aoristo líquido y nasal	Aoristo 2º
I N D I C	_____ _____ _____ _____ _____ (X-89)	_____ _____ _____ _____ _____ (X-89)	_____ _____ _____ _____ _____ (X-89)
I N F	_____ (#3)	_____ (#9)	_____ (#16)
I M P E R A T	_____ _____ _____ _____ _____ _____ (#32)	_____ _____ _____ _____ _____ _____ (#40)	_____ _____ _____ _____ _____ _____ (#43)

59

1. aor., indic., 3ª pl., ἀκούω
2. aor., inf., ----, λέγω
3. aor., imperat., 3ª sing., μένω
4. aor., indic., 2ª pl., λαμβάνω
5. aor., inf., ----, πιστεύω
6. aor., imperat, 2ª pl., ἀκούω
7. aor., imperat., 2ª pl.
8. aor., indic., 3ª sing., πιστεύω
9. aor., indic., 1ª pl., λέγω
10. aor., indic., 1ª sing. o 3ª pl. ἔχω

Analice los verbos.

	Tiempo	Modo	Pers.	Núm.	1ª parte fundamental
ἔβαλον	aor.	indic.	3ª	sing.	βάλλω
1. ἤκουσαν					
2. εἰπεῖν					
3. μεινάτω					
4. ἐλάβετε					
5. πιστεῦσαι					
6. ἀκούσατε					
7. ἔλθετε					(ἔρχομαι)
8. ἐπίστευσε					
9. εἴπομεν					
10. ἔσχον					

60

1. *oyeron*
2. *decir*

Traduzca los verbos ya analizados en el #59.

1. _____

2. _____

	3. _____
	4. _____
	5. _____
3. *permanezca*	6. _____
4. *tomasteis*	
5. *creer*	7. _____
6. *oíd*	
7. *venid*	8. _____
8. *creyó*	9. _____
9. *dijimos*	
10. *tuve, tuvieron*	10. _____

Si falló en el análisis o en la traducción de alguno de los verbos, estudie en el cuadro del aoristo (#58) la conjugación correspondiente. Repita el análisis y la traducción hasta que pueda reconocer todas las formas verbales del aoristo. Es importante que domine este material antes de seguir adelante.

61

Pedro le dijo: «Señor, si eres tú, manda que yo vaya[1] a ti sobre las aguas».

[1] Si tuvo dificultad en traducir esta construcción, consulte el VI-53.

Traduzca el versículo.

κελεύω, κελεύσω, ἐκέλευσα: *mandar, ordenar*
πρός: *a*
ὕδωρ, ὕδατος, n: *agua*

αὐτῷ ὁ Πέτρος εἶπεν, Κύριε, εἰ σὺ εἶ, κέλευσόν με ἐλθεῖν πρὸς σὲ ἐπὶ τὰ ὕδατα. (Mt. 14:28)

_____

_____

62

REPASO — Vocabulario

Todas las palabras siguientes se han presentado ya, pero algunas han aparecido poco en las traducciones pedidas. Practique la pronunciación y la escritura de estas palabras, todas de uso frecuente en el N.T.

Estúdielas hasta dominar todo el vocabulario.

ἀλλά: *pero, sino*
γαρ: *pues, porque*
ἀπό: *de, desde*

οὐ, οὐκ, οὐχ: *no* (con el modo indicativo)
μή: *no* (con los otros modos)

Sustantivos
ἄρτος, -ου, m: *pan*
εἰρήνη, -ης, f: *paz*
ὄχλος, -ου, m: *multitud, gentío*
οὐρανός, -οῦ, m: *cielo*
τέκνον, -ου, n: *niño*

Adjetivos
ἔσχατος, -η, -ον: *último, postrero*
κακός, -ή, -ον: *malo, malvado*
ὅλος, -η, -ον: *todo*
πολύς, πολλή, πολύ: *mucho*
πρῶτος, -η, -ον: *primero*

63

Después de un estudio detenido del vocabulario anterior, pruébese con esta lista de palabras, sin mirar el cuadro anterior.

1. *cielo* _____

	2. *mucho*	_____	
	3. *paz*	_____	
	4. *no* (con indic.)	_____	
	5. *malo, malvado*	_____	
	6. *último, postrero*	_____	
	7. *pan*	_____	
	8. *pero, sino*	_____	
	9. *niño*	_____	
	10. *multitud, gentío*	_____	
	11. *todo*	_____	
	12. *pues, porque*	_____	
	13. *de, desde*	_____	
	14. *primero*	_____	
Revise su trabajo según el #62.	15. *no* (con imperat. e inf.) _____		

64

1. fut. indic. 3ª sing. μένω
2. aor. indic. 1ª sing. πιστεύω
3. aor. inf. λαμβάνω
4. imperf. indic. 3ª sing. θέλω
5. fut. indic. 1ª pl. ἀκούω
6. pres. indic. 3ª pl. λαμβάνω
7. aor. indic. 3ª sing. (ἔρχομαι)
8. aor. indic. 2ª pl. κρίνω

Repase también todos los verbos presentados hasta ahora, que aparecen con sus partes fundamentales en el X-60. Fíjese bien en la nota acerca de las peculiaridades del verbo θέλω.

Pruebe con el siguiente ejercicio de análisis su conocimiento tanto de las partes fundamentales como de toda la conjugación verbal.

	Tiempo	Modo	Pers.	Núm.	1ª parte fundamental
1. μενεῖ					
2. ἐπίστευσα					
3. λαβεῖν					
4. ἤθελε					
5. ἀκούσομεν					
6. λαμβάνουσι					
7. ἦλθε					(ἔρχομαι)
8. ἐκρίνατε					

65

1. *permanecerá*
2. *creí* 3. *tomar*
4. *deseaba (él)*
5. *oiremos*
6. *toman*
7. *vino*
8. *juzgasteis*

Traduzca los verbos analizados en el #64.

1. _____   5. _____

2. _____   6. _____

3. _____   7. _____

4. _____   8. _____

66	REPASO — Pronombres personales

Complete las declinaciones siguientes.[1]

ἐγώ   ἡμεῖς
ἐμοῦ ἡμῶν
ἐμοί   ἡμῖν
ἐμέ   ἡμᾶς

σύ   ὑμεῖς
σοῦ ὑμῶν
σοί   ὑμῖν
σέ   ὑμᾶς

	yo	*tú*	*nosotros*	*vosotros*
Nom.	ἐγώ	σύ	ἡμεῖς	ὑμ_____
Gen.	ἐμ_____	σ_____	ἡμ_____	_____
Dat.	εμοί	σ_____	ἡμῖν	_____
Ac.	ἐμ_____	σ_____	ἡμ_____	_____

[1] Revise el X-64, 70, 78 en caso necesario.

67	PRUEBA

Traduzca las oraciones.

1. ἐγὼ εἶπα ὑμῖν, Πιστεύσατε εἰς τὸν κύριον ἡμῶν.

2. ἦλθον γὰρ ἀπὸ τῆς βασιλείας τοῦ οὐρανοῦ καὶ μένω ἐν τῷ ὄχλῳ τῶν ἀνθρώπων ἐπὶ τὴν γῆν.

3. ἠθέλησα βλέψαι σὲ καὶ εἰπεῖν σοί.

4. μεινάτω ἐπὶ ὑμῶν ἡ τοῦ κυρίου εἰρήνη.

La traducción se encuentra en el apéndice V-11.

Al terminar este capítulo usted podrá traducir las formas más comunes de los verbos en -μι. Traducirá 11 palabras nuevas.

1
 	
-μι
	Entre los verbos más comunes del N.T. hay algunos que emplean para su conjugación desinencias distintas a las que se han visto. Forman un grupo llamado verbos en -μι, por ser ésta la terminación que llevan en su primera parte fundamental.
	
	    dar: δίδωμι *colocar; estar*: ἵστημι
	      (*doy*) (*coloco*)
	
	    poner: τίθημι *perdonar, dejar, permitir*: ἀφίημι
	     (*pongo*) (*perdono, dejo*, etc.)
	
	En contraste con verbos como πιστεύω, ἔχω, etc., que llevan la desinencia -ω en su primera parte fundamental, los verbos δίδωμι, ἵστημι, τίθημι, y ἀφίημι llevan la desinencia _____ en su primera parte fundamental.

2
 	
διδο-
	Verbo *dar*, tiempo presente.
	
	    doy δίδωμι δίδομεν *damos*
	    das δίδως δίδοτε *dais*
	    da δίδωσι(ν) διδόασι(ν) *dan*
	
	El tema del presente en el singular es δίδω-. En el plural éste cambia a _____ .

3 presente	El tema variable δίδω-/δίδο- caracteriza al tiempo _____ del verbo δίδωμι.
4 doy da	Del tiempo presente, modo indicativo de δίδωμι *dar*, sólo las formas δίδωμι y δίδωσι(ν) son frecuentes en el N.T. δίδωμι es de 1ª persona singular y se traduce _____ . δίδωσι(ν) es de 3ª persona singular y se traduce _____ .

5
 	
(traducción literal)
Paz dejo a vosotros, mi paz doy a vosotros; no como el mundo da yo doy a vosotros.
	Traduzca ἀφίημι: (en este contexto) *dejar* καθώς: *como*
	el versículo. ἐμός, ἐμή, ἐμόν: *mi* κόσμος, -ου, m: *mundo*
	
	    Εἰρήνην ἀφίημι ὑμῖν, εἰρήνην τὴν ἐμὴν δίδωμι ὑμῖν· οὐ καθὼς ὁ κόσμος
	    δίδωσιν ἐγὼ δίδωμι ὑμῖν. (Jn. 14:27)
	
	_____
	
	_____

6 1ª sing. 1ª sing. 3ª sing. 1ª sing.	Analice los verbos del versículo anterior. |	Persona	Número
---	---	---
ἀφίημι		
δίδωμι		
δίδωσιν		
δίδωμι			

7 1ª sing. 3ª sing.	El verbo τίθημι *poner* se conjuga en forma paralela a δίδωμι. Las únicas formas de τίθημι en tiempo presente que aparecen con alguna frecuencia en el N.T. son τίθημι y τίθησι(ν). Compare estas formas con la conjugación de δίδωμι, #2. τίθημι es de (1ª / 2ª / 3ª) persona del (sing. / pl.). τίθησι(ν) es de (1ª / 2ª / 3ª) persona del (sing. / pl.).
8 *pongo* *pone*	τίθημι se traduce _____ τίθησι(ν) se traduce _____.
9 *Jesús pone la vida de él (su vida) por nosotros.*	Traduzca la oración. ψυχή, -ῆς, f: *el ser, vida interior* ὑπέρ: (con genitivo) *por* τίθησιν ὁ Ἰησοῦς τὴν ψυχὴν αὐτοῦ ὑπὲρ ἡμῶν. _____
10 *Les da pan para comer.*	El infinitivo de la siguiente oración expresa propósito. Para traducir esta idea será necesario usar con él la preposición *para*. Traduzca la oración. ἐσθίω, - - - , ἔφαγον: *comer* δίδωσιν αὐτοῖς ἄρτον ἐσθίειν. _____
11 1ª sing. 3ª sing.	Para los verbos en -μι la terminación -μι (ej. τίθημι) representa la _____ persona del (sing. / pl.), y la terminación -σι (ej. δίδωσι) señala la _____ persona del (sing. / pl.).
12 *¿Quién es éste que aun perdona pecados?*	Complete la traducción. ἁμαρτία, -ας, f: *pecado* ἀφίημι: (en este contexto) *perdonar* Τίς οὗτός ἐστιν ὃς καὶ ἁμαρτίας ἀφίησιν; (Lc. 7:49) _____ éste ___ que aun _____
13 Pres. Fut. <u>δίδω</u> - <u>δώ</u> <u>τίθη</u> - <u>θή</u> <u>ἵστη</u> - <u>στή</u> <u>ἀφίη</u> - <u>ἀφή</u>	La segunda parte fundamental de los verbos en -μι, la cual corresponde al tiempo futuro, demuestra que en ese tiempo los verbos en -μι se conjugan según la pauta ya conocida para el futuro. Emplean la característica temporal -σ- y las desinencias corrientes -ω, -εις, -ει, etc. Lo que sí resalta es el tema verbal. Es más breve que el tema del tiempo presente. Subraye el tema de los dos tiempos de cada verbo. Presente Futuro δίδωμι δώσω τίθημι θήσω ἵστημι στήσω ἀφίημι ἀφήσω
14	Conjugue el verbo δίδωμι en futuro.

δώσεις
δώσει
   δώσομεν
   δώσετε
   δώσουσι
	δώσω ————————
	
	———————— ————————
	
	———————— ————————

15

El señor pondrá su paz sobre toda la tierra.

Traduzca la oración.

ὁ κύριος θήσει τὴν εἰρήνην αὐτοῦ ἐπὶ ὅλης τῆς γῆς.

_____

16

1. *Pongo mi amor en vuestros corazones.*
2. *Pondré…*

Traduzca las dos oraciones.   ἀγάπη, -ης, f: *amor*
    ἵστημι: *colocar, poner*

  1. ἵστημι τὴν ἀγάπην μου ἐν ταῖς καρδίαις ὑμῶν.

   _____

  2. στήσω τὴν ἀγάπην μου ἐν ταῖς καρδίαις ὑμῶν.

   _____

17

¿Quién nos dará la justicia del reino de los cielos?

Traduzca la pregunta.   δικαιοσύνη, -ης, f: *justicia, lo recto*

τίς δώσει ἡμῖν τὴν δικαιοσύνην τῆς βασιλείας τῶν οὐρανῶν;

_____

18

δίδωσι

Cambie al tiempo presente el verbo δώσει (conservando la misma persona y el mismo número). _____

19

imperfecto

El tiempo imperfecto se construye siempre sobre el tema del presente precedido por el aumento.

El tiempo imperfecto del verbo δίδωμι se construye sobre la forma διδο- del tema presente (cp. #3). A este tema se le antepone el aumento: ἐδιδο-, formando así la base para el tiempo _____ .

20

daba (él)

En el tiempo imperfecto de los verbos en -μι la desinencia corriente de 3ª persona singular, -ε, se transforma por su contacto con la vocal del tema:

   ἐδίδο + ε → ἐδίδου

ἐδίδου se traduce _____.

21

le daba

(*El hijo pródigo*) *deseaba llenarse de las algarrobas que comían los cerdos,*

     ἐδίδου αὐτῷ

y nadie _____. (Lc. 15:16)

22

Cuando vinieron a él muchas multitudes, Jesús les daba pan.

Traduzca la oración.   ὅτε: *cuando*   εἰς: *a, hacia*

ὅτε ἦλθον εἰς αὐτὸν ὄχλοι πολλοί, ἄρτον ἐδίδου αὐτοῖς ὁ Ἰησοῦς.

_____

23 *daba (él)* *da* *dará*	Traduzca los verbos. ἐδίδου: _____ δίδωσι: _____ δώσει: _____

24
 	
ἔ - θη - κα
	Hemos visto que el presente y el imperfecto de los verbos en -μι emplean un tema verbal largo, pero el futuro usa un tema corto.
	
	Presente Imperfecto Futuro
	διδω-/διδο- ἐ**διδο-** **δω-**
	
	Al igual que el futuro, el aoristo se forma a base del tema verbal corto δω-.
	
	El aumento precede al tema. El sufijo de aoristo empleado en estos verbos es -κα.
	
	ἔ - δω - κα
	aum. tema sufijo
	            del aor.
	
	Analice la forma verbal ἔθηκα: ____ _____ _____
	                                aum. tema sufijo del aoristo

25
 	
ἔθηκα
ἔθηκας
ἔθηκε(ν)
  ἐθήκαμεν
  ἐθήκατε
  ἔθηκαν
	La conjugación de ἔδωκα y ἔθηκα es semejante a la de un aoristo 1° como ἐπίστευσα. La única diferencia está en el empleo de -κα como sufijo en vez de -σα.
	
	Aoristo en κ Aoristo 1° común
	di ἔδωκα ἐδώκαμεν *dimos* ἐπίστευσα ἐπιστεύσαμεν
	diste ἔδωκας ἐδώκατε *disteis* ἐπίστευσας ἐπιστεύσατε
	dio ἔδωκε(ν) ἔδωκαν *dieron* ἐπίστευσε(ν) ἐπίστευσαν
	
	Conjugue el aoristo de τίθημι según la pauta «aoristo en –κ». Use como base la forma que analizó en el #24.
	
	puse _____ _____ *pusimos*
	
	pusiste _____ _____ *pusisteis*
	
	puso _____ _____ *pusieron*

26
 	
ἀφῆκα
ἀφῆκας
ἀφῆκε(ν)
  ἀφήκαμεν
  ἀφήκατε
  ἀφῆκαν
	La conjugación del aoristo de ἀφίημι *perdonar, permitir, dejar*, también se hace con el sufijo -κα. En contraste con los otros verbos en aoristo, ἀφῆκα no manifiesta aumento en su primera sílaba, porque ἀφίημι es en realidad un verbo compuesto con preposición: ἀπό (ἀφ') + ἵημι.
	El aumento se encuentra en la sílaba -η- de ἀφῆκα, como lo indica el acento (cp. apéndice I, 3.2.3).
	
	Complete el paradigma.
	
	ἀφῆκα _____
	
	_____ _____
	
	_____ _____

27	Al traducir el paradigma del #26 emplee la acepción *perdonar*.

perdoné
perdonaste
perdonó
   perdonamos
   perdonasteis
   perdonaron
	—————————— ——————————
	
	—————————— ——————————
	
	—————————— ——————————

28
 	
No me diste beso.
	Traduzca el versículo.
	
	    φίλημά μοι οὐκ ἔδωκας. (Lc. 7:45)
	
	   beso ————————————————————————
	(acusativo)

29
 	
*Puso su mano dere-
cha sobre mí.*
	Complete la traducción del versículo.
	
	    ἐπ': ἐπί delante de palabras que comien-
	zan con vocal que lleva espíritu suave.
	
	   ἔθηκεν τὴν δεξιὰν αὐτοῦ ἐπ' ἐμέ. (Ap. 1:17)
	
	———————— *mano derecha* ————————

30
 	
*Dios dio el mismo
don a ellos como
también a nosotros.*
	Complete la traducción del versículo.
	
	   τὴν ἴσην δωρεὰν ἔδωκεν αὐτοῖς ὁ θεὸς ὡς καὶ ἡμῖν. (Hch. 11:17)
	   el mismo don como también
	
	————————————————————————————————

31
 	
*coloqué (o puse,
   paré, establecí,
   propuse)
colocaste (pusiste,
   etc.)
colocó
   colocamos
   colocasteis
   colocaron*
	En contraste con δίδωμι, τίθημι y ἀφίημι, que emplean el sufijo -κα para el aoris-
	to, el verbo ἵστημι forma el aoristo con el sufijo -σα.
	
	El aumento ε- toma el lugar de la vocal inicial ι en el tema ἱστη-.
	
	   ἔστησα ἐστήσαμεν
	   ἔστησας ἐστήσατε
	   ἔστησε(ν) ἔστησαν
	
	Traduzca las formas de ἵστημι, arriba, usando cualquiera de las siguientes acep-
	ciones: *colocar, poner, parar, establecer, proponer.*
	
	—————————— ——————————
	
	—————————— ——————————
	
	—————————— ——————————

32
 	
*. . . lo puso en me-
dio de ellos.*
	Complete la traducción del versículo. μέσος, -η, -ον: *medio*
	
	   καὶ προσκαλεσάμενος παιδίον ἔστησεν αὐτὸ ἐν μέσῳ αὐτῶν. (Mt. 18:2)
	   y tomando un niño
	
	————————————————————————————————

33 *. . . los pusieron en el concilio.*	Complete la traducción del versículo. . . . αὐτοὺς ἔστησαν ἐν τῷ συνεδίῳ. (Hch. 5:27) ———————————————————————— *concilio.*

34 El aumento es igual en los dos aoristos. El tema es igual. El significado es diferente: Aor. 2º - Intransitivo. Aor. 1º - Transitivo.	En el aoristo del verbo ἵστημι se manifiesta un fenómeno poco común: además de las formas del aoristo 1º (#31), hay otras que son del aoristo 2º. El aoristo 2º de ἵστημι se emplea en sentido intransitivo: *pararse, detenerse, ponerse, estar, existir.* <table><tr><td>*estuve*</td><td>ἔστην</td><td>ἔστημεν</td><td>*estuvimos*</td></tr><tr><td>*estuviste*</td><td>ἔστης</td><td>ἔστητε</td><td>*estuvisteis*</td></tr><tr><td>*estuvo*</td><td>ἔστη</td><td>ἔστησαν</td><td>*estuvieron*</td></tr></table> En cuanto al aumento, ¿cómo se comparan estas formas con las del aoristo 1º (#31)? _____ ¿En cuanto al tema verbal? _____ ¿En cuanto al significado? _____
35 -σα	En cuanto a la conjugación de ἵστημι en los dos aoristos, la diferencia está en las desinencias. El aoristo 1º emplea la sílaba característica _____, la cual no aparece en aoristo 2º.
36 ἔστησαν 3ª plural	Al comparar la conjugación de ἔστην en el #34 con la de ἔστησα en el #31, se observa que hay una forma que es idéntica en los dos aoristos. ¿Cuál? _____ (1ª / 2ª / 3ª) persona de (sing. / pl.)
37 Aoristo 1º: *colocaron (pusieron,* etc.) Aoristo 2º: *estuvieron (se pusieron,* etc.)	Porque pertenece a las dos conjugaciones, ἔστησαν admite los dos sentidos (transitivo e intransitivo) del verbo. ἔστησαν se puede traducir _____ o _____. aor. 1º aor. 2º

38
 	
1. Transitivo: *puso, colocó,* etc.
2. Intransitivo: *se paró, estuvo,* etc.
	¿Qué diferencia de significado hay entre las dos formas del aoristo de ἵστημι a continuación? (Cp. #31, 34.)
	
	   1. ἔστησε _____
	
	   2. ἔστη _____

39 *Él se puso (estuvo) en medio de ellos.*	Para traducir correctamente el versículo siguiente, decida primero a cuál tipo de aoristo pertenece la forma ἔστη. (Cp. #31, 34.) αὐτὸς ἔστη ἐν μέσῳ αὐτῶν. (Lc. 24:36) _____
	Si no identificó correctamente el verbo ἔστη, vuelva a estudiar el #34 y el #38.

40	Complete la traducción del versículo.
	
	      τόπος, -ου, m: *lugar*
	      λαός, -οῦ, m: *pueblo*

	. . . ἔστη ἐπὶ τόπου πεδινοῦ, καὶ ὄχλος πολὺς μαθητῶν αὐτοῦ, καὶ *llano* *discípulos*
Se puso sobre un lugar llano, y una gran multitud de sus discípulos, y gran cantidad del pueblo de toda Judea y Jerusalén y la costa de Tiro y Sidón, que vinieron para escucharle y para ser sanados de sus enfermedades.	πλῆθος πολὺ τοῦ λαοῦ πάσης τῆς Ἰουδαίας καὶ Ἰερουσαλὴμ καὶ τῆς *cantidad* *toda*
	παραλίου Τύρου καὶ Σιδῶνος, οἳ ἦλθον ἀκοῦσαι αὐτοῦ καὶ ἰαθῆναι *costa* *que* (cp. #10) *ser sanados*
	ἀπὸ τῶν νόσων αὐτῶν. (Lc. 6:17) *enfermedades*

41
 	
aoristo, infinitivo
 	
genitivo, CD
	A modo de repaso, analice la construcción . . . ἀκοῦσαι αὐτοῦ . . . del versículo anterior.
	
	    ἀκοῦσαι: tiempo _____ modo _____
	
	    αὐτοῦ: caso _____ funciona como el _____ de ἀκοῦσαι[1]
	
	[1] Repase el VIII-17 en caso necesario.

42 Para expresar el sentido de propósito que en griego se puede comunicar con el infinitivo solo, sin preposición.	¿Por qué se emplea la palabra *para* en la traducción de ἀκοῦσαι en el #40? . . . *vinieron para oírle* . . . (Cp. #10.) _____ _____
43 El aoristo 1º de ἵστημι (ἔστησεν) se usa en sentido transitivo: *poner*. El aoristo 2º (ἔστη) es intransitivo: *ponerse*.	Compare el versículo del #40 con el del #32. Tanto ἔστησεν como ἔστη son formas de ἵστημι, y están en tiempo aoristo. Sin embargo, se traducen distintamente: *puso* (#32), *se puso* (#40). ¿Por qué esta diferencia de traducción?[1] _____ _____ [1] Consulte el #34 si no recuerda la razón de la distinción.
44 *En el día postrero le dieron poder sobre los reinos de la tierra.*	Traduzca la oración. ἐξουσία, -ας, f: *poder, autoridad* ἐν τῇ ἐσχάτῃ ἡμέρᾳ ἔδωκαν αὐτῷ ἐξουσίαν ἐπὶ τῶν βασιλειῶν τῆς γῆς. _____

45 *El buen Señor vino al mundo y puso su vida por nosotros.*	Traduzca la oración. εἰς: *a, hacia* ὑπέρ: (con gen.) *por* κόσμος, -ου, m: *mundo* ψυχή, ῆς, f: *vida* ὁ κύριος ὁ ἀγαθὸς ἦλθεν εἰς τὸν κόσμον καὶ ἔθηκε τὴν ψυχὴν αὐτοῦ ὑπὲρ ἡμῶν. _____ _____
46 *Muchos dioses estuvieron en la tierra.*	Traduzca la oración. ἔστησαν θεοὶ πολλοὶ ἐν τῇ γῇ. _____
47 δοῦναι θεῖναι ἀφεῖναι στῆναι	El infinitivo aoristo de los verbos en -μι se forma con el sufijo -ναι. (Cp. el sufijo del aoristo 1º en los verbos -ω: -σαι.) El tema breve del aoristo aparece alterado en el infinitivo, excepto en el infinitivo de ἵστημι. Agregue el sufijo de infinitivo -ναι a los siguientes temas: Indicativo aoristo Infinitivo aoristo ἔδωκα δοῦ_____ ἔθηκα θεῖ_____ ἀφῆκα ἀφεῖ_____ ἔστηκα y ἔστην στῆσαι y στῆ_____
48 *dar, poner, perdonar, colocar y estar*	Traduzca los infinitivos del #47. _____ , _____ , _____ , _____ y _____ .

49
 	
¿Qué queréis darme y yo os lo entregaré?
	Traduzca la pregunta que Judas Iscariote hizo a los sacerdotes.
	
	      παραδίδωμι, παραδώσω, παρέδωκα: *entregar*
	      κἀγώ: καὶ ἐγώ
	
	Τί θέλετέ μοι δοῦναι κἀγὼ ὑμῖν παραδώσω αὐτόν; (Mt. 26:15)
	
	_____

50
 	
Y nosotros debemos poner las vidas por los hermanos.
	Traduzca el consejo de San Juan. ὀφείλω: *deber*
	                                ὑπέρ: (seguido de genitivo) *por*
	
	καὶ ἡμεῖς ὀφείλομεν ὑπὲρ τῶν ἀδελφῶν τὰς ψυχὰς θεῖναι. (1 Jn. 3:16)
	
	_____
	
	Nota: Es evidente que en la traducción del versículo la expresión *poner las vidas* no suena bien. Es una traducción literal del plural griego **τὰς ψυχάς** y de ahí el problema. La mejor redacción en español preferiría utilizar el singular del sustantivo:
	
	    . . . *debemos poner* **la vida** . . .

	Varios traductores redactan el versículo de esa manera. Otras versiones conservan el plural pero agregan un adjetivo posesivo: . . . *debemos poner* **nuestras** *vidas* . . .
51	Tanto en el tiempo futuro como en el aoristo los verbos en -μι se construyen sobre una forma breve del tema verbal. Compárela con la forma del tema en el presente. Presente Futuro Aoristo δίδωμι δώσω ἔδωκα τίθημι θήσω ἔθηκα ἀφίημι ἀφήσω ἀφῆκα ἵστημι στήσω ἔστησα y ἔστην En el infinitivo de aoristo el tema breve se altera un poco. Tema breve Inf. de aor. (cp. #47) δίδωμι -δω- _____ τίθημι -θη- _____ ἀφίημι ἀφη- _____

(left margin #51): δοῦναι / θεῖναι / ἀφεῖναι

52	El imperativo del aoristo también se construye sobre el tema breve, pero con la vocal final del tema cambiada por su variante corta ($\omega \rightarrow o$; $\eta \rightarrow \varepsilon$).
	
	Tema del aoristo Imperativo de aoristo
	                               Sing. Pl.
	δίδωμι: -δω- 2ª _____ δός δότε _____
	
	                          3ª _____ δότω δότωσαν _____
	
	ἀφίημι: ἀφη- 2ª ἄφες ἄφετε
	
	El tema empleado en el imperativo aoristo de ἀφίημι es _____.

(left margin #52): ἄφε-

da dad **53** *dé den*	Apunte la traducción del imperativo aoristo de δίδωμι al lado de las formas imperativas del #52.
54 *perdona (permite, deja)* *perdonad (etc.)*	La traducción de ἀφίημι varía entre *perdonar, permitir, dejar*. Las formas del imperativo aoristo de este verbo que se emplean en el N.T. son las que aparecen en el #52. Tradúzcalas: _____ , _____ .
55 *Perdónanos nuestros pecados.*	Traduzca esta petición de la oración dominical. ἁμαρτία, -ας, f: *pecado* ἄφες ἡμῖν τὰς ἁμαρτίας ἡμῶν. (Lc. 11:4) _____
56 *Jesús les dice: «Desatadlo y dejadle ir».*	Para traducir este versículo emplee el significado *permitir* o *dejar* para el verbo. λύω, λύσω, ἔλυσα: *desatar* ὑπάγω: *ir* λέγει αὐτοῖς ὁ Ἰησοῦς, Λύσατε αὐτὸν καὶ ἄφετε αὐτὸν ὑπάγειν. (Jn. 11:44) _____

57 Porque presenta una forma (δο-) del tema breve (δω-) de δίδωμι.	Viendo la forma verbal δότε en un contexto como el siguiente, ¿cómo se sabe que viene del verbo δίδωμι? (Cp. #52.) _____ _____ δότε ἡμῖν ἐκ τοῦ ἐλαίου ὑμῶν. (Mt. 25:8)
58 2ª pl. imperativo aoristo	La forma δότε es de _____ persona (sing. / pl.) del modo_____ , tiempo _____ .
59 *dad*	δότε se traduce _____ .
Dadnos **60** *de vuestro aceite.*	Traduzca el versículo del #57. ἔλαιον, -ου, n: *aceite (de oliva)* _____

61
 	
Inf. <u>διδόναι</u>
 	
Imperat. <u>δίδου</u>
 	
        <u>δίδοτε</u>
	Hemos visto que el tiempo aoristo se construye con el tema breve del verbo.
	
	   Indicativo aor. Infinitivo aor. Imperativo aor.
	     ἔδωκα δοῦναι δός, δότε, etc.
	
	En contraste, el presente emplea una forma larga del tema en todos los modos.
	
	   Indicativo pres. Infinitivo pres. Imperativo pres.
	     δίδωμι διδόναι δίδου, δίδοτε
	
	Subraye el tema en el infinitivo y el imperativo del tiempo presente.

62
 	
a. aoristo
b. presente
dar
	Las formas δοῦναι y διδόναι son infinitivos del verbo δίδωμι.
	
	   a. δοῦναι es de tiempo _____ .
	
	   b. διδόναι es de tiempo _____ .
	
	Los dos infinitivos se traducen _____ .

63
 	
Es necesario recordar las palabras del Señor Jesús, porque él dijo: Más bien-aventurado es dar que recibir.
	Traduzca las palabras de Pablo a los ancianos de Éfeso.
	
	       μνημονεύω: *recordar* (seguido del CD en genitivo)
	       ὅτι: *que, porque*
	
	    δεῖ . . . μνημονεύειν τῶν λόγων τοῦ κυρίου Ἰησοῦ, ὅτι αὐτὸς εἶπεν,
	
	   Es necesario _____
	
	    Μακάριόν ἐστιν μᾶλλον διδόναι ἤ λαμβάνειν. (Hch. 20:35)
	
	   bienaventurado _____ *más* _____ *que* _____

64 infinitivo	Las formas de los verbos en -μι que terminan en -ναι son de modo (indicativo / imperativo / infinitivo).
65 infinitivo - αφίημι	Las formas ἀφιέναι y ἀφεῖναι corresponden al modo (indicativo / imperativo / infinitivo) del verbo _____ .

66 *El hijo del hombre tiene poder sobre la tierra para perdonar pecados.* Nótese el sentido de propósito expresado por el inf. ἀφιέναι y traducido por la preposición *para.* Cp. #10.	Traduzca el versículo. ἐξουσία, -ας, f: *autoridad, poder* ἐξουσίαν ἔχει ὁ υἱὸς τοῦ ἀνθρώπου ἐπὶ τῆς γῆς ἀφιέναι ἁμαρτίας. (Mt. 9:6) _____

67
 	
δίδωμι
<u>τιθέ-</u>
τίθημι
imperativo
	Al igual que el infinitivo, el imperativo de tiempo presente de los verbos en -μι se construye sobre la forma larga del tema (cp. #61).
	
	Debido a que se emplea poco el imperativo presente de estos verbos en el N.T., señalamos simplemente la manera de identificar las formas del imperativo presente.
	
	    δίδου **δίδοτε**
	    da (tú) *dad*
	
	La parte en negrita es una forma del tema largo del verbo _____ .
	
	Subraye el tema del verbo τιθέτω.
	
	Este tema es del verbo _____ , tiempo presente.
	
	La terminación -τω indica que es de modo_____ .

68 *Dad, y será dado a vosotros*	Complete la traducción. δίδοτε, καὶ δοθήσεται ὑμῖν. (Lc. 6:38) _____ *será dado* _____
69 aoristo imperativo *Dadme también este poder.*	Por tener la monosílaba δο- como tema, el verbo del versículo siguiente está en tiempo _____ , del modo _____ . Traduzca el versículo. κἀμοί: καὶ ἐμοί **δότε** κἀμοὶ τὴν ἐξουσίαν ταύτην. (Hch. 8:19) *este* _____
70 *De gracia recibisteis, dad de gracia.*	Traduzca el consejo de Jesús a los doce. δωρεάν: *sin costo, por (de) gracia* δωρεὰν ἐλάβετε, δωρεὰν δότε. (Mt. 10.8) _____

71

RESUMEN

Las características claves de los verbos en -μι que hemos visto son las siguientes:

1. Las desinencias

-μι: 1ª pers. sing. presente indicativo

δίδωμι	τίθημι	ἀφίημι	ἵστημι
doy	*pongo*	*perdono*	*coloco*

-σι: 3ª pers. sing. presente indicativo

δίδωσι	τίθησι	ἀφίησι	ἵστησι
da	*pone*	*perdona*	*coloca*

-ναι: infinitivo de presente y de aoristo

δίδόναι, δοῦναι   τιθέναι, θεῖναι
         dar   *poner*

ἀφιέναι, ἀφεῖναι   ἱστάναι, στῆναι
      perdonar   *colocar, pararse*

-κα, -κας, κε, etc.: aoristo de indicativo (excepto en el verbo ἵστημι).

ἔδωκα, ἔδωκας, ἔδωκε, etc.
  di   diste   dio

ἔθηκα, etc.   ἀφῆκα, etc.
puse, etc.   *perdoné*, etc.

-ς: 2ª pers. sing. del imperativo aoristo

δός   ἄφες
da   *perdona*

2. Los temas

	Tema largo		Tema breve		
tiempos que lo emplean:	presente e imperfecto		futuro y aoristo		
	variantes		variantes		
δίδωμι:	διδω	διδο	δω	δοῦ	δο
τίθημι:	τιθη	τιθε	θη	θει	θε
ἀφίημι:	ἀφιη	ἀφιε	ἀφη	ἀφεῖ	ἀφε
ἵστημι:	ἱστη	ἱστα		στῆ	
modos que emplean los variantes:	indicativo	indicativo infinitivo imperativo	indicativo	infinitivo	imperativo

72

ἀφε-
ἀφίημι
perdonar, permitir

Teniendo en mente el resumen anterior, analice el verbo ἄφετε. El tema verbal que aparece en este verbo es _____, que lo identifica como una forma del verbo_____, que significa _____.

73 breve . . . impera- tivo . . . aoristo	El tema (largo / breve) identificado en el #72 se emplea para el modo _____ , tiempo _____.
74 2ª, plural	Sólo resta identificar la persona y el número de la forma ἄφετε: _____ pers. (sing. / pl.).
75 _perdonad, permitid_	ἄφετε se traduce _____.

76
 	
_Permitid a los ni-
ños venir a mí._
	Complete la traducción. παιδίον, -ου, n: _niño_
	                                 πρός: _a_
	
	        ἄφετε τὰ παιδία ἔρχεσθαι πρός με. (Lc. 18:16)
	
	_____ _venir_ _____

77 -διδο- δίδωμι _dar_ imperfecto	Siguiendo los pasos #72-74, analice el verbo ἐδίδου. Tema: _____ Verbo: _____ Significado: _____ Ese tema precedido por el aumento ε indica el tiempo _____.
78 _daba_	La forma ἐδίδου es de 3ª persona del singular, (cp. #20), tiempo imperfecto del verbo δίδωμι _dar_. ἐδίδου se traduce _____.
79 -θη- τίθημι _poner_ aoristo indicativo 3ª plural _pusieron_	Analice la forma ἔθηκαν. Tema: _____ Verbo: _____ Significado: _____ Tiempo: _____ Modo: _____ ; _____ pers. (sing. / pl.) Traducción: _____
80 _Tomaron su cadá- ver y lo pusieron en una tumba._	Complete la traducción. αἴρω, ἀρῶ, ἦρα: _tomar, levantar, alzar_ ἦραν τὸ πτῶμα αὐτοῦ καὶ ἔθηκαν αὐτὸ ἐν μνημείῳ. (Mr. 6:29) _____ _cadáver_ _____ _tumba_.
81 -στη- ἵστημι _colocar_ aoristo indicativo 3ª sing. _colocó_	Analice la forma ἔστησε. Tema: _____ Verbo: _____ Significado: _____ Tiempo: _____ Modo: _____ ; _____ pers. (sing. / pl.) Traducción: _____
82 _se puso, estuvo_	El verbo ἔστησε analizado en el #81 pertenece al aoristo 1º y se traduce con acep- ción transitiva: _colocó, puso_. Pero también existe el aoristo 2º del verbo ἵστημι, con acepción intransitiva: ἔστη, que se traduce: _____.

83 infinitivo	Por su terminación -ναι, la forma verbal δοῦναι se reconoce como de modo _____ .
84 δίδωμι *dar*	El tema de δοῦναι (δου-) es una variante de la forma breve del tema del verbo _____ , que significa _____ .
85 *El Señor vino para*[1] *dar su vida.* [1] *Cp. #10 en caso necesario.*	Traduzca la oración. ἦλθεν ὁ κύριος δοῦναι τὴν ψυχὴν αὐτοῦ. _____

86	REPASO — Vocabulario
	
	La lista siguiente incluye palabras nuevas de esta capítulo, las cuales deben incorporarse a su vocabulario activo. También aparecen algunas palabras conocidas que deben repasarse.
	
	Practíquelas en una hoja aparte antes de pasar a la prueba de vocabulario #87.
	
	    ἀγάπη, -ης, f: *amor*
	    ἁμαρτία, -ας, f: *pecado*
	    ἀφίημι, ἀφήσω, ἀφῆκα: *perdonar, permitir, dejar*
	    δίδωμι, δώσω, ἔδωκα: *dar*
	    ζωή, -ῆς, f: *vida*
	    ἵστημι, στήσω, ἔστησα y ἔστην: *colocar, poner;* (aor. 2º) *estar, ponerse*
	    κακός, -ή, -όν: *malo*
	    καρδία, -ας, f: *corazón*
	    ὅτι: *que, porque*
	    πρῶτος, -η, -ον: *primero*
	    τίτημι, θήσω, ἔθηκα: *poner*
	    ὑπέρ: (con gen.) *por, en pro de*
	    φωνή, -ῆς, f: *voz*
	    ψυχή, -ῆς, f: *vida interna, personalidad; vida* (física); *el ser*

87 1. *vida, el ser* 2. *corazón* 3. fut. de ἀφίημι, *perdonar* 4. *primero* 5. aor. de δίδωμι, *dar* 6. (gen.) *por, en pro de* 7. *voz* 8. *poner* 9. *pecado*	Traduzca los vocablos. 1. ψυχή: _____ 2. καρδία: _____ 3. ἀφήσω: tiempo _____ del verbo _____ que significa _____ 4. πρῶτος: _____ 5. ἔδωκα: tiempo _____ del verbo _____ que significa _____ 6. ὑπέρ: (con caso _____) _____ 7. φωνή: _____ 8. τίθημι: _____ 9. ἁμαρτία: _____

10. aor. 2º de ἵστη-μι. Significa (en aor. 2º) *estar* 11. *vida* 12. *malo*	10. ἔστην: tiempo _____ del verbo _____ que significa _____ 11. ζωή: _____ 12. κακός: _____

88	REPASO — Declinación

Complete la declinación de los siguientes sustantivos, junto con sus artículos correspondientes.

Intente hacer toda la declinación de memoria; luego, si necesita ayuda para completarla, consulte los resúmenes VIII-98 y VII-54.

Primera Declinación

	Singular en η	en α	Plural (igual para todos)
Nom.	ἡ ψυχή	ἡ ἁμαρτία	_____
Gen.	_____	_____	_____
Dat.	_____	_____	_____
Ac.	_____	_____	_____

Segunda Declinación

	Singular Masculino	Neutro	Plural Masculino	Neutro
Nom.	ὁ ὄχλος	τὸ ἔργον	_____	_____
Gen.	_____	_____	_____	_____
Dat.	_____	_____	_____	_____
Ac.	_____	_____	_____	_____

La declinación se encuentra después del #89.

89	PRUEBA

Traduzca las oraciones.

1. τὴν ζωὴν δώσω τοῖς δούλοις μου, εἶπεν ὁ κύριος.

2. ἔστησεν ὁ ἄνθρωπος τὰ τέκνα ἐν τῇ βασιλείᾳ τῶν ἁγίων.

3. ὁ θεὸς ἡμῶν τίθησι τὴν ψυχὴν αὐτοῦ ὑπὲρ ἡμῶν.

4. ἄφες τὰς ἁμαρτίας μου, κύριε.

5. ὁ κύριος θέλει δοῦναι ὑμῖν τὴν ἀγάπην αὐτοῦ.

Las respuestas se encuentran en el apéndice V-12.

Declinación del #88.

Primera Declinación

	Singular				Plural
ἡ	ψυχή	ἡ	ἁμαρτία	αἱ	ψυχαί
τῆς	ψυχῆς	τῆς	ἁμαρτίας	τῶν	ψυχῶν
τῇ	ψυχῇ	τῇ	ἁμαρτίᾳ	ταῖς	ψυχαῖς
τὴν	ψυχήν	τὴν	ἁμαρτίαν	τὰς	ψυχάς

Segunda Declinación

Masc.		Neutro		Masc.		Neutro	
ὁ	ὄχλος	τὸ	ἔργον	οἱ	ὄχλοι	τὰ	ἔργα
τοῦ	ὄχλου	τοῦ	ἔργου	τῶν	ὄχλων	τῶν	ἔργων
τῷ	ὄχλῳ	τῷ	ἔργῳ	τοῖς	ὄχλοις	τοῖς	ἔργοις
τὸν	ὄχλον	τὸ	ἔργον	τοὺς	ὄχλους	τὰ	ἔργα

CAPÍTULO XIII

Al terminar este capítulo usted podrá traducir oraciones con sustantivos y adjetivos de 3ª declinación en todas sus variantes femeninas. Traducirá una expresión de instrumentalidad en caso dativo con o sin la preposición ἐν. Traducirá el concepto adjetivo con preposiciones. Traducirá 32 palabras nuevas.

1

La palabra interrogativa τίς pertenece a la 3ª declinación (cp. Cap. V). El tema de τίς es τίν-.

Subraye las desinencias.

	Singular	Plural
Nom.	τίς	τίνες
Gen.	τίνος	τίνων
Dat.	τίνι	τίσι
Ac.	τίνα	τίνας

-ς	-ες
-ος	-ων
-ι	-σι
-α	-ας

2

La palabra σάρξ *carne* también corresponde a la 3ª declinación y se declina con las mismas desinencias de τίς.

En las formas σάρξ y σαρξί la σ de la desinencia se ha combinado con la letra final del tema σαρκ- para formar la letra ξ.

Subraye las desinencias.

Singular	Plural
σάρξ	σάρκες
σαρκός	σαρκῶν
σαρκί	σαρξί
σάρκα	σάρκας

σάρξ	σάρκες
σαρκός	σαρκῶν
σαρκί	σαρξί
σάρκα	σάρκας

3

Porque se ha unido la σ de la desinencia con la κ del tema, y ambas forman el sonido κσ, que se puede escribir con una sola letra: ξ.

Observe en el paradigma anterior las dos formas que se escriben con ξ. Se formaron de la siguiente manera:

	Tema	Desinencia		
Nom. sing.	σαρκ	+ ς	→	σάρξ
Dat. pl.	σαρκ	+ σι	→	σαρξί

¿Por qué aparece la letra ξ en estas formas de la palabra *carne*? _____

_____

4

Decline σάρξ *carne* con las desinencias de 3ª declinación (#1, 2).

	Singular	Plural
Nom.	σάρξ	σάρκ_____
Gen.	σάρκ_____	σαρκ_____
Dat.	σάρκ_____	σαρ_____
Ac.	σάρκ_____	σάρκ_____

	σάρκες
σαρκός	σαρκῶν
σαρκί	σαρξί
σάρκα	σάρκας

---

5 -ος 2ª: nom. sing. 3ª: gen. sing.	Compare la 2ª declinación con la 3ª. Singular |	2ª declinación	3ª declinación
---	---	---
Nom.	ἀδελφός	σάρξ
Gen.	ἀδελφοῦ	σαρκός
Dat.	ἀδελφῷ	σαρκί
Ac.	ἀδελφόν	σάρκα	 Hay una desinencia que aparece en las dos declinaciones pero en casos distintos: la desinencia _____ , que en 2ª declinación señala el caso _____ , y en la 3ª declinación el caso _____ .
6 genitivo	ἀδελφός esta en caso nominativo. σαρκός está en caso _____ .
7 genitivo	ἀδελφοῦ y σαρκός están en caso _____ .
8 1. nominativo 2. genitivo 3. nominativo 4. genitivo	Apunte el caso en que se encuentran las palabras siguientes. Caso 1. κύριος _____ 2. τίνος _____ 3. δοῦλος _____ 4. σαρκός _____
9 ---- τίν<u>ες</u> τίν<u>ος</u> τίν<u>ων</u> τίν<u>ι</u> τί<u>σι</u> τίν<u>α</u> τίν<u>ας</u> Si falla todavía en la declinación de τίς, vuelva a practicarla hasta que pueda escribirla de memoria sin error.	Decline la palabra τίς, subrayando las desinencias de la misma. Singular Plural τίς _____ _____ _____ _____ _____ _____ _____
10	Los mismos artículos masculino, femenino y neutro de la 1ª y 2ª declinación se emplean con los sustantivos de 3ª declinación. El sustantivo σάρξ *carne* es de género femenino y por tanto va acompañado del artículo femenino. Escriba la forma correcta del artículo para cada caso.

		ἡ	σάρξ	_____	σάρκες
	αἱ	τῆς	σαρκός	_____	σαρκῶν
	τῶν				
τῇ	ταῖς	_____	σαρκί	_____	σαρξί
τὴν	τὰς	_____	σάρκα	_____	σάρκας

11

οὗτος ἡμῖν
nom.   dat.

σάρκα αὐτοῦ
ac.   gen.

Analice los casos de los sustantivos en el versículo siguiente.

σάρξ, σαρκός, f: *carne*

πῶς δύναται οὗτος ἡμῖν δοῦναι τὴν σάρκα αὐτοῦ φαγεῖν; (Jn. 6:52)

Casos: _____ _____   _____ _____

12

. . . *darnos su carne
para comer?*

Complete la traducción del versículo.   ἐσθίω, ----, ἔφαγον: *comer*

πῶς δύναται οὗτος ἡμῖν δοῦναι τὴν σάρκα αὐτοῦ φαγεῖν;[1]

¿Cómo puede éste _____?

[1] Infinitivo de propósito; cp. XII-10.

13

*Dio los panes a los
niños de la mujer.*

Traduzca la oración.   γυνή,[1] γυναικός, f: *mujer, esposa*

ἔδωκεν τοῖς τέκνοις τῆς γυναικὸς τοὺς ἄρτους.

_____

[1] Falta en caso nominativo la segunda sílaba del tema: γυναικ-. La terminación -η es irregular.

14

. . . *el hijo del hom-
bre tres días y tres
noches en el cora-
zón de la tierra.*

Complete la traducción.   νύξ, νυκτός, f: *noche*

οὕτως ἔσται ὁ υἱὸς τοῦ ἀνθρώπου ἐν τῇ καρδίᾳ τῆς γῆς

Así estará _____

τρεῖς ἡμέραις καὶ τρεῖς νύκτας. (Mat. 12:40)

tres _____

15

acusativo

En el versículo anterior el complemento circunstancial de extensión de tiempo *tres días y tres noches* está expresado en el caso _____.

16

1. nom. pl.
2. dat. sing.
3. gen. sing.
4. ac. sing.
5. dat. pl.

Identifique el caso y el número de las siguientes palabras de 3ª declinación.

	Caso	Número (sing. / pl.)
1. γυναικές	_____	_____
2. τίνι	_____	_____
3. σαρκός	_____	_____
4. ἐλπίδα	_____	_____
5. νυξί	_____	_____

	Caso	Número (sing. / pl.)
6. παιδίων	________	________
7. τίνας	________	________

6. gen. pl.
7. ac. pl.

17

Cuando usted encuentre en un pasaje griego un vocablo nuevo de 3ª declinación debe deducir la forma del nominativo para poder buscarlo en el léxico.

Existen ciertas pautas que ayudan a la deducción del nominativo en cuestión.

1. Como regla general, una palabra cuyo tema termina en ν, δ o τ pierde esa consonante en nominativo. La forma del nominativo termina simplemente con la desinencia -ς.

Nom.	φῶς (*luz*)	Nom.	ἐλπίς (*esperanza*)
Gen.	**φωτ**ός	Gen.	**ἐλπίδ**ος
	tema		tema

Nom.	τίς (*quién*)
Gen.	**τίν**ος
	tema

¿Cuál es la forma nominativa de **χάριτ**ος (*gracia*)? ____________

2. El sustantivo de tema terminado en οντ no emplea en nominativo la desinencia ς sino que termina en ων.

Nom.	ἄρχων (*príncipe, gobernador*)	Nom.	____________ (*león*)
Gen.	**ἄρχοντ**ος	Gen.	**λέοντ**ος

3. Los temas que terminan en κ, γ, χ o κτ aparecen con ξ en el nominativo, por combinarse la consonante final del tema con la desinencia -ς.

Nom.	σάρξ (*carne*)	Nom.	φλόξ (*llama*)
Gen.	**σαρκ**ός	Gen.	**φλογ**ός

Nom.	________ (*noche*)
Gen.	**νυκτ**ός

χάρις
λέων
νύξ

18

Apunte la forma del nominativo de las siguientes palabras.

1. Nom.	____________ (*guardia*)	2. Nom.	____________ (*contienda*)
Gen.	φύλακος	Gen.	ἔριδος

1. φύλαξ
2. ἔρις

19

También en el dativo plural el tema del sustantivo sufre a menudo alteraciones provocadas por agregársele la desinencia -σι, que comienza con consonante.

Tener en mente ciertas pautas para esas alteraciones facilita el reconocimiento del vocablo.

1. Cuando se agrega la desinencia -σι a un tema terminado en δ, τ, ν, o ντ, desaparece(n) la(s) consonante(s) última(s) del tema. Nótese la ν-movible en todas las palabras.

		Tema	Des. dat. pl.	Forma dat. pl.
ἐλπίς *(esperanza)*:		ἐλπιδ	+ σι →	ἐλπίσι(ν)
χάρις *(gracia)*:		χαριτ	+ σι →	χάρισι(ν)
τίς		τιν	+ σι →	τίσι(ν)
πᾶς *(todo)*:		παντ	+ σι →	πᾶσι(ν)

Forme el dativo plural.

φῶς *(luz)*:	φωτ	+ σι →	_____
πούς *(pie)*:	ποδ	+ σι →	_____

2. Cuando se combina la desinencia -σι con temas terminados en κ, γ, χ, o κτ se forma la consonante doble ξ.

σάρξ *(carne)*:	σαρκ	+ σι →	σαρξί(ν)
φλόξ *(llama)*:	γλογ	+ σι →	φλοξί(ν)

Forme el dativo plural.

φῶσι(ν)
πόσι(ν)

νυξί(ν)
γυναιξί(ν)

νύξ *(noche)*:	νυκτ	+ σι →	_____
γυνή *(mujer)*:	γυναικ	+ σι →	_____

20

Las formas del nominativo y acusativo neutro de τίς son distintas a las del masculino y femenino.

Singular		Plural	
M. y F.	N.	M. y F.	N.
τίς	τί	τίνες	τίνα
τίνος	τίνος	τίνων	τίνων
τίνι	τίνι	τίσι	τίσι
τίνα	τί	τίνας	τίνα

La forma τί (nom. y ac. sing.) no tiene desinencia alguna; es apenas el tema acortado: τι/ν.

En el plural el neutro lleva la desinencia _____ en nominativo y acusativo.

Esta forma del nominativo y acusativo del neutro es igual a una forma del masculino y femenino: la del caso _____ (sing. / pl.).

-α
ac. sing.

21

πνεῦμα *espíritu* es de género neutro.

Nom.	τὸ	πνεῦμα	τὰ	πνεύματα
Gen.	τοῦ	πνεύματος	τῶν	πνευμάτων
Dat.	τῷ	πνεύματι	τοῖς	πνεύμασι
Ac.	τὸ	πνεῦμα	τὰ	πνεύματα

Observe el nominativo y el acusativo del singular y del plural y compárelos con las demás formas.

1. ¿Tienen desinencia las formas del nominativo y acusativo singular? _____

1. no
2. -α

2. ¿Cuál es la desinencia neutra para el nominativo y acusativo plural? _____

22

El tema de la palabra *espíritu* es πνευματ-.

ὄνομα	Los sustantivos cuyo tema termina en -ματ no sólo carecen de desinencia en el nominativo y acusativo sino que pierden también la última letra del tema -τ. Tema Nom. y ac. sing. πνευματ- πνεῦμα La palabra *nombre* en su caso genitivo es ὀνόματος. ¿ Cuál será su forma en nominativo? _____
23 dat. pl. -σι πνευματ- perdió la τ final	Analice la forma πνεύμασι. Caso _____ (sing. / pl.) Se formó con la desinencia _____ agregada al tema _____ , que sufrió la siguiente alteración: _____ .

24
 	
1. dat. sing.
2. nom. y ac. sing.
3. gen. sing.
4. nom. y ac. pl.
	Identifique caso y número:
	    1. πνεύματι _____ (sing. / pl.)
	
	    2. πνεῦμα _____ y _____ (sing. / pl.)
	
	    3. πνεύματος _____ (sing. / pl.)
	
	    4. πνεύματα _____ y _____ (sing. / pl.)

25 ὕδωρ	En el número neutro las formas del nominativo y del acusativo son siempre iguales. ¿Cuál es la forma del acusativo singular de la palabra ὕδωρ, ὕδατος, n: *agua*? _____
26 *Y el Espíritu dijo a Felipe...*	Traduzca el versículo. δέ: *y, mas, pero* εἶπεν δὲ [1] τὸ πνεῦμα τῷ φιλίππῳ . . . (Hch. 8:29) _____ [1] Nótese que la conjunción δέ no encabeza la oración sino que se encuentra pospuesta a la(s) primera(s) palabra(s). De ahí su definición como **partícula pospositiva**. También son palabras pospositivas las conjunciones γαρ (X-86) y οὖν (XIII-75).
27 sujeto	En el versículo anterior τὸ πνεῦμα desempeña la función de (sujeto / CD / CI).
28 *Dios dará a vosotros el espíritu en mi nombre.*	Traduzca la oración. ὄνομα, ὀνόματος, n: *nombre* ὁ θεὸς δώσει ὑμῖν τὸ πνεῦμα ἐν τῷ ὀνόματί μου. _____
29 CD (Cp. #27)	En la oración anterior τὸ πνεῦμα desempeña la función de (sujeto / CD / CI).
30 *Y vino en el Espíritu Santo al templo.*	Traduzca el versículo καὶ ἦλθεν ἐν τῷ πνεύματι εἰς τὸν ἱερόν. (Lc. 2:27) _____ *templo.*

31 *Él os bautizará con Espíritu Santo y fuego.*	En el siguiente versículo la palabra ἐν expresa instrumentalidad. Emplee otra preposición (y no *en*) para traducirla. βαπτίζω, βαπτίσω, ἐβάπτισα: *bautizar* πῦρ, πυρός, n: *fuego* αὐτὸς ὑμᾶς βαπτίσει ἐν πνεύματι ἁγίῳ καὶ πυρί. (Lc. 3:16) _____
32 dativo	¿Cuál es el caso de πυρί en el versículo anterior? _____
33 dativo	Otras palabras de Juan el Bautista en Lc. 3:16 son: ἐγὼ μὲν **ὕδατι** βαπτίζω ὑμᾶς. *Yo a la verdad os bautizo **con agua**.* La palabra ὕδατι (*agua*, cp. #25) está en caso _____.
34 *Dios lo ungió con (el) Espíritu San-to…*	Compare ὕδατι del #33 con la expresión ἐν πνεύματι ἁγίῳ καὶ πυρί del #31. Las dos expresiones van asociadas con el verbo βαπτίζω para expresar el instrumento con el cual se efectúa la acción de bautizar. Concluimos, pues, que el instrumento puede señalarse de dos maneras: 1. Por medio de la preposición ἐν más el dativo. ἐν πνεύματι ἁγίῳ καὶ πυρί *Con (el) Espíritu Santo y fuego.* 2. Por el dativo solo, sin preposición. ὕδατι *con agua* Traduzca el versículo. χρίω, ----, ἔχρισα: *ungir* ἔχρισεν αὐτὸν ὁ θεὸς πνεύματι ἁγίῳ . . . (Hch. 10:38) _____
35 ac. sing. πατήρ	Dos palabras muy comunes en el vocabulario neotestamentario son las siguientes: πατήρ, πατρός, m: *padre* μήτηρ, μητρός, f: *madre* El tema de πατήρ es a veces πατρ- y a veces πατερ-. El tema de μήτηρ es a veces μητρ- y a veces μητερ-. Las desinencias son las ya conocidas de 3ª declinación. Practique el reconocimiento de los vocablos πατήρ y μήτηρ con cualquiera de sus dos temas respectivos. πατέρες: caso nom. pl. de πατήρ. μήτρι caso dat. sing. de μήτηρ. πατέρα caso _____ (sing. / pl.) de _____

ac. pl. μήτηρ gen. sing. πατήρ	μητέρας caso _____ (sing. / pl.) de _____ πατρός caso _____ (sing. / pl.) de _____

36 *Y clamando con gran voz Jesús dijo: «Padre, en tus manos encomiendo mi espíritu».* [Nótese el sentido de modo expresado por el dativo φωνῇ; cp. #34.]	La forma del vocativo πάτερ aparece con frecuencia en los Evangelios. Complete la traducción. μέγας, μεγάλη, μέγα: *grande* χεῖρ, -ός, f: *mano* καὶ φωνήσας φωνῇ μεγάλῃ ὁ Ἰησοῦς εἶπεν, Πάτερ[1], ___ *clamando* _____ εἰς χεῖρας σου παρατίθεμαι τὸ πνεῦμα μου. (Luc. 23:46) _____ *encomiendo* _____ [1] Caso vocativo.

37 *Y dijo el menor de ellos al padre: «Padre, dame la parte de la hacienda que me corresponde».*	Complete la traducción. καὶ εἶπεν ὁ νεώτερος αὐτῶν τῷ πατρί, Πάτερ, δός μοι _____ *menor* _____ το ἐπιβάλλον μέρος τῆς οὐσίας. (Lc. 15:12) *la parte que me corresponde de la hacienda.*

38 dativo	¿Cuál es el caso de πατρί en el versículo anterior? _____

39 πᾶς (nom. sing.) πᾶσι (dat. pl.) nom. y ac. pl. ac. sing.	Palabra muy frecuente es en el N.T. el adjetivo πᾶς *todo, cada*. En los géneros masculino y neutro se declina según la 3ª declinación. En el paradigma a continuación, para el neutro se apuntan solamente las formas que difieren de las masculinas. |	Singular		Plural	
	Masc.	Neutro	Masc.	Neutro
Nom.	πᾶς	πᾶν	πάντες	πάντα
Gen.	παντός		πάντων	
Dat.	παντί		πᾶσι(ν)	
Ac.	πάντα	πᾶν	πάντας	πάντα	 ¿Cuáles formas del masculino pierden parte del tema? _____ y _____. ¿Cuáles formas del neutro son idénticas a una forma masculina? Los casos _____ y _____ (sing. / pl.) del neutro son iguales al caso _____ (sing. / pl.) del masculino.

40	Complete la traducción. ὄνομα: V. #28

Y cayó temor sobre todos ellos y era engrandecido el nombre del Señor Jesús.	καὶ ἔπεσεν φόβος ἐπὶ πάντας αὐτούς, καὶ ἐμεγαλύνετο ＿＿ cayó temor ＿＿＿＿＿＿＿＿＿＿ era engrandecido τὸ ὄνομα τοῦ κυρίου Ἰησοῦ. (Hch. 19:17) ＿＿＿＿＿＿＿＿＿＿＿＿＿＿＿＿＿＿＿＿＿＿＿＿＿＿
41 (Trad.: *¿Sobre quiénes cayó temor?*) ἐπὶ πάντας αὐτούς	Conteste en griego la siguiente pregunta basada sobre el versículo anterior. ἐπὶ τίνας ἔπεσεν φόβος; ＿＿＿＿＿＿＿＿＿＿＿＿＿＿＿
42 *y alumbra a todos los (que están) en la casa*	El dicho acerca de la lámpara que se pone sobre el candelero termina con las palabras . . . καὶ λάμπει πᾶσιν τοῖς ἐν τῇ οἰκίᾳ (Mt. 5:15), que se traducen ＿＿＿＿＿＿＿＿＿＿＿＿＿＿＿＿＿＿＿＿＿＿＿＿＿＿＿＿＿ λάμπω: *alumbrar, dar luz* οἰκία, -ας, f: *casa*
43 τοῦ Ἰακώβου	En el capítulo IX (#75-82) se comentó el uso del concepto adjetivo que consta simplemente de unas palabras en genitivo que describen a un sustantivo. Esa locución en genitivo se coloca en la misma posición que ocuparía un adjetivo. Subraye el concepto adjetivo en cada locución. ὁ τοῦ Ἰακώβου υἱός ἡ τοῦ Ἰακώβου μήτηρ
44	Analicemos el giro πᾶσιν τοῖς ἐν τῇ οἰκίᾳ en el versículo del #42. πᾶσιν está en caso dativo, plural. El artículo τοῖς concuerda con πᾶσιν y sirve para unir a πᾶσιν una expresión descriptiva. La descripción de un sustantivo o pronombre suele hacerse mediante un adjetivo, como por ejemplo: πᾶσιν τοῖς **ἀγαθοῖς** *a todos los **buenos*** Pero también la descripción puede expresarse por medio de un concepto adjetivo formado de una preposición y un sustantivo complementario. πᾶσιν τοῖς **ἐν τῇ οἰκίᾳ** **a todos los **en la casa** En español es frecuente el concepto adjetivo formado de preposición más sustantivo: *carreta **sin bueyes** papel **para cartas*** *casa **de campo** paseo **en lancha*** Sin embargo, la presencia del artículo en el giro griego presenta cierto problema para la traducción.

	πᾶσιν **τοῖς** ἐν τῇ οἰκίᾳ *a todos **los** en la casa Es necesario traducir el artículo por una cláusula relativa, supliendo el verbo: *a todos los que están en la casa* Traduzca la siguiente locución parecida. σύν: *con* ἀναστὰς δὲ ὁ ἀρχιερεὺς καὶ πάντες οἱ σὺν αὐτῷ . . . (Hch. 5:17) *y levantándose el sumo sacerdote* ——————————————— * El asterisco señala un giro inaceptable.
y todos los que estaban con él ...	
45 *la palabra que está en vosotros*	Tanto el adjetivo como el concepto adjetivo puede colocarse o antes o después del sustantivo. En este último caso se repite el artículo. Adjetivo Concepto adjetivo ὁ **ἀγαθὸς** κύριος ὁ **τοῦ κυρίου** λόγος ὁ κύριος **ὁ ἀγαθός** ὁ λόγος **ὁ τοῦ κυρίου** El concepto adjetivo de la locución siguiente no consta simplemente de un genitivo, como en los ejemplos arriba, sino de una preposición con sustantivo complementario. Traduzca la locución ὁ ἐν ὑμῖν λόγος ————————————————————————
46 *Mas nosotros no recibimos el espíritu del mundo sino el espíritu que es (que procede) de Dios.*	Traduzca el versículo. κόσμος, -ου, m: *mundo* δέ: V. #26 ἡμεῖς δὲ οὐ τὸ πνεῦμα τοῦ κόσμου ἐλάβομεν, ———————————————————————— ἀλλὰ τὸ πνεῦμα τὸ ἐκ τοῦ θεοῦ. (1 Co. 2:12) ————————————————————————
47 *Todas las cosas...* o *Todo...*	El neutro plural πάντα suele usarse en sentido abstracto o colectivo: *todo*, o *todas las cosas*. Complete la traducción. πάντα συνεργεῖ εἰς ἀγαθόν. (Ro. 8:28) ————————————————— *coopera(n) al bien.*
48 *El Dios que hizo el mundo y todo lo que está en él...*	En el versículo siguiente el neutro plural πάντα se emplea en el mismo sentido que en el #47. Va seguido de un concepto adjetivo (cp. #44). Complete la traducción. ὁ θεὸς ὁ ποιήσας τὸν κόσμον καὶ πάντα τὰ ἐν αὐτῷ . . . (Hch. 17:24) ————————— *que hizo* ———————————————
49	El femenino del adjetivo *todo, cada* es de 1ª declinación.

	Singular Plural πᾶσα πᾶσαι πάσης πασῶν πάσῃ πάσαις πᾶσαν πάσας
α en nominativo y acusativo η en genitivo y dativo	Nótese que en el singular la desinencia se forma con la vocal α en los casos _____ y _____ , pero con η en los casos _____ y _____ .
50 *Diste a él potestad sobre toda carne…*	Complete la traducción. σάρξ, σαρκός, f: *carne* ἔδωκας αὐτῷ ἐξουσίαν πάσης σαρκός . . . (Jn. 17:2) _____ (*sobre*) _____
51 con σαρκός genitivo sing.	¿Con cuál palabra concuerda πάσης en el versículo anterior? _____ Las dos palabras están en caso _____ (sing. / pl.).
52 1. nom. pl. fem. 2. γυναῖκες	La concordancia del adjetivo con el sustantivo no quiere decir que las desinencias de los dos sean idénticas. Si el adjetivo es de 1ª declinación y el sustantivo de 3ª, como en el caso de πάσης σαρκός, sus desinencias son diferentes aunque las dos palabras sean de un mismo caso, número y género. 1) Analice primero el adjetivo. 2) Luego subraye el sustantivo con el cual concuerda. πᾶσαι 1. caso _____ (sing. / pl.), género _____ 2. (ἡμέρας / γυναῖκες / λόγοι)

53
 	
1. gen. sing.
   masc. πατρός
2. nom. pl. masc.
   ἄνθρωποι
3. nom. sing.
   masc. λόγος
	Después de analizar cada adjetivo, indique con cuál sustantivo concuerda. En caso necesario consulte los paradigmas del #39 para el adjetivo y del #1 para los sustantivos de 3ª declinación.
	
	      Caso Número Género
	
	 1. πάντος: ____ ____ ____ (λόγος / πατρός)
	
	 2. πάντες: ____ ____ ____ (ἄνθρωποι/φωναί/γυναῖκες)
	
	 3. πᾶς: ____ ____ ____ (λόγος / πατρός)

54 1. ac. sing., masc. 2. nom. o ac. pl., neutro	La forma πάντα encierra varias posibilidades de análisis. 1. caso _____ (sing. / pl.), género _____ 2. caso _____ o _____ (sing. / pl.), género _____

55 1. λόγους, πατέρας 2. ἡμέραν, γυναῖκα	Los adjetivos indicados a continuación pueden concordar con más de uno de los sustantivos entre paréntesis. Indique cuáles. 1. πάντας concuerda con (πνεύματα/ λόγους / πατέρας / γυναῖκας). 2. πᾶσαν concuerda con (ἡμέραν / ἔργον / τέκνα / γυναῖκα).
56 1, 2, 3, 6	Indique con cuáles palabras podría concordar πάντα. (Cp. #1, 21, 39, 54.) 1. πατέρα 4. ἔργον 2. ὀνόματα 5. πνεῦμα 3. λόγον 6. τέκνα
57 ac. (o nom.) sing neutro masculino	¿Por qué no concuerda πάντα con ἔργον ni con πνεῦμα (#56)? Estos dos sustantivos están en caso _____ (sing. / pl.) del género _____ . Cuando πάντα sirve para ese caso y número, es de otro género: el _____ (cp. #54). Por eso sí concuerda con los sustantivos πατέρα y λόγον y no con ἔργον ni πνεῦμα.

58
 	
      Sing.   Pl.
Nom.   ις
Gen.   ως
Dat.
Ac.   ν   ις
	Compare la declinación de πόλις *ciudad* con la de τίς (#1).
	
	Subraye las desinencias de πόλις que difieren de las de τίς.
	
	          Singular Plural
	Nom. πόλι -ς πόλε -ις
	Gen. πόλε -ως πόλε -ων
	Dat. πόλε -ι πόλε -σι
	Ac. πόλι -ν πόλε -ις
	
	Nota: El tema de πόλις es a veces πολι-, y a veces πολε-.

59
 	
δύναμις
δυνάμεως
δυνάμει
δύναμιν
   δυνάμεις
   δυνάμεων
   δυνάμεσι
   δυνάμεις
	La palabra δύναμις, δυνάμεως, f. expresa los conceptos *poder, milagro*.
	
	Como se nota en el paradigma a continuación, el tema termina a veces en ι y a veces en ε, igual que el tema de πόλις.
	
	Complete las formas con las desinencias de πόλις (#58).
	
	Nom. δύναμι_____ δυνάμε_____
	
	Gen. δυνάμε_____ δυνάμε_____
	
	Dat. δυνάμε_____ δυνάμε_____
	
	Ac. δύναμι_____ δυνάμε_____

60 La siguiente «traducción» excesivamente literal tiene como propósito hacer resaltar las construcciones grie-	Con la ayuda del siguiente vocabulario complete la traducción del trozo. ἰδού: *he aquí* ἱκανός, -ή, όν: *digno; grande* μαθητής, -οῦ, m: *discípulo* (Esta palabra masculina se declina en los demás casos como sustantivo de 1ª declinación) νεανίσκος, -ου, m: *joven, mancebo* νεκρός, -ά, -όν: *muerto* πόλις, πόλεως, f: *ciudad*

gas. Si usted traduce más libremente, basándose en una correcta interpretación del giro griego, su traducción será mucho mejor que ésta.

[Jesús] fue a una ciudad . . . y acompañaban a él los discípulos de él y mucha multitud. Se acercó a la puerta de la ciudad y he aquí llevaban a enterrar a un difunto, único hijo a la madre de él . . . y una gran multitud de la ciudad estaba con ella. Y . . . el Señor . . . dijo a ella: «No llores». Y acercándose tocó el féretro. . . y dijo: «Joven, te digo, levántate». Y se incorporó el muerto y empezó a hablar, y lo dio a la madre de él. Mas temor tomó a todos.

πύλη, -ης, f: *puerta*
σορός, -οῦ, f:[1] *féretro*
σύν: *con*
φόβος, -ου, m: *miedo, temor*

ἐπορεύθη εἰς πόλιν . . . καὶ συνεπορεύοντο αὐτῷ οἱ μαθηταὶ αὐτοῦ

[Jesús] *fue* _____ *acompañaban* _____

καὶ ὄχλος πολύς.   ἤγγισεν τῇ πύλῃ τῆς πόλεως, καὶ ἰδοὺ ἐξεκομίζετο

_____ *se acercó* _____ *llevaban a enterrar*

τεθνηκὼς μονογενὴς υἱὸς τῇ μητρὶ αὐτοῦ . . . καὶ ὄχλος τῆς πόλεως ἱκανὸς

a un difunto único _____

ἦν σὺν αὐτῇ.   καὶ . . . ὁ κύριος . . . εἶπεν αὐτῇ, Μὴ κλαῖε. καὶ

_____ *No llores.* ___

προσελθὼν ἥψατο[2] τῆς σοροῦ . . . καὶ εἶπεν, Νεανίσκε, σοὶ λέγω, ἐγέρθητι.

acercándose tocó _____ *levántate.*

καὶ ἀνεκάθισεν ὁ νεκρὸς καὶ ἤρξατο λαλεῖν, καὶ ἔδωκεν αὐτὸν

___ *se incorporó* _____ *empezó a hablar,* _____

τῇ μητρὶ αὐτοῦ. ἔλαβεν δὲ φόβος πάντας . . . (Lc. 7:11-16)

_____

[1] Nótese que esta palabra es de género femenino (lleva artículo y adjetivo femeninos) aunque se declina según la 2ª declinación.
[2] Este verbo lleva su complemento directo en genitivo

61 (*¿Dónde fue Jesús?*) εἰς πόλιν	Conteste en griego las siguientes preguntas consultando el trozo de Lc. 7 (#60). ποῦ ἦλθεν Ἰησοῦς; _____ *dónde*
62 (*¿Quiénes fueron con él?*) οἱ μαθηταὶ αὐτοῦ καὶ ὄχλος πολύς	τίνες ἦλθον σὺν αὐτῷ; _____
63 . . . τῇ πύλῃ τῆς πόλεως	Complete la oración. ἤγγισεν Ἰησοῦς _____ *Se acercó Jesús a la puerta de la ciudad.*

64 (¿Quiénes estaban con la madre del joven muerto?) ὄχλος ἱκανὸς τῆς πόλεως	τίνες ἦσαν σὺν τῇ μητρὶ τοῦ νεανίσκου τοῦ νεκροῦ; _____ _____
65 (¿Qué dijo Jesús a la madre?) Μὴ κλαῖε.	τί εἶπεν τῇ μητρὶ ὁ Ἰησοῦς; _____
66 (¿A quién dio Jesús al joven?) τῇ μητρὶ αυτοῦ	τίνι ἔδωκεν ὁ Ἰησοῦς τὸν νεανίσκον; _____
67 (¿A quiénes tomó el temor?) πάντας	τίνας ἔλαβεν ὁ φόβος; _____

68

La identificación correcta del caso de un sustantivo de 3ª declinación depende no sólo de conocer las primeras desinencias que vimos (#1, 2) sino también del reconocimiento de las variantes que se han observado en palabras como πόλις y δύναμις (entre paréntesis en la tabla a continuación).

Masculino y Femenino

	Singular	Plural
Nom.	-ς	-ες (-ις)
Gen.	-ος (-ως)	-ων
Dat.	-ι	-σι(ν)
Ac.	-α (-ν)	-ας (-ις)

Usando las desinencias principales arriba, decline la palabra γυνή *mujer* (cp. #13).

Decline también la palabra πίστις *fe*, con las desinencias distintivas de πόλις y δύναμις. Nótese que la vocal final del tema de πίστις varía entre ε/ι.

γυνή
γυναικός
γυναικί
γυναῖκα
  γυναῖκες
  γυναικῶν
  γυναιξί(ν)
  γυναῖκας

πίστις
πίστεως
πίστει
πίστιν
  πίστεις
  πίστεων
  πίστεσι(ν)
  πίστεις

Singular	Plural	Singular	Plural
γυνή	_____	πίστις	πίστε_____
γυναικ____ _____	_____	πίστε_____	πίστε_____
_____ _____	_____	πίστε_____	πίστε_____
_____	_____	πίστι_____	πίστε_____

69

Traduzca el versículo.

περιάγω: (verbo compuesto de la preposición περί *alrededor* y el verbo ἄγω *proceder*) recorrer
κώμη, -ης, f: *aldea*
συναγωγή, -ῆς, f: *sinagoga*
εὐαγγέλιον, -ου, n: *evangelio*
νόσος, -ου, m: *enfermedad*

Y Jesús recorría todas las ciudades y las aldeas enseñando en sus sinagogas y predicando el evangelio del reino y sanando toda enfermedad y toda dolencia.	καὶ περιῆγεν ὁ Ἰησοῦς τὰς πόλεις πάσας καὶ τὰς κώμας _____ διδάσκων ἐν ταῖς συναγωγαῖς αὐτῶν καὶ κηρύσσων τὸ εὐαγγέλιον *enseñando* _____ *predicando* _____ τῆς βασιλείας καὶ θεραπεύων πᾶσαν νόσον καὶ μαλακίαν. (Mt. 9:35) _____ *sanando* _____ *dolencia.*

70 presente pasado no	Analicemos el verbo περιῆγεν del versículo anterior. Podemos descontar la preposición περί y trabajar sólo con la parte verbal ἦγεν. Compare ἦγεν con la forma de tiempo presente, ἄγω. El tema de presente αγ- se cambia en ηγ- al unírsele el aumento: ε + αγ → ηγ-. ἦγεν emplea el mismo tema del tiempo _____. El aumento indica que la acción sucedió en un tiempo _____. ¿Contiene la forma ἦγεν alguna otra característica temporal? _____
71 imperfecto	El tiempo que expresa acción en el pasado, empleando el aumento y el tema del presente (sin otra característica temporal), se llama _____.
72 περι<u>ῆ</u>γεν	Subraye el aumento en la forma περιῆγεν.
73 3ª sing.	Sólo resta definir la persona y el número del verbo περιῆγεν. La desinencia -ε(ν) viene del juego de desinencias $\left(\begin{array}{cc} \text{-ον} & \text{-ομεν} \\ \text{-ες} & \text{-ετε} \\ \text{-ε(ν)} & \text{-ον} \end{array}\right)$ La desinencia -ε(ν) indica _____ pers. (sing. / pl.)
74 recorría	El tiempo imperfecto del griego corresponde a las formas terminadas en *-ía* y *-aba* del español. El verbo *recorrer* en tiempo imperfecto, 3ª per. singular, es _____.

75
 	
imperfecto
(aumento ε más tema de presente:
ἐχ- → εἰχ-)
 	
Así que, qué fruto teníais entonces?
	Traduzca la pregunta, analizando primero el tiempo del verbo.
	
	    οὖν: *así que* καρπός, -οῦ, m: *fruto, fruta*
	    τότε: *entonces*
	
	τίνα οὖν[1] καρπὸν εἴχετε τότε; (Ro. 6:21)
	
	    tiempo: _____
	
	_____
	
	[1] Es palabra pospositiva; cp. #26.

76	Volviendo al versículo del #69, analicemos también τὰς πόλεις πάσας. Tanto el artículo τὰς como el adjetivo πάσας son de 1ª declinación, pero van concertados con un sustantivo de 3ª declinación, πόλεις.

nominativo o acusativo plural	Según el cuadro del #58 la forma πόλεις podría ser o de caso _____ o de caso _____, (sing. / pl.)
77 acusativo plural acusativo plural	Para entender cómo funciona πόλεις en la oración habrá que tomar en cuenta otros factores además de su desinencia, que es ambigua. El artículo y el adjetivo ayudarán a definir el caso. Ya es de su conocimiento que el artículo τὰς corresponde al caso _____ (sing. / pl.). Consultando el paradigma del #49 se dará cuenta que πάσας también es de caso _____ (sing. / pl.).
78 acusativo CD	Concluimos, pues, que τὰς πόλεις πάσας es de caso _____, y al consultar el contexto de la oración, vemos que esta locución funciona como el _____ de la oración.
79 1. *Los poderes actúan en él.* 2. *El que hace milagros entre vosotros...*	Complete las traducciones. δύναμις, -εως, f: *poder, milagro* 1. αἱ δυνάμεις ἐνεργοῦσιν ἐν αὐτῷ. (Mt. 14:2) _____ *actúan* _____ 2. ὁ . . . ἐνεργῶν δυνάμεις ἐν[1] ὑμῖν . . . (Gá. 3:5) *(el que) hace* _____ [1] Cuando va seguido de un sustantivo (o pronombre) en plural, ἐν puede traducirse *entre*.
80 sujeto nominativo	La palabra δυνάμεις aparece en los dos versículos del #79. En Mateo 14:2 funciona como _____ de la oración, y decimos que está en caso _____.
81 C.D. acusativo	En Gá. 3:5 δυνάμεις funciona como _____. Definimos su caso como _____.
82 nominativo o acusativo pl.	Defina el caso y el número de las palabras siguientes. πολεις δυναμεις } casos _____ o _____ (sing. / pl.) πιστεις
83	Un buen número de sustantivos de 3ª declinación terminan con la sílaba -ευς, que significa algo así como «*el que dirige*». ἵππος + ευς → ἱππεύς *(caballo)* *el que dirige el caballo: caballero, jinete* βασιλεία + ευς → βασιλεύς *(reino)* *el que dirige el reino: rey*

γράμμα + ευς → γραμματεύς
(letra)   *el que dirige la letra: escriba*

ἱερόν + ευς → ἱερεύς
(templo)   *el que dirige el templo: sacerdote*

Observe la declinación de βασιλεύς.

1. El diptongo ευ aparece sólo en nominativo singular y dativo plural. En las demás formas la vocal final del tema es ε.

2. Las desinencias son iguales a las de πόλις (cp. #58) con la excepción del acusativo singular.

Nom.	βασιλεύς	βασιλεῖς
Gen.	βασιλέως	βασιλέων
Dat.	βασιλεῖ	βασιλεῦσι
Ac.	βασιλέα	βασιλεῖς

Subraye las desinencias del paradigma.

ς	ις
ως	ων
ι	σι
α	ις

Compare estas desinencias con la tabla del #68.

84

Revise su trabajo según los paradigmas de #68 y 83.

Repase las desinencias y las declinaciones de #68 y #83 practicando en una hoja aparte la declinación de las siguientes palabras:

γυνή, γυναικός *mujer*
πατήρ, πατρός (cp. #35) *padre*
χείρ, χειρός *mano*
πόλις, πόλεως *ciudad*
δύναμις, δυνάμεως *poder, milagro*
γραμματεύς, -έως *escriba*

85

genitivo sing.

γυναικός y δυνάμεως están en caso _____ (sing. / pl.)

86

1. nominativo
2. acusativo
3. dativo
4. genitivo

¿En cuál caso están las palabras en negrita?

ὁ **βασιλεὺς**[1] ἔδωκε **τὴν πόλιν**[2] **τῷ πατρὶ**[3] **τῆς γυναικός**[4].

1. _____   2. _____   3. _____   4. _____

87

El rey dio la ciudad al padre de la mujer.

Traduzca la oración anterior.

_____

88

Echaron las manos al padre para juzgarle.

(Nótese el infinitivo de propósito *para juzgarle*.)

Traduzca la oración.   ἐπιβάλλω: (verbo compuesto de la preposición ἐπί y el verbo βάλλω) *echar, poner sobre*

ἐπέβαλον[1] τὰς χεῖρας ἐπὶ τὸν πατέρα κρῖναι αὐτόν.

_____

[1] Nótese que el aumento se encuentra al comienzo del tema verbal, después de la preposición, la cual pierde su vocal final: ἐπέβαλον. Cp. #70-72.

89

Repasemos también el neutro de 3ª declinación (cp. #21) completando la declinación de σῶμα *cuerpo*.

		Singular	Plural
σῶμα			
σώματος	Nom.	σῶμα	_____
σώματι			
σῶμα	Gen.	σώματ_____	_____
σώματα			
σωμάτων	Dat.	_____	_____
σώμασι			
σώματα	Ac.	_____	_____

90

	Sing.	Pl.
Nom.	—	α
Gen.	ος	ων
Dat.	ι	σι
Ac.	—	α

Subraye las desinencias del paradigma anterior.

91

La palabra ἔθνος *nación, gentil,* termina su tema a veces en o, y a veces en ε, pero en ocasiones también pierde del todo la vocal final del tema.

Note esto en la declinación siguiente.

ἔθνος es de género neutro.

Nom.	τὸ	ἔθνο - ς		τὰ	ἔθν	- η
Gen.	τοῦ	ἔθν - ους		τῶν	ἐθν	- ῶν
Dat.	τῷ	ἔθνε - ι		τοῖς	ἔθνε	- σιν
Ac.	τὸ	ἔθνο - ς		τὰ	ἔθν	- η

Otra palabra de género neutro que sigue la pauta de ἔθνος es el sustantivo ὄρος *monte, colina.*

Termine la declinación de ὄρος junto con su artículo.

τὸ ὄρος
τοῦ ὄρους
τῷ ὄρει
τὸ ὄρος
τὰ ὄρη
τῶν ὀρέων
τοῖς ὄρεσιν
τὰ ὄρη

Nom.	τὸ	ὄρος	_____	_____
Gen.	_____	_____	_____	ὀρέων (cp. ἐθνῶν)
Dat.	_____	_____	_____	_____
Ac.	_____	_____	_____	_____

92

Traduzca las locuciones.

1. *al monte*
2. *a todas las naciones*
3. *desde el monte*
4. *al monte*
5. *de toda nación*
6. *En las montañas estaba.*
7. *de muchas naciones*
8. *a los montes*

1. εἰς τὸ ὄρος _____

2. εἰς τὰ ἔθνη πάντα _____

3. ἀπὸ τοῦ ὄρους _____

4. τῷ ὄρει _____

5. ἀπὸ παντὸς ἔθνους _____

6. ἐν τοῖς ὄρεσιν ἦν. _____

7. πολλῶν ἐθνῶν _____

8. εἰς τὰ ὄρη _____

93 *Le entregarán a los gentiles.*	Traduzca el versículo. παραδίδωμι: (verbo compuesto de la preposición παρά y el verbo δίδωμι) *entregar* παραδώσουσιν αὐτὸν τοῖς ἔθνεσιν. (Mt. 20:19) _____
94 *Pondré mi espíritu sobre él y anunciará justicia a los gentiles.*	Al relatar el ministerio de Jesús, Mateo recuerda la profecía de Isaías. ἀπαγγέλλο, ἀπαγγελῶ, ἀπήγγειλα: *anunciar* κρίσις, -εως, f: *juicio, justicia* (Mt. 12:18) θήσω[1] τὸ πνεῦμα μου ἐπ' αὐτόν, καὶ κρίσιν τοῖς ἔθνεσιν ἀπαγγελεῖ. _____ [1] Consulte XII-13 si no reconoce el tema de este verbo.

95
ὄνομα
ὀνόματος
ὀνόματι
ὄνομα
  ὀνόματα
  ὀνομάτων
  ὀνόμασι
  ὀνόματα
μέρος μέρη
μέρους μερέων
μέρει μέρεσιν
μέρος μέρη
	La declinación del género neutro de 3ª declinación se resume con los siguientes paradigmas. Complételos según lo visto en el #21 y el 91.
	(ὄνομα *nombre*; μέρος *parte*)

	Nom.	ὄνομα	ὀνόματ_____		μέρος	μέρ_____
	Gen.	ὀνόματ_____	ὀνομάτ_____		μέρ_____	μερέων
	Dat.	ὀνόματ_____	ὀνόμα_____		μέρ_____	μέρ_____
	Ac.	_____	ὀνόματ_____		_____	μέρ_____

96 *Y todo el que dejó casas o hermanos o hermanas o padre o madre o hijos o campos por causa de mi nombre...*	Traduzca el versículo. οἰκία, -ας, f: *casa* ἀγρός, -οῦ, m: *campo* ἀδελφή, -ῆς, f: *hermana* ἐμός, -ή, -όν: *mi(s)* ἤ: *o* ὄνομα, -τος, n: *nombre* καὶ πᾶς ὅστις ἀφῆκεν οἰκίας ἢ ἀδελφοὺς ἢ ἀδελφὰς ἢ πατέρα _____ *el que* _____ ἢ ματέρα ἢ τέκνα ἢ ἀγροὺς ἕνεκεν τοῦ ἐμοῦ ὀνόματος . . . (Mt. 19:29) _____ *por causa de* _____
97 aoristo indicativo 3ª sing. ἀφίημι	A modo de repaso, analice el verbo ἀφῆκεν del versículo anterior. Tiempo _____, modo _____, _____ persona (sing. / pl.) del verbo _____.
98 1. ac. pl. 2. ac. pl. 3. ac. pl.	Identifique, de acuerdo con el contexto del versículo del #96, el caso y el número de los siguientes sustantivos tomados de dicho versículo.

	Caso	Núm. (sing. / pl.)
1. οἰκίας	_____	_____
2. ἀδελφούς	_____	_____
3. ἀδελφάς	_____	_____

	Caso	Núm. (sing. / pl.)
4. πατέρα	_____	_____
5. τέκνα	_____	_____
6. ὀνόματος	_____	_____

4. ac. sing.
5. ac. pl.
6. gen. sing.

99

ὁ ἀπόστολος

(Aunque sean desconocidos los sustantivos, los artículos proveen la pista para reconocer los casos.)

¿Cuál palabra de la oración siguiente es el sujeto (caso nominativo)?

_____

ἀπήγγειλεν τὸ εὐαγγέλιον τῆς χάριτος τοῦ θεοῦ ὁ ἀπόστολος.

100

El apóstol anunció el evangelio de la gracia de Dios.

Traduzca la oración anterior.

ἀπαγγέλλω: V. #94
ἀπόστολος, -ου, m: *apóstol*
εὐαγγέλιον, -ου, n: *buenas nuevas, evangelio*
χάρις, -τος, f: *gracia*

_____

101

Cierta clase de adjetivos de 3ª declinación termina en -ης en el nominativo singular del masculino y femenino. Entre ellos se halla ἀληθής *verdadero*.

¿Con cuáles palabras concuerdan los adjetivos en negrita?

βρῶσις, -εως, f: *comida*
πόσις, -εως, f: *bebida*

ἡ γὰρ σάρξ μου **ἀληθής**[1] ἐστιν βρῶσις, καὶ τὸ αἷμά μου **ἀληθής**[2] ἐστιν πόσις.

1. βρῶσις
2. πόσις

1. concuerda con _____   2. concuerda con _____

Mi carne **102**

es verdadera comida y mi sangre es verdadera bebida.

Traduzca el versículo anterior.

_____

103

Observe las desinencias del adjetivo ἀληθής *verdadero*.
La vocal del tema varía entre η / ε. En algunos casos se pierde del todo.

	Singular		Plural	
	Masc. y Fem.	Neutro	Masc. y Fem.	Neutro
Nom.	ἀληθής	-ές	ἀληθεῖς	-ῆ
Gen.	ἀληθοῦς		ἀληθῶν	
Dat.	ἀληθεῖ		ἀληθέσιν	
Ac.	ἀληθῆ	-ές	ἀληθεῖς	-ῆ

Otro adjetivo de la misma clase de ἀληθής es ἀσθενής *débil, enfermo*.
Complete la declinación, con la misma variación vocálica (η / ε) de ἀληθής.

Masc. y Fem.	Singular		Plural	
	Masc. y Fem	Neutro	Masc. y Fem.	Neutro
ἀσθενής				
ἀσθενοῦς	ἀσθενής	ἀσθενές	_____	_____
ἀθενεῖ				
ἀσθενῆ				
ἀσθενεῖς	_____		_____	
ἀσθενῶν				
ἀσθενέσιν	_____		_____	
ἀσθενεῖς	_____	_____	_____	_____

Neutro
ἀσθενές	ἀσθενῆ
----	----
----	----
ἀσθενές	ἀσθενῆ

104

πατήρ, ἄνθρωπος

(Siendo σαρκός y ζωῆς de caso genitivo el nominativo ἀληθής no concuerda con ellos.)

Basándose en una correcta definición del caso de cada uno, indique con cuáles sustantivos concuerda el adjetivo.

ἀληθής   (σαρκός / πατήρ / ἄνθρωπος / ζωῆς)

105

πνεῦμα, ἔθνος, ἔργον

(ἀληθές = nom. o ac. sing., neutro; σάρκες = nom. pl. fem.)

¿Con cuáles sustantivos concuerda el adjetivo?

ἀληθές   (πνεῦμα / σάρκες / ἔθνος / ἔργον)

106

1. c (ac. sing. f.)
2. b (nom. pl. m.)
3. d/e (ac. sing. m.)
4. d/e (nom. o ac. sing. n.)
5. a (gen. sing. n.)

Si tiene algún error, vuelva a repasar los cuadros indicados. Luego pase al #106a.

Como paso previo al ejercicio abajo, repase bien toda la 3ª declinación.

sustantivos masculinos y femeninos — #68
sustantivos neutros — #95
adjetivos — #39, 103

Aparee con cada sustantivo un adjetivo que corresponda en caso, género y número.

_____ 1. σάρκα   a. παντὸς

_____ 2. ἄνθρωποι   b. ἀσθενεῖς

_____ 3. πατέρα   c. πᾶσαν

_____ 4. πνεῦμα   d. πρῶτον

_____ 5. ἐθνοῦς   e. ἅγιον

106a

(Si usted acertó en todo el ejercicio anterior, no tiene necesidad de hacer éste.)
Escoja para cada sustantivo el adjetivo que concuerde con él.

1. d (ac. sing. m.) 2. c (gen. sing. f.) 3. a (ac. sing. f.) 4. e (nom. o ac. sing. m.) 5. b (nom. pl. m.)	_____ 1. ἄνδρα a. ἀληθῆ _____ 2. χάριτος b. πολλοί _____ 3. πίστιν c. πάσης _____ 4. ὄνομα d. πάντα _____ 5. βασιλεῖς e. πᾶν

107

... a Esteban, hombre lleno de fe y Espíritu Santo.

Complete la traducción del versículo.

ἀνήρ, ἀνδρός, m: *hombre, varón*
πίστις, -εως, f: *fe*
πλήρης, -ες: *lleno*

ἐξελέξατɔ Στέφανον ἄνδρα πλήρη πίστεως καὶ πνεύματος ἁγίου. (Hch. 6:5)

Escogieron _____

108

1. Στέφανον - ac.
2. ἄνδρα - ac.
3. πλήρη - ac.
4. πίστεως - gen.
5. πνεύματος - gen.
6. ἁγίου - gen.

Identifique el caso de cada sustantivo y adjetivo del versículo anterior.

Caso

1. Στέφανον _____

2. ἄνδρα _____

3. πλήρη _____

4. πίστεως _____

5. πνεύματος _____

6. ἁγίου _____

109

Herodes el rey echó las manos para maltratar a algunos de los de la iglesia y mató a espada a Jacobo el hermano de Juan.

Al traducir el versículo, consulte los cuadros indicados para repasar las construcciones griegas.

ἐκκλησία, -ας, f: *iglesia*
μάχαιρα, -ης, f: *espada* (Nótese el cambio de α a η en la desinencia.)

ἐπέβαλεν Ἡρώδης ὁ βασιλεὺς τὰς χεῖρας κακῶσαί τινας τῶν ἀπὸ
   #88   #44

_____ Herodes _____ maltratar a algunos _____

τῆς ἐκκλησίας.   ἀνεῖλεν δὲ Ἰάκωβον τὸν ἀδελφὸν Ἰωάννου

_____. Mató _____

μαχαίρῃ. (Hch. 12:1,2)
 #34

_____

110

el nombre

Al leer un texto griego, el lector encuentra a menudo que los sustantivos de una declinación son calificados por adjetivos de otra declinación. Las desinencias del sustantivo y del adjetivo no son idénticas aunque señalan un mismo caso. ¿Cómo se sabe entonces cuál adjetivo va con cuál sustantivo? Por ejemplo, en la oración siguiente, ¿cuál es bueno: el padre o el nombre? _____

Porque ἀγαθόν es de caso acusativo, género masculino o neutro, concuerda con ὄνομα. No concuerda con πατήρ, de caso nominativo.	¿Por qué? _____ _____ ἔδωκε αὐτῷ ὁ πατὴρ ἀγαθὸν ὄνομα.

111 En vista de lo anterior, nos damos cuenta de que no basta estudiar cada declinación por aparte. Al lograr un dominio de la 3ª declinación, la tenemos que ver en relación con la 1ª y la 2ª, para poder relacionar acertadamente los sustantivos y sus modificantes en un texto dado.

Después de un repaso de la 1ª declinación (VIII-98) y la 2ª declinación (VII-54), pruébese con el siguiente ejercicio de concordancia.

1. ἀληθής	_____	α	πνεύματι
2. ἔσχατα	_____	β	γυναῖκα
3. πρώτην	_____	γ	πατέρας
4. νεκροῦ	_____	δ	βασιλέα
5. κακά	_____	ε	ἀνήρ
6. ἀγαθούς	_____	ζ	ἔθνη
7. ἁγίαις	_____	η	δυνάμεις
8. ἁγίῳ	_____	θ	πνεύματα
9. ἀγαθόν	_____	ι	χερσί
10. ἕτεραι	_____	κ	πατρός

8   α
3   β
6   γ
9   δ
1   ε
2, 5   ζ
10   η
2, 5   θ
7   ι
4   κ

112

RESUMEN — Vocabulario

Son muchas las palabras nuevas de esta lección, todas de uso frecuente en el N.T. Al memorizarlas, asócialas con la correspondiente pauta de declinación (#68, 95, 103). Véase el procedimiento sugerido en el apéndice VI para el aprendizaje de vocabulario.

Sustantivos de 3ª declinación
αἷμα, αἵματος: n: *sangre*
ἀνήρ, ἀνδρός, m: *varón, hombre*
βασιλεύς, -έως, m: *rey*
γυνή, γυναικός, f: *mujer*
δύναμις, -εως, f: *poder, milagro*
ἔθνος, -ους, n: *nación, gentil*
μήτηρ, μητρός, f: *madre*
ὄνομα, -τος, n: *nombre*
ὄρος, -ους, n: *monte, colina*
πατήρ, πατρός, m: *padre*
πίστις, -εως, f: *fe*
πνεῦμα, -τος, n: *espíritu, viento*

Adjetivos de 3ª declinación
ἀληθής, -ές: *verdadero*
ἀσθενής, -ές: *débil, enfermizo*
πᾶς, πᾶσα, πᾶν: *todo*

Sustantivos de 1ª o 2ª declinación
κόσμος, -ου, m: *mundo*
οἰκία, -ας, f: *casa*
φόβος, -ου, m: *temor, miedo*

πόλις, -εως, f: *ciudad* πούς, ποδός, m: *pie* πῦρ, πυρός, n: *fuego* σάρξ, σαρκός, f: *carne* ὕδωρ, ὕδατος, n: *agua* χάρις, χάριτος, f: *gracia* χείρ, χειρός, f: *mano*	Preposición σύν: *con* Conjunción δέ: *y, mas, pero* (V. #26, partícula pospositiva.)

Verbos
ἀπαγγέλλω, ἀπαγγελῶ, ἀπήγγειλα: *anunciar*
βαπτίζω, βαπτίσω, ἐβάπτισα: *bautizar*
ἐπιβάλλω, ἐπιβαλῶ, ἐπέβαλον: *echar sobre*
ἐσθίω, ----, ἔφαγον: *comer*
παραδίδωμι, παραδώσω, παρέδωκα: *entregar*

113

1. *Ved mis manos y mis pies, que soy yo . . . que un espíritu no tiene carne...* (Lc. 24:39)
2. *Daré a vosotros el poder que procede de mi padre.*
3. *El hombre del Dios verdadero bautizó a todos los gentiles (naciones) con agua en el nombre del Padre y del Hijo y del Espíritu Santo.*
4. *Los reyes echaron las manos sobre todos los que estaban en la ciudad.*
5. *El Espíritu entrega a los hombres todas las cosas.*

EXAMEN DE REPASO

Traduzca las oraciones para probar su dominio de todo el material del capítulo.

1. ἴδετε τὰς χεῖράς μου καὶ τοὺς πόδας μου ὅτι ἐγώ εἰμι . . . ὅτι πνεῦμα
   Ved
   σάρκα οὐκ ἔχει.

2. δώσω ἱμῖν τὴν δύναμιν τὴν ἀπὸ τοῦ πατρός μου.

3. ὁ ἀνήρ τοῦ θεοῦ τοῦ ἀληθοῦς ἐβάπτισε πάντα τὰ ἔθνη ὕδατι εἰς τὸ ὄνομα τοῦ πατρὸς καὶ τοῦ υἱοῦ καὶ τοῦ ἁγίου πνεύματος.

4. ἐπέβαλον οἱ βασιλεῖς τὰς χεῖρας ἐπὶ πᾶσιν τοῖς ἐν τῇ πόλει.

5. τὸ πνεῦμα παραδίδωσι τοῖς ἀνδράσι πάντα.

114

Si tuvo algún error en el examen, revise los cuadros correspondientes indicados en la clave a continuación.

	Declinación	Sintaxis
1. τὰς χεῖρας . . . τοὺς πόδας . . . σάρκα	#68	
πνεῦμα	#95	
2. τὴν δύναμιν	#68	
τὴν ἀπὸ τοῦ πατρός	#68	#44s
3. ἀληθοῦς	#103	
πάντα τὰ ἔθνη	#39, 91	
ὕδατι	#68	#34
τὸ ὄνομα	#95	
τοῦ πατρὸς . . . πνεύματος	#68, 95	

		Declinación	Sintaxis
4.	οἱ βασιλεῖς, τὰς χείρας	#68	
	πᾶσιν	#39	
	τοῖς ἐν τῇ πόλει	#68	#44s
5.	πάντα	#39, 47	
	τοῖς ἀνδράσι	#68	
	τὸ πνεῦμα	#95	

Vuelva ahora a las oraciones del examen y traduzca de nuevo la(s) que le causó (causaron) dificultad.

1. _____

_____

2. _____

3. _____

_____

4. _____

5. _____

Revise su traducción según las respuestas del #113.

115

PRUEBA

Traduzca las oraciones.

1. ἔχετε πίστιν ἐν τῷ αὐτοῦ αἵματι.

2. παρέδωκαν τὸν βασιλέα εἰς χείρας τῶν ἄνδρων τῶν ἐν τῇ πόλει.

3. ἐβάπτισε πάντα τὰ ἔθνη πνεύματι ἁγίῳ καὶ δυνάμει.

4. ὁ φόβος τοῦ θεοῦ τοῦ ἀληθοῦς ἔλαβε πᾶσαν τὴν σάρκα.

5. ἀπαγγελοῦμεν πᾶσιν τοῖς ἀνδράσιν τὸν λόγον τῆς χάριτος καὶ πίστεως.

6. οἱ βασιλεῖς τοῦ κόσμου δώσουσι τοῖς δούλοις αὐτῶν πάντα.

La traducción se encuentra en el apéndice V-13.

CAPÍTULO XIV

Al terminar este capítulo usted podrá traducir oraciones con verbo en voz pasiva, en cuatro tiempos y en tres modos. Reconocerá la parte fundamental que corresponde al aoristo de voz pasiva, en todos los verbos de su vocabulario. Traducirá 18 palabras nuevas.

1
 	
El pecado es perdonado por Dios.
	En la oración **a.** definimos como sujeto a la palabra *hombre*; es el agente de la acción. En contraste, la palabra *siervo* es el paciente; recibe la acción; se define como el complemento directo.
	
	    a. **El *hombre* bautiza al siervo.**
	      Sujeto CD
	     (agente) (paciente)
	
	La misma información de la oración **a.** puede comunicarse por medio de otra construcción gramatical diferente.
	
	    b. **El *siervo* es bautizado por el hombre.**
	     Sujeto Complemento
	   (paciente) agente
	
	Observe que en la oración **b.** el complemento directo *siervo* se ha convertido en sujeto, y el sujeto *hombre* se ha transformado en un complemento agente. El verbo, en consecuencia, también ha sufrido un cambio. Al decir *es bautizado*, en vez de *bautiza*, comunicamos el hecho de que el sujeto *siervo* recibe la acción. *Siervo* es sujeto paciente.
	
	Transforme la oración **c.** de tal forma que el complemento directo se convierta en sujeto paciente.
	
	  c. *Dios perdona el pecado.* d. *El pecado* _____
	      Complemento Sujeto
	       directo (paciente)

2 (en sus propias palabras) Lo cambié por la frase verbal *es perdonado*, para dar a entender que el sujeto no es agente sino paciente.	Al hacer la transformación pedida arriba, ¿qué hizo usted con el verbo *perdona*? _____ _____ _____
3 1. activa 2. pasiva 3. pasiva 4. activa	Formas verbales como *bautiza* y *perdona*, que expresan la acción de un sujeto agente, son de voz activa. Frases verbales como *es bautizado* y *es perdonado* indican que el sujeto es paciente. Son verbos de voz pasiva. Indique cuáles de los siguientes verbos son de voz activa y cuáles de voz pasiva. 1. *da* 2. *es visto* 3. *es oído* 4. *escribe*

4	En español la conjugación pasiva se hace con el participio combinado con el verbo auxiliar *ser*.

es bautizado   *es perdonado*

aux. ⌐ ⌐ participio   aux. ⌐ ⌐ participio

El verbo griego expresa la voz pasiva de una manera distinta: por medio de desinencias especiales que se agregan al tema verbal.

    es bautizado: βαπτίζε**ται**
                   desinencia de voz pasiva

    es perdonado: ἀφίε**ται**
                   desinencia de voz pasiva

    Escriba en griego *es visto*: βλέπ _____
                                     desinencia de voz pasiva

βλέπεται

5	El idioma griego emplea la construcción pasiva mucho más frecuentemente que el español, que prefiere la voz activa. Se necesita, por consiguiente, dar una atención especial al verbo griego de voz pasiva para entenderlo como tal. A este nivel del aprendizaje traducimos con voz pasiva en español el verbo griego pasivo precisamente para practicar ese reconocimiento. Pero al mismo tiempo nos damos cuenta que muchas veces suena pesada una traducción muy literal. Para lograr un estilo más castizo el traductor debe cambiar la voz pasiva por otro giro en voz activa cuando sea necesario.

Aunque la mayoría de las versiones traducen literalmente el siguiente versículo, una traducción orientada hacia la comunicación popular convierte la voz pasiva en activa.

εἰ δέ τις ἀγαπᾷ τὸν θεόν, οὗτος **ἔγνωσται** ὑπ' αὐτοῦ. (1 Co. 8:3)

Trad. literal: *Mas si alguien ama a Dios, éste **es conocido** por él.*

Trad. popular: *Si alguien ama a Dios, Dios lo **conoce** a él.*

Literal:
¿Por qué es acusado por los judíos?

Con voz activa:
¿Por qué lo acusan los judíos?

Traduzca el versículo literalmente primero. Luego cambie la traducción a voz activa.

κατηγορέω: *acusar*   ὑπό: (seguido del gen.) *por*

τί κατηγορεῖται¹ ὑπο τῶν Ἰουδαίων . . . (Hch. 22:30)

Compare, cuando tenga oportunidad, la traducción de este versículo en varias versiones diferentes.

Literal: _____

Con voz activa: _____

¹ La vocal difiere de la que se ha visto en esta posición.

6	Traduzca literalmente la oración, usando la voz pasiva en español.

ὑπό: (seguido del genitivo) *por*

ὁ ἀδελφὸς βαπτίζεται ὑπὸ τοῦ ἀνθρώπου.

_____

El hermano es bautizado por el hombre.

7	Conjugación en voz pasiva, tiempo presente.

βαπτίζομαι	βαπτιζόμεθα
βαπτίζῃ	βαπτίζεσθε
βαπτίζεται	βαπτίζονται

-ομαι -ομεθα -η -εσθε -εται -ονται	Apunte las desinencias de voz pasiva (todo lo que sigue al tema βαπτιζ-) _____ _____ _____ _____ _____ _____
8 *Nosotros somos bautizados por el hombre de Dios.*	Traduzca la oración. ὑπό: V. #6 ἡμεῖς βαπτιζόμεθα ὑπὸ τοῦ ἀνθρώπου τοῦ θεοῦ. _____

9
 	
βλέπῃ
ἀκούονται
διδάσκεσθε
	Tomando las desinencias del #7, complete los verbos griegos.
	
	1. βλέπ_____ ὑπὸ τῶν ἀνθρώπων.
	   Eres visto por los hombres.
	
	2. αἱ φωναὶ ἀκού_____ ὑπὸ αὐτῶν.
	   Las voces son oídas por ellos.
	
	3. διδάσκ_____ ὑπὸ τοῦ θεοῦ.
	   Sois enseñados por Dios.

10 *Los hijos son ense-ñados por el padre.*	Traduzca la oración. διδάσκω, διδάξω, ἐδίδαξα: *enseñar* οἱ υἱοὶ διδάσκονται ὑπὸ τοῦ πατρός. _____

διδάσκομαι **11**
διδάσκῃ
διδάσκεται
  διδασκόμεθα
  διδάσκεσθε
  διδάσκονται
	Conjugue el verbo διδάσκω en voz pasiva.
	
	διδάσκ_____ διδασκ_____
	
	διδάσκ_____ διδάσκ_____
	
	διδάσκ_____ διδάσκ_____

soy enseñado **12**
eres enseñado
es enseñado
  somos enseñados
  sois enseñados
  son enseñados
	Traduzca la conjugación pasiva del #11.
	
	_____ _____
	
	_____ _____
	
	_____ _____

13 1. activa *dicen* 2. activa *cree* 3. pasiva *son es-critos*	Algunos de los verbos de la lista siguiente son de voz activa, otros de voz pasiva. La distinción está en la desinencia. Recuerde que en español la voz pasiva se construye con el auxiliar *ser*. Voz Traducción 1. λέγουσι _____ _____ 2. πιστεύει _____ _____ 3. γράφονται _____ _____

		Voz	Traducción
4. activa *enseñas*	4. διδάσκεις	_____	_____
5. pasiva *sois escuchados*	5. ἀκούεσθε	_____	_____
6. pasiva *somos vistos*	6. βλεπόμεθα	_____	_____

14
 	
Estudie los cuadros indicados.
	Si falló en alguna de las traducciones del #13, analice qué clase de error cometió. Señale la(s) descripción(es) que corresponde(n) a sus fallas en el #13.
	
	Vocabulario: no pudo recordar el significado del vocablo.
	     Repase los verbos del vocabulario, apéndice VI.
	
	Voz en el verbo griego: no reconoció una forma como de voz pasiva.
	     Repase las desinencias pasivas del #7.
	
	Voz en el verbo español: no llegó a traducir correctamente la forma pasiva que sí reconoció como tal.
	     Repase la conjugación pasiva con el auxiliar *ser* en el #12.

15 *(Los) leprosos son limpiados (=sanados) y (los) sordos oyen y (los) muertos son resucitados y (los) pobres son evangelizados.*	Traduzca el versículo. λεπρός, -ά, όν: *leproso* κωφός, -ά, -όν: *sordo* καθαρίζω, καθαριῶ, ἐκαθάρισα: *limpiar, purificar* νεκρός, -ά, -όν: *muerto* πτωχός, -ή, -όν: *pobre* εὐαγγελίζω, ----, εὐηγγέλισα: *evangelizar* . . . λεπροὶ καθαρίθονται καὶ κωφοὶ ἀκούουσιν καὶ νεκροὶ ἐγείρονται καὶ πτωχοὶ εὐαγγελίζονται. (Mt. 11:5) _____ _____

16
 	
1. διδάσκεται
2. διώκονται
3. βαπτίζω
  βαπτίζομαι
4. βλέπομεν
  βλεπόμεθα
5. ἀκούετε
  ἀκούεσθε
6. διώκεις
  διώκῃ
	Supla las terminaciones que faltan.
	
	Voz *activa* Voz *pasiva*
	
	1. διδάσκει διδάσκ_____
	   enseña *es enseñado*
	
	2. διώκουσι διώκ_____
	   persiguen *son perseguidos*
	
	3. βαπτίζ_____ βαπτίζ_____
	   bautizo *soy bautizado*
	
	4. βλέπ_____ βλεπ_____
	   vemos *somos vistos*
	
	5. ἀκού_____ ἀκού_____
	   escucháis *sois escuchados*
	
	6. διώκ_____ διώκ_____
	   persigues *eres perseguido*

17
 	
1. ἀκούομαι
2. διώκεσθε
3. διδασκόμεθα
	Cambie los siguientes verbos a voz pasiva.
	
	    1. ἀκούω _____
	       oigo *soy oído*
	
	    2. διώκετε _____
	       perseguís *sois perseguidos*
	
	    3. διδάσκομεν _____
	       enseñamos *somos enseñados*

18
 	
ὁ δοῦλος διδάσ-κεται ὑπὸ τοῦ κυρίου.
	Transforme en voz pasiva la siguiente oración.
	
	    ὁ κύριος διδάσκει τὸν δοῦλον.
	    El señor enseña al siervo.
	
	    _____ δοῦλ_____ διδάσκ_____ ὑπὸ τ_____ κυρί_____.[1]
	    El *siervo* *es enseñado* *por[1] el* *señor.*
	
	[1] V. #6.

19
 	
ὁ πατὴρ βαπτίζε-ται ὑπὸ τοῦ ἀν-δρὸς τοῦ θεοῦ.
	Transforme en voz pasiva.
	
	    ὁ ἀνὴρ τοῦ θεοῦ βαπτίζει τὸν πατέρα.
	    El varón de Dios bautiza al padre.
	
	    _____ πατὴρ _____ ἀνδρὸς τοῦ θεοῦ.
	    El *padre* *es bautizado por[1] el* *varón de Dios.*
	
	[1] V. #6.

20
 	
οἱ νόμοι γράφον-ται ὑπὸ τῶν ἀν-δρῶν.
	Transforme en voz pasiva.
	
	    οἱ ἄνδρες γράφουσι νόμους.
	    Los hombres escriben leyes.
	
	    _____
	
	    Las leyes son escritas por los hombres.

21 genitivo	En las oraciones de voz pasiva anteriores el complemento agente (*por el señor, por el varón, por los hombres*) se halla expresado con la locución ὑπό más el sustantivo en caso _____.

22
 	
ὑπὸ αὐτοῦ
	Supla el complemento agente en la oración griega.
	
	    ὁ ἄνθρωπος γινώσκεται _____.
	    El hombre es conocido por él.

23	En la siguiente oración aparece el infinitivo de voz pasiva.
	
	    οἱ ἄνδρες θέλουσι **βαπτίζεσθαι**.
	    *Los varones desean **ser bautizados**.*
	
	El infinitivo se forma con el tema verbal más la desinencia de infinitivo de voz pasiva -εσθαι.

βλέπεσθαι διώκεσθαι διδάσκεσθαι γράφεσθαι	Forme los infinitivos. ser visto(s) βλέπ_____ ser perseguido(s) διώκ_____ ser enseñados διδάσκ_____ ser escrito(s) γράφ_____

24 *Jesús vino al Jordán para ser bautizado por Juan.*	Traduzca la oración. ἦλθεν ὁ Ἰησοῦς εἰς τὸν Ἰορδάνην βαπτίζεσθαι ὑπὸ τοῦ Ἰωάννου. _____

25 Tema: βλεπ- -ομαι -ομεθα -η -εσθε -εται -ονται *soy visto* *eres visto* *es visto* 　*somos vistos* 　*sois vistos* 　*son vistos* -εσθαι	RESUMEN Repasemos la formación de la voz pasiva en tiempo presente del indicativo. βλέπομαι βλεπόμεθα βλέπη βλέπεσθε βλέπεται βλέπονται Subraye el tema del verbo en cada una de las formas anotadas arriba. Apunte las desinencias de la voz pasiva. _____ _____ _____ _____ _____ _____ Traduzca la conjugación de *ver* arriba. _____ _____ _____ _____ _____ _____ El infinitivo de voz pasiva en presente es βλέπεσθαι, formado del tema verbal más la desinencia _____.

26 1. pasiva *es perseguido* 2. activa *perseguir* 3. activa *perseguimos* 4. pasiva *ser perseguido* 5. pasiva *son perseguidos*	Después de identificar la voz del verbo, escriba también su traducción. 　　　　　　　　Voz　　　　　Traducción 1. διώκεται _____ _____ 2. διώκειν _____ _____ 3. διώκομεν _____ _____ 4. διώκεσθαι _____ _____ 5. διώκονται _____ _____

27	Para señalar la voz pasiva en el tiempo imperfecto, contamos con un juego de desinencias distintas a las del presente.

El verbo de tiempo imperfecto tanto en voz activa como en voz pasiva, consta de tres elementos: 1) aumento, 2) tema verbal del presente, 3) desinencias.

Imperfecto, voz pasiva

era perseguido	ἐδιωκόμην	ἐδωκόμεθα	éramos perseguidos
eras perseguido	ἐδιώκου	ἐδιώκεσθε	erais perseguidos
era perseguido	ἐδιώκετο	ἐδιώκοντο	eran perseguidos

Las desinencias de voz pasiva en el imperfecto son:

_____ _____

_____ _____

_____ _____ |

| **-όμην   -όμεθα**
-ου   -εσθε
-ετο   -οντο | |

28

Presente
-ομαι   -ομεθα
-η   -εσθε
-εται   -ονται

Imperfecto
-όμην   -ομεθα
-ου   -εσθε
-ετο   -οντο

La desinencia de 1ª pers. pl. es igual en los dos tiempos. También la de 2ª pers. pl. | Escriba los dos juegos de desinencias de voz pasiva, #25 y #27.

Desinencias del presente   Desinencias del imperfecto

_____ _____   _____ _____

_____ _____   _____ _____

_____ _____   _____ _____

¿Hay algunas desinencias iguales en los dos juegos? _____ Señálelas. |

29

1. imperfecto
   erais persegui-dos
2. presente *sois perseguidos* | Identifique el tiempo y traduzca los verbos.

            Tiempo   Traducción

1. ἐδιώκεσθε   _____   _____

2. διώκεσθε   _____   _____ |

30

1. ἐβαπτίζετο
2. ἐγράφοντο
3. ἐδιδασκόμην | Cambie a tiempo imperfecto

1. βαπτίζεται   _____
   es bautizado   *era bautizado (él)*

2. γράφονται   _____
   son escritos   *eran escritos*

3. διδάσκομαι   _____
   soy enseñado   *era enseñado (yo)* |

31 ἡ δύναμις τοῦ πατρὸς ἐβλέπετο ὑπὸ τῶν βασιλέων.	Cambie la oración a voz pasiva. (Este ejercicio repasa también la 3ª declinación; consulte el capítulo XIII-68, 95 en caso necesario.) ἔβλεπον οἱ βασιλεῖς τοῦ κόσμου τὴν δύναμιν τοῦ πατρός. *Los reyes del mundo veían el poder del padre.* ___ δύναμ___ τοῦ πατρὸς ἐβλέπ_____ ὑπὸ τ___ βασιλέ_____ τοῦ κόσμου. *El poder del padre era visto por los reyes del mundo.*
32 *El hombre bautizaba a la mujer en nombre del espíritu.*	Traduzca la oración. ἐβάπτιζε ὁ ἀνὴρ τὴν γυναῖκα ἐν ὀνόματι πνεύματος. _____
33 ἡ γυνὺ ἐβαπτίζετο ὑπὸ τοῦ ἀνδρὸς ἐν ὀνόματι πνεύματος. *La mujer era bautizada por el hombre en nombre del espíritu.*	Cambie a voz pasiva la oración anterior. griego: _____ traducción: _____
34 1. presente, activa, *oye* 2. presente, pasiva, *ser oído* 3. imperfecto, pasiva, *era oído* 4. imperfecto, activa, *oía* 5. presente, pasiva, *es oído*	Traduzca los verbos analizando primero su tiempo y voz. |	Tiempo	Voz	Traducción
---	---	---	---
1. ἀκούει	_____	_____	_____
2. ἀκούεσθαι	_____	_____	_____
3. ἠκούετο	_____	_____	_____
4. ἤκουε	_____	_____	_____
5. ἀκούεται	_____	_____	_____	

35
 	
fuiste bautizado
fue bautizado
  fuimos bautizados
  fuisteis bautizados
  fueron bautizados
	El verbo de la oración siguiente es de voz pasiva, tiempo **aoristo**.
	
	ἐβαπτίσθην ὑπὸ τοῦ ἀνδρὸς τοῦ θεοῦ.
	Fui bautizado por el varón de Dios.
	
	Compare en tiempo aristo la voz activa y la pasiva.
	
	ἐβάπτισα ἐβαπτίσθην
	bauticé *fui bautizado*
	
	El aoristo 1º en voz activa se caracteriza por la sílaba -σα-.
	En voz pasiva la sílaba característica del aoristo 1º es más bien -θη-.
	
	Traduzca βαπτίζω en aoristo pasiva.
	
	| *fui bautizado*
		ἐβαπτίσθην	ἐβαπτίσθημεν	_____

---	---	---	---
_____	ἐβαπτίσθης	ἐβαπτίσθητε	_____
_____	ἐβαπτίσθη	ἐβαπτίσθησαν	_____	

sí	**36**	¿Tiene aumento el aoristo de voz pasiva? _____

ἐπιστεύθης *fuiste creído* ἐπιστεύθη *fue creído* ἐπιστεύθημεν *fuimos creídos* ἐπιστεύθητε *fuisteis creídos* ἐπιστεύθησαν *fueron creídos*	**37** La voz pasiva de aoristo se forma así: ἐ + πιστευ + $\begin{pmatrix} \text{-θην} & \text{-θημεν} \\ \text{-θης} & \text{-θητε} \\ \text{-θη} & \text{-θησαν} \end{pmatrix}$ aumento tema desinencias de aor. pasiva Complete la conjugación y traducción del verbo πιστεύω.

Traducción	Singular	Plural	Traducción
fui creído	ἐπιστεύθην	_____	_____
_____	ἐπιστεύ_____	_____	_____
_____	_____	_____	_____

	38 En el verbo πιστεύω las desinencias del aoristo pasivo se agregan sin ningún problema: ἐ + πιστεύ + θην → ἐπιστεύθην En cambio el verbo cuyo tema termina en consonante sufre ciertas alteraciones al juntársele las desinencias que comienzan con la consonante θ: ἐ + βαπτιζ + θην → ἐβαπτίσθην Los cambios fonológicos ilustrados en la tabla a continuación se observan en los verbos cuyo tema termina en consonante.

Consonante terminal del tema	Consonante del aor. pas.	Nueva combinación	Ilustración	
1. π, β, φ, ππ	+ θ →	φθ	(πέμπω)	ἐπέμφθην
2. κ, γ, χ, σσ	+ θ →	χθ	(διώκω)	ἐδιώχθην
3. δ, θ, ζ	+ θ →	σθ	(βαπτίζω)	ἐβαπτίσθην

Siguiendo la tabla arriba, forme el aoristo de voz pasiva.

ἄγω	ἤ_____
conducir, ir	*fui conducido*
καλύπτω	ἐκαλύ_____
cubrir	*fui cubierto*

(columna izquierda inferior)
ἤχθην
ἐκαλύφθην

	39 No todos los verbos siguen el nítido esquema fonológico del #38. Muchos verbos se adaptan de manera irregular a las desinencias que comienzan con θ. Debido a que esta irregularidad no se puede predecir, la forma del aoristo en voz pasiva constituye una de las partes fundamentales del verbo, las cuales hay que aprender de memoria. Observe las diferentes formas que asume el aoristo pasivo en la siguiente lista de partes fundamentales de varios verbos.

Presente	Futuro	Aoristo activo	Aoristo pasivo
ἀκούω	ἀκούσω	ἤκουσα	ἠκούσθην
λαμβάνω	----	ἔλαβον	ἐλήμφθην
βάλλω	βαλῶ	ἔβαλον	ἐβλήθην

Estudie las partes fundamentales de estos tres verbos y luego escríbalas sin mirar la lista arriba.

Presente	Futuro	Aoristo activo	Aoristo pasivo
ἀκούω	_____	_____	_____
βάλλω	_____	_____	_____
λαμβάνω	----	_____	_____

Revíselas con la lista arriba.

40

ἐλήμφθην
ἐλήμφθης
ἐλήμφθη
  ἐλήμφθημεν
  ἐλήμφθητε
  ἐλήμφθησαν

Por supuesto la conjugación en aoristo, voz pasiva, de todos estos verbos se hace con las mismas desinencias que vimos en el #37.

Conjugue el verbo λαμβάνω en aoristo, voz pasiva.

fui tomado	ἐλήμφθην	_____	*fuimos tomados*
fuiste tomado	_____	_____	*fuisteis tomados*
fue tomado	_____	_____	*fueron tomados*

41

No tienen la letra θ del signo de pasiva -θη-.

Otros verbos, y aquí tampoco se puede predecir cuáles, forman su voz pasiva de aoristo por suprimir la consonante θ, en vez de acomodarse a ella en una de las maneras indicadas arriba (#38). A esta forma de aoristo pasivo sin θ se le llama aoristo pasivo 2º. El aoristo 2º de voz pasiva no tiene ninguna conexión con el aoristo 2º de voz activa. En voz pasiva el término aoristo 2º significa simplemente que la conjugación se hace sin θ. Por tanto preferimos darle el nombre de aoristo pasivo sin θ.

Aoristo pasivo sin θ

γράφω: ἐγράφην   ἀπαγγέλλω: ἀπηγγέλην

¿Cómo difieren las formas ἐγράφην y ἀπηγγέλην de otras del aoristo pasivo?

_____

42

ἀπηγγέλης
fuiste anunciado
ἀπηγγέλη
fue anunciado
  ἀπηγγέλημεν
  fuimos anunciados
  ἀπηγγέλητε
  fuisteis anunciados
  ἀπηγγέλησαν
  fueron anunciados

Los verbos que forman su aoristo pasivo sin θ se conjugan de manera similar a los otros, excepto que omiten la θ.

Complete la conjugación y tradúzcala.

Traducción	Singular	Plural	Traducción
fui anunciado	ἀπηγγέλην	_____	_____
_____	ἀπηγγέλης	_____	_____
_____	_____	_____	_____

43

El aoristo pasivo de los verbos en -μι es regular, y se construye sobre el tema breve del aoristo.

				Aoristo pasivo	Traducción
	dar:	δίδωμι	ἐδόθην	_____
	perdonar:	ἀφίημι	ἀφέθην	_____
fui dado *fui perdonado* *fui puesto* *fui colocado*	*poner:*	τίθημι	ἐτέθην	_____
	colocar:	ἵστημι	ἐστάθην	_____

Traduzca las formas de aoristo pasivo.

44

En el N.T. a menudo aparece un verbo en voz pasiva sin ningún complemento agente especificado en la oración. En estos casos se sobreentiende por el contexto que Dios es quien ejecuta la acción. Este empleo de la voz pasiva sin agente se origina en la costumbre judía de no pronunciar el nombre divino, sino expresar las acciones de Dios por medio de verbos en voz pasiva.

Complete la traducción del versículo. ἐξουσία, -ας, f: *autoridad, poder*

ὁ Ἰησοῦς ἐλάλησεν αὐτοῖς λέγων· Ἐδόθη μοι πᾶσα ἐξουσία

_____ *habló* _____ *diciendo:* _____

ἐν οὐρανῷ καὶ ἐπὶ γῆς. (Mt. 28:18)

Jesús habló a ellos diciendo: «Toda autoridad fue dada a mí en (el) cielo y en (la) tierra».

_____

45

Se ha dicho (#39) que la forma del aoristo pasivo es una de las partes fundamentales del verbo, y preciso es decir también que técnicamente se conoce como la 6ª parte fundamental. Puesto que no se han presentado la 4ª y 5ª partes fundamentales, que pertenecen al tiempo perfecto, apuntamos en la lista a continuación la parte fundamental del aoristo pasivo inmediatamente después de la 3ª parte fundamental.

Estudie los verbos de la lista a continuación, hasta memorizar todas las partes fundamentales de cada uno.

Si usted no ha desarrollado todavía una metodología propia para aprender de memoria, las siguientes sugerencias pueden aportarle alguna orientación para la tarea.

1. Lea en voz alta todas las partes fundamentales de cada verbo, pensando en el significado del verbo. Procure asociar con cada vocablo algún derivado en español.

2. Repase mentalmente la pauta básica para la formación de cada parte fundamental.
   El futuro se forma del tema de presente más -σ-.
   El aoristo 1º lleva aumento al principio y -σα al final.
   El aoristo 2º lleva aumento pero termina en -ov.
       —El tema es distinto al del presente.
   El aoristo pasivo lleva aumento al principio y -(θ)ην al final.
       —Puede haber cambios en las últimas consonantes del tema.
       —En algunos verbos la θ de la desinencia se omite.

3. Recuerde que ciertos verbos manifiestan «idiosincrasias» comunes.

Verbos cuyo tema termina en consonante líquida o nasal (λ, ϱ, μ, ν):

—No emplean la -σ- ni en futuro ni en aoristo.

—Pueden presentar cambios en el tema de un tiempo a otro.

Verbos en -μι:

—El tema es largo en presente, corto en las otras partes fundamentales.

—El aoristo emplea por lo general -κα en vez de -σα.

4. Lea de nuevo toda la lista pensando tanto en la formación como en el significado de cada parte fundamental.

5. Oculte la traducción española, y procure decir todas las acepciones de cada verbo.

6. Oculte las partes fundamentales de cada verbo y procure escribirlas.

7. Corrija su lista y vuelva a estudiar los verbos que todavía no domina perfectamente.

8. Repita los pasos 6 y 7 hasta que domine todas las partes fundamentales de todos los verbos.

Las formas entre paréntesis no se han estudiado todavía.

Presente	Futuro	Aor. act.	Aor. pas.	
ἀκούω	ἀκούσω	ἤκουσα	ἠκούσθην	*oír, escuchar*
ἀπαγγέλλω	ἀπαγγελῶ	ἀπήγγειλα	ἀπηγγέλην	*anunciar, informar*
ἀφίημι	ἀφήσω	ἀφῆκα	ἀφέθην	*perdonar; permitir, dejar*
βάλλω	βαλῶ	ἔβαλον	ἐβλήθην	*echar, tirar*
βαπτίζω	βαπτίσω	ἐβάπτισα	ἐβαπτίσθην	*bautizar*
βλέπω	βλέψω	ἔβλεψα	----	*ver*
γινώσκω	(γνώσομαι)	(ἔγνων)	ἐγνώσθην	*conocer, saber*
γράφω	----	ἔγραψα	ἐγράφην	*escribir*
δίδωμι	δώσω	ἔδωκα	ἐδόθην	*dar*
δουλεύω	δουλεύσω	ἐδούλευσα	----	*servir (como siervo, esclavo)*
ἐγείρω	ἐγερῶ	ἤγειρα	ἠγέρθην	*levantar*
εἰμί	ἔσομαι	----	----	*ser, estar*
ἐπιβάλλω	ἐπιβαλῶ	ἐπέβαλον	----	*echar encima*
(ἔρχομαι)	(ἐλεύσομαι)	ἦλθον	----	*venir, ir*
ἐσθίω	(φάγομαι)	ἔφαγον	----	*comer*
ἔχω	ἕξω	ἔσχον	----	*tener*
ἵστημι	στήσω	ἔστησα y ἔστην	ἐστάθην	*(transitivo) colocar, poner, establecer; (intransitivo) ponerse, pararse*
θέλω	θελήσω	ἠθέλησα	----	*desear, querer*
κρίνω	κρινῶ	ἔκρινα	ἐκρίθην	*juzgar, enjuiciar*
λαμβάνω	(λήμψομαι)	ἔλαβον	ἐλήμφθην	*tomar; recibir, obtener*
λέγω	ἐρῶ	εἶπον	ἐρρέθην	*decir, hablar*

μένω	μενῶ	ἔμεινα	----	*permanecer, quedar; vivir*
παραδίδωμι	παραδώσω	παρέδωκα	παρεδόθην	*entregar, traicionar*
πιστεύω	πιστεύσω	ἐπίστευσα	ἐπιστεύθην	*creer*
τίθημι	θήσω	ἔθηκα	ἐτέθην	*poner*

46

2. aoristo, pasiva
παραδίδωμι
entregar

3. futuro, activa
λέγω *decir*

4. aoristo, activa
ἵστημι *colocar*

5. aoristo, activa
λαμβάνω *tomar*

6. futuro, activa
τίθημι *poner*

7. aoristo, activa
κρίνω *juzgar*

8. aoristo, pasiva
ἐγείρω *levantar*

Sin consultar la lista anterior, identifique el tiempo, la voz, la primera parte fundamental y la acepción de cada verbo.

	Tiempo	Voz	Verbo	Acepción
1. ἐγράφην	aoristo	pasiva	γράφω	*escribir*
2. παρεδόθη	_____	_____	_____	_____
3. ἐρῶ	_____	_____	_____	_____
4. ἔστησα	_____	_____	_____	_____
5. ἔλαβον	_____	_____	_____	_____
6. θήσω	_____	_____	_____	_____
7. ἔκρινα	_____	_____	_____	_____
8. ἠγέρθη	_____	_____	_____	_____

47

Vimos en el capítulo XI que el verbo griego expresa el infinitivo en dos tiempos gramaticales distintos, y enfoca así dos aspectos diferentes de la acción.

Aspecto de continuidad, duración: infinitivo de tiempo presente
Aspecto completo, acabado: infinitivo de tiempo aoristo

En voz activa los infinitivos son:

Presente	Aoristo 1º	Aoristo 2º
πιστεύειν	πιστῦσαι	
creer	*creer*	
λαμβάνειν		λαβεῖν
tomar, recibir		*tomar, recibir*

Se ha visto también un infinitivo de voz pasiva (#23)

Presente, voz pasiva
πιστεύεσθαι
ser creído

En el infinitivo de voz pasiva se distinguen también dos aspectos de la acción. El infinitivo presente (arriba) enfoca la duración de la acción *ser creído*.
El infinitivo aoristo (abajo) se refiere al aspecto acabado de la acción.
El infinitivo de voz pasiva se forma a base de la 6ª parte fundamental.

Aoristo, voz pasiva
πιστευθῆναι
ser creído

El infinitivo aoristo nunca lleva aumento puesto que, como infinitivo, no refiere la acción al tiempo pasado.

227

	La fuerza del aoristo está en el aspecto acabado de la acción, en comparación con el infinitivo presente, que enfoca el transcurso.
	Forme los infinitivos de voz pasiva. Emplee la 6ª parte fundamental como base para el infinitivo aoristo.

	Presente: terminación -εσθαι	Aoristo: terminación -θηναι (o -ῆναι en verbos que omiten la θ)
1. ἀκούεσθαι, ἀκουσθῆναι	1. ἀκού_____ *ser oído*	ἀκουσ_____ *ser oído*
2. ἀπαγγέλλεσ- θαι, ἀπαγγε- λῆναι	2. ἀπαγγέλλ_____ *ser anunciado*	ἀπαγγελ_____ *ser anunciado*
3. κρίνεσθαι, κριθῆναι	3. _____ *ser juzgado*	_____ *ser juzgado*

48

La nación no quiso ser juzgada por el santo varón.

Traduzca la oración.

τὸ ἔθνος οὐκ ἠθέλησε κριθῆναι ὑπὸ τοῦ ἁγίου ἀνδρός.

_____

49

(literal)
Porque no hay otro nombre debajo del cielo por el cual es necesario ser salvos nosotros.

(... que seamos salvos)

Traduzca el versículo.

ἕτερος, -α, -ον: *otro*
ὑπό: (seguido del acusativo) *debajo de, bajo*
δεῖ: *es menester, necesario*
σῴζω, σώσω, ἔσωσα, ἐσώθην: *salvar, sanar*

οὐδὲ γὰρ ὄνομά ἐστιν ἕτερον ὑπὸ τὸν οὐρανὸν . . . ἐν ᾧ δεῖ

Porque no _____ *el cual* _____

σωθῆναι ἡμᾶς. (Hch. 4:12)

_____

50

Observe que la preposición ὑπό varía de significado según el caso del sustantivo que le sigue.
Cuando el caso del sustantivo es genitivo, ὑπό se traduce, *por* (#21).
Cuando el caso del sustantivo es acusativo, ὑπό se traduce *debajo de, bajo* (#49).

Traduzca las oraciones, analizando primero el caso de las palabras en negrita.

εὑρίσκω, εὑρήσω, εὗρον, εὑρέθην: *encontrar, hallar*

1. genitivo
El santo pan fue hallado por el rey.

1. ὁ ἅγιος ἄρτος εὑρέθη ὑπὸ **τοῦ βασιλέως**.

   caso: _____ (cp. XIII-83)

   _____

2. acusativo
El santo pan fue hallado bajo el monte.

2. ὁ ἅγιος ἄρτος εὑρέθη ὑπὸ **τὸ ὄρος**.

   caso: _____ (cp. XIII-91)

   _____

51

Aunque la palabra ὑπό aparece en el versículo del #49, no se expresa con ella un complemento agente como en otras oraciones de voz pasiva (#6, 8, etc.) El agente, o más bien el instrumento de la acción de σωθῆναι del #49 se halla expresado en la locución ἐν ᾧ, *por el cual*. Este empleo de la preposición ἐν para expresar instrumentalidad se vio brevemente en el capítulo VIII (#63-65) con ejemplos como el siguiente.

ἀποκτεῖναι ἐν ῥομφαίᾳ καὶ ἐν λιμῷ
matar con espada y con hambre

Al completar la traducción del siguiente versículo, notará que dentro de un mismo contexto ἐν no se traduce siempre con un mismo vocablo en español.

ἐδικαιώθητε ἐν τῷ ὀνόματι τοῦ κυρίου Ἰησοῦ Χριστοῦ

Fuisteis justificados _____

καὶ ἐν τῷ πνεύματι τοῦ θεοῦ ἡμῶν. (1 Co. 6:11)

_____

Fuisteis justificados en el nombre del Señor Jesucristo y por el Espíritu de nuestro Dios.

52

Antes de considerar otro tiempo más en voz pasiva, repasemos los tres que ya se han presentado.

Presente	Imperfecto	Aoristo
πιστεύομαι	ἐπιστευόμην	ἐπιστεύθην
soy creído	*era creído*	*fui creído*

A continuación las desinencias correspondientes a los tres tiempos.

Presente	Imperfecto	Aoristo		
-ομαι	-ομην	-θην	o:	-ην
-ῃ	-ου	-θης		-ης
-εται	-ετο	-θη		-η
-ομεθα	-ομεθα	-θημεν		-ημεν
-εσθε	-εσθε	-θητε		-ητε
-ονται	-οντο	-θησαν		-ησαν

Escriba los verbos en griego.

1. _____

   soy perseguido   *era perseguido*   *fui perseguido*

2. _____

   es escrito   *era escrito*   *fue escrito*

3. _____

   sois echados   *erais echados*   *fuisteis echados*

4. _____

   son conocidos   *eran conocidos*   *fueron conocidos*

5. _____

   somos juzgados   *éramos juzgados*   *fuimos juzgados*

6. _____

   eres oído   *eras oído*   *fuiste oído*

1. διώκομαι
   ἐδιωκόμην
   ἐδιώχθην

2. γράφεται
   ἐγράφετο
   ἐγράφη

3. βάλλεσθε
   ἐβάλλεσθε
   ἐβλήθητε

4. γινώσκονται
   ἐγινώσκοντο
   ἐγνώσθησαν

5. κρινόμεθα
   ἐκρινόμεθα
   ἐκρίθημεν

6. ἀκούῃ
   ἠκούου
   ἠκούσθης

53	El infinitivo de voz pasiva.

<table>
<tr><td></td><td align="center">Presente
(aspecto transcurso)
πιστεύεσθαι
ser creído</td><td align="center">Aoristo
(aspecto completo)
πιστευθῆναι
ser creído</td></tr>
</table>

Forme infinitivos. El infinitivo aoristo se forma a base de la 6ª parte fundamental.

	Presente	Aoristo
1. βαπτίζεσθαι βαπτισθῆναι	1. _____ ser bautizado	_____ ser bautizado
2. κρίνεσθαι κριθῆναι	2. _____ ser juzgado	_____ ser juzgado

---

54 El futuro de voz pasiva se forma con elementos ya conocidos.
La base es la 6ª parte fundamental, de la cual se sustrae el aumento y la letra final que indica la persona del verbo.

$$ \grave{\epsilon} \Big] \quad \pi\iota\sigma\tau\epsilon\acute{υ}\theta\eta \quad \Big[\nu $$

La base que queda lleva -θη- como señal de voz pasiva. Se le agrega la característica del futuro -σ- y luego las desinencias del presente de voz pasiva.

<table>
<tr>
<td align="center">πιστευθη
base de la
6ª parte fund.</td>
<td align="center">+ σ +
carac.
del fut.</td>
<td align="center">-ομαι -ομεθα
-η   -εσθε
-εται -ονται
des. del pres., voz pas.</td>
</tr>
</table>

πιστευθήσομαι se traduce seré creído.
πιστευθήσεται se traduce será creído.

seremos creídos — πιστευθησόμεθα se traduce _____.

---

55 Conjugue el verbo βάλλω en futuro de voz pasiva.

1. La 6ª parte fundamental de βάλλω es _____.

2. Para obtener la base pare el futuro pasivo se quita a esa forma el aumento y la letra final: _____ .

3. Se agregan a la base la -σ- del futuro y las desinencias del presente de voz pasiva.

1. ἐβλήθην

2. ἐ] βλήθη [ν

3. βληθήσομαι
βληθήσῃ
βληθήσεται

βληθησόμεθα
βληθήσεσθε
βληθήσονται

_____   _____
_____   _____
_____   _____

---

56 Traduzca la conjugación anterior.

seré echado
serás echado
será echado
   seremos echados
   seréis echados
   serán echados
	——————— ———————
	
	——————— ———————
	
	——————— ———————

57 *Perdonad y seréis* *perdonados; dad y* *os será dado.*	Traduzca el versículo. ἀπολύω, ἀπολύσω, ἀπέλυσα, ἀπελύθην: (en este contexto) *perdonar* ἀπολύετε, καὶ ἀπολυθήσεσθε· δίδοτε, καὶ δοθήσεται ὑμίν. (Lc. 6:37-38) ————————————————————————————————
58 *Para evitar el uso* *del nombre de* *Dios, quien es el* *sujeto de la acción.* *Cp. la Versión Po-* *pular: Perdonen, y* ***Dios** les perdonará.* *Den a otros, y **Dios*** *les dará a ustedes.*	En el versículo anterior ¿por qué se usan los verbos en voz pasiva (ἀπολυθήσεσ- θε y δοθήσεται)? (Cp. #44.) ———————————————————————————————— ————————————————————————————————
59	Cada forma verbal griega se constituye de varios elementos que nos indican as- pectos importantes para la traducción. 1. El tema: comunica el significado básico. Un cambio en el tema puede ade- más señalar un cambio en el tiempo. 2. Las desinencias personales: identifican el sujeto del verbo y también la voz. 3. Aumento: indica tiempo pasado. 4. Características temporales: señalan un tiempo en particular. 5. Signo de voz pasiva: señala voz pasiva en aoristo y futuro. Antes de tratar de traducir un verbo como el siguiente hay que descifrar la infor- mación que nos proveen sus elementos constitutivos. πιστευ θή σ ομαι tema: *creer* ——— ——— des. voz pasiva (o pres. o fut.), 1ª pers. sing. signo voz pasiva ——— (o aor. o fut.) ——— característica del fut. Al analizar toda la información proporcionada por los elementos constitutivos llegamos a la siguiente definición: πιεστευθήσομαι — tiempo futuro, voz pasiva, 1ª pers. singular del verbo *creer* El próximo paso es escoger la forma verbal en español que responde a ese análisis. Tiempo futuro, voz pasiva, 1ª pers. singular de *creer*: *seré creído.* πιεστευθήσομαι se traduce *seré creído.*

ἐ βλή θη τε
    2ª pers. pl.
    pasiva
  tema: *echar*
aumento tiempo
    aoristo
fuisteis echados
	Analice los elementos del verbo (son cuatro), defina su tiempo, y tradúzcalo.
	
	ἐβλήθητε

60 *Porque el árbol es conocido por*[1] *el fruto.* [1] Nótese que con ἐκ τοῦ καρποῦ se expresa el instrumento del conocimiento y por tanto ἐκ se traduce *por.*	Para traducir los versículos de los #60-66, analice los verbos mentalmente, en la misma forma que lo hizo en el #59. Vocabulario para #60-66: αἰτέω, αἰτήσω, ἤτησα: *pedir* δένδρον, -ον, n: *árbol* δύο: *dos* καρπός, -οῦ, m: *fruta, fruto* μετ' = μετά: (seguido del genitivo) *con* ποιέω, ποιήσω, ἐποίησα: *hacer* πτέρυξ, πτέρυγος, f: *ala* χρεία, -ας, f: *necesidad, falta* ὡς: *como* Consulte en caso necesario los paradigmas del #52-54. ἐκ γὰρ τοῦ καρποῦ τὸ δένδρον γινώσκεται. (Mt. 12:33) _____
61 *Hicieron como fueron enseñados.*	ἐποίησαν ὡς ἐδιδάχθησαν. (Mt. 28:15) _____
62 *Tengo necesidad de ser bautizado por ti.*	Ἐγὼ χρείαν ἔχω ὑπὸ σοῦ βαπτισθῆναι. (Mt. 3:14) _____
Fue echado **63** *a la tierra, y sus ángeles con él fueron echados.*	ἐβλήθη εἰς τὴν γῆν, καὶ οἱ ἄγγελοι αὐτοῦ μετ' αὐτοῦ ἐβλήθησαν. (Ap. 12:9) _____
64 *Dos alas fueron dadas a la mujer.*	ἐδόθησαν τῇ γυναικὶ αἱ δύο πτέρυγες. (Ap. 12:14) _____
65 *Eran bautizados por él.*	ἐβαπτίζοντο . . . ὑπ' αὐτοῦ. (Mt. 3:6) _____
66 *Pedid y será dado a vosotros.*	αἰτεῖτε καὶ δοθήσεται ὑμῖν. (Lc. 11:9) _____

67	Tal como el genio griego expresa el infinitivo en dos tiempos diferentes para enfocar dos distintos aspectos de la acción, expresa también el imperativo en esos dos tiempos (cp. XI-28). El imperativo **presente** ordena una acción que ha de ser continua, o por su duración o por su repetición. El **aoristo** enfoca por lo general el inicio de una acción. Puesto que el imperativo de voz pasiva en tiempo presente no es común en el N.T., se presenta aquí solamente el imperativo de voz pasiva en aoristo. Imperativo, voz pasiva Aoristo πιστεύθητι πιστεύθητε πιστευθήτω πιστευθήτωσαν ¿Lleva aumento el imperativo aoristo pasivo? _____ ¿Cuál elemento de las formas anotadas arriba señala voz pasiva? _____

no
-θη-

-θητι -θητε **68** -θήτω -θήτωσαν	Subraye en el #67 las desinencias del imperativo, incluyendo con ellas la θη, característica del aoristo pasivo.

69
 	
sea él creído
   sed creídos
   sean creídos
	Complete la traducción del paradigma del #67.
	
	    sé tu creído _____
	
	_____ _____

70
 	
βληθήτω
  βλήθητε
  βληθήτωσαν
	El imperativo aoristo en voz pasiva se construye a base de la 6ª parte fundamental, como se observa en las formas πιστεύθητι, πιστευθήτω, etc. del #67.
	
	El imperativo aoristo pasivo de βάλλω se forma a base de su 6ª parte fundamental ἐβλήθην. Complete la conjugación.
	
	    βλήθητι _____
	
	_____ _____

sé echado **71**
sea echado
  sed echados
  sean echados
	Traduzca la conjugación anterior.
	
	_____ _____
	
	_____ _____

72	Los verbos que omiten la θ en su 6ª parte fundamental forman el imperativo también sin θ. Observe el imperativo aoristo en voz pasiva de ἀπαγγέλλω. ἀπαγγέλ**ηθι** ἀπαγγέλ**ητε** ἀπαγγελ**ήτω** ἀπαγγελ**ήτωσαν** Al comparar las desinencias subrayadas aquí con las del #67 se nota que se diferencian principalmente por la ausencia de la θ aquí. Sin embargo, en una de las formas, la de 2ª singular, hay también otra distinción más. Compárense: πιστεύ**θητι** ἀπαγγέλ**ηθι** Para no repetir la θ, los verbos que llevan θη forman la 2ª pers. del imperativo

	con la sílaba final -τι.
	En cambio, el verbo que omite la θ del signo de pasiva forma la 2ª pers. del imperativo con la sílaba final -θι.
2ª sing.	Tanto ἀπαγγέληθι como βλήθητι son de _____ persona (sing. / pl.) del imperativo aoristo pasivo.
73 1. aoristo, imperativo, pasiva, 3ª sing. 2. aoristo, imperativo, pasiva, 2ª sing. 3. aoristo, imperativo, pasiva, 2ª sing.	Analice los siguientes verbos para determinar cuál es su tiempo, modo, voz, etc. Los verbos son desconocidos, pero sus elementos constitutivos proporcionan la información necesaria para el análisis. (Este ejercicio es típico del procedimiento que empleará al encontrarse con nuevos verbos en su lectura del N.T.) |	Tiempo	Modo	Voz	Pers.	Núm. | |---|---|---|---|---|---| | 1. γενηθήτω | | | | | | | 2. ἄρθητι | | | | | | | 3. διαλλάγηθι | | | | | |
74 1. *sea hecho* 2. *sé levantado* 3. *sé reconciliado*	Traduzca los imperativos analizados en el #73 con la ayuda de las acepciones apuntadas. 1. (*hacer, acontecer*) _____ 2. (*levantar*) _____ 3. (*reconciliar*) _____

75
 	
Deja allí tu ofrenda y vete primero y sé reconciliado a (con) tu hermano y entonces presenta tu ofrenda.
	En un mismo contexto aparece tanto el imperativo aoristo pasivo como imperativos de voz activa.
	
	Traduzca el versículo ὑπάγω: *irse*
	προσφέρω: *presentar*
	
	ἄφες ἐκεῖ τὸ δῶρόν σου . . . καὶ ὕπαγε πρῶτον διαλλάγηθι
	  allí ofrenda primero
	
	_____
	
	τῷ ἀδελφῷ σου καὶ τότε . . . πρόσφερε τὸ δῶρόν σου. (Mt. 5:24)
	          entonces
	
	_____

76	Con la ayuda del vocabulario siguiente, traduzca el trozo del Padre Nuestro. ἁγιάζω, ἁγιάσω, ἡγίασα, ἡγιάσθην: *consagrar, santificar* γενηθήτω: (imperativo aoristo del verbo defectivo[1] γίνομαι *hacerse, ser hecho*) *sea hecho(a)* ἐπιούσιος, -ον: (de significado dudoso) *de cada día; necesario para la existencia* θέλημα, -ατος, n: *voluntad, deseo* καί: *y, también* ὀφειλέτης, -ου, m: *deudor, pecador* ὀφείλημα, -ατος, n: *deuda, pecado* σήμερον: *hoy* ὡς: *como* [1] Se estudian los verbos defectivos en el capítulo XV.

Πάτερ ἡμῶν ὁ ἐν τοῖς οὐρανοῖς

_____

ἁγιασθήτω τὸ ὄνομά σου,

_____

ἐλθέτω ἡ βασιλεία σου,

_____

γενηθήτω τὸ θέλημά σου,

_____

ὡς ἐν οὐρανῷ καὶ ἐπί γῆς.

_____

Τὸν ἄρτον ἡμῶν τὸν ἐπιούσιον δὸς ἡμῖν σήμερον·

_____

καὶ ἄφες ἡμῖν τὰ ὀφειλήματα ἡμῶν,

_____

ὡς καὶ ἡμεῖς ἀφήκαμεν τοῖς ὀφειλέταις ἡμῶν. (Mt. 6:9-12)

_____

(literal)

Padre de nosotros (que estás) en los cielos,

sea santificado tu nombre,

venga tu reino,

sea hecha tu voluntad,

como en (el) cielo también en (la) tierra.

Da a nosotros hoy el pan de nosotros de cada día,

y perdónanos las deudas de nosotros,

como también perdonamos a los deudores de nosotros.

77

1. aoristo, pasiva 3ª sing.
2. aoristo, activa 3ª sing.
3. aoristo, activa 2ª sing.
4. aoristo, activa 2ª sing.

Analicemos los imperativos del Padre Nuestro. Consulte, en caso necesario, los paradigmas del imperativo del apéndice III. Marque con una X las casillas que corresponden al análisis de los verbos.

	Pres.	Aor.	Act.	Pas.	2ª pers.	3ª pers.	Sing.	Pl.
1. ἁγιασθήτω								
2. ἐλθέτω								
3. δός								
4. ἄφες								

78

Revise cuidadosamente todas las formas comparándolas con las que aparecen en los cuadros indicados.

Prepare su propio resumen de la voz pasiva para el repaso. Si necesita refrescar la memoria, consulte los cuadros indicados.

MODO INDICATIVO, VOZ PASIVA

Presente (#25)		Imperfecto (#27)	
πιστεύ_____	πιστευ_____	ἐπιστευ_____	__πιστευ_____
πιστεύ_____	πιστεύ_____	__πιστεύ_____	__πιστεύ_____
πιστεύ_____	πιστεύ_____	__πιστεύ_____	__πιστεύ_____

<table>
<tr><td></td><td colspan="2" align="center">Futuro (#55)</td><td colspan="2" align="center">Aoristo (#37)</td></tr>
<tr><td rowspan="8">Revise cuidado-
samente todas las
formas compa-
rándolas con las
que aparecen en
los cuadros indi-
cados.</td><td>πιστευ_____</td><td>πιστεύ_____</td><td>ἐπιστεύ_____</td><td>__πιστεύ_____</td></tr>
<tr><td>πιστεύ_____</td><td>πιστεύ_____</td><td>__πιστεύ_____</td><td>__πιστεύ_____</td></tr>
<tr><td>πιστεύ_____</td><td>πιστεύ_____</td><td>__πιστεύ_____</td><td>__πιστεύ_____</td></tr>
<tr><td colspan="4">MODO INFINITIVO</td></tr>
<tr><td>Presente (#53)</td><td>Aoristo (#53)</td><td></td><td></td></tr>
<tr><td>πιστεύ_____</td><td>πιστευ_____</td><td></td><td></td></tr>
<tr><td colspan="4">MODO IMPERATIVO</td></tr>
<tr><td colspan="4" align="center">Aoristo (#67)</td></tr>
</table>

πιστεύ_____   πιστεύ_____

πιστευ_____   πιστευ_____

79

Traduzca los paradigmas del resumen del #78.

INDICATIVO
Pres.
soy creído somos cr..
eres creído sois cr...
es creído   son cr...
  Imperf.
era creído
eras creído
era creído
   éramos creídos
   erais creídos
   eran creídos
  Fut.
seré creído
serás creído
será creído
   seremos creídos
   seréis creídos
   serán creídos
  Aor.
fui cr...   fuimos c..
fuiste cr...fuisteis c..
fue cr...   fueron c...

INFINITIVO
Pres. ser creído
   Aor. ser creído

IMPERATIVO
sé creído
sea creído
   sed creídos
   sean creídos

MODO INDICATIVO

Presente   Imperfecto

_____ _____   _____ _____

_____ _____   _____ _____

_____ _____   _____ _____

Futuro   Aoristo

_____ _____   _____ _____

_____ _____   _____ _____

_____ _____   _____ _____

MODO INFINITIVO

Presente   Aoristo

_____ _____

MODO IMPERATIVO

Aoristo

_____ _____

_____ _____

80	Repase el cuadro #78 analizando los diferentes elementos que componen cada tiempo.

Repase el cuadro #78

80

1. imperf., indic. 1ª sing.
2. pres., inf.
3. fut., indic. 3ª sing.
4. aor., imperat. 3ª sing.
5. pres., indic. 1ª pl.
6. aor., indic. 3ª sing.

Si tiene más de un error, repita el estudio. Hágase una prueba semejante a ésta, que incluya todos los tiempos y modos.

Repase el cuadro #78 analizando los diferentes elementos que componen cada tiempo.

Luego analice, sin mirar el #78, las siguientes formas verbales esquematizadas.

	Tiempo	Modo	Pers.	Núm.
1. ἐ + tema pres. + όμην	___	___	___	___
2. tema pres. + εσθαι	___	___	___	___
3. tema 6ª P.F. + θήσεται	___	___	___	___
4. tema 6ª P.F. + θήτω	___	___	___	___
5. tema pres. + όμεθα	___	___	___	___
6. ἐ + tema 6ª P.F. + θη	___	___	___	___

81

aoristo . . . futuro

Al revisar el resumen del #78 se observa que hay dos tiempos que emplean la sílaba -θη- como signo de voz pasiva. Son los tiempos _____ y_____ .

82

aoristo

Si una forma verbal que incorpora la sílaba -θη- tiene también aumento, es de tiempo (aoristo / futuro).

83

futuro

Cuando la forma verbal tiene además de la -θη- una -σ- y las desinencias -ομαι, -η, -εται, etc. (como πιστευθήσομαι) es de tiempo _____ .

84

1. aor., indic. pasiva 3ª sing.
2. fut., indic. pasiva 1ª pl.
3. aor., indic. pasiva 1ª sing.
4. fut., indic. pasiva 3ª pl.
5. aor. inf. pasiva

Analice los siguientes verbos.

	Tiempo	Modo	Voz	Pers.	Núm.
1. εὐηγγελίσθη					
2. βαπτισθησόμεθα					
3. ἠκούσθην					
4. κριθήσονται					
5. ἐγερθῆναι					

85

1. *fue evangelizado*
2. *seremos bautizados*
3. *fui oído*
4. *serán juzgados*
5. *ser levantado*

Traduzca los verbos analizados en el #84.

1. _____

2. _____

3. _____

4. _____

5. _____

86

RESUMEN — Vocabulario

Las siguientes palabras nuevas deben agregarse a su vocabulario activo. Estúdielas según el método sugerido al final del apéndice VI, o bien con un método propio.

ἁγιάζω, ἁγιάσω, ἡγίασα, ἡγιάσθην: *consagrar, santificar*

δεῖ: *es menester, necesario*

διδάσκω, διδάξω, ἐδίδαξα, ἐδιδάχθην: *enseñar*

ἐξουσία, -ας, f: *autoridad, poder*

ἕτερος, -α, -ον: *otro*

εὐαγγελίζω, ----, εὐηγγέλισα, εὐηγγελίσθην: *evangelizar, anunciar las buenas nuevas*

εὑρίσκω, εὑρήσω, εὗρον, εὑρέθην: *encontrar, hallar*

θέλημα, -ατος, n: *voluntad, deseo*

καθαρίζω, καθαριῶ, ἐκαθάρισα, ἐκαθαρίσθην: *limpiar, purificar*

καρπός, -οῦ, m: *fruta, fruto*

νεκρός, -ά, -όν: *muerto*

νόμος, -ου, m: *ley*

πτωχός, ή, -όν: *pobre*

σήμερον: *hoy*

σῴζω, σώσω, ἔσωσα, ἐσώθην: *salvar, sanar*

ὑπό: (con gen.) *por*; (con ac.) *debajo de, bajo*

ὑπάγω: (sólo pres. e imperf.) *irse*

χρεία, -ας, f: *necesidad, falta*

Hágase una prueba escrita de todo el vocabulario. Repita su estudio hasta que domine todas las palabras.

87

Además de las palabras nuevas registradas en el #86, hemos visto también las nuevas formas verbales que corresponden a la 6ª parte fundamental.

Repase ahora el #45, relacionando la nueva parte fundamental con las otras. Luego pruébese con el siguiente ejercicio.

	Corresponde al verbo	Significado del verbo
1. ἐβλήθην	βάλλω	*echar, tirar*
2. ἐκρίθην	_____	_____
3. ἀπηγγέλην	_____	_____
4. ἐλήμφθην	_____	_____
5. ἐδόθην	_____	_____
6. ἐτέθην	_____	_____

2. κρίνω, *juzgar*
3. ἀπαγγέλλω, *anunciar*
4. λαμβάνω, *tomar, recibir*
5. δίδωμι, *dar*
6. τίθημι, *poner*

88

PRUEBA

1. οἱ νεκροὶ ἡγέρθησαν ὑπὸ τοῦ θεοῦ ἡμῶν.

2. ἁγιασθήτω τὸ ὄνομα τοῦ κυρίου.

3. οἱ ὄχλοι ἐβαπτίζοντο ὑπὸ τοῦ ἁγίου ἀνδρός.

	4. τὰ ἕτερα ἔθνη διδαχθήσονται ἐν τῷ νόμῳ τοῦ θεοῦ.
	5. ἐδόθη μοι πᾶσα ἐξουσία.
	6. σωζόμεθα ἐν τῷ αἵματι τοῦ υἱοῦ αὐτοῦ.
	7. οὐ θέλουσι οἱ πατέρες κριθῆναι ὑπὸ τοῦ βασιλέως.
La traducción se encuentra en el apéndice V-14.	8. εἶπεν τῷ ἀνδρὶ ὁ Ἰησοῦς, καθαρίσθητι.

CAPÍTULO XV

Al terminar este capítulo usted podrá traducir oraciones con verbos en voz media que expresen el sentido propio de esa voz. Identificará las desinencias distintivas del sustantivo masculino de 1ª declinación. Traducirá cuatro palabras nuevas, incluyendo el pronombre indefinido, al cual distinguirá del interrogativo.

ἡ αἱ τῆς τῶν τῇ ταῖς τὴν τάς	**1** Sustantivos como οἰκία y ψυχή pertenecen a la primera declinación. En singular estos sustantivos se declinan en forma parecida aunque con vocal distinta. En plural se declinan igual. La mayoría de los sustantivos de primera declinación son femeninos. Agregue el artículo femenino al paradigma arriba. Singular　　　　　　　　　　Plural _____ οἰκια　ψυχή　　　_____ οἰκίαι　ψυχαί _____ οἰκίας　ψυχῆς　　_____ οἰκιῶν　ψυχῶν _____ οἰκίᾳ　ψυχῇ　　　_____ οἰκίαις　ψυχαῖς _____ οἰκίαν　ψυχήν　　_____ οἰκίας　ψυχάς
Nom. προφήτης Gen. προφήτου	**2** No obstante lo anterior, en la primera declinación existe un grupo de sustantivos que son masculinos. Su declinación varía un poco de la pauta ejemplificada en el #1. Singular　　　　　　Plural Nom. _____ προφήτης　_____ προφῆται Gen. _____ προφήτου　_____ προφητῶν Dat. _____ προγήτῃ　_____ προφήταις Ac. _____ προφήτην　_____ προφήτας Señale las formas que son distintas a la declinación del #1.
ὁ οἱ τοῦ τῶν τῷ τοῖς τὸν τούς	**3** Tanto en español como en griego la palabra *profeta* es masculina aunque lleva terminación típicamente femenina (-*a* en español; -η- en griego). En griego se usa el artículo masculino: ὁ προφήτης, así como decimos *el profeta* en español. Escriba la forma del artículo ὁ que corresponde a cada caso de la declinación del #2.
Un profeta os levantará el Señor Dios.	**4** Traduzca el versículo. ἀνίστημι: (verbo compuesto de la preposición ἀνά *hacia arriba*, y el verbo ἵστημι) *levantar* προφήτην ὑμῖν ἀναστήσει κύριος ὁ θεός. (Hch. 3:22) _____
	5 Otros sustantivos similares a προφήτης son los siguientes. Consulte esta lista para la traducción de los versículos a continuación.

Vino Jesús de Nazaret de Galilea y fue bautizado en el Jordán por Juan.	βαπτιστής: *bautista* Ἰορδάνης: *Jordán* Ἰωάννης: *Juan* μαθητής: *discípulo, alumno, seguidor de…* εἰς: además de su significado *a, hacia,* εἰς admite también la acepción *en* πρός: *a; con* ἦλθεν Ἰησοῦς ἀπὸ Ναζαρὲτ τῆς Γαλιλαίας καὶ ἐβαπτίσθη εἰς τὸν Ἰορδάνην ὑπὸ Ἰωάννου. (Mr. 1:9) _____ _____
6 *Los hombres dijeron: «Juan el bautista nos envió a ti…»*	Traduzca el versículo. ἀποστέλλω. ἀποστελῶ, ἀπέστειλα, ἀπεστάλην: *enviar* (Lc. 7:20) οἱ ἄνδρες εἶπαν,[1] Ἰωάννης ὁ βαπτιστὴς ἀπέστειλεν ἡμᾶς πρός σε . . . _____ [1] V. XI-46.
Dio los panes **7** *a los discípulos y los discípulos a las multitudes.*	ἔδωκεν τοῖς μαθηταῖς τοὺς ἄρτους, οἱ δὲ μαθηταὶ τοῖς ὄχλοις. (Mt. 14:19) _____
8 nominativo	Entre las palabras masculinas de 1ª declinación la única forma que necesita atención especial es la que termina en -ης. Hay que recordar que μαθητής, προφήτης, Ἰωάννης, etc. no son de caso genitivo sino de caso _____.
9	Tanto la voz activa como la voz pasiva del verbo griego tienen su equivalente en español. Voz activa, aoristo Voz pasiva, aoristo ἔλαβον ἐλήμφθην *recibí, tomé* *fui recibido, fui tomado* Además de estas dos voces, el verbo griego tiene otra más: la voz media. El verbo en voz media indica que el sujeto realiza la acción en beneficio propio. El verbo προσελάβετο del versículo siguiente es de voz media. Voz media, aoristo ὁ Χριστὸς **προσελάβετο**[1] ὑμᾶς. (Ro. 15:7) *Cristo* **recibió (para sí)** *a vosotros.* Tenemos que valernos de un circunloquio para traducir la idea de beneficio propio que en griego se expresa con la voz media del verbo. En español la idea de beneficio propio no se incorpora en la forma verbal sino que se comunica por medio de locuciones como *para sí,* o por los pronombres átonos *me, te, se, nos, os, se.* [1] Observe que el verbo está compuesto de la preposición πρός más el verbo λαμβάνω. El aumento se coloca antes del tema verbal: προσελάβετο.

Porque traduce la idea de la voz media: que la acción de *proveéis* se realiza en beneficio de su propio sujeto *vosotros*.	El verbo del versículo siguiente está en voz media. Observe el empleo del pronombre *os* en la traducción. μὴ **κτήσησθε** χρυσόν. (Mt. 10:9) *No **os proveéis** (de) oro.* En griego no aparece ningún pronombre equivalente de *os*. ¿Por qué aparece *os* en la traducción del verbo en voz media κτήσησθε? _____ _____

10	La voz media tiene a veces un matiz un poco distinto al de beneficio propio. En ciertos contextos expresa más bien la participación plena del sujeto en la actividad. Este sentido se comunica en español por los pronombres *me, te, se, nos, os, se*, donde éstos no expresan acción reflexiva sino que intensifican el involucramiento del sujeto en la acción del verbo.
	
	Los siguientes ejemplos ilustran esa mayor participación en la acción.
	
	    a. ***Me** comí toda la ración.*
	    b. *Su hijo **se** gastó una fortuna en la guerra.*
	
	Nótese que en la oración **a.**, no es que *me comí a mí mismo*. Es decir, no es una oración reflexiva en que el sujeto sea a la vez complemento directo. La oración **a.** tiene un complemento directo bien distinto al sujeto: *la ración*.
	
	Igualmente, la oración **b.** tampoco se interpreta *el hijo se gastó a sí mismo*. El complemento directo es otro: *una fortuna*.
	
	Si los pronombres *me* y *se* en las dos oraciones arriba no son reflexivos, ¿para qué sirven entonces? _____
	
	_____

Intensifican el involucramiento del sujeto en la acción del verbo.	
11	En el versículo siguiente el verbo *observar, acechar, guardar*, aparece en voz media. ἡμέρας **παρατηρεῖσθε** καὶ μῆνας . . . (Gá. 4:10) *(Os) guardáis días y meses . . .* Al leer el texto griego, usted nota que el verbo está en voz media. ¿Qué sentido especial le comunica esa voz media? _____ _____
(en sus propias palabras) Comunica que el sujeto está plenamente involucrado en la acción de guardar las fiestas.	

12	Hay también contextos en que la voz media se presta para expresar acción reflexiva, en la cual el sujeto es a la vez agente y paciente.
	
	    a. τίς **παρασκευάσεται** εἰς πόλεμον; (1 Co. 14:8)
	    *¿Quién **se** preparará para batalla?*
	
	    b. **ἀπενίψατο** τὰς χεῖρας. (Mt. 27:24)
	    Se lavó las manos.
	
	En estos casos el *se* sí es reflexivo, en contraste con el *se* intensivo mencionado en el #10 y 11.

Nótese solamente que el *se* reflexivo puede representar un complemento directo idéntico con el sujeto, como en el versículo **a.**, o bien el complemento indirecto, como en el versículo **b.**, que contiene además un complemento directo distinto al sujeto: *las manos.*

Por supuesto el giro griego, aun cuando es reflexivo, no tiene siempre un equivalente exacto en español. En el siguiente versículo, p. ej., se emplea la voz media *se vistió* al mismo tiempo que se menciona *ropa* como el complemento directo.

οὐκ ἐνεδύσατο ἱμάτιον. (Lc. 8:27)
(literal) *No se vistió ropa.*

Reconociendo que el giro no es lo mismo en español que en griego, escriba una mejor traducción del versículo.

_____

Nota: A pesar de que la voz media expresa a veces el sentido reflexivo, esta no es la idea básica de la voz media.
De hecho, existe otra construcción griega para el reflexivo que es mucho más común. Es la misma construcción que empleamos en español: el verbo en voz activa, acompañado por un pronombre reflexivo.

ἐγὼ ἐμαυτὸν ἁγιάζω. (Jn. 17:19)
Yo me santifico.

Puesto que no nos cuesta entender esta construcción reflexiva a causa de su semejanza con el español, dejémosla para más adelante (Cap. XVIII-58). Por ahora, volvamos a la voz media, que en la mayoría de los casos no es reflexiva.

No vistió ropa.

13

Entre los diferentes sentidos que abarcan la voz media está el de indicar que el sujeto causa o permite que la acción del verbo se efectúe.

Ἀνέβη . . . Ἰωσὴφ . . . εἰς πόλιν Δαυὶδ . . . **ἀπογράψασθαι.** (Lc. 2:4,5)
Subió José a la ciudad de David para empadronarse.

El oficial romano es quien va a empadronar a José, pero es José quien hace posible que esa acción se efectúe. Esta idea de causar una acción se expresa con la voz media del infinitivo ἀπογράψασθαι.

Hay dos verbos en voz media en el siguiente versículo. El primero es reflexivo (cp. #12). El segundo puede entenderse como causal en el mismo sentido que *empadronarse* arriba.

εἰ γὰρ οὐ κατακαλύπτεται γυνή, καὶ **κειράσθω.** (1 Co. 11:6)
Si pues no se cubre (con velo) una mujer, que se corte (el pelo).

causa o permite que la acción se efectúe.

En los dos verbos *empadronarse* y *cortarse (el pelo)*, la voz media en griego indica que el sujeto _____

14

Como tal vez usted habrá notado en los ejemplos citados de la voz media, las formas verbales no son del todo nuevas.

En los tiempos presente e imperfecto las formas de la voz media son iguales a las de la voz pasiva. Sólo en aoristo y futuro se distinguen las formas de la voz media, y aun ahí las terminaciones pertenecen a pautas conocidas.

En tiempo presente las formas de voz media y voz pasiva son iguales.	A continuación, el tiempo presente de voz media. Presente, voz media βαπτίζομαι βαπτιζόμεθα βαπτίζῃ βαπτίζεσθε βαπτίζεται βαπτίζονται Al comparar estas formas con las del tiempo presente de voz pasiva (XIV-7), ¿qué observa usted? _____ _____
15 Son iguales.	Compare el siguiente paradigma del imperfecto de voz media con el imperfecto de voz pasiva (XIV-27). Imperfecto, voz media ἐβαπτιζόμην ἐβαπτιζόμεθα ἐβαπτίζου ἐβαπτίζεσθε ἐβαπτίζετο ἐβαπτίζοντο ¿Qué nota usted en las dos voces respecto a las formas del verbo? _____
16 pasiva media	Puesto que las voces media y pasiva son iguales en los tiempos presente e imperfecto, sólo el contexto nos indica con cuál sentido debemos traducir el verbo. a. ἐβαπτίζοντο πολλοὶ ὑπὸ Ἰωαννου. *Eran bautizados por Juan.* b. ἐβαπτίζοντο πολλοὶ ὄχλοι. *Se bautizaban muchas multitudes.* El contexto del verbo ἐβαπτίζοντο en la oración **a.** incluye el complemento agente ὑπὸ Ἰωάννου. Por tanto traducimos el verbo como voz_____ . El contexto **b.** es menos preciso. Nuestra expresión bautizarse corresponde bien al sentido aquí, que no es reflexivo (no se bautizaban a sí mismos), sino causal (permitían que alguien los bautizara). Cp. #13. Por tanto decimos que el verbo ἐβαπτίζοντο de la oración **b.** está en voz _____ .
17	Observe los dos juegos de desinencias de la voz media, llamadas desinencias primarias y secundarias. Se encierra entre paréntesis la vocal que une la desinencia con el tema verbal, puesto que puede variar de un tiempo a otro. <table><tr><td colspan="2">Desinencias primarias tiempo presente #14</td><td colspan="2">Desinencias secundarias tiempo imperfecto #15</td></tr><tr><td>Singular</td><td>Plural</td><td>Singular</td><td>Plural</td></tr><tr><td>-(o)μαι</td><td>-(o)μεθα</td><td>-(o)μην</td><td>-(o)μεθα</td></tr><tr><td>-ῃ</td><td>-(ε)σθε</td><td>-ου</td><td>-(ε)σθε</td></tr><tr><td>-(ε)ται</td><td>-(o)νται</td><td>-(ε)το</td><td>-(o)ντο</td></tr></table>

Con estos juegos de desinencias se forman todos los tiempos de la voz media. Las desinencias primarias se emplean en los tiempos primarios, o sea los tiempos que se refieren al presente y futuro. Las desinencias secundarias se usan en los tiempos secundarios, es decir, los tiempos que se refieren al pasado.

Tiempos primarios	Tiempos secundarios
presente, futuro, perfecto	imperfecto, aoristo, pluscuamperfecto

Excluimos por el momento los tiempos perfecto y pluscuamperfecto, que se presentarán en el capítulo XXII.

Las desinencias se agregan al tema verbal de acuerdo con las pautas ya vistas en otras voces.

Presente   βαπτίζ - ομαι
                 tema   des. primaria

Futuro   βαπτί - σ - ομαι
               tema   carac.   des. primaria
                       temp.

Imperfecto ἐ - βαπτίζ - όμην
               aum.   tema   des. secundaria

Aoristo   ἐ - βαπτι - σ - άμην
              aum.   tema   carac.   des. secundaria
                            temp.

Escriba las formas del verbo πιστεύω en los siguientes tiempos de voz media. (Todos en 1ª pers. singular solamente.)

1. Presente   _____

2. Futuro   _____

3. Imperfecto   _____

4. Aoristo   _____

Respuestas (columna izquierda):

1. πιστεύομαι
2. πιστεύσομαι
3. ἐπιστευόμην
4. ἐπιστευσάμην

18

Empleando las desinencias primarias, complete la conjugación de πιστεύω en tiempo futuro de voz media.

Futuro, voz media

πιστεύσομαι   _____

_____   _____

_____   _____

Respuestas (columna izquierda):

πιστεύσῃ
πιστεύσεται
  πιστευσόμεθα
  πιστεύσεσθε
  πιστεύσονται

19

Traduzca el verbo de voz media de la siguiente oración con el sentido de acción realizada por el sujeto y en beneficio propio (cp. #9).

ὁ προφήτης εὑρήσεται μαθητάς.

_____

Respuesta (columna izquierda):

El profeta encontrará discípulos (para sí).

20

Dijimos en el #14 que en el tiempo futuro la voz media se distingue de la voz pasiva. Compare los dos verbos a continuación.

En que la voz pasiva tiene el signo de pasiva -θη-.	Voz media Voz pasiva πιστεύσομαι πιστευθήσομαι *Creeré (para mí)* *seré creído* ¿En qué se distinguen las formas? _____

21
 	
1. pasiva
2. pasiva
3. media
	Identifique la voz de los verbos siguientes, todos de tiempo futuro.
	
	                Voz
	
	    1. βαπτισθήσεται _____
	
	    2. διδαχθήσονται _____
	
	    3. βαπτισόμεθα _____

22 sí	¿Emplean iguales desinencias la voz media y la voz pasiva en el tiempo futuro? _____

23
 	
ἐ βαπτι σ άμην
 |
aum. |
     tema. |
        carac. |
        temp. |
            desin.
	Analice la formación del verbo aoristo 1º de voz media, identificando los siguientes elementos constitutivos del verbo ἐβαπτισάμην.
	
	    1. aumento _____
	    2. tema
	    3. característica temporal
	    4. desinencia

24
 	
ἐβαπτίσατο
   ἐβαπτισάμεθα
   ἐβαπτίσασθε
   ἐβαπτίσαντο
	Complete la conjugación de βαπτίζω en aoristo de voz media, empleando las desinencias secundarias (#17), sin usar las vocales o/ε. La vocal característica del aoristo 1º es -α-.
	
	    ἐβαπτισάμην ἐβαπτισά_____
	
	    ἐβαπτίσω ἐβαπτίσα_____
	
	    ἐβαπτίσα_____ ἐβαπτίσα_____

25	Compare la 2ª pers. singular de la conjugación de aoristo 1º (#24) con la forma correspondiente en imperfecto (#15).
	
	   Imperfecto Aoristo 1º
	   ἐβαπτίζου ἐβαπτίσω
	
	Tenemos que agregar esta variante al juego de desinencias secundarias de la voz media.
	
	Notemos también que las vocales o/ε que aparecen en la tabla de desinencias secundarias (#17) no se emplean en el aoristo 1º sino que se usa la vocal -α-: ἐβαπτισάμην.
	
	     Imperfecto Aoristo 1º
	  -ομην -ομεθα -σαμην -σαμεθα
	  -ου -εσθε -σω -σασθε
	  -ετο -οντο -σατο -σαντο

1. imperfecto 2. aoristo 3. imperfecto 4. aoristo	Identifique el tiempo de los siguientes verbos de voz media. Tiempo 1. ἐπιστεύετο _____ 2. ἐβαπτίσαντο _____ 3. ἐδιδασκόμεθα _____ 4. ἐπιστεύσω _____
26 *Te bautizaste.*	La forma ἐβαπτίσω es un poco excepcional por cuanto termina en ω, letra que se conoce como desinencia de 1ª pers. singular en presente y futuro de la voz activa: βαπτίζω, βαπτίσω. Es el aumento al comienzo de la forma ἐβαπτίσω lo que la identifica como de tiempo aoristo. Traduzca el verbo ἐβαπτίσω con el sentido causal de la voz media (cp. #13). _____

27
 	
ἐκρίνατο
   ἐκρινάμεθα
   ἐκρίνασθε
   ἀκρίναντο
	Como usted recordará, los verbos cuyo tema termina en consonante líquida o nasal (λ, ρ, μ, ν) forman el aoristo sin σ.
	
	 Aoristo liquido y nasal
	κρίνω: ἔκρινα
	ἐγείρω: ἔγειρα
	
	La voz media del aoristo líquido y nasal también se forma sin σ.
	Complete la conjugación.
	
	Singular Plural
	
	ἐκρινάμην _____
	
	ἐκρίνω _____
	
	_____

28	La forma ἐπιστευσάμην es de aoristo primero, como se ve por la -σα- característica del aoristo 1º.
	
	Los verbos de aoristo 2º no llevan -σα- sino que se caracterizan por tener en aoristo un tema distinto al del presente.
	
	Presente Aoristo 2º
	λαμβάνω ἔλαβον
	
	Para formar la voz media del aoristo 2º, rige la pauta ya conocida para la formación del aoristo 2º: aumento, tema, desinencia.
	
	 Aoristo 2º
	Voz activa Voz media
	ἐ λαβ ον ἐ λαβ όμην
	         des. (de voz activa) des. (de voz media)
	   tema tema
	 aumento aumento

ἐβαλόμην	Forme la voz media, 1ª pers. singular, de βάλλω en tiempo aoristo. Voz activa Voz media ἔβαλον _____

29

El aoristo 2º, a diferencia del aoristo 1º, no lleva -σα- entre el tema y la desinencia. Emplea más bien las vocales o/ε como el tiempo imperfecto.

Imperfecto   Aoristo 2º
ἐλαμβανόμην   ἐλαβόμην

Complete la conjugación.

Aoristo 2º, voz media

ἐβάλετο
   ἐβαλόμεθα
   ἐβάλεσθε
   ἐβάλοντο

ἐβαλόμην   _____

ἐβάλου   _____

_____   _____

30

Compare los diferentes tipos de aoristo de voz media con el aoristo de voz pasiva.

Voz media

Aoristo 1º: ἐβαπτισάμην
Aoristo l. y n.:   ἐκρινάμην
Aoristo 2º: ἐλαβόμην

Voz pasiva

Con θ: ἐβαπτίσθην
Sin θ: ἀπηγγέλην

La voz pasiva se distingue de la voz media por tener el signo de pasiva -θη- o -η-. Obsérvese también que las desinencias de la voz pasiva en aoristo son distintas a las de la voz media.

Voz media		Voz pasiva	
-μην	-μεθα	-θην	-θημεν
-ω, -ου	-σθε	-θης	-θητε
-το	-ντο	-θη	-θησαν

Identifique la voz de los verbos siguientes.

1. pasiva
2. media
3. media
4. pasiva

Voz		Voz	
1. ἐδιδάχθησαν	_____	3. ἐλάβετο	_____
2. ἐβαπτισάμεθα	_____	4. ἐβαπτίσθη	_____

31

Para traducir los verbos arriba, analice primero cuál persona y número indica la desinencia.

1. 3ª plural *fueron enseñados*

2. 1ª plural *nos bautizamos*

	Pers.	Núm.	Traducción
1.	_____	_____	_____
2.	_____	_____	_____

3. 3ª singular *recibió para sí* 4. 3ª singular *fue bautizado*	3. _____ _____ _____ 4. _____ _____ _____
32 πιστεύσασθαι	La terminación del infinitivo en la voz media es el mismo sufijo -σθαι que se ha visto ya en el infinitivo de voz pasiva, tiempo presente. En la voz media este sufijo se emplea no sólo para el presente sino también para el aoristo. El infinitivo de presente es igual en las voces media y pasiva. Infinitivo presente: βαπτίζεσθαι *ser bautizado, bautizarse* media y pasiva En aoristo las dos voces son distintas. Infinitivo aoristo $\begin{cases} \text{pasiva: } βαπτισθῆναι \textit{ ser bautizado} \text{ (XIV-47)} \\ \text{media: } βαπτίσασθαι \textit{ bautizarse} \end{cases}$ Obsérvese que en el tiempo aoristo el infinitivo de voz media va marcado por la sílaba característica del aoristo 1º -σα- entre el tema y el sufijo -σθαι. Forme de la misma manera el infinitivo aoristo de voz media del verbo πιστεύω: _____ *creer para sí, creerse.*
33 βάλεσθαι βληθῆναι	En el modo indicativo el aoristo 2º se caracteriza no por una sílaba como la -σα- del aoristo 1º sino por un tema especial, distinto al del presente (#28). De igual manera se destaca también el tema distintivo del infinitivo en el aoristo 2º. A este tema se le agrega el sufijo de infinitivo de voz media -σθαι. La vocal ε une a los dos. Siendo infinita la acción, el aumento no se emplea nunca en el infinitivo. Infinitivo aor. 2º, voz media: λάβεσθαι *recibir para sí, recibirse* (verbo λαμβάνω) Compare con ese infinitivo de voz media el de voz pasiva del mismo verbo. Infinitivo aor. 2º, voz pasiva: λημφθῆναι *ser recibido* Forme dos infinitivos del verbo βάλλω en aoristo. Voz media: βαλ_____ Voz pasiva:[1] βλη_____ *echar para sí, echarse* *ser echado* [1] Repase la parte fundamental que corresponde al aoristo pasivo, apéndice VI.
34 aoristo, infinitivo, voz media	La forma verbal ἀπογράψασθαι empleada en el versículo del #13 viene del verbo ἀπογράφω (verbo compuesto: ἀπό + γράφω *empadronar, inscribir*). Analice la forma ἀπογράψασθαι. Tiempo_____, modo _____, voz _____.

35	RESUMEN — Voz media

Así como lo hizo con la voz pasiva en el capítulo XIV, prepare su propia tabla de la voz media. Emplee el verbo πιστεύω.

MODO INDICATIVO, VOZ MEDIA

Presente (#14)   Imperfecto (#15)

_____ _____   _____ _____

_____ _____   _____ _____

_____ _____   _____ _____

Futuro (#18)   Aoristo 1º (#24)

_____ _____   _____ _____

_____ _____   _____ _____

_____ _____   _____ _____

Aoristo 2º (#29)
del verbo λαμβάνω

_____ _____

_____ _____

_____ _____

MODO INFINITIVO

Presente (#32) _____   Aoristo 1º (#32) _____

Aoristo 2º (#33) _____
del verbo λαμβάνω

[lo.)

(Las formas del modo imperativo, voz media, se estudiarán en el próximo capítu-

Las formas correctas se encuentran en la tabla de la página siguiente, después del #38.

36	Analice el verbo προσελάβετο del versículo en el #9.

(verbo compuesto: προς + λαμβάνω *acoger, recibir*)

Tiempo _____, modo _____, voz _____,

_____ persona (sing. / pl.)

aoristo, indicativo, voz media, 3ª pers. sing.

37	Analice los verbos del #12.

παρασκευάζω: *preparar*
ἀπονίπτω: *lavar*
ἐνδύω: *vestir*

1. fut. indic. media, 3ª sing.
2. aor. indic. media, 3ª sing.
3. aor. indic. media, 3ª sing.

	Tiempo	Modo	Voz	Persona	Núm. (sing. / pl.)
1. παρασκευάσεται					
2. ἀπενίψατο					
3. ἐνδύσατο					

38	Una palabra muy frecuente en el N.T. es el pronombre indefinido τις (no se lo confunda con el interrogativo τίς ¿quién?). τις significa *uno, alguno, alguien,* y en neutro, *algo*.

¿Cómo se distingue entre el pronombre indefinido y el interrogativo?

<table>
<tr><td align="center">Pronombre indefinido</td><td align="center">Pronombre interrogativo</td></tr>
<tr><td align="center">τις</td><td align="center">τίς</td></tr>
<tr><td align="center">uno, alguno, alguien</td><td align="center">¿quién? ¿cuál?</td></tr>
</table>

El interrogativo tiene acento y el indefinido no.

Formas correctas para la tabla del #35.

MODO INDICATIVO, VOZ MEDIA

<table>
<tr><td colspan="2" align="center">Presente</td><td colspan="2" align="center">Imperfecto</td></tr>
<tr><td>πιστεύομαι</td><td>πιστευόμεθα</td><td>ἐπιστευόμην</td><td>ἐπιστευόμεθα</td></tr>
<tr><td>πιστεύῃ</td><td>πιστεύεσθε</td><td>ἐπιστεύου</td><td>ἐπιστεύεσθε</td></tr>
<tr><td>πιστεύεται</td><td>πιστεύονται</td><td>ἐπιστεύετο</td><td>ἐπιστεύοντο</td></tr>
<tr><td colspan="2" align="center">Futuro</td><td colspan="2" align="center">Aoristo 1º</td></tr>
<tr><td>πιστεύσομαι</td><td>πιστευσόμεθα</td><td>ἐπιστευσάμην</td><td>ἐπιστευσάμεθα</td></tr>
<tr><td>πιστεύσῃ</td><td>πιστεύσεσθε</td><td>ἐπιστεύσω</td><td>ἐπιστεύσασθε</td></tr>
<tr><td>πιστεύσεται</td><td>πιστεύσονται</td><td>ἐπιστεύσατο</td><td>ἐπιστεύσαντο</td></tr>
<tr><td></td><td></td><td colspan="2" align="center">Aoristo 2º</td></tr>
<tr><td></td><td></td><td>ἐλαβόμην</td><td>ἐλαβόμεθα</td></tr>
<tr><td></td><td></td><td>ἐλάβου</td><td>ἐλάβεσθε</td></tr>
<tr><td></td><td></td><td>ἐλάβετο</td><td>ἐλάβοντο</td></tr>
</table>

MODO INFINITIVO

Presente: πιστεύεσθαι   Aoristo 1º: πιστεύσασθαι

Aoristo 2º: λάβεσθαι

---

1. *¿Quién se bautizó?* **39**	Distinga bien los dos pronombres (cp. #38) al traducir las siguientes oraciones.
2. *Alguien se bautizó.*	1. τίς ἐβαπτίσατο; 2. τις ἐβαπτίσατο.

---

40 Las palabras τις y τίς son iguales excepto por el acento.

Cuando consta de sólo una sílaba el τίς interrogativo (*¿quién?*) lleva siempre acento agudo. Cuando tiene dos sílabas, como τίνος, τίνι, etc., el acento recae siempre en la primera (cp. XIII-1).

En cambio el τις indefinido (*uno, alguno*) se encuentra sin acento en muchos contextos. Cuando conserva su acento, lo lleva en la segunda sílaba.[1]

τις, τι: *uno, alguno, alguien*; neutro *algo*

<table>
<tr><td colspan="2" align="center">Singular</td><td colspan="2" align="center">Plural</td></tr>
<tr><td align="center">Masc. y Fem.</td><td align="center">Neutro</td><td align="center">Masc. y Fem.</td><td align="center">Neutro</td></tr>
<tr><td>τις</td><td>τι</td><td>τινὲς   (o: τινες)</td><td>τινὰ (o: τινα)</td></tr>
<tr><td>τινὸς   (o: τινος)</td><td></td><td>τινῶν   (o: τινων)</td><td></td></tr>
<tr><td>τινὶ   (o: τινι)</td><td></td><td>τισί(ν)   (o: τισι[ν])</td><td></td></tr>
<tr><td>τινὰ   (o: τινι)</td><td>τι</td><td>τινὰς   (o: τινας)</td><td>τινὰ (o: τινα)</td></tr>
</table>

Clasifique las siguientes formas según indique el acento de cada uno.

	Indefinido: uno, alguno	Interrogativo: ¿quién? ¿cuál?
modelo: τινὰ	X	
1. τίνες		
2. τις		
3. τίνα		
4. τινες		
5. τίς		
6. τι		

	Indef.	Interrog.
1.		X
2.	X	
3.		X
4.	X	
5.		X
6.	X	

[1] Las palabras que pierden su acento o lo corren a la palabra anterior se denominan enclíticas.

El que se interesa en las reglas para la pérdida o la conservación del acento en las palabras enclíticas puede consultar el apéndice I.

Para nuestro propósito, sin embargo, basta que el lector del griego observe si la palabra tiene o no un acento y, si lo tiene, en cuál sílaba recae. Así podrá hacer la distinción entre τις y τίς, distinción imprescindible por la gran diferencia de significado entre las dos palabras.

41

Algunos

Indique la traducción correcta:

τινὲς τῶν φαρισαίων εἶπαν . . .
(Cuáles / Algunos) de los fariseos dijeron…

42

Algo . . . alguien

Escoja las palabras correctas.

τι ἔχετε κατά τινος . . .
(Qué / Algo) tenéis contra (quién / alguien)…

43

τις
Si no escogió esta forma, vuelva a estudiar el #40 antes de seguir adelante.

Escoja el pronombre correcto.

εἴ (τίς / τις) θέλει ὀπίσω μου ἐλθεῖν . . .
Si alguien quiere venir tras mí…

44

τίνα

Escoja el pronombre correcto.

(τινα / τίνα) ζητεῖτε;
¿A quién buscáis?

45

τις

Supla la forma correcta del pronombre indefinido. (El paradigma del #40 le puede ayudar.)

ἐδωκέν _____ τὸν λόγον τοῖς μαθηταῖς.
Alguien *dio la palabra a los discípulos.*

46

τινα

Supla la forma correcta del pronombre indefinido.

εἴδαμέν _____ ἐν τῷ ὀνόματί σου ἐκβάλλοντα δαιμόνια.
*Vimos **a alguien** echando demonios en tu nombre.*

47 τις . . . τι	Supla los pronombres. ἐάν _____ ὑμῖν εἴπῃ _____ . . . Si **alguien** os dijere **algo**…
48 a. interrogativo b. indefinido	En la oración **a.** la palabra τί es (interrogativo / indefinido). En la **b.**, τι es (interrogativo / indefinido). a. τί ἔλαβεν ὑμᾶς ὁ φόβος; b. ἔχω τι εἰπεῖν σοι.
49 a. *¿Por qué os tomó el temor?* b. *Tengo algo que decirte.*	Repase el significado de τί en el apéndice VI, y el de τι en #38 y 40. Luego traduzca las dos oraciones del #48. a. _____ b. _____
50 *José se empadronó en cierta ciudad.*	El pronombre indefinido puede funcionar también como adjetivo. Cuando califica a un sustantivo se traduce *algún, cierto,* o simplemente *un*. τις ἀνὴρ χωλὸς . . . ἐβαστάζετο (Hch. 3:2) *Un hombre cojo . . . era traído* Traduzca la oración. ἀπογράφω: *empadronar* ὁ Ἰωσὴφ ἀπεγράψατο ἐν τινι πόλει. _____ .
51 *Y un siervo de cierto centurión…*	Después de analizar cuidadosamente el caso de cada palabra, complete la traducción del versículo. ἑκατοντάρχος, -ου, m: *centurión* Ἑκατοντάρχου δέ τινος δοῦλος . . . ἤμελλεν τελευτᾶν. (Lc. 7:2) _____ *estaba a punto de morir.*
52 Cuando ya domine bien estas declinaciones, pase a los ejercicios #53-60.	RESUMEN — Declinación Repase las diferentes formas de la primera declinación (#1, 2). Practique la declinación de los siguientes sustantivos: χρεία, ἀγάπη, μαθητής. Repase también la declinación τις (#40). Relacione con cada forma el nombre del caso y el sentido que puede expresar en una oración. Por ejemplo, al declinar τις y llegar a la forma τινος, identifíquela como caso genitivo, el cual puede expresar posesión: *de alguien.*
53	Antes de poder completar las palabras griegas en la oración siguiente, hay que analizar su función (sujeto, complemento directo, atributo, etc.) y el caso que corresponde a esa función.

alguien: sujeto, caso nominativo *discípulo*: atributo, caso nominativo	εἴ τι_____ θέλει μαθητ_____ μου εἶναι, ἐλθέτω ὀπίσω μου. *Si **alguien** quiere ser mi **discípulo**, venga tras mí.* ├─ función: _____ ├─ función: _____ └─ caso: _____ └─ caso: _____
54 τις . . . μαθητής	Supla las terminaciones de las palabras analizadas en la oración anterior.
55 *algunos*: sujeto, caso nominativo *profetas*: partitivo, caso genitivo (Cp. X-28.)	Haga el mismo análisis para la oración siguiente. τιν_____ τ_____ προφητ_____ ἐλάβοντο τὸν λόγον. **Algunos** de **los profetas** *recibieron (para sí) la palabra.* ├─ función: _____ ├─ función: _____ └─ caso: _____ └─ caso: _____
τινὲς . . . **56** τῶν προφητῶν	Complete las palabras analizadas en el #55.
57 *profetas*: sujeto, caso nominativo *cierto discípulo*: CD, caso acusativo	Analice la función y caso. _____ προφῆτ_____ ἐδίδαξαν μαζητ_____ τιν_____ . **Los profetas** *enseñaron a **cierto discípulo**.* ├─ función: _____ ├─ función: _____ └─ caso: _____ └─ caso: _____
58 οἱ προφῆται μαθητήν τινα	Complete las palabras analizadas en el #57.
59 *algún hermano*: posesión, caso genitivo *ciertos discípulos*: CD, caso acusativo *Jordán*: caso dativo (por la prep. ἐν)	Analice la función y caso. ὁ πατήρ τιν_____ ἀδελφοῦ ἐβάπτισέ τιν_____ μαθητ_____ ἐν τ_____ Ἰορδάν_____ . *El padre de **algún hermano** bautizó a **ciertos discípulos** en **el Jordán**.* ├─ función: _____ ├─ función: _____ ⌐caso: └─ caso: _____ └─ caso: _____ _____
τινος . . . **60** τινας μαθητὰς . . . τῷ Ἰορδάνῃ	Complete las palabras que analizó en el #59, consultando con el #40 en caso necesario.
61	Repase por medio de los cuadros indicados los diferentes sentidos de la voz media. 1. El sujeto realiza la acción en beneficio propio (#9). 2. El sujeto se involucra plenamente en la acción del verbo (#10, 11).

	3. El sujeto produce la acción y al mismo tiempo recibe el efecto (reflexivo) (#12).
	4. El sujeto causa o permite que una acción se efectúe (#13).

62	Estudie de nuevo el resumen de la voz media del #35 y los juegos de desinencias del #17. Practique la conjugación de verbos como διδάσκω, ἀπαγγέλλω y βάλλω. Luego pase a los ejercicios del #63 en adelante.

63 — ¿Cuál persona será el sujeto de verbos que lleven las terminaciones siguientes?

	Singular			Plural		
	1ª *yo*	2ª *tú*	3ª *él*	1ª *nosotros*	2ª *vosotros*	3ª *ellos*
1. -ετο						
2. -ομεθα						
3. -σομαι						
4. -σαντο						
5. -ου						
6. -εσθε						

	1ª	2ª	3ª	1ª	2ª	3ª
1.			x			
2.						x
3.	x					
4.						x
5.		x				
6.						x

64 — Cambie los siguientes verbos a voz media, conservando el mismo tiempo, persona, y número de la forma activa.

Voz activa   Voz pasiva

1. ἀπαγγέλλει   _____

2. ἐβάπτισαν   _____

3. πιστεύσομεν   _____

4. ἐδιδάσκετε   _____

5. βάλλω   _____

1. ἀπαγγέλλεται
2. ἐβαπτίσαντο
3. πιστευσόμεθα
4. ἐδιδάσκεσθε
5. βάλλομαι

65 — Traduzca los verbos de voz media del #64.

Voz activa   Voz media

1. anuncia   _____

2. bautizaron   _____

3. creeremos   _____

4. enseñabais   _____

5. echo   _____

1. anuncia para sí
2. se bautizaron
3. nos creeremos, o, creeremos para nosotros
4. os enseñabais para vosotros
5. me echo, o, echo para mí

66 — En los tiempos presente e imperfecto unas mismas formas del verbo expresan tanto la voz media como la voz pasiva. Sólo en aoristo y futuro existen formas especiales para la voz pasiva, distintas a las de la voz media.

Repáselas en los #20 y 30, antes de contestar la siguiente pregunta.

| Futuro: por el signo de pasiva -θη-. | ¿Cómo se distingue la voz pasiva de la voz media en el futuro? _____ |
| Aoristo: por el signo de pasiva -θη-, y también por las desinencias distintas que lleva. | . . . en el aoristo? _____ |

67

Identifique el tiempo y la voz de los siguientes verbos. Cuando una misma forma sirve tanto para voz media como para voz pasiva, marque las dos casillas. Consulte, en caso necesario, la tabla de voz media del #35 y la de voz pasiva del capítulo XIV-78.

1. fut. med.
2. aor. pas.
3. pres, med. o pas.
4. pres. act.
5. imperf. med. o pas.
6. aor. med.
7. fut. pas.

	Tiempo				Voz		
	Pres.	Fut.	Imperf.	Aor.	Act.	Med.	Pas.
1. πιστεύσεται							
2. ἐδιδάχθησαν							
3. βαπτιζόμεζα							
4. ἀπαγγέλλουσι							
5. ἐβλέποντο							
6. ἐλάβετο							
7. ἀκουσθήσονται							

68

Antes de analizar los siguientes infinitivos, repase #32-34.

1. pres. med. o pas.
2. aor. pas.
3. aor. med.

	Tiempo	Voz
1. διδάσκεσθαι	_____	_____
2. διδαχθῆναι	_____	_____
3. διδάξασθαι	_____	_____

69

Muchos discípulos se bautizaron en el Jordán.

Antes de traducir la siguiente oración, analice cuidadosamente el verbo.

μαθηταὶ πολλοὶ ἐβαπτίσαντο ἐν τῷ Ἰορδάνῃ.

_____

70

RESUMEN — Vocabulario

Ἰωάννης, -οῦ, m: *Juan*
μαθητής, -οῦ, m: *discípulo, alumno, seguidor*
προφήτης, -ου, m: *profeta*
τις, τι: *uno, alguno, alguien, algo*

71

PRUEBA

Traduzca las oraciones.

1. Ἰησοῦς ἐλάβετο μαθητάς τινας.

	2. τινὲς ἤθελον σῴζεσθαι.
	3. διδασκόμεθα τὰ τέκνα τοὺς νόμους τοῦ προφήτου.
	4. ἐβαπτίσασθε ἐν τῷ ὀνόματι τοῦ πατρός.
La respuesta se encuentra en el apéndice V-15.	5. τις λέγεται.

Al terminar este capítulo usted podrá traducir oraciones con verbos defectivos, distinguiéndolos de otros que expresen un sentido propio de voz media. Podrá traducir el infinitivo con artículo. Traducirá 30 palabras nuevas, incluyendo el pronombre οὗτος, al cual distinguirá del pronombre αὐτός.

1 media o pasiva activa	Algunos verbos griegos carecen de formas de voz activa. Expresan el sentido de voz activa (sujeto activo) con las formas que pertenecen a la voz media o a la voz pasiva. ἐγὼ πρὸς τὸν πατέρα **πορεύομαι.** (Jn. 14:12) *Yo **voy** al padre.* La forma del verbo πορεύομαι es de voz _____ , pero su traducción, *voy*, vemos que expresa un sentido de voz _____.
2 *Va*	Decimos que el verbo πορεύομαι *ir, irse* es **defectivo** porque carece de formas de voz activa. Para suplir esa falta se emplean las formas de voz media o voz pasiva, pero éstas expresan entonces un sentido activo. Traduzca el **verbo defectivo** de la siguiente oración. πορεύεται εἰς τὸ ὄρος μετὰ τῶν μαθητῶν. _____ *al monte con los discípulos.*
3 tiempo futuro *Los discípulos irán con el Señor.*	Al igual que en tiempo presente, πορεύομαι es defectivo también en los otros tiempos. Analice el tiempo del verbo y traduzca la oración. μετά: (seguido del genitivo) *con* πορεύσονται οἱ μαθηταὶ μετὰ τοῦ κυρίου. tiempo _____ _____
4 tiempo imperfecto *Ciertos (algunos) discípulos iban con él al monte.*	Analice el tiempo del verbo y traduzca la oración. μαθηταί τινες ἐπορεύοντο μετὰ αὐτοῦ εἰς ὄρος. tiempo_____ _____
5 *y los once discípu- los fueron a Galilea al monte que Jesús les indicó.*	En tiempo aoristo el verbo defectivo πορεύομαι emplea la voz pasiva para expresar el sentido de voz activa. **ἐπορεύθη** εἰς ἕτερον τόπον. (Hch. 14:17) *Fue a otro lugar.* Traduzca el versículo siguiente. οἱ δὲ ἔνδεκα μαθηταὶ ἐπορεύθησαν εἰς τὴν Γαλιλαίαν εἰς τὸ ὄρος _____ *once* _____ οὗ ἐτάξατο αὐτοῖς ὁ Ἰησοῦς. (Mt. 28:16) *que indicó* _____

6 Defectivo en presente y futuro. No es defectivo en aoristo.	El verbo πορεύομαι es defectivo en todos los tiempos. Otros verbos son defectivos solamente en ciertos tiempos: ἔρχομαι ἐλεύσομαι ἦλθον *vengo* *vendré* *vine* Por las partes fundamentales arriba, concluimos que el verbo *venir* es defectivo en los tiempos _____ y _____ , y que no es defectivo en tiempo _____ .
7 1. tiempo presente *El rey viene a (con) nosotros.* 2. tiempo futuro *Vendrán muchos reyes.* 3. tiempo imperfecto *Veníais con los hombres de la ciudad.*	Puesto que el tiempo imperfecto se construye a base de la 1ª parte fundamental, el imperfecto de ἔρχομαι es también defectivo. Presente Imperfecto ἔρχομαι ἠρχόμην *vengo* *venía* Traduzca las oraciones, consultando el apéndice VI si no recuerda todo el vocabulario. πρός: (seguida del acusativo) *a, para, con* 1. ὁ βασιλεὺς ἔρχεται πρὸς ἡμᾶς. tiempo _____ _____ 2. ἐλεύσονται βασιλεῖς πολλοί. tiempo _____ _____ 3. ἠρχεσθε μετὰ τῶν ἀνδρῶν τῆς πόλεως. tiempo _____ _____
8	Varios verbos ya conocidos son defectivos en ciertos tiempos (principalmente en el futuro). En la lista de verbos del XIV-45, esas partes fundamentales defectivas se presentaron entre paréntesis, por no haberse explicado todavía. Ahora entendemos que su función es la de suplir la carencia de formas activas en esos tiempos, y que se emplean en sentido activo.

Presente	Futuro	Aoristo	Aor. pasivo	
γινώσκω	**γνώσομαι**	ἔγνω	ἐγνώσθην	*conocer, saber*
εἰμί	**ἔσομαι**	----	----	*ser*
ἔρχομαι	ἐλεύσομαι	ἦλθον	----	*venir*
ἐσθίω	**φάγομαι**	ἔφαγον	----	*comer*
λαμβάνω	**λήμψομαι**	ἔλαβον	ἐλήμφθην	*tomar, recibir*

Traduzca las formas defectivas en negrita.

_____

_____

vengo	*conoceré* *seré* *vendré* *comeré* *tomaré*	_____ _____ _____ _____

9	El verbo más común de los de futuro defectivo (#8) es ἔσομαι. Se conjuga según la pauta conocida para el futuro de voz media, con excepción de la 3ª persona singular, que termina en -ται en vez de la acostumbrada -εται. ἔσομαι ἐσόμεθα ἔσῃ ἔσεσθε ἔσται ἔσονται Traduzca la conjugación. _____ _____ _____ _____ _____ _____
seré seremos *serás seréis* *será serán*	

10 defectivo	Cuando un verbo emplea formas de la voz media o pasiva para expresar el sentido de la voz activa, se dice que es un verbo _____.

11 2, 3, 5, 6	¿Cuáles de los siguientes verbos son defectivos? ___ 1. βαπτόζομαι *me bautizo* ___ 4. βλέπομαι *me veo* ___ 2. γνώσομαι *conoceré* ___ 5. ἔρχομαι *vengo* ___ 3. πορεύομαι *voy* ___ 6. ἔσται *será*

12 (en sus propias palabras) Un verbo defecti-vo es aquel que carece de formas de voz activa y por tanto emplea formas de voz media o pasiva para expresar el sentido de la voz activa.	Defina qué es un verbo defectivo. _____ _____

13	Verbos defectivos comunes en el N.T. son los siguientes:

Presente	Futuro	Aor. medio	Aor. pasivo	
ἀποκρίνομαι	ἀποκριθήσομαι	ἀπεκρινάμην	ἀπεκρίθην	*contestar, responder*
ἄρχομαι	ἄρξομαι	ἠρξάμην	----	*comenzar, empezar*
ἀσπάζομαι	----	ἠσπασάμην	----	*saludar*

γίνομαι	γενήσομαι	ἐγενόμην	ἐγενήθην	*llegar a ser, hacerse, ser; estar; suceder; venir*
δέχομαι	----	ἐδεξάμην	ἐδέχθην	*recibir, aceptar, acoger*
δύναμαι	δυνήσομαι	----	{ ἠδυνάσθην / ἠδυνήθην }	*poder, ser capaz*
ἔρχομαι	ἐλεύσομαι	(ἦλθον)	----	*venir*
κάθημαι	καθήσομαι	----	----	*estar sentado, sentarse*
πορεύομαι	πορεύσομαι	----	ἐπορεύθην	*ir*
προσεύχομαι	προσεύξομαι	προσηυξάμην	----	*orar*
φοβέομαι	φοβηθήσομαι	----	ἐφοβήθην	*temer, tener miedo*

Lea cuidadosamente cada verbo, con todas sus partes fundamentales, para relacionar el sentido del verbo con las formas.

Al hacer las traducciones siguientes, refiérase a esta lista de verbos, y también a la del #8.

Nota 1: La falta de alguna parte fundamental en los verbos arriba quiere decir que ese tiempo del verbo no se encuentra en el N.T.

Nota 2: Dos de los verbos arriba expresan el aoristo con formas tanto de voz media como de voz pasiva. No hay distinción de significado entre las dos voces, las cuales se traducen con sentido activo.

Los demás verbos forman el aoristo o en voz media o en voz pasiva, pero siempre con sentido de voz activa.

14

1. fut. indic. 1ª pl. ἔρχομαι
2. pres. indic. 3ª pl. ἀσπάζομαι
3. imperf. indic. 3ª sing. ἔρχομαι
4. aor. indic. 2ª pl. δέχομαι
5. pres. infin. -- -- προσεύχομαι
6. aor. indic. 3ª sing. ἀποκρίνομαι

Para poder traducir correctamente un verbo es imprescindible analizar su tiempo, modo, voz, etc.

Al analizar los verbos siguientes consulte, en caso necesario, el resumen de voz media en el capítulo XV-35 y el de voz pasiva en el XIV-78.

	Tiempo	Modo	Voz	Pers.	Núm.	1º p. fund.
ej. δύναται	Pres.	indic.	forma: media signif.: activa	3ª	sing.	δύναμαι
1. ἐλευσόμεθα			" "			
2. ἀσπάζονται			" "			
3. ἤρχετο			" "			
4. ἐδέξασθε			" "			
5. προσεύχεσθαι			" "			
6. ἀπεκρίθη			forma: pasiva signif.: activa			

15

1. *vendremos*
2. *saludan*
3. *venía*
4. *recibisteis*

Traduzca los verbos analizados en el #14.

1. _____   3. _____

2. _____   4. _____

5. *orar* 6. *contestó*	5. _____ 6. _____
16 *Y oyeron los apóstoles y los hermanos . . . que también los gentiles recibieron la palabra de Dios.*	Al traducir las oraciones siguientes, analice el tiempo del verbo según la conjugación en voz media. Recuerde, sin embargo, que el verbo defectivo se traduce con sentido de voz activa. ἤκουσαν δὲ οἱ ἀπόστολοι καὶ οἱ ἀδελφοὶ . . . ὅτι καὶ τὰ ἔθνη ἐδέξοντο _____ τὸν λόγον τοῦ θεοῦ. (Hch. 11:1) _____
17 *Y nadie podía contestarle una palabra.*	καὶ οὐδεὶς ἐδύνατο[1] ἀποκριθῆναι αὐτῷ λόγον. (Mt. 22:46) —— *nadie* _____ [1] Tiempo imperfecto. En este verbo se emplea en imperfecto la vocal α despúes del tema, en vez de la acostumbrada ε.

18
 	
1. *se hace, o, llega a ser*
	El verbo γίνομαι admite muchas traducciones diferentes, aun dentro de un contexto limitado como el del Evangelio de Juan.
	
	1. *Hacerse, llegar a ser*:
	
	    1:12 ἔδωκεν αὐτοῖς ἐξουσίαν τέκνα θεοῦ **γενέσθαι**.
	    *Les dio el derecho de **llegar a ser** hijos de Dios.*
	
	    1:3 πάντα δι' αὐτοῦ **ἐγένετο**.
	    *Todo por él **fue hecho**.*
	
	2. *Ser (o estar)*:
	
	    5:6 θέλεις ὑγιὴς **γενέσθαι**;
	    *¿Quieres **ser** sano?*
	
	    8:33 Ἐλεύθεροι **γενήσεσθε**.
	    ***Seréis** libres.*
	
	3. *Suceder, acontecer, venir*:
	
	    1:28 ταῦτα ἐν Βηθανίᾳ **ἐγένετο**.
	    *Estas cosas **sucedieron** en Betania.*
	
	    1:17 ἡ χάρις καὶ ἡ ἀλήθεια διὰ Ἰησοῦ Χριστοῦ **ἐγένετο**.
	    *La gracia y la verdad **vinieron** por Jesucristo.*
	
	Complete la traducción de los versículos siguientes.
	
	1. ὃ μικρότερον ἐστιν πάντων τῶν σπερμάτων, ὅταν δὲ αὐξηθῇ . . .
	
	    . . . que es la más pequeña de todas las semillas, pero cuando crece . . .
	
	    γίνεται δένδρον. (Mt. 13:32)
	
	    _____ *árbol.*

	2. οἴδατε ὅτι μετὰ δύο ἡμέρας τὸ πάσχα **γίνεται**. (Mt. 26:2) Sabéis que después de dos días _____ la pascua. 3. ἔκφοβοι γὰρ **ἐγένοντο**. (Mr. 9:6) Pues _____ espantados.
2. *viene* 3. *estuvieron*	

	Además de todo lo que hay que recordar respecto al significado activo de los verbos defectivos, hay que fijarse también en todos los puntos corrientes del análisis de tiempo, modo, persona y número de cada verbo. δέχονται y ἐδέξατο son formas del verbo defectivo δέχομαι, de significado activo: *recibir*. Analice cada forma para llegar a la traducción correcta.
19 1. pres. indic. 3ª pl. *reciben* 2. aor. indic. 3ª sing. *recibió*	

	Tiempo	Modo	Persona	Número	Traducción
1. δέχονται					
2. ἐδέξατο					

20 1. imperfecto 2. presente 3. futuro 4. aoristo 5. futuro	Practique la distinción de los tiempos analizando los siguientes verbos. Tiempo Tiempo 1. ἐπορεύοντο _____ 4. προσηύξασθε _____ 2. ἀποκρίνεται _____ 5. λήμψονται _____ 3. ἔσται _____

21 *Y Jesús iba con ellos.*	Traduzca el versículo. ὁ δὲ Ἰησοῦς ἐπορεύετο σὺν αὐτοῖς. (Lc. 7:6) _____

22 *El mundo no puede recibir el espíritu de verdad pero vosotros lo conoceréis.*	Traduzca la oración. ἀλήθεια, -ας, f: *verdad* ὁ κόσμος οὐ δύναται λαβεῖν τὸ πνεῦμα τῆς ἀληθείας, ἀλλ' ὑμεῖς _____ αὐτὸ γνώσεσθε. _____

23 *Será grande vuestra recompensa, y seréis hijos del altísimo.*	Complete la traducción del versículo. ἔσται ὁ μισθὸς ὑμῶν πολύς, καὶ ἔσεσθε υἱοὶ ὑψίστου. (Lc. 6:35) _____ recompensa _____ altísimo.

24 *Temieron a las multitudes.*	Traduzca la oración. ἐφοβήθησαν τοὺς ὄχλους. _____

25	Traduzca el versículo. $\qquad$ μέλλω, μελλήσω: (seguido del infinitivo) *ir a, estar a punto de* $\qquad$ δόξα, -ης,[1] f: *gloria* $\qquad$ μετά: (seguido del genitivo) *con* μέλλει γὰρ ὁ υἱὸς τοῦ ἀνθρώπου ἔρχεσθαι ἐν τῇ δόξα τοῦ πατρὸς αὐτοῦ _____ μετὰ τῶν ἀγγέλων αὐτοῦ . . . (Mt. 16:27) _____
Porque el hijo del hombre va a venir en la gloria de su Padre con sus ángeles...	[1] Observe que la vocal de la desinencia varía de α en nominativo a η en genitivo. La pauta para su declinación se da en el paradigma de πᾶσα *toda* en el XIII-49.
26	Cuando el lector encuentra en el texto griego un verbo con forma de voz media, tiene que averiguar si se trata de un verbo defectivo o no. $\quad$ Si es **defectivo**, se traducirá con sentido de voz **activa**. $\quad$ Si **no** es defectivo, se le busca el sentido especial de la voz **media** o de voz **pasiva**. Si está en uno de los tiempos en que la voz media y la pasiva comparten las mismas formas, caben las dos traducciones $\qquad$ δέχομαι: Verbo defectivo. Se traduce en voz activa: *recibo*. $\qquad$ κρίνομαι: No es defectivo. Se traduce en voz media o pasiva: *me juz-go*, o, *soy juzgado*. Consultando las listas de verbos #8 y 13, analice la voz de los verbos siguients y tradúzcalos.
1. Es defectivo. activa: *llegué a ser* 2. No es defect. med. o pas.: *me bautizo, soy bautizado* 3. Es defectivo. activa: *vengo* 4. Es defectivo. activa: *temí* 5. No es defect. media: *me enseñé*	1. ἐγενόμην: $\quad$ (Es / No es) verbo defectivo. $\qquad$ Trad. en voz (activa / media): _____ 2. βαπτίζομαι: (Es / No es) verbo defectivo. $\qquad$ Trad. en voz (activa / media o pasiva): _____ 3. ἔρχομαι: $\quad$ (Es / No es) verbo defectivo. $\qquad$ Trad. en voz (activa / media o pasiva): _____ 4. ἐφοβήθην $\quad$ (Es / No es) verbo defectivo. $\qquad$ Trad. en voz (activa / media): _____ 5. ἐδιδαξάμην: (Es / No es) verbo defectivo. $\qquad$ Trad. en voz (activa / media): _____
27	Haga el mismo análisis (cp. #26) de los verbos en el siguiente versículo. Además, analice cuidadosamente los casos de los sustantivos y su función en la oración. $\qquad\qquad\qquad\qquad$ λογίζομαι: (en este contexto) *concluir* $\qquad\qquad\qquad\qquad$ δικαιόω: *justificar* $\qquad\qquad\qquad\qquad$ χωρίς: (seguido del genitivo) *sin*

λογιζόμεθα defectivo, trad. activa *concluimos*
 	
 δικαιοῦσθαι no defectivo, trad. pasiva *ser justificado*
 	
 πίστει caso dativo, función: instrumental
 	
 ἄνθρωπον caso acusativo, función: sujeto del infinitivo
	λογιζόμεθα[1] γὰρ **δικαιοῦσθαι**[2] **πίστει**[3] **ἄνθρωπον**[4] χωρὶς ἔργων νόμου.
	 (Ro. 3:28)
	
	 [1] (Es / No es) verbo defectivo.
	    Trad. (act. / pas. / med.) Trad. _____
	
	 [2] (Es / No es) verbo defectivo.
	    Trad. (act. / pas. / med.) Trad. _____
	
	 [3] caso _____ Función: _____
	                                            (XIII-34s)
	
	 [4] caso _____ Función: _____
	                                            (VI-45-50)

28 *Concluimos pues que (el) hombre es justificado por fe sin (las) obras de (la) ley.*	Con base en el análisis del #27, traduzca ese versículo: (Ro. 3:28) λογιζόμεθα γὰρ δικαιοῦσθαι πίστει ἄνθρωπον χωρὶς ἔργων νόμου. _____
29 ἔσονται defectivo, trad. activa *serán* διδάξαι aor. inf. activa *enseñar*	Analice los verbos del versículo siguiente. ἱκανός, -ή, -όν: *digno, capaz* . . . ἱκανοὶ **ἔσονται**[1] καὶ ἑτέρους **διδάξαι**.[2] (2 Ti. 2:2) [1] (Es / No es) verbo defectivo. Trad. (activa / media): Trad: _____ [2] Tiempo: _____ modo: _____ voz: _____ Trad: _____
. . . *serán* **30** *capaces también de enseñar a otros.*	Al traducir el versículo del #29, observe que el infinitivo depende del adjetivo ἱκανοί, relación que en español exige la preposición *de*. _____ *de* _____

31	En el trozo siguiente hay verbos en las voces activa, media y pasiva. Algunos de ellos son defectivos. Otros manifiestan en voz media o pasiva un significado diferente al de la voz activa. Por tanto el análisis de la voz de cada verbo es clave para su traducción. Verifique su identificación de la voz de los verbos antes de proseguir a la traducción completa.
	
	       ἀγρός, -οῦ, m: *campo*
	       ἁμαρτάνω, ἁμαρτήσω, ἥμαρτον: *pecar, cometer pecado*
	       ἄξιος, -α, -ον: *digno*
	       ἀπόλλυμι: (voz activa) *destruir, matar*; (voz media) *perecer*
	       ἄρχω: (voz activa) *gobernar*; (voz media) *comenzar*
	       βόσκω: *apacentar*
	       ἑαυτοῦ: (en este contexto) *su*
	       ἐκεῖνος, -η, -ον: *aquel, aquella, aquello*
	       ἐπιπίπτω, ----, ἐπέπεσα: (verbo compuesto de ἐπί + πίπτω, *caer*) *caer*
	                             sobre; + τὸν τράχηλον, *cuello* = *abrazar*
	       ἰσχυρός, -ά, -όν: (en este contexto) *grande*
	       καλέω, καλήσω, ἐκάλεσα, ἐκλήθην: *llamar*
	       καταφιλέω: *besar*

κολλάομαι, κολληθήσομαι, ----, ἐκολλήθην: *arrimarse*
λιμός, -οῦ, m y f: *hambre* (Esta palabra puede estar acompañada de adjetivo y artículo femeninos.)
μίσθιος, -ου, m: *trabajador, asalariado*
πέμπω: *enviar*
περισσεύω: *tener abundancia*
ποιέω, ποιήσω, ἐποίησα: *hacer*
πολίτης, -ου, m: *ciudadano*
πόσος, -η, -ον: *cuánto*
πρός: (seguido del acusativo) *a, para, con*
σπλαγχνίζομαι: *compadecer, sentir compasión*
ὑστερέω: (voz activa) *faltar*; (voz media) *padecer necesidad*
χοῖρος, -ου, m: *puerco*
χορτάζω: (voz activa) *dar de comer*; (voz pasiva) *hartarse*
χώρα, -ας, f: *región*
ὧδε: *aquí*
ὡς: *como*

ἤρξατο
voz media

ὑστερεῖσθαι
voz media

¹⁴ . . . ἐγένετο λιμὸς ἰσχυρὰ . . . καὶ αὐτὸς ἤρξατο ὑστερεῖσθαι.

   (V. #13)   voz _____   voz _____

_____

¹⁵ . . . ἐκολλήθη ἑνὶ τῶν πολιτῶν τῆς χώρας ἐκείνης, καὶ ἔπεμψεν αὐτὸν

_____ *a uno* _____

εἰς τοὺς ἀγροὺς αὐτοῦ βόσκειν χοίρους· ¹⁶ καὶ ἐπεθύμει χορτασθῆναι

χορτασθῆναι
voz pasiva

                                    voz _____

_____ *deseaba* _____

ἐκ τῶν κερατίων ὧν ἤσθιον οἱ χοῖροι, καὶ οὐδεὶς ἐδίδου αὐτῷ.
                                       (XII-19-21)

_____ *algarrobas que* _____ *nadie* _____

περισσεύονται
voz media

¹⁷ . . . ἔφη, Πόσοι μίσθιοι τοῦ πατρός μου περισσεύονται

                            voz _____ (Cp. XV-10)

  decía, _____

ἀπόλλυμαι
voz media

ἄρτων, ἐγὼ δὲ λιμῷ ὧδε ἀπόλλυμαι. ¹⁸ . . . πορεύσομαι πρὸς τὸν πατέρα

                    voz _____   (V. #13)

_____

μου καὶ ἐρῶ αὐτῷ, Πάτερ, ἥμαρτον εἰς τὸν οὐρανὸν καὶ ἐνώπιον σου,

_____ *contra* _____ *contra* _____

¹⁹ οὐκέτι εἰμὶ ἄξιος κληθῆναι υἱός σου· ποίησόν με ὡς ἕνα τῶν μισθίων
            (de καλέω, Cp. #30)

  Ya no _____ *uno* _____

σου. ²⁰ . . . ἦλθεν πρὸς τὸν πατέρα ἑαυτοῦ . . . εἶδεν αὐτὸν ὁ πατὴρ αὐτοῦ

_____ *vio* _____

	καὶ ἐσπλαγχνίσθη καὶ δραμὼν ἐπέπεσεν ἐπὶ τὸν τράχηλον αὐτοῦ καὶ (V. ἐπιπίπτω) _____ — *corriendo* — _____ κατεφίλησεν αὐτόν. (Lc. 15) _____
32 La respuesta se encuentra des- pués del #36.	Traduzca el trozo anterior.
33	Las siguientes palabras del vocabulario de Lc. 15 (#31) son tan frecuentes en el N.T. que deben aprenderse de memoria. ἁμαρτάνω πέμπω ἀπόλλυμι ὡς ἐκεῖνος Practíquelas según el método sugerido en el apéndice VI o bien con su propio método.
34 neutro	El infinitivo del verbo griego aparece a veces con un artículo. En ciertos contextos la traducción al español puede emplear una construcción equivalente. ἐμοὶ γὰρ **τὸ ζῆν** Χριστὸς καὶ **τὸ ἀποθανεῖν** κέρδος. (Fil. 1:21) *Para mí **el vivir** es Cristo y **el morir** ganancia.* ¿En qué genero está el artículo griego que acompaña al infinitivo? _____
aoristo, **35** infinitivo, activa	Analice el verbo. καθίζω, καθίσω, ἐκάθισα: *sentarse* καθίσαι: tiempo _____ modo _____ voz _____
36 *Mas el sentarse*	Complete la traducción del versículo. (Mr. 10:40) τὸ δὲ καθίσαι ἐκ δεξιῶν μου ἢ ἐξ εὐωνύμων οὐκ ἔστιν ἐμὸν δοῦναι . . . _____ *a mi derecha o a (mi) izquierda no es mío dar(lo) . . .*
	Traducción del trozo #31. [14] *Vino una gran hambre . . . y él empezó a sufrir necesidad.* [15] *Se arrimó a uno de los ciudadanos de aquella región, y lo envió a sus campos a apacentar puercos;* [16] *y deseaba hartarse de las algarrobas que comían los puercos, y nadie le daba.* [17] *. . . decía: «Cuántos trabajadores de mi padre tienen abundancia de pan (lit. panes), y yo aquí perezco de hambre.* [18] *. . . Iré a mi padre y diré a él, Padre, pequé contra el cielo y contra ti,* [19] *ya no soy digno de ser llamado hijo tuyo; hazme como uno de tus trabajadores».* [20] *. . . fue a su padre . . . lo vio su padre y sintió compasión y corriendo cayó sobre su cuello (= lo abrazó) y lo besó.*
37	En el ejemplo del #34 el infinitivo con su artículo τὸ funciona como **sujeto** de su respectiva oración. La forma del artículo neutro que corresponde a la función de sujeto es τὸ.

	τὸ ζῆν Χριστός. **τό ἀποθανεῖν** κέρδος.[1] *El vivir es Cristo.*[1] *El morir es ganancia.* ¿Cuál es el sujeto de cada una de las oraciones del versículo citado? _____ _____ [1] La redacción griega del pensamiento «El vivir es Cristo y el morir es ganancia» no exige el empleo del verbo *es*. La oración en griego consta simplemente de un sujeto y un atributo. El verbo es tácito. (Cp. IV-44ss.)
τὸ ζῆν τὸ ἀποθανεῖν	
38	El infinitivo con artículo también puede darse en otros casos. Acompañado de un artículo en caso **genitivo** el infinitivo a menudo expresa propósito. καὶ εἰσῆλθεν **τοῦ μεῖναι** σὺν αὐτοῖς. (Lc. 24:29) *Y entró **para quedar** con ellos.* Complete la traducción. τὸ πρόσωπον ἐστήρισεν τοῦ πορεύεσθαι εἰς Ἰερουσαλήμ. (Lc. 9:51) *Afirmó su rostro* _____
para ir a Jerusalén.	
39	En el versículo anterior ¿se emplea un artículo en español para traducir el infinitivo con artículo en genitivo? _____
no	
40	El infinitivo con artículo en genitivo en el #38 depende del verbo principal de la oración. También el infinitivo con artículo en genitivo puede depender de un adjetivo (cp. #30). Traduzca el versículo. ἕτοιμος: *listo, preparado* ἀνελεῖν: inf. aor. de ἀναίρω, *matar* ἕτοιμοί ἐσμεν τοῦ ἀνελεῖν αὐτόν. (Hch. 23:15) _____
Estamos listos para matarlo.	
41	Recordemos que el infinitivo sin artículo también puede expresar propósito. (Cp. XII-10.) ἦλθον **ἀκοῦσαι** *Vinieron **para escuchar**.* En un mismo contexto puede darse tanto el infinitivo sin artículo como el infinitivo acompañado del artículo. Complete la traducción. παρίστημι, παραστήσω, παρέστησα y παρέστην: *presentar* ἀνήγαγον αὐτὸν εἰς Ἰερουσόλυμα **παραστῆσαι** τῷ κυρίῳ, *Lo trajeron a Jerusalén* _____ . . . καὶ **τοῦ δοῦναι** θυσίαν . . . (Lc. 2:22-24) _____ *sacrificio . . .*
para presentar(lo) al Señor . . . y para dar sacrificio . . .	

42 no propósito	En el pasaje anterior ¿tienen artículo ambos infinitivos? _____ Los dos infinitivos expresan _____.
43 ³⁸ *Mas Jesús dijo a ellos . . . «¿Podéis beber la copa que yo bebo, o ser bautizados con el bautismo con que yo soy bautizado?»* ³⁹ *Y dijeron a él: «Podemos». Y Jesús dijo a ellos: «La copa que yo bebo beberéis y con el bautismo con que yo soy bautizado seréis bautizados,* ⁴⁰ *pero el sentarse a mi derecha o a (mi) izquierda no es mío dar(lo)».*	Analice cuidadosamente la voz de los verbos en negrita al traducir el trozo siguiente. βάπτισμα, -τος, n: *bautismo* ἤ: *o* πίνω, πίομαι, ἔπιον: *beber* ποτήριον, -ου, n: *copa* ³⁸ ὁ δὲ Ἰησοῦς εἶπεν αὐτοῖς, . . . **δύνασθε** πιεῖν τὸ ποτήριον ὃ ἐγὼ 　　　　　　　(V. #13) _____ *que* _____ πίνω ἢ τὸ βάπτισμα ὃ ἐγὼ **βαπτίζομαι βαπτισθῆναι**; ³⁹ οἱᵃ δὲ εἶπαν ___ (*con*) _____ *con que* _____ αὐτῷ, **Δυνάμεθα.** ὁ δὲ Ἰησοῦς εἶπεν αὐτοῖς, Τὸ ποτήριον ὃ ἐγὼ πίνω _____ *que* _____ **πίεσθε** καὶ τὸ βάπτισμα ὃ ἐγὼ **βαπτίζομαι βαπτισθήσεσθε,** ⁴⁰ **τὸ** δὲ _____ *con que* _____ **καθίσαι** ἐκ δεξιῶν μου ἢ ἐξ εὐωνύμων οὐκ ἔστιν ἐμὸν **δοῦναι.** (Mr. 10) 　　　(V. #36) _____ ᵃ El artículo funciona como pronombre en este contexto.
44 1. *él* 2. *él* 3. *ellos* 4. *ellos*	En los versículos del #38 y del 41 el sujeto del verbo principal cumple también la acción del infinitivo. 　1. εἰσῆλθεν τοῦ μεῖναι　　　sujeto (tácito): _____ 　　*entró para quedar* 　2. ἐστήρισεν . . . τοῦ πορεύεσθαι　sujeto (tácito): _____ 　　*afirmó . . . para ir* 　3. ἦλθον ἀκοῦσαι　　　　　sujeto (tácito): _____ 　　*vinieron para escuchar* 　4. ἀνήγαγον . . . παραστῆσαι . . .　sujeto (tácito): _____ 　　*lo tajeron . . . para presentar . . .* 　　καὶ τοῦ δοῦναι . . . 　　*y para dar . . .*
45	En contraste con las oraciones del #44, hay otras como la siguiente, donde el sujeto del verbo principal **no** es el que cumple la acción del infinitivo. 　θέλω ὑμᾶς λαλεῖν γλώσσαις. (1 Co. 14:5) 　(**Deseo a vosotros hablar en lenguas.*) 　*Deseo que vosotros habléis en lenguas.*

yo ὑμᾶς acusativo	El sujeto del verbo principal θέλω es _____. El infinitivo λαλεῖν tiene otro sujeto: _____ , de caso _____.
46 *. . . que él no subie-se a Jerusalén*	Observamos en la traducción del versículo anterior que el infinitivo griego con sujeto distinto al del verbo principal no puede traducirse por un infinitivo en español. Nuestra lengua exige, en la mayoría de los contextos, una oración subordinada. (Cp. Cap. VI-45.) El infinitivo con artículo también se encuentra en esta construcción. Traduzca el versículo. ἀναβαίνω, ἀναβήσομαι, ἀνέβην: (verbo compuesto de la preposición ἀνά + tema verbal βαίνω) *subir* παρεκαλοῦμεν . . . τοῦ μὴ ἀναβαίνειν αὐτὸν εἰς Ἰερουσαλήμ. (Hch. 21:12) *Rogábamos* _____
47 οὗτος αὐτός *éste* *él*	Una de las palabras más comunes del N.T. es el pronombre οὗτος *éste*. Se necesita una atención especial para no confundirlo con el pronombre personal αὐτός *él*. Difieren sólo en su primera letra, y en la acentuación. Pronuncie las dos palabras: οὗτος αὐτός (útos) (aftós) _____ _____ Escriba debajo de cada una su significado en español

48
 	
 1. *Éste es mi hijo.*
 2. *Él os bautizará.*
	Traduzca los versículos.
	
	   1. οὗτός ἐστιν ὁ υἱός μου. (Mt. 3:17)
	
	 _____
	
	   2. αὐτὸς ὑμᾶς βαπτίσει. (Mt. 3:11)
	
	 _____

éste = οὗτος **49** (¿Lo escribió con espíritu rudo?) *él* = αὐτός	El pronombre *éste* en griego es _____. El pronombre *él* es _____.
50 οὗτοι = *éstos* αὐτοί = *ellos*	Traduzca los pronombres en plural. οὗτοι αὐτοί _____ _____
51	En los otros casos que no son el nominativo, la palabra οὗτος comienza con τ. El neutro lleva τ aun en nominativo.

			Singular		Plural	
			Masc.	Neutro	Masc.	Neutro
	Nom.		οὗτος	τοῦτο	οὗτοι	ταῦτα
	Gen.		τούτου		τούτων	
	Dat.		τούτῳ		τούτοις	
	Ac.		τοῦτον	τοῦτο	τούτους	ταῦτα

Complete la traducción, analizando bien los casos.

τοῦτον ὁ θεὸς ... ὕψωσεν ... (Hch. 5:31)

Dios exaltó a éste... _____ *exaltó* . . .

52

El neutro es de uso frecuente en el N.T.

Singular
τοῦτο: *esto*

Plural
ταῦτα: *estas cosas, esto*

Traduzca el versículo.

Dijo a los discípulos: «Tomad, comed, esto es mi cuerpo».

τοῖς μαθηταῖς εἶπεν, Λάβετε, φάγετε, τοῦτό ἐστιν τὸ σῶμά μου. (Mt. 26:26)

_____

53

La palabra οὗτος es también adjetivo, al igual que *este* en español.
En griego, sin embargo, se emplea el artículo con este adjetivo para calificar a un sustantivo.

οὗτος ὁ κόσμος
ὁ κόσμος οὗτος } *este mundo*

Traduzca el versículo.

(Jn. 8:23)

Vosotros sois de este mundo; yo no soy de este mundo.

ὑμεῖς ἐκ τούτου τοῦ κόσμου ἐστέ, ἐγὼ οὐκ εἰμὶ ἐκ τοῦ κόσμου τούτου.

_____

54

Traduzca el versículo.

ἀνίστημι: (verbo compuesto de la preposición ἀνά + ἵστημι) *levantar*

τοῦτον τὸν Ἰησοῦν ἀνέστησεν ὁ θεός. (Hch. 2:32)

Dios levantó a este Jesús.

_____

55

ésta: αὕτη
ella: αὐτή

El femenino αὕτη *ésta* no ha de confundirse con αὐτή *ella.*
En nominativo sólo se distinguen por el espíritu y el acento.

Escriba los vocablos *ésta:* _____ y, *ella.* _____ .

56

αὕτη   αὐτή
ésta   *ella*

Pronuncie las dos palabras, con el tono fuerte en la sílaba que lleva el acento escrito.

αὕτη   αὐτή
(áfti)   (aftí)

_____   _____

Escriba debajo de cada una su significado en español.

57	Traduzca los versículos, distinguiendo los pronombres.
	
	1. αὕτη δέ ἐστιν ἡ αἰώνος[a] ζωὴ ... (Jn. 17:3)
	     eterna
	
	_____
	
	2. ἀπ' ἐκείνης τῆς ὥρας ἔλαβεν αὐτὴν ὁ μαθητὴς εἰς τὰ ἴδια. (Jn. 19:27)
	    hora *en su casa.*
	
	_____
	
	[a] Este adjetivo se emplea con las terminaciones de 2ª declinación tanto para femenino como para masculino.

1. Ésta es la vida eterna.
2. Desde aquella hora el discípulo la recibió en su casa.

58	El femenino αὕτη *ésta* también se escribe con τ en los otros casos fuera del nominativo.
	
	                Singular Plural
	Nom. αὕτη αὗται
	Gen. ταύτης τούτων
	Dat. ταύτῃ ταύταις
	Ac. ταύτην ταύτας
	
	En el siguiente versículo ταύτην funciona no como pronombre sino como adjetivo (cp. #53).
	
	Traduzca el versículo.
	
	    τίς σοι ἔδωκεν τὴν ἐξουσίαν ταύτην; (Mt. 21:23)
	
	_____

¿Quién te dio esta autoridad?

59	Distinga bien el neutro plural ταῦτα de las formas femeninas. Tanto el plural ταῦτα como el singular τοῦτο (cp. #52) aparecen con frecuencia en el N.T.
	
	Complete la traducción del versículo.
	
	     ἐφ': = ἐπί delante de una palabra que comienza con espíritu rudo.
	     ἐκκλησία, -ας, f: *iglesia*
	     μέγας, μεγάλη, μέγα: *grande*
	
	     καὶ ἐγένετο φόβος μέγας ἐφ' ὅλην τὴν ἐκκλησίαν καὶ ἐπὶ πάντας τοὺς
	
	_____ *los*
	
	ἀκούσαντας ταῦτα. (Hch. 5:11)
	
	que oyeron _____ .

Y vino gran temor sobre toda la iglesia y sobre todos los que oyeron estas cosas (o: esto).

60	El adjetivo μέγας, μεγάλην, μέγα *grande* tiene formas irregulares en el nominativo y acusativo, tanto del masculino como del neutro. Las demás formas emplean el tema largo que presenta la forma femenina: μεγαλ-.
	
	                       Singular
	          Masc. Fem. Neutro
	Nom. μέγας μεγάλη μέγα
	Gen. μεγάλου μεγάλης μεγάλου
	Dat. μεγάλῳ μεγάλῃ μεγάλῳ
	Ac. μέγαν μεγάλην μέγα

	Plural

	Masc.	Fem.	Neutro
Nom.	μεγάλοι	μεγάλαι	μεγάλα
Gen.	μεγάλων	μεγάλων	μεγάλων
Dat.	μεγάλοις	μεγάλαις	μεγάλοις
Ac.	μεγάλους	μεγάλας	μεγάλα

Consultando el paradigma arriba, supla el adjetivo *grande* en cada uno de los versículos siguientes. Luego tradúzcalos.

1. αὕτην ἐστιν ἡ _____ καὶ πρώτη ἐντολή. (Mt. 22:38)

   _____ *mandamiento.*

2. οὗτος ἔσται _____. (Lc. 1:32)

   _____

3. ἤκουσαν φωνῆς _____ ἐκ τοῦ οὐρανοῦ. (Ap. 11:12)

   _____

---

1. μεγάλη
Éste es el primer y gran mandamiento.

2. μέγας
Éste será grande.

3. μεγάλης
Oyeron una gran voz del cielo.

61

El modo imperativo de los verbos defectivos, al igual que el infinitivo y el indicativo, emplea formas de la voz media.

Imperativo, voz media
Tiempo presente

ve, vete	πορεύου	πορεύεσθε	_____
_____	πορευέσθω	πορευέσθωσαν	_____

Aunque las formas sean de voz media, el verbo defectivo se traduce con significado de voz activa: *ir, proceder* (cp. #13).

Complete la traducción del paradigma.

vaya (él)
id
vayan (ellos

62

-ου   -εσθε
-έσθω -έσθωσαν

Subraye, en el paradigma arriba, las desinencias del imperativo de voz media, tiempo presente.

63

Complete la traducción de los versículos.

1. πορεύεσθε ἐν εἰρήνῃ. (Hch. 16:36)

   _____ *paz.*

2. πορεύου εἰς τὸν οἶκόν σου. (Lc. 5:24)

   _____ *casa* _____

1. Id en paz.
2. Vete a tu casa.

64

Hermanos, orad también por nosotros.

El verbo προσεύχομαι (#13) se emplea a menudo en modo imperativo. Complete la traducción del versículo.

Ἀδελφοί, προσεύχεσθε καὶ περὶ ἡμῶν. (1 Ts. 5:25)

_____ *por* _____

65 presente – imperativo – voz media, 2ª pers. pl. de γίνομαι: *ser, estar – hacerse*	Analice el verbo de la oración siguiente. διὰ τοῦτο καὶ ὑμεῖς **γίνεσθε** ἕτοιμοι. (Mt. 24:44) (V. #13) tiempo _____ modo _____ voz _____, ____ persona (sing. / pl.) del verbo _____ que significa _____
66 *Por esto, estad vosotros también preparados.*	Traduzca el versículo del #65. ἕτοιμοι: V. #40 διά: (seguido del ac.) *por, por causa de* _____
67 *El mayor entre vosotros sea como el menor.*	Complete la traducción del versículo. ὡς: *como* ὁ μείζων ἐν ἱμῖν γινέσθω ὡς ὁ νεώτερος. (Lc. 22:26) ____ mayor _____ menor.
68 *salude (él)* *saludad* *saluden (ellos)*	Verbos defectivos con aoristo de voz media (cp. #13) forman su imperativo también en esa voz. Complete la traducción del paradigma. Imperativo, aoristo 1º, voz media ἀσπάζομαι, ----, ἠσπασάμην: *saludar* *saluda (tú)* ἄσπασαι ἀσπάσασθε _____ _____ ἀσπασάσθω ἀσπασάσθωσαν _____
69 no -αι -ασθε -άσθω -άσθωσαν	¿Tiene aumento el imperativo de voz media? _____ Subraye las desinencias del imperativo del #68.
70 Se parecen en las terminaciones -σθε -σθω -σθωσαν	Compare los dos tiempos del imperativo: presente (#61) y aoristo 1º (#68). ¿En qué se parecen las desinencias? _____ _____
71 imperativo – media, 3ª sing.	Un verbo que termina en -σθω es de modo _____ voz _____, _____ persona (sing. / pl.)
72 media, 2ª pl. imperativo o indicativo	Un verbo que termine en -σθε es de voz _____, _____ pers. (sing. / pl.) Puede ser de modo _____ o de modo _____ (cp. XV-17).
73	Practique los dos tiempos del imperativo, conjugando el verbo δέχομαι (cp. #13) en presente y en aoristo.

Presente	Imperativo, voz media			
δέχου	Presente (#61)		Aoristo 1º (#68)	
δεχέσθω				
δέχεσθε	δέχ_____	δέχ_____	δέξ_____	δέξ_____
δεχέσθωσαν				
Aoristo 1º	δεχ_____	δεχ_____	δεξ_____	δεξ_____
δέξαι				
δεξάσθω				
δέξασθε				
δεξάσθωσαν				

74

recibe (tú)
reciba (él)
recibid
reciban (ellos)

Puesto que en español tenemos un solo tiempo para el modo imperativo, traduzca en forma igual los dos paradigmas del #73.

δέχομαι: *recibir*

_____ _____

_____ _____

75

Señor Jesús, recibe
mi espíritu.

Traduzca las palabras de Esteban al morir apedreado.

Κύριε Ἰησοῦ,[1] δέξαι τὸ πνεῦμά μου. (Hch. 7:59)

_____

[1] caso vocativo

76

Saludad a todos los
hermanos con un
beso santo.

Te saludan todos
los (que están) con-
migo. Saluda a los
que aman a noso-
tros en (la) fe.

Te saludan los ami-
gos. Saluda a los
amigos por nombre.

Traduzca los saludos apostólicos...

ἀσπάζομαι: V. #68

a los tesalonicenses:

ἀσπάσασθε τοὺς ἀδελφοὺς πάντας ἐν φιλήματι ἁγίῳ. (1 Ts. 5:26)

_____ *beso* _____

a Tito:

Ἀσπάζονταί σε οἱ μετ' ἐμοῦ πάντες. Ἄσπασαι τοὺς φιλοῦντας ἡμᾶς

_____ *con* _____ *los que aman* _____

ἐν πίστει. (Tit. 3:15)

_____

a Gayo:

ἀσπάζονταί σε οἱ φίλοι. ἀσπάζου τοὺς φίλους κατ' ὄνομα. (3 Jn. 15)

_____ *amigos.* _____ *por* _____

77

Los verbos de aoristo de 2º forman el imperativo de voz media con el tema del aoristo, más las mismas desinencias del imperativo presente.

γίνομαι, γενήσομαι, ἐγενόμην, ἐγενήθην: *hacerse, llegar a ser*

Imperativo, voz media

Presente		Aoristo 2º	
γίνου	γίνεσθε	γένου	γένεσθε
γινέσθω	γινέσθωσαν	γενέσθω	γενέσθωσαν

Únicamente en el tema: γιν- en el presente; γεν- en el aoristo 2º.	¿En qué se distinguen los dos imperativos? _____ _____
78 1. aor. imperat. media 3ª sing. 2. pres. imperat. media 2ª pl.	Analice los verbos siguientes. Tiempo Modo Voz Pers. Núm. 1. γενέσθω _____ _____ _____ ___ _____ 2. γίνεσθε _____ _____ _____ ___ _____

79
 	
imperativo, aoristo, voz pasiva, 2ª pers. sing., *vete*
	En el caso de los verbos defectivos que forman el aoristo en voz pasiva, (cp. #13), se da también el imperativo en voz pasiva. Como el verbo es defectivo, esas formas imperativas en voz pasiva se traducen con verbos de voz activa en español.
	
	Repase la formación del imperativo de voz pasiva en el capítulo XIV-67-77; luego vea los ejemplos a continuación.
	
	    πορευθήτωσαν
	    Análisis: imperativo, aoristo, voz pasiva, 3ª pers. plural
	    Traducción: *vayan*
	
	    πορεύθητι
	    Análisis: modo _____ tiempo _____ voz _____, ___ pers. (sing. / pl.)
	
	    Traducción: _____

80 1. aoristo imperativo pasiva 2ª sing. *vete* 2. presente indicativo med./pas. 3ª sing. *va* 3. pres. imperativo med./pas. 2ª sing. *ven* 4. presente indicativo med./pas. 3ª sing. *viene*	Analice los verbos subrayados. Consulte, en caso necesario, #73 y 77. (Lc. 7:8) λέγω τούτῳ, **Πορεύθητι**[1], καὶ **πορεύεται**[2], καὶ ἄλλῳ, **Ἔρχου**[3], καὶ **ἔρχεται**[4]... |	Tiempo	Modo	Voz	Pers.	Núm.	Traducción | |---|---|---|---|---|---|---| | 1. | | | | | | | | 2. | | | | | | | | 3. | | | | | | | | 4. | | | | | | |
81 *Digo a éste: «Vete», y va, y a otro: «Ven», y viene.*	Traduzca el versículo anterior. ἄλλος, -η, -ο: *otro* _____
82	REPASO — Vocabulario Además de los verbos defectivos (#13), y las nuevas formas defectivas del #8, las palabras de la siguiente lista deben también aprenderse de memoria. Estudie las tres listas (#8, 13, 82) según el método sugerido en el apéndice VI o bien con su propio método.

ἀλήθεια, -ας, f: *verdad, veracidad*

ἄλλος, -η, -ο: *otro*

ἁμαρτάνω, ἁμαρτήσω, ἥμαρτον: *pecar, cometer pecado*

ἀναβαίνω, ἀναβήσομαι, ἀνέβην: *subir, ascender*

ἀπόλλυμι[1], ἀπολέσω y ἀπολῶ, ἀπώλεσα: *destruir; matar;* (voz med.) *perecer*

δόξα, -ης, f: *gloria, esplendor* (Cp. #25 nota.)

ἐκεῖνος, -η, -ον: *aquel, aquella*

ἐκκλησία, -ας, f: *iglesia*

ἕτοιμος, -η, -ον: *listo, preparado*

ἤ: *o*

μέγας, μεγάλη, μέγα: *grande*

μέλλω, μελλήσω: (seguido del infin.) *tener la intención de, ir a, estar a punto de*

μετά: (seguido del gen.) *con*

οὗτος, αὕτη, τοῦτο: *este, esta, esto*

πέμπω, πέμψω, ἔπεμψα, ἐπέμφθην: *enviar*

πίνω, πίομαι, ἔπιον: *beber*

πρός: (seguido del ac.) *a, para, con*

ὧδε: *aquí*

ὡς: *como*

[1] En el apéndice III-4.3.4 se explica la conjugación un poco irregular de este verbo en -μι.

Luego de un cuidadoso estudio del vocabulario indicado, pruebe su conocimiento con el examen a continuación.

Las palabras aparecen en cualquier forma flexional puesto que así las encontrará al leer un texto griego.

1. *grande*
2. *beber*
3. *ir*
4. *gloria*
5. *como*
6. *poder*
7. *contestar*
8. *verdad*
9. *conocer*
10. *destruir; perecer*

Apunte una acepción para cada palabra. Para los verbos use el infinitivo en español.

1. μέγας _____

2. ἔπιον _____

3. ἐπορεύθη _____

4. δόξαν _____

5. ὡς _____

6. δύναμαι _____

7. ἀπεκρίθην _____

8. ἀληθείας _____

9. γνώσομαι _____

10. ἀπόλλυμι _____

Si no le fue posible identificar todos los vocablos del examen, vuelva a estudiar las tres listas de palabras. Luego pase al #82a.

82a	Si usted acertó en todas las palabras del #82, pase directamente al #83. Si no, haga el siguiente ejercicio apuntando una acepción para cada una de las palabras a continuación.

1. *ser, hacerse, llegar a ser; acontecer*

1. ἐγενόμην _____

	2. ἕτερος _____
	3. μετά _____
	4. προσεύχομαι _____
	5. ἔπεμψα _____
2. *otro*	6. ἄλλοι _____
3. (con gen.) *con*	
4. *orar*	7. ἔρχομαι _____
5. *enviar*	
6. *otro*	8. ἠρξάμην _____
7. *venir*	
8. *comenzar*	9. ὧδε _____
9. *aquí*	
10. *temer*	10. ἐφοβήθην _____

83	Repase también el vocabulario nuevo de cada uno de los capítulos XI-XV. Consulte los resúmenes de vocabulario al final de los capítulos.

84 (en sus propias palabras) Verbo defectivo es aquel que 1) carece de formas de voz activa; 2) emplea formas de voz media o pasiva 3) para expresar el sentido de voz activa.	REPASO — Verbo defectivo Repase el concepto de verbo defectivo en los cuadros #1 y 2. Después del repaso, dé una definición del verbo defectivo: _____ _____ _____

85 δέχεται, porque expresa un significado activo.
 	
(Si no acertó en esta respuesta, vuelva a repasar los cuadros #1 y 2.)
	Las dos oraciones siguientes tienen verbos con forma de voz media. Fijándose en la traducción, indique cuál de los verbos es defectivo.
	
	1. ὁ προφήτης ὁ πονηρὸς οὐ **σῴζεται** τὴν οἰκίαν.
	   El profeta malvado no salva a su propia casa.
	
	2. ὁ κύριος **δέχεται** τοὺς ἄλλους μαθητάς.
	   El Señor recibe a los otros discípulos.

86 La primera. El verbo ἐπορεύθησαν con forma de voz pasiva expresa un sentido activo: *fueron*.	¿Cuál de las oraciones siguientes tiene un verbo defectivo? 1. ἐκεῖνοι οἱ ἄνδρες **ἐπορεύθησαν** μετὰ τοῦ προφήτου. 2. **ἐπέμφθη** τὸ πνεῦμα ὑπὸ τοῦ προφήτου.

87 1. *Aquellos hombres fueron con el profeta.* 2. *El espíritu fue enviado por el profeta.*	Traduzca las oraciones del #86. 1. _____ 2. _____

88
 	
neutro
sujeto
	Hemos observado (#34) que el infinitivo griego puede estar acompañado de un artículo.
	
	     περισσόν μοί ἐστιν τὸ γραφεῖν ὑμῖν. (2 Co. 9:1)
	    (lit.) *El escribiros es innecesario para mí.*
	
	El artículo τὸ es de género _____.
	El infinitivo, junto con su artículo, funciona como el _____ de la oración.

89 genitivo *A éste Dios . . . exaltó . . . para dar arrepentimiento a Israel.*	El artículo τοῦ que acompaña el infinitivo δοῦναι en el versículo siguiente es de caso _____. Repase el #38 y luego complete la traducción del versículo. τοῦτον ὁ θεὸς . . . ὕψωσεν . . . τοῦ δοῦναι μετάνοιαν τῷ Ἰσραὴλ... (Hch. 5:31) _____ exaltó _____ arrepentimiento a Israel.

90
 	
Presente
γίνου
γινέσθω
  γίνεσθε
  γινέσθωσαν
 	
Aoristo 1º
ἄσπασαι
ἀσπασάσθω
  ἀσπάσασθε
  ἀσπασάσθωσαν
 	
Aoristo 2º
γένου
γενέσθω
  γένεσθε
  γενέσθωσαν
	Las únicas formas verbales nuevas en este capítulo son las del imperativo de voz media.
	
	Después de repasar los cuadros indicados, complete el paradigma a continuación.
	
	 Modo imperativo, voz media
	Presente (#61) Aoristo 1º (#68)
	verbo: γίνομαι verbo: ἀσπάζομαι
	
	_____ _____ _____ _____
	
	_____ _____ _____ _____
	
	                     Aoristo 2º (#77)
	                     verbo: γίνομαι
	
	                     _____ _____
	
	                     _____ _____

91
 	
Presente
sé (tú)
sea (él)
  sed
  sean (ellos)
	Traduzca los imperativos del #90.
	
	 Presente
	traducción: *ser*
	_____ _____
	
	_____ _____

Aoristo 1º *saluda (tú)* *salude (él)* *saludad* *saluden (ellos)* Aoristo 2º *sé (tú)* *sea (él)* *sed* *sean (ellos)*	Aoristo 1º traducción: *saludar* _____ _____ _____ _____ Aoristo 2º traducción: *ser* _____ _____ _____ _____

92	REPASO — Declinación
	
	Antes de pasar a la prueba final, repase las declinaciones.
	
	    1ª declinación: VIII-98; XV-2
	    2ª declinación: VII-54
	    3ª declinación: XIII-68, 83, 91, 95, 103
	
	Practique declinando las palabras clave de cada declinación.
	
	Compare y distinga las desinencias similares dentro de cada declinación.
	
	Compare y distinga también las desinencias parecidas en diferentes declinaciones.

93 La comprobación se encuentra en el apéndice VI-16.	PRUEBA Traduzca las oraciones. 1. ἐπορεύθησαν εἰς τὴν μεγάλην πόλιν τοῦ ἀσπάσασθαι πάντας τοὺς ἀδελφοὺς τῆς ἐκκλησίας. 2. οὗτος ὁ ἀνὴρ μέλλει ἔρχεσθαι μετὰ τῶν ἄλλων μαθητῶν. 3. ἐκείνῃ τῇ ἡμέρᾳ ἐγένετο ἡ δόξα τοῦ θεοῦ ἐπὶ πάντα τὰ ἔθνη ὅτι ἐφοβήθησαν τὸ ὄνομα αὐτοῦ. 4. οὐκ ἐδεξάμεθα τούτους τοὺς ἄνδρας ὡς προφήτας ἀλλὰ παρεδώκαμεν αὐτοὺς εἰς τὰς χεῖρας τοῦ βασιλέως. 5. ἔρχεσθε καὶ προσεύχεσθε ἐν τῷ ὀνόματί μου, καὶ λήμψεσθε τὸ πνεῦμα τῆς ἀληθείας.

CAPÍTULO XVII

Al terminar este capítulo usted podrá analizar y traducir el verbo en cuatro tiempos y en tres modos. Reconocerá las raíces que forman el verbo compuesto. Traducirá 18 palabras nuevas.

1	En el presente capítulo nos proponemos adquirir una visión total del sistema verbal visto hasta ahora sólo por partes. Para ese efecto vamos a confeccionar una tabla del sistema verbal con los cuatro tiempos estudiados (presente, futuro, imperfecto, aoristo), las tres voces (activa, media, pasiva) y los tres modos (indicativo, infinitivo, imperativo).

Separe la primera de las tres hojas intituladas «Tabla del sistema verbal» que se encuentra al final del capítulo.

activa — Esa primera hoja corresponde a la voz_____ .

2 Prepare la tabla en la forma siguiente:

    1.   Encabece las columnas con los nombres de los tiempos.

    2.   Escriba a la izquierda los nombres de los tres modos.

	Presente	Pres. vbs. en -μι	Futuro	Fut. l. y n.[1]	Imperf.	Aor. 1º	Aor. l. y n.[1]	Aor. 2º	Aor. vbs. en -μι
Modo INDICA- TIVO									
Modo INFINI- TIVO									
Modo IMPERA- TIVO									

Nótese que en el tiempo futuro hay una variante de conjugación.
En aoristo la conjugación incluye tres diferentes tipos.

Los verbos en -μι forman un grupo aparte en presente y aoristo.

[1] Las letras l. y n. significan «líquido y nasal», término que se aplica a las consonantes λ, ρ, μ, ν. El verbo cuyo tema termina en una de estas consonantes se conjuga un poco distinto a la pauta común del futuro y del aoristo.

3 El verbo πιστεύω es típico de los verbos regulares.
Repase su conjugación en tiempo presente.

πιστεύω
πιστεύεις
πιστεύει
    πιστεύομεν
    πιστεύετε
    πιστεύουσι
Escriba estas seis formas en la tabla, en la casilla correspondiente a presente, indicativo.

    tema verbal + desinencias
    πιστεύ

$$\begin{pmatrix} \text{-ω} & \text{-ομεν} \\ \text{-εις} & \text{-ετε} \\ \text{-ει} & \text{-ουσι} \end{pmatrix}$$

Escriba las formas completas de la conjugación en presente.

_____   _____

_____   _____

_____   _____

4	Relacione siempre las formas griegas con la conjugación del mismo verbo en español.
	Traduzca el presente indicativo de πιστεύω (*creer*) que acaba de poner en la tabla.
creo *creemos* *crees* *creéis* *cree* *creen*	_____ _____ _____ _____ _____ _____

5	El futuro regular se construye con el mismo tema verbal del presente. Se le agrega la característica temporal del futuro (la letra σ) entre el tema y las desinencias (las mismas del presente).

πιστεύσω
πιστεύσεις
πιστεύσει
    πιστεύσομεν
    πιστεύσετε
    πιστεύσουσι
 	
Escriba estas seis formas en la casilla del futuro en la tabla de verbos.
	tema verbal + carac. + desinencias
	                     temp.
	   πιστεύ σ $\begin{pmatrix} -ω & -ομεν \\ -εις & -ετε \\ -ει & -ουσι \end{pmatrix}$
	
	Escriba completa la conjugación de πιστεύω en futuro.
	
	_____ _____
	
	_____ _____
	
	_____ _____

6	Traduzca la conjugación futura de πιστεύω.
creeré *creeremos* *creerás* *creeréis* *creerá* *creerán*	_____ _____ _____ _____ _____ _____

7	Cuando la característica del futuro -σ- se agrega a un tema verbal terminado en consonante, ocasiona transformaciones ortográficas que expresan el nuevo sonido formado por la combinación de las consonantes al final del tema.
	Complete la lista a continuación.
	Presente Futuro
	1. βλέπω βλεπ- + σ → βλέψω
	2. ἔχω ἐχ- + σ → ἔξω

3. διδασκ- + σ
4. πεμπ- + σ →
     πέμψω
5. ὑπαγ- + σ →
     ὑπάξω
6. γραφ- + σ →
     γράψω
	3. διδάσκω _____ → διδάξω
	
	4. πέμπω _____ → _____
	
	5. ὑπάγω _____ → _____
	
	6. γράφω _____ → _____

8	El tiempo imperfecto se forma a base del tema del presente. Este va precedido del aumento (el prefijo ἐ-), cuya función es señalar que la acción se realizó en el pasado. Las desinencias son distintas a las del presente.

	Imperfecto

ἐπίστευον
ἐπίστευες
ἐπίστευε
  ἐπιστεύομεν
ἐπιστεύετε
ἐπίστευον
 	
Antes de escribir la conjugación del imperfecto en la tabla, pase al #9.
	aumento + tema del pres. + desinencias
	  ἐ πιστευ
	$$\begin{pmatrix} \text{-ον} & \text{-ομεν} \\ \text{-ες} & \text{-ετε} \\ \text{-ε} & \text{-ον} \end{pmatrix}$$
	
	Conjugue πιστεύω en tiempo imperfecto.
	
	_____ _____
	
	_____ _____
	
	_____ _____

9 _creía (yo) creíamos_ _creías creíais_ _creía (él) creían_ Piense en esta traducción mientras escribe las formas del imperfecto en la tabla.	El imperfecto en español se forma con desinencias en _-ía_ o _-aba_: _creía, hablaba_, etc. Traduzca el paradigma anterior. _____ _____ _____ _____ _____ _____

10 ἤκουον - ἀκούω εἶχες - ἔχω ἥμαρτε - ἁμαρτάνω ἠσθίομεν - ἐσθίω	Cuando el aumento, constituido por el prefijo ἐ-, se antepone a un tema verbal que comienza con vocal, dicha vocal inicial absorbe el aumento. Como consecuencia de esta absorción del aumento, la vocal inicial del tema se transforma en vocal larga o en diptongo. 1. Subraye en los verbos siguientes la(s) letra(s) que representa(n) el alargamiento de la vocal inicial del tema por absorción del aumento. 2. Indique también la 1ª parte fundamental del verbo. ἤκουον _____ εἶχες _____ ἥμαρτε _____ ἠσθίομεν _____

11	El aumento precede directamente al tema verbal. Por tanto, en el caso de verbos compuestos de preposición más verbo, el aumento va después de la parte preposicional. De esta manera queda junto a la parte verbal. Presente Imperfecto προσφέρω προσέφερον _presento_ _presentaba_ Cuando el tema verbal comienza con vocal el aumento se combina con ésta tal como se vio en el #10. προσάγω προσῆγον _traigo_ _traía_

Cuando la preposición termina con vocal, dicha vocal final se pierde ante el aumento.

Presente	Imperfecto
ἐπιβάλλω	ἐπέβαλλον
echo sobre	*echaba sobre*

Si la preposición ya ha perdido su vocal final por combinarse con un tema verbal que comienza con vocal, el aumento se combina con esa vocal inicial del tema en la misma manera que se explicó en el #10.

				Presente	Imperfecto
ὑπό	+	ἄγω	→	ὑπάγω	ὑπῆγον
prep.		verbo		*voy*	*iba*

Cambie los siguientes verbos al tiempo imperfecto, por insertar el aumento y agregar la desinencia de 1ª persona.

1. ὑπερέβαλλον
sobrepasaba
2. ἀπήγγελλον
anunciaba
3. μετελάμβανον
recibía
4. παρῆγον
pasaba

	Presente	Traduc-ción	Imperfecto	Traducción
1.	ὑπερβάλλω	*sobrepaso*	_____	_____
2.	ἀπαγγέλλω	*anuncio*	_____	_____
3.	μεταλαμβάνω	*recibo*	_____	_____
4.	παράγω	*paso*	_____	_____

12

ἐπίστευσα
creí
ἐπίστευσας
creíste
ἐπίστευσε
creyó
  ἐπιστεύσαμεν
  creímos
  ἐπιστεύσατε
  creísteis
  ἐπίστευσαν
  creyeron

Coloque esta conjugación en la casilla correspondiente al aor. 1º.

Por ser el aoristo también un tiempo pasado, uno de sus elementos constitutivos es el aumento.
En el aoristo 1º los otros elementos son: el tema, la característica temporal σ, y las desinencias en α.

Aoristo 1º

aumento	+	tema	+	característica temporal	+	desinencia
ἐ		πιστευ		σ		α

Para los efectos del aprendizaje y reconocimiento del aoristo 1º, es más conveniente dividir el verbo en sólo tres partes.

aumento	+	tema	+	carac. temp. + desinencias
ἐ		πιστευ		-σα -σαμεν
				-σας -σατε
				-σε -σαν

Conjugue y traduzca el verbo πιστεύω en aoristo.

Aoristo 1º

Traducción			Traducción
_____	_____	_____	_____
_____	_____	_____	_____
_____	_____	_____	_____

13 (en sus propias palabras) πιστεύω lleva la característica temporal σ en futuro y aoristo. κρίνω carece de esa característica en ambos tiempos.	Hay dos tiempos que emplean una σ como característica temporal: aoristo y futuro. La fonética griega no permite que la letra σ siga a una consonante líquida o nasal (λ, ρ, μ, ν). Por tanto, los verbos cuyo tema termina en una de estas consonantes forman el futuro y el aoristo sin la característica temporal σ. |	Futuro	Fut. l. y n.	Aoristo	Aor. l. y n.
---	---	---	---	---
πιστεύω	πιστεύσω		ἐπίστευσα	
κρίνω		κρινῶ		ἔκρινα	 ¿Cuál es la diferencia entre una forma del futuro o del aoristo de πιστεύω y una forma de κρίνω en esos mismos tiempos? _____ _____

14
 	
ἀποστελῶ
enviaré
ἀποστελεῖς
enviarás
ἀποστελεῖ
enviará
 	
ἀποστελοῦμεν
enviaremos
ἀποστελεῖτε
enviaréis
ἀποστελοῦσι
enviarán
 	
Escriba esta conjugación en la tabla de verbos bajo Fut. l. y n.
	El futuro de los verbos líquidos y nasales muestra ciertas características propias: 1) el acento circunflejo en todas las formas, 2) el diptongo en la penúltima sílaba de la 1ª y 2ª persona del plural, 3) posibles alteraciones en el tema. El futuro de ἀποστέλλω por ejemplo, se forma con un tema breve: ἀποστελ-.
	
	ἀποστέλλω, ἀποστελῶ, ἀπέστειλα, ἀπεστάλην: *enviar*
	
	tema + desinencias
	ἀποστελ (-ῶ -οῦμεν
	          -εῖς -εῖτε
	          -εῖ -οῦσι)
	
	Conjugue el verbo ἀποστέλλω en futuro. Traduzca también las formas.
	
	Futuro l. y n.
	Traducción .... Traducción
	
	_____ _____ _____ _____
	
	_____ _____ _____ _____
	
	_____ _____ _____ _____

15	El aoristo de los verbos líquidos y nasales también omite la σ que es característica temporal del aoristo. Muchas veces los verbos de esta clase alteran su tema de un tiempo a otro. El verbo ἀποστέλλω alarga su tema a -στειλ- en el aoristo.
	
	En el caso de un verbo compuesto de preposición (ἀπό) más tema verbal, el aumento se inserta inmediatamente antes del tema verbal. La vocal final de la preposición se pierde ante el aumento. (Cp. #11.)
	
	Presente Aoristo
	ἀποστελλ- ἀπεστειλ-
	
	Aoristo líquido y nasal
	
	aumento + tema verbal + desinencias
	ἀπ ε στειλ (-α -αμεν
	                                  -ας -ατε
	                                  -ε -αν)

ἀπέστειλα *envié* ἀπέστειλας *enviaste* ἀπέστειλε *envió* ἀπεστείλαμεν *enviamos* ἀπεστείλατε *enviasteis* ἀπέστειλαν *enviaron*	Conjugue y traduzca el aoristo de ἀποστέλλω. Aoristo l. y n. Traducción Traducción _____ _____ _____ _____ _____ _____ _____ _____ _____ _____ _____ _____

16	Los cambios en el tema verbal (como στελλ-, στειλ-) suceden con suficiente frecuencia como para hacer necesario aprender de memoria las llamadas partes fundamentales de los verbos. Las partes fundamentales son las formas del verbo que corresponden a la 1ª persona singular de los tiempos presente, futuro y aoristo.[1] Las partes fundamentales proveen toda la información necesaria para reconocer al verbo en cualquiera de sus formas. Por ejemplo, aunque el imperfecto no aparece entre las partes fundamentales, se reconoce porque se construye sobre el tema del presente. Partes fundamentales |	(presente)	(futuro)	(aoristo)
---	---	---	---
creer:	πιστεύω	πιστεύσω	ἐπίστευσα
morar:	μένω	μενῶ	ἔμεινα
echar:	βάλλω	βαλῶ	ἔβαλον
ver:	βλέπω	βλέψω	ἔβλεψα	 ¿Cuáles verbos arriba muestran cambios en el tema? Verbo Temas _____ _____ _____ _____ _____ _____ Note que el verbo βάλλω no tiene el típico aoristo de los verbos líquidos y nasales. La parte fundamental ἔβαλον representa más bien el aoristo 2º. [1] Sólo estos tres tiempos por momento. Veremos en el #61 una cuarta parte fundamental; luego se agregarán dos partes fundamentales más.

ver: βλεπ-, βλεψ-
morar: μεν-, μειν-
echar: βαλλ-, βαλ-

17	El aoristo 2º se forma sobre un tema distinto al del presente. Lleva antepuesto el aumento. Emplea las mismas desinencias del imperfecto. (cp. #8). λαμβάνω, ----, ἔλαβον: *recibir* Aoristo 2º aumento + tema distintivo + desinencias ε λαβ -ον -ομεν -ες -ετε -ε -ον

ἔλαβον
recibí
ἔλαβες
recibiste
ἔλαβε
recibió
    ἐλάβομεν
    recibimos
    ἐλάβετε
        recibisteis
    ἔλαβον
        recibieron
	Conjugue y traduzca el aoristo del verbo λαμβάνω.
	
	Aoristo 2º
	Traducción Traducción
	
	_____ _____ _____ _____
	
	_____ _____ _____ _____
	
	_____ _____ _____ _____

Escriba esta conjugación en la casilla correspondiente al aoristo 2º en la tabla de verbos.	

18 (en sus propias palabras) Por el tema. El imperfecto lleva el tema del presente pero el aoristo 2º se construye sobre un tema distinto.	Si el aoristo 2º lleva las mismas desinencias del imperfecto, y también aumento, ¿cómo se distinguen ambos tiempos? _____ _____ Imperfecto Aoristo 2º λαμβάνω: ἐλάμβανον ἔλαβον βάλλω: ἔβαλλον ἔβαλον πίνω: ἔπινον ἔπιον

19 1. ἔμεινα 2. ἠκούετε 3. εἶχον 5. παρέδωκα 7. ἔπινες 8. ἐπέβαλε 10. ἐλέγετε	La clave para reconocer los dos tiempos pasados (imperfecto y aoristo) es el aumento. Recordando que el aumento tiene varias formas y posiciones (#10, 11), señale en la lista siguiente todos los verbos que están en un tiempo pasado (imperfecto o aoristo), subrayando el aumento. 1. ἔμεινα 7. ἔπινες 2. ἠκούετε 8. ἐπέβαλε 3. εἶχον 9. διδάσκουσι 4. ἀπόλλυμι 10. ἐλέγετε 5. παρέδωκα 11. ἐροῦμεν 6. βλέψομεν 12. ἁμαρτήσετε

20 Imperfecto 2. ἠκούετε 3. εἶχον 7. ἔπινες 10. ἐλέγετε Aoristo 1. ἔμεινα 5. παρέδωκα 8. ἐπέβαλε	Otros elementos constitutivos del verbo, tales como el tema, la característica temporal y la desinencia permiten distinguir entre el tiempo imperfecto y el aoristo. Repase, en caso necesario, la formación de esos tiempos en los #8, 12 y 17. De los verbos identificados como pasados en el #19, ¿cuáles son de tiempo imperfecto y cuáles de aoristo? Imperfecto Aoristo _____ _____ _____ _____ _____ _____ _____ _____

21	De Acuerdo con el análisis que acaba de hacer, traduzca los verbos del #20.

Imperfecto
2. *oíais*
3. *tenía (yo)*
   o: *tenían*
7. *bebías*
10. *decíais*

Aoristo
1. *permanecí*
5. *entregué*
8. *echó sobre*
   o: *puso encima*

_____ _____

_____ _____

_____ _____

_____ _____

22

Ciertos verbos tienen un aoristo 2º que emplea la vocal final del tema en lugar de las vocales o y ε características de las desinencias del aoristo 2º.

$$-ον \qquad -ομεν$$
$$-ες \qquad -ετε$$
$$-ε \qquad -ον$$

La tercera parte fundamental (la que corresponde al aoristo) de γινώσκω es ἔγ-νων. Es un aoristo 2º, pero sus desinencias omiten las vocales subrayadas arriba, ya que la ω final del tema puede substituirlas. Nótese la desinencia excepcional en 3ª persona plural.

Aoristo 2º de γινώσκω

Traducción   Traducción

conocí
conociste
conoció
   conocimos
   conocisteis
   conocieron

_____ ἔγνων   ἔγνωμεν _____

_____ ἔγνως   ἔγνωτε _____

_____ ἔγνω   ἔγνωσαν _____

Traduzca el paradigma.

23

El tema verbal -βαίνω, que se encuentra en los verbos compuestos ἀναβαίνω *subir* y καταβαίνω *descender*, forma también el aoristo 2º con su propia vocal final: ἀνέβην. Complete la conjugación.

Aoristo 2º de ἀναβαίνω

ἀνέβης
ἀνέβη
   ἀνέβημεν
   ἀνέβητε
   ἀνέβησαν

ἀνέβην   _____

_____   _____

_____   _____

24

Las desinencias son la clave para determinar quién es el sujeto del verbo. En muchos contextos el sujeto es tácito y los sustantivos colocados cerca del verbo son más bien complementos.[1]

Para ver en forma global las desinencias que se usan en los diferentes tiempos, haga una tabla de ellas. En caso necesario consulte el cuadro correspondiente, según sea su duda.

[1] Claro está que el caso de éstos los identifica como complementos y no como sujeto. Sin embargo, existe la tendencia en el lector novato de ver cualquier sustantivo como posible sujeto del verbo.

	Pres. y Fut. (#3, 5)	Imperf. y Aor. 2º (#8, 17)	Aor. 1º (#12)

Corrija su tabla según los cuadros indicados.

25

Sí: -ον.
Entre las desinencias del imperfecto y aoristo 2º.
Puede indicar dos diferentes sujetos: *yo* o *ellos*.

Al estudiar la tabla arriba, ¿nota usted alguna desinencia que sirve para más de un sujeto? _____

_____

26

1. *él*
2. *nosotros*
3. *yo*
4. *vosotros*
5. *ellos*
6. *él*
7. *yo; ellos*

Estudie la tabla del #24. Luego identifique el sujeto de cada uno de los siguientes verbos, marcando la casilla correspondiente.

	yo	tú	él	nosotros	vosotros	ellos
1. ἔβαλε						
2. μενοῦμεν						
3. ἔβλεψα						
4. ἠκούετε						
5. ἐσθίουσι						
6. πιστεύσει						
7. ἔπινον						

27

1. *echó*
2. *permaneceremos*
3. *vi*
4. *oíais*
5. *comen*
6. *creerá*
7. *bebía (yo)*
   o: *bebían*

Traduzca los verbos del #26, analizando bien el tiempo de cada uno.

1. _____   5. _____

2. _____   6. _____

3. _____   7. _____

4. _____

28

desinencia -εις
sujeto *tú*

(ἀνδρός τινος: caso genitivo)

Con base en un análisis de la desinencia verbal, identifique el sujeto de la siguiente oración: _____

ἀκούεις ἀνδρός τινος ἐν τῷ οἴκῳ τοῦ κυρίου.

29 ὄχλος πολύς	¿Cuál es el sujeto de la oración siguiente? _____ καὶ ἦλθε σὺν αὐτῷ εἰς τὴν πόλιν ὄχλος πολύς.

30
 	
δουλεύειν
  δουλεῦσαι
 	
βλέπειν βλέψαι
 	
Escriba los infinitivos de πιστεύω en la tabla.
	Los infinitivos principales son los del presente y del aoristo.
	El infinitivo del presente se compone de dos elementos.
	
	    tema del pres. + terminación del
	                        infin. presente
	    πιστεύ -ειν → πιστεύειν *creer*
	
	El infinitivo del aoristo 1º se forma como sigue:
	
	(sin aumento) tema del aor. + terminación del
	                             infin. aoristo
	       πιστευ -σαι → πιστεῦσαι *creer*
	
	Forme los dos infinitivos de los siguientes verbos.
	
	                Infin. presente Infin. aoristo 1º
	
	δουλεύω _____ _____
	
	βλέπω _____ _____

31
 	
1. κρῖναι *juzgar*
2. ἐγεῖραι *levantar*
 	
Escriba en la tabla el infinitivo de ἀποστέλλω bajo Aor. l. y n.
	Como es de esperarse, en el aoristo de los verbos líquidos y nasales el infinitivo omite la σ ordinaria de la terminación.
	
	(sin tema del aor. + terminación del
	aumento) infin. aoristo
	  ἀπο στειλ -αι → ἀποστεῖλαι *enviar*
	
	Forme el infinitivo aoristo de los siguientes verbos, a base de la parte fundamental correspondiente.
	
	            Infin. aoristo Traducción
	
	1. κρίνω _____ _____
	
	2. ἐγείρω _____ _____

32 λαβεῖν Escriba este infinitivo en la tabla, en la casilla correspondiente al infinitivo de aoristo 2º.	El aoristo 2º forma el infinitivo a base de su tema distintivo, pero emplea la terminación del infinitivo presente. (sin tema del aoristo + terminación del aumento) infin. presente βαλ -ειν → βαλεῖν *echar* Forme el infinitivo aoristo de λαμβάνω: _____

33	En la tabla de verbos y en las columnas del futuro y del futuro l. y n., aparecen unos paréntesis correspondientes al modo infinitivo. Existe un infinitivo futuro pero es de muy poco uso en el N.T. El infinitivo futuro sigue la misma pauta del futuro indicativo: tema + σ + terminación del presente (-ειν en este caso). En el futuro líquido y nasal falta la σ.

	Escriba las formas πιστεύσειν y ἀποστελεῖν entre los paréntesis del futuro y del futuro l. y n. respectivamente.
34 (en sus propias palabras) πιστεύειν (pres.) significa *creer* como una acción continua. πιστεῦσαι (aor.) significa *creer* como una acción acabada, aunque sólo sea el inicio de la acción lo que se enfoca.	Los dos tiempos del infinitivo en griego distinguen entre dos aspectos de acción: durativa (presente) y acabada (aoristo). La idea de acción acabada puede referirse sólo al inicio de una acción, y así el infinitivo aoristo enfoca el momento en que ésta comienza. El hecho de que el aumento no forma parte del infinitivo aoristo indica que dicha forma verbal no se refiere a ningún tiempo pasado, sino que destaca un aspecto acabado de la acción. ¿Cuál será la diferencia de sentido entre los dos infinitivos πιστεύειν y πιστεῦσαι? _____ _____ _____

35
 	
Presente
πίστευε
πιστευέτω
πιστεύετε
πιστευέτωσαν
 	
Aoristo
πίστευσον
πιστευσάτω
πιστεύσατε
πιστευσάτωσαν
	El imperativo también existe en los tiempos presente y aoristo, para ordenar una acción durativa (imperativo presente) o exigir que comience una acción (imperativo aoristo).
	
	El imperativo presente se forma con las desinencias:
	
	                Singular Plural
	2ª pers. -ε -ετε
	3ª pers. -ετω -ετωσαν
	
	Las desinencias del aoristo imperativo son similares. La sílaba σα (σον en 2ª sing.) las distingue del presente. No se emplea aumento.
	
	2ª pers. -σον -σατε
	3ª pers. -σατω -σατωσαν
	
	Forme los dos imperativos de πιστεύω.
	
	               Imperativo presente
	
	_____ _____
	
	_____ _____
	
	               Imperativo aoristo
	
	_____ _____
	
	_____ _____

36 *cree (tú)* *creed* *crea (él)* *crean* *(ellos)* Escriba las conjugaciones en la tabla.	Escriba una traducción de los imperativos. _____ _____ _____ _____

37
 	
ἀποστεῖλον
ἀποστειλάτω
  ἀποστεῖλατε
  ἀποστειλάτω-
    σαν
 	
Escriba estas formas en la tabla de verbos, dentro de la casilla correspondiente.
	En los verbos de tipo líquido y nasal el imperativo aoristo se forma sin la σ en las desinencias.
	
	Conjugue el imperativo aoristo de ἀποστέλλω.
	
	_____ _____
	
	_____ _____

38
 	
λαβ-
 	
λαβέ
λαβέτω
  λάβετε
  λαβέτωσαν
 	
Escriba esta conjugación en la tabla de verbos.
	Las desinencias del imperativo presente se unen al tema distintivo del aoristo 2º para formar el imperativo de aoristo 2º.
	
	Forme de esta manera el imperativo de aoristo 2º de λαμβάνω, cuyo tema de aoristo es _____ .
	
	_____ _____
	
	_____ _____

39
 	
tema/des.
τίθη/μι
 	
τίθη/σι(ν)
	Todavía quedan por llenar las casillas correspondientes a los verbos en -μι. Estos verbos poseen formas distintivas en presente, pero sólo dos de ellas son frecuentes en el N.T.: la 1ª y la 3ª persona singular.
	
	La forma de 1ª persona se aprende con facilidad puesto que lleva la terminación -μι, que da su nombre a este tipo de conjugación. La de 3ª persona requiere más atención, porque la desinencia puede confundirse con la desinencia -ουσι de la 3ª persona plural de los verbos en -ω.
	
	    Presente: Singular
	               1ª δίδωμι _____
	               ---- 	
	               3ª δίδωσι(ν) _____
	
	La vocal de la penúltima sílaba es parte del tema verbal y no de la desinencia:
	    διδω-. Por tanto, puede variar de un verbo a otro.
	tema verbal
	
	Separe el tema y la desinencia en las formas de τίθημι a continuación.
	
	    Presente: Singular
	               1ª τίθημι _____
	               ---- 	
	               3ª τίθησι(ν) _____

40 δίδωμι *doy* δίδωσι(ν) *da* τίθημι *pongo* τίθησι *pone*	Apunte al lado de las formas de δίδωμι y τίθημι en el #39 la traducción de cada una.
Escriba en la tabla del sistema verbal las formas δίδωμι y δίδωσι(ν), bajo presente, verbos en -μι.	

41 ἵστησι(ν)	El verbo *colocar* es de este grupo: ἵστημι. *coloco* ἵστημι *coloca* _____
42 διδόναι Escriba esta forma en la casilla correspondiente al infinitivo presente.	El tema διδω- del presente indicativo de δίδωμι cambia a διδο- para los modos infinitivo e imperativo del presente. Agregue a ese tema la terminación de infinitivo, -ναι, para formar el infinitivo presente *dar*: _____

43
 	
τιθε + ναι →
       τίθεναι
	El tema del presente de τίθημι es τιθη- en indicativo y τιθε- en infinitivo e imperativo presente.
	
	Siguiendo la pauta que nos provee la forma διδόναι, forme el infinitivo presente de τίθημι.
	
	_____ + _____ → _____
	tema (para infin. e terminación de
	  imperat.) infin. (#42)

44
 	
δίδου
διδό<u>τω</u>
   δίδο<u>τε</u>
   διδό<u>τωσαν</u>
 	
Escriba esta conjugación en la tabla de verbos dentro de la casilla correspondiente.
	El imperativo y el infinitivo emplean una misma forma del tema verbal: διδο- (de δίδωμι).
	
	Subraye en la conjugación siguiente las desinencias del imperativo.
	
	   Imperativo presente
	δίδου δίδοτε
	διδότω διδότωσαν

45 διδω-: indicativo, presente διδο-: infinitivo o imperativo, presente	Cuando una forma del verbo δίδωμι aparece con el tema διδω- es de modo _____ , tiempo _____ . Cuando aparece con el tema διδο- es de modo _____ o _____ , tiempo _____ . (Consulte el #42 en caso necesario.)

46	El tema de δίδωμι que se emplea en el presente varía entre διδω- y διδο-. En cambio el aoristo emplea unas variantes distintas del tema verbal.
	
	       Temas de δίδωμι en aoristo
	Modo indicativo Modos infin. e imperat.
	   δω- δο-

El indicativo aoristo se forma a base de la primera variante del tema breve: δω-.

	aumento	+	tema	+	desinencias

di ἔδωκα
diste ἔδωκας
dio ἔδωκε

aumento + tema + desinencias
ἐ   δω   (-κα   -καμεν
               -κας   -κατε
               -κε   -καν)

dimos ἐδώκαμεν
disteis ἐδώκατε
dieron ἔδωκαν

Escriba esta conjugación en la tabla.

Conjugue y traduzca el verbo δίδωμι en aoristo indicativo.

_____ _____   _____ _____

_____ _____   _____ _____

_____ _____   _____ _____

47

(en sus propias palabras)
El aoristo de los verbos en -μι lleva las desinencias en -κα mientras que el aoristo 1º las lleva en -σα.

¿En qué se distingue el aoristo de los verbos en -μι del aoristo 1º?

Aoristo verbos en -μι   Aoristo 1º
    ἔδωκα   ἐπίστευσα

_____

_____

48

δοῦναι *dar*

Escriba la forma δοῦναι en la tabla de verbos.

En el infinitivo de aoristo el tema breve δο- (cp. #46) aparece un poco alterado: δοῦναι.

Subraye la terminación de infinitivo en la forma arriba.

Traduzca el infinitivo: _____

49

infinitivo aoristo

Analice la forma θεῖναι del verbo τίθημι.

θεῖναι: modo _____ tiempo _____

50

δό/ς
δό/τω
    δό/τε
    δό/τωσαν

Separe el tema y la desinencia en las formas del imperativo.

Imperativo aoristo
δός   δότε
δότω   δότωσαν

51

da (tú)   *dad*
dé (él)   *den (ellos)*

Escriba el imperativo aoristo de δίδωμι en la tabla dentro de la casilla correspondiente.

Traduzca el paradigma del #50.

_____ _____

_____ _____

52

Compare el imperativo presente y el imperativo aoristo de los verbos en μι- tal como los tiene ilustrados en la tabla del sistema verbal.

(en sus propias palabras) El imperativo presente emplea el tema largo διδο-, y el imperativo aoristo el tema breve δο-.	¿Cuál es la diferencia principal entre los dos paradigmas? _____ _____

53

Con la ayuda de la tabla de verbos, identifique el tiempo y el modo de los siguientes verbos.

	Tiempo	Modo
Tiempo Modo		
1. fut. indic.	1. ἁμαρτήσουσι _____	_____
2. aor. infin.	2. ἐλθεῖν _____	_____
3. pres. indic.	3. πίνεις _____	_____
4. aor. indic.	4. ἀπεστείλαμεν _____	_____
5. imperf. indic.	5. ὑπῆγε _____	_____
6. aor. infin.	6. δουλεῦσαι _____	_____
7. pres. indic.	7. τίθησι _____	_____
8. aor. indic.	8. ἔφαγε _____	_____
9. aor. imperat.	9. πέμψον _____	_____
10. pres. indic. o pres. imperat.	10. εὐαγγελίζετε _____	_____

54

Analice con cuidado la terminación de cada verbo del #53 para definir correctamente la persona y el número.

Persona   Número (sing. / pl.)

1. _____ _____

2. _____ _____

3. _____ _____

4. _____ _____

5. _____ _____

6. _____ _____

7. _____ _____

8. _____ _____

9. _____ _____

10. _____ _____

1. 3ª pl.
2. -- --
3. 2ª sing.
4. 1ª pl.
5. 3ª sing.
6. -- --
7. 3ª sing.
8. 3ª sing.
9. 2ª sing.
10. 2ª pl.

55
 	
1. *pecarán*
2. *venir*
3. *bebes*
4. *enviamos*
     (pretérito)
5. *iba*
6. *servir*
7. *pone*
8. *comió*
9. *envía (tú)*
10. *evangelizáis*
      o: evangelizad
	Con base en el análisis anterior, traduzca los verbos.
	
	1. ἁμαρτήσουσι _____ 6. δουλεῦσαι _____
	
	2. ἐλθεῖν _____ 7. τίθησι _____
	
	3. πίνεις _____ 8. ἔφαγε _____
	
	4. ἀπεστείλαμεν _____ 9. πέμψον _____
	
	5. ὑπῆγε _____ 10. εὐαγγελίζετε _____

56 Cuando esté seguro de su dominio del sistema verbal en voz activa, pase al #57.	Estudie la tabla de verbos, voz activa, hasta que pueda analizar cualquier verbo en voz activa. Practique conjugando varios verbos. Asocie siempre con la forma griega su traducción en español. Hágase pruebas como las de los #53-55.
57	Pasemos ahora a la voz pasiva, en la segunda de las hojas al final del capítulo. Señale a la izquierda de la tabla los tres modos: Indicativo, Infinitivo, Imperativo. En la voz pasiva hay menos variantes dentro de los diferentes tiempos. Encabece las columnas con los siguientes títulos: | Presente	Futuro	Fut. sin θ	Imperfecto	Aoristo	Aor. sin θ
---	---	---	---	---	---

58
 	
πιστεύομαι
πιστεύῃ
πιστεύεται
    πιστευόμεθα
    πιστύεσθε
    πιστεύονται
	El tiempo presente de voz pasiva se forma de los siguientes elementos.
	
	tema del presente + desinencias
	πιστεύ ⎧ -ομαι -ομεθα ⎫
	         ⎨ -ῃ -εσθε ⎬
	         ⎩ -εται -ονται ⎭
	
	Conjugue el verbo πιστεύω en voz pasiva, tiempo presente.
	
	_____ _____
	
	_____ _____
	
	_____ _____

59	La voz pasiva en español se expresa mediante el verbo auxiliar *ser* más el participio como, por ejemplo, *ser creído*. Presente: *soy creído* *(por alguien)* Futuro: *seré creído* " " Imperfecto: *era creído* " " Pretérito: *fui creído* " "

soy creído
eres creído
es creído
  somos creídos
  sois creídos
  son creídos
 	
Escriba la conjugación griega en la tabla, pensando en esta traducción al español.
	Traduzca la conjugación del #58.
	
	_____ _____
	
	_____ _____
	
	_____ _____

60
 	
ἐπιστευόμην
era creído
ἐπιστύου
eras creído
ἐπιστεύετο
era creído
  ἐπιστευόμεθα
  éramos creídos
  ἐπιστεύεσθε
  erais creídos
  ἐπιστεύοντο
  eran creídos
 	
Escriba esta conjugación en la tabla.
	Puesto que el futuro de voz pasiva se construye, no sobre el tema del presente (como en la voz activa), sino sobre el tema del aoristo, pasamos primero al imperfecto y al aoristo antes de ver el futuro.
	
	El imperfecto de voz pasiva consta de los siguientes elementos:
	
	aumento + tema de pres. + desinencias
	  ε πιστευ $\begin{bmatrix} \text{-ομην} & \text{-ομεθα} \\ \text{-ου} & \text{-εσθε} \\ \text{-ετο} & \text{-οντο} \end{bmatrix}$
	
	Conjugue πιστεύω en imperfecto de voz pasiva, y traduzca las formas (cp. #59).
	
	Traducción Imperfecto, voz pasiva Traducción

61
 	
ἐπιστεύθην
fui creído
ἐπιστεύθης
fuiste creído
ἐπιστεύθη
fue creído
  ἐπιστεύθημεν
  fuimos creídos
  ἐπιστεύθητε
  fuisteis creídos
  ἐπιστύθησαν
  fueron creídos
 	
Escriba esta conjugación en la casilla correspondiente a la tabla de verbos.
	El aoristo de voz pasiva lleva la característica especial -θη-.
	
	aumento + tema + carac. de pasiva + desinencia
	  ἐ πιστεύ θη ν → ἐπιστεύθην
	                                                                     fui creído
	
	Para simplificar el análisis, unimos la característica de pasiva a las desinencias para formar la conjugación del aoristo en voz pasiva.
	
	ἐ + πιστεύ + $\begin{bmatrix} \text{-θην} & \text{-θημεν} \\ \text{-θης} & \text{-θητε} \\ \text{-θη} & \text{-θησαν} \end{bmatrix}$
	
	Conjugue πιστεύω en aoristo pasiva y traduzca las formas.
	
	Traducción Aoristo, voz pasiva Traducción

62	Al agregarse la característica de pasiva -θη- a temas verbales terminados en con-

sonante, se producen ciertos cambios ortográficos.

$$\beta\alpha\pi\tau\iota\zeta\omega: \quad \dot{\epsilon}\beta\dot{\alpha}\pi\tau\iota\zeta + \theta\eta \rightarrow \dot{\epsilon}\beta\alpha\pi\tau\dot{\iota}\sigma\theta\eta$$

En otros verbos, el tema cambia en forma más radical.

$$\beta\dot{\alpha}\lambda\lambda\omega: \quad \dot{\epsilon}\beta\alpha\lambda + \theta\eta \rightarrow \dot{\epsilon}\beta\lambda\dot{\eta}\theta\eta\text{-}$$

En vista de estos cambios, la forma del verbo que corresponde a la 1ª persona singular del aoristo de voz pasiva se considera una parte fundamental del verbo (cp. #16).

Es necesario memorizarla para poder reconocer el verbo en aoristo pasiva.

Analice los verbos.

1. aor. pas. 1ª pl.
βάλλω

2. aor. pas. 3ª pl.
πέμπω

3. aor. pas. 1ª
sing. σῴζω

4. aor. pas. 3ª
sing. ἐγείρω

5. aor. pas. 2ª
sing. διδάσκω

	Tiempo	Voz	Pers.	Núm.	1ª parte fundamental
1. ἐβλήθημεν					
2. ἐπέμφθησαν					
3. ἐσώθην					
4. ἠγέρθη					
5. ἐδιδάχθης					

63

1. *fuimos echados*
2. *fueron enviados*
3. *fui salvado*
4. *fue levantado*
5. *fuiste enseñado*

Traduzca los verbos analizados.

1. _____   4. _____

2. _____   5. _____

3. _____

64

ἀπεστάλην
fui enviado
ἀπεστάλης
fuiste enviado
ἀπεστάλη
fue enviado

ἀπεστάλημεν
fuimos enviados
ἀπεστάλητε
fuisteis enviados
ἀπεστάλησαν
fueron enviados

Escriba esta conjugación en la tabla de verbos en la casilla del aor. sin θ.

En ciertos verbos el aoristo de voz pasiva se forma sin la θ de la característica -θη-.

6ª parte fundamental
aoristo, pasiva

γράφω: ἐγράφην
ἀπαγγέλλω: ἀπηγγέλην
ἀποστέλλω: ἀπεστάλην

Conjugue y traduzca el verbo ἀποστέλλω *enviar*.

Traducción	Aoristo, voz pasiva	Traducción
_____ _____	_____	_____
_____ _____	_____	_____
_____ _____	_____	_____

65

El futuro de voz pasiva toma como base el tema verbal de la parte fundamental correspondiente al aoristo de voz pasiva. Como no se trata de un tiempo pasado, se le quita el aumento. La desinencia personal -ν también se sustrae, para dejar nada más el tema verbal con la característica de pasiva.

$$6^{a} \text{ parte fundamental:} \quad \overline{\dot{\epsilon}} \, \pi\iota\sigma\tau\epsilon\acute{\upsilon}\theta\eta \, \overline{\nu}$$
$$\text{base}$$
$$\text{para el futuro de pasiva}$$

A esta base se le agregan la característica del futuro -σ, y las desinencias del presente de voz pasiva.

$$\text{base} + \text{carac. del fut.} + \text{desinencias}$$

πιστευθη   σ

$$\begin{pmatrix} -\text{ομαι} & -\text{ομεθα} \\ -\eta & -\text{εσθε} \\ -\text{εται} & -\text{ονται} \end{pmatrix}$$

Conjugue y traduzca el futuro de voz pasiva de πιστεύω.

Traducción	Futuro, voz pasiva	Traducción
_____	_____	_____
_____	_____	_____
_____	_____	_____

πιστευθήσομαι
seré creído
πιστευθήση
serás creído
πιστευθήσεται
será creído

πιστευθησόμεθα
seremos creídos
πιστευθήσεσθε
seréis creídos
πιστευθήσονται
serán creídos

Escriba esta conjugación en la tabla de verbos.

66

Los verbos que forman el aoristo pasivo sin θ también forman el futuro pasivo sin θ.

Conjugue y traduzca el futuro pasivo de ἀποστέλλω.

Traducción	Futuro, voz pasiva	Traducción
_____	_____	_____
_____	_____	_____
_____	_____	_____

ἀποσταλήσομαι
seré enviado
ἀποσταλήση
serás enviado
ἀποσταλήσεται
será enviado

ἀποσταλησόμεθα
seremos enviados
ἀποσταλήσεσθε
seréis enviados
ἀποσταλήσονται
serán enviados

Escriba esta conjugación en la tabla de verbos.

67

Repase lo que tiene escrito en la tabla de verbos, voz pasiva, para adquirir una visión global de todas las formas en esa voz. Piense en lo que distingue un tiempo de otro.

Luego analice los siguientes verbos.

1. aor. indic. pas. 1ª pl. πέμπω
2. imperf. indic. pas. 2ª pl σώζω
3. pres. indic. pas. 1ª sing. βλέπω

	Tiempo	Voz	Pers.	Núm.	1ª parte fundamental
1. ἐπέμφθημεν					
2. ἐσώζεσθε					
3. βλέπομαι					

4. aor. indic. pas. 3ª sing. γράφω	4. ἐγράφη					
5. fut. indic. pas. 3ª pl. διδάσκω	5. διδαχθήσονται					

68

1. *fuimos enviados*
2. *erais salvados*
3. *soy visto*
4. *fue escrito*
5. *serán enseñados*

De acuerdo con el análisis hecho, traduzca cada forma verbal del #67.

1. _____   4. _____

2. _____   5. _____

3. _____

69

Presente:
   πιστεύεσθαι

Aoristo:
   πιστευθῆναι

Aoristo sin θ:
   ἀποσταλῆναι

Escriba los infinitivos en las casillas correspondientes.

La terminación del infinitivo en voz pasiva es -εσθαι en presente y -ναι en aoristo.

Forme los infinitivos de voz pasiva.

Presente: πιστευ + εσθαι → _____ *ser creído*
         tema   terminación
   de presente de infinitivo

Aoristo: πιστευθῆ + ναι → _____ *ser creído*
         tema   terminación
   de aoristo de infinitivo

Aoristo sin θ: ἀποσταλῆ + ναι → _____ *ser creído*
         tema   terminación
   de aoristo de infinitivo

70

El infinitivo futuro, muy poco común, se forma a base del tema del aoristo.

base + característica + terminación   infinitivo de
          de futuro   de infinitivo   futuro, pasiva
πιστευθη   σ   εσθαι → πιστευθήσεσθαι

Los verbos que forman su voz pasiva de aoristo sin θ siguen esa misma pauta al formar su infinitivo de futuro, voz pasiva.

                           infin. fut., pasiva
ἀπεσταλη + σ + εσθαι → ἀποσταλήσεσθαι

Escriba estos dos infinitivos entre los paréntesis de las casillas respectivas.

71

πιστεύου
πιστευέσθω

πιστεύεσθε
πιστευέσθωσαν

Escriba esta conjugación en la tabla de verbos.

En el modo imperativo del presente, voz pasiva, se emplean el tema presente y las desinencias $\begin{bmatrix} \text{-ου} & \text{-εσθε} \\ \text{-εσθω} & \text{-εσθωσαν} \end{bmatrix}$

Conjugue πιστεύω en imperativo presente, voz pasiva.

sé creído _____ _____ *sed creídos*

sea creído _____ _____ *sean creídos*

72

Para formar el imperativo aoristo de voz pasiva se emplea la misma base del indicativo aoristo, pero sin aumento. Se le agregan las desinencias del imperativo.

base del aoristo, + desinencias del
   pasiva   imperativo
  πιστευθη $\begin{bmatrix} \text{-τι} & \text{-τε} \\ \text{-τω} & \text{-τωσαν} \end{bmatrix}$

πιστεύθητι *sé creído* πιστευθήτω *sea creído* πιστεύθητε *sed creídos* πιστευθήτωσαν *sean creídos* Escriba la conjugación en la tabla de verbos.	Conjugue πιστεύω en imperativo aoristo. Se traduce la conjugación igual que en el presente de imperativo, pero se entiende que el aoristo enfoca el inicio de la acción, mientras que el presente enfoca la acción en su duración. Traducción Imperativo aoristo, voz pasiva Traducción _____ _____ _____ _____ _____ _____ _____ _____
73 ἀποστάληθι *sé enviado* ἀποσταλήτω *sea enviado* ἀποστάλητε *sed enviados* ἀποσταλήτωσαν *sean enviados* Escriba esta conjugación en la tabla de verbos.	La conjugación del imperativo aoristo sin θ presenta otra distinción del aoristo pasivo común: la desinencia de 2ª persona singular es -θι en vez de -τι. Conjugue ἀποστέλλω en imperativo aoristo, voz pasiva. Traducción Traducción _____ _____ _____ _____ _____ _____ _____ _____
74 aoristo infinitivo pasiva σῴζω *. . . tiene fe para ser sanado . . .*	Analice la forma verbal subrayada y traduzca el versículo. . . . ἔχει πίστιν τοῦ **σωθῆναι** . . . (Hch. 14:9) tiempo _____ modo _____ voz _____ 1ª parte fundamental _____ Traducción _____
75 1. fut. indic. pas. 1ª pl. σῴζω *seremos salvos* 2. aor. indic. pas. 3ª sing. σῴζω *fue (salva) sana* 3. aor. imperat. pas. 2ª pl. σῴζω *sed salvos* 4. fut. indic. pas. 2ª sing. σῴζω *serás salvo*	Analice los verbos subrayados. 1. **σωθησόμεθα** ἐν τῇ ζωῇ αὐτοῦ. (Ro. 5:10) 2. καὶ **ἐσώθη** ἡ γυνὴ ἀπὸ τῆς ὥρας ἐκείνης. (Mt. 9:22) 3. **σώθητε** ἀπὸ τῆς γενεᾶς τῆς σκολιᾶς ταύτης. (Hch. 2:40) 4. πίστευσον ἐπὶ τὸν κύριον Ἰησοῦν, καὶ **σωθήσῃ** σὺ καὶ ὁ οἶκός σου. (Hch. 16:31) {tabla}

La tabla del cuadro 75:

	Tiempo	Modo	Voz	Pers.	Núm.	1ª p. f.	Traducción
1. σωθησόμεθα							
2. ἐσώθη							
3. σώθητε							
4. σωθήσῃ							

<table>
<tr><td>

76

1. *Seremos salvos por su vida.* (Nótese el uso de ἐν con sentido instrumental: *por*.)
2. *Y la mujer fue sana desde aquella hora.*
3. *Sed salvos de esta perversa generación.*
4. *Cree en el Señor Jesús y serás salvo tú y tu casa.*

</td><td>

Traduzca los versículos del #75.

γενεά, -ᾶς, f: *generación*
σκολιός, -ά, -όν: *perverso*
οἶκος, -ου, m: *casa*

1. _____

2. _____

3. _____

4. _____

</td></tr>
<tr><td>

77

Copie en la tabla de voz media las formas de la voz pasiva en los tres modos del presente y en el modo indicativo del imperfecto.

</td><td>

La tercera hoja de la tabla de verbos corresponde a la voz media. Prepárela con los siguientes encabezamientos.

Presente	Futuro	Fut. l. y n.	Imperfecto	Aoristo 1º	Aor. l. y n.	Aoristo 2º

A la izquierda intitule los modos: Indicativo, Infinitivo e Imperativo.

En presente e imperfecto las formas de la voz media son idénticas a las de la voz pasiva. Sin embargo, el sentido propio de la voz media es muy distinto al de la voz pasiva. Compare la traducción de las dos voces.

	Voz pasiva	Voz media
πιστεύομαι:	*soy creído*	*creo para mí, creo intensamente, me creo*

Escriba en la tabla de voz media todas las formas del presente e imperfecto traduciéndolas mentalmente con estas acepciones especiales de voz media

</td></tr>
<tr><td>

78

πιστεύσομαι
πιστεύσῃ
πιστεύσεται
  πιστευσόμεθα
  πιστεύσεσθε
  πιστεύσονται

Escriba la conjugación en la tabla de verbos.

</td><td>

En los tiempos aoristo y futuro observamos que la voz pasiva manifiesta una característica especial -θη- para señalar la voz pasiva. En la voz media no aparece esa característica y los tiempos futuro y aoristo se forman de elementos ya conocidos.

tema + característica temporal + desinencias (las mismas del presente)

πιστευ   σ   ⎛ -ομαι   -ομεθα ⎞
                                ⎜ -ῃ   -εσθε ⎟
                                  ⎝ -εται   -ονται ⎠

Conjugue el verbo πιστεύω en futuro de voz media.

_____   _____

_____   _____

_____   _____

</td></tr>
<tr><td>

79

</td><td>

Como es su costumbre, los verbos líquidos y nasales omiten la característica del futuro -σ-. Como resultado de esa omisión, la vocal de la desinencia se alarga en diptongo.

</td></tr>
</table>

	El tema empleado para formar el futuro es a menudo distinto al del presente. Cp. ἀποστελλ- (presente) y ἀποστελ- (futuro).

ἀποστελοῦμαι
ἀποστελῇ
ἀποστελεῖται
  ἀποστελούμεθα
  ἀποστελεῖσθε
  ἀποστελοῦνται
 	
Escriba la conjugación del futuro l. y n. en la tabla de verbos, voz media.
	Futuro líquido y nasal, voz media
	
	tema + desinencias (las del presente)
	ἀποστελ
	    -οῦμαι -ούμεθα
	    -ῇ -εῖσθε
	    -εῖται -οῦνται
	
	Conjugue el verbo ἀποστέλλω en futuro de voz media.
	
	_____ _____
	
	_____ _____
	
	_____ _____

80
 	
ἐπιστευσάμην
ἐπιστεύσω
ἐπιστεύσατο
  ἐπιστευσάμεθα
  ἐπιστεύσασθε
  ἐπιστεύσαντο
 	
Escriba la conjugación en la tabla de verbos.
	El aoristo 1º de voz media se constituye de los siguientes elementos.
	
	Aoristo 1º, voz media
	
	aumento + tema + [característica temporal + desinencias]
	ἐ πιστευ
	    -σάμην -σάμεθα
	    -σω -σασθε
	    -σατο -σαντο
	
	Conjugue πιστεύω en aoristo de voz media, pensando en el significado de esa voz (cp. #77).
	
	_____ _____
	
	_____ _____
	
	_____ _____

81
ἀπεστειλάμην
ἀπεστείλω
ἀπεστείλατο
  ἀπεστειλάμεθα
  ἀπεστείλασθε
  ἀπεστείλαντο
 	
Escriba la conjugación en la tabla de verbos.
	El aoristo l. y n. se diferencia del aoristo 1º por la ausencia de la σ.
	
	Conjugue ἀποστέλλω en aoristo de voz media.
	
	_____ _____
	
	_____ _____
	
	_____ _____

82	El aoristo 2º se diferencia del aoristo 1º por no llevar la sílaba característica -σα- en las desinencias. En su lugar se emplean las vocales ο/ε. Siempre se presenta en aoristo 2º un tema distinto al tema de presente.
	
	Aoristo 2º, voz media
	
	aumento + tema de aoristo + desinencias (las del imperfecto, voz media)
	ε λαβ
	    -ομην -ομεθα
	    -ου -εσθε
	    -ετο -οντο

ἐλαβόμην
ἐλάβου
ἐλάβετο
  ἐλαβόμεθα
  ἐλάβεσθε
  ἐλάβοντο
 	
Escriba la conjugación en la tabla de verbos.
	Conjugue λαμβάνω en aoristo, de voz media.
	
	_____ _____
	
	_____ _____
	
	_____ _____

83 πιστεύσασθαι ἀποστείλασθαι λάβεσθαι Escriba los infinitivos en las casillas correspondientes en la tabla.	En el infinitivo de aoristo, voz media, figura la misma terminación del infinitivo presente, voz media: -σθαι. El modo infinitivo carece de aumento, por cuanto una acción infinita no se puede referir al pasado. El sentido especial del aoristo es el de enfocar la acción como completa, acabada, en contraste con el presente, que la expresa en su continuidad, su duración. Agregue la terminación de infinitivo, aoristo, voz media: Infinitivo aoristo, voz media Aoristo 1º: πιστεύσα_____ Aoristo l. y n.: ἀποστείλα_____ Aoristo 2º: λάβε_____

84
Aoristo 1º
πίστευσαι
πιστευσάσθω
  πιστεύσασθε
  πιστευσάσθωσαν
 	
Aoristo l. y n.
ἀπόστειλαι
ἀποστειλάσθω
  ἀποστείλασθε
  ἀποστειλάσθωσαν
 	
Aoristo 2º
λάβου
λαβέσθω
  λάβεσθε
  λαβέσθωσαν
 	
Escriba las conjugaciones en la tabla de verbos.
	Para completar el cuadro de la voz media falta solamente el imperativo.
	
	Agregue las siguientes desinencias de imperativo para completar la conjugación de cada verbo: $\begin{bmatrix} -\alpha\iota \ (ου^1) & -\sigma\theta\varepsilon \\ -\sigma\theta\omega & -\sigma\theta\omega\sigma\alpha\nu \end{bmatrix}$
	
	       Imperativo aoristo, voz media
	
	   Aoristo 1º Aoristo l. y n.
	
	πίστευσ_____ πιστεύσα_____ ἀπόστειλ_____ ἀποστείλα_____
	
	πιστευσά_____ πιστευσά_____ ἀποστειλά_____ ἀποστειλά_____
	
	               Aoristo 2º
	
	λάβ_____ λάβε_____
	
	λαβέ_____ λαβέ_____
	
	¹ aoristo 2º

85	El sentido propio de la voz media es el de señalar el involucramiento especial del sujeto en la acción, ya sea que la realice en beneficio propio, en forma intensiva, o en forma reflexiva (cp. #77). Las formas de la voz media sirven además para otro propósito, que es en realidad más frecuente que el sentido propio mencionado arriba. Ciertos verbos, carentes de formas de la voz activa, expresan con la voz media un significado activo. Se denominan verbos defectivos: tienen forma de voz media, pero su significado es

(en sus propias palabras) Porque carece de formas de voz activa para expresar el significado activo: *voy*. Para suplir esa falta, emplea las formas de voz media pero con sentido activo.	de voz activa. Verbo defectivo: πορεύομαι *voy* ¿Por qué se le llama defectivo al verbo πορεύομαι? _____ _____ _____

86	Repase las listas de verbos defectivos en el capítulo XVI-8 y 13. Luego analice los siguientes verbos con la ayuda de la tabla de voz media. |	Tiempo	Modo	Voz	Pers.	Núm.	1ª p. f.	Traducción
1. ἀσπάσασθε							
2. ἐγενόμεθα							
3. ἐπορεύοντο							
4. προσεύχονται							
5. ἔρχεσθαι							
6. γνώσεται							
7. ἤρξατο							
8. δέξαι							
9. ἔσται							
10. προσεύχεσθε								

La respuesta se encuentra después del #90.

87	Traduzca los versículos abajo con la ayuda de la tabla de verbos y del siguiente vocabulario. Antes de consultar la respuesta a la izquierda, repase su traducción de los verbos del trozo. Haga un análisis de cada verbo como en el #86. Luego de esta cuidadosa revisión, verifique su traducción consultando la respuesta. ἀνόμως: (adverbio) *sin la ley* διά: (seguido del genitivo) *por medio de* δίκαιος, -α, ον: *justo, bueno, en la debida relación con Dios* δικαιόω, δικαιώσω, ἐδικαίωσα, ἐδικαιώθην: *declarar justo, justificar* ὅσος, -η, -ον: *cuanto, el que; (Pl.) cuántos, los que* παρά: (seguido del dativo) *con, ante, delante de* ὅσοι γὰρ ἀνόμως ἥμαρτον, ἀνόμως καὶ ἀπολοῦνται· καὶ ὅσοι ἐν νόμῳ _____ ἥμαρτον, διὰ νόμου κριθήσονται· οὐ γὰρ οἱ ἀκροαταὶ νόμου δίκαιοι _____ *oidores* _____

Porque los que sin la ley pecaron, sin la ley también perecerán; y los que con (la) ley pecaron, serán juzgados por medio de (la) ley; porque no los oidores de (la) ley son justos

ante Dios, sino los hacedores de la ley serán justificados.	παρὰ τῷ θεῷ, ἀλλ᾽ οἱ ποιηταὶ νόμου δικαιωθήσονται. (Ro. 2:12, 13) _____ *hacedores* _____

88

Haga una traducción literal de los versículos siguientes, analizando con cuidado los verbos.

ἐνδύω, ----, ἐνέδυσα: *vestir;* (voz media) *vestirse, llevar*

Πάντες γὰρ υἱοὶ θεοῦ ἐστε διὰ τῆς πίστεως ἐν Χριστῷ Ἰησοῦ. ὅσοι

_____

γὰρ εἰς Χριστὸν ἐβαπτίσθητε, Χριστὸν ἐνεδύσασθε. (Gál. 3:26, 27)

_____

Porque todos sois hijos de Dios por la fe en Cristo Jesús. Porque los que fuisteis bautizados en Cristo, os vestisteis (de) Cristo.

89

En el trozo siguiente la palabra ὅτι, conocida con las acepciones *que* o *porque*, funciona de una manera especial. Introduce una cita directa, o sea las palabras textuales que alguien pronunció. En la redacción moderna las comillas (« . . . ») cumplen esta función de señalar la cita directa. Al desempeñar esta función, la palabra ὅτι no se traduce.

ἀπέρχομαι, ἀπελεύσομαι, ἀπῆλθον: (ἀπό + ἔρχομαι) *irse*
ἐκεῖ: *allí*
μέν: partícula que indica contraste, énfasis o continuidad; *a la verdad*
πάλιν: *otra vez*
πέραν: *al otro lado de*
περί: (seguido de genitivo) *acerca de*
ποιέω, ποιήσω, ἐποίησα: *hacer*
πρῶτον (neut. del adj. πρῶτος, usado como adverbio) *primero, antes, más temprano*
σημεῖον, -ου, n: *señal, milagro*
τόπος, -ου, m: *lugar*

καὶ ἀπῆλθεν πάλιν πέραν τοῦ Ἰορδάνου εἰς τὸν τόπον ὅπου ἦν Ἰωάννης

_____ *donde* _____

τὸ πρῶτον βαπτίζων, καὶ ἔμεινεν ἐκεῖ. καὶ πολλοὶ ἦλθον πρὸς αὐτὸν

_____ *bautizando* _____

Y se fue otra vez al otro lado del Jordán al lugar donde Juan antes estaba bautizando y quedó allí. Y muchos vinieron a él y decían: «Juan a la verdad (no) hizo ninguna señal, pero todo lo que dijo Juan acerca de éste era verdad». Y muchos creyeron en él allí.

καὶ ἔλεγον ὅτι Ἰωάννης μὲν[1] σημεῖον ἐποίησεν οὐδέν, πάντα δὲ ὅσα (V. #87)

_____ *ninguna* _____

εἶπεν Ἰωάννης περὶ τούτου ἀληθῆ ἦν. καὶ πολλοὶ ἐπίστευσαν εἰς αὐτὸν

_____

ἐκεῖ. (Jn. 10:40-42)

_____

[1] Obsérvese que μέν es una partícula pospositiva. (Cp. XIII-26.)

90

Observe en el trozo anterior la expresión πάντα ὅσα traducido *todo lo que.* Aunque reconocemos que las palabras son del plural (género neutro) esta idea colectiva o abstracta del neutro plural griego se expresa en español con el neutro singu-

							lar, como en las expresiones *lo bueno, lo difícil, lo que, todo,* y en este contexto: *todo lo que.*	

Anunciaron lo que los sumos sacerdotes y los ancianos dijeron a ellos.

Traduzca el versículo.

ἀρχιερεύς, -έως, m: *sumo sacerdote*
πρεσβύτερος, -α, -ον: *anciano*

(Hch. 4.23)

ἀπήγγειλαν ὅσα πρὸς αὐτοὺς οἱ ἀρχιερεῖς καὶ οἱ πρεσβύτεροι εἶπαν.

Respuestas al #86

	Tiempo	Modo	Voz	Pers.	Núm	1ª p. f.	Traducción
1.	aor.	imperat.	med.	2ª	pl.	ἀσπάζομαι	*saludad*
2.	aor.	indic.	med.	1ª	pl.	γίνομαι	*llegamos a ser, fuimos*
3.	imperf.	indic.	med./pas.	3ª	pl.	πορεύομαι	*iban*
4.	pres.	indic.	med./pas.	3ª	pl.	προσεύχομαι	*oran*
5.	pres.	infin.	med./pas.	--	--	ἔρχομαι	*venir*
6.	fut.	indic.	med.	3ª	sing.	γινώσκω	*conocerá*
7.	aor.	indic.	med.	3ª	sing.	ἄρχομαι	*comenzó*
8.	aor.	imperat.	med.	2ª	sing.	δέχομαι	*recibe (tú)*
9.	fut.	indic.	med.	3ª	sing.	εἰμί	*será, estará*
10.	pres.	indic. o imperat.	med./pas.	2ª	pl.	προσεύχομαι	*oráis, o orad*

91

Antes de hacer el ejercicio a continuación, repase toda la tabla del sistema verbal. Piense en las características que diferencian un tiempo de otro. Observe las características de las diferentes voces. Compare con el modo indicativo los modos infinitivo e imperativo.

Practique la conjugación de algunos verbos.

Haga ahora una sinopsis del verbo λύω[1] *soltar, desatar* en 3ª persona del singular. En la tabla abajo escriba solamente la forma de la 3ª persona singular de cada uno de los tiempos en los modos indicativo e imperativo.

Sinopsis: λύω, 3ª persona singular

		Presente	Futuro	Imperfecto	Aoristo
Voz Activa	Indicativo				
	Imperativo				
Voz Pasiva	Indicativo				
	Imperativo				
Voz Media	Indicativo				
	Imperativo				

La respuesta se encuentra después del #92.

[1] λύω, λύσω, ἔλυσα, ἐλύθην

92

Para relacionar las formas verbales griegas con su significado en un contexto, confeccione cuatro oraciones que empleen las formas indicadas del verbo λύω.

Los siguientes sustantivos pueden servir de complemento directo con el verbo λύω.

δέσμος, -ου, m: *cadena, prisión*   ἱμάς, -ατός, m: *correa*

δέσμιος, -ου, m: *prisionero*   πῶλος, -ου, m: *pollino*

1. Verbo en indicativo aoristo, voz activa.

griego _____

traducción _____

2. Imperativo aoristo, voz pasiva.

griego _____

traducción _____

3. Indicativo futuro, voz activa.

griego _____

traducción _____

4. Indicativo presente, voz media.

Enseñe sus oraciones al profesor.

griego _____

traducción _____

Respuesta al #91

		Presente	Futuro	Imperfecto	Aoristo
Voz Activa	Indicativo	λύει	λύσει	ἔλυε	ἔλυσε
	Imperativo	λυέτω			λυσάτω
Voz Pasiva	Indicativo	λύεται	λυθήσεται	ἐλύετο	ἐλύθη
	Imperativo	λυέσθω			λυθήτω
Voz Media	Indicativo	λύεται	λύσεται	ἐλύετο	ἐλύσατο
	Imperativo	λυέσθω			λυσάσθω

93

Elabore otra sinopsis parecida pero de un verbo del tipo líquido y nasal: κρίνω.

Esta vez la sinopsis es de 3ª persona plural.

		Presente	Futuro	Imperfecto	Aoristo
Voz Activa	Indicativo				
	Imperativo				
Voz Pasiva	Indicativo				
	Imperativo				
Voz Media	Indicativo				
	Imperativo				

La respuesta se encuentra después del #94.

94

Usando el verbo κρίνω, redacte cuatro oraciones con las formas verbales indicadas.

El vocabulario del versículo del #87 le puede ser útil.

	1. Indicativo aoristo, voz pasiva.

1. Indicativo aoristo, voz pasiva.

griego _____

traducción _____

2. Indicativo presente, voz activa.

griego _____

traducción _____

3. Imperativo presente, voz media.

griego _____

traducción _____

4. Imperativo aoristo, voz pasiva.

griego _____

Enseñe las oraciones al profesor.

traducción _____

Respuesta al #93

Voz		Presente	Futuro	Imperfecto	Aoristo
Voz Activa	Indicativo	κρίνουσι	κρινοῦσι	ἔκρινον	ἔκριναν
	Imperativo	κρινέτωσαν			κρινάτωσαν
Voz Pasiva	Indicativo	κρίνονται	κριθήσονται	ἐκρίνοντο	ἐκρίθησαν
	Imperativo	κρινέσθωσαν			κριθήτωσαν
Voz Media	Indicativo	κρίνονται	κρινοῦνται	ἐκρίνοντο	ἐκρίναντο
	Imperativo	κρινέσθωσαν			κρινάσθωσαν

95

RESUMEN — Vocabulario

En la lista a continuación aparecen varias preposiciones con una indicación entre paréntesis del caso que toma el sustantivo que les sigue.

Fíjese bien en dicha indicación del caso, por cuanto el significado apuntado para la preposición depende de que se emplee con el caso especificado y no con ningún otro. En el capítulo que sigue estas preposiciones se presentarán acompañadas de otros casos, y por consiguiente con otros significados.

Repase todo el vocabulario hasta que pueda identificar todas las partes fundamentales de los verbos y sepa las acepciones de todas las palabras.

ἀπέρχομαι, ἀπελεύσομαι, ἀπῆλθον: *irse, partir*
ἀποστέλλω, ἀποστελῶ, ἀπέστειλα, ἀπεστάλην: *enviar, despachar*
ἀρχιερεύς, -έως, m: *sumo sacerdote*
διά: (seguido del genitivo) *por medio de*
δίκαιος, -α, -ον: *justo, bueno, en la debida relación con Dios*
δικαιόω, δικαιώσω, ἐδικαίωσα, ἐδικαιώθην: *poner en la debida relación con Dios, declarar justo, justificar*
ἐκεῖ: *allí, allá*
καταβαίνω, καταβήσομαι, κατέβην: *bajar, descender*
μέν: partícula que indica contraste, énfasis o continuidad; *a la verdad, en verdad*
οἶκος, -ου, m: (cp. οἰκία) *casa, vivienda*

ὅσος, -η, -ον: *cuanto, el que*

πάλιν: *otra vez, de nuevo*

παρά: (seguido del dativo) *con, ante, delante de*

περί: (seguido del genitivo) *acerca de*

ποιέω, ποιήσω, ἐποίησα: *hacer*

πρεσβύτερος, -α, -ον: *anciano*

σημεῖον, -ου, n: *señal, milagro*

τόπος, -ου, m: *lugar, sitio, región*

96

En el vocabulario anterior aparece un verbo compuesto de dos elementos conocidos separadamente:

ἀπέρχομαι — compuesto de la preposición ἀπό y el verbo ἔρχομαι

En el verbo ἀποστέλλω también se ve la preposición ἀπό, más un tema verbal -στέλλω.

El verbo καταβαίνω contiene la preposición κατά *hacia abajo* en composición con un tema verbal -βαίνω.

Hay varias otras preposiciones que se combinan con ἔρχομαι para formar un nuevo verbo.

Preposición		Verbo		Verbo compuesto	Significado
εἰς	+	ἔρχομαι	→	εἰσέρχομαι	*entrar*
ἐκ	+	ἔρχομαι	→	ἐξέρχομαι	*salir*
πρός	+	ἔρχομαι	→	προσέρχομαι	*venir a, acercarse a*

El verbo ἵστημι también admite la combinación con preposiciones.

ἀνά + ἵστημι → ἀνίστημι[1]   *levantar;* (aor. 2º y voz media) *levantarse, aparecer*
para arriba

παρά + ἵστημι → παρίστημι[1] *presentar*

Escriba las partes fundamentales de los nuevos verbos compuestos. (Repase, en caso necesario, las partes fundamentales de ἔρχομαι e ἵστημι en el XVI-13 y el XIV-45 respectivamente.)

Recuerde que el aumento se inserta delante del tema verbal.

	Presente	Futuro	Aoristo
1. *entrar:*	_____	_____	_____
2. *salir:*	_____	_____	_____
3. *venir a:*	_____	_____	_____
4. *levantar(se):*	_____	_____	_____ y _____
5. *presentar:*	_____	_____	_____ y _____

[1] Nótese que la preposición pierde su letra final al combinarse con una forma verbal que comienza con vocal. Esa letra vuelve a aparecer en formas como ἀναστήσω y παραστήσω (futuro) donde el tema verbal comienza con consonante.

---

1. ἐισέρχομαι
εἰσελεύσομαι
εἰσῆλθον

2. ἐξέρχομαι
ἐξελεύσομαι
ἐξῆλθον

3. προσέρχομαι
προσελεύσομαι
προσῆλθον

4. ἀνίστημι
ἀναστήσω
ἀνέστησα y
ἀνέστην

5. παρίστημι
παραστήσω
παρέστησα y
παρέστην

97	Analice y traduzca los siguientes verbos.

1. aoristo προσ-έρχομαι *vino a, se acercó*
2. aoristo παρίσ-τημι *presentó*
3. imperfecto, ἐξ-έρχομαι *salían*
4. futuro ἀπο-στέλλω *envia-remos*
5. presente εἰσέρ-χομαι *entráis o entrad*
6. aoristo κατα-βαίνω *descen-dieron*

	Tiempo	1ª parte fundamental	Traducción
1. προσῆλθε	_____	_____	_____
2. παρέστησε	_____	_____	_____
3. ἐξήρχοντο	_____	_____	_____
4. ἀποστελοῦμεν	_____	_____	_____
5. εἰσέρχετε	_____	_____	_____
6. κατέβησαν	_____	_____	_____

98	Marque el sujeto que corresponde a cada desinencia verbal.

1. *ellos*
2. *nosotros*
3. *yo*
4. *ellos*
5. *yo*
6. *yo*
7. *él*
8. *tú*
9. *él*
10. *yo*
11. *ellos*
12. *vosotros*
13. *yo*
14. *vosotros*

Desinencia		Sujeto (= persona y número)					
		yo	*tú*	*él*	*nosotros*	*vosotros*	*ellos*
1.	-οντο						
2.	-ομεν						
3.	-ομαι						
4.	-θησαν						
5.	-ω						
6.	-σα						
7.	-ει						
8.	-η						
9.	-σε						
10.	-μι						
11.	-ουσι						
12.	-ετε						
13.	-μην						
14.	-σθε						

99	Como repaso final del sistema verbal, analice y traduzca los verbos siguientes.

La respuesta se encuentra al final del capítulo.

	Tiempo	Modo	Voz	Pers.	Núm.	1ª parte fund.	Traducción
1. ἔφαγον							
2. ἀπέρχεσθαι							
3. ἐπέμφθη							
4. μεῖνον							
5. ἐγένετο							
6. διδάξετε							
7. ἐλθεῖν							
8. ἐπορευόμεθα							
9. ἀποσταλήσεται							
10. ἀποκρίνονται							

100

Traduzca las oraciones.

1. ὅσοι ἔβλεψαν τοῦτο τὸ σημεῖον ἐφοβήθησαν.

2. διὰ νόμου μὲν κριθήσεται ὁ ἀρχιερεὺς καὶ ἔσται δίκαιος παρὰ τῷ θεῷ.

3. εἶπον αὐτῷ πάντα ὅσα ἐποίησεν ὁ προφήτης.

4. ἀναβαίνουσι εἰς τὸ ὄρος τὸ ἅγιον τοῦ προσεύχεσθαι.

5. ἠκούομεν τὸν λόγον καὶ αὐτὸν ἐδεχόμεθα.

6. μεῖνον ἐκεῖ δουλεῦσαι τῷ πρεσβυτέρῳ.

7. ἐδόθη τῷ βασιλεῖ πᾶσα δόξα.

La respuesta se encuentra en el apéndice V-17.

Respuesta al #99.

	Tiempo	Modo	Voz	Pers.	Núm.	1ª parte fund.	Traducción
1.	aor.	indic.	act.	1ª 3ª	sing. pl.	ἐσθίω	*comí comieron*
2.	pres.	infin.	med.	--	--	ἀπέρχομαι	*irse*
3.	aor.	indic.	pas.	3ª	sing.	πέμπω	*fue enviado*
4.	aor.	imperat.	act.	2ª	sing.	μένω	*queda tú*
5.	aor.	indic.	med.	3ª	sing.	γίνομαι	*llegó a ser, fue*
6.	fut.	indic.	act.	2ª	pl.	διδάσκω	*enseñaréis*
7.	aor.	infin.	act.	--	--	ἔρχομαι	*venir*
8.	imperf.	indic.	med.	1ª	pl.	πορεύομαι	*íbamos*
9.	fut.	indic.	pas.	3ª	sing.	ἀποστέλλω	*será enviado*
10.	pres.	indic.	med.	3ª	pl.	ἀποκρίνομαι	*contestan*

TABLA DEL SISTEMA VERBAL

VOZ ACTIVA

Modo	Modo	Modo
	(	
	(	
	)	
	)	
	(	

TABLA DEL SISTEMA VERBAL

VOZ PASIVA

Modo	Modo	( ) (( ) (	Modo	

TABLA DEL SISTEMA VERBAL

VOZ MEDIA

Modo					
Modo					
Modo					

Al terminar este capítulo usted podrá analizar el caso de cualquier sustantivo. Comparará las diferentes desinencias que señalan un mismo caso en las tres declinaciones. Podrá traducir las preposiciones en sus diversos sentidos, según el caso que rigen. Traducirá 14 palabras nuevas, incluyendo el pronombre reflexivo.

1

Así como en el capítulo XVII procuramos lograr una vista panorámica del sistema verbal griego, nos proponemos ahora hacer lo mismo con el sistema de declinación de sustantivos, adjetivos y pronombres.

El sistema de declinación, es decir los casos que manifiestan los sufijos de los sustantivos, tiene por finalidad señalar las relaciones que existen entre las varias palabras de una oración. Por tanto, nos conviene ver los casos no sólo por medio de paradigmas, sino también en sus contextos en la oración.

Por ejemplo, observe los diferentes casos que asume la expresión ὁ ἄνθρωπος en las breves oraciones a continuación.

Haga una lista a la derecha de las diferentes desinencias que se emplean y también de las formas del artículo.

	Artículo	Desinencia
1. **ὁ ἄνθρωπος** ἐπορεύθη.	_____	_____
2. εὕρομεν τὸν οἶκον **τοῦ ἀνθρώπου**.	_____	_____
3. λέγεις **τῷ ἀνθρώπῳ**.	_____	_____
4. δέχομαι **τὸν ἄνθρωπον**.	_____	_____
5. **ἄνθρωπε**, ὕπαγε.	_____	_____

Con base en lo que esas desinencias le revelan acerca de las relaciones entre las palabras de cada oración, traduzca las oraciones.

1. _____

2. _____

3. _____

4. _____

5. _____

Artíc.	Des.
ὁ	-ος
τοῦ	-ου
τῷ	-ῳ
τὸν	-ον
--	-ε

1. *El hombre se fue.*

2. *Hallamos (aor.) la casa del hombre.*

3. *Hablas al hombre.*

4. *Recibo al hombre.*

5. *Hombre, vete.*

2

Usando las siguientes oraciones, confeccione una lista de las formas del artículo, y otra de las desinencias del plural.

	Artículo	Desinencia
1. κατέβησαν **οἱ ἄνθρωποι**.	_____	_____
2. διδάξουσι τὸν νόμον **τῶν ἀνθρώπων**.	_____	_____
3. ἀπεκρίθητε **τοῖς ἀνθρώποις**.	_____	_____
4. ἐδικαίωσε **τοὺς ἀνθρώπους**.	_____	_____

Artíc.	Des.
οἱ	-οι
τῶν	-ων
τοῖς	-οις
τοὺς	-ους

1. Los *hombres descendieron*. 2. *Enseñarán la ley de los hombres*. 3. *Contestasteis a los hombres*. 4. *Justificó a los hombres*.	Traduzca las oraciones. 1. _____ 2. _____ 3. _____ 4. _____

3

ὁ λόγος
τοῦ λόγου
τῷ λόγῳ
τὸν λόγον
  οἱ λόγοι
  τῶν λόγων
  τοῖς λόγοις
  τοὺς λόγους

Decline (de memoria si es posible) la expresión ὁ λόγος.

Singular   Plural

_____ _____   _____ _____

_____ _____   _____ _____

_____ _____   _____ _____

_____ _____   _____ _____

4

Al final de este capítulo se encuentra una hoja preparada para elaborar un resumen de todo el sistema de declinación.

La palabra λόγος pertenece a la segunda declinación, género masculino.
Escriba en la hoja de resumen el paradigma del #3, en la casilla correspondiente al masculino, bajo el título Segunda Declinación.

5

El sustantivo neutro difiere del masculino principalmente porque lleva una misma terminación en nominativo y en acusativo. en singular, esa terminación es la misma del acusativo masculino. El artículo sin embargo es distinto.

	Singular	
	Masculino	Neutro
Nom.	ὁ ἄνθρωπος	τὸ ἔργον
Ac.	τὸν ἄνθρωπον	τὸ ἔργον

En el plural, tanto la terminación como el artículo son especiales para el género neutro. Compárelos con el masculino.

	Plural	
	Masculino	Neutro
Nom.	οἱ ἄνθρωποι	τὰ ἔργα
Ac.	τοὺς ἀνθρώπους	τὰ ἔργα

Decline la expresión τὸ ἔργον *la obra*.

τὸ ἔργον
τοῦ ἔργου
τῷ ἔργῳ
τὸ ἔργον
  τὰ ἔργα
  τῶν ἔργων
  τοῖς ἔργοις
  τὰ ἔργα

Escriba esta declinación en la hoja de resumen, en las columnas del neutro, bajo Segunda Declinación.

Singular   Plural

_____ _____   _____ _____

_____ _____   _____ _____

_____ _____   _____ _____

_____ _____   _____ _____

6

Los casos de los sustantivos señalan la función que éstos desempeñan en la oración.

El bosquejo a continuación resume las principales funciones sintácticas marcadas por los diferentes casos sin emplear preposiciones.

1. Caso nominativo
    El caso nominativo señala el sujeto o el atributo.

    ὁ λόγος ἅγιός ἐστιν.   *La palabra es santa.*
    sujeto   atributo

2. Caso genitivo
    2.1. El genitivo frecuentemente señala el posesivo o el calificativo.

    ὁ λόγος **τοῦ θεοῦ** ἅγιός ἐστιν.   *La palabra **de Dios** es santa.*
              posesivo

    ὁ λόγος ὁ **τοῦ σταυροῦ** μωρία ἐστιν.   *La palabra **de la cruz** es locura.*
              calificativo

    2.2. El genitivo puede señalar también el complemento directo de ciertos verbos.[1]

    ἀκούω **τοῦ λόγου**.   *Oigo **la palabra**.*
            CD

    2.3. El genitivo se emplea para el complemento de ciertos adjetivos.

    ἔστη ἐν μέσῳ **αὐτῶν**.   *Se puso en medio **de ellos**.*
            C. del adj. μέσῳ

    2.4. El genitivo también se emplea para ciertas expresiones de tiempo.

    μέσης νυκτὸς ἐπορεύθη ὁ κύριος.   ***A la medianoche** se fue el señor.*
    expr. de tiempo

3. Caso dativo
    3.1. El dativo señala el complemento indirecto.

    εἶπεν ὁ θεὸς **τῷ ἀνθρώπῳ**.   *Dios habló **al hombre**.*
                    CI

    3.2. El dativo señala también el complemento directo de ciertos verbos.[2]

    ἐπίστευσαν **τῷ κυρίῳ**.   *Creyeron **al señor**.*
                  CD

    3.3. El dativo se emplea para expresiones de instrumentalidad y de modo.

    βαπτίσει **πνεύματι ἁγίῳ**.   *Bautizará **con Espíritu Santo**.*
            instrumentalidad

    ἔλεγε **παρρησίᾳ**.   *Hablaba **con claridad**.*
            modo

[1] Las listas de vocabulario y los léxicos indican cuáles son los verbos de complemento directo en genitivo. Algunos de ellos (como ἀκούω) también pueden llevar el complemento directo en acusativo.

[2] Los vocabularios y léxicos indican también cuáles verbos llevan su complemento directo en dativo.

3.4. El dativo puede señalar también una expresión de tiempo. (Cp. 2.4)

τῷ σαββάτῳ ἐθεράπευσε ὁ Ἰησοῦς.　　*El día sábado Jesús sanó.*
　tiempo

3.5. El dativo señala el complemento de ciertos adjetivos. (Cp. 2.3)

ὁ ἀπόστολος πιστὸς **τῷ κυρίῳ** ἦν.　　*El apóstol era fiel al señor.*
　　　　　complemento del adj. πιστός

4.　Caso acusativo.
　4.1.　El acusativo señala el complemento directo.

ἔφαγον **τὸν ἀρτόν**.　　　*Comieron el pan.*
　　　CD

　4.2.　El acusativo señala el sujeto del infinitivo, y también el atributo de éste.

κελεύω **αὐτὸν** γένεσθαι **δοῦλον**.　　*Le ordenó hacerse esclavo.*
　suj. del infin.　　atributo del
　　　　　　　suj. del infin.

5.　El caso vocativo señala la persona invocada o llamada.

κύριε, ἄκουε.　　　*Señor, escucha.*
invocado

Relacione este bosquejo de las funciones sintácticas señaladas por los casos, con la declinación de ὁ ἄνθρωπος y de τὸ ἔργον en la tabla de declinación.

Al repasar las diferentes formas de los dos sustantivos de la tabla, piense en la función que cada una llevará en una oración.

| 7 | Con base en los paradigmas anteriores, y en el bosquejo del #6, determine el caso de cada expresión en negrita y la función que dicho caso señala. |

πιστός, -ή, -όν: *fiel*

1.　**τοὺς ὄχλους** ἔλαβε **ὁ φόβος** **τοῦ θεοῦ**.

caso: ＿＿＿＿　　＿＿＿＿　＿＿＿

función: ＿＿＿＿　　＿＿＿＿　＿＿＿

2.　κρινεῖ **ὁ κύριος** **τὰ ἔργα** **τῶν ἀνθρώπων**.

caso: ＿＿＿＿　＿＿＿＿　＿＿＿

función: ＿＿＿＿　＿＿＿＿　＿＿＿

3.　ἀπεκρίθησαν **αὐτῷ** **οἱ πρεσβύτεροι**, Γινώσκομεν **τὸν κύριον** εἶναι **θεόν**.

caso: ＿＿＿＿　＿＿＿　　＿＿＿＿　＿＿＿

función: ＿＿＿＿　＿＿＿　　＿＿＿＿　＿＿＿

4.　οὐκ ἦσαν **πιστοὶ** **τοῖς θεοῖς** **αὐτῶν**.

caso: ＿＿＿＿　＿＿＿＿　＿＿＿

función: ＿＿＿＿　＿＿＿＿　＿＿＿

1. ac.　-CD
　nom. -sujeto
　gen. -calific.

2. nom. -sujeto
　ac.　-CD
　gen. -pos.

3. dat. -CI
　nom. -sujeto
　ac.　-suj. del
　　　inf.
　ac.　-atributo
　　　del suj.
　　　del inf.

4. nom. -atributo
　dat. -C del adj.
　　　πιστοί
　gen. -posesivo

	5. **τοῦτο** ἐστιν **τὸ ἔργον τὸ πρῶτον**.
	caso: _____ _____
	función: _____ _____
5. nom. -sujeto nom. -atributo 6. gen. -CD dat. -CD	6. ἠκούσαμεν **αὐτοῦ** καὶ **αὐτῷ** ἐπιστεύσαμεν. caso: _____ _____ función: _____ _____

8 1. *El temor de Dios tomó a las multitudes.* 2. *El Señor juzgará las obras de los hombres.* 3. *Los ancianos le contestaron: «Sabemos que el Señor es Dios».* 4. *No eran fieles a los dioses de ellos.* 5. *Esta es la primera obra.* 6. *Oímos a él y creímos a él. (Le oímos y le creímos.)*	Traduzca las oraciones del # 7, según el análisis que acaba de hacer. 1. _____ 2. _____ 3. _____ 4. _____ 5. _____ 6. _____

9 -η -αι -ης -ῶν -ῃ -αις -ην -ας Escriba la declinación de φωνί en la tabla de declinación bajo primera declinación en -η. Apunte también todas las formas del artículo.	La primera declinación está compuesta principalmente de sustantivos de género femenino, que siguen una pauta común de declinación con sólo ligeras distinciones en el singular en cuanto a la vocal que se emplea. La palabra φωνί asienta la pauta. Subraye las desinencias. |	Singular		Plural	
---	---	---	---	---
Nom.	ἡ	φωνή	αἱ	φωναί
Gen.	τῆς	φωνῆς	τῶν	φωνῶν
Dat.	τῇ	φωνῇ	ταῖς	φωναῖς
Ac.	τὴν	φωνήν	τὰς	φωνάς	

10	Los sustantivos de 1ª declinación cuyo tema termina en ε, ι, ϱ emplean la vocal α en las desinencias.

ἡμέρα ἡμέραι ἡμέρας ἡμερῶν ἡμέρα ἡμέραις ἡμέραν ἡμέρας Escriba esta declinación en la tabla, en la casilla correspondiente a la declinación en -α.	Decline la palabra ἡμέρα con la vocal α en las desinencias del singular. El plural es idéntico al de φωνή. Singular　　　　　　Plural ἡμέρα　　　　_____ _____　　　_____ _____　　　_____ _____　　　_____
11 θαλάσσης θαλάσσῃ θάλασσαν 　θάλασσαι 　θαλασσῶν 　θαλάσσαις 　θαλάσσας Escriba la declinación en la casilla correspondiente a la declinación en -α e -η.	Un pequeño grupo de palabras combina las desinencia en -η y en -α. Complete la declinación de θάλασσα *mar* con desinencia en -η para genitivo y dativo. Use -α- en la desinencia del acusativo. El plural es siempre igual. Singular　　　　　　Plural θάλασσα　　　_____ _____　　　_____ _____　　　_____ _____　　　_____
12 ἡ　　αἱ τῆς　τῶν τῇ　　ταῖς τὴν　τὰς	Los tres sustantivos que se han declinado emplean un mismo artículo femenino. Declínelo de memoria. _____　_____ _____　_____ _____　_____ _____　_____
13 masculino	La palabra ὁ προφήτης ejemplifica la pauta para los sustantivos masculinos de la 1ª declinación. Con estas palabras se emplea el artículo (masculino / femenino). ὁ　προφήτης　　　　οἱ　προφῆται τοῦ προφήτου　　　　τῶν προφητῶν τῷ　προφήτῃ　　　　τοῖς προφήταις τὸν προφήτην　　　　τοὺς προφήτας
14 nom. sing. y gen. sing.	¿En cuáles casos tiene la palabra *profeta* desinencias distintas a las de φωνή? _____
15 nominativo	La forma προφήτης es de caso _____ .
16	Sin mirar el #13, decline la palabra μαθητής *discípulo* junto con su artículo masculino.

ὁ μαθητής	Singular	Plural
τοῦ μαθητοῦ		
τῷ μαθητῇ	_____ _____	_____ _____
τὸν μαθητήν		
οἱ μαθηταί	_____ _____	_____ _____
τῶν μαθητῶν		
τοῖς μαθηταῖς	_____ _____	_____ _____
τοὺς μαθητάς	_____ _____	_____ _____

Escriba el paradigma del #13 en la tabla de declinación: Primera declinación, masculino.

17

Defina el caso y el número de los sustantivos en las siguientes locuciones.

	Caso	Número
1. ἐπὶ τῇ γῇ	_____	_____
2. ὑπὸ τῶν πρεσβυτέρων	_____	_____
3. ὁ Ἰωάννης	_____	_____
4. τὰς ἡμέρας	_____	_____
5. ἡ εἰρήνη	_____	_____
6. πρὸς τὴν οἰκίαν	_____	_____
7. περὶ τῆς ἀληθείας	_____	_____
8. ταῖς ἐκκλησίαις	_____	_____
9. εἰς τὸν μαθητήν	_____	_____
10. αἱ ἁμαρτίαι	_____	_____

1. dat. sing.
2. gen. pl.
3. nom. sing.
4. ac. pl.
5. nom. sing.
6. ac. sing.
7. gen. sing.
8. dat. pl.
9. ac. sing.
10. nom. pl.

18

Se ha observado (cp. #1, 2) que el caso del sustantivo señala la relación entre ese sustantivo y otras palabras de la oración.

No sólo el sistema de casos cumple la función de señalar relaciones. Existe un grupo de palabras que ayudan a definir las relaciones entre las palabras de una oración: las preposiciones.

La preposición rige el caso del sustantivo que le sigue. Ya usted está acostumbrado a ver un caso determinado con cada preposición.

Preposiciones que se han visto con el genitivo:

1. ἀπό: *de, desde*
   ἀπὸ τῆς καρδίας   *desde el corazón*
   ἀπὸ τοῦ οἴκου   *de la casa*

2. διά: *por, por medio de*
   διὰ νόμου   *por la ley*
   διὰ τῆς φωνῆς   *por la voz*

3. ἐκ: *de, de dentro*
    ἐκ τοῦ οὐρανοῦ   *del cielo*
    ἐκ τῆς οἰκίας   *de la casa*

4. μετά: *con*
    μετὰ τῶν μαθητῶν   *con los discípulos*
    μετ' αὐτῆς   *con ella*

5. περί: *acerca de*
    περὶ τούτου τοῦ σημείου   *acerca de esta señal*
    περὶ τῶν ἐκκλησιῶν   *acerca de las iglesias*

6. ὑπέρ: *por, en pro de, para*
    ὑπὲρ τῶν ἁμαρτιῶν   *por los pecados*

7: ὑπό: *por*
    ὑπὸ Ἰωάννου   *por Juan*
    ὑπὸ αὐτῶν   *por ellos*

Preposiciones con el dativo:

1. ἐν: *en, entre; con*
    ἐν τῷ κόσμῳ   *en el mundo*
    ἐν μαχαίρῃ   *con espada*

2. παρά: *ante, con*
    παρὰ τῷ θεῷ   *ante Dios*

3. σύν   *con*
    σὺν τοῖς πρεσβυτέροις   *con los ancianos*

Preposiciones con el acusativo

1. εἰς: *a, hacia; en; para*
    εἰς τὸν Ἰορδάνην   *al Jordán, en el Jordán* (depende del contexto)

2. πρός: *a, para, con*
    πρὸς αὐτόν   *a él, con él*
    πρὸς τὴν οἰκίαν   *a la casa*

Se ha visto también una preposición que rige tres casos.

ἐπί: *en, sobre; a, cerca de* (las mismas acepciones con los tres casos)

Con genitivo:
    ἐπὶ τῆς γῆς   *sobre la tierra*

Con dativo:
    ἐπὶ αὐτῷ   *sobre él*

Con acusativo:
    ἐπὶ τοὺς προφήτας   *sobre los profetas*

Identifique el caso que sigue a cada preposición en las siguientes locuciones. Luego tradúzcalas.

		Caso	Traducción
1. genitivo *acerca del pecado*	1. περὶ τῆς ἁμαρτίας	_____	_____
2. acusativo *sobre ellos*	2. ἐπὶ αὐτούς	_____	_____
3. genitivo *por el profeta*	3. ὑπὸ τοῦ προφήτου	_____	_____
4. acusativo *con el Señor, al señor*	4. πρὸς τὸν κύριον	_____	_____
5. genitivo *con la iglesia*	5. μετὰ τῆς ἐκκλησίας	_____	_____
6. genitivo *por las señales*	6. διὰ τῶν σημείων	_____	_____

19

Entre las preposiciones anteriores se destaca ἐπί por cuanto rige todos los tres casos, conservando unas mismas acepciones no importa qué caso le siga. Lea de nuevo los ejemplos bajo ἐπί en el #18.

De las demás preposiciones del #18, hay algunas otras que también pueden regir más de un caso en los sustantivos que les siguen, pero en todas ellas el significado cambia de acuerdo con el cambio de caso. Por ejemplo:

μετά con caso genitivo   μετά con caso acusativo

μετὰ τῆς ἐκκλησίας   μετὰ τοῦτο
   con la iglesia   **después de** esto

con

Según los ejemplos, μετά seguida del caso genitivo significa _____,

después de

pero seguida del caso acusativo significa _____.

20

Así como μετά cambia de significado de acuerdo con el caso del sustantivo que le sigue, otras preposiciones que se han visto con genitivo también cambian de significado cuando rigen el acusativo.

La lista a continuación comprende las preposiciones más comunes que rigen tanto el genitivo como el acusativo. Una de ellas es nueva, κατά. Las demás son conocidas con las acepciones apuntadas en la primera columna, pues hasta ahora se han visto únicamente con el caso genitivo.

	Seguida del genitivo	Seguida del acusativo
διά	*por, por medio de, a través de, durante*	*por causa de*
κατά	*contra; de, de lo alto de*	*según; para; por* (con idea de distribución o repartición)
μετά	*con*	*después de, detrás de*
περί	*acerca de*	*alrededor de*
ὑπέρ	*por, en pro de, para*	*más allá de*
ὑπό	*por*	*debajo de, bajo*

Identifique el caso que sigue a cada preposición en las locuciones siguientes. Luego tradúzcalas de acuerdo con la información de la tabla arriba.

		Caso	Traducción

1. genitivo
   con los justos
2. acusativo
   bajo autoridad
3. genitivo
   por ley
4. genitivo
   acerca de la verdad
5. genitivo
   contra él
6. genitivo
   por los hermanos
7. acusativo
   después de estos días
8. acusativo
   alrededor del lugar
9. acusativo
   por causa del amor
10. genitivo
    por el hijo
11. acusativo
    por toda(s) la(s) ciudad(es)

1. μετὰ τῶν δικαίων _____ _____
2. ὑπὸ ἐξουσίαν _____ _____
3. διὰ νόμου _____ _____
4. περὶ τῆς ἀληθείας _____ _____
5. κατὰ αὐτοῦ _____ _____
6. ὑπὲρ τῶν ἀδελφῶν _____ _____
7. μετὰ ταύτας ἡμέρας _____ _____
8. περὶ τὸν τόπον _____ _____
9. διὰ τὴν ἀγάπην _____ _____
10. ὑπὸ τοῦ υἱοῦ _____ _____
11. κατὰ πόλιν πᾶσαν _____ _____

21

σοφία, nominativo
τοῦ κόσμου τούτου, genitivo
μωρία, nominativo
τῷ θεῷ, dativo

Pues la sabiduría de este mundo es tontería para con Dios.

La preposición παρά se usa no sólo con genitivo y acusativo sino también con dativo. Al igual que las preposiciones de la lista del #20, παρά cambia de significado según el caso del sustantivo que le sigue.

	Seguida del gen.	Seguida del dat.	Seguida del ac.
παρά	*de*	*para con, junto a*	*junto a*

Complete la traducción del versículo, con base en un análisis de los casos.

σοφία, -ας, f: *sabiduría*
μωρία, -ας, f: *tontería*

ἡ γὰρ **σοφία τοῦ κόσμου τούτου μωρία** παρὰ **τῷ θεῷ** ἐστιν. (1 Co. 3:19)

caso _____ _____ _____ _____

Trad. _____

22

Para resumir lo visto en #18-21, podemos agrupar las preposiciones en la forma siguiente.

Preposiciones que rigen un caso:

Genitivo	Dativo	Acusativo
ἀπό	ἐν	εἰς
ἐκ	σύν	πρός[1]

[1] En realidad πρός puede regir los tres casos, pero son muy escasas las veces que se encuentra con los otros dos.

Confirme los significados con los #18-21. Repita el estudio y la comprobación hasta saber de memoria todas estas preposiciones.	Preposiciones que rigen dos casos (siempre genitivo y acusativo): διά κατά μετά περί ὑπέρ ὑπό Preposiciones que rigen los tres casos: ἐπί παρά Después de leer las listas del resumen arriba, pruebe su memoria repitiendo el significado de cada preposición, tomando en cuenta el caso que rige.

23

1. περὶ τῆς εἰρήνης
2. ἐν ταῖς καρδίαις
3. παρὰ τὴν θάλασσαν
4. μετὰ τοῦ προφήτου
5. διὰ τὰς ἁμαρτίας
6. ὑπὲρ τῶν ἀδελφῶν
7. πρὸς τὴν θάλασσαν
8. περὶ τὸν τόπον
9. ὑπὸ τοῦ κυρίου
10. μετὰ τὴν ἡμέραν
11. κατὰ τὸν νόμον

Con el ejercicio siguiente, usted pondrá a prueba su conocimiento del significado de las preposiciones de acuerdo con el caso que rigen. A la vez practicará la 1ª y 2ª declinaciones. Consulte la tabla de declinación en caso necesario.

Supla artículos y desinencias de acuerdo con el significado de las preposiciones.

1. περὶ _____ εἰρήν_____
   acerca de la paz

2. ἐν _____ καρδί_____
   en los corazones

3. παρὰ _____ θάλασσ_____
   junto al mar

4. μετὰ _____ προφήτ_____
   con el profeta

5. διὰ _____ ἁμαρτί_____
   por causa de los pecados

6. ὑπὲρ _____ ἀδελφ_____
   por (en pro de) los hermanos

7. πρὸς _____ θάλασσ_____
   junto al mar

8. περὶ _____ τόπ_____
   alrededor del lugar

9. ὑπὸ _____ κυρί_____
   por el señor

10. μετὰ _____ ἡμέρ_____
    después del día

11. κατὰ _____ νόμ_____
    según la ley

24

Como usted pudo comprobar en los ejercicios del #18 y del #20, el significado de las locuciones está determinado por el caso de los sustantivos. Por tanto, el que quiere leer un texto griego tiene que distinguir bien los diferentes casos.

El siguiente ejercicio tiene como propósito contribuir al dominio del sistema de casos en la 1ª y 2ª declinaciones. Para determinar en cuál caso van los sustantivos analice la función que desempeñan en la oración. Consulte el resumen de funciones sintácticas señaladas por los diferentes casos (#6), y la tabla de declinación, así como también las listas de preposiciones (#18-22).

Supla los artículos y las desinencias adecuadas. Antes de mirar la confirmación de su trabajo, revíselo cuidadosamente analizando función, caso y declinación.

1. τὸν οἶκον τὸν λόγον αὐτοῦ	1. ἐποιήσαμεν _____ οἰκ_____ τοῦ κυρίου κατὰ _____ λόγ____ αὐτ____. *Hicimos la casa del Señor según su palabra.*
2. τῆς ἀληθείας τοῖς ὄχλοις ὁ προφήτης τοῦ θεοῦ	2. περὶ _____ ἀληθεί____ εἶπε _____ ὄχλ____ _____ προφήτ____ _____ _____ θε____. *El profeta de Dios habló a las multitudes acerca de la verdad.*
3. αὐτῷ ἐχουσίαν τὰ ἔργα τῶν ἀνθρώπων	3. ἔδωκεν αὐτ____ ἐξουσί____ ἐπὶ _____ ἔργ____ _____ ἀνθρώπ____. *Le dio autoridad sobre las obras de los hombres.*
4. τῇ καρδίᾳ σοῦ αἱ βασιλεῖαι ταύτης τῆς γῆς ἀγαθαί	4. ἐν _____ καρδί____ σ____ πιστεύεις ὅτι _____ βασιλεί____ ταύτ____ _____ γ____ εἰσιν ἀγαθ____. *En tu corazón crees que los reinos de esta tierra son buenos.*
5. τοῦ λόγου αὐτοῦ ὁ κόσμος	5. διὰ _____ λόγ____ αὐτ____ ἐγένετο _____ κόσμ____. *Por medio de su palabra fue hecho el mundo.*

25	Si tiene faltas en los ejercicios #23 y 24, analice por qué. 1. ¿Confundió los diferentes significados que tienen una preposición según el caso que le sigue? Entonces vuelva a estudiar el resumen #22. 2. ¿Sus faltas se deben a una falta de memorización de la declinación? Repase en la tabla la 1ª y 2ª declinaciones hasta dominarlas. 3. ¿Se equivocó en cuanto a la función sintáctica (sujeto, atributo, posesivo, complemento indirecto, etc.) de las locuciones en la oración? Estudie detenidamente el resumen #6.

26 παντ-	El adjetivo πᾶς *todo* ilustra bien la 3ª declinación. En la mayoría de las palabras de 3ª declinación el tema no aparece entero en la forma del nominativo singular. Sólo con la terminación de los otros casos se aprecia todo el tema. Nom. πᾶς Gen. παντός Dat. παντί Ac. πάντα El tema de esta palabra es _____.

27 -ς -ος -ι -α	Subraye las desinencias de 3ª declinación, singular, en el paradigma arriba.

28	En la declinación del plural hay otra forma con el tema alterado. Subraye la forma en que no aparece todo el tema παντ-.

Dat. πᾶσι	**Plural** Nom. πάντες Gen. πάντων Dat. πᾶσι Ac. πάντας

<table>
<tr><td rowspan="2">**29**

Sing. Pl.
-ς   -ες
-ος   -ων
-ι   -σι
-α   -ας</td><td>Las desinencias de 3ª declinación son:</td></tr>
<tr><td>

	Singular	Plural
Nom.	_____	_____
Gen.	_____	_____
Dat.	_____	_____
Ac.	_____	_____

</td></tr>
</table>

Observe estas desinencias y escriba la declinación de πᾶς en la tabla de declinación, bajo masc. y fem. de 3ª declinación (primera columna izquierda, sing. y pl.).

30 Gen. -ως Ac. -ν	La terminación de nominativo singular -ς provoca alteraciones en las últimas consonantes del tema. En el caso de πᾶς las consonantes finales del tema παντ- caen ante dicha terminación. Observe en las siguientes palabras el nominativo en relación con el genitivo; en éste sí aparece el tema entero. σάρξ, **σαρκ**ός En el nominativo la κ final del tema combina con la -ς: κ + ς → ξ χάρις, **χάριτ**ος En el nominativo la τ del tema cae ante la -ς. En otras palabras la desinencia del nominativo singular -ς más bien desaparece. ἀνήρ, **ἀνδρ**ός χείρ, **χειρ**ός Con base en esta última observación tenemos que enmendar la lista de desinencias del singular, #27, para incluir esta variante: un nominativo singular puede no tener ninguna desinencia. 　　　　pauta　variantes Nom.　-ς　　　(--) Gen.　-ος　　（_____） Dat.　-ι Ac.　-α　　　（_____） Agregue a la lista de variantes, otra desinencia para el genitivo y otra para el acusativo, tomándolas de la siguiente declinación de πίστις, cuyo tema es πιστι/πιστε. πίστις πίστεως πίστει πίστιν

31	Decline en singular la palabra πόλις *ciudad*, usando las desinencias alternativas que se observaron en πίστις.
	Nom. πόλις
	Gen. πόλε_____
πόλεως	Dat. πόλε_____
πόλει	
πόλιν	Ac. πόλι_____

32	Compare la declinación de πίστις en plural con la de πᾶς, #28. Subraye las desinencias de πίστις que varían de las de πᾶς.
	Plural
	πίστεις
	πίστεων
Nom. -ις	πίστεσι
Ac. -ις	πίστεις

33	Apunte las desinencias de 3ª declinación que se observaron en πᾶς (#28) y luego las variantes que se presentan en palabras como πόλις o πίστις.

Singular

	variantes		Singular		Plural	
-ς	(-)			variantes		variantes
-ος	(-ως)					
-ι		Nom.	_____	(_____)	_____	(_____)
-α	(-ν)					
		Gen.	_____	(_____)	_____	

Plural

	variantes					
-ες	(-ις)	Dat.	_____		_____	
-ων						
-σι(ν)		Ac.	_____	(_____)	_____	(_____)
-ας	(-ις)					

34	Decline πόλις en plural, con las variantes de πίστις.
πόλεις	Plural
πόλεων	
πόλεσι(ν)	πόλε_____
πόλεις	
	πόλ_____
Apunte πόλις en	
la tabla de decli-	πόλε_____
nación, segunda	
columna de 3ª	πόλε_____
declinación.	

35	En la 3ª declinación hay también sustantivos neutros, para los cuales hay dos pautas de declinación. La forma neutra del adjetivo *todo*: πᾶν, ilustra la primera pauta.

	Singular	Plural
Nom.	πᾶν	πάντα
Gen.	πάντος	πάντων
Dat.	πάντι	πᾶσι
Ac.	πᾶν	πάντα

Sing. Pl. Nom. πᾶν πάντα Ac. πᾶν πάντα	Compare esta declinación neutra con la del masculino y femenino de πᾶς en la tabla de declinación. Subraye las formas neutras que difieren del masculino y femenino.

Apunte estas formas en la tabla de declinación, bajo neutro, 1ª columna, 3ª declinación.

36

La otra pauta[1] común para el neutro de 3ª declinación es la de ἔθνος *nación, pueblo*.

	Singular	Plural
Nom.	ἔθνο**ς**	ἔθν**η**
Gen.	ἔθν**ους**	ἐθν**ῶν**
Dat.	ἔθν**ει**	ἔθν**εσιν**
Ac.	ἔθνο**ς**	ἔθν**η**

Identifique caso y número de las siguientes formas de ἔθνος y ἔτος (*año*).

	Caso	Número
1. ἔθνους	_____	_____
2. ἔτος	_____	_____
3. ἔτη	_____	_____
4. ἔθνεσιν	_____	_____

1. genitivo sing.
2. nominativo o acusativo sing.
3. nominativo o acusativo pl.
4. dativo pl.

Escriba la declinación de ἔθνος en la tabla de declinación, 2ª columna del neutro.

[1] Las desinencias subrayadas son en realidad una combinación de la vocal final del tema (que varía entre o/ε) con las desinencias comunes del neutro.

37

Existe un grupo de adjetivos de 3ª declinación cuyo neutro[1] es similar a la declinación de ἔθνος.

Observe a continuación la declinación de ἀληθής, ἀληθές *verdadero*.

	Singular		Plural	
	Masc. y Fem.	Neutro	Masc. y Fem.	Neutro
Nom.	ἀληθής	ἀληθές	ἀληθεῖς	ἀληθῆ
Gen.	ἀληθοῦς	ἀληθοῦς	ἀληθῶν	ἀληθῶν
Dat.	ἀληθεῖ	ἀληθεῖ	ἀληθέσιν	ληθέσιν
Ac.	ἀληθῆ	ἀληθές	ἀληθεῖς	ἀληθῆ

Señale las formas del neutro que son distintas a las del masculino y femenino.

Nom. sing. y pl.
Ac. sing. y pl.

[1] Hay también algunos sustantivos que no son neutros, como συγγενής *pariente*, que se declinan como adjetivo de esta pauta.

38

Sí.
genitivo sing. -ους
acusativo sing. -η

Escriba toda la declinación de ἀληθής en la tabla de declinación, última sección.

Compare las formas del masculino y femenino de ἀληθής con la lista de desinencias que confeccionó en el #33. ¿Se observa en ἀληθής alguna desinencia distinta a ellas? _____

¿Cuáles? _____

39	Identifique caso y número de las siguientes expresiones, consultando la tabla de declinación en caso necesario.

1. genitivo sing.
2. acusativo sing.
3. nominativo o acusativo pl.
4. nominativo pl.
5. nominativo sing.
6. nominativo o acusativo pl.
7. dativo sing.
8. nominativo o acusativo sing.
9. acusativo sing.
10. dativo pl.

	Caso	Número
1. πάντος ἔθνους	_____	_____
2. ἀληθῆ πατέρα	_____	_____
3. βασιλεῖς	_____	_____
4. πάντες	_____	_____
5. σάρξ ἀσθενής	_____	_____
6. πάντα τὰ ἔθνη	_____	_____
7. πίστει	_____	_____
8. πᾶν τὸ ἔθνος	_____	_____
9. πάντα πόλιν	_____	_____
10. ἔθνεσιν	_____	_____

40	Después de un análisis de caso y número, traduzca cada locución, tomando en cuenta también que el significado de la preposición varía según el caso que le sigue. (Cp. #20.)

1. genitivo sing. *por fe*
2. genitivo pl. *con los gobernantes*
3. dativo sing. *en el nombre*
4. genitivo sing. *acerca de la gracia*
5. nominativo sing. *el verdadero gobernante*
6. nominativo o acusativo pl. *todos los espíritus*
7. acusativo pl. *por causa de los gobernantes*
8. acusativo sing. *al monte*

ἄρχων, ἄρχοντος, m: *gobernante, oficial*

	Caso	Núm.	Traducción
1. διὰ πίστεως	_____	____	_____
2. μετὰ τῶν ἀρχόντων	_____	____	_____
3. ἐν τῷ ὀνόματι	_____	____	_____
4. περὶ τῆς χάριτος	_____	____	_____
5. ὁ ἄρχων ὁ ἀληθής	_____	____	_____
6. πάντα τὰ πνεύματα	_____	____	_____
7. διὰ τοὺς ἄρχοντας	_____	____	_____
8. πρὸς τὸ ὄρος	_____	____	_____

41	Como paso previo a la traducción del pasaje a continuación, analice caso y número en cada locución. Analice también los verbos y la construcción (en el v. 54) señalada así: •.....•. Luego compruebe su primer ensayo de traducción con los análisis para cerciorarse que ha relacionado correctamente las locuciones de cada oración.

Una falla común en el lector novato del griego es la de traducir simplemente palabra por palabra, uniendo los diferentes significados sin hacer caso de las relaciones dictadas por los casos de los sustantivos y la voz de los verbos. Evite este error siguiendo el procedimiento expuesto arriba.

ἀδελφή, -ῆς, f: *hermana*
ἀπιστία, -ας, f: *falta de fe*
ἄτιμος, -ον: *sin honor*
εἰ μή: *excepto*
ἐκεῖθεν: *de allí*
ἐκπλήσσομαι: *maravillarse*
ἐλθών: (participio aoristo de ἔρχομαι) *viniendo*
μεταίρω, ----, μετῆρα: *irse, salir*
ὅτε: *cuando*
οὖν: *así que*
παραβολή -ῆς, f: *parábola*
πατρίς, πατρίδος, f: *patria*
πόθεν: *de dónde*
συναγωγή, -ῆς, f: *sinagoga*
τελέω, τελέσω, ἐτέλεσα, ἐτελέσθην: *terminar*
τέκτων, τέκτονος, m: *carpintero*
σοφία, -ας, f: *sabiduría*
σκανδαλίζω: *escandalizar*; (pas., con ἐν) *rechazar*
ὥστε: *de tal manera que, de modo que*

⁵³ Καὶ ἐγένετο ὅτε ἐτέλεσεν ὁ Ἰησοῦς τὰς παραβολὰς ταύτας, μετῆρεν ἐκεῖθεν.

Análisis _____   _____ _____ _____ _____

Trad. _____

⁵⁴ καὶ ἐλθὼν εἰς τὴν πατρίδα αὐτοῦ ἐδίδασκεν αὐτοὺς ἐν τῇ συναγωγῇ αὐτῶν, ὥστε

Análisis   _____ _____ _____   _____

Trad. _____

•ἐκπλήσσεσθαι αὐτοὺς καὶ λέγειν•, Πόθεν τούτῳ ἡ σοφία αὕτη καὶ αἱ δυνάμεις; ⁵⁵ οὐχ

Análisis _____   _____ _____ _____ _____

Trad. _____

οὗτός ἐστιν ὁ τοῦ τέκτονος υἱός; οὐχ ἡ μήτηρ αὐτοῦ λέγεται Μαριὰμ καὶ οἱ ἀδελφοὶ αὐτοῦ

Análisis ____ ____ _____ _____   _____ _____   _____ _____

Trad. _____

Ἰάκωβος καὶ Ἰωσὴφ καὶ Σίμων καὶ Ἰούδας; ⁵⁶ καὶ αἱ ἀδελφαὶ αὐτοῦ οὐχὶ πᾶσαι πρὸς ἡμᾶς

Análisis   _____ _____   _____ _____

Trad. _____

εἰσιν; Πόθεν οὖν τούτῳ ταῦτα πάντα; ⁵⁷ καὶ ἐσκανδαλίζοντο ἐν αὐτῷ. ὁ δὲ Ἰησοῦς εἶπεν

Análisis _____ _____ _____ _____ _____

Trad. _____

αὐτοῖς, Οὐκ ἔστιν προφήτης ἄτιμος εἰ μὴ ἐν τῇ πατρίδι καὶ εν τῇ οἰκίᾳ αὐτοῦ. ⁵⁸ καὶ οὐκ

Análisis _____ ____ _____ _____   _____

Trad. _____

ἐποίησεν ἐκεῖ δυνάμεις πολλὰς διὰ τὴν ἀπιστίαν αὐτῶν. (Mt. 13:53-58)

Análisis   _____ _____

Trad. _____

	La respuesta se encuentra después del #49.
42	Hemos visto que el infinitivo puede ir acompañado de un artículo de género neutro.
	a. περισσόν μοί ἐστιν **τὸ γράφειν** ὑμῖν. (2 Co. 9:1) *Por demás me es **escribiro**s.*
	b. ἔχει πίστιν **τοῦ σωθῆναι**. (Hch. 14.9) *Tiene fe **para salvarse**.*
	c. αὐτὸς τὸ πρόσωπον ἐστήρισεν **τοῦ πορεύεσθαι** εἰς Ἰερουσαλήμ. (Lc. 9:51) *Afirmó su rostro **para ir** a Jerusalén.*
nominativo	En el ejemplo a. el artículo está en caso _____ porque τὸ γράφειν funciona como el sujeto de la oración.
genitivo	En los ejemplos b. y c. los infinitivos expresan propósito y van acompañados del artículo en caso _____ .
43	Cuando el infinitivo lleva artículo puede funcionar también como término de una preposición.
	Compare las siguientes locuciones: en la primera el término de la preposición es un sustantivo. En la otra es un infinitivo.
	μετὰ **τὸ πάσχα** (Hch. 12:4) μετὰ **τὸ παθεῖν** αὐτόν. (Hch. 1.:3) *después de **la pascua** después de **sufrir** él*
acusativo	Se ha visto (#20) que la preposición μετά rige los casos genitivo y acusativo. En las dos locuciones arriba la preposición μετά va seguida del caso _____ .
44	Traduzca la locución siguiente en forma literal primero y luego más libremente. Como base para la traducción analice el caso del infinitivo articular. Recuerde que el sujeto del infinitivo aparece en caso acusativo. (Cp. αὐτόν en el segundo ejemplo, #43.) λαός, -οῦ, m: *pueblo*

caso acusativo (lit.) *por causa de enseñar ellos al pueblo.* (libre) *...porque ellos enseñaban al pueblo.*	. . . διὰ τὸ διδάσκειν αὐτοὺς τὸν λαόν. (Hch. 4:2) caso _____ (lit.) _____ (libre) _____

45
 	
Mientras los hombres dormían vino su enemigo.
	Después de la preposición ἐν aparece frecuentemente un infinitivo con artículo en dativo: τῷ. Esta construcción se traduce *mientras* o *cuando.*
	
	Traduzca el versículo καθεύδω: *dormir*
	                                 ἐχθρός, -οῦ, m: *enemigo*
	
	ἐν τῷ καθεύδειν τοὺς ἀνθρώπους ἦλθεν αὐτοῦ ὁ ἐχθρός. (Mt. 13:25)
	           (Cp. #43)
	
	_____

46 *El hijo del hombre es entregado para ser crucificado.*	Las preposiciones εἰς y πρός, seguidas del infinitivo con artículo τό, expresan propósito. Se traducen *para* o *para que.* Traduzca el versículo. σταυρόω, σταυρώσω, ἐσταύρωσα, ἐσταυρώθην: *crucificar* ὁ υἱὸς τοῦ ἀνθρώπου παραδίδοται εἰς τὸ σταυρωθῆναι. (Mt. 26:2) _____

47
 	
hasta que
o
hasta
	La palabra ἕως se emplea en ciertos contextos como conjunción seguida de una oración subordinada.
	
	    Ἐὰν αὐτὸν θέλω μένειν **ἕως ἔρχομαι** . . . (Jn. 21:22)
	    *Si deseo que él permanezca **hasta que yo venga*** . . .
	
	En otros contextos funciona como preposición seguida de un sustantivo en caso genitivo.
	
	    ἦν ἐν ταῖς ἐρήμοις **ἕως ἡμέρας** ἀναδείξεως αὐτοῦ πρὸς τὸν Ἰσραήλ.
	    *Estaba en los desiertos **hasta el día** de su manifestación a Israel.* (Lc. 1:80)
	
	La palabra ἕως se traduce _____ o _____ .

48
 	
...todas las ciudades hasta venir él a Cesarea.
(más libre) *...hasta que vino a Cesarea.*
	Complete la traducción del versículo.
	
	    εὐαγγελίζετο τὰς πόλεις πάσας ἕως τοῦ ἐλθεῖν αὐτὸν εἰς Καισάρειαν.
	                                              (Hch. 8:40)
	
	Evangelizaba _____ *Cesarea.*

49	En el segundo versículo del #47, Lc. 1:80, aparece la locución ἐν ταῖς ἐρήμοις. El artículo ταῖς es de género femenino, pero el sustantivo ἐρήμοις es de 2ª declinación, de la cual hemos visto solamente sustantivos masculinos y neutros. Existe un número reducido de sustantivos de 2ª declinación (con terminaciones -ος, -ου, etc.) que no son masculinos sino femeninos. Llevan el artículo femenino y adjetivos en femenino, así como en español el sustantivo *mano* (con terminación en –o) lleva artículo y adjetivo femeninos: ***la** mano derecha.*

ταύτῃ τῇ ἐρήμῳ	Escriba el artículo y el adjetivo que faltan. οἱ προφήται[1] ἦσαν ἐν _____ ἐρήμῳ. *Los profetas estaban en este desierto.* [1] Nótese que aquí tenemos el caso contrario: sustantivo de 1ª declinación, pero masculino

Respuesta al #41.

[53] ἐγένετο   ἐτέλεσεν   ὁ Ἰησοῦς   τὰς παραβολὰς ταύτας   μετῆρεν   [54] αὐτοῦ
aor. 3ª sing.   aor. 3ª sing.   nom. sing.   ac. pl.   aor. 3ª sing.   gen. sing.
media de γίνομαι

     [53] *Y sucedió cuando terminó Jesús estas parábolas, se fue de allí.* [54] *Y viniendo a su patria*

ἐδίδασκεν   αὐτοὺς   αὐτῶν   ἐκπλήσσεσθαι   αὐτοὺς   καὶ λέγειν
imperf. 3ª sing.   ac. pl.   gen. pl.   inf. pres. med.   ac. pl.   inf. pres.
            •dos infinitivos con sujeto en acusativo•

     les enseñaba en la sinagoga de ellos, de tal manera que ellos se maravillaban y decían: «¿De dónde

τούτῳ   ἡ σοφία αὕτη   αἱ δυνάμεις   [55] οὗτός   ἐστιν   τοῦ τέκτονος
dat. sing.   nom. sing.   nom. pl.   nom. sing.   pres. 3ª sing.   gen. sing.

     (viene) a éste esta sabiduría y los milagros? [55] *¿No es éste el hijo del carpintero?*

αὐτοῦ   λέγεται   οἱ ἀδελφοὶ   αὐτοῦ   [56] αἱ ἀδελφαὶ   αὐτοῦ
gen. sing.   pres. 3ª sing. media   nom. pl.   gen. sing.   nom. pl.   gen. sing.

     ¿No se llama su madre María y sus hermanos Jacobo y José y Simón y Judas? [56] *¿Y sus hermanas no*

πᾶσαι   ἡμᾶς   εἰσιν   τούτῳ   ταῦτα πάντα   [57] ἐσκανδαλίζοντο
nom. pl.   ac. pl.   pres. 3ª pl.   dat. sing.   nom. pl. (neut.)   imperf. 3ª pl.

     están todas con nosotros?» Así que, ¿de dónde (vienen) a éste todas estas (cosas)? [57] *Y lo rechazaron.*

εἶπεν   αὐτοῖς   ἐστιν   προφήτης   ἄτιμος   αὐτοῦ
aor. 3ª sing.   dat. pl.   pres. 3ª sing.   nom. sing.   nom. sing.   gen. sing.

     Y Jesús les dijo: «Un profeta no está sin honor excepto en la patria y en su casa». [58] *Y no hizo allí*

[58] δυνάμεις πολλὰς   τὴν ἀπιστίαν
     ac. pl.   ac. sing.

     muchos milagros por causa de su falta de fe (de ellos). (Mt. 13:53-58)

50	Los pronombres de 1ª y 2ª persona (*yo – nosotros, tú – vosotros*) no se declinan exactamente igual a ninguno de los paradigmas anotados en la tabla de desinencias. Para no dejarlos fuera del repaso general, conviene hacer también una tabla de ellos. Identifique en las siguientes oraciones las diferentes formas flexionales de los pronombres, y ordénelas en las listas abajo. 1. σοὶ λέγω ὅτι σὺ εἶ Πέτρος. 2. ἐγὼ ὑμᾶς βαπτίζω ἐν ὕδατι. 3. ἡμεῖς δεξόμεθα σὲ καὶ τοὺς ἀδελφοὺς σοῦ. 4. ἔμειναν σὺν ὑμῖν. 5. ἐμοὶ ἔδωκαν τὴν ἐξουσίαν. 6. τὸν ἄρτον ἡμῶν δὸς ἡμῖν σήμερον. 7. ἔστε ὑμεῖς τέλειοι ὡς ὁ πατὴρ ὑμῶν. 8. ἔφαγον μετ' ἐμοῦ, ἀλλὰ ἐμὲ παρέδωκαν. 9. κύριε, σῶσον ἡμᾶς.

Pronombres personales
1ª persona

	Sing. -*yo*	Pl. - *nosotros*
Nom.	_____	_____
Gen.	_____	_____
Dat.	_____	_____
Ac.	_____	_____

2ª persona

	Sing. – *tú*	Pl. - *vosotros*
Nom.	_____	_____
Gen.	_____	_____
Dat.	_____	_____
Ac.	_____	_____

1ª pers.

Sing.	Pl.
ἐγώ	ἡμεῖς
ἐμοῦ	ἡμῶν
ἐμοί	ἡμῖν
ἐμέ	ἡμᾶς

2ª pers.

Sing.	Pl.
σύ	ὑμεῖς
σοῦ	ὑμῶν
σοί	ὑμῖν
σέ	ὑμᾶς

51

Tónicas Átonas

ἐμοῦ	μου
ἐμοί	μοι
ἐμέ	με
σοῦ	σου
σοί	σοι
σέ	σε

Además de las formas tónicas de los pronombres personales ἐγώ y σύ (#50) también hay formas átonas.

La forma átona del pronombre de 1ª persona (casos gen., dat. y ac.) carece de acento y de la letra inicial ε: μου, μοι, με.

Las formas átonas del pronombre de 2ª persona se escriben igual que las tónicas, pero, al igual que las de ἐγώ, son enclíticas (= pierden su acento): σου, σοι, σε.

Escriba las formas átonas de ἐγώ y σύ a la par de las correspondientes formas tónicas en la tabla del #50.

52

1. *Te digo que tú eres Pedro.*
2. *Yo os bautizo con agua.*
3. *Nosotros recibiremos a ti y a tus hermanos.*
4. *Permanecieron con vosotros.*
5. *Me dieron la autoridad.*
6. *Danos hoy nuestro pan.*
7. *Sed vosotros perfectos como vuestro padre.*
8. *Comieron conmigo, pero me entregaron.*
9. *Señor, sálvanos.*

Traduzca las oraciones del #50.

1. _____
2. _____
3. _____
4. _____
5. _____
6. _____
7. _____
8. _____
9. _____

53	El pronombre personal de 3ª persona, αὐτός, αὐτή, αὐτό (*él, ella, ello*), no presenta formas excepcionales en cuanto a declinación. Sin embargo, por su parecido al pronombre y adjetivo οὗτος, αὕτη, τοῦτο (*éste, este,* etc.), puede presentarse cierta confusión de significado en la traducción de los dos. Repase las formas de οὗτος en el capítulo XVI-51, 58).

Vuelva a leer el texto griego del #41 y apunte a continuación las formas del pronombre personal αὐτός y las del pronombre y adjetivo demostrativo οὗτος.

	Formas de αὐτός	Formas de οὗτος
v. 53	_____	_____
v. 54	_____	_____
	_____	_____
	_____	_____
	_____	_____
v. 55	_____	_____
	_____	_____
v. 56	_____	_____
	_____	_____
v. 57	_____	_____
	_____	_____
	_____	_____

αὐτός οὗτος
53   ταύτας
54 αὐτοῦ τούτῳ
   αὐτούς αὕτη
   αὐτῶν
   αὐτούς
55 αὐτοῦ οὗτος
   αὐτοῦ
56 αὐτοῦ τούτῳ
        ταῦτα
57 αὐτῷ
   αὐτοῖς
   αὐτοῦ

54	Las mismas formas del pronombre personal αὐτός, αὐτή, αὐτόν, se emplean también como adjetivos, y significan *mismo*.

αὐτός como pronombre	αὐτός como adjetivo
αὐτός σώσει τὸν λαόν.	ὁ θεὸς **αὐτὸς** σώσει τὸν λαόν.
Él salvará al pueblo.	*Dios **mismo** salvará al pueblo.*
	ὁ αὐτὸς θεὸς σώσει τὸν λαόν
	*El **mismo** Dios salvará al pueblo.*

Cuando αὐτός califica a un sustantivo se traduce _____ .

Cuando se emplea independientemente se traduce _____ .

mismo
él

55	Los dos ejemplos en el #54 de αὐτός como adjetivo difieren solamente en la posición de αὐτός con respecto al conjunto artículo-sustantivo.

Colocación fuera del conjunto artículo-sustantivo:

ὁ θεὸς αὐτός ⎫
αὐτὸς ὁ θεός ⎬ *Dios mismo*

Colocación entre el artículo y el sustantivo:

ὁ αὐτὸς θεός   *el mismo Dios*

	Nos damos cuenta que en la traducción al español hay una distinción de sentido entre las dos expresiones, y esa distinción se aplica también al griego.
	La expresión *Dios mismo* emplea el adjetivo *mismo* en sentido **intensivo**.
	La expresión *el mismo Dios* emplea el adjetivo *mismo* con el sentido de **idéntico**; es decir, *mismo* identifica a este *Dios* con alguna mención o descripción anterior acerca de él.
	Traduzca los versículos, pensando en esta distinción de sentido.
1. *Dios mismo estará con ellos.*	1. αὐτὸς ὁ θεὸς μετ' αὐτῶν ἔσται. (Ap. 21:3) _____
2. *Creed por causa de las obras mismas.*	2. διὰ τὰ ἔργα αὐτὰ πιστεύετε. (Jn. 14:11) _____
3. *Oró la misma palabra.*	3. προσηύξατο τὸν αὐτὸν λόγον. (Mr. 14:39) _____
56	Traduzca los siguientes versículos en que se emplea tanto αὐτός pronombre (*él*) como αὐτός adjetivo (*mismo*).
1. *Él lo tomó.*	1. αὐτὸς ἐδέξατο αὐτό . . . (Lc. 2:28) _____
2. *Es dada a otro fe por el mismo Espíritu.*	2. δίδοται . . . ἑτέρῳ πίστις ἐν τῷ αὐτῷ πνεύματι. (1 Co. 12:9) _____
3. *La mujer le dice: «Señor».*	3. λέγει αὐτῷ ἡ γυνή, Κύριε. (Jn. 4:11) _____
57	El neutro de αὐτός a menudo se emplea en forma sustantivada en el N.T.:
	Singular τὸ αὐτό Plural τὰ αὐτά – *lo mismo*
	Combinada con la preposición ἐπὶ la locución forma un modismo:
	ἐπὶ τὸ αὐτό – *en el mismo lugar, juntos*
	Traduzca los versículos. τελώνης, -ου, m: *cobrador de impuestos* ὁμοῦ: *juntos*
1. *Los cobradores de impuestos hacen lo mismo.*	1. οἱ τελῶναι τὸ αὐτὸ ποιοῦσιν. (Mt. 5:46) _____
2. *Estaban todos juntos en el mismo lugar.*	2. ἦσαν πάντες ὁμοῦ ἐπὶ τὸ αὐτό. (Hch. 2:1) _____
58	En griego existen unas formas prenominales especiales que expresan la idea reflexiva ilustrada en la siguiente oración.
	*Yo consagro a **mí mismo**.*

ἐμ / αυτόν *mí / mismo*	El pronombre reflexivo en griego consta de una sola palabra, pero se distinguen dentro de ella las mismas dos partes que en español expresamos con las dos palabras independientes *mí* y *mismo*. ἐγὼ ἁγιάζω **ἐμαυτόν**. *Yo consagro a **mí mismo**.* Señale en el pronombre reflexivo ἐμαυτόν la parte que viene del pronombre personal (*mí, me*) y la parte que corresponde a la idea *mismo*.

59
 	
1ª persona
<u>ἐμαυτοῦ</u>
<u>ἐμαυτῷ</u>
etc.
 	
2ª persona
<u>σε</u>αυτοῦ
etc.
 	
3ª persona
<u>ἐ</u>αυτοῦ
etc.
	En el singular de los pronombres reflexivos hay formas especiales para 1ª, 2ª y 3ª personas (*mí mismo, ti mismo, sí mismo*).
	
	Los pronombres reflexivos carecen de nominativo.
	
	Pronombres reflexivos – singular
	
	           1ª persona 2ª persona
	Nom. ---- ----
	Gen. ἐμαυτοῦ σεαυτοῦ
	Dat. ἐμαυτῷ σεαυτῷ
	Ac. ἐμαυτόν σεαυτόν
	
	                  3ª persona
	         Masc. Fem. Neut.
	Nom. ---- ---- ----
	Gen. ἐαυτοῦ ἐαυτῆς ἐαυτοῦ
	Dat. ἐαυτῷ ἐαυτῇ ἐαυτῷ
	Ac. ἐαυτόν ἐαυτήν ἐαυτό
	
	Es únicamente la primera sílaba de las formas lo que indica la persona.
	
	Subraye en el paradigma la sílaba que corresponde a 1ª persona (*mí*), a 2ª persona (*ti*), y a 3ª persona (*sí*).

60 1. *Él hablará acerca de sí mismo.* 2. *Salva a ti mismo y a nosotros.* 3. *No puede salvar a sí mismo* 4. *Yo la pongo de mí mismo.* *(= por mi propia voluntad)*	La parte no subrayada en las formas del #59 es el adjetivo *mismo*, el cual se declina igual en las tres personas. Traduzca los versículos siguientes en que aparecen tanto los pronombres reflexivos como los pronombres personales. 1. αὐτὸς περὶ ἑαυτοῦ λαλήσει. (Jn. 9:21) _____ *hablará.* 2. σῶσον σεαυτὸν καὶ ἡμᾶς. (Lc. 23:39) _____ 3. ἑαυτὸν οὐ δύναται σῶσαι. (Mt. 27:42) _____ 4. ἐγὼ τίθημι αὐτὴν ἀπ' ἐμαυτοῦ. (Jn. 10:18) _____

61	El plural del pronombre reflexivo en español es *nosotros mismos, vosotros mismos, sí mismos*. En griego se emplean formas idénticas (las del paradigma a continua-

ción) para todas las tres personas. Así las formas ἑαυτῶν, ἑαυτοῖς, etc. pueden traducirse *nosotros mismos, vosotros mismos* o *sí mismos*, según el contexto.

Pronombre reflexivo – plural
1ª, 2ª 3ª pesonas

	Masc.	Fem.	Neut.
Nom.	----	----	----
Gen.	ἑαυτῶν	ἑαυτῶν	ἑαυτῶν
Dat.	ἑαυτοῖς	ἑαυταῖς	ἑαυτοῖς
Ac.	ἑαυτούς	ἑαυτάς	ἑαυτά

En los siguientes versículos, determine con cuidado, y de acuerdo con el contexto, la persona del pronombre reflexivo, para traducirlo con la forma adecuada en español.

κηρύσσω: *predicar*
εἰρηνεύω: *estar en paz*

1. *Porque no predicamos a nosotros mismos.*

1. οὐ γὰρ ἑαυτοὺς κηρύσσομεν. (2 Co. 4:5)

_____

2. *Dijeron los judíos entre sí mismos...*

2. εἶπον . . . οἱ Ἰουδαῖοι πρὸς ἑαυτούς . . . (Jn. 7:35)

_____ entre _____

3. *Estad en paz entre vosotros mismos.*

3. εἰρηνεύετε ἐν ἑαυτοῖς. (1 Ts. 5:13)

_____

62

Leyendo toda la tabla de declinación que ha elaborado, procure desarrollar un concepto total del sistema de declinación. Relacione las diferentes formas que toma un mismo caso en las tres declinaciones, como por ejemplo el dativo:

1ª declinación	2ª declinación	3ª declinación
τῇ φωνῇ	τῷ ἀνθρώπῳ	τῇ πόλει

Después de estudiar detenidamente las tres declinaciones, escriba las terminaciones de los sustantivos y adjetivos del siguiente ejercicio.
Recuerde que la concordancia opera aun cuando el sustantivo y el adjetivo no son de una misma declinación. Con tal que estén en un mismo caso, número y genero, hay concordancia.

1. ὁ δίκαιος ἀρχιερεύς

2. τὴν δόξαν τὴν μεγάλην

3. πᾶσι τοῖς πρεσβυτέροις

4. τοῦ ἀγαθοῦ πατρός

5. τὴν ἁγίαν πόλιν

6. πᾶσαν τὴν σάρκα

7. ταῦτα τὰ ἔθνη

8. αἱ ἕτεραι δυνάμεις

9. τῶν ἀληθῶν πνευμάτων

10. πάντας τοὺς ἄνδρας

1. _____ δίκαι_____ ἀρχιερεύς
   el justo sumo sacerdote

2. τὴν δόξ_____ τὴν μεγάλ_____
   la gran gloria

3. πᾶ_____ τοῖς πρεσβυτέρ_____
   a todos los ancianos

4. τοῦ ἀγαθ_____ πατρ_____
   del buen padre

5. εἰς τ_____ ἁγι_____ πόλι_____
   a la santa ciudad

6. πᾶ_____ τὴν σάρκ_____
   toda carne

7. ταῦτ_____ τ_____ ἔθνη
   estas naciones

8. αἱ ἕτερ_____ δυνάμε_____
   los otros milagros

9. τ_____ ἀληθ_____ πνευμάτ_____
   de los verdaderos espíritus

10. πάντ_____ τοὺς ἄνδρ_____
    todos los hombres

63 Conviene notar no sólo las diferentes desinencias que manifiestan un mismo caso (como el caso dativo ilustrado en el #62) sino también constatar lo contrario: hay desinencias idénticas que señalan casos (o géneros o número) distintos en las tres declinaciones o aun dentro de una misma declinación.

La tabla siguiente representa todas las desinencias distintas que aparecen en las declinaciones de la tabla grande. Compárelas con las palabras declinadas en la tabla.

Estudie ahora las desinencias a continuación y encierre en un círculo las que son idénticas pero que señalan caso, género o número distintos. Para asentar la pauta de esta tarea, se ha indicado ya un ejemplo de desinencias idénticas que señalan casos y géneros distintos: la desinencia –ος.

1ª Declinación

Singular			Plural
en -η	en -α	Masc.	
η	α	ης	αι
ης	ας	ου	ων
η	ᾳ		αις
ην	αν		ας

2ª Declinación

Singular		Plural	
Masc.	Neut.	Masc.	Neut.
(ος)	ον	οι	α
ου		ων	
ω		οις	
ον	ον	ους	α

3ª Declinación

Singular		Plural			
Masc. y Fem.	Neut.	Masc. y Fem.		Neut.	
ς	(ος)	ες	ις	α	η
(ος)	ους	ων			
ι		σι(ν)			
α	ν	(ος)	ας	ις	α	η

3ª Declinación – Adjetivo

Singular		Plural	
Masc. y Fem.	Neut.	Masc. y Fem.	Neut.
ης	ες	ις	η
ους		ων	
ει		σι	
η	ες	ις	η

La respuesta se encuentra después del #67.

---

64 Nos podemos preguntar por qué destacar, como hicimos en el #63, el hecho de que las desinencias no siempre definen sin ambigüedad el caso, número y género de un sustantivo.

En primer lugar ese ejercicio de observación nos hace más conscientes de que hay varias posibles definiciones de caso, número y género para ciertas desinencias. No podemos concluir, por ejemplo, que toda palabra terminada en –ος esté en nominativo, masculino, singular como θεός. Puede estar en genitivo, singular, masculino (πατρός) o femenino (μητρός) o bien en nominativo o acusativo, singular, neutro como ἔθνος.
Hasta podríamos inventar una oración para ilustrar cómo contrasta el análisis de varias palabras que llevan una misma desinencia.

ὁ θε**ὸς** τοῦ πατρ**ὸς** καὶ τῆς μητρ**ὸς** σώσει τὸ ἔθν**ος**.

A pesar de que los cuatro sustantivos terminan igual, representan casos distintos, y funcionan de manera diferente en la oración.

El Dios del padre y de la madre salvará a la nación.	Traduzca la oración. _____ _____
65 Principalmente los artículos. El único que es un poco ambiguo es τό, que puede señalar o nominativo o acusativo. Aquí el sentido de la oración le permite al lector entenderlo como el complemento directo.	Analice cómo es que usted puede traducir una oración como la del #64. ¿Cuáles cosas le ayudan a entender en qué caso están los diferentes sustantivos? _____ _____ _____
66 λόγος: nom. sing. ἀληθείας: gen. sing. πάντας: ac. pl. ἄνδρας: ac. pl. *La palabra de verdad salvará a todos los hombres.*	Tanto los artículos como los adjetivos ayudan al lector a definir el caso de los sustantivos, y por ende el sentido de la oración. También contribuye el orden de las palabras. Por ejemplo, si τὸ ἔθνος de la oración del #64 hubiera estado al comienzo de la oración, tal vez habría sido más difícil reconocerlo como complemento directo, caso acusativo. Con la ayuda de los artículos, los adjetivos, y el orden de las palabras traduzca la siguiente oración. σώσει ὁ λόγος τῆς ἀληθείας πάντας τοὺς ἄνδρας. Casos: _____ (S/P) _____ (S/P) _____ (S/P) _____ (S/P) _____
67 genitivo nominativo acusativo	Otro factor importante en el reconocimiento de casos es el hecho de que el lector aprende la declinación a que pertenecen las palabras, factor que elimina mucha de la ambigüedad. Al aprender que πατήρ es de 3ª declinación, se sabe que la forma πατρός no puede representar el nominativo sino el caso _____. En cambio, se conoce la palabra θεός como de 2ª declinación, y por tanto esta forma terminada en –ος es de caso _____. A diferencia de πατήρ y θεός, la palabra ἔθνος es de género neutro. Al aprender la forma ἔθνος como el nominativo del vocablo, sabemos que también el caso _____ terminará en –ος, puesto que todos los sustantivos neutros emplean una misma terminación en estos dos casos.

Respuesta al #63.

1ª Declinación

Singular			Plural
en -η	en -α	Masc.	
η	α	ης	αι
ης	ας	ου	ων
η	α		αις
ην	αν		ας

2ª Declinación

Singular		Plural	
Masc.	Neut.	Masc.	Neut.
ος	ον	οι	α
ου		ων	
ω		οις	
ον	ον	ους	α

3ª Declinación

Singular		Plural	
Masc. y Fem.	Neut.	Masc. y Fem.	Neut.
ς	ος	ες	ις	α
ος		ων		
ι	ους	σι(ν)		
α	ν	ος	ας	ις	α	η

3ª Declinación – Adjetivo

Singular		Plural	
Masc. y Fem.	Neut.	Masc. y Fem.	Neut.
ης	ες	ις	η
ους		ων	
ει		σι	
η	ες	ις	η

68

Antes de repasar una vez más las preposiciones, conviene resumir las variantes de forma que algunas de ellas pueden presentar en ciertos contextos.[1]

Formas variantes

Preposición	ante una vocal con espíritu suave	ante una vocal con espíritu rudo
ἀπό	ἀπ' αὐτοῦ	ἀφ' ἡμῶν
διά	δι' αὐτοῦ	δι' ἡμῶν
ἐκ	ἐξ αὐτοῦ	ἐξ ἡμῶν
ἐπί	ἐπ' αὐτοῦ	ἐφ' ἡμῶν
κατά	κατ' αὐτοῦ	καθ' ἡμῶν
μετά	μετ' αὐτοῦ	μεθ' ἡμῶν
ὑπό	ὑπ' αὐτοῦ	ὑφ' ἡμῶν

Escriba las preposiciones y complete la traducción.

1. _____ αὐτῶν

   con _____

2. _____ ὅλην τὴν γῆν

   sobre _____

3. _____ ὑμῶν

   por medio de _____

[1] Aun en los contextos indicados las variantes no siempre aparecen.

---

1. μετ'
   con ellos

2. ἐφ'
   sobre toda la tierra

3. δι'
   por medio de vosotros

348

4. ἐξ
    de mí
	4. _____ ἐμοῦ
	
	    de _____

69
 	
1. ἀπό: *de, desde*
2. εἰς: *a, hacia; en*
3. ἐκ: *de, de dentro*
4. ἐν: *en, entre; con*
5. ἕως: *hasta*
6. πρός: *a, para,*
   con
7. σύν: *con*
8. διά:
   gen. *por (medio*
   de)
   ac. *por causa de*
9. κατά:
   gen. *contra; de*
   lo alto de
   ac. *según; para;*
   por
10. μετά:
   gen. *con*
   ac. *después de,*
   detrás de
11. περί:
   gen. *acerca de*
   ac. *alrededor de*
12. ὑπέρ:
   gen. *por, para*
   ac. *más allá de*
13. ὑπό:
   gen. *por*
   ac. *debajo de*
14. ἐπί:
   gen., dat. y ac.
   en, sobre, a,
   cerca de
15. παρά:
   gen. *de*
   dat. *para con,*
   junto a
   ac. *junto a*
	RESUMEN – Preposiciones
	
	Para confeccionar un resumen de las preposiciones y su significado, consulte #18, 20, 21 y 47.
	Apunte las acepciones de cada preposición.
	
	Preposiciones que se usan con un solo caso:
	
	Traducción
	
	1. ἀπό _____
	
	2. εἰς _____
	
	3. ἐκ _____
	
	4. ἐν _____
	
	5. ἕως _____
	
	6. πρός _____
	
	7. σύν _____
	
	Preposiciones que se usan con dos casos:
	
	      Con genitivo Con acusativo
	
	8. διά _____ _____
	
	9. κατά _____ _____
	
	10. μετά _____ _____
	
	11. περί _____ _____
	
	12. ὑπέρ _____ _____
	
	13. ὑπό _____ _____
	
	Preposiciones que se usan con tres casos:
	
	  Con genitivo Con dativo Con acusativo
	
	14. ἐπί _____ _____ _____
	
	15. παρά _____ _____ _____

70	RESUMEN – Vocabulario Además de las preposiciones que se han presentado con significados nuevos en este capítulo, tenemos también el siguiente vocabulario nuevo. ἄρχων, -οντος, m: *gobernante, oficial* αὐτός, -ή, -ό: (adjetivo) *mismo*

ἔρημος, -ου, f: *lugar desierto, yermo*
λαός, -οῦ, f: *pueblo, nación*
ὅτε: *cuando*
οὖν: *así que, por consiguiente*
παραβολή, -ῆς, f: *parábola, proverbio*
πιστός, -ή, -όν: *fiel, fidedigno*
σοφία, -ας, f: *sabiduría*
συναγωγή, -ῆς, f: *sinagoga*
ὥστε: *de tal manera que, de modo que*

Pronombres reflexivos

ἐμαυτοῦ: *mí mismo*   ἑαυτοῦ: *sí mismo*
σεαυτοῦ: *ti mismo*   ἑαυτῶν: *nosotros, vosotros, sí mismos*

Estudie estas palabras y la lista de preposiciones del #69 hasta que domine todo el vocabulario.

71	Hemos visto que el infinitivo con artículo puede funcionar como término de una preposición. Repase #43-48 y luego traduzca las siguientes locuciones. (No son oraciones completas.)

1. ἐν τῷ διδάσκειν αὐτὸν ἐν τῇ συναγωγῇ

_____

1. *mientras él en-
seña(ba) en la
sinagoga*

2. πρὸς τὸ παραδιδόναι αὐτόν

_____

2. *para entregarle*

3. *después de venir
a la ciudad*

3. μετὰ τὸ ἐλθεῖν εἰς τὴν πόλιν

_____

72	PRUEBA

Traduzca las oraciones.

1. παρέδωκε τὴν ψυχὴν ἑαυτοῦ πρὸς τὸ σῶσαι ἡμᾶς.

2. ἀπῆλθον πᾶς ὁ λαὸς εἰς τὴν ἔρημον μετὰ τῶν προφήτων τοῦ θεοῦ τοῦ ἀληθοῦς.

3. λέγει ὁ πατὴρ ὑμῶν τοῖς υἱοῖς ἑαυτοῦ, Διὰ τοῦ ὀνόματός μου ποιήσετε ὑμεῖς δυνάμεις καὶ σημεῖα ἐν τοῖς ἀνδράσι.

4. μετὰ τὸ δέξασθαι τὰ ἔθνη τὸν λόγον τὸν ἅγιον ὁ προφήτης τοῦ κυρίου εἶπεν ἐν ἑαυτῷ, ὁ θεὸς μου ἐποίησε τοῦτο ἐν τῷ πνεύματι ἑαυτοῦ.

La respuesta se
encuentra en el
apéndice V-18.

TABLA DE DECLINACIÓN

Primera Declinación

		Singular					Plural	
	Artíc.	en –η	en –α	en –α y –ε	Artíc.	Masculino	Artic.	todos
Nominativo								
Genitivo								
Dativo								
Acusativo								

Segunda Declinación

		Singular					Plural	
	Artíc.	Masculino y Femenino	Artíc.	Neutro	Artíc.	Masculino y Femenino	Artíc.	Neutro
Nominativo								
Genitivo								
Dativo								
Acusativo	----		----	----	----	----	----	----
Vocativo	----							

Tercera Declinación

	Singular			Plural	
	Masculino y Femenino	Neutro		Masculino y Femenino	Neutro
Nominativo					
Genitivo					
Dativo					
Acusativo					

Tercera Declinación – Adjetivos excepcionales

	Singular			Plural	
	Masculino y Femenino	Neutro		Masculino y Femenino	Neutro
Nominativo					
Genitivo					
Dativo					
Acusativo					

Al terminar este capítulo usted podrá analizar el participio y asociarlo con el sustantivo o pronombre que realiza su acción. Traducirá oraciones con participio en posición predicativa por medio de un gerundio o una oración subordinada circunstancial. Traducirá 11 palabras nuevas.

1 *Haced discípulos (de) todas las naciones,[1] bautizándolos en el nombre del Padre y del Hijo y del Espíritu Santo, enseñándoles a guardar todo cuanto os mandé.* [1] πάντα τὰ ἔθνη, caso acusativo, es complemento directo de μαθητεύσατε. Literalmente se traduciría: *Discipulad todas las naciones.*	Al completar la traducción de los versículos siguientes, observe que las palabras βαπτίζοντες y διδάσκοντες enuncian acciones secundarias del sujeto del verbo principal μαθητεύσατε. μαθητεύω, μαθητεύσω, ἐμαθήτευσα, ἐμαθητεύθην: *hacer discípulos* τηρέω: *guardar, observar* . . . μαθητεύσατε πάντα τὰ ἔθνη, βαπτίζοντες αὐτοὺς εἰς τὸ ὄνομα τοῦ _____ *bautizando* _____ πατρὸς καὶ τοῦ υἱοῦ καὶ τοῦ ἁγίου πνεύματος, διδάσκοντες αὐτοὺς τηρεῖν _____ *enseñando* _____ πάντα ὅσα ἐνετειλάμην ὑμῖν. (Mt. 28:19,20) _____ *mandé* _____
2 participios	Las palabras βαπτίζοντες y διδάσκοντες, traducidas con los gerundios *bautizando* y *enseñando*, no se llaman gerundios en la gramática griega sino participios. En este caso, ejemplifican el participio presente activo. El participio se llama así porque participa a la vez de la índole del verbo y de la del adjetivo. βαπτίζοντες y διδάσκοντες son _____.
3 vosotros	En el versículo del #1 la acción de los participios *bautizando* y *enseñando* se suma a la del verbo principal, *haced discípulos*, para modificarla o explicarla. La acción de los participios la realiza el sujeto del verbo principal μαθητεύσατε. Ese sujeto (tácito) es _____.
4	El sujeto de μαθητεύσατε es plural, y los participios βαπτίζοντες y διδάσκοντες han tomado también forma de plural para concordar con ese sujeto. A diferencia del gerundio en español, el participio griego tiene desinencias para indicar (entre otras cosas) el número singular o plural. Singular Plural βαπτίζων βαπτίζοντες *bautizando* *bautizando* (una persona bautiza) (varias personas bautizan) διδάσκων διδάσκοντες *enseñando* *enseñando* (una persona enseña) (varias personas enseñan) Traduzca la oración siguiente.

Haz discípulos de todas las naciones, bautizándolos.[1] [1] Nótese que el pronombre αὐτούς es masculino, y que contrasta con el género neutro de τὰ ἔθνη.	μαθήτευσον πάντα τὰ ἔθνη βαπτίζων αὐτούς. _____
5 singular	En la oración que acaba de traducir, el participio βαπτίζων concuerda con la persona que realiza su acción, que es el sujeto (tácito) del verbo μαθήτευσον: *tú*. Por tanto el participio está en (singular / plural).
bautizando **6**	Tanto βαπτίζων como βαπτίζοντες se traducen _____.
7 λέγων – λέγοντες θέλων – θέλοντες	Otros verbos también forman el participio presente de la misma manera que βαπτίζω y διδάσκω. Singular Plural βαπτίζων βαπτίζοντες *bautizando* *bautizando* διδάσκων διδάσκοντες *enseñando* *enseñando* λέγ_____ λέγ_____ *diciendo* *diciendo* θέλ_____ θέλ_____ *deseando* *deseando*
8 *Y dijo una parábola a ellos diciendo . . .*	Complete la traducción del versículo. Εἶπεν δὲ παραβολὴν πρὸς αὐτοὺς λέγων . . . (Lc. 12:16) _____ *parábola* _____
9 *Temieron mucho diciendo: «Verdaderamente éste era (un) hijo de (un) dios».*	Complete la traducción del versículo. ἐφοβήθησαν σφόδρα λέγοντες, Ἀληθῶς θεοῦ υἱὸς ἦν οὗτος. (Mt. 27:54) _____ *mucho* _____: *Verdaderamente*_____
10 1. λέγων 2. λέγοντες	Agregue a los participios la desinencia correcta. 1. ὁ προφήτης ἐδίδαξε αὐτοὺς λέγ_____, . . . *El profeta enseñó a ellos diciendo: . . .* 2. οἱ προφῆται ἐδίδαξαν αὐτοὺς λέγ_____, . . . *Los profetas enseñaron a ellos diciendo: . . .*
11	1. En la primera oración del #10, ¿por qué escogió la terminación –ων para el participio? _____

1. Porque la terminación singular –ων concuerda con ὁ προφήτης, singular, que realiza la acción del participio. 2. Porque la terminación plural –οντες concuerda con οἱ προφῆται, plural, que realiza la acción del participio.	2. En la segunda oración del #10, ¿por qué escogió la terminación –οντες? _____ _____
12 acusativo	Volvamos a analizar Mt. 28:19, 20. . . . μαθητεύσατε πάντα τὰ ἔθνη, βαπτίζοντες **αὐτοὺς** εἰς τὸ ὄνομα τοῦ πατρὸς καὶ τοῦ υἱοῦ καὶ τοῦ ἁγίου πνεύματος, διδάσκοντες **αὐτοὺς** τηρεῖν πάντα ὅσα ἐνετειλάμην ὑμῖν. ¿En cuál caso están las dos palabras en negrita? _____
13 _bautizándolos_ _enseñándolos_	Las locuciones βαπτίζοντες αὐτοὺς y διδάσκοντες αὐτοὺς se traducen _____ y _____.
14 complemento directo de los participios	¿Cuál función gramatical desempeñan los pronombres en acusativo αὐτοὺς en relación con los participios? _____
15 complementos	Con base en ese análisis de αὐτοὺς podemos concluir que el participio manifiesta su carácter verbal por el hecho de que puede llevar _____.
16 _Y recorría Jesús todas las ciudades y aldeas enseñando en las sinagogas de ellos y predicando el evangelio del reino y curando toda enfermedad y toda dolencia._	Traduzca el versículo. κηρύσσω, κηρύξω, ἐκήρυξα, ἐκηρύχθην: _predicar_ κώμη, -ης, f: _aldea_ περιάγω: _recorrer_ εὐαγγέλιον, -ου, n: _evangelio_ θεραπεύω: _curar_ καὶ περιῆγεν ὁ Ἰησοῦς τὰς πόλεις πάσας καὶ τὰς κώμας, διδάσκων ἐν _____ ταῖς συναγωγαῖς αὐτῶν καὶ κηρύσσων τὸ εὐαγγέλιον τῆς βασιλείας καὶ _____ θεραπεύων πᾶσαν νόσον καὶ πᾶσαν μαλακίαν. (Mt. 9:35) _____ enfermedad _____ dolencia.

17 complemento directo del participio θεραπεύων.	En el versículo del #16 ¿qué función gramatical desempeña la locución πᾶσαν νόσον καὶ πᾶσαν μαλακίαν? _____
18 1 participio 2 complemento directo de κηρύσσων	Analice la expresión ¹κηρύσσων ²τὸ εὐαγγέλιον τῆς βασιλείας. 1 es un _____. 2 funciona como _____.
19 directo circunstancial	A diferencia de κηρύσσων y θεραπεύων el participio διδάσκων no va seguido de un complemento directo sino de una locución introducida por una preposición. διδάσκων **ἐν ταῖς συναγωγαῖς αὐτῶν**. *enseñando en las sinagogas de ellos* La locución en negritas es un complemento circunstancial que califica la acción verbal del participio διδάσκων. Puesto que nos explica dónde enseñaba, se llama complemento circunstancial de lugar. Los participios κηρύσσων y θεραπεύων llevan complemento _____. El participio διδάσκων lleva complemento _____.

20
 	
caso nominativo singular
 	
participios:
singular
	Analice caso y número del sustantivo en negrita.
	Indique también si los participios están en singular o plural.
	
	περιῆγεν **ὁ Ἰησοῦς** . . . διδάσκων . . .
	
	caso _____ κηρύσσων . . .
	     (sing. / pl.) θεραπεύων . . .
	             (sing. / pl.)

21 complemento directo acusativo	Los participios analizados en el #20 están en singular porque concuerdan con el sustantivo que realiza su acción: ὁ Ἰησοῦς, que está en singular. Los participios concuerdan con ese sustantivo no sólo en número sino también en caso y género. ὁ Ἰησοῦς es de caso nominativo, género masculino. Los participios también están en nominativo, masculino. Como adjetivos que son, los participios se declinan. Mientras analiza el sustantivo de la siguiente oración, observe también la forma del participio. εὗρον **τὸν Ἰησοῦν** διδάσκοντα ἐν τῇ συναγωγῇ. función _____ caso _____ *Encontraron a Jesús enseñando en la sinagoga.*
22	En la oración anterior el participio ha asumido una forma diferente de la que habíamos visto: διδάσκ**οντα** en lugar de διδάσκων. La forma διδάσκων se emplea (#20) cuando el participio concuerda con ὁ Ἰησοῦς,

nominativo acusativo	caso _____. La forma διδάσκοντα se emplea (#21) cuando el participio concuerda con τόν Ἰησοῦν, caso _____.

23
 	
διδάσκων
διδάσκοντα
	Compare las dos oraciones.
	
	    περιῆγεν ὁ Ἰησοῦς . . . διδάσκων . . .
	    Jesús recorría . . . enseñando . . .
	
	    εὗρον τὸν Ἰησοῦν διδάσκοντα . . .
	    Encontraron a Jesús enseñando . . .
	
	La forma del participio *enseñando* en caso nominativo singular es _____
	
	En acusativo singular el participio *enseñando* se escribe _____.

24 *El rey vio al profeta bautizando a los hombres.*	Traduzca la oración. ὁ βασιλεὺς ἔβλεψε τὸν προφήτην βαπτίζοντα τοὺς ἄνδρας. _____
25 τὸν προφήτην	¿Cuál de los tres sustantivos de la oración anterior realiza la acción del participio βαπτίζοντα? _____
26 acusativo Para concordar con el sustantivo que realiza su acción, τὸν προ-φήτην.	¿En cuál caso está βαπτίζοντα? _____ ¿Por qué está en ese caso? _____ _____

27
 	
No
	En las oraciones anteriores los participios califican a sustantivos que llevan artícu-lo.
	
	   #23 ὁ Ἰησοῦς #24 τὸν προφήτην
	          τὸν Ἰησοῦν
	
	Cuando un sustantivo con artículo está calificado por un adjetivo, dicho adjetivo también puede llevar artículo.
	
	    τὸν προφήτην **τὸν** δίκαιον
	
	Por ser adjetivo, el participio también podría llevar artículo.
	
	Observe las oraciones en #23, 24. ¿Llevan artículo los participios? _____

28
 	
βαπτίζων
Si no escribió la forma correcta, repase el #23.
	Concuerde el participio con el sustantivo que realiza su acción.
	
	    ὁ προφήτης ἦν ἐν τῇ ἐρήμῳ βαπτίζ_____ τοὺς ἄνδρας.
	    El profeta estaba en el desierto bautizando a los hombres.

29	En las oraciones que hemos visto hasta ahora el participio griego se ha traducido al español con un gerundio.
	1. περιῆγεν ὁ Ἰησοῦς . . . διδάσκων . . . *Jesús recorría . . . **enseñando** . . .*
	2. εὗρον τὸν Ἰησοῦν διδάσκοντα . . . *Encontraron a Jesús **enseñando** . . .*
	La oración siguiente (3.) tiene en griego una estructura igual a la oración 2. Sin embargo la traducción con gerundio no suena bien.
	3. συνέλαβον τὸν Ἰησοῦν **διδάσκοντα** ἐν τῇ συναγωγῇ. **Prendieron a Jesús **enseñando** en la sinagoga.*
	Nos preguntamos por qué dos oraciones griegas de igual estructura (2. y 3.) no pueden traducirse al español de la misma manera. La diferencia está en el verbo principal. Nuestra lengua admite el gerundio con el complemento directo cuando el verbo principal significa percepción sensible o intelectual, como *encontraron*. Cp. 2 arriba.
	Con los demás verbos la acción del complemento directo no debe expresarse con un gerundio sino por medio de una oración subordinada. Así, la traducción de la oración 3. debe rezar como sigue.
	*Prendieron a Jesús **cuando enseñaba** en la sinagoga.*
	Cambie el gerundio de la inaceptable traducción siguiente a una oración subordinada, encabezada por el adverbio conjuntivo *cuando*.
	πίπτω: caer
Las mujeres recogían la fruta cuando caía.	4. αἱ γυναῖκες συνῆγον τὸν καρπὸν **πίπτοντα**. **Las mujeres recogían la fruta **cayendo**.* _____ *cuando* _____
30 *Enseñabas al hermano cuando moraba (permanecía) en tu casa.*	Complete la traducción. ἐδίδασκες τὸν ἀδελφὸν μένοντα ἐν τῷ οἴκῳ σου. *Enseñabas al hermano cuando* _____
31 *el hermano*	¿En el versículo anterior ¿quién(es) moraba(n) en la casa? (*tú / el hermano*)
32 Porque está en caso acusativo como τὸν ἀδελφὸν y no en nominativo como el sujeto *tú*.	¿Cómo se sabe que el participio μένοντα expresa una acción de τὸν ἀδελφὸν y no del sujeto tácito *tú*? (Cp. el #22 y 23 en caso necesario.) _____ _____
33	En la siguiente oración el participio se puede traducir con un gerundio. Sin embargo, la traducción será más explícita si se usa una oración subordinada, como en la oración anterior. Ensaye las dos traducciones.

Con gerundio: *Oyendo el mensaje (la palabra) del profeta, los hombres recordaban las leyes de Dios.* Con oración subordinada: *Cuando oían el mensaje del profeta, los hombres . . .*	ἀκούοντες τὸν λόγον τοῦ προφήτου οἱ ἄνδρες ἐμνημόνευον τῶν νόμων <div align="right">los hombres recordaban las leyes</div>τοῦ θεοῦ. *de Dios* Con gerundio: _____ Con oración subordinada: _____

34
 	
Porque el participio presente expresa una acción simultánea con la acción del verbo principal, el cual está en imperfecto en esta oración.
	Porque el participio griego participa de la naturaleza tanto del verbo como del adjetivo, manifiesta características de ambos. Entre las características verbales está el **tiempo**. Los participios que se han visto son participios de tiempo presente. Hay también participios de tiempo aoristo, futuro y perfecto.
	
	Al hablar de tiempo gramatical, es de suma importancia definir a qué se refiere este concepto cuando se aplica al participio.
	En primer lugar, **no** se refiere a tiempo en el sentido absoluto de un momento presente o pasado o futuro.
	
	El tiempo del participio es un tiempo relativo. Relaciona la acción del participio con la del verbo principal. El participio de tiempo presente, por ejemplo, expresa una acción que sucede en un tiempo simultáneo al tiempo del verbo principal. Si esa acción del verbo principal sucede en el pasado, el participio presente también se refiere al pasado.
	
	Esta característica de tiempo simultáneo se ilustra en la oración del #29.
	
	   αἱ γυναῖκες **συνῆγον** τὸν καρπὸν **πίπτοντα**.
	      verbo principal participio presente
	      en tiempo imperfecto
	
	  *Las mujeres recogían la fruta cuando **caía**.*
	                    traducción del participio
	                    en tiempo imperfecto
	
	Al traducir el participio πίπτοντα con un verbo conjugado, ¿por qué se pone éste en tiempo imperfecto? _____
	
	_____

35 *Jesús recorría todas las ciudades y aldeas y **enseñaba** en las sinagogas . . .*	Decimos, entonces, que el término «participio presente» quiere decir participio de acción **simultánea** con la acción del verbo principal. Traduzca el participio presente de la siguiente oración con un verbo conjugado que exprese una acción simultánea con περιῆγεν. περιῆγεν ὁ Ἰησοῦς τὰς πόλεις πάσας καὶ τὰς κώμας, **διδάσκων** _____ *(y)* _____ ἐν ταῖς συναγωγαῖς . . . _____

36	Por una parte, entonces, el tiempo presente del participio señala que la acción de éste sucede en un tiempo simultáneo con la acción del verbo principal.
	Por otra parte, el tiempo presente en el participio enfoca también el aspecto durativo de la acción. Este hecho se destaca en un contexto donde el participio presente ocurre junto con un verbo principal en tiempo aoristo, como en la siguiente oración.
	ἀκούοντες τὸν λόγον τοῦ προφήτου οἱ ἄνδρες μετενόησαν. participio presente verbo principal aoristo
	Mientras oían el mensaje del profeta los hombres se arrepintieron.
	La traducción del participio presente ἀκούοντες *oían*, encierra los dos significados del tiempo presente del participio.
	1. Indica que la acción *oían* sucede en un **tiempo simultáneo** con *se arrepintieron* (las dos acciones se realizaron en el pasado.
	2. Enfoca el **aspecto durativo** de la acción *oían* (en contraste con el otro tiempo pasado, de aspecto indefinido, *oyeron*).
	Obsérvese que, aunque el español nos presenta dos opciones para la acción en tiempo pasado (el imperfecto *oían* y el pretérito *oyeron*), el participio presente admite únicamente la traducción *oían*, porque sólo el tiempo imperfecto subraya el aspecto durativo de la acción
	Traduzca la oración, usando un verbo conjugado para traducir el participio.
Cuando veía su poder el gentío temió a Dios.	βλέπων τὴν δύναμιν αὐτοῦ ὁ ὄχλος ἐφοβήθη τὸν θεόν. _____
37	Traduzca la oración.
	ἀποκτείνω, ἀποκτενῶ, ἀπέκτεινα, ἀπεκτάνθην: *matar* ἀπόστολος, -ου, m: *apóstol, mensajero*
Mataron al apóstol cuando servía al Señor.	ἀπέκτειναν τὸν ἀπόστολον δουλεύοντα τῷ κυρίῳ. _____
38	Después de analizar el tiempo del verbo y del participio, traduzca la oración.
Escuchaban al profeta cuando decía las palabras del Señor.	ἤκουον τὸν προφήτην λέγοντα τοὺς λόγους τοῦ κυρίου. _____
39	Todas las oraciones subordinadas que se han empleado en la traducción de los participios son de tipo circunstancial. Comienzan con el adverbio conjuntivo *cuando* o *mientras*.
	Esta naturaleza circunstancial de la oración subordinada está dictada por un detalle en la expresión griega: en todas las oraciones que hemos visto, los participios carecen de artículo propio, como se observó en el #27.

Porque λέγοντα no lleva artículo propio, se traduce por medio de una oración subordinada de tipo circunstancial.	Cuando un participio sin artículo se traduce por medio de una oración subordinada, ésta tiene que ser de tipo circunstancial.[1] ¿Cómo sabe usted que debe traducir el participio λέγοντα de la oración del #38 con una oración subordinada de tipo circunstancial? ———————————————————————— ———————————————————————— [1] Contrastan con éstas las oraciones subordinadas relativas, como «. . . *la fruta* **que** *caía*» o «*los hombres* **que** *oían al profeta . . .*». **No** se admite la oración subordinada relativa como traducción del participio sin artículo.

40
 	
 . . . *cuando quería quedar en la ciudad.*
 	
 . . . *porque quería quedar en la ciudad.*
 	
 . . . *aunque quería quedar en la ciudad.*
 	
 (**No** es posible una traducción con oración relativa como *que quería...* véase #39 nota.)
	Cabe preguntarse aquí de dónde viene el adverbio conjuntivo *cuando* empleado en la traducción de los participios. No aparece ninguna palabra equivalente a *cuando* en las oraciones en griego.
	
	 Examinemos una vez más la oración 3. del #29.
	
	     συνέλαβον τὸν Ἰησοῦν **διδάσκοντα** . . .
	     *Prendieron a Jesús enseñando . . .
	     Prendieron a Jesús **cuando** *enseñaba . . .*
	
	 Al igual que la palabra *cuando*, hay otros adverbios conjuntivos que se podrían usar en la traducción del participio διδάσκοντα.
	
	     Prendieron a Jesús **mientras** *enseñaba . . .*
	     Prendieron a Jesús **porque** *enseñaba . . .*
	     Prendieron a Jesús **aunque** *enseñaba . . .*
	     Prendieron a Jesús **si** *enseñaba . . .* etc.
	
	 Concluimos, entonces, que para introducir la oración subordinada, el traductor escoge un adverbio conjuntivo que según su criterio interpreta bien el contexto del participio.
	
	 Escriba varias traducciones de la oración, empleando diferentes adverbios conjuntivos al principio de la oración subordinada.
	
	     ἐξήγαγον τὸν προφήτην θέλοντα μένειν ἐν τῇ πόλει.
	
	 Sacaron al profeta ————————————————
	 ————————————————————————
	 ————————————————————————

41	Es obvio que al escoger un adverbio conjuntivo como los que se ven en las oraciones del #40 el traductor del griego no sólo traduce el texto sino también lo interpreta. Los diferentes adverbios conjuntivos expresan ideas bastante diferentes. Varios traductores pueden interpretar de manera distinta el contexto de un participio, y por ende varían sus traducciones. No podemos decir que una sola traducción de las siguientes, por ejemplo, sea la correcta y las otras equivocadas. Es cuestión de interpretación del contexto. Nótese que se trata de una oración en que también es posible la traducción con gerundio (cp. Valera).

Porque al traducir el participio griego por medio de una oración subordinada cada traductor suple el adverbio conjuntivo que según su criterio interpreta mejor el contexto.	θέλων κληρονομῆσαι τὴν εὐλογίαν ἀπεδοκιμάσθη. (Heb. 12:17) Valera: . . . **deseando** heredar la bendición, fue desechado. Jerusalén: . . . **cómo luego quiso** heredar la bendición; pero fue rechazado. Hispanoamericana: . . . **cuando** deseó heredar la bendición, fue rechazado. Bover: . . . **por más que quiso** heredar la bendición, fue reprobado. ¿Por qué varían las traducciones citadas? _____ _____
42 #40 acusativo τὸν προφήτην #41 nominativo Concuerda con el sujeto tácito de ἀπεδοκιμάσθη.	Compare los participios del #40 y 41 que se han traducido por medio de oraciones subordinadas circunstanciales. En el caso #40 el participio θέλοντα está en caso _____ porque concuerda con _____. En el #41 el participio θέλων está en caso _____ porque concuerda con _____.
43 Con gerundio: _Y teniendo deseo de ir a vosotros . . . espero veros . . ._ Con oración subordinada: _Porque tengo deseo de ir a vosotros, espero veros._ O: _Puesto que tengo..._	En la siguiente oración traduzca el participio ἔχων primero con un gerundio. Luego cambie el gerundio por una oración subordinada. ἐπιποθία, -ας, f: _deseo_ (Ro. 15:23-24) ἐπιποθίαν δὲ ἔχων τοῦ ἐλθεῖν πρὸς ὑμᾶς ... ἐλπίζω ... θεάσασθαι ὑμᾶς ... _espero_ _veros_ Con gerundio: _____ Con oración subordinada: _____

44
 	
Con gerundio:
Los sacerdotes mataron a los profetas enseñando al pueblo.
 	
Con oración subordinada:
Los sacerdotes mataron a los profetas porque enseñaban al pueblo.
	Hemos visto que el participio puede concordar o con el sujeto o con el complemento directo. Al igual que todos los adjetivos, el participio concuerda en caso, número y género con el sustantivo que califica.
	
	              Singular Plural
	Nom. διδάσκ**ων** διδάσκ**οντες**
	Ac. διδάσκ**οντα** διδάσκ**οντας**
	
	En su traducción de la siguiente oración, siga el mismo procedimiento del #43.
	
	  οἱ ἀρχιερεῖς ἀπέκτειναν τοὺς προφήτας διδάσκοντας τὸν λαόν.
	   (V. #37)
	Con gerundio: _____
	Con oración
	subordinada: _____

45	Obsérvese que las desinencias en negrita en el #44 son las ya conocidas de la 3ª declinación como ἄρχων, ἄρχοντος. Escoja la forma correcta de los participios para que concuerden con el sustantivo

1. διδάσκ**οντας**
 	
2. διδάσκ**οντες**
 	
Si falló en la primera oración, pase al #45a; si falló en la segunda, pase al #54b. Si tuvo las dos correctas, pase al #46.
	(o el pronombre tácito) que realiza su acción.
	
	   1. οὐκ εἴπομεν πρὸς τοὺς ἄνδρας διδάσκ_____ τὰ τέκνα.
	     No hablamos a los hombres mientras enseñaban a los niños.
	
	   2. διδάσκ_____ τὰ τέκνα οὐκ εἴπομεν πρὸς τοὺς ἄνδρας.
	     Cuando enseñábamos a los niños no hablamos a los hombres.

45a τοὺς ἄνδρας acusativo plural διδάσκοντας	El participio debe tomar la forma que corresponde en caso y número al sustantivo (o pronombre tácito) que realiza su acción. Es decir, debe concordar con esa palabra. En la primera oración del #45, ¿quiénes realizan la acción de enseñar? _____ (en griego) ¿En cuál caso y número está esa palabra? _____ (sing. / pl.) La forma del participio que corresponde a ese caso y número es_____.

45b *nosotros* (sujeto tácito del verbo principal) nominativo plural διδάσκοντες	El participio concuerda en caso y número con la palabra que realiza su acción. En la segunda oración del #45, ¿quiénes realizan la acción de enseñar? _____ ¿En cuál caso y número está esa palabra? _____ (sing. / pl.) La forma del participio que corresponde a ese caso y número es_____.

46
 	
/ων   /οντες
/οντος /οντων
/οντι   /ουσι
/οντα /οντας
	El participio se declina no sólo en nominativo y acusativo (#44) sino en todos los casos, porque debe concordar con sustantivos que pueden estar en cualquier caso, de acuerdo con su función en la oración.
	
	Como los sustantivos tienen singular y plural, el participio también.
	
	Igualmente, el participio tiene género: masculino, femenino y neutro, como cualquier adjetivo.
	
	            Participio masculino
	           Singular Plural
	Nom. διδάσκ/ων διδάσκοντες
	Gen. διδάσκοντος διδασκόντων
	Dat. διδάσκοντι διδάσκουσι
	Ac. διδάσκοντα διδάσκοντας
	
	En cada forma del participio, trace una barra entre el tema verbal y la desinencia, como se ha hecho en la forma del nominativo singular

47	Identifique en las siguientes oraciones el caso y el número de los sustantivos, junto con los participios que los califican.

<table>
<tr>
<td>

1. dativo singular

2. genitivo plural

</td>
<td>

1. δίδωμι τὴν ζωὴν αἰώνιον[1] **τῷ μαθητῇ** μου **πιστεύοντι** εἰς ἐμόν.

                Caso: _____ (sing. / pl.)

Doy vida eterna . . .

2. ὁ κύριος δέξεται τὰ αἰτήματα **τῶν ἀδελφῶν πιστύοντων** εἰς αὐτόν.

                Caso: _____ (sing. / pl.)

El Señor recibirá las peticiones . . .

[1] El adjetivo αἰώνιος, -ον emplea formas masculinas para calificar a sustantivos tanto masculinos como femeninos.

</td>
</tr>
<tr>
<td>

48

1. . . . *al discípulo mío* { *porque* / *cuando* / *si* } *cree* [1] *en mí.*

2. . . . *de los hermanos* { *porque* / *cuando* } *creen* [1] *en él.*

</td>
<td>

Complete la traducción de las oraciones anteriores.

1. *Doy la vida eterna* _____

2. *El Señor recibirá las peticiones* _____

</td>
</tr>
<tr>
<td colspan="2">

[1] No es posible una traducción como *que cree(n)...* porque tal traducción no es una oración de tipo circunstancial sino relativa. (Cp. la nota del #39.)

</td>
</tr>
<tr>
<td>

49

. . . *por el apóstol mientras dice estas cosas.*

</td>
<td>

Complete la traducción.

βαπτίζονται οἱ μαθηταὶ ὑπὸ τοῦ ἀποστόλου ταῦτα λέγοντος.
             (Cp. #37)

Los discípulos son bautizados _____ *mientras* _____

_____

</td>
</tr>
<tr>
<td>

50

1. genitivo sing.
2. Para concordar con el sustantivo que realiza su acción, τοῦ ἀποστόλου.
3. ταῦτα es complemento directo del participio.

</td>
<td>

1. ¿En cuál caso y número está el participio λέγοντος de la oración anterior?

_____ (sing. / pl.)

2. ¿Por qué está en ese caso? _____

_____

3. ¿Qué función desempeña la palabra ταῦτα? _____

_____

</td>
</tr>
<tr>
<td>

51

</td>
<td>

Analice los participios.

1. δόξαν ἔδωκαν οἱ μαθηταὶ τῷ ἀποστόλῳ ταῦτα λέγ_____.

Los discípulos dieron gloria al apóstol mientras decía estas cosas.

2. ταῦτα λέγ_____ οἱ μαθηταὶ εἰσῆλθον εἰς τὴν συναγωγήν.

Mientras decían estas cosas, los discípulos entraron a la sinagoga.

</td>
</tr>
</table>

	3. ὁ κύριος ἔσται μετὰ τῶν ἀποστόλων ταῦτα λεγ_____. *El Señor estará con los apóstoles cuando digan estas cosas.*
1. dativo, sing., para concordar con τῷ ἀποστόλῳ.	4. ταῦτα λεγ_____ ἐδούλευον τῷ βασιλεῖ. *Aunque yo decía estas cosas, servía al rey.*
2. nominativo, pl., porque califica al sustantivo en nominativo pl. οἱ μαθηταί.	5. ἀπέκτειναν αὐτὸν ταῦτα λεγ_____. *Lo mataron porque decía estas cosas.* 1.1. En la primera oración se pide un participio en caso _____ (sing. / pl.) para concordar con _____.
3. genitivo, pl., porque califica al sustantivo en genitivo pl. τῶν ἀποστόλων.	2.1. En la segunda oración el participio va en caso _____ (sing. / pl.) porque _____
	3.1. En la oración 3. el participio está en caso _____ (sing. / pl.) porque _____
4. al sujeto *yo*, caso nominativo sing.	4.1. En la oración 4. el participio califica a _____ y por tanto está en caso _____ (sing. / pl.)
5. acusativo sing., porque califica a αὐτόν.	5.1. En la oración 5. el participio está en caso _____ (sing. / pl.) porque _____

52 1. λέγοντι 2. λέγοντες 3. λεγόντων 4. λέγων 5. λέγοντα	Consultando la declinación del #46, complete los participios en el #51 de manera que concuerden en caso y número con el sustantivo (o el pronombre tácito) que realiza su acción.

53 διδάσκοντα	Hasta ahora todos los participios que hemos visto han calificado a sustantivos (o a pronombres tácitos) de género masculino. El participio también puede calificar a un sustantivo neutro. El género neutro del participio aparece con las formas siguientes, típicas de la 3ª declinación. <div align="center">Participio neutro</div>

Participio neutro

	Singular	Plural
Nom.	διδάσκον	διδάσκοντα
Gen. ⎫ Dat. ⎭	igual al masculino	
Ac.	διδάσκον	διδάσκοντα

Escoja la forma del participio que concuerda con el sustantivo que realiza su acción.

ἐβλέψαμεν τὰ τέκνα διδάσκ_____ τοὺς πρεσβυτέρους.

Vimos a los niños enseñando a los ancianos.

54 *Diciendo esto el niño se bautizó.* O: *Porque (cuando, mientras, aunque) decía esto el niño se bautizó.*	Traduzca la oración, analizando con cuidado no sólo el participio sino también el verbo principal. ταῦτα λέγον τὸ τέκνον ἐβατίσατο. _____
55 /ούσης /ουσῶν /ούσῃ /ούσαις /ουσαν /ούσας	Cuando el sustantivo femenino va calificado por un participio, éste asume desinencias femeninas. Participio femenino Singular Plural Nom. διδάσκ/ουσα διδάσκουσαι Gen. διδασκούσης διδασκουσῶν Dat. διδασκούσῃ διδασκούσαις Ac. διδάσκουσαν διδασκούσας Aunque los participios masculino y neutro se declinan según la 3ª declinación, el participio femenino sigue la 1ª declinación. La vocal de la desinencia varía entre α y η, tal como en el sustantivo δόξα, -ης. En el paradigma arriba trace una barra entre el tema verbal y la desinencia participial en todas las formas, tal como se ha hecho en el nominativo singular.
56 *Mataron a las mujeres porque (cuando, mientras, si) decían estas cosas.* (Nótese que se admiten varias diferentes oraciones subordinadas de tipo circunstancial. Lo que no se permite es una traducción con oración subordinada relativa como «. . . que decían». Si usted quiso traducir la oración en esa forma, repase el #39.)	Traduzca la oración. ἀπέκτειναν τὰς γυναῖκας ταῦτα λεγούσας. _____
57 λεγούσης	Escoja la forma del participio que concuerde con el sustantivo que realiza su acción. (Cp. #55.) ὁ ἀπόστολος ἤκουσε τῆς γυναικὸς ταῦτα λεγ_____. *El apóstol oyó a la mujer cuando (ella) decía estas cosas.*
58	Traduzca la oración de dos maneras: 1) con gerundio; y 2) con oración subordinada circunstancial.

1. Con gerundio: *Diciendo estas cosas, las mujeres descendieron del monte.* 2. Con oración subordinada: *Mientras decían (ellas) estas cosas, las mujeres descendieron del monte.*	ταῦτα λέγουσαι αἱ γυναῖκαι κατέβησαν ἀπὸ τοῦ ὄρους. 1) Con gerundio: _____ 2) Con oración subordinada: _____

59 Las formas correctas se encuentran después del #62.	Podemos resumir la declinación del participio en los tres géneros por medio de una tabla. Al final de este capítulo hay una hoja preparada para que elabore una tabla de participios. Llene ahora la parte de la tabla que corresponde a la voz activa del participio presente. Emplee el verbo πιστεύω. Consulte, en caso necesario, los paradigmas del #46, 53, 55.

60 γ. 1. α. 2. δ. 3. β. 4. ε. 5.	Después de estudiar la declinación del participio que acaba de resumir en la tabla, pruébese con el siguiente ejercicio de concordancia. Señale para cada participio el sustantivo que esté en el mismo caso. En el contexto de una oración dicho sustantivo podría realizar la acción del participio. Participios Sustantivos ____ 1. μένοντας α. οἱ Ἰουδαῖοι ____ 2. λέγοντες β. καρδίαν ____ 3. πιστῦον γ. ἄρτους ____ 4. ἀκούουσαν δ. τέκνον ____ 5. ἁμαρτάνοντος ε. ἀνθρώπου

61
 	
παράγοντι
 → τῷ Ἰησοῦ
τυφλοὶ
 → κράζοντες
καὶ λέγοντες
	Aunque le es desconocido el vocabulario del versículo siguiente usted puede definir cuál sustantivo realiza la acción de los participios en negrita, analizando los casos. Únalos a sus participios respectivos con una línea.
	
	    καὶ **παράγοντι** ἐκεῖθεν τῷ Ἰησοῦ ἠκολούθησαν [αὐτῷ] δύο τυφλοὶ
	    κράζοντες καὶ **λέγοντες**, Ἐλέησον ἡμᾶς, υἱὲ Δαυίδ. (Mt. 9:27)

62
 	
Dos ciegos (le) siguieron a Jesús cuando salía de ahí, gritando y diciendo: «Ten misericordia de nosotros, hijo de David».
	Con la ayuda de este vocabulario, traduzca el versículo anterior.
	
	    ἀκολουθέω, ἀκολουθήσω, ἠκολούθησαν: *seguir*
	    δύο: *dos*
	    ἐκεῖθεν: *de ahí*
	    Ἐλέησον: imperativo aoristo de ἐλέεω *tener misericordia*
	    κράζω: *gritar*
	    παράγω: *pasar, irse*
	    τυφλός, -ή, -όν: *ciego*
	
	_____
	
	_____

Formas correctas para la elaboración de la tabla de participios, pedida en el #59.

Participio Presente — voz activa

	Masculino		Femenino		Neutro	
	Singular	Plural	Singular	Plural	Singular	Plural
Nom.	πιστεύων	πιστεύοντες	πιστεύουσα	πιστεύουσαι	πιστεῦον	πιστεύοντα
Gen.	πιετεύοντος	πιστευόντων	πιστευούσης	πιστευουσῶν	πιστεύοντος	πιστευόντων
Dat.	πιστεύοντι	πιστεύουσι	πιστευούσῃ	πιστευούσαις	πιστεύοντι	πιστεύουσι
Ac.	πιστεύοντα	πιστεύοντας	πιστεύουσαν	πιστεύουσας	πιστεῦον	πιστεύοντα

63

El participio presente de los verbos en –μι difiere un poco de la pauta vista en πιστεύω.

Participio masculino

		Nominativo sing.	Nominativo pl.
	πιστεύω:	πιστεύων	πιστεύοντες
Verbos en –μι	δίδωμι:	διδούς	διδόντες
	τίθημι:	τιθείς	τιθέντες

La causa de estas diferencias se halla en que los verbos en –μι emplean la misma vocal final del tema verbal para formar el participio.

Compare la formación del nominativo plural.

πιστεύω: πιστευ + **ο**ντες → πιστεύ**ο**ντες
tema
verbal

δίδωμι: διδ**ο** + ντες → διδ**ό**ντες
tema
verbal

τίθημι: τιθε + ντες → τιθ**έ**ντες
tema
verbal

En el nominativo singular hay otra distinción además de la diferencia de vocales. El participio πιστεύων termina en –ν mientras que los participios de los verbos en –μι terminan en –ς: διδούς, τιθείς.

Apunte los participios de τίθημι, δίδωμι y πιστεύω que concuerdan con los sustantivos.

1. τιθείς, διδούς, πιστεύων

2. τιθέντες, διδόντες, πιστεύοντες

3. τιθείς, διδούς, πιστεύων

4. τιθέντες, διδόντες, πιστεύοντες

5. τιθέντες, διδόντες, πιστεύοντες

	τίθημι	δίδωμι	πιστεύω
1. ὁ Ἰησοῦς	_____	_____	_____
2. οἱ ἄνδρες	_____	_____	_____
3. ὁ πατήρ	_____	_____	_____
4. οἱ βασιλεῖς	_____	_____	_____
5. οἱ πρεσβύτεροι	_____	_____	_____

64

Para traducir la siguiente oración, analice el caso y número del participio. Luego busque un sustantivo (o pronombre tácito) del mismo caso y número que puede realizar la acción de ese participio.

Poniendo las manos sobre ellos oró. (El participio concuerda con el sujeto tácito del verbo principal προσηύξατο.)	τιθεὶς τὰς χεῖρας ἐπ' αὐτοὺς προσηύξατο.
65 *Soy discípulo de él porque (cuando, si) doy buenas cosas[1] a las multitudes.* [1] ¿Recordó que el neutro plural del adjetivo se traduce así? Si no, anótelo en un cuaderno de referencia para efectos del repaso continuo.	Al traducir la oración, repita los mismos pasos del análisis del #64. μαθητὴς αὐτοῦ εἰμι διδοὺς καλὰ τοῖς ὄχλοις.
66 *Los ancianos envían a los apóstoles, poniendo las manos sobre ellos.* *... cuando ponen...* *...si ponen...*	Traduzca la oración. οἱ πρεσβύτεροι ἀποστέλλουσι τοὺς ἀποστόλους τιθέντες τὰς χεῖρας ἐπ' αὐτούς.
67	El participio se denomina así porque participa de la naturaleza tanto del adjetivo como del verbo. Como **adjetivo**, el participio se declina, es decir, tiene **caso**, **número y género**. Así puede concordar con el sustantivo que realiza su acción. Como **verbo**, el participio tiene **tiempo** y **voz**. Usted habrá notado que la tabla de declinación del participio lleva el encabezamiento Participio Presente. Todos los participios que hemos visto son de tiempo presente. La parte que ya se ha elaborado corresponde a la voz activa, puesto que los participios que hemos visto son todos de esa voz. En las voces media y pasiva, el participio lleva desinencias distintas de las de la voz activa. Al igual que en el modo indicativo las voces media y pasiva en el tiempo presente son idénticas. El participio de las voces media y pasiva lleva después del tema verbal la terminación característica -όμενος, -ομένη, -όμενον. Se declina igual que un adjetivo de 1ª y 2ª declinación como ἀγαθός, ἀγαθή, ἀγαθόν. Complete la declinación.

Participio Presente — voces media y pasiva					
Masculino		Femenino		Neutro	
Singular	Plural	Singular	Plural	Singular	Plural
πιστευόμενος	πιστευ_____	πιστευομένη	πιστευ_____	πιστευόμενον	πιστευ_____
πιστευομένου	πιστευ_____	πιστευομένης	πιστευ_____	πιστευομένου	πιστευ_____
πιστευ_____	πιστευ_____	πιστευ_____	πιστευ_____	πιστευ_____	πιστευ_____
πιστευ_____	πιστευ_____	πιστευ_____	πιστευ_____	πιστευ_____	πιστευ_____

Las formas correctas se encuentran después del #75.

68

Así como se puede traducir el participio presente de voz activa con el gerundio activo, de igual manera el participio de voz media o pasiva se puede traducir con los gerundios correspondientes.

Voz activa	Voces media y pasiva
πιστεύων (πιστεύουσα, πιστεῦον)	πιστευόμενος (πιστευομένη, πιστευόμενον)
creyendo	media: *creyendo para sí*
	pasiva: *siendo creído*

Traduzca los siguientes participios por medio de gerundios.

1. *enseñando*

2. *enseñando para sí* o *siendo enseñado*

1. διδάσκων _____

2. διδασκόμενος _____ o _____

69

Hemos visto un grupo de verbos que se conjugan en voz media o pasiva pero que siempre tienen un significado activo. Son los llamados verbos defectivos (cp. Cap. XVI). Estos verbos son defectivos en el sentido de que carecen de formas de voz activa (o en todos los tiempos o en algunos de ellos) y por tanto emplean las de voz media o pasiva para expresar un significado activo.

ἔρχομαι	γίνομαι	δέχομαι
vengo	*llego a ser, soy*	*recibo*

También en el participio los verbos defectivos tienen forma de voz media con significado activo.

ἐρχόμενος	γινόμενος	δεχόμενος
viniendo	*llegando a ser, siendo*	*recibiendo*

El siguiente versículo tiene dos verbos defectivos, uno en forma conjugada (ὄψονται) y el otro en participio (ἐρχόμενον).

Complete la traducción.

ὁράω, ὄψομαι,[1] εἶδα e εἶδον: *ver, observar; mirar*
(Mt. 24:30)

ὄψονται τὸν υἱὸν τοῦ ἀνθρώπου ἐρχόμενον ἐπὶ τῶν νεφέλων τοῦ οὐρανοῦ.

Verán al hijo del hombre viniendo sobre las nubes del cielo.

_____ *nubes* _____

[1] Nótese que este verbo es defectivo sólo en futuro.

70

Este versículo también tiene dos verbos defectivos, uno conjugado y el otro en participio.

Y todos nosotros, contemplando la gloria del Señor, somos transformados en la misma imagen.	Traduzca el versículo. κατοπτρίζομαι: *contemplar, reflejar* εἰκών, -όνος, f: *imagen, semejanza* μεταμορφόομαι: *transformarse, cambiar de apariencia* ἡμεῖς δὲ πάντες . . . τὴν δόξαν κυρίου κατοπτριζόμενοι τὴν αὐτὴν εἰκόνα μεταμορφούμεθα. (2 Co. 3:18) ——————————————————————— ———————————————————————
71 *. . . todos nosotros, cuando contemplamos la gloria del Señor, somos transformados . . .*	Hemos visto que hay contextos que exigen que el participio se traduzca no con un gerundio sino con una oración subordinada circunstancial. Lea de nuevo el #29 antes de proseguir. Otros contextos permiten una traducción o con gerundio o con una oración subordinada. Repase el #33. Ensaye para el versículo del #70 una traducción con oración subordinada. *. . . todos nosotros,* ——————————————————— *somos transformados . . .*
72 *mientras contemplamos . . .* *si contemplamos . . .* *porque contemplamos . . .*	Como se ha comentado, el traductor interpreta el pasaje cuando escoge el adverbio conjuntivo que va a encabezar la oración subordinada. Lea de nuevo los #40 y 41 antes de continuar. Escriba la oración subordinada del versículo del #70 con varios adverbios conjuntivos diferentes. *cuando* . . . ————————— *contemplamos la gloria del Señor . . .* ————————— —————————

73
 	
. . . la cual daba mucha ganancia a sus amos adivinando.
	Complete la traducción.
	    ἐργασία, -ας, f: *ganancia*
	    μαντεύομαι: *adivinar*
	    παρέχω (= παρά + ἔχω): (en este contexto) *dar, producir*
	                               (Hch. 16:16)
	. . . ἥτις[1] ἐργασίαν πολλὴν παρεῖχεν τοῖς κυρίοις αὐτῆς μαντευομένη.
	
	    la cual ————————————————————
	
	[1] Pronombre relativo, femenino, singular, nominativo.

74 femenino Porque va concordado con ἥτις (*la cual*), pronombre femenino que realiza la acción del participio.	En el versículo anterior el participio μαντευομένη es de género —————————. ¿Por qué está en ese género? —————————————————— ———————————————————————————

75 nominativo Porque califica a ἥτις y por tanto concuerda con él.	El pronombre relativo ἥτις (#73) está en caso nominativo porque funciona como sujeto del verbo παρεῖχεν. El participio μαντευομένη está en caso _____ porque _____ _____

Declinación del participio presente, voces media y pasiva, pedida en el #67

Masculino		Femenino		Neutro	
Singular	Plural	Singular	Plural	Singular	Plural
πιστευόμενος	πιστευόμενοι	πιστευομένη	πιστευόμεναι	πιστευόμενον	πιστευόμενα
πιστευομένου	πιστευομένων	πιστευομένης	πιστευομενῶν	πιστευομένου	πιστευομένων
πιστευομένῳ	πιστευομένοις	πιστευομένῃ	πιστευομέναις	πιστευομένῳ	πιστευομένοις
πιστευόμενον	πιστευομένους	πιστευομένην	πιστευομένας	πιστευόμενον	πιστευόμενα

Nota: El participio de voz media o pasiva de los verbos en –μι sigue esta misma pauta, con la excepción de que emplea la vocal final del tema en lugar de la -o- de las terminaciones **-ό**μενος, **-ο**μένη, **-ό**μενον:

τιθέμενος, τιθεμένη, τιθέμενον
ἱστάμενος, ἱσταμένη, ἱστάμενον

Después de revisar la declinación suya, **pase todas las formas a la tabla de declinación del participio, voces media/pasiva.**

76 *Damos gracias al Dios Padre del Señor nuestro Jesucristo, siempre orando acerca de (= por) vosotros.*	Complete la traducción. πάντοτε: *siempre* Εὐχαριστοῦμεν τῷ θεῷ πατρὶ τοῦ κυρίου ἡμῶν Ἰησοῦ Χριστοῦ *Damos gracias* _____ πάντοτε περὶ ὑμῶν προσευχόμενοι. (Col. 1:3) _____
77 nominativo plural Porque califica al sujeto tácito del verbo principal, Εὐχαριστοῦμεν.	El participio del versículo anterior, προσευχόμενοι, está en caso _____ (singular / plural) porque _____ _____
78 *siempre que oramos por vosotros.* o *cuando oramos…* o *mientras oramos…*	El participio del versículo del #76 puede traducirse también con una oración subordinada. Cp. el #72. Ensaye una traducción del versículo del #76 empleando un adverbio conjuntivo y una oración subordinada. *Damos gracias al Dios Padre del Señor nuestro Jesucristo* _____ _____
79	Para expresar la simultaneidad de la acción del participio con la acción del verbo principal, el español nos provee no sólo el gerundio y la oración subordinada, sino también la construcción con el infinitivo y la preposición *a*.

. . . al contemplar la gloria del Señor . . .	*Damos gracias . . .* **al orar** *por vosotros.* Cp. la Versión Popular: *Siempre damos gracias . . . al hacer oración por ustedes.* Traduzca el participio del versículo del #70 por medio de esta construcción con infinitivo. *Y todos nosotros,* —————————————————— *la gloria del Señor, . . .*
80	Hemos visto que al traducir el participio griego por medio de una oración subordinada circunstancial, podemos emplear adverbios conjuntivos muy variados, tales como *cuando, mientras, porque, si, aunque.* Catalogamos en la forma siguiente los principales tipos de oración circunstancial que resultan del empleo de uno u otro de estos adverbios. Tomemos una oración modelo para ilustrar las diferentes interpretaciones que se dan al gerundio: **ἐρχόμενοι** εἰς τὴν πόλιν κηρύσσουσι τοῖς ὄχλοις. 1. Oración subordinada de **tiempo**. $\left.\begin{array}{l}\textit{\textbf{Mientras}}\\\textit{\textbf{Cuando}}\end{array}\right\}$ *vienen a la ciudad, predican a las multitudes.* 2. Oración subordinada de **causa**. *Porque vienen a la ciudad, predican a las multitudes.* 3. Oración subordinada de **condición.** *Si vienen a la ciudad, predican a las multitudes.* 4. Oración subordinada de **concesión.** *Aunque vienen a la ciudad, predican a las multitudes.* Traduzca la siguiente oración empleando cuatro oraciones subordinadas de los diferentes tipos indicados. δεχόμενοι τοὺς ἀδελφοὺς δουλεύομεν τῷ θεῷ. ...., *servimos a Dios* 1. ———————————————————————— 2. ———————————————————————— 3. ———————————————————————— 4. ————————————————————————
1. *Cuando recibimos a los hermanos, servimos a Dios.* 2. *Porque recibimos a los hermanos...* 3. *Si recibimos a los hermanos...* 4. *Aunque recibimos a los hermanos...*	
81	Si combinamos el verbo principal de la oración anterior al singular, el participio también cambiará al singular, puesto que se refiere al sujeto de ese verbo. Supla el participo en singular. —————————————— τοὺς ἀδελφοὺς δουλεύω τῷ θεῷ. $\left.\begin{array}{l}\textit{Si}\\\textit{Cuando}\\\textit{Porque}\\\textit{Aunque}\end{array}\right\}$ *recibo a los hermanos, sirvo a Dios.*
δεχόμενος	

82 δεχομένη	Si el sujeto *yo* del verbo δουλεύω es una mujer, el participio tomará forma femenina. Escriba la forma: _____ (Vea el paradigma del #67 en caso necesario.)
83 ella	Por el género del participio adivinamos el género del sujeto tácito. Indique el género del sujeto. δεχομένη τοὺς ἀδελφοὺς δουλεύει τῷ θεῷ. *Cuando recibe a los hermanos, (él / ella) sirve a Dios.*
84 1. gen. pl. masc. o neutro 2. ac. sing. masc. o neutro, o nom. sing. neutro 3. nom. sing. fem. 4. nom. pl. masc. 5. nom. sing. masc.	Analice los participios defectivos. (Vea el #67 en caso necesario.) Caso Número Género 1. ἐρχομένων _____ (sing. / pl.) _____ 2. προσευχόμενον _____ (sing. / pl.) _____ 3. γινομένη _____ (sing. / pl.) _____ 4. δεχόμενοι _____ (sing. / pl.) _____ 5. δυνάμενος _____ (sing. / pl.) _____
85 1. dat. sing. masc. 2. dat. sing. masc.	El primer participio del versículo siguiente es del verbo defectivo πορεύομαι *ir*. Por tanto tiene forma de voz media. El segundo participio es del verbo ἐγγίζω, voz activa, aunque en español se emplea un verbo reflexivo para traducirlo: *acercarse*. Analice los dos participios. Ἐγένετο δέ μοι [1] **πορευομένῳ** καὶ [2] **ἐγγίζοντι** τῇ Δαμασκῷ . . . περιαστράψαι φῶς ἱκανὸν περὶ ἐμέ. (Hch. 22:6) Caso Número Género | En caso necesario, vea la tabla del particpio presente, voz activa, al final del capítulo. 1. _____ (sing. / pl.) _____ 2. _____ (sing. / pl.) _____
86 μοι	¿A cuál palabra califican los dos participios del versículo anterior? _____
87 . . . *mientras iba y me acercaba a Damasco . . .*	Complete la traducción del versículo del #85 por medio de una oración subordinada circunstancial. ἐγγίζω: *acercarse* *Y me sucedió que* _____ *a Damasco, una gran luz brilló alrededor de mí.*
88 1. ἐρχομένους	Escriba la forma correcta[1] del participio ἐρχόμενος, ἐρχομένη, ἐρχόμενον para completar las siguientes oraciones. 1. ὁ κύριος ἐδίδασκε τοὺς ἄνδρας _____ πρὸς αὐτόν. *El Señor enseñaba a los hombres cuando venían a él.* [1] Es decir, la que concuerda en caso, número y género con el sustantivo o pronombre tácito que realiza su acción.

	2. ὁ κύριος ἐδίδασκε τοὺς ἄνδρας _____ τὴν πόλιν αὐτῶν.
	El Señor enseñaba a los hombres cuando él venía a la ciudad de ellos.
2. ἐρχόμενος 3. ἐρχομένας	3. ὁ κύριος ἐδίδασκε τὰς γυναῖκας _____ πρὸς αὐτόν.
	El Señor enseñaba a las mujeres cuando venían a él.

89 Con la respuesta del #67, revise las formas que escribió en la tabla.	Repase ahora el paradigma del participio medio/pasivo del #67, practicando el reconocimiento de todos los casos. Cuando domine todas las formas, escriba el paradigma completo en la tabla Participio Presente que se encuentra al final del capítulo

90 *Yendo, predicad diciendo: «Se ha acercado el reino de los cielos».*	En ciertos contextos aparecen participios que no agregan nada esencial al sentido de la oración, sino que repiten ideas ya implícitas o aun explícitas en la oración. Tales participios son pleonásticos; es decir, rellenan, sobran, no son esenciales. En el versículo siguiente hay dos participios pleonásticos. El primero, πορευόμενοι, repite una idea ya comunicada en el versículo anterior mediante un imperativo del mismo verbo, πορεύεσθε. El segundo participio, λέγοντες, no agrega nada a la idea del verbo κηρύσσετε. Sirve simplemente como introducción a la cita directa que sigue. Al completar la traducción del versículo, use gerundios para traducir los participios. (Mt. 10:7) πορευόμενοι δὲ κηρύσσετε λέγοντες ὅτι Ἤγγικεν ἡ βασιλεία τῶν οὐρανῶν. _____ *predicad* _____ *«Se ha acercado el reino de los cielos».*

91 *Y predicad: «Se ha acercado el reino de los cielos».*	Escriba ahora el versículo anterior en su contexto (a continuación) omitiendo los gerundios. *Id más bien a las ovejas perdidas de la casa de Israel. Y* _____ _____

92 *Juan les contestó diciendo: «Yo bautizo con agua».*	El empleo del participio λέγων (sing.) o λέγοντες (pl.) para introducir una cita directa refleja una construcción hebrea. Los escritores del N.T. revelan un molde de pensamiento hebreo al usar a menudo el participio λέγων después de verbos como *contestar, hablar, clamar* o (como en el versículo anterior) *predicar.*[1] Traduzca el siguiente versículo, que ilustra esta construcción característica del griego neotestamentario. ἀπεκρίθη αὐτοῖς ὁ Ἰωάννης λέγων, Ἐγὼ βαπτίζω ἐν ὕδατι. (Jn. 1:25) _____ [1] También es frecuente la construcción contraria: el verbo λέγω aparece en forma conjugada, junto con un participio formado de uno de estos verbos.

93	En muchos contextos el participio aparece junto con una forma conjugada del verbo εἰμί (u otro verbo copulativo) y forma una construcción perifrástica paralela al uso de *estar* + gerundio en español.

Y estaba enseñándo-les los sábados.	Traduzca el versículo siguiente. σάββατον, -ου, n: *sábado* καὶ ἦν διδάσκων αὐτοὺς ἐν τοῖς σάββασιν. (Lc. 4:31) _____
94 ἡ διακονία	A diferencia del gerundio español, el participio griego concuerda en caso, núme-ro y género con el sustantivo que realiza su acción. Por tanto, cuando el giro peri-frástico tiene sujeto femenino, por ejemplo, el participio lleva desinencia femeni-na. En el versículo siguiente hay dos participios en construcción perifrástica. ¿Con cuál palabra concuerdan? _____ ὅτι ἡ διακονία τῆς λειτουργίας ταύτης οὐ μόνον **ἐστιν προσαναπληροῦσα** *Porque la ministración de este servicio no sólo está supliendo* τὰ ὑστερήματα τῶν ἁγίων, ἀλλὰ καὶ **περισσεύουσα** διὰ πολλῶν *las necesidades de los santos, sino tamibén (está) abundando en muchas* εὐχαριστιῶν τῷ θεῷ. (2 Co. 9:12) *acciones de gracias a Dios.*
95 *Y algunos[1] de los escribas estaban sentados allí y (es-taban) discutiendo en sus corazones.* [1] Si le fue difícil traducir esta pala-bra, repase el XV-40.	En los verbos defectivos, la construcción perifrástica emplea el participio con forma de voz media/pasiva. En el siguiente versículo los participios aparecen en plural por cuanto el sujeto de la construcción perifrástica es plural. Traduzca el versículo. διαλογίζομαι: *discutir* γραμματεύς, -έως, m: *escriba* ἦσαν δέ τινες τῶν γραμματέων ἐκεῖ καθήμενοι καὶ διαλογιζόμενοι ἐν ταῖς καρδίαις αὐτῶν. (Mc. 2:6) _____ _____
96 *. . . cuando él estaba orando aparte . . .*	En la construcción perifrástica del siguiente versículo el verbo εἰμί aparece no en forma conjugada sino en infinitivo: εἶναι. Usted recordará que cuando se emplea la preposición ἐν con el infinitivo articular (= que lleva artículo) en dativo, se traduce con una oración circunstancial de tiempo (cp. XVIII-45). Complete la traducción. Καὶ ἐγένετο ἐν τῷ εἶναι αὐτὸν πορσευχόμενον κατὰ μόνας *Y aconteció (que)* _____ *aparte,* συνῆσαν αὐτῷ οἱ μαθηταί. (Lc. 9:18) *se unieron a él los discípulos.*
97 αὐτόν	En el versículo anterior ¿cuál es la palabra griega que se ha traducido *él* en *cuando él estaba orando?* _____

378

98 acusativo	La palabra αὐτόν está en caso _____ porque funciona como el sujeto del infinitivo εἶναι.

99

El Participio Presente — Repaso I

La declinación del participio

Todas las formas del participio en tiempo presente aparecen en la tabla que se ha elaborado.

Por su declinación en tres géneros, singular y plural, se destaca el hecho de que el participio concuerda con el sustantivo (o pronombre tácito) que realiza su acción.

Para la recta traducción de un pasaje, es indispensable reconocer el caso del participio; esto permite ponerle el sujeto correcto cuando se traduce por medio de un verbo conjugado.

Al estudiar el participio del verbo εἰμί se puede repasar fácilmente las desinencias principales. Estas formas son idénticas a las desinencias del participio πιστεύων, πιστεύ**ουσα**, πιστεῦ**ον**.

Participio presente, verbo εἰμί

Masculino		Femenino		Neutro	
Singular	Plural	Singular	Plural	Singular	Plural
ὤν	ὄντες	οὖσα	οὖσαι	ὄν	ὄντα
ὄντος	ὄντων	οὔσης	οὐσῶν	ὄντος	ὄντων
ὄντι	οὖσι(ν)	οὔσῃ	οὔσαις	ὄντι	οὖσι(ν)
ὄντα	ὄντας	οὖσαν	οὔσας	ὄν	ὄντα

Practique esta declinación en una hoja aparte hasta que domine todos los casos en los tres géneros. Practique la declinación media/pasiva (#67).

Revise también las formas un poco distintas del participio de los vebos en –μι, #63 y 67, respuesta, Nota.

Luego pruébese con el análisis y traducción de los siguientes versículos.

---

1. *Y José, su esposo, siendo justo y no queriendo difamarla, decidió despedirla secretamente.*

1. Ἰωσὴφ δὲ ὁ ἀνὴρ αὐτῆς, δίκαιος ὢν καὶ μὴ θέλων αὐτὴν δειγματίσαι,

   _____ *difamar,*

   ἐβουλήθη λάθρᾳ ἀπολῦσαι αὐτήν. (Mt. 1:19)

   decidió secretamente despedir _____

2. *¿Cómo podéis decir buenas cosas siendo malos? (. . . cuando sois malos?)*

2. πῶς δύνασθε ἀγαθὰ λαλεῖν πονηροὶ ὄντες; (Mt. 12:34)

   ¿Cómo _____ *decir malos* _____?

3. *¿Cómo tú siendo judío pides de beber a mí siendo mujer samaritana?*

3. πῶς σὺ Ἰουδαῖος ὢν παρ' ἐμοῦ πιεῖν αἰτεῖς γυναικὸς Σαμαρείτιδος

   _____ *beber pides* _____ *samaritana*

   οὔσης; (Jn. 4:9)

   _____

4. *El Dios de la gloria apareció a nuestro padre Abraham cuando estaba en Mesopotamia. (. . . estando él en Mesopotamia.)*	4. ὁ θεὸς τῆς δόξης ὤφθη τῷ πατρὶ ἡμῶν Ἀβραὰμ ὄντι ἐν τῇ _____ *apareció* _____ Μεσοποταμία. (Hch. 7:2) *Mesopotamia*

100	El Participio Presente — Repaso II El significado del tiempo presente Es solamente en el modo indicativo que el tiempo gramatical griego señala una secuencia cronológica en el sentido de pasado, presente y futuro. Tanto en el participio como en los modos infinitivo e imperativo, el tiempo gramatical indica **el aspecto de la acción**. En el caso del tiempo presente, ese aspecto es **durativo**. Por tanto, los participios de tiempo presente se traducen con formas verbales que indican aspecto durativo. A la vez que el tiempo gramatical indica el aspecto de la acción, en el participio señala también **el tiempo relativo a la acción del verbo principal de la oración**. En el caso del tiempo presente esa relación de tiempo entre el participio y el verbo principal es de simultaneidad. El participio de tiempo presente expresa una acción que se efectúa **al mismo tiempo** que la acción del verbo principal. Es obvio, entonces, que cuando dicho participio se traduce con un verbo conjugado, éste puede aparecer tanto en tiempo imperfecto o futuro como en presente, según el tiempo del verbo principal.
1. *. . . mientras enseña en la sinagoga.* 2. *. . . mientras enseñaba en la sinagoga.*	Traduzca los participios por medio de formas conjugadas que expresen **aspecto durativo** y **tiempo simultáneo** al del verbo principal. 1. συλλαμβάνουσι τὸν Ἰησοῦν διδάσκοντα ἐν τῇ συναγωγῇ. *Prenden a Jesús mientras* _____ 2. συνέλαβον τὸν Ἰησοῦν διδάσκοντα ἐν τῇ συναγωγῇ. *Prendieron a Jesús mientras* _____

101	El participio Presente — Repaso III La traducción del participio (Tratamos aquí únicamente el participio que carece de artículo propio aun cuando acompañe a un sustantivo con artículo. La traducción de los participios con artículo propio es tema del capítulo XXI.) 1. El primer paso en la traducción del participio es analizar su caso, número y género, para luego buscar el sustantivo o pronombre con el cual concuerda. Este último será el sujeto que realiza la acción del participio. En la traducción hay que ligar claramente la acción del participio al elemento con el cual concuerda. 2. Hay ciertos contextos en que el participio puede traducirse por medio de **un gerundio**.

<table>
<tr>
<td valign="top">

1. *Los discípulos vieron a las multitudes mientras venían a Jesús.*
   o . . . las multitudes viniendo a Jesús.

2. *Ciertos escribas estaban yendo de la ciudad.*

3. *Entregaron al Señor mientras daba los panes al pueblo.*
   . . . porque daba . . .
   . . . aunque daba . . .

</td>
<td valign="top">

2.1. Cuando concuerda con el sujeto de la oración.

ὁ Ἰησοῦς περιῆγεν . . . **διδάσκων** . . .
Jesús recorría . . . enseñando . . .

μαθητεύσατε τὰ ἔθνη **διδάσκοντες** . . .
Discipulad a las naciones, enseñándoles . . .

2.2. Cuando concuerda con el complemento directo de un verbo de percepción sensible o intelectual.

εὗρον τὸν Ἰησοῦν **διδάσκοντα** . . .
Encontraron a Jesús enseñando . . .

ἔβλεψαν τοὺς μαθητὰς **διδάσκοντας** . . .
Vieron a los discípulos enseñando . . .

2.3. Cuando forma parte de una construcción perifrástica con el verbo εἰμί.

ὁ Ἰησοῦν ἦν **διδάσκων** . . .
Jesús estaba enseñando . . .

οἱ μαθηταὶ ἦσαν **διδάσκοντες** . . .
Los discípulos estaban enseñando . . .

3. En los demás contextos el participio se traduce con **una oración subordinada circunstancial**.

συνέλαβον τὸν Ἰησοῦν **διδάσκοντα** . . .
Prendieron a Jesús cuando enseñaba . . .

οἱ μαθηταὶ ἐπορεύοντο μετὰ τοῦ Ἰησοῦ **διδάσκοντος** . . .
Los discípulos iban con Jesús mientras enseñaba . . .

El adverbio conjuntivo que se escoja para introducir la oración subordinada dependerá de la manera en que el traductor interprete el contexto.

Las diferentes posibilidades son:

. . . *mientras enseñaba* . . .
. . . *cuando enseñaba* . . .
. . . *porque enseñaba* . . .
. . . *aunque enseñaba* . . .
. . . *si enseñaba* . . .

Cuando esté seguro que domina los conceptos de este resumen, traduzca las siguientes oraciones.

1. οἱ μαθηταὶ ἔβλεψαν τοὺς ὄχλους ἐρχομένους πρὸς τὸν Ἰησοῦν.

    _____

2. γραμματεῖς τινες ἦσαν πορευόμενοι ἀπὸ τῆς πόλεως.

    _____

3. Παρέδωκαν τὸν κύριον διδόντα τοὺς ἄρτους τῷ λαῷ.

    _____

</td>
</tr>
</table>

4. *El apóstol servía a Dios predicando el evangelio.*	4. ὁ ἀπόστολος ἐδούλευε τῷ θεῷ κηρύσσων τὸ εὐαγγέλιον.

Si su traducción falló en algún punto, analice cada palabra de la oración hasta encontrar dónde está la dificultad: ¿persona, número, o tiempo del verbo?, ¿caso o número en los sustantivos o participios?, ¿vocabulario?

El tiempo que pase en este análisis estará bien invertido si luego emplea el análisis como base para un repaso de los puntos débiles.

102	RESUMEN — Vocabulario ἀποκτείνω, ἀποκτενῶ, ἀπέκτεινα, ἀπεκτάνθην: *matar* ἀπόστολος, -ου, m: *apóstol, mensajero* γραμματεύς, -έως, m: *escriba* εὐαγγέλιον, -ου, n: *evangelio, buena nueva* καλός, -ή, -όν: *bueno* κηρύσσω, κηρύξω, ἐκήρυξα, ἐκηρύχθην: *proclamar, predicar* κώμη, -ης, f: *aldea* ὁράω, ὄψομαι, εἶδα e εἶδον: *ver, observar* πονηρός, -ά, -όν: *malo, maligno, pecaminoso* πῶς: *cómo* σάββατον, -ου, n: *sábado*
103 La respuesta se encuentra en el apéndice V-19.	PRUEBA 1. καταβαίνουσαι ἐκ τοῦ ὄρους αἱ γυναῖκαι ἐπορεύοντο πρὸς τὴν ἔρημον. 2. ὁ ἀπόστολος βλέπων τὸν ὄχλον ἐρχόμενον εἰς τὴν κώμην προσηύξατο τῷ θεῷ. 3. ὁ γραμματεὺς ἐδίδασκε τὸν λαὸν ὄντα ἐν τῇ πόλει. 4. ἦσαν κηρύσσαντες οἱ ἄνδρες ἐν τῷ σαββάτῳ.

EL PARTICIPIO PRESENTE

Voz Activa

	Masculino		Femenino		Neutro	
	Singular	Plural	Singular	Plural	Singular	Plural
Nominativo	πιστεύων		πιστεύουσα		πιστεῦον	
Genitivo						
Dativo						
Acusativo						

Voces Media y Pasiva

	Masculino		Femenino		Neutro	
	Singular	Plural	Singular	Plural	Singular	Plural
Nominativo	πιστευόμενος		πιστευομένη		πιστευόμενον	
Genitivo						
Dativo						
Acusativo						

Al terminar este capítulo usted podrá traducir oraciones con participio aoristo, en posición predicativa. Distinguirá el genitivo absoluto de otras construcciones con participio. Traducirá 20 palabras nuevas.

1	El participio griego existe no sólo en tiempo presente sino también en aoristo, futuro y perfecto.	
	Como ya hemos comentado, el tiempo gramatical del participio expresa el aspecto de la acción (durativa o indefinida) y el tiempo relativo al del verbo principal de la oración. En el participio presente el aspecto es durativo y el tiempo es simultáneo al del verbo principal (cp. Cap. XIX-100).	
	El participio aoristo, en cambio, no expresa acción durativa sino indefinida (indefinida en el sentido de pretérito «indefinido» en español.) El participio aoristo señala una acción que se considera simplemente como un suceso, un evento.	
	En cuanto a la relación de tiempo entre el participio y el verbo principal de la oración, el participio aoristo expresa anterioridad. Es decir, la acción del participio es anterior a la del verbo principal de la oración.[1]	
	La palabra en negritas en la siguiente oración es un participio de tiempo aoristo.	
	συλλαμβάνουσι τὸν Ἰησοῦν **διδάξαντα** ἐν τῇ συναγωγῇ.	
	*Prenden a Jesús porque **enseñó** en la sinagoga.*	
indefinida	Con el tiempo aoristo del participio διδάξαντα se expresa una acción (durativa / indefinida). La acción del participio διδάξαντα es (simultánea / anterior) a la acción del verbo principal συλλαμβάνουσι.	
anterior	[1] Hay una excepción, la cual se presentará en el #21.	
2	La anterioridad de la acción participial se expresa por el tiempo que se escoge para el verbo conjugado que lo traduce.	
enseñó	La forma verbal que traduce διδάξαντα es _____.	
3	La siguiente oración contiene un participio aoristo parecido al del #1.	
. . . porque[1] creyó en Jesús.	Complete la traducción.	
[1] *o cuando, aunque, etc.*	οἱ πρεσβύτεροι δέχονται τὸν ἀδελφὸν πιστεύσαντα εἰς τὸν Ἰησοῦν.	
	Los ancianos reciben al hermano_____	
4	En los participios διδάξαντα y πιστεύσαντα se observa la característica temporal -σα- del aoristo 1º. ¿Llevan aumento estos participios? _____	
No	La -σα- observada es la misma característica temporal que se ha visto en el aoristo de los modos indicativo, imperativo e infinitivo.	
	En los capítulos anteriores se ha notado que el aumento, elemento constitutivo del aoristo indicativo, aparece solamente en ese modo. El aoristo de los modos infinitivo e imperativo carece de aumento.	
No	¿Tiene aumento el participio aoristo? _____	

	5

5

El participio del aoristo 1º se forma con el tema del aoristo, la característica temporal -σα- y las desinencias participiales vistas ya en el presente. Solamente en el nominativo singular difiere la terminación (-ς en vez de -ν).

Masculino

σας   σαντες
σαντος σαντων
σαντι σασι(ν)
σαντα σαντας

Neutro

σαν   σαντα
σαντος σαντων
σαντι σασι(ν)
σαν   σαντα

Masculino		Neutro	
Singular	Plural	Singular	Plural
πιστεύσας	πιστεύσαντες	πιστεῦσαν	πιστεύσαντα
πιστεύσαντος	πιστευσάντων	πιστεύσαντος	πιστευσάντων
πιστεύσαντι	πιστεύσασι(ν)	πιστεύσαντι	πιστεύσασι(ν)
πιστεύσαντα	πιστεύσαντας	πιστεῦσαν	πιστεύσαντα

Subraye en las formas del participio todo lo que sigue al tema verbal.

6

Donde el participio presente tiene -ο- en las desinencias (**ο**ντος, **ο**ντι, etc.) el aoristo tiene -σα- (**σα**ντος, **σα**ντι).

Compare la declinación el participio de aoristo 1º (#5) con la del participio presente (en la tabla elaborada en el Cap. XIX).

¿En qué difieren? _____

_____

7

Al formarse el participio del verbo que termina su tema en consonante, la σ de la característica temporal -σα- se combina con esa consonante final (o la suplanta) en la forma que ya se ha visto en los otros modos del aoristo.

	Indicativo aoristo	Participio aoristo
διδάσκω:	ἐδίδα**ξ**α	διδά**ξ**ας, διδά**ξ**αντος, διδά**ξ**αντι, etc.
βλέπω:	ἔβλε**ψ**α	βλέ**ψ**ας, βλέ**ψ**αντος, βλέ**ψ**αντι, etc.
γράφω:	ἔγρα**ψ**α	γρά**ψ**ας, γρά**ψ**αντος, γρά**ψ**αντι, etc.
σῴζω:	ἔσω**σ**α	σώ**σ**ας, σώ**σ**αντος, σώ**σ**αντι, etc.

Analice el participio de la siguiente oración.

οἱ ἱερεῖς κατακρίνουσι τοὺς μαθητὰς **διδάξαντας** τὸν λαόν.
*Los sacerdotes condenan a los discípulos porque **enseñaron** al pueblo.*

διδάξαντας: participio de tiempo _____, caso _____ (sing. / pl.)

aoristo, acusativo plural

8

El verbo cuyo tema termina en consonante líquida o nasal (λ, ϱ, μ, ν) omite la σ de la característica temporal -σα-. Aparece sólo el α.

	Indicativo aoristo	Participio aoristo
ἀποστέλλω:	ἀπέστειλ**α**	ἀποστείλ**α**ς, ἀποστείλ**α**ντος, αποστείλ**α**ντι, etc.
ἐγείρω:	ἤγειρ**α**	ἐγείρ**α**ς, ἐγείρ**α**ντος, ἐγείρ**α**ντι, etc.
κρίνω:	ἔκριν**α**	κρίν**α**ς, κρίν**α**ντος, κρίν**α**ντι, etc.
μένω:	ἔμειν**α**	μείν**α**ς, μείν**α**ντος, μείν**α**ντι, etc.

Complete la traducción.

δοξάζετε τὸ ὄνομα τοῦ πατϱὸς **κϱίναντος** τὰ ἔθνη.

Glorificáis el nombre del Padre porque _____

juzgó las naciones.

9

En la oración siguiente identifique y analice . . .

1) σώσας aoristo nom. sg. masculino 2) ἐδίδασκε imperfecto in- dicativo, acti- va 3ª sing.	1) un participio: _____ tiempo _____ caso _____ (sing. / pl.) género_____ 2) el verbo principal: _____ tiempo _____ modo _____ voz _____ _____ persona (sing. / pl.) σώσας τὸν λαὸν αὐτοῦ ὁ κύριος αὐτοὺς ἐδίδασκε.
10 *Porque salvó su pueblo, el Señor les enseñaba.* *O: Después que salvó . . . enseñaba.*	En su traducción de la oración anterior la acción del participio aoristo debe ser anterior a la acción del verbo principal. _____
11 σώσας aoristo	Cuando el participio aoristo se encuentra en un contexto donde el verbo principal también está en un tiempo pasado (imperfecto o aoristo) la anterioridad de la acción de dicho participio puede expresarse por el tiempo pluscuamperfecto (ante-pretérito) en español. Por ejemplo, una traducción legítima del participio de la oración del #9 sería: *Cuando **había salvado** a su pueblo, el Señor les enseñaba.* La locución ***había salvado*** traduce el participio _____, que es de tiempo _____.
12 *Cuando había escrito la epístola, la envió a la iglesia.*	Traduzca el participio por medio de un verbo conjugado que exprese la anterioridad de la acción del participio. ἐπιστολή, -ῆς, f: *epístola, carta* γράψας τὴν ἐπιστολὴν ἔπεμψε αὐτὴν πρὸς τὴν ἐκκλησίαν. _____

13
 	
aoristo
Habiendo creído
	Hay contextos en que el gerundio traduce bien el participio griego, tal como hemos visto en el caso del participio presente. (Cp. XIX-101.)
	
	    a. μαθητεύσατε τὰ ἔθνη **διδάσκοντες αὐτούς** . . .
	      Discipulad las naciones, enseñándoles . . .
	
	    b. ἔβλεψαν τοὺς μαθητὰς **βαπτίζοντας** . . .
	      Vieron a los discípulos bautizando . . .
	
	El participio aoristo también se encuentra en oraciones como a. y b. arriba. Siempre se puede traducir con un gerundio, pero este gerundio asumirá forma compuesta para expresar la anterioridad de la acción del participio.
	
	    c. **πιστεύσαντες** εἰς τὸν κύριον κηρύσσομεν τὸ εὐαγγέλιον.
	      Habiendo creído en el Señor, predicamos el evangelio.
	
	¿En qué tiempo está el participio de la oración c.? _____
	
	¿Con qué palabra(s) se ha traducido dicho participio? _____

14 Emplea la forma compuesta del gerundio español: *habiendo creído*, en vez del gerundio simple.	Compare en el #13 la traducción del participio de la oración c. con la traducción de los participios en las oraciones a. y b. ¿En qué difiere la traducción del participio en c.? _____ _____
15 *Habiendo escrito la epístola.*	Traduzca el participio de la oración del #12 por medio de un gerundio compuesto. _____
16 anterior	En la oración del #12, la acción del participio γράψας es (anterior / simultánea) a la acción del verbo principal ἔπεμψε.
17 aoristo *habiendo oído*	Para completar la traducción del versículo, analice primero el tiempo del participio. εὐχαριστοῦμεν τῷ θεῷ . . . **ἀκούσαντες** τὴν πίστιν ὑμῶν. (Col. 1:3) tiempo_____ *Damos gracias a Dios _____ de vuestra fe.*

18
 	
aoristo
 	
presente
	El verbo principal del versículo anterior εὐχαριστοῦμεν[1] está en tiempo presente. El participio ἀκούσαντες está en aoristo porque expresa una acción que antecede a la de dar gracias: primero *oímos*, luego *damos gracias*.
	
	Si se quiere traducir el participio ἀκούσαντες por medio de un verbo conjugado, éste debe ir en un tiempo que exprese esa anterioridad. Hay dos posibilidades:
	
	  1. Verbo conjugado en tiempo pretérito
	     *Damos gracias a Dios porque **oímos** de vuestra fe.*
	
	  2. Verbo conjugado en tiempo perfecto (antepresente).
	     *Damos gracias a Dios porque **hemos oído** de vuestra fe.*
	
	Compare esta última traducción de ἀκούσαντες *hemos oído*, con la del participio γράψας en el #12. Los dos participios ἀκούσαντες y γράψας están en aoristo. Sin embargo γράψας se ha traducido con el tiempo pluscuamperfecto, *había escrito*, y ἀκούσαντες se ha traducido con el tiempo perfecto, *hemos oído*. ¿Por qué esta diferencia?
	
	El participio γράψας del #12 acompaña a un verbo principal en tiempo _____
	
	_____, y tiene que expresar su anterioridad con referencia a ese tiempo. En cambio, el participio ἀκούσαντες del #17 acompaña un verbo principal en tiempo
	
	_____, y por tanto su anterioridad se define con referencia a ese tiempo.
	
	[1] Por ser verbo contracto (cp. Cap. XXII), tiene en la penúltima sílaba el diptongo ου en vez de la acostumbrada vocal ο.

19	Entre las oraciones anteriores hay otras que combinan un verbo principal en presente con un participio aoristo.

#1 . . . *ha enseñado en la sinagoga.* #3 . . . *ha creído en Jesús.* #7 . . . *han enseñado al pueblo.* #8 *ha juzgado a las naciones.* #13 *Porque hemos creído en el Señor . . .*	Ensaye para ellas la traducción del participio por medio del verbo conjugado en tiempo perfecto. #1 *Prenden a Jesús porque* _____ #3 *Los ancianos reciben al hermano porque* _____ #7 *Los sacerdotes condenan a los discípulos porque* _____ #8 *Glorificamos el nombre del Padre porque* _____ #13 *Porque* _____ *, predicamos el evangelio.*

20

Por lo que hemos visto hasta aquí, se llega a la conclusión de que la traducción del participio es una cosa muy relativa. Precisamente es relativa al contexto en que se encuentra el participio, y especialmente al verbo principal de la oración. En diferentes contextos hemos visto traducciones como las siguientes.

1) Verbo conjugado		2) Gerundio compuesto
Pretérito	**Pluscuamperfecto**	**Perfecto**
enseñó (#1)		*ha enseñado* (#19)
creyó (#3)		*ha creído* (#19)
enseñaron (#7)		*han enseñado* (#19)
juzgó (#8)		*ha juzgado* (#19)
salvó (#10)		*hemos creído* (#19)
	había salvado (#11)	
	había escrito (#12)	
		habiendo creído (#13)
		habiendo escrito (#15)
		habiendo oído (#17)
oímos (#18)		*hemos oído* (#18)

Lo que es constante en todas estas traducciones distintas es la idea de la anterioridad de la acción participial. Cualquier traducción que exprese esa idea es aceptable.

Ensaye una variedad de traducciones para el participio del siguiente versículo.

αἰτέω, αἰτήσω, ἤτησα: *pedir*
φῶς, φωτός, n: *luz*

αἰτήσας δὲ φῶτα εἰσεπήδησεν. (Hch. 16:29)

Habiendo pedido una luz . . .

_____ *se precipitó adentro.*

Pidió luz y . . .

_____ *se precipitó adentro.*

Después que pidió luz . . .

_____ *se precipitó adentro.*

Después que había pedido luz . . .

_____ *se precipitó adentro.*

21

Ya que se ha hecho tanto hincapié en la anterioridad de la acción del participio aoristo, cabe destacar la excepción a la regla.

Cuando un participio aoristo se encuentra junto con un verbo principal también en aoristo, puede ser que exprese una acción simultánea con la del verbo principal.

<table>
<tr>
<td></td>
<td>

Depende del sentido de las dos acciones, y del contexto total de la oración, si se debe optar por esta posible simultaneidad de las acciones.

En la siguiente oración por ejemplo, tal interpretación es posible. Sin embargo la traducción de las dos acciones con dos verbos conjugados en pretérito no destaca mucho esa simultaneidad.

βλέψαντες τὸν κύριον ἐχάρησαν.
Cuando vieron al Señor se regocijaron.

Tenemos otro recurso en español para expresar la simultaneidad de las dos acciones. Es la construcción *al ver* (preposición *a* más el infinitivo).

Al ver al Señor, se regocijaron.

Traduzca el siguiente versículo de tal forma que la acción del participio aoristo sea simultánea con la del verbo principal en aoristo.

... πιστεύσαντες ἐσφραγίσθεντε τῷ πνεύματι ... (Ef. 1:13)

———————————————— *fuisteis sellados con el Espíritu ...*

</td>
</tr>
</table>

Al creer

22

1. Valera revisada, Bover, Nácar-Colunga

2. Valera antigua

3. Porque la construcción griega (participio aoristo con verbo principal en aoristo) es ambigua: puede expresar o la simultaneidad de las dos acciones o la anterioridad de la acción principal.

El siguiente versículo puede considerarse un caso paralelo al anterior.
Tiene participio aoristo y verbo principal en aoristo.
¿Deben interpretarse las dos acciones como simultáneas? Es decir, ¿pregunta San Pablo si los discípulos que encontró en Éfeso recibieron el Espíritu Santo al creer? ¿O pregunta más bien si lo recibieron después de creer?

πνεύμα ἅγιον ἐλάβετε πιστεύσαντες; (Hch. 19:2)

La construcción de este versículo (participio aoristo con verbo principal en aoristo) puede expresar o la anterioridad de la acción participial o la simultaneidad de las dos acciones. Esta ambigüedad se vislumbra en las traducciones variadas que se han dado a este versículo.

Valera revisada: *¿Recibisteis el Espíritu Santo **cuando creísteis**?*
Valera antigua: *¿Habéis recibido el Espíritu Santo **después que creísteis**?*
Bover: *¿Recibisteis, **al creer**, el Espíritu Santo?*
Nácar-Colunga: *¿Habéis recibido el Espíritu Santo **al abrazar la fe**?*

1. ¿Cuáles de las traducciones expresan la simultaneidad de *creer* y *recibir* el Espíritu Santo? _____

2. ¿Cuáles traducciones insinúan que la acción de *creer* es anterior a la de *recibir* el Espíritu Santo? _____

3. ¿Por qué pueden variar así las traducciones de este versículo?

_____

_____

23

La ambigüedad de la construcción vista en el versículo anterior no se da siempre. En la oración del #12, por ejemplo, la naturaleza de las dos acciones exige que entendamos la acción de escribir la epístola como anterior a la de enviarla. Para traducir la siguiente oración hay que decidir si los dos aoristos expresan simultaneidad o si el participio aoristo representa una acción anterior a la del verbo principal.

Cuando había levantado al niño muerto, el Señor lo envió a su madre.	ἐγείρας τὸ τέκνον τὸ νεκρὸν ἀπέστειλεν αὐτὸ ὁ κύριος πρὸς τὴν μητέρα αὐτοῦ. _____ _____
24 No tiene aumento. σασα σασαι σασης σασων σαση σασαις σαντα σασας	El participio aoristo en género femenino se declina igual al participio femenino de tiempo presente. Como sucede en el género masculino, la distintiva del aoristo se halla en la sílaba -σα- después del tema verbal. Participio aoristo — femenino Singular Plural πιστεύσασα πιστεύσασαι πιστευσάσης πιστευσασῶν πιστευσάσῃ πιστευσάσαις πιστεύσασαν πιστευσάσας ¿Tiene aumento el participio aoristo femenino? _____ Subraye en todas las formas del paradigma lo que se agrega al tema para formar el participio femenino en aoristo.
25 1. femenino, nominativo, pl. 2. masc. nom. pl. 3. fem. ac. sing. 4. masc. ac. pl. 5. masc. nom. sing.	Al igual que en el masculino, los verbos cuyo tema termina en consonante presentan cambios ortográficos al agregar la -σα- del aoristo (cp. #7, 8). Participio — aoristo

Participio — aoristo

	Masculino	Femenino	Neutro
διδάσκω:	διδάξας	διδάξασα	διδάξαν
βλέπω:	βλέψας	βλέψασα	βλέψαν
γράφω:	γράψας	γράψασα	γράψαν
σῴζω:	σώσας	σώσασα	σῶσαν

Verbos líquidos y nasales

ἀποστέλλω:	ἀποστείλας	ἀποστείλασα	ἀποστείλαν
ἐγείρω:	ἐγείρας	ἐγείρασα	ἐγεῖραν
κρίνω:	κρίνας	κρίνασα	κρίναν
μένω:	μείνας	μείνασα	μεῖναν

Consultando los paradigmas del #5 y del #24, analice los siguientes participios.

	Género	Caso	Número
1. σώσασαι	_____	_____	_____
2. ἀκούσαντες	_____	_____	_____
3. πιστεύσασαν	_____	_____	_____
4. βλέψαντας	_____	_____	_____
5. διδάξας	_____	_____	_____

| **26** | Al final de este capítulo se encuentra una hoja preparada para una tabla del participio aoristo. Con los paradigmas #5 y 24 usted tiene las formas necesarias para la |

Por medio de los paradigmas del #5 y 24, revise cuidadosamente la parte de la tabla que acaba de llenar.	primera sección de esa tabla: el participio de aoristo 1º, voz activa. Llene ahora esa primera parte de la tabla del participio aoristo.
27 Las formas del paradigma se encuentran después del #34.	Hemos visto que el participio aoristo del grupo de verbos llamado líquido y nasal difiere poco del aoristo primero (cp. #8, 25). Solamente se destaca la ausencia de la característica temporal –σ-. La segunda sección de la tabla del participio aoristo corresponde al aoristo líquido y nasal. Complete la declinación del participio indicado ahí.
28 Partic.: ἀκούσας, πέμψας Trad. con gerundios: *Juan, habiendo oído en la cárcel las obras de Cristo, habiendo enviado por medio de sus discípulos, dijo a él, « . . . »* Trad. más libre: *Y cuando Juan oyó en la cárcel acerca de las obras de Cristo, mandó a decirle por medio de sus discípulos, …*	Identifique dos participios en el versículo. Luego traduzca el versículo, que es la introducción a la pregunta de Juan Bautista desde la cárcel. ὁ δὲ Ἰωάννης ἀκούσας ἐν τῷ δεσμωτηρίῳ τὰ ἔργα τοῦ Χριστοῦ πέμψας _____ *cárcel* _____ διὰ τῶν μαθητῶν αὐτοῦ εἶπεν αὐτῷ, . . . (Mt. 11:2) _____
29 ἄρας aor. nom. sing. masc. *Se levantó y en seguida tomando su camilla salió.*	Analice el participio y traduzca el versículo. αἴρω, ἀρῶ, ἦρα, ἤρθην: *alzar, tomar* εὐθύς: *inmediatamente, en seguida* ἐγέρθη καὶ εὐθὺς ἄρας τὸν κράβαττον ἐξῆλθεν. (Mr. 2:12) _____ *camilla* _____ Participio: _____ ; tiempo _____ caso _____ número _____ género _____
30	Los verbos de aoristo 2º tienen también participios de aoristo 2º, los cuales difieren de los participios en aoristo 1º (o líquido y nasal) ya vistos. En el aoristo 2º siempre aparece un tema verbal distinto al tema del presente, como se destaca en las siguientes partes fundamentales. Presente Aoristo 2º λαμβάνω ἔλαβον βάλλω ἔβαλον Puesto que el tema verbal en aoristo 2º es distinto al del tiempo presente, no se necesita la característica temporal -σα- como en el aoristo 1º.

Este tema verbal distintivo forma la base para el participio de aoristo 2º. Por supuesto, desaparece el aumento.

Base del participio de aoristo 2º
λαμβάνω   -λαβ-
βάλλω   -βαλ-

A esta base se le agregan las mismas terminaciones del participio en presente. No hay confusión entre los participios presente y aoristo 2º porque el tema verbal los distingue. (Observe que la posición del acento también es distinta en los dos tiempos.)

Participio presente	Participio aoristo 2º
λαμβάνων, λαμβάνουσα, λάμβανον	λαβών, λαβοῦσα, λαβόν
βάλλων, βάλλουσα, βάλλον	βαλών, βαλοῦσα, βαλόν

Identifique el tiempo de los siguientes participios, según lo indique el tema verbal.

Tiempo

1. βάλοντες _____

2. λαμβάνοντα _____

3. λαβόντες _____

4. βάλλων _____

5. λαβοῦσα _____

---

1. aoristo
2. presente
3. aoristo
4. presente
5. aoristo

31

El paradigma se encuentra después del #38.

Complete la declinación del participio de aoristo 2º, usando las terminaciones ya conocidas del participio presente. Escriba la forma completa cada vez.

Participio aoristo 2º

Masculino		Femenino		Neutro	
λαβών	λαβόντες	λαβοῦσα	λαβοῦσαι	λαβόν	λαβόντα

32

aoristo nominativo sing. femenino

Analice el participio del versículo siguiente.

βαλοῦσα γὰρ αὕτη τὸ μύρον τοῦτο ἐπὶ τοῦ σώματός μου πρὸς τὸ ἐνταφιάσαι με ἐποίησεν. (Mt. 26:12)

Participio de tiempo _____ caso _____ (sing. / pl.) género _____

33

infinitivo aoristo

Para traducir el versículo anterior se necesita, además del vocabulario siguiente, dar atención especial a la construcción πρὸς τὸ ἐνταφιάσαι.

Analice la forma, ἐνταφιάσαι, consultando la tabla de verbos del capítulo XVII en caso necesario.

ἐνταφιάζω, ----, ἐνταφίασα: *preparar para la sepultura*

ἐνταφιάσαι: modo _____ tiempo _____

34

Pues al derramar (echar) ella (ésta) este perfume sobre mi cuerpo, (lo) hizo

Traduzca el versículo del #32.

μύρον, -ου, n: *ungüento, perfume*
σῶμα, -ατος, n: *cuerpo*

_____

_____

para prepararme para la sepultura.	

<table>
<tr><td colspan="3">Respuesta del #27, participio aoristo líquido y nasal.</td></tr>
<tr><td>Masculino</td><td>Femenino</td><td>Neutro</td></tr>
</table>

Masculino		Femenino		Neutro	
ἀποστείλας	ἀποστείλαντες	ἀποστείλασα	ἀποστείλασαι	ἀποστεῖλαν	ἀποστείλαντα
ἀποστείλαντος	ἀποστειλάντων	ἀποστειλάσης	ἀποστειλασῶν	ἀποστείλαντος	ἀποστειλάντων
ἀποστείλαντι	ἀποστείλασι	ἀποστειλάσῃ	ἀποστειλάσαις	ἀποστείλαντι	ἀποστείλασι
ἀποστείλαντα	ἀποστείλαντας	ἀποστείλασαν	ἀποστειλάσας	ἀποστεῖλαν	ἀποστείλαντα

35 Aoristo 1º κελεύσας ἀναβλέψας κλάσας Aoristo 2º λαβών	Hay cuatro participios de tiempo aoristo en el trozo siguiente. Aunque usted no conoce todo el vocabulario, puede identificarlos por su forma, y por la estructura de la oración. Subraye los cuatro participios. Indique si son de aoristo 1º o de aoristo 2º. καὶ κελεύσας τοὺς ὄχλους ἀνακλιθῆναι ἐπὶ τοῦ χόρτου, λαβὼν τοὺς πέντε ἄρτους καὶ τοὺς δύο ἰχθύας, ἀναβλέψας εἰς τὸν οὐρανὸν εὐλόγησεν καὶ κλάσας ἔδωκεν τοῖς μαθηταῖς τοὺς ἄρτους οἱ δὲ μαθηταὶ τοῖς ὄχλοις. (Mt. 14:19)
36 *Y habiendo ordenado a las gentes recostarse sobre la hierba, habiendo tomado los cinco panes y los dos peces, al mirar al cielo, bendijo, y al partir(los) dio los panes a los discípulos y los discípulos a las multitudes.*	Traduzca el versículo anterior en forma literal. ἀναβλέπω, ----, ἀνέβλεψα: (en este contexto) *mirar para arriba* ἀνακλίνω, ἀνακλινῶ, ἀνέκλινα: *reclinar* δύο: *dos* εὐλογέω, ἐλογήσω, εὐλόγησα: *bendecir* ἰχθύς, -ύος, m: *pez, pescado* κελεύω, ----, ἐκέλευσα: *mandar, ordenar* κλάω, ----, ἔκλασα: *partir (el pan)* πέντε: *cinco* χόρτος, -ου, m: *hierba* _____ _____ _____ _____
37 (algo parecido a lo siguiente) *Y cuando había ordenado a la gente recostarse sobre la hierba, tomó los cinco panes y los dos peces, miró al cielo y pronunció la bendición. Cuando (los) partió, dio los panes a los discípu-*	La traducción literal del versículo no suena bien en español. Redacte de nuevo su traducción usando formas conjugadas para algunos de los participios. Esas formas pueden aparecer como oraciones principales y no sólo como oraciones subordinadas. _____ _____ _____ _____

los y los discípulos (los dieron) a la gente.	
38 Valera revisada: *mandó – tomando – levantando los ojos – partió* Valera antigua: *mandando - tomando – alzando – partió* Latinoamérica: *manda – toma – levanta – parte* Nácar-Colunga: *mandando – tomó – alzando – partió* Bóver: *ordenar – habiendo tomado – alzando los ojos - partiendo*	La traducción de los participios de Mt. 14:19 varía según el estilo literario de cada traductor. Subraye en cada una de las traducciones a continuación las formas verbales que traducen un participio del original griego (#35). Valera revisada: *Mandó a la gente recostarse sobre la hierba; y tomando los cinco panes y los dos peces, y levantando los ojos al cielo, bendijo, y partió y dio los panes . . .* Valera antigua: *Y mandando a las gentes recostarse, tomando los cinco panes, alzando los ojos al cielo, bendijo, y partió y dio los panes . . .* Biblia Latinoamérica: *Manda sentarse a todos en la hierba. Toma los cinco panes y los dos pescados, levanta los ojos al cielo, pronuncia la bendición, parte los panes y los entrega a los discípulos . . .* Nácar-Colunga: *Y mandando a la muchedumbre que se recostara sobre la hierba, tomó los cinco panes y los dos peces y, alzando los ojos al cielo, bendijo y partió los panes y se los dio a los discípulos . . .* Bóver: *Y después de ordenar que las turbas se recostasen sobre la hierba, habiendo tomado los cinco panes y los dos peces, alzando los ojos al cielo, recitó la bendición, y partiendo los panes los dio a los discípulos . . .*
	Repuesta al #31, participio aoristo 2º | Masculino		Femenino		Neutro	
---	---	---	---	---	---
λαβών	λαβόντες	λαβοῦσα	λαβοῦσαι	λαβόν	λαβόντα
λαβόντος	λαβόντων	λαβούσης	λαβουσῶν	λαβόντος	λαβόντων
λαβόντι	λαβοῦσι(ν)	λαβούση	λαβούσαις	λαβόντι	λαβοῦσι(ν)
λαβόντα	λαβόντας	λαβοῦσαν	λαβούσας	λαβόν	λαβόντα	 Escriba ahora este paradigma en la tabla del participio aoristo al final del capítulo, bajo aoristo 2º.
39 ἐλθών nominativo sing.	El verbo ἔρχομαι tiene aoristo 2º: ἦλθον. Por tanto, el participio aoristo también es de aoristo 2º. Se forma del mismo tema distintivo del aoristo 2º ἦλθ-. Al quitarle el aumento, queda ἐλθ- como base para el participio. A esta base se le agregan las terminaciones de participio vistas en el #31. Participio de aoristo 2º del verbo ἔρχομαι 	Masculino	Femenino	Neutro
---	---	---
ἐλθών	ἐλθοῦσα	ἐλθόν
ἐλθόντος	ἐλθούσης	ἐλθόντος
etc.	etc.	etc.	 Identifique el caso y el número del participio en el versículo siguiente. ἐλθὼν εὐηγγελίσατο εἰρήνην ὑμῖν τοῖς μακρὰν καὶ εἰρήνην τοῖς ἐγγύς. (Ef. 2:17) Participio: _____ Caso: _____ (sing. / pl.)
40	Traduzca el versículo.

Habiendo venido, proclamó la paz a vosotros los (que estabais) lejos y a los (que estaban) cerca. O: *Al venir, proclamó…* O: *Cuando había venido, proclamó…*	μακράν: (adverbio) *lejos* ἐγγύς: *cerca* εἰρήνη, -ης, f: *paz* _____ _____

41
 	
1. ἀκούσασα aoristo nominativo sing. fem. Del verbo ἀκούω.
 	
2. ἐλθοῦσα aoristo nominativo sing. fem. Del verbo ἔρχομαι.
	Identifique y analice dos participios en el versículo siguiente.
	
	ἀλλ᾽ εὐθὺς ἀκούσασα γυνὴ περὶ αὐτοῦ, . . . ἐλθοῦσα προσέπεσεν πρὸς τοὺς πόδας αὐτοῦ. (Mr. 7:25)
	
	1. _____ ; tiempo _____ caso _____ (sing. / pl.)
	
	   género _____ Viene del verbo _____ .
	
	2. _____ ; tiempo _____ caso _____ (sing. / pl.)
	
	   género _____ Viene del verbo _____ .

42 *Pero inmediatamente una mujer, habiendo oído acerca de él, al venir, se postró a sus pies.*	Traduzca el versículo anterior sin usar verbos conjugados para traducir los participios. ἀλλ᾽: = ἀλλά εὐθύς: *inmediatamente, en seguida* πούς, ποδός, m: *pie* προσπίπτω, ----, προσέπεσον: (Verbo compuesto de πρός + πίπτω *caerse*) *postrarse (ante alquien).* _____ _____

43 *Pero inmediatamente una mujer, cuando oyó acerca de él, vino y se postró . . .*	Traduzca ahora el versículo en forma más libre. _____ _____

44	En el aoristo indicativo de verbos que incluyen una preposición, el aumento se encuentra antepuesto al tema verbal, es decir, después de la parte preposicional. En el participio aoristo dicho aumento desaparece. |		Aoristo indicativo	Participio aoristo
---	---	---	---
Aoristo 2º	εἰσέρχομαι:	εἰσῆλθον	εἰσελθών
Aoristo l. y n.	ἀποστέλλω:	ἀπέστειλα	ἀποστείλας
Aoristo 1º	ἀναβλέπω:	ἀνέβλεψα	ἀναβλέψας	 Identifique y analice dos participios en el versículo siguiente. τῇ δὲ ἐπαύριον ἐξελθόντες ἤλθομεν εἰς Καισάρειαν, καὶ εἰσελθόντες εἰς τὸν οἶκον Φιλίππου . . . ἐμείναμεν παρ᾽ αὐτῷ. (Hch. 21:8)

1. ἐξελθόντες aoristo nominativo pl. masc. Del verbo ἐξέρχομαι. 2. εἰσελθόντες aoristo nominativo pl. masc. Del verbo εἰσέρχομαι.	1. _____ ; tiempo _____ caso _____ (sing. / pl.) género _____ Viene del verbo _____ . 2. _____ ; tiempo _____ caso _____ (sing. / pl.) género _____ Viene del verbo _____ .

45

Saliendo al día siguiente, vinimos a Cesarea, y después de entrar en la casa de Felipe, quedamos con él.

Traduzca el versículo anterior.

ἐπαύριον: *día siguiente* (τῇ ἐπαύριον = dativo de tiempo)
Καισάρεια, -ας, f: *Cesarea*

_____

_____

46

aoristo masculino nominativo sing.

Al descender con ellos, se paró[1] sobre un lugar llano . . .

[1] Si no reconoció este verbo, vuelva a repasar el XII-34.

Hay un grupo de verbos que en su conjugación de aoristo 2º emplea la vocal final del tema verbal con las desinencias en lugar de la vocal variable o/ε. (Cp. XVII-22, 23.)

Aoristo
γινώσκω: ἔγνων, ἔγνως, etc.
καταβαίνω: κατέβην, κατέβης, etc.

En el participio aoristo de estos verbos sucede algo parecido. Se forma con una vocal derivada del tema verbal.

El participio aoristo de καταβαίνω, por ejemplo, emplea en las terminaciones la vocal α (derivada del tema de aoristo), en lugar de la acostumbrada ο.

En la terminación -ας del masculino singular nominativo se destaca también la letra -ς, que contrasta con la terminación -ων del participio de aoristo 2º.

Participio aoristo
Masculino	Femenino	Neutro
καταβάς	καταβᾶσα	καταβάν
καταβάντος	καταβάσης	καταβάντος
κταβάντι	καταβάσῃ	καταβάντι
etc.	etc.	etc.

Analice el participio y traduzca el versículo.

καταβὰς μετ' αὐτῶν ἔστη ἐπὶ τόπου πεδινοῦ . . . (Lc. 6:17)

_____

tiempo _____ género _____ caso _____ (sing. / pl.)

47

Identifique los participios y traduzca el versículo.

δῶμα, -ατος, m: *techo*
εἰσενέγκωσιν: *meter* (aunque es una forma del subjuntivo se traduce aquí por el infinitivo.)
καθῆκα: aoristo de καθίημι *bajar*
κέραμος, -ου, m: *teja*
ποίας: (en este contexto) *de qué manera*

1. εὑρόντες aoristo nominativo pl. masc. 2. ἀναβάντες aoristo nominativo pl. masc. *Cuando no encontraron de qué manera meterlo por causa de la multitud, subiendo sobre el techo, lo bajaron por entre las tejas...*	καὶ μὴ εὑρόντες ποίας εἰσενέγκωσιν αὐτὸν διὰ τὸν ὄχλον ἀναβάντες ἐπὶ τὸ δῶμα διὰ τῶν κεράμων καθῆκαν αὐτὸν ... (Lc. 5:19) Participios: 1. _____ ; tiempo _____ caso _____ (sing. / pl.) género _____ 2. _____ ; tiempo _____ caso _____ (sing. / pl.) género _____ Traducción: _____ _____

48	Cuando el verbo γινώσκω forma su participio aoristo la vocal del tema resulta tan parecida a la que generalmente se encuentra en los participios de aoristo 2º que sólo en el nominativo singular se diferencia de éstos, por el diptongo -ου- y la letra final -ς.

Participio aoristo del verbo γινώσκω

Masculino	Femenino	Neutro
γνούς	γνοῦσα	γνόν
γνόντος	γνούσης	γνόντος
γνόντι	γνούσῃ	γνόντι
etc.	etc.	etc.

Analice el participio y traduzca el versículo.

> διαλογίζομαι: *discutir, razonar*
> ἐπιγινώσκω: (verbo compuesto de ἐπί + γινώσκω) *conocer, darse cuenta*
> οὕτως: *así*

καὶ εὐθὺς ἐπιγνοὺς ὁ Ἰησοῦς τῷ πνεύματι αὐτοῦ ὅτι οὕτως διαλογίζονται ἐν ἑαυτοῖς λέγει αὐτοῖς, Τί ταῦτα διαλογίζεσθε ἐν ταῖς καρδίαις ὑμῶν; (Mr. 2:8)

Participio: _____ ; tiempo _____ caso _____ (sing. / pl.)

género _____

Traducción: _____

_____

_____

Left margin for frame 48:

ἐπιγνούς aoristo nominativo sing. masc.

Y en seguida Jesús, al darse cuenta en su espíritu que así discuten entre sí mismos, les dice: «¿Por qué discutís en vuestros corazones?»

49	Los verbos en –μι manifiestan en su participio de aoristo características parecidas a las de los verbos καταβαίνω y γινώσκω. En los modos indicativo e imperativo del aoristo, los verbos en –μι emplean un tema breve. Dicho tema breve asume diferentes formas según el modo en que se emplee.

	Tema breve	Aoristo indicativo
δίδωμι:	δω/δου/δο	ἔδωκα
τίθημι	θη/θει/θε	ἔθηκα
ἵστημι	στη/στα	ἔστησα y ἔστην
ἀφίημι	ἀφη/ἀφει/ἀφε	ἀφῆκα

El participio aoristo de los verbos en –μι se forma también con el tema breve. Observe el tema en los siguientes participios de aoristo.

Participio aoristo

	Masculino	Femenino	Neutro
δίδωμι:	δούς	δοῦσα	δόν
	δόντος	δούσης	δόντος
	δόντι	δούσῃ	δόντι
	etc.	etc.	etc.
τίθημι:	θείς	θεῖσα	θέν
	θέντος	θείσης	θέντος
	θέντι	θείσῃ	θέντι
	etc.	etc.	etc.
ἵστημι:[1]	στάς	στᾶσα	στάν
	στάντος	στάσης	στάντος
	στάντι	στάσῃ	στάντι
	etc.	etc.	etc.
ἀφίημι:	ἀφείς	ἀφεῖσα	ἀφέν
	ἀφέντος	ἀφείσης	ἀφέντος
	ἀφέντι	ἀφείσῃ	ἀφέντι
	etc.	etc.	etc.

El participio aoristo de los verbos en -μι emplea la vocal final del tema en la desinencia del participio, mientras que el participio de aoristo 2º usa la vocal o (ου en fem.). También la forma del nominativo singular masc. lleva la letra final -ς, que contrasta con la -ν final del aoristo 2º.

¿Cómo se comparan estos participios de los verbos en -μι con el participio del aoristo 2º corriente (#31)?

_____

_____

_____

[1] El aoristo 1º ἔστησα también tiene formas de participio: στήσας, στήσασα, στῆσαν. Dichas formas son irregulares.

50

Analice los participios y traduzca el versículo.

γρηγορῇ: (subjuntivo) *velara*
ἕκαστος, -α, ον: *cada uno*
ἐντέλλομαι, ἐντελοῦμαι, ἐνετειλάμην: *ordenar*
θυρωρός, -ου, m: *portero*
ἵνα: *que, para que*

ἄνθρωπος . . . ἀφεὶς τὴν οἰκίαν αὐτοῦ καὶ δοὺς τοῖς δούλοις αὐτοῦ τὴν ἐξουσίαν, ἑκάστῳ τὸ ἔργον αὐτοῦ, καὶ τῷ θυρωρῷ ἐνετείλατο ἵνα γρηγορῇ.
(Mr. 13:34)

1. Participio: _____ ; tiempo _____ caso _____ (sing. / pl.)

género _____

2. Participio: _____ ; tiempo _____ caso _____ (sing. / pl.)

género _____

1. ἀφείς
aoristo nominativo sing. masc.

2. δούς
aoristo nominativo sing. masc.

Un hombre, al dejar su casa y dar autoridad a sus siervos, a cada uno su tarea, ordenó también al portero que velara.	ἄνθρωπος ... ἀφεὶς τὴν οἰκίαν αὐτοῦ καὶ δοὺς τοῖς δούλοις αὐτοῦ τὴν ἐξουσίαν, ἑκάστῳ τὸ ἔργον αὐτοῦ, καὶ τῷ θυρωρῷ ἐνετείλατο ἵνα γρηγορῇ. (Mr. 13:34) Traducción: _____ _____ _____

51

ἀναστᾶσα nominativo sing. fem.

Y levantándose María en estos días se fue a una ciudad de Judá y entró en la casa de Zacarías y saludó a Elisabet.

El verbo ἀνίστημι *levantar, levantarse, resucitar*, compuesto de ἀνά + ἵστημι, aparece a menudo en participio aoristo. Analice la forma participial del versículo siguiente y tradúzcalo.

Ἰούδας, -α, m: *Judá, Judas*

Ἀναστᾶσα δὲ Μαριὰμ ἐν ταῖς ἡμέραις ταύταις ἐπορεύθη ... εἰς πόλιν Ἰούδα καὶ εἰσῆλθεν εἰς τὸν οἶκον Ζαχαρίου καὶ ἠσπάσατο τὴν Ἐλισάβετ. (Lc. 1:39, 40)

Participio: _____ caso _____ (sing. / pl.) género _____

_____

52

1. δούς aoristo nominativo sing. masc.

2. διδόντες presente nominativo pl. masc.

En contraste con el aoristo, el tiempo presente de los verbos en -μι se construye con un tema verbal largo, como se ha visto (cp. XII-71).

Compare los participios en los dos tiempos.

	Participio presente	Participio aoristo
δίδωμι:	διδούς	δούς
τίθημι:	τιθείς	θείς

Analice los participios del verbo δίδωμι en los dos versículos.

ἀλλὰ ὁ θεὸς συνεκέρασεν τὸ σῶμα, τῷ ὑστερουμένῳ περισσοτέραν δοὺς τιμήν. (1 Co. 12:24)
Pero Dios formó el cuerpo, dando más honor al que carece (de él).

οὐ πάλιν ἑαυτοὺς συνιστάνομεν ὑμῖν ἀλλὰ ἀφορμὴν διδόντες ὑμῖν καυχήματος ὑπὲρ ἡμῶν ... (2 Co. 5:12)
No nos recomendamos a nosotros mismos otra vez a vosotros sino que os damos ocasión de orgullo por nosotros ...

1. Participio: _____ ; tiempo _____ caso _____ (sing. / pl.)

género _____

2. Participio: _____ ; tiempo _____ caso _____ (sing. / pl.)

género _____

53

Hasta ahora hemos visto participios en dos tiempos: presente y aoristo. El **participio presente** expresa una acción de **aspecto durativo** que se realiza en un **tiempo simultáneo** con la acción del verbo principal de la oración.

Participio presente

πιστεύων εἰς τὸν Ἰησοῦν ἐδούλευε τοῖς ἀδελφοῖς.
*Porque **creía** en Jesús, servía a los hermanos.*
(Creyendo)

En cambio, con el **participio aoristo** se expresa una acción de **aspecto indefinido**, que tiene lugar en un **tiempo anterior** al tiempo del verbo principal. En el caso de que el participio aoristo acompañe a un verbo principal también en aoristo, la acción participial puede interpretarse como de un **tiempo simultáneo** con el verbo principal.

Participio aoristo

πιστεύσας εἰς τὸν Ἰησοῦν, ἔλαβε τὸ πνεῦμα ἅγιον.

Anterior: *Después que **había creído** en Jesús recibió el Espíritu Santo.*
  (Habiendo creído)

Simultáneo: ***Al creer** en Jesús, recibió el Espíritu Santo.*
  (Creyendo)

Existe también un **participio futuro**, aunque no ocurre con frecuencia en el N.T. Representa una acción **posterior** a la acción del verbo principal. El participio futuro puede interpretarse como una expresión de propósito.

Participio futuro

πιστεύσων εἰς τὸν Ἰησοῦν ἤκουε τὸν λόγον.
Para creer en Jesús, escuchaba el mensaje.

El participio futuro se construye según la misma pauta del futuro indicativo:

πιστευ - σ - ων
tema del   carac.   desinencia
presente   temp.   del presente
             futuro

Todas las alteraciones a esta pauta que se observan en el modo indicativo también rigen en el participio. Por ejemplo, el participio del versículo a continuación es del verbo σῴζω, cuyo futuro es σώσω.

Analice el participio y complete la traducción.

ἴδωμεν εἰ ἔρχεται Ἡλίας σώσων αὐτόν. (Mt. 27:49)

Veamos si _____

Participio: _____ ; tiempo _____ caso _____ (sing. / pl.)

género _____

σώσων
futuro nominati-
vo sing. masc.

*Veamos si viene
Elías a (para) sal-
varle.*

---

54 | Todos los participios que se han visto hasta ahora concuerdan con algún sustantivo o pronombre (expresado o tácito) de la oración.
Dicho sustantivo o pronombre es el sujeto de la acción participial.

1. **Ἀναστᾶσα** δὲ Μαριὰμ ... ἐπορεύθη εἰς πόλιν Ἰούδα. (Lc. 1:39)
   *María, **levantándose**, se fue a una ciudad de Judá.*

1. Μαριάμ. 2. Con el sujeto tácito (*él*) del verbo εὐλόγησεν. 3. Con el sujeto tácito (*nosotros*) del verbo εὐχαριστοῦμεν.	2. **ἀναβλέψας** εἰς τὸν οὐρανὸν εὐλόγησεν . . . (Mt. 14:19) *Mirando al cielo, bendijo . . .* 3. εὐχαριστοῦμεν τῷ θεῷ . . . **ἀκούσαντες** τὴν πίστιν ὑμῶν. (Col. 1:3) *Damos gracias a Dios, habiendo oído de vuestra fe.* Indique con cuál palabra concuerda cada participio. 1. Ἀναστᾶσα concuerda con _____ 2. ἀναβλέψας concuerda con _____ 3. ἀκούσαντες concuerda con _____
55 nominativo	Los participios del #54 están todos en caso _____ porque los elementos con que concuerdan son los sujetos de sus respectivas oraciones.
56 1. τὸν υἱόν, acusativo 2. τῷ πατρὶ Ἀβραάμ, dativo	También se han visto participios que concuerdan con otro elemento de la oración que no es el sujeto. 1. ὄψονται τὸν υἱὸν τοῦ ἀνθρώπου **ἐρχόμενον** . . . (Mt. 24:30) *Verán al hijo del hombre viniendo . . .* (Hch. 7:2) 2. ὁ θεὸς τῆς δόξης ὤφθη τῷ πατρὶ ἡμῶν Ἀβραὰμ **ὄντι** ἐν τῇ Μεσοποταμίᾳ. *El Dios de gloria apareció a nuestro padre Abraham estando en Mesopotamia.* En la oración 1, ἐρχόμενον concuerda con _____ , caso _____ . En la oración 2, ὄντι concuerda con _____ , caso _____ .
57 αὐτῶν genitivo	Además de la construcción participial en que el participio concuerda con un elemento de la oración (es decir, todos los ejemplos presentados hasta aquí), existe una construcción absoluta en que el participio no se refiere a ningún elemento de la oración principal. En la construcción absoluta, el sujeto de la acción participial es más bien un sustantivo o pronombre independiente de la estructura gramatical de la oración principal. Tanto el participio como el sustantivo de la construcción absoluta aparecen en **caso genitivo**. Este uso del genitivo no expresa ninguno de los sentidos propios del caso genitivo. Jamás se entiende como posesivo. El empleo del genitivo, en vez de algún otro caso, es arbitrario. **ἐσθιόντων αὐτῶν** . . . ἔκλασεν. (Mr. 14:22) *Comiendo ellos . . . (él) partió pan.* El sujeto del verbo principal ἔκλασεν es tácito: (*él*). El sujeto de la acción participial ἐσθιόντων es el pronombre _____ , de caso _____ .
58	El participio del #57 y su sujeto están en caso genitivo. Por tanto, la construcción se llama **genitivo absoluto**. El uso del término absoluto comunica el hecho de que la construcción es completamente independiente de la estructura gramatical del resto de la oración. Se coloca al comienzo de la oración.

ὄντων ἡμῶν ἀσ- θενῶν Únicamente estas tres palabras. La palabra ἀσεβῶν (caso genitivo) depende de la preposición ὑπὲρ y funciona dentro de la oración principal.	Este uso del genitivo no tiene nada que ver con el sentido de pertenencia o de procedencia que se expresa con el caso genitivo dentro de la estructura de una oración. Es una función completamente diferente del caso genitivo. Por tanto, no se busca nunca una traducción con *de*. Subraye las palabras que forman en el siguiente versículo la construcción genitivo absoluto. Χριστὸς ὄντων ἡμῶν ἀσθενῶν . . . ὑπὲρ ἀσεβῶν ἀπέθανεν. (Ro. 5:6) *Cristo, siendo nosotros débiles, por los impíos murió.*
59 #57 presente #58 presente	El participio del genitivo absoluto puede estar o en tiempo presente o en tiempo aoristo. Identifique el tiempo de los participios. #57 ἐσθιόντων _____ #58 ὄντων _____
60 *Y descendiendo del monte Jesús les ordenó diciendo . . .* *Mientras ellos descendían del monte, Jesús les ordenó, diciendo . . .*	Tanto en el #57 como en el #58 el genitivo absoluto se ha traducido por medio de un gerundio. #57 *comiendo* ellos . . . #58 *siendo* nosotros débiles . . . Aunque tales gerundios traducen literalmente el giro griego, una mejor redacción en español emplea en su lugar una oración subordinada de tipo circunstancial. El verbo se conjuga en tiempo imperfecto puesto que traduce un participio presente, el cual representa una acción durativa en un tiempo simultáneo con el verbo principal, que en estos versículos está en aoristo. ἐσθιόντων αὐτῶν . . . ἔκλασεν . . . *Mientras ellos comían . . . partió pan.* Χριστὸς ὄντων ἡμῶν ἀσθενῶν . . . ὑπὲρ ασεβῶν ἀπέθανεν. *Aunque nosotros éramos débiles, Cristo murió por los impíos.* El contexto indica qué tipo de circunstancia es la que se expresa por medio del genitivo absoluto, y el traductor decide si debe introducir la oración subordinada con la palabra *cuando*, o *mientras*, o *aunque*, o *porque*, o *si*, etc. Traduzca el genitivo absoluto, primero por medio de un gerundio, y luego con una oración subordinada. ἐντέλλομαι, ἐντελοῦμαι, ἐνετειλάμην: ordenar Καὶ καταβαινόντων αὐτῶν ἐκ τοῦ ὄρους ἐνετείλατο αὐτοῖς ὁ Ἰησοῦς λέγων . . . (Mt. 17:9) Con gerundio: _____ Con oración subordinada: _____
61	Cuando el participio está en tiempo aoristo, expresa una acción de aspecto indefinido y de un tiempo anterior al del verbo principal.

1. *Habiendo venido el mandamiento,…* 2. *Cuando vino el mandamiento,…*	Las dos acciones pueden ser simultáneas (cp. #53), sólo en el caso de que el verbo principal también esté en aoristo. En el versículo siguiente tanto el participio como el verbo principal están en aoristo. Traduzca el versículo primero con gerundio y luego con oración subordinada. ἐντολή, -ῆς, f: *mandamiento* ἐλθούσης τῆς ἐντολῆς ἡ ἁμαρτία ἐνέζησεν. (Ro. 7:9) _____ el pecado revivió. Con gerundio: _____ Con oración subordinada: _____
62 ἐλθόντων πρὸς τὸν ὄχλον	El participio en genitivo absoluto puede llevar sus propios complementos. En el versículo siguiente el genitivo absoluto carece de sujeto expresado, pero sí incluye un complemento circunstancial. Subraye todo lo que pertenece al genitivo absoluto. καὶ ἐλθόντων πρὸς τὸν ὄχλον προσῆλθεν αὐτῷ ἄνθρωπος. (Mt. 17:14)
63 tácito	El participio del versículo anterior tiene sujeto (expresado / tácito).
64 plural	El sujeto tácito del participio ἐλθόντων es (singular / plural).
65 1. *Y habiendo venido (ellos) a la multitud, un hombre se acercó a él.* 2. *Cuando (ellos) vieron a la multitud, un hombre se acercó a él.*	Traduzca el versículo de dos maneras, tomando en cuenta el análisis del #64. προσέρχομαι: (πρός + ἔρχομαι) *acercarse* Con gerundio: _____ Con oración subordinada: _____
66 Sí. Ἀπελθόντων δὲ τῶν ἀγγέλων Ἰωάννου	¿Hay un genitivo absoluto en el versículo siguiente? _____ Si hay, subráyelo. ἄγγελος, -ου, m: *mensajero, ángel* Ἀπελθόντων δὲ τῶν ἀγγέλων Ἰωάννου ἤρξατο[1] λέγειν πρὸς τοὺς ὄχλους περὶ Ἰωάννου. (Lc. 7:24) [1] de ἄρχομαι
67 *Cuando se fueron los mensajeros de Juan, comenzó a hablar a las gentes*	Traduzca el versículo anterior. _____ _____

acerca de Juan. O: *Cuando se* *habían ido…*	

68	Hemos visto ya los participios de verbos defectivos en tiempo presente: Tiempo presente, voz media Indicativo Participio ἔρχομαι ἐρχόμενος, -μένη, -μενον γίνομαι γινόμενος, -μένη, -μενον προσεύχομαι προσευχόμενος, -μένη, -μενον Algunos verbos son defectivos en ciertos tiempos solamente. Por ejemplo, el verbo ἔρχομαι tiene aoristo de voz activa: ἦλθον. En cambio, otros verbos son defectivos tanto en aoristo como en presente, como por ejemplo γίνομαι, cuya forma de aoristo es ἐγενόμην. Cuando el verbo es defectivo en tiempo aoristo del indicativo, también tiene un participio defectivo en aoristo, o sea, el participio tendrá forma de voz media aunque exprese un significado activo.

Tiempo aoristo, voz media

	Indicativo	Participio
Aor. 1º	ἠρξάμην	ἀρξάμενος, ἀρξαμένη, ἀρξάμενον
	ἐδεξάμην	δεξάμενος, δεξαμένη, δεξάμενον
	προσηυξάμην	προσευξάμενος, προσευξαμένη, προσευξάμενον
Aor. 2º	ἐγενόμην	γενόμενος, γενομένη, γενόμενον

iguales	Compare el participio aoristo, voz media, con el de presente. Se observa que lleva desinencias (diferentes / **iguales**).

69
Aor. 1º ἀρ<u>ξά</u>με-
  νος,
δε<u>ξά</u>μενος
Aor. 2º γε<u>νό</u>με-
  νος
	Subraye, en los participios de aoristo 1º y aoristo 2º del #68, la sílaba que es diferente en uno y en otro.

70	Como acaba de observarse, el participio de voz media en aoristo 1º se forma con la sílaba -σα- después del tema verbal (al cual se le quita el aumento, como en toda forma fuera del indicativo). A esta base se le agregan las desinencias ya vistas en el participio de voz media en tiempo presente: -μενος, -μενη, -μενον.

Participio de aoristo 1º, voz media

Singular

Masculino	Femenino	Neutro
προσευξάμενος	προσευξαμένη	προσευξάμενον

Plural

Masculino	Femenino	Neutro
προσευξάμενοι	προσευξάμεναι	προσευξάμενα

La declinación correcta se en- cuentra después del #78.	Escriba la declinación completa de προσευξάμενος en la tabla del participio aoristo, bajo voz media, aoristo 1º.

71 aoristo nominativo plural masculino No es genitivo absoluto.	Analice la palabra en negritas. **προσευξάμενοι** εἶπαν, Σὺ κύριε . . . (Hch. 1:24) Tiempo _____ caso _____ (sing. / pl.) género _____ ¿Es genitivo absoluto? _____
72 *Al orar dijeron:* *«Tú, Señor . . . »*	Traduzca el versículo anterior. _____
73 La declinación correcta se encuentra después del #81.	El participio de voz media en aoristo 2º difiere del de aoristo 1º sólo en la sílaba que sigue al tema verbal: -o- en vez de -σα-. Participio de aoristo 2º, voz media <table><tr><td colspan="3" align="center">Singular</td><td colspan="3" align="center">Plural</td></tr><tr><td>Masculino</td><td>Femenino</td><td>Neutro</td><td>Masculino</td><td>Femenino</td><td>Neutro</td></tr><tr><td>γενόμενος</td><td>γενομένη</td><td>γενόμενον</td><td>γενόμενοι</td><td>γενόμεναι</td><td>γενόμενα</td></tr></table> Escriba la declinación completa de γενόμενος en la tabla del participio aoristo, bajo voz media, aoristo 2º.
74 aoristo genitivo singular femenino Sí es genitivo absoluto.	Analice el participio en negritas. **Γενομένης** δὲ ἡμέρας ἐξελθὼν ἐπορεύθη εἰς ἔρημον τόπον. (Lc. 4:42) Tiempo _____ caso _____ (sing. / pl.) género _____ ¿Es genitivo absoluto? _____
75 aoristo nom. sing. masculino	En el versículo anterior hay otro participio, ἐξελθών, de tiempo _____ , caso _____ , (sing. / pl.) y género _____ .
76 *Cuando llegó el día, saliendo se fue a un lugar desierto.* O: *Habiendo llegado el día...* O: *...salió y se fue...*	Al traducir el versículo del #74, tenga en cuenta el análisis de los dos participios. _____ _____
77 aoristo	Puesto que el participio de aoristo 2º se forma con la vocal -o- y las mismas terminaciones del participio presente, solamente se distinguen los dos participios por el tema verbal. <table><tr><td colspan="2" align="center">Presente</td><td colspan="2" align="center">Aoristo</td></tr><tr><td>Indicativo</td><td>Participio</td><td>Indicativo</td><td>Participio</td></tr><tr><td>γίνομαι</td><td>γινόμενος</td><td>ἐγενόμην</td><td>γενόμενος</td></tr></table> ¿En cuál tiempo está el participio del versículo siguiente? καὶ ὁ Πέτρος ἐν ἑαυτῷ γενόμενος εἶπεν, . . . (Hch. 12:11)

	78	Traduzca el versículo anterior.
	Y Pedro, al volver en sí,[1] *dijo . . .*	

[1] Repase, en caso necesario, el pronombre reflexivo ἑαυτοῦ en el Cap. XVIII-59.

Respuesta al #70, participio de aoristo 1º, voz media

	Singular			Plural	
Masculino	Femenino	Neutro	Masculino	Femenino	Neutro
προσευξάμενος	προσευξαμένη	προσευξάμενον	προσευξάμενοι	προσευξάμεναι	προσευξάμενα
προσευξαμένου	προσευξαμένης	προσευξαμένου	προσευξαμένων	προσευξαμενῶν	προσευξαμένων
προσευξαμένῳ	προσευξαμένῃ	προσευξαμένῳ	προσευξαμένοις	προσευξαμέναις	προσευξαμένοις
προσευξάμενον	προσευξαμένην	προσευξάμενον	προσευξαμένους	προσευξαμένας	προσευξάμενα

79 Algunos verbos defectivos no emplean el aoristo en la voz media sino la voz pasiva, como por ejemplo, los siguientes verbos.

Presente	Aoristo
δύναμαι	ἠδυνάσθην y ἠδυνήθην
πορεύομαι	ἐπορεύθην
φοβέομαι	ἐφοβήθην

Otros, aunque emplean las dos voces, prefieren la pasiva.

Presente	Aoristo voz media	Aoristo voz pasiva
ἀποκρίνομαι	(ἀπεκρινάμην)	ἀπεκρίθην

El participio aoristo de estos verbos defectivos aparece también en voz pasiva. En tiempo aoristo la voz pasiva siempre se distingue de la voz media (cp. el presente, donde las dos voces son idénticas), por tanto los participios de las dos voces son también distintos.

Participio aoristo

Voz media	Voz pasiva
ἀποκρινάμενος	ἀποκριθείς

El participio de voz pasiva se construye sobre la base del aoristo pasivo del indicativo. Desaparece el aumento (que nunca figura fuera del indicativo).
La característica de aoristo pasivo -θη- aparece como -θε- en las terminaciones del participio. Se declina según la tercera declinación.

Participio aoristo, voz pasiva

	Singular			Plural	
Masculino	Femenino	Neutro	Masculino	Femenino	Neutro
ἀποκριθείς	ἀποκριθεῖσα	ἀποκριθέν	ἀποκριθέντες	ἀποκριθεῖσαι	ἀποκριθέντα
ἀποκριθέντος	ἀποκριθείσης	ἀποκριθέντος	ἀποκριθέντων	ἀποκριθεισῶν	ἀποκριθέντων
ἀποκριθέντι	ἀποκριθείσῃ	ἀποκριθέντι	ἀποκριθεῖσι(ν)	ἀποκριθείσαις	ἀποκριθεῖσι(ν)
ἀποκριθέντα	ἀποκριθεῖσαν	ἀποκριθέν	ἀποκριθέντας	ἀποκριθείσας	ἀποκριθέντα

La forma de declinación que acaba de observar en el paradigma no es del todo nueva; se parece a la del participio presente de voz activa.

Difiere de éste principalmente en la penúltima sílaba: -θε- en aoristo, -o- en presente.

	Participio presente, voz activa **Participio aoristo, voz pasiva**
	Nom. pl. πιστεύ**ο**ντες ἀποκρι**θέ**ντες
	La terminación de nominativo singular también difiere en los dos tiempos:
	Presente: πιστεύ**ων** Aoristo: ἀποκρι**θείς**
	Según el paradigma arriba, analice los participios en negrita en los siguientes versículos.
1. a. aor. pas. nom. sing. masc. ἀποκρί-νομαι	1. καὶ **ἀποκριθεὶς** εἶπεν αὐτοῖς, **Πορευθέντες** ἀπαγγείλατε Ἰωάννῃ ἃ εἴδετε καὶ ἠκούσατε. (Lc. 7:22)
	(Lc. 1:60)
b. aor. pas. nom. pl. masc. πορεύομαι	2. καὶ **ἀποκριθεῖσα** ἡ μήτηρ αὐτοῦ εἶπεν, Οὐχί, ἀλλὰ κληθήσεται Ἰωάννης.
2. aor. pas. nom. sing. fem. ἀποκρίνομαι	3. καὶ **φοβηθεὶς** ἀπελθὼν ἔκρυψα τὸ τάλαντόν σου ἐν τῇ γῇ. (Mt. 25:25)
3. aor. pas. nom. sing. masc. φοβέομαι	Tiempo Voz Caso Número Género 1ª parte fundamental 1. a. ____ ____ ____ ____ ____ _____ b. ____ ____ ____ ____ ____ _____ 2. ____ ____ ____ ____ ____ _____ 3. ____ ____ ____ ____ ____ _____

80
 	
1. *Al contestar les dijo: «Habiendo ido, anunciad a Juan lo que visteis y oísteis».*
O: . . . *«Id y anunciad»* . . .
 	
2. *Su madre al contestar dijo: «No, sino será llamado Juan».*
O: *Su madre dijo…*
 	
3. *Y porque tuve miedo, saliendo escondí tu talento en la tierra.*
O: *…salí y escondí*
	Con la ayuda del siguiente vocabulario, traduzca los versículos anteriores.
	
	ἅ: *lo que*
	εἴδατε: *aoristo de* ὁράω *ver*
	καλέω, καλήσω, ἐκάλησα, ἐκλήθην: *llamar*
	κρύπτω, ----, ἔκρυψα: *esconder*
	τάλαντον, -ου, n: *talento (una moneda)*
	
	1. _____
	
	   _____
	
	2. _____
	
	   _____
	
	3. _____

81 La declinación completa se encuentra después del #83.	En los verbos completos la voz pasiva expresa su sentido particular: πιστευθείς — *habiendo sido creído.* Siguiendo la pauta de ἀποκριθείς (#79) decline el participio aoristo de voz pasiva del verbo πιστεύω en la tabla del participio aoristo, voz pasiva.

Respuesta al #73, participio de aoristo 2º, voz media.

	Singular			Plural		
	Masculino	Femenino	Neutro	Masculino	Femenino	Neutro
	γενόμενος	γενομένη	γενόμενον	γενόμενοι	γενόμεναι	γενόμενα
	γενομένου	γενομένης	γενομένου	γενομένων	γενομενῶν	γενομένων
	γενομένῳ	γενομένῃ	γενομένῳ	γενομένοις	γενομέναις	γενομένοις
	γενόμενον	γενομένην	γενόμενον	γενομένους	γενομένας	γενόμενα

82

δικαιωθέντες
aor. pas. nom.
pl. masc.
Habiendo sido jus-
tificados por fe, te-
nemos paz con Dios.

Analice el participio y traduzca el versículo.

δικαιωθέντες ἐκ πίστεως εἰρήνην ἔχομεν πρὸς τὸν θεόν. (Ro. 5:9)

Participio: _____ ; tiempo _____ voz _____ caso _____

(sing. / pl.) género _____

Traducción: _____

83

En el breve pasaje siguiente aparecen doce participios. Procure analizarlos al mismo tiempo que prepara un borrador de traducción del trozo. Esta no será una traducción pulida, sino un borrador que reproduce en español las construcciones participiales del griego.

ἀνοίγω, ἀνοίξω, ἀνέωξα, ἀνεῴχθην: *abrir*
ἀνάγω, ἀνάξω, ἀνήγαγον, ἀνήχθην: *conducir, llevar (para arriba)*
Δορκάς: *Dorcas*
ἐκβάλλω, ἐκβαλῶ, εξέβαλον, ἐξεβλήθην: (εκ + βάλλω) *echar fuera*
ἔξω: *fuera*
επιδείκνυμι, ἐπιδείξω, ἐπέδειξα: *mostrar*
ἐπιστρέφω, ἐπιστρέψω, ἐπέστρεψα, ἐπεστράφην: *volver, volverse*
ζάω: (ptcp. pres.: ζῶν, ζῶσα, ζῶν) *vivir*
ἱμάτιον, -ου, n: *prenda de vestir*, (pl.) *ropa*
κλαίω, κλαύσω y κλαύσομαι, ἔκλαυσα: *llorar*
ὀφθαλμός, -οῦ, m: *ojo*
παραγίνομαι: (παρά + γίνομαι) *llegar*
παρίστημι: (παρά + ἵστημι) (en este contexto) *acercarse*
συνέρχομαι: (σύν + ἔρχομαι) *venir, ir con*
Ταβιθά: *Tabita (nombre propio)*
φωνέω, φωνήσω, ἐφώνησα, ἐφωνήθην: *llamar*

[39] **ἀναστὰς**[a] δὲ Πέτρος συνῆλζεν αὐτοῖς· ὅν **παραγενόμενον** ἀνήγαγον εἰς

_____ *a quien* _____

τὸ ὑπερῷον, καὶ **παρέστησαν**[b] αὐτῷ πᾶσαι αἱ χῆραι **κλαίουσαι** καὶ ἐπι-

_ *piso de arriba* _____ *viudas* _____

δεικνύμεναι χιτῶνας καὶ ἱμάτια ὅσα ἐποίει[c] μετ' αὐτῶν **οὖσα** ἡ Δορκάς.

_____ *túnicas* _____

a) Formas de ἀνίστημι, cp. #51.
b) Aoristo 2º de παρίστημι.
c) Imperfecto de ποιέω.

⁴⁰ **ἐκβαλὼν** δὲ ἔξω πάντας ὁ Πέτρος καὶ **θεὶς** τὰ γόνατα προσηύξατο, καὶ

———————————————————————— *(de) rodillas* ————————————

ἐπιστρέψας πρὸς τὸ σῶμα εἶπεν, Ταβιθά, ἀνάστηθι[a]. ἡ[d] δὲ ἤνοιξεν[e] τοὺς

——

ὀφθαλμοὺς αὐτῆς, καὶ **ἰδοῦσα**[f] τὸν Πέτρον ἀνεκάθισεν. ⁴¹ **δοὺς** δὲ αὐτῇ

———————————————————————— *se incorporó* ————————————

χεῖρα ἀνέστησεν[a] αὐτήν, **φωνήσας** δὲ τοὺς ἁγίους καὶ τὰς χήρας παρέσ-

———————————————————————————————————— *viudas* ————

τησεν αὐτὴν **ζῶσαν**. (Hch. 9:39-41)

————————————————————————

a) Formas de ἀνίστημι, cp. #51. ἀνάστηθι = aoristo imperativo.
d) El artículo se emplea aquí con el sentido del pronombre *ella*.
e) Variante de aoristo de ἀνοίγω.
f) Participio aoristo de ὁράω.

Análisis de participios:

	Tiempo	Voz	Caso	Núm.	Gén.	1ª parte fundamental
³⁹ ἀναστάς						
παραγενόμενον						
κλαίουσαι						
ἐπιδεικνύμεναι						
οὖσα						
⁴⁰ ἐκβαλὼν						
θεὶς						
ἐπιστρέψας						
ἰδοῦσα						
⁴¹ δοὺς						
φωνήσας						
ζῶσαν						

La respuesta se encuentra después del #84.

Respuesta al #81, participio aoristo, voz pasiva.

	Singular			Plural		
Masculino	Femenino	Neutro		Masculino	Femenino	Neutro
πιστευθείς	πιστευθεῖσα	πιστευθέν		πιστευθέντες	πιστευθεῖσαι	πιστευθέντα
πιστευθέντος	πιστευθείσης	πιστευθέντος		πιστευθέντων	πιστευθεισῶν	πιστευθέντων
πιστευθέντι	πιστευθείσῃ	πιστευθέντι		πιστευθεῖσι	πιστευθείσαις	πιστευθεῖσι
πιστευθέντα	πιστευθεῖσαν	πιστευθέν		πιστευθέντας	πιστευθείσας	πιστευθέντα

| 84 | Al estudiar un texto en griego el propósito que nos mueve no es el de terminar con una «traducción» como la anterior. La meta del estudiante de griego es lograr comprender las construcciones gramaticales en griego de tal forma que pueda captar el sentido que contienen. Luego procura comunicar ese mismo sentido en español, pero no necesariamente por medio de construcciones iguales a las del griego. La traducción más adecuada del texto empleará las construcciones gramaticales en español que mejor se presten para expresar el sentido que el griego expresa con las construcciones que le son propias. |

Con este fin en mente, analizamos los participios, sobre todo su tiempo, para averiguar cuál aspecto de la acción enfocan (durativo o indefinido) y cuál es su tiempo relativo al del verbo principal (simultáneo o anterior). Una vez que esos datos se definen, el lector del griego puede expresar el sentido del participio por medio de una construcción más adecuada en español, como es la oración subordinada de tipo circunstancial, el infinitivo, o aun el verbo coordinado con el verbo principal. En esta forma su traducción será menos literal, pero a la vez más fiel al original puesto que comunica más eficazmente un mismo mensaje.

La respuesta se encuentra después del #85.

Tome ahora su borrador del #83 y transfórmelo en una buena traducción.

Respuesta al #83, borrador de traducción, Hch. 9:39-41.

39 Habiéndose levantado, Pedro fue con ellos; a quien habiendo llegado condujeron al piso de arriba y se le acercaron todas las viudas, llorando y mostrando las túnicas y ropa, todo cuanto hacía Dorcas estando con ellos. 40 Y habiendo echado fuera a todos, Pedro, también puesto de rodillas, oró, y volviéndose al cuerpo dijo: «Tabita, levántate». Y ella abrió sus ojos y viendo a Pedro se incorporó. 41 Y habiéndole dado (la) mano, la levantó. Y llamando a los santos y a las viudas la presentó viviendo.

Análisis de participios:

	Tiempo	Voz	Caso	Núm.	Gén.	1ª parte fundamental
39 ἀναστάς	aor.	act.	nom.	sing.	masc.	ἀνίστημι
παραγενόμενον	aor.	med.	ac.	sing.	masc.	παραγίνομαι
κλαίουσαι	pres.	act.	nom.	pl.	fem.	κλαίω
ἐπιδεικνύμεναι	pres.	med.	nom.	pl.	fem.	ἐπιδείκνυμι
οὖσα	pres.	act.	nom.	sing.	fem.	εἰμί
40 ἐκβαλών	aor.	act.	nom.	sing.	masc.	ἐκβάλλω
θείς	aor.	act.	nom.	sing.	masc.	τίθημι
ἐπιστρέψας	aor.	act.	nom.	sing.	masc.	ἐπιστρέφω
ἰδοῦσα	aor.	act.	nom.	sing.	fem.	ὁράω
41 δούς	aor.	act.	nom.	sing.	masc.	δίδωμι
φωνήσας	aor.	act.	nom.	sing.	masc.	φωνέω
ζῶσαν	pres.	act.	ac.	sing.	fem.	ζάω

| 85 | Analice en la traducción de la Biblia de Jerusalén (la respuesta al #84) las varias transformaciones que se han hecho del participio griego. |

Copie de dicha traducción la construcción que corresponde a cada uno de los doce participios.

39 ἀναστάς _____

παραγενόμενον _____

κλαίουσαι _____

Columna izquierda #85:

39 ἀναστάς
no aparece
παραγενόμενον
Así que llegó
κλαίουσαι
llorando

ἐπιδεικνύμεναι	ἐπιδεικνύμεναι	_____
mostrando	οὖσα	_____
οὖσα		
mientras tanto	⁴⁰ ἐκβαλὼν	_____
⁴⁰ ἐκβαλὼν	θεὶς	_____
hizo salir	ἐπιστρέψας	_____
θεὶς *se puso*		
ἐπιστρέψας	ἰδοῦσα	_____
se volvió		
ἰδοῦσα *al ver*	⁴¹ δοὺς	_____
⁴¹ δοὺς *dio*	φωνήσας	_____
φωνήσας *llamó*		
ζῶσαν *viva*	ζῶσαν	_____

Respuesta al #84, traducción de Hch. 9:39-41.

La siguiente no es la única traducción posible, pero ilustra bien el criterio expuesto sobre la naturaleza de una buena traducción. Cuando termine de revisar la suya, compárela con varias traducciones bíblicas, tales como: Hispanoamérica, Valera, Nácar-Colunga, Biblia para Latinoamérica, Versión Popular, etc.

(Biblia de Jerusalén) ³⁹ *Pedro partió inmediatamente con ellos. Así que llegó le hicieron subir a la estancia superior y se le presentaron todas las viudas llorando y mostrando las túnicas y los mantos que Dorcas hacía mientras estuvo con ellos.* ⁴⁰ *Pedro hizo salir a todos, se puso de rodillas y oró; después se volvió al cadáver y dijo: «Tabitá, levántate». Ella abrió los ojos y al ver a Pedro se incorporó.* ⁴¹ *Pedro le dio la mano y la levantó. Llamó a los santos y a las viudas y se la presentó viva.*

86

1. La fuerza del participio se vislumbra en el adverbio *inmediatamente*.
2. Oración subordinada.
3. gerundio
4. gerundio
5. oración subordinada.
6, 7, 8. verbo coordinado con el verbo principal
9. infinitivo
10, 11. verbo coord. con el vbo. principal
12. adjetivo

Las construcciones en español que representan los participios griegos son muy variadas.
Defina cada una de las que apuntó en el #85; oración subordinada, infinitivo, verbo coordinado con el verbo principal, gerundio, o (en un caso) adjetivo.

87

Entre todos los participios del pasaje traducido, ¿hay alguno que funciona en geni-

No.	tivo absoluto? _____
88	El siguiente pasaje más extenso también contiene muchos participios. Siga los mismos pasos de la traducción anterior: 1) análisis; 2) borrador de traducción (forma literal); 3) traducción final. Consulte la respuesta de este cuadro después de hacer 1) y 2). ἀληθῶς: *de verdad, verdaderamente* ἄνεμος, -ου, m: *viento* διστάζω, διστάσω, ἐδίστασα: *dudar* ἐπιλαμβάνομαι: *prender, coger* εὐθέως: (adv.) *en seguida, inmediatamente* εὐθύς: (adv.) *en seguida, inmediatamente* θάλασσα, -ης, f: *mar* καταποντίζομαι: *hundirse, ahogarse* κελεύω, ----, ἐκέλευσα: *ordenar* κοπάζω, ----, ἐκόπασα: *calmarse* κράζω, κράξω, ἔκραξα: *gritar* λαλέω, λαλήσω, ἐλάλησα, ἐλαλήθην: *hablar, decir* περιπατέω, περιπατήσω, περιεπάτησα: *caminar, proceder* πλοῖον, -ου, n: *barco, barca* προσκυνέω, προσκυνήσω, προεσεκύνησα: *adorar* ταράσσω, ----, ἐτάραξα, ἐταράχθην: *turbar*; (pas.) *turbarse* ²⁶ οἱ δὲ μαθηταὶ **ἰδόντες**[a] αὐτὸν ἐπὶ τῆς θαλάσσης **περιπατοῦντα**[b] _____ ἐταράχθησαν **λέγοντες** ὅτι φάντασμά ἐστιν, καὶ ἀπὸ τοῦ φόβου ἔκραξαν. _____ *Fantasma* _____ ²⁷ εὐθὺς δὲ ἐλάλησεν ὁ Ἰησοῦς αὐτοῖς **λέγων**, Θαρσεῖτε, ἐγώ εἰμι· μὴ _____ *Tened valor,* _____ φοβεῖσθε. ²⁸ **ἀποκριθεὶς** δὲ αὐτῷ ὁ Πέτρος εἶπεν, Κύριε, εἰ σὺ εἶ, κελευσὸν _____ με ἐλθεῖν πρὸς σὲ ἐπὶ τὰ ὕδατα. ²⁹ ὁ[c] δὲ εἶπεν, Ἐλθέ. καὶ **καταβὰς** ἀπὸ τοῦ _____ πλοίου ὁ Πέτρος περιεπάτησεν ἐπὶ τὰ ὕδατα καὶ ἦλθεν πρὸς τὸν Ἰησοῦν. _____ ³⁰ **βλέπων** δὲ τὸν ἄνεμον ἐφοβήθη, καὶ **ἀρξάμενος** καταποντίζεσθαι _____ a) Participio aoristo de ὁράω. b) El participio presente de verbos terminados en -εω emplean el diptongo -ου- en lugar de -ο-. (Cp. Cap. XXII.) c) El artículo hace las veces del pronombre *él.* (Cp. #83, v. 40.)

ἔκραξεν **λέγων**, Κύριε, σῶσόν με. ³¹ εὐθέως δὲ ὁ Ἰησοῦς **ἐκτείνας** τὴν χεῖρα,

_____

ἐπελάβετο αὐτοῦ καὶ λέγει αὐτῷ, Ὀλιγόπιστε, εἰς τί ἐδίστασας; ³²καὶ

_____ _Hombre de poca fe ¿por qué_ _____

ἀναβάντων αὐτῶν εἰς τὸ πλοῖον ἐκόπασεν ὁ ἄνεμος. ³³ οἱ δὲ ἐν τῷ πλοίῳ

_____

προσεκύνησαν αὐτῷ **λέγοντες**, Ἀληθῶς θεοῦ υἱὸς εἶ. (Mt. 14:26-33)

_____

Análisis de participios:

	Tiempo	Voz	Caso	Núm.	Gén.	1ª parte fundamental
²⁶ ἰδόντες	___	___	___	___	___	___
περιπατοῦντα	___	___	___	___	___	___
λέγοντες	___	___	___	___	___	___
²⁷ λέγων	___	___	___	___	___	___
²⁸ ἀποκριθείς	___	___	___	___	___	___
²⁹ καταβάς	___	___	___	___	___	___
³⁰ βλέπων	___	___	___	___	___	___
ἀρξάμενος	___	___	___	___	___	___
λέγων	___	___	___	___	___	___
³¹ ἐκτείνας	___	___	___	___	___	___
³² ἀναβάντων	___	___	___	___	___	___
³³ λέγοντες	___	___	___	___	___	___

La respuesta se encuentra después del #89.

89

v. 32: ἀναβάντων αὐτῶν εἰς τὸ πλοῖον

Si encontró una construcción de genitivo absoluto en el pasaje, apúntela aquí:

_____

Respuesta al #88, borrador de traducción, Mt. 14:26-33.

²⁶ _Y los discípulos viéndolo caminando sobre el mar se turbaron, diciendo: «Es un fantasma», y gritaron de miedo._ ²⁷ _Mas en seguida Jesús habló a ellos diciendo: «Tened valor, soy yo; no temáis»._ ²⁸ _Y contestándole Pedro dijo: «Señor, si eres tú, ordéname ir a ti sobre las aguas»._ ²⁹ _Y él dijo: «Ven». Y descendiendo del barco Pedro caminó sobre las aguas y vino hacia Jesús._ ³⁰ _Mas viendo el viento temió, y comenzando a hundirse gritó diciendo: «Señor, sálvame»._ ³¹ _E inmediatamente Jesús, extendiendo la mano, lo cogió y le dice: «Hombre de poca fe, ¿por qué dudaste?»,_ ³² _y subiendo ellos al barco se calmó el viento._ ³³ _Y los (que estaban) en el barco le adoraron diciendo: «Verdaderamente eres hijo de Dios»._

		Tiempo	Voz	Caso	Núm.	Gén.	1ª parte fundamental
	Análisis de participios.						
26	ἰδόντες	aor.	act.	nom.	pl.	masc.	ὁράω
	περιπατοῦντα	pres.	act.	ac.	sing.	masc.	περιπατέω
	λέγοντες	pres.	act.	nom.	pl.	masc.	λέγω
27	λέγων	pres.	act.	nom.	sing.	masc.	λέγω
28	ἀποκριθείς	aor.	pas.	nom.	sing.	masc.	ἀποκρίνομαι
29	καταβάς	aor.	act.	nom.	sing.	masc.	καταβαίνω
30	βλέπων	pres.	act.	nom.	sing.	masc.	βλέπω
	ἀρξάμενος	aor.	med.	nom.	sing.	masc.	ἄρχομαι
	λέγων	pres.	act.	nom.	sing.	masc.	λέγω
31	ἐκτείνας	aor.	act.	nom.	sing.	masc.	ἐκτείνω
32	ἀναβάντων	aor.	act.	gen.	pl.	masc.	ἀναβαίνω
33	λέγοντες	pres.	act.	nom.	pl.	masc.	λέγω

La respuesta 90
se encuentra
después del #92.

Con base en el análisis y el borrador de traducción, prepare una buena traducción del pasaje.

91

26 *viendo(le)*
   gerundio
andar infinitivo
diciendo
   gerundio
27 *diciendo*
   gerundio
28 *respondió*
   verbo coordi-
   nado con el
   verbo principal
29 *descendiendo*
   gerundio
30 *al ver* infinitivo
   comenzando
   gerundio
   diciendo
   gerundio
31 *extendiendo*
   gerundio
32 *subieron*
   orac. subord.
33 *diciendo*
   gerundio

Analice la forma en que Valera (respuesta, #90) traduce cada uno de los participios del pasaje.

	Traducción	Definición de la construcción (Cp. #85)
26 ἰδόντες	_____	_____
περιπατοῦντα	_____	_____
λέγοντες	_____	_____
27 λέγων	_____	_____
28 ἀποκριθείς	_____	_____
29 καταβάς	_____	_____
30 βλέπων	_____	_____
ἀρξάμενος	_____	_____
λέγων	_____	_____
31 ἐκτείνας	_____	_____
32 ἀναβάντων	_____	_____
33 λέγοντες	_____	_____

92

ocho

De los doce participios del pasaje, ¿cuántos traduce Valera por medio del gerundio en español? _____

	Respuesta al #90, Mt. 14:26-33. Compare su traducción con la de Valera (1960):
	²⁶ Y los discípulos, viéndole andar sobre el mar, se turbaron, diciendo: ¡Un fantasma! Y dieron voces de miedo. ²⁷ Pero en seguida Jesús les habló, diciendo: ¡Tened ánimo; yo soy, no temáis! ²⁸ Entonces le respondió Pedro, y dijo: Señor, si eres tú, manda que yo vaya a ti sobre las aguas. ³⁹ Y él dijo: Ven. Y descendiendo Pedro de la barca, andaba sobre las aguas para ir a Jesús. ³⁰ Pero al ver el fuerte viento, tuvo miedo; y comenzando a hundirse, dio voces, diciendo: ¡Señor sálvame! ³¹ Al momento Jesús, extendiendo la mano asío de él y le dijo: ¡Hombre de poca fe! ¿Por qué dudaste? ³² Y cuando ellos subieron en la barca, se calmó el viento. ³³ Entonces los que estaban en la barca vinieron y le adoraron, diciendo: Verdaderamente eres Hijo de Dios.
93 La respuesta se encuentra después del #94.	Al igual que en este pasaje, la traducción de Valera emplea también en el pasaje anterior (#83) muchos gerundios: siete, en comparación con sólo dos en la Biblia de Jerusalén. Tal abundancia de gerundios en una traducción contribuye a crear un «estilo bíblico» en el lenguaje, muy distinto al estilo propio de un escrito ordinario en español. El uso excesivo del gerundio hace más difícil la comprensión del texto. Por tanto, la tarea del exegeta o del traductor es la de expresar el sentido del participio griego no tanto por medio del gerundio como por medio de otras construcciones que comunican mejor en español. Redacte de nuevo su traducción del pasaje apuntando hacia una comunicación popular, con pocos gerundios.
94	Las siguientes palabras nuevas de los dos pasajes deben agregarse a su vocabulario. Estúdielas en el #83 y el 88. ἀνοίγω θάλασσα ἐκβάλλω ἱμάτιον ἔξω κράζω εὐθύς πλοῖον Varios verbos muy comunes que aparecen en esas listas se estudiarán en el capítulo XXI, que trata los verbos contractos.
	Respuesta al #93. Compare su traducción con ésta de la Versión Popular. Las palabras en negrita traducen los participios griegos.[1] ²⁶ Y **cuando** los discípulos le **vieron andar** sobre el agua, se asustaron, y de miedo **gritaron**: —¡Es un fantasma! ²⁷ Pero Jesús les habló y les **dijo**: —¡Tengan valor; soy yo, no tengan miedo! ²⁸ Entonces Pedro le **habló**, y dijo: —Señor, si eres tú, mándame ir sobre el agua hasta donde estás. ²⁹ Y Jesús le dijo: —Ven pues. Pedro entonces **bajó** del barco y comenzó a caminar sobre el agua para ir a donde estaba Jesús. ³⁰ Pero **al darse cuenta** de la fuerza del viento, tuvo miedo; y como **comenzaba** a hundirse, gritó: —¡Sálvame, Señor! ³¹ Al momento, Jesús lo **tomó** de la mano y le dijo: —¡Qué poca fe tienes! ¿Por qué desconfiaste? ³² Cuando ellos **subieron** al barco, se calmó el viento. ³³ Entonces los que estaban en el barco se pusieron de rodillas delante de Jesús, y **dijeron**: —De veras eres el Hijo de Dios. [1] Un participio pleonástico se ha omitido en esta traducción: λέγων, del versículo 30.
95	En todo este capítulo nuestro tema ha sido el participio aoristo. Cabe ahora volver a preguntarnos por qué el participio griego se manifiesta tanto en tiempo aoristo como en tiempo presente. Puesto que nuestra lengua tiene un solo gerundio, la

durativo indefinido simultánea anterior	idea de tiempo en el participio griego es una nueva categoría y requiere una atención especial. Vuelva a leer el #1 antes de completar el trabajo a continuación. El tiempo gramatical del participio expresa el **aspecto de la acción**. En el participio presente la acción es de aspecto (durativo / indefinido). En el participio aoristo el aspecto de la acción es (durativo / indefinido). El tiempo gramatical del participio indica también la **relación de tiempo** entre la acción participial y la acción del verbo principal. La acción del participio presente es (anterior / simultánea) a la del verbo principal. La acción del participio aoristo es (anterior (simultánea) a la del verbo principal.[1] [1] La excepción a esta regla se repasará en el #98.
96 presente, durativa *Las viudas lloraban y mostraban las cosas.* simultáneas *Se presentaron llorando y mostrando las cosas.*	Los participios en el pasaje del #88 ilustran el significado del tiempo gramatical. Por ejemplo, el participio βλέπων de Mt. 14:30 (#88) es de tiempo presente y por tanto expresa una acción durativa: *Pedro se fijaba en el viento.* Es también una acción simultánea con la del verbo principal: *Mientras se fijaba en el viento tuvo miedo.* Analice de esta manera los gerundios κλαίουσαι y ἐπιδεικνύμεναι en Hch. 9:39 (#83). Son de tiempo _____ y por tanto expresan una acción (durativa / indefinida): *Las viudas* _____ Estas acciones son (anteriores / simultáneas con) la acción del verbo principal παρέστησαν: _____
97 indefinido, anterior — *Pedro (primero) bajó del barco y (luego) caminó sobre las aguas.*	El participio καταβάς de Mt. 14:9 (#88) es de tiempo aoristo y por tanto expresa el aspecto (durativo / indefinido) de la acción. Traducimos esta acción como (anterior a / simultánea con) la acción del verbo principal περιεπάτησεν: *Pedro* _____
98 aoristo aoristo simultáneas *Pedro, al comenzar a hundirse, gritó.*	Cuando el participio aoristo se encuentra en una misma oración con un verbo principal también en aoristo, las dos acciones pueden ser simultáneas. Lea de nuevo el #21. En Mt. 14:30 (#83), el participio ἀρξάμενος es de tiempo _____ y el verbo principal ἔκραξεν es de tiempo _____ . Podemos entender la relación de las dos acciones como _____ . *Pedro* _____ _____
99 *Subí a Jerusalén para adorar.*	Se ha mencionado de paso el participio futuro. Vuelva a leer el #53 y luego traduzca el versículo a continuación. προσκυνέω, προσκυνήσω, προσεκύνησα: *adorar* ἀνέβη προσκυνήσων εἰς Ἰερουσαλήμ. (Hch. 24:11) _____

100

REPASO — El análisis del participio

Para poder entender el significado de un participio es imprescindible poder reconocer su **tiempo** y **voz**. También hay que saber definir su **caso**, **número**, y **género** para atribuir la acción al sustantivo o pronombre con que concuerda. Para asegurar su conocimiento de estos puntos, repase ahora toda la tabla del participio aoristo, analizando la formación de cada tipo de aoristo en las tres voces. Luego compare las formas con las del participio presente del capítulo XIX.

Los verbos en -μι forman su participio aoristo de voz activa con la vocal del tema verbal. Repase las formas de estos participios en el #49.

Parecidos a aquellos participios son los de otros verbos como γινώσκω y -βαίνω[1]. Repase su forma participial en el #46.

Después de un estudio cabal, analice los siguientes participios.

	Tiempo	Voz	Caso	Núm.	Gén.	1ª parte fundamental
1. εἰπόντες						
2. ἐρχόμενον						
3. πορευόμενος						
4. ἀποκριθείς						
5. καταβαίνων						
6. βαπτισάντων						
7. διδάσκουσα						
8. ἀποστελλομένους						
9. διδούς						
10. διδαχθέντες						

La respuesta se encuentra después del #101.

[1] Este tema verbal se encuentra solamente en formas compuestas como ἀναβαίνω y καταβαίνω.

101

REPASO — La traducción del participio

El participio griego admite varias traducciones en español.

1. Tal vez la más paralela sea la traducción con **un gerundio.**

   1.1. Cuando el participio expresa acción simultánea con la del verbo principal, se traduce con el gerundio simple.

   βλέπων τὸν ἄνεμον ἐφοβήθη.   **ἰδόντες** αὐτὸν . . . ἐταράχθησαν.
   Viendo el viento tuvo miedo.   **Viéndole** . . . se turbaron.

   1.2. En el caso del participio aoristo, se use el gerundio compuesto cuando se quiere expresar la anterioridad de la acción participial. (Cp. #13.)

καταβὰς ἀπὸ τοῦ πλοίου ὁ Πέτρος περιεπάτησεν . . .
Habiendo descendido del barco, caminó . . .

2. En muchos contextos el participio se traduce mejor con **una oración subordinada**. El tiempo en que se pone el verbo que traduce el participio depende tanto del tiempo del participio como del tiempo del verbo principal.

  2.1. Participio presente

  2.1.1. Participio presente con verbo principal en presente: tiempo presente en la traducción del participio.

  δουλεύοντες τῷ θεῷ διδάσκουσι τοὺς ἀνθρώπους.
  *Porque **sirven** a Dios, enseñan a los hombres.*

  2.1.2. Participio presente con verbo principal en un tiempo pasado: tiempo imperfecto en la traducción del participio.

  βλέπων τὸν ἄνεμον ἐφοβήθη.
  *Cuando **veía** el viento tuvo miedo.*

  2.2. Participio aoristo

  2.2.1. Participio aoristo con verbo principal en un tiempo pasado: tiempo pretérito (cp. #2) o pluscuamperfecto (cp. #11) en la traducción del participio.

  καταβὰς . . . περιεπάτησεν . . .
  *Cuando **descendió** . . . caminó . . .*
  *Cuando **había descendido** . . . caminó . . .*

  2.2.2. Participio aoristo con verbo principal en tiempo presente: tiempo perfecto en la traducción del participio. (Cp. #18.)

  εὐχαριστοῦμεν . . . **ἀκούσαντες** . . .
  *Damos gracias . . . porque **hemos oído** . . .*

3. Cuando el participio expresa acción simultánea (cp. #95, 98), puede traducirse con la construcción *al + el infinitivo*. (Cp. #21.)

  βλέψαντες τὸν κύριον ἐχάρησαν.
  *Al **ver** al Señor se regocijaron.*

Vuelva ahora al pasaje del #88. Revise el tiempo de cada participio y defina también el del verbo principal al cual acompaña. Luego apunte las varias traducciones posibles, según el esquema de traducción del participio que acabamos de repasar.

Participio	Tiempo	Vbo. principal	Tiempo	Posibles traducciones del participio
[26] ἰδόντες	aor.	ἐταράχθησαν	aor.	*viendo; cuando vieron; al ver*
περιπατοῦντα	_____	ἐταράχθησαν	_____	_____ _____
				_____
λέγοντες	_____	ἐταράχθησαν	_____	_____ _____
				_____

419

Participio	Tiempo	Vbo. principal	Tiempo	Posibles traducciones del participio
27 λέγων	_____	ἐλάλησεν	_____	_____
				_____
28 ἀποκριθείς	_____	εἶπεν	_____	_____
				_____
29 καταβάς	_____	περιεπάτησεν	_____	_____
				_____
30 βλέπων	_____	ἐφοβήθη	_____	_____
				_____
ἀρξάμενος	_____	ἔκραξεν	_____	_____
				_____
λέγων	_____	ἔκραξεν	_____	_____
				_____
31 ἐκτείνας	_____	ἐπελάβετο	_____	_____
				_____
32 ἀναβάντων	_____	ἐκόπασεν	_____	_____
				_____
33 λέγοντες	_____	προσεκύνησαν	_____	_____
				_____

La respuesta se encuentra después del #102.

Respuesta al #100

	Tiempo	Voz	Caso	Núm.	Gén.	1ª parte fundamental
1. εἰπόντες	aor.	act.	nom.	pl.	masc.	λέγω
2. ἐρχόμενον	pres.	med. (vbo. def.)	ac.	sing.	masc.	ἔρχομαι
3. πορευόμενος	pres.	med. (vbo. def.)	nom.	sing.	masc.	πορεύομαι
4. ἀποκριθείς	aor.	pas. (vbo. def.)	nom.	sing.	masc.	ἀποκρίνομαι
5. καταβαίνων	pres.	act.	nom.	sing.	masc.	καταβαίνω
6. βαπτισάντων	aor.	act.	gen.	pl.	masc.	βαπτίζω
7. διδάσκουσα	pres.	act.	nom.	sing.	fem.	διδάσκω
8. ἀποστελλομένους	pres.	med. o pas.	ac.	pl.	masc.	ἀποστέλλω
9. διδούς	pres.	act.	nom.	sing.	masc.	δίδωμι
10. διδαχθέντες	aor.	pas.	nom.	pl.	masc.	διδάσκω

102

Y estando presente mucha multitud ... habló por medio de una parábola.

Porque estaba presente ... habló...

o,

Cuando estaba...

REPASO — El genitivo absoluto

La construcción denominada genitivo absoluto consta de un participio concordado con un sustantivo o pronombre[1] en genitivo que realiza su acción, conjunto que no tiene función alguna dentro de la estructura gramatical de la oración.

Lea de nuevo los #57, 58 y 60 antes de traducir el versículo a continuación en las maneras indicadas.

σύνειμι: *estar presente*

Συνιόντος δὲ ὄχλου πολλοῦ ... εἶπεν διὰ παραβολῆς. (Lc. 8:4)

Con gerundio: _____

Con oración
subordinada: _____

[1] El pronombre puede ser tácito.

Respuesta al #101.

Participio	Tiempo	Vbo. principal	Tiempo	Posibles traducciones del participio
[26] περιπατοῦντα	pres.	ἐταράχθησαν	aor.	caminando; que caminaba; caminar
λέγοντες	pres.	ἐταράχθησαν	aor.	diciendo; y decían
[27] λέγων	pres.	ἐλάλησεν	aor.	diciendo; y decía
[28] ἀποκριθείς	aor.	εἶπεν	aor.	contestando; contestó
[29] καταβάς	aor.	περιεπάτησεν	aor.	Habiendo descendido; Cuando había descendido.
[30] βλέπων	pres.	ἐφοβήθη	aor.	Viendo; Al ver; Cuando veía
ἀρξάμενος	aor.	ἔκραξεν	aor.	comenzando; al comenzar; cuando comenzó
λέγων	pres.	ἔκραξεν	aor.	diciendo; y decía
[31] ἐκτείνας	aor.	ἐπελάβετο	aor.	extendiendo; al extender; y extendió
[32] ἀναβάντων	aor.	ἐκόπασεν	aor.	Subiendo; Habiendo subido; Al subir; Cuando subieron; Cuando habían subido
[33] λέγοντες	pres.	προσεκύνησαν	aor.	diciendo; y decían

103

RESUMEN — Vocabulario

Estudie las palabras nuevas de este capítulo hasta lograr el dominio de este vocabulario frecuente del N.T.

ἄγγελος, -ου, m: *mensajero, ángel*
ἀνίστημι: (ἀνά + ἵστημι) *levantar, levantarse, resucitar*
ἀνοίγω, ἀνοίξω, ἀνέῳξα, ἀνεῴχθην: *abrir*
δύο: *dos*
ἕκαστος, -α, -ον: *cada uno*
ἐκβάλλω, ἐκβαλῶ, ἐξέβαλον, ἐξεβλήθην: (ἐκ + βάλλω) *echar fuera*
ἐντολή, -ῆς, f: *mandamiento*
ἔξω: *fuera, afuera*

ἐπιγινώσκω: (ἐπί + γινώσκω) *conocer, comprender, reconocer, llegar a conocer*
εὐλογέω, εὐλογήσω, εὐλόγησα: *bendecir, alabar*
θάλασσα, -ης, f: *mar*
ἱμάτιον, -ου, n: *prenda de vestir,* (pl.) *ropa*
Ἰούδας, -α, m: *Judá, Judas*
κράζω, κράξω, ἔκραξα: *gritar*
οὕτως: *así*
ὀφθαλμός, -οῦ, m: *ojo*
πλοῖον, -ου, n: *barco, barca*
πούς, ποδός, m: *pie*
σῶμα, -ατος, n: *cuerpo*
φῶς, φωτός, n: *luz*

104	PRUEBA

1. οἱ ἄγγελοι τοῦ Ἰωάννης ἐλθόντες κατὰ τὴν θάλασσαν ἔβλεψαν τους μαθητὰς αὐτοῦ ἀναβαίνοντας εἰς τὸν πλοῖον.

2. κηρυξάντων τῶν ἀποστόλων πάντες οἱ ἄνδρες ἐπίστευσαν τῷ Ἰησοῦ ἀνοίγοντες τὰς καρδίας αὐτῶν πρὸς τὸν κύριον.

3. ἀποκριθεὶς εἶπεν, ἔλθετε ἐμοί.

4. ἐκβαλὼν ἔξω τοὺς πονηροὺς ὁ ἀπόστολος ἤρξατο διδάσκειν τοὺς καλούς.

5. πορευθέντος τοῦ Ἰησοῦ εὐθὺς οἱ δύο γραμματεῖς ἀναστάντες εἶπον τῷ λαῷ λέγοντες· σώσας τὸν λαὸν ἑατυτοῦ ὁ θεὸς ἡμῶν ἔδωκε ἡμῖν τὰς ἐντολάς.

La respuesta se encuentra en el apéndice V-20.

EL PARTICIPIO AORISTO

	Masculino		Femenino		Neutro	
	Singular	Plural	Singular	Plural	Singular	Plural
AORISTO 1º	πιστεύσας		πιστεύσασα		πιστεῦσαν	
AORISTO L. y N.	ἀποστείλας		ἀποστείλασα		ἀποστεῖλαν	
AORISTO 2º	λαβών		λαβοῦσα		λαβόν	

PARTICIPIO AORISTO

Voz Media

AORISTO 1º

	Masculino		Femanino		Neutro	
	Singular	Plural	Singular	Plural	Singular	Plural
	προσευξάμενος					

AORISTO 2º

	Masculino		Femenino		Neutro	
	Singular	Plural	Singular	Plural	Singular	Plural
	γενόμενος					

Voz Pasiva

	Masculino		Femenino		Neutro	
	Singular	Plural	Singular	Plural	Singular	Plural
	πιστευθείς					

Al terminar este capítulo usted podrá identificar el participio en posición atributiva y traducirlo con una oración subordinada adjetiva. Podrá traducir verbos contractos. Traducirá expresiones de comparación en genitivo o con ἤ. Traducirá 25 palabras nuevas.

1

En los dos capítulos anteriores hemos observado que el participio griego participa tanto de la naturaleza del verbo (tiene tema verbal; tiene tiempo y voz) como de la del adjetivo (tiene caso y género). Como adjetivo, concuerda con algún sustantivo o pronombre (que puede ser el sujeto tácito de un verbo conjugado) de la oración en que se encuentra. Dicho sustantivo o pronombre es el sujeto de la acción del participio.

Cualquier adjetivo, inclusive el participio, se coloca, en relación con el sustantivo al cual califica, en una de las siguientes posiciones.

Posición atributiva: dentro del conjunto artículo-sustantivo

ὁ **ἅγιος** λαός ὁ λαὸς **ὁ ἅγιος**
el santo pueblo

Posición predicativa: fuera del conjunto artículo-sustantivo.

ὁ λαὸς **ἅγιος** **ἅγιος** ὁ λαὸς
el pueblo es santo

Hasta ahora, hemos visto al participio solamente en posición predicativa (Cap. XIX y XX).

παρέστησαν . . . αἱ χῆραι **κλαίουσαι** καὶ **ἐπιδεικνύμεναι** . . .
Se presentaron . . . las viudas llorando y mostrando . . .

Esta posición predicativa autoriza una traducción con gerundio o con oración subordinada de tipo circunstancial (cp. XX-101).

El adverbio conjuntivo que introduce la oración circunstancial se escoge de acuerdo con el sentido del contexto.

. . . las viudas, porque lloraban y mostraban . . .
cuando lloraban y mostraban . . .
si lloraban y mostraban . . .
aunque lloraban y mostraban . . .

Los participios también pueden ocupar la posición atributiva, pero en esta posición la fuerza del participio cambia. Ya no expresa una circunstancia de la acción principal de la oración sino una cualidad del sustantivo al cual califica. Es decir, actúa más como un adjetivo.

Participio en posición atributiva:

ἐκ τῆς ὀργῆς **τῆς ἐρχομένης** (1 Ts. 1:10)
de la ira (*viniendo) venidera

Es obvio que el participio griego en posición atributiva no admite la traducción con gerundio. En el caso del participio ἐρχομένης, podemos traducirlo por medio de un adjetivo derivado del verbo *venir*: *venidera*.

	En el ejemplo siguiente el verbo *vivir* también tiene un adjetivo derivado: *viviente*.[1]
	Complete la traducción.
	Participio presente de ζάω *vivir*: ζῶν, ζῶντος, etc.
	ἡμεῖς οἱ ζῶντες . . . ἁρπαγησόμεθα. (1 Ts. 4·17)
Nosotros los vivientes seremos arrebatados.	———————————— *seremos arrebatados.*
	[1] El adjetivo *viviente* es en su origen el participio presente del verbo *vivir*, igual que el participio griego ζῶν.
2	Son relativamente pocos los verbos en español que tienen un adjetivo derivado como *venidero* o *viviente*, y aun estos adjetivos no son idóneos como traducción del participio griego en todos sus contextos. Por ejemplo, del verbo *descender* se ha formado el adjetivo *descendiente*, pero éste no sirve para traducir el participio κα-ταβαίνων del versículo siguiente.
	οὗτός ἐστιν ὁ ἄρτος **ὁ** ἐκ τοῦ οὐρανοῦ **καταβαίνων**. (Jn. 6:50) **Este es el pan descendiente del cielo.*
	El único recurso que tenemos para traducir tales participios en posición atributiva es la oración subordinada de tipo adjetivo, que, como el término indica, funciona como un adjetivo que califica al sustantivo.
	Este es el pan que desciende del cielo.
	Traduzca en el versículo siguiente el participio que está en posición atributiva, primero por medio del participio presente[1] y luego por medio de una oración subordinada adjetiva.
El padre viviente me envió.	ἀπέστειλέν με **ὁ ζῶν πατήρ** . . . (Jn. 6:57)
[o: *El viviente Padre . . .*]	Con participio presente: ———————————— *me envió.*
El Padre que vive me envió.	Con oración adjetiva: ———————————— *me envió.*
	[1] Cp. #1 nota.
3	Observe en el versículo anterior que el participio ζῶν ocupa la misma posición atributiva que ocuparía un adjetivo. Por tanto, cumple una función adjetival.
	Posición atributiva
	Participio — Adjetivo
	ὁ ζῶν πατήρ o: **ὁ** πατὴρ **ὁ ζῶν** **ὁ ἀγαθὸς** πατήρ o: **ὁ** πατὴρ **ὁ ἀγαθός**
	el **viviente** Padre el **buen** Padre
	El Padre **que vive**
	Con esta posición contrasta la posición predicativa, en la cual el participio no se traduciría ni con adjetivo ni con oración adjetiva sino con gerundio u oración circunstancial.
	Posición predicativa
	ὁ πατὴρ **ζῶν** εἰς τὸν αἰῶνα
	el Padre, **viviendo** para siempre
	el Padre, porque **vive** para siempre
	El participio de la locución siguiente está en posición (atributiva / predicativa).
atributiva	ὁ πατὴρ ὁ **πέμψας** με . . .

4 *El Padre que me envió* [1] ... [1] πέμψας es de tiempo aoristo	La oración subordinada adjetiva que se emplea para traducir el participio griego en posición atributiva comienza con un pronombre relativo como *que, el que, quien, el cual.* Traduzca la locución final del #3 por medio de una oración subordinada adjetiva. Tome en cuenta el tiempo del participio griego al conjugar el verbo en español. _____

5
 	
Si usted escogió a., vuelva a estudiar el #3.
	¿Cuál de las siguientes locuciones se traduce *el pan que descendió del cielo*?
	
	    a. ὁ ἄρτος καταβὰς ἐκ τοῦ οὐρανοῦ
	
	    b. ὁ ἄρτος ὁ καταβὰς ἐκ τοῦ οὐρανοῦ

6 (en sus propias palabras) Porque en la b. el participio está en posición atributiva, la cual autoriza una traducción con oración adjetiva.	¿Por qué es la locución b. la que se traduce *el pan que descendió del cielo*? _____ _____
7 *El pan, al descender del cielo* . . . O: *Cuando*⎤ *Porque*⎦ *el pan descendió del cielo...*	¿Cómo se traduciría la locución a. del #5? _____
8 με	La locución participial puede incluir complementos de varias clases. Por ejemplo, en las locuciones del #5 aparece el complemento circunstancial ἐκ τοῦ οὐρανοῦ. Apunte el complemento directo del participio que aparece en el último ejemplo del #3. _____

9	Un adjetivo puede sustantivarse por la omisión del sustantivo al cual modifica.
	
	                      Adjetivo sustantivado
	ὁ ἀγαθὸς ἀνήρ ὁ ἀγαθός
	el buen hombre *el bueno*
	
	El participio de posición atributiva, como adjetivo que es, también puede sustantivarse.
	
	                      Participio sustantivado
	ὁ ἀνὴρ ὁ πιστεύων ὁ πιστεύων
	el hombre ⎰ *creyente* *el* ⎰ *creyente*
	           ⎱ *que cree* ⎱ *que cree*
	
	Traduzca el versículo.

	αἰώνιος, -ον: *eterno* (las formas masculinas también se emplean para calificar a los sustantivos femeninos) ἀμήν: *de cierto, en verdad*
De cierto, de cierto os digo, el que cree tiene vida eterna.	ἀμήν, ἀμὴν λέγω ὑμῖν, ὁ πιστεύων ἔχει ζωὴν αἰώνιον. (Jn. 6:47) ————————————————————————————
10 *El que come mi carne y bebe mi sangre tiene vida eterna.*	Traduzca el versículo. τρώγω: *comer, masticar* πίνω, πίομαι, ἔπιον: *beber* ὁ τρώγων μου τὴν σάρκα καὶ πίνων μου τὸ αἷμα ἔχει ζωὴν αἰώνιον. (Jn. 6:54) ————————————————————————————
11 τρώγων y πίνων	En el versículo anterior un solo artículo ὁ sirve para sustantivar los dos participios ————————————— y ————————————— .
12 *Esta es la voluntad del que me envió…*	El participio sustantivado puede darse también en otros casos. Complete la traducción del versículo. τοῦτο δέ ἐστιν τὸ θέλημα τοῦ πέμψαντός με, ἵνα πᾶν ὃ δέδωκέν μοι μὴ ———————————————————————— , *que todo lo que me ha dado no* ἀπολέσω ἐξ αὐτοῦ ἀλλὰ ἀναστήσω αὐτὸ ἐν τῇ ἐσχάτῃ ἡμέρᾳ. (Jn. 6:39) *pierda yo nada sino que lo resucite en el día postrero.*

13	Al traducir el trozo siguiente tome en cuenta la posición atributiva o predicativa de cada participio. De esa definición depende su traducción.
	
	  αἰών, αἰῶνος, m: *eternidad* (εἰς τὸν αἰῶνα = *para siempre*)
	  ἀλλήλων, ἀλλήλοις, ἀλλήλους: *(pronombre recíproco) uno a (de, para)*
	              otro, los unos a (de, para) los otros
	  ἀποθνήσκω, ἀποθανοῦμαι, ἀπέθανον: *morir*
	  βρῶσις, -εως, f: *comida*
	  δι᾽: = διά
	  ζάω (ζῶ), ζήσω, ἔζησα: *vivir* Καφαρναούμ: *Capernaúm*
	  καθώς: *como, así como* μάχομαι: *pelear, discutir*
	  κακεῖνος: = καὶ ἐκεῖνος πόσις, -εως, f: *bebida*
	                φαγεῖν: v. ἐσθίω
	
	[52] Ἐμάχοντο οὖν πρὸς ἀλλήλους[a] οἱ Ἰουδαῖοι λέγοντες, Πῶς δύναται οὗτος
	
	————————————————————————————
	
	ἡμῖν δοῦναι τὴν σάρκα αὐτοῦ φαγεῖν[b]; [53] εἶπεν οὖν αὐτοῖς ὁ Ἰησοῦς, Ἀμὴν
	
	————————————————————————————
	
	ἀμὴν λέγω ὑμῖν, ἐὰν μὴ φάγητε[c] τὴν σάρκα τοῦ υἱοῦ τοῦ ἀνθρώπου καὶ[d]
	
	————————————————————————————
	
	πίητε[c] αὐτοῦ τὸ αἷμα, οὐκ ἔχετε ζωὴν ἐν ἑαυτοῖς[e]. [54] ὁ τρώγων μου τὴν
	
	————————————————————————————

	σάρκα καὶ πίνων μου τὸ αἷμα ἔχει ζωήν αἰώνιον, καγὼ ἀναστήσω αὐτὸν τῇ
	ἐσχάτῃ ἡμέρᾳ. ⁵⁵ἡ γὰρ σάρξ μου ἀληθής ἐστιν βρῶσις, καὶ τὸ αἷμα μου
	ἀληθής ἐστιν πόσις. ⁵⁶ὁ τρώγων μου τὴν σάρκα καὶ πίνων μου τὸ αἷμα ἐν
	ἐμοὶ μένει καγὼ ἐν αὐτῷ. ⁵⁷καθὼς ἀπέστειλέν με ὁ ζῶν πατὴρ καγὼ ζῶ διὰ
	τὸν πατέρα, καὶ⁽ᵈ⁾ ὁ τρώγων με ⁽ᵈ⁾κακεῖνος ζήσει δι' ἐμέ. ⁵⁸οὗτός ἐστιν ὁ ἄρ-
	τος ὁ ἐκ τοῦ οὐρανοῦ καταβάς, οὐ καθὼς ἔφαγον οἱ πατέρες καὶ ἀπέθανον·
	ὁ τρώγων τοῦτον τὸν ἄρτον ζήσει εἰς τὸν αἰῶνα. ⁵⁹Ταῦτα εἶπεν ἐν συναγω-
La respuesta se encuentra des- pués del #18.	γῇ διδάσκων ἐν Καφαρναούμ. (Jn. 6:52-59)

⁽ᵃ⁾ En la traducción del pronombre recíproco, la preposición que le precede se co- loca entre los dos miembros de la locución en español: *los unos con los otros* (o: *entre sí*).

⁽ᵇ⁾ El infinitivo expresa propósito (cp. XII-10).

⁽ᶜ⁾ Una forma del subjuntivo que la gramática griega requiere en esta construcción. Se traduce con el indicativo: *si no coméis . . . ni bebéis*.

⁽ᵈ⁾ Recuérdese que καί admite varias acepciones: *y, también, ni, asimismo, aun, mas*. En algunos contextos indica simplemente el comienzo de una oración.

⁽ᵉ⁾ Pronombre reflexivo; cp. XVIII-61.

Pos. atribut. **14** ⁵⁴ὁ τρώγων ... καὶ πίνων ⁵⁶ὁ τρώγων ... καὶ πίνων ⁵⁷ὁ ζῶν πατήρ ὁ τρώγων ⁵⁸ὁ ... καταβάς ὁ τρώγων Pos. predicativa ⁵²λέγοντες ⁵⁹διδάσκων	El trozo anterior contiene un gran número de participios, la mayoría de ellos en posición atributiva. Subraye todos los participios en esta posición, los cuales se han traducido por medio de oraciones subordinadas de tipo adjetivo. Señale también dos participios en posición predicativa.

15 54, 56 ὁ τρώγων . . . πίνων 57 ὁ τρώγων 58 ὁ καταβάς ὁ τρώγων	En la lista de participios en posición atributiva (respuesta #14) indique cuáles están sustantivados (cp. #9).
16 *Y (en) el primer día de los ázimos le dicen sus discípulos...*	En el #13, el versículo 54 termina con una expresión de tiempo: *en el último día.* En la redacción griega no hay ningún vocablo equivalente a la palabra *en* de la traducción, sino que el mismo caso dativo de la locución τῇ ἐσχάτῃ ἡμέρᾳ expresa la idea de tiempo. El caso dativo puede usarse para una expresión de tiempo, sin el empleo de preposición alguna. Traduzca el versículo. (Mr. 14:12) καὶ τῇ πρώτῃ ἡμέρᾳ τῶν ἀζύμων . . . λέγουσιν αὐτῷ οἱ μαθηταὶ αὐτοῦ . . . _____ ázimos _____
17 acusativo complemento directo	El pronombre recíproco ἀλλήλων (cp. #13) existe, naturalmente, sólo en plural. Carece de nominativo. Gen. ἀλλήλων *(los) unos de (los) otros* Dat. ἀλλήλοις *(los) unos a (los) otros* Ac. ἀλλήλους *(los) unos a (los) otros* Al igual que en los sustantivos, el caso mismo del pronombre recíproco puede bastar para indicar cómo debe traducirse en español. Indique el caso y la función del pronombre recíproco en el versículo siguiente. ἀσπάσασθε **ἀλλήλους** ἐν φιλήματι ἁγίῳ. (1 Co. 16:20) *Saludaos **unos a otros** con un beso santo.* Caso _____ función _____
18 *Servíos* (lit. *servid*) *unos a otros por medio del amor.*	Traduzca el versículo. διὰ τῆς ἀγάπης[1] δουλεύετε ἀλλήλοις. (Gál. 5:13) _____ [1] Repase el significado de διά seguido de este caso (XVIII-20).
	Respuesta al #13. [52] *Así que discutían entre sí los judíos diciendo, «¿Cómo puede éste darnos su carne para comer?».* [53] *Entonces Jesús les dijo: «De cierto de cierto os digo, si no coméis la carne del Hijo del Hombre ni bebéis su sangre, no tenéis vida en vosotros.* [54] *El que come mi carne y bebe mi sangre tiene vida eterna, y yo lo resucitaré en el último día;* [55] *porque mi carne es verdadera comida y mi sangre es verdadera bebida.* [56] *El que come mi carne y bebe mi sangre permanece en mí y yo en él.* [57] *Como me envío el Padre que vive, y yo vivo por el Padre, asimismo el que me come aquél también vivirá por mí.* [58] *Este es el pan que descendió del cielo, no como comieron los padres y murieron. El que come este pan vivirá para siempre».* [59] *Estas cosas dijo enseñando en (la) sinagoga en Capernaúm.*

19 *Somos miembros unos de otros.*	Traduzca el versículo. μέλος, -ους, n: *miembro* ἐσμὲν ἀλλήλων μέλη. (Ef. 4:25) _____
20 *Sed bondadosos* *unos* $\begin{Bmatrix} para \\ a \\ con \end{Bmatrix}$ *otros.*	A menudo se emplea una preposición con el pronombre recíproco, como en las locuciones a continuación. Puesto que la reciprocidad se expresa en español con dos miembros (*unos . . . otros*) la preposición se coloca entre las dos partes en la traducción. μετ᾽ ἀλλήλων *unos **con** otros* εἰς ἀλλήλους *unos* $\begin{Bmatrix} \textbf{\textit{a}} \ otros \\ \textbf{\textit{para}} \ otros \end{Bmatrix}$ Traduzca el versículo. χρηστός, -ή, -όν: *bondadoso* γίνεσθε δὲ εἰς ἀλλήλους χρηστοί. (Ef. 4:32) _____
21 *diciendo unos a otros* *diciendo entre sí*	En el trozo del #13 aparece una locución parecida a las anteriores: πρὸς ἀλλή-λους. Consta de una preposición más el pronombre recíproco, y podemos tradu-cirla como las del #20: *(los) unos con (los) otros.* Sin embargo, el español también permite otra construcción, sinónima de aquella, que incluso se parece más al griego: *entre sí.* Complete la siguiente traducción empleando las dos maneras. . . . ἐθαύμασαν, λέγοντες **πρὸς ἀλλήλους**· τίς ἄρα οὗτός ἐστιν . . . (Lc. 8:25) . . . *se maravillaron,* _____ «*¿Quién es éste . . .?*» _____
22	Hemos definido la posición atributiva del adjetivo y del participio con referencia al conjunto artículo-sustantivo (cp. #1). ¿Cómo se define la posición de un participio que califica a un sustantivo sin artí-culo o a un pronombre (que nunca lleva artículo)? Por supuesto, dicho participio no se encuentra en la posición atributiva tal como la hemos definido. No cabe tampoco en la definición de la posición predicativa, es decir, fuera del conjunto artículo-sustantivo, puesto que no hay tal conjunto. En estos casos aparece sim-plemente el pronombre (o el sustantivo carente de artículo) y el participio. Toca al lector decidir si el participio funciona como adjetivo (con la correspondiente tra-ducción mediante oración adjetiva) o si funciona de manera circunstancial (tra-ducción con oración circunstancial). El siguiente versículo contiene dos participios concordados con el pronombre οὐδείς. οὐδεὶς **ἐπιβάλων** τὴν χεῖραν ἐπ᾽ ἄροτρον καὶ **βλέπων** εἰς τὰ ὀπίσω εὐθέτος ἐστιν τῇ βασιλείᾳ τοῦ θεοῦ. (Lc. 9:62) **Nadie **poniendo** la mano sobre el arado y **mirando** hacia atrás es digno del reino de Dios.* En este contexto entendemos que los participios califican al pronombre y que la mejor traducción los transformará en una oración adjetiva.

. . . pone su mano en el arado y mira hacia atrás . . .	Complete la traducción. *Nadie que* _____ *es digno del reino de Dios.*
23 Oración adjetiva: *Vio a cierta viuda pobre **que echaba** allí...* Oración circunstancial: *Vio a cierta viuda pobre **cuando echaba** allí...* Otra: *Vio a cierta viuda pobre **echar** allí...* La mayoría de los traductores ha optado por la traducción con oración adjetiva. Cp. varias versiones del N.T.	El siguiente versículo contiene un participio concordado con un sustantivo sin artículo: χῆραν (calificado también por los adjetivos τινα y πενιχράν). La posición del participio no está definida, porque la locución carece de artículo: βάλλουσαν no está ni en posición atributiva ni en posición predicativa. Sólo el contexto total de la oración nos puede indicar si se debe traducir con oración adjetiva o con oración circunstancial (o con gerundio si el verbo principal en español lo permite; cp. XIX-101). Pruebe las dos interpretaciones e indique cuál le parece más adecuada para el contexto. εἶδεν δὲ τινα χῆραν πενιχρὰν βάλλουσαν ἐκεῖ λέπτα δύο. (Lc. 21:2) *viuda pobre* *dos moneditas* Oración adjetiva: *Vio* _____ Oración circunstancial: *Vio* _____ ¿Otra traducción posible? _____
24 presente durativo	¿Por qué en el versículo anterior se usa la forma *echaba* y no *echó* para traducir el participio? Tanto *echaba* como *echó* expresan acción en el tiempo pasado. Difieren en cuanto al aspecto que enfocan de esa acción: *echaba* recalca el aspecto durativo; *echó* el aspecto indefinido. Para contestar esta pregunta, hay que analizar el tiempo del participio y qué aspecto de la acción enfoca ese tiempo βάλλουσαν: tiempo _____ , que indica aspecto (durativo / indefinido).
25	Traduzca el pasaje, poniendo atención a la posición de los participios, para traducirlos o con oración adjetiva o con oración circunstancial (o con gerundio). Fíjese además en el tiempo de cada participio, para definir correctamente el aspecto de la acción y su relación con el tiempo del verbo principal. ἀληθῶς: *de cierto, de verdad* ἀναβλέπω: (ανά + βλέπω) *levantar los ojos; recobrar la vista* βίος, -ου, m: *vida, sustento, propiedad* γαζοφυλάκιον, -ου, n: *tesorería del templo; caja de las ofrendas* δῶρον, -ου, n: *ofrenda* λέπτον, -ου, n: *monedita* πενιχρός, -ά, -όν: *pobre, necesitado* περισσεύω, περισσεύσω, ἐπερίσσευσα: *sobrar* πλείων, πλεῖον: (adjetivo, comparativo de πολύς) *más* πλούσιος, -α, -ον: *rico* πτωχός, -ή, -όν: *pobre* ὑστέρημα, -ατος, n: *falta, carencia, pobreza, miseria* χήρα, -ας, f: *viuda*

	[1] Ἀναβλέψας δὲ εἶδεν τοὺς βάλλοντας εἰς τὸ γαζοφυλάκιον τὰ δῶρα αὐτῶν _____ πλουσίους. [2] εἶδεν δέ τινα χήραν πενιχρὰν βάλλουσαν ἐκεῖ λέπτα δύο, _____ [3] καὶ εἶπεν, Ἀληθῶς λέγω ὑμῖν ὅτι ἡ χήρα αὕτη ἡ πτωχὴ πλεῖον πάντων[a] _____ ἔβαλεν· [4] πάντες γὰρ οὗτοι ἐκ τοῦ περισσεύοντος αὐτοῖς ἔβαλον εἰς τὰ _____ δῶρα, αὕτη δὲ ἐκ τοῦ ὑστερήματος αὐτῆς πάντα τὸν βίον ὃν εἶχεν ἔβαλεν. _que_ (Lc. 21:1-4) _____
La traducción se encuentra después del #26.	[a] Caso genitivo después del adjetivo comparativo; úsese la palabra _que_ en la traducción de la locución

26
 	
1. Ἀναβλέψας
Pos. predicativa
Trad. gerundio o infinitivo
2. βάλλοντας
Pos. atributiva
Trad. oración adjetiva
3. βάλλουσαν
Pos. ambigua
Trad. oración adjetiva (cp. #23)
4. περισσεύον-τος
Pos. atributiva
Trad. oración adjetiva
	Apunte aquí los participios del trozo anterior. Defina su posición y la consecuente construcción gramatical que se emplea en la traducción.
	
	Las posiciones son atributiva (cp. #1), predicativa (cp. #1), o ambigua (cp. #23). La traducción que corresponde a la posición atributiva es la de la oración adjetiva (#2). La posición predicativa admite, según el contexto, la traducción con oración circunstancial, gerundio o infinitivo (#1).
	
	                                              Tipo de construcción gramatical
	                   Posición en la traducción
	
	1. _____ _____ _____
	
	2. _____ _____ _____
	
	3. _____ _____ _____
	
	4. _____ _____ _____

	Respuesta al #25. [1] _Y levantando (al levantar) los ojos vio a los ricos que echaban sus ofrendas en la caja de las ofrendas._ [2] _Y vio a cierta viuda pobre que echaba allí dos moneditas,_ [3] _y dijo: «De verdad os digo que esta viuda pobre echó más que todos._ [4] _Pues todos éstos echaron en las ofrendas de lo que les sobraba pero ésta de su pobreza echó todo el sustento que tenía._

27	Marque con una x cada verbo (tomados del #25) que usted no tradujo en forma igual a la respuesta.
	
	    v. 1, 2 εἶδεν _vio_ _____
	
	    v. 3 εἶπεν _dijo_ _____

λέγω   *digo*   _____

ἔβαλεν   *echó*   _____

v. 4   ἔβαλον   *echaron*   _____

ἔβαλε   *echó*   _____

Analice ahora los verbos marcados para descubrir a qué se debe la falla en la traducción.

	Tiempo	Modo	Voz	Pers.	Núm.	1ª parte fund.	Traducción
εἶδεν							
εἶπεν							
λέγω							
ἔβαλεν							
ἔβαλον							
ἔβαλε							

La respuesta se encuentra después del #35.

28

No es genitivo absoluto porque funciona dentro de la estructura gramatical de la oración; es término de la preposición ἐκ.

En el pasaje del #25 hay un participio en caso genitivo: τοῦ περισσεύοντος. ¿Constituye este participio un genitivo absoluto? Antes de contestar, repase la definición del genitivo absoluto en el capítulo XX-57, 58.

El participio ποῦ περισσεύοντος (es / no es) un genitivo absoluto, porque _____

_____

29

genitivo

En la oración siguiente (tomada del trozo #25) aparece el adjetivo comparativo πλεῖον *más*.[1] La palabra que le sigue, πάντων, es el otro miembro de la comparación. ¿En cuál caso está? _____

    ἡ χήρα . . . πλεῖον πάντων ἄβαλεν.
    La viuda echó más que todos.

[1] πλεῖον es la forma del género neutro del adjetivo πλείων, πλεῖον, de 3ª declinación (πλείων, πλείονος, πλείονι, etc.)

30

τοῦ κυρίου

La expresión *más que* se expresa en la oración anterior por medio del adjetivo comparativo seguido del sustantivo (el adjetivo sustantivado) en caso genitivo. Esta nueva función del caso genitivo se conoce como **genitivo de comparación**.

Complete las palabras griegas.

    ὁ μαθητὴς ἐκήρυξε πλεῖον τ_____ κυρί_____.
    El discípulo predicó más que el señor.

31

acusativo
acusativo
genitivo

Después de identificar los casos traduzca el versículo.

    πάλιν ἀπέστειλεν ἄλλους δούλους πλείονας τῶν πρώτων. (Mt. 21:36)

         casos _____ _____ _____

De nuevo envió a otros siervos más que los primeros.	———————————————————————
32 nominativo nominativo	Hay también otra manera para expresar la idea *más que*. La partícula ἤ[1] colocada después de una expresión comparativa funciona como nuestra palabra *que*. La palabra que le sigue es el segundo miembro de la comparación y aparece en el mismo caso del primer miembro. ἡ χήρα πλεῖον ἤ πάντες ἔβαλεν. *La viuda echó más que todos.* ¿Cuál es el caso de *la viuda*? ———————————— ¿Cuál es el caso de *todos*? ———————————— [1] Cp. la acepción *o* de esta misma palabra. (XVI-82)
33 Ἰησοῦς, nomina- tivo Ἰωάννης, nomi- nativo *Jesús hace y bautiza más discípulos que Juan.*	Al traducir el versículo siguiente, indique también el caso de las palabras en negrita. **Ἰησοῦς** πλείονας μαθητὰς ποιεῖ καὶ βαπτίζει ἤ **Ἰωάννης**. (Jn. 4:1) caso ——————————— caso ——————————— ————————————————————————
34 *éste, ésta, esto* *él, ella, ello*	Compare las dos palabras subrayadas en la oración. **αὕτη** δὲ ἐκ τοῦ ὑστερήματος **αὐτῆς** . . . ἔβαλεν La primera es una forma del pronombre (y adjetivo) οὗτος, αὕτη, τοῦτο, que significa —————————— , —————————— , —————————— . La segunda es una forma del pronombre (y adjetivo) αὐτός, αὐτή, τοῦτο, que significa —————————— , —————————— , —————————— .
35 *de ella*	La palabra αὐτῆς de la oración anterior está en caso genitivo y significa literalmente ———————————— .
	Respuesta al #27.

	Tiempo	Modo	Voz	Pers.	Núm.	1ª parte fund.	Traducción
εἶδεν	aor.	indic.	act.	3ª	sing.	ὁράω	*vio*
εἶπεν	aor.	indic.	act.	3ª	sing.	λέγω	*dijo*
λέγω	pres.	indic.	act.	1ª	sing.	λέγω	*digo*
ἔβαλεν	aor.	indic.	act.	3ª	sing.	βάλλω	*echó*
ἔβαλον	aor.	indic.	act.	3ª	pl.	βάλλω	*echaron*
ἔβαλε	aor.	indic.	act.	3ª	sing.	βάλλω	*echó*

36	La parte sin traducir en el versículo siguiente contiene dos participios. Como paso previo a la traducción, analice estos participios.

	γνόντες τὴν χάριν τὴν δοθεῖσάν μοι, Ἰάκωβος καὶ Κηφᾶς καὶ Ἰωάννης . . .

γνόντες τὴν χάριν τὴν δοθεῖσάν μοι, Ἰάκωβος καὶ Κηφᾶς καὶ Ἰωάννης . . .
Jacobo y Cefas y Juan . . .

1. γνόντες aoristo activa nom. pl. masc. γινώσκω ambigua

δεχιὰς ἔδωκαν ἐμοὶ καὶ Βαρναβᾷ κοινωνίας. (Gal. 2:9)
dieron la diestra a mí y a Bernabé en señal de compañerismo.

2. δοθεῖσάν aoristo pasiva ac. sing. fem. δίδωμι atributiva

Posición (atributiva, predicativa, ambigua)

Participio	Tiempo	Voz	Caso	Núm.	Gén.	1ª parte fund.	
1. _____	_____	___	___	___	___	_____	_____
2. _____	_____	___	___	___	___	_____	_____

37

Reconociendo (Cuando reconocieron, Al reconocer, Habiendo reconocido) la gracia que me fue dada,...

Complete la traducción del versículo anterior de acuerdo con lo que le señala el análisis. Emplee el significado *reconocer* para el verbo γινώσκω.

_____

Nota: Si su traducción del versículo anterior falló en algún punto, compare ese punto con el análisis del #36. Pregúntese cuál indicación del análisis le faltó tomar en cuenta a la hora de hacer la traducción.

38

Toda traducción se basa en la información proporcionada por un cuidadoso análisis de la forma de las palabras (i.e. el caso, género, etc. en los sustantivos, o el tiempo, modo, etc. en los verbos). Pero también hay que tener presente la valiosa información que brindan ciertos fenómenos como la posición de las palabras, como por ejemplo, las posiciones atributiva o predicativa de los participios.

Tomando en cuenta todos estos factores, traduzca el versículo siguiente.

μέσος, -η, -ον: *medio*
ξηρός, -ά, -όν: *seco*

εἶπεν δε τῷ ἀνδρὶ τῷ ξηρὰν ἔχοντι τὴν χεῖρα, Ἔγειρε καὶ στῆθι[1] εἰς τὸ μέσον· καὶ ἀναστὰς ἔστη. (Lc. 6:8)

_____

_____

La respuesta se encuentra después del #39.

[1] Imperativo aoristo 2º, 2ª persona, singular, de ἵστημι.

39

Complete la traducción del pasaje.

ἀπιστεύω, ----, ἠπίστησα: *no creer*
κακεῖνοι: = καὶ ἐκεῖνοι
κλαίω: *llorar*
πενθέω: *estar triste*
πρωΐ: *en la madrugada*
σάββατον, -ου, n: *semana, sábado*

[9] Ἀναστὰς[(a)] δὲ πρωΐ πρώτῃ[(b)] σαββάτου ἐφάνη πρῶτον Μαρίᾳ τῇ

_____ *apareció* _____

438

Μαγδαληνῇ . . . ¹⁰ἐκείνη πορευθεῖσα ἀπήγγειλεν τοῖς μετ' αὐτοῦ

_____

γενομένοις⁽ᶜ⁾ πενθοῦσι⁽ᵈ⁾ καὶ κλαίουσιν·⁽ᵈ⁾ ¹¹κἀκεῖνοι ἀκούσαντες ὅτι ζῇ καὶ

_____ *vive* ___

ἐθεάθη ὑπ' αὐτῆς ἠπίστησαν. (Mr. 16:9-11)

fue visto _____

La respuesta se encuentra después del #40.

⁽ᵃ⁾ Use la acepción *resucitar*.
⁽ᵇ⁾ Súplase la palabra ἡμέρα.
⁽ᶜ⁾ Emplee la acepción *estar*.
⁽ᵈ⁾ Verifique el caso en la tabla del participio presente.

Respuesta al #38.

> *Y dijo al hombre que tenía la mano seca: «Levántate y ponte en medio».*
> *Y* { *habiéndose levantado* / *se levantó y* } *se paró.*

Si no acertó en cierto detalle de la traducción, quiere decir que no tomó en cuenta todos los factores mencionados en el #38. Analice detalladamente cada forma en que se equivocó, para averiguar dónde se le escapó la información necesaria para la correcta traducción.

Es importante que no siga adelante sino hasta haber diagnosticado sus problemas en el análisis. Si le es necesario, vuelva a repasar verbos y sustantivos en las tablas de los capítulos XIX-XVIII. Si el problema está en los participios, repase los capítulos XIX-XX.

40

Hay un grupo de verbos bastante comunes que se denominan verbos contractos. En estos verbos el tema termina en una de las vocales α, ε, o.
Cuando la vocal final del tema se une con la vocal (o el diptongo) de la desinencia verbal, estas vocales se contraen, como se ve en el paradigma de ἀγαπάω *amar*, tiempo presente, modo indicativo.

Tema		Desinencia		Forma contracta	Traducción
ἀγαπα-	+	-ω	→	ἀγαπῶ	*amo*
ἀγαπα-	+	-εις	→	ἀγαπᾷς	_____
ἀγαπα-	+	-ει	→	ἀγαπᾷ	_____
ἀγαπα-	+	-ομεν	→	ἀγαπῶμεν	_____
ἀγαπα-	+	-ετε	→	ἀγαπᾶτε	_____
ἀγαπα-	+	-ουσι	→	ἀγαπῶσι(ν)	_____

Fijándose en las formas contractas, traduzca el paradigma.

amas
ama
amamos
amáis
aman

Respuesta al #39.

⁹ *Y habiéndose resucitado (o: después que resucitó), en la madrugada, el primer día de la semana, apareció primero a María Magdalena . . .* ¹⁰ *Ella fue y (lit. yendo aquélla) anunció a los que habían estado con él mientras estaban tristes y lloraban.* ¹¹ *Ellos (aquellos), cuando oyeron (o: al oír) que vivía (lit. vive) y que fue visto por ella, no creyeron.*

41
 	
 1. *Dios te ama.*
 	
 2. *Amamos a nuestro padre.*
 	
 3. *¿Me amas, Pedro?*
 	
 4. *Los malvados aman las malas obras.*
	Traduzca las oraciones.
	
	    1. ὁ θεὸς ἀγαπᾷ σε.
	
	      ————————————————
	
	    2. ἀγαπῶμεν τὸν πατέρα ἡμῶν.
	
	      ————————————————
	
	    3. ἀγαπᾷς με, Πέτρε;
	
	      ————————————————
	
	    4. οἱ πονηροὶ ἀγαπῶσι τὰ ἔργα τὰ κακά.
	
	      ————————————————

42 circunflejo	¿Qué tipo de acento llevan todas las sílabas contractas del verbo ἀγαπάω? ————————————

43

Analizando las contracciones que ocurren en la conjugación del tiempo presente de ἀγαπάω (#40), complete la siguiente tabla de contracciones.

		Vocal final del tema		Vocal inicial de la desinencia		Contracción
1.	2ª y 3ª pers. sing.	α	+	ει	→	ᾳ
2.	2ª pers. pl.	α	+	ε	→	____
3.	1ª pers. sing.	α	+	ω	⎫	
	1ª pers. pl.	α	+	ο	⎬ →	____
	3ª pers. pl.	α	+	ου	⎭	

2. α
3. ω

44

Supla las formas correctas del verbo ἀγαπάω.

   1. ἐγώ σε ——————————.

   2. ὑμεῖς ———————— τὸν κύριον τὸν θεὸν ὑμῶν.

   3. οἱ πιστεύοντες εἰς τὸν Ἰησοῦν ———————— τοὺς ἀελφούς.

1. ἀγαπῶ
2. ἀγαπᾶτε
3. ἀγαπῶσι

45

La forma ἀγαπᾶτε aparece en la conjugación del #40 como 2ª persona plural del indicativo.

Así como en todos los demás verbos la forma de 2ª persona plural en tiempo presente vale tanto para el imperativo como para el indicativo, ἀγαπᾶτε también es una forma del imperativo.

Amaos (amad) unos a otros.

   Traduzca el mandato.   ἀγαπᾶτε ἀλλήλους. ————————

46

Puesto que las voces media y pasiva se construyen con el mismo tema verbal terminado en vocal (ἀγαπα-), la contracción de ésta con la vocal inicial de las desinencias ocurre también en esas voces.

Complete la conjugación según las fórmulas de contracción del #43.

	Voces media y pasiva, tiempo presente
	Tema Desinencia Forma contracta
	ἀγαπα- + -ομαι → ἀγαπῶμαι
	ἀγαπα- + -εσαι[1] → ἀγαπᾶσαι
	ἀγαπα- + -εται → _____
	ἀγαπα- + -ομεθα → _____
	ἀγαπα- + -εσθε → _____
ἀγαπᾶται ἀγαπώμεθα ἀγαπᾶσθε ἀγαπῶνται	ἀγαπα- + -ονται → _____
	[1] Esta desinencia es distinta de la acostumbrada -η de 2ª persona singular, que es en realidad una contracción de -εσαι causada por la desaparición de la σ.

47	Traduzca las oraciones.
1. *El hijo es amado por el padre.*	1. ὁ υἱὸς ὑπὸ τοῦ πατρὸς ἀγαπᾶται. _____
2. *Los discípulos son amados por su Señor.*	2. οἱ μαθηταὶ ἀγαπῶνται ὑπὸ τοῦ κυρίου αὐτῶν. _____

48	El infinitivo de tiempo presente también está sujeto a las fórmulas de contracción. Forme los infinitivos.
	Tema Sufijo de inf. Forma contracta Traducción
	Voz activa: ἀγαπα- + -εν[1] → _____ *amar*
	Voces media y pasiva: ἀγαπα- + -εσθαι → _____ *amarse, ser amado*
ἀγαπᾶν ἀγαπᾶσθαι	[1] El sufijo es –εν en vez del acostumbrado –ειν.

49	Traduzca el versículo.
Así deben los hombres amar a sus propias[1] mujeres como a sus propios[1] cuerpos. El que ama a su mujer a sí mismo (se) ama. [1] literalmente: *de sí mismo(s)*	οὕτως ὀφείλουσιν καὶ οἱ ἄνδρες ἀγαπᾶν τὰς ἑαυτῶν γυναῖκας ὡς τὰ ἑαυτῶν σώματα. ὁ ἀγαπῶν τὴν ἑαυτοῦ γυναῖκα ἑαυτὸν ἀγαπᾷ. (Ef. 5:28) _____ _____

50	Los verbos contractos manifiestan contracciones en las vocales en toda forma verbal que se construye sobre el tema del presente[1]. Las formas de ἀγαπάω ya vistas son todas de tiempo presente (modos indicativo, imperativo e infinitivo). Hay un tiempo más que se forma a base del tema del presente y por tanto tiene formas contractas: el imperfecto.

El tiempo imperfecto consta de los siguientes elementos: aumento + tema del presente + las desinencias -ον, -ες, -ε, etc. (Obsérvese también la contracción de vocales en la adición del aumento.)

Tiempo imperfecto

Aumento		Tema		Desinencia		Forma contracta	Traducción
ε-	+	ἀγαπα-	+	-ον	→	ἠγάπων	*amaba*
ε-	+	ἀγαπα-	+	-ες	→	ἠγάπας	*amabas*
ε-	+	ἀγαπα-	+	-ε	→	ἠγάπα	*amaba*
ε-	+	ἀγαπα-	+	-ομεν	→	ἠγαπῶμεν	*amábamos*
ε-	+	ἀγαπα-	+	-ετε	→	ἠγαπᾶτε	*amabais*
ε-	+	ἀγαπα-	+	-ον	→	ἠγάπων	*amaban*

En las siguientes oraciones aparecen formas de ἀγαπάω tanto en imperfecto como en presente. Traduzca las oraciones.

1. ὁ λαὸς ὁ ἅγιος ἠγάπα τὰς ἐντολὰς τοῦ κυρίου.

_____

2. ἀγαπᾷ ὁ ἀνὴρ τὸν ἀδελφὸν αὐτοῦ;

_____

3. ἐγὼ ἠγάπων ὑμᾶς.

_____

4. ἠγάπας τὴν γυναῖκα σου;

_____

5. θέλομεν ἀγαπᾶν σε.

_____

[1] La conjugación en los otros tiempos que no se construyen sobre el tema del presente es normal, tal como indican las partes fundamentales:

Futuro	Aoristo	Aoristo pasiva
ἀγαπήσω	ἠγάπησα	ἠγαπήθην

Respuestas (margen izquierdo):

1. *El santo pueblo amaba los mandamientos del Señor.*

2. *¿Ama el hombre a su hermano?*

3. *Yo os amaba.*

4. *¿Amabas a tu mujer?*

5. *Queremos amarte.*

---

51 En las voces media y pasiva del imperfecto aparecen también las formas contractas. Complete la conjugación del imperfecto en media y pasiva, según las fórmulas de contracción del #43.

Aumento		Tema		Desinencia		Forma contracta	Traducción
ε-	+	ἀγαπα-	+	-ομην	→	ἠγαπώσην	*era amado*
ε-	+	ἀγαπα-	+	-ου	→	_____	_____
ε-	+	ἀγαπα-	+	-ετο	→	_____	_____
ε-	+	ἀγαπα-	+	-ομεθα	→	_____	_____
ε-	+	ἀγαπα-	+	-εσθε	→	_____	_____
ε-	+	ἀγαπα-	+	-οντο	→	_____	_____

Respuestas (margen izquierdo):

ἠγαπῶ
eras amado
ἠγαπᾶτο
era amado
ἠγαπώμεθα
éramos amados
ἠγπᾶσθε
erais amados
ἠγαπῶντο
eran amados

442

52	Traduzca las oraciones en que aparecen diferentes tiempos y modos de verbos contractos en –αω.

ζάω: *vivir*

1. οἱ ἀγαθοὶ ἠγάπων τὸ φῶς.

_____

2. ἐν αὐτῷ ζῶμεν.

_____

3. ὅτι ἀγαπᾷ τὸν θεόν, ἀγαπᾶτο ὑπὸ τούτου.

_____

4. εἶπεν αὐτῷ, ὁ υἱὸς σοῦ ζῇ[1].

_____

1. *Los buenos ama-ban la luz.*

2. *En él vivimos.*

3. *Porque ama a Dios, es amado por éste.*

4. *Le dijo: «Tu hijo vive».*

[1] Esta forma es una excepción de las fórmulas. Representa la 3ª persona singular del presente, voz activa.

53	RESUMEN — Verbos contractos en -αω

Consultando los cuadros indicados, confeccione una tabla de resumen de la conjugación del verbo ἀγαπάω en presente e imperfecto.

		Tiempo presente	Tiempo imperfecto
MODO INDI-CATIVO	Activa	#40 ___ ___ ___ ___ ___ ___	#50 ___ ___ ___ ___ ___ ___
	Media y pasiva	#46 ___ ___ ___ ___ ___ ___	#51 ___ ___ ___ ___ ___ ___
MODO INFINI-TIVO	Activa	#48 _____	
	Media y pasiva	#48 _____	

La respuesta se encuentra des-pués del #55.

| 54 | Además de los verbos contractos en -αω (como ἀγαπάω, ζάω, y γεννάω) hay un grupo grande de verbos en el N.T. cuyo tema termina en –ε. Se conocen como los verbos contractos en -εω.

Las contracciones que manifiestan los verbos en -εω difieren un poco de las de los verbos en -αω, porque la combinación de la ε del tema con la primera vocal de la desinencia produce diptongos distintos a los que se producen cuando la vocal del tema es α. En el #43 vimos las fórmulas para aquellas contracciones con α. A continuación otras fórumulas distintas para las contracciones con ε. |
|---|---|

Vocal final del tema		Vocal inicial de la desinencia		Contracción
ε	+	$\left\{\begin{array}{l}\varepsilon\iota\\\varepsilon\end{array}\right\}$	→	ει
ε	+	ω	→	ω
ε	+	$\left\{\begin{array}{l}o\\o\upsilon\end{array}\right\}$	→	ου

Al aplicar estas fórmulas a la conjugación del presente indicativo del verbo ποιέω *hacer* resultan las siguientes formas.

hago	ποιῶ	ποιοῦμεν	*hacemos*
haces	ποιεῖς	ποιεῖτε	*hacéis*
hace	ποιεῖ	ποιοῦσι	*hacen*

En cuatro de estas formas, sólo el acento indica que ha habido una contracción de la vocal del tema. Subraye esas formas en el paradigma.

Dos de las formas del presente muestran su carácter de verbo contracto por el diptongo que aparece entre el tema y la desinencia. Esas dos formas son

_____ y _____.

ποιῶ
ποιεῖς
ποιεῖ
ποιοῦσι
Con diptongo:
ποιοῦμεν
ποιεῖτε

---

55 Aplique las fórmulas de contracción a la formación de las voces media y pasiva.

Tiempo presente — voces media y pasiva

Tema		Desinencia		Forma contracta	Traducción
ποιε-	+	-ομαι	→	ποιοῦμαι	_____
ποιε-	+	-η[1]	→	ποιῇ	_____
ποιε-	+	-εται	→	_____	_____
ποιε-	+	-ομεθα	→	_____	_____
ποιε-	+	-εσθε	→	_____	_____
ποιε-	+	-ονται	→	_____	_____

[1] La sílaba fuerte η absorbe la ε del tema.

soy hecho
eres hecho
ποιεῖται
es hecho
ποιούμεθα
somos hechos
ποιεῖσθε
sois hechos
ποιοῦνται
son hechos

Respuesta al #53, verbos contractos en -αω.

		Tiempo presente		Tiempo imperfecto	
MODO INDI-CATIVO	Activa	ἀγαπῶ	ἀγαπῶμεν	ἠγάπων	ἠγαπῶμεν
		ἀγαπᾷς	ἀγαπᾶτε	ἠγάπας	ἠγαπᾶτε
		ἀγαπᾷ	ἀγαπῶσι	ἠγάπα	ἠγάπων
	Media y pasiva	ἀγαπῶμαι	ἀγαπώμεθα	ἠγαπώμην	ἠγαπώμεθα
		ἀγαπᾶσαι	ἀγαπᾶσθε	ἠγαπῶ	ἠγαπᾶσθε
		ἀγαπᾶται	ἀγπῶνται	ἠγαπᾶτο	ἠγαπῶντο
MODO	Activa	ἀγαπᾶν			

56

Forme de la misma manera la conjugación del imperfecto, tanto en voz activa como en las voces media y pasiva.

Tiempo imperfecto — voz activa

Tema		Desinencia		Forma contracta	Traducción
ποιε-	+	-ον	→	_____	_____
ποιε-	+	-ες	→	_____	_____
ποιε-	+	-ε	→	_____	_____
ποιε-	+	-ομεν	→	_____	_____
ποιε-	+	-ετε	→	_____	_____
ποιε-	+	-ον	→	_____	_____

Voz activa

ἐποίουν   *hacía*
ἐποίεις   *hacías*
ἐποίει   *hacía*
ἐποιοῦμεν *hacíamos*
ἐποιεῖτε   *hacíais*
ἐποίουν   *hacían*

Voces media y pasiva

Voces media y pasiva

ἐποιούμην
   era hecho
ἐποιοῦ *eras hecho*
ἐποιεῖτο *era hecho*
ἐποιούμεθα
   éramos hechos
ἐποιεῖσθε
   erais hechos
ἐποιοῦντο
   eran hechos

Tema		Desinencia		Forma contracta	Traducción
ποιε-	+	-ομην	→	_____	_____
ποιε-	+	-ου	→	_____	_____
ποιε-	+	-ετο	→	_____	_____
ποιε-	+	-ομεθα	→	_____	_____
ποιε-	+	-εσθε	→	_____	_____
ποιε-	+	-οντο	→	_____	_____

57

Los siguientes infinitivos resultan de la construcción de la vocal del tema con la vocal de los sufijos.

ποιεῖν
   hacer
ποιεῖσθαι
   hacerse
   ser hecho

	Tema	Sufijo	Forma contracta	Traducción
Infinitivo presente, voz activa:	ποιε- +	-εν	→ _____	_____
Infinitivo presente, voces media y pasiva:	ποιε- +	-εσθαι	→ _____	_____

58

RESUMEN — Verbos contractos en -εω

Consultando los cuadros indicados, confeccione una tabla de resumen de la conjugación del verbo ποιέω en presente e imperfecto.

[página siguiente]

			Tiempo presente		Tiempo imperfecto	
	MODO INDI-CATIVO	Activa	#54 ___ ___	___ ___	#56 ___ ___	___ ___
			___ ___	___ ___	___ ___	___ ___
		Media y pasiva	#55 ___ ___	___ ___	#56 ___ ___	___ ___
			___ ___	___ ___	___ ___	___ ___
La respuesta se encuentra después del #60.	MODO INFINI-TIVO	Activa	#57 ___			
		Media y pasiva	#57 ___			

59	Consultando el resumen anterior cuando le sea necesario, traduzca las siguientes oraciones.

ἀκολουθέω: seguir   περιπατέω: caminar
εὐλογέω: bendecir   ποιέω: hacer
ζητέω: buscar
καλέω: llamar; invitar
λαλέω: hablar, decir

1. Πέτρος περιεπάτει πρὸς τὸν Ἰησοῦν.

_____

2. ὁ λαὸς ηὐλογεῖτο ὑπὸ τοῦ προφήτης.

_____

3. ἤρξατο λαλεῖν τῷ ὄχλῳ.

_____

4. ἐζητούμεθα τὴν βασιλείαν τοῦ θεοῦ.

_____

5. οἱ μαθηταὶ ἀκολουθοῦσι τὸν κύριον.

_____

6. ἐκάλει με ὁ κύριος λέγων, ἀκολούθει μοι.

_____

7. εὐλογούμεθα ὑπὸ τοῦ ἁγίου πνεύματος.

_____

Respuestas (columna izquierda):

1. *Pedro caminaba hacia Jesús.*

2. *El pueblo era bendecido por el profeta.*

3. *Empezó a hablar a la multitud.*

4. *Buscábamos (para nosotros mismos)[1] el reino de Dios.*

5. *Los discípulos siguen al Señor.*

6. *El Señor me llamaba diciendo: «Sígueme».*

7. *Somos bendecidos por el Espíritu Santo.*

[1] voz media

446

60	Otros verbos, como δικαιόω *justificar*, terminan su tema en la vocal o, la cual contrae con la vocal inicial de las desinencias.

Este tercer grupo de verbos se conoce como el de los verbos contractos en -οω.

Las fórmulas de contracción son distintas de las que rigen para los verbos en -εω y -αω respectivamente.

Vocal final del tema		Vocal inicial de la desinencia		Contracción
ο	+	ω	→	ω
ο	+	ει	→	οι
ο	+	$\left\{ \begin{array}{c} ε \\ ου \end{array} \right\}$	→	ου
ο	+	ο	→	ου

Siguiendo el procedimiento de agregar las desinencias al tema según las fórmulas (cp. #54-57) complete el resumen de la conjugación de los verbos en -οω, usando el verbo δικαιόω.

RESUMEN — Verbos contractos en -οω

		Tiempo presente		Tiempo imperfecto	
MODO INDI-CATIVO	Activa	_____	_____	_____	_____
		_____	_____	_____	_____
		_____	_____	_____	_____
	Media y pasiva	_____ [1]	_____	_____	_____
		_____	_____	_____	_____
		_____	_____	_____	_____
MODO INFINI-TIVO	Activa	_____			
	Media y pasiva	_____			

La respuesta se encuentra después del #62.

[1] Forma excepcional: δικαιοῖ.

Respuesta al #58, verbos contractos en -εω.

		Tiempo presente		Tiempo imperfecto	
MODO INDI-CATIVO	Activa	ποιῶ	ποιοῦμεν	ἐποίουν	ἐποιοῦμεν
		ποιεῖς	ποιεῖτε	ἐποίεις	ἐποιεῖτε
		ποιεῖ	ποιοῦσι	ἐποῖει	ἐποίουν
	Media y pasiva	ποιοῦμαι	ποιούμεθα	ἐποιούμην	ἐποιούμεθα
		ποιῇ	ποιεῖσθε	ἐποιοῦ	ἐποιεῖσθε
		ποιεῖται	ποιοῦνται	ἐποιεῖτο	ἐποιοῦντο
MODO INFINI-TIVO	Activa	ποιεῖν			
	Media y pasiva	ποιεῖσθαι			

61	Traduzca las siguientes oraciones. $\qquad$ πληρόω: *llenar, cumplir*
1. *Somos justificados por su gracia.* 2. *Dios justifica a los que creen en Jesús.* 3. *Sed llenos del Espíritu Santo.*	1. δικαιούμεθα ὑπὸ τῆς χάριτος αὐτοῦ. _____ 2. ὁ θεὸς δικαιοῖ τοὺς πιστεύοντας εἰς τὸν Ἰησοῦν. _____ 3. πληροῦσθε πνεύματος ἁγίου. _____

62	Supla los verbos, según el resumen del #60.
1. ἐπληροῦντο 2. δικαιοῦν 3. ἐπλήρου	1. _____ αἱ ἡμέραι τῆς ἑορτῆς. **Se cumplían** los días de la fiesta. 2. τίς δύναται _____ τοὺς ἁμαρτώλους; ¿Quién puede **justificar** a los pecadores? 3. ὁ Πέτρος _____ τὸ πλοῖον τῶν ἰχθύων. Pedro **llenaba** el barco de peces.

Respuesta al #60, verbos contractos en -οω.

		Tiempo presente		Tiempo imperfecto	
MODO INDI-CATIVO	Activa	δικαιῶ δικαιοῖς δικαιοῖ	δικαιοῦμεν δικαιοῦτε[1] δικαιοῦσι	ἐδικαίουν ἐδικαίους ἐδικαίου	ἐδικαιοῦμεν ἐδικαιοῦτε ἐδικαίουν
	Media y pasiva	δικαιοῦμαι δικαιοῖ δικαιοῦται	δικαιούμεθα δικαιοῦσθε[1] δικαιοῦνται	ἐδικαιούμην ἐδικαιοῦ ἐδικαιοῦτο	ἐδικαιούμεθα ἐδικαιοῦσθε ἐδικαιοῦντο
MODO INFINI-TIVO	Activa	δικαιοῦν			
	Media y pasiva	δικαιοῦσθαι			

63	Los participios de los verbos contractos manifiestan una contracción de vocales en la sílaba inicial de la desinencia participial.

Participio presente, voz activa

Verbos contractos en -αω.

Masculino	Femenino	Neutro
ἀγαπῶν	ἀγαπῶσα	ἀγαπῶν
ἀγαπῶντος	ἀγαπώσης	ἀγαπῶντος
ἀγαπῶντι	ἀγαπώσῃ	ἀγαπῶντι
etc.	etc.	etc.

Verbos contractos en -εω.

ποιῶν	ποιοῦσα	ποιοῦν
ποιοῦντος	ποιούσης	ποιοῦντος
ποιοῦντι	ποιούσῃ	ποιοῦντι
etc.	etc.	etc.

1. -αω: ῷ -εω: ῷ (nom. sing. masc.) <u>ου</u> (todas las demás formas -οω: lo mismo que en -εω. 2. -αω llevan ω 3. -εω y -οω llevan ου	Verbos contractos en -οω. δικαιῶν δικαιοῦσα δικαιοῦν δικαιοῦντος δικαιούσης δικαιοῦντος δικαιοῦντι δικαιούσῃ δικαιοῦντι etc. etc. etc. 1. Subraye la vocal o el diptongo que resulta de la contracción de vocales en cada clase de verbo contracto. 2. Los verbos contractos en -αω llevan la vocal ____ en la sílaba inicial de la desinencia participial. 3. Fuera de su forma masculina en el caso nominativo, los verbos cntractos en -εω y -οω llevan el diptongo _____ en la sílaba inicial del participio.
64 En lugar de la -o- de las desinencias participiales, el participio contracto tiene la vocal -ω- o el diptongo -ου-.	Las sílabas características del participio presente en voz activa (cp. #63) aparecen también en las voces media y pasiva: -αω: ἀγαπ**ώ**μενος, -η, -ον -εω: ποι**ού**μενος, -η, -ον -οω: δικαι**ού**μενος, -η, -ον Compare estos participios de los verbos contractos con el participio común πιστευ**ό**μενος, -η, ον. ¿En qué difieren los participios contractos del participio común? _____ _____ _____
65	Como se ha mencionado (#50 nota) los verbos contractos se conjugan en forma normal en todos los tiempos que no se basan en el tema del presente. Las partes fundamentales de los verbos contractos más comunes se presentan a continuación. Observe en todas ellas[1] la vocal larga en la penúltima sílaba. Aprenda ahora este vocabulario, que es de mucha importancia para la lectura del N.T. Verbos contractos en -αω. ἀγαπάω, ἀγαπήσω, ἠγάπησα (fut. pas. ἀγαπηθήσομαι): *amar* ζάω, ζήσω, ἔζησα: *vivir* (En cuanto a su tiempo presente el verbo ὀράω, ὄψομαι, εἶδον *ver* pertenece a este grupo.) Verbos contractos en -εω. ἀκολουθέω, ἀκολουθήσω, ἠκολούθησα: *seguir* εὐλογέω, εὐλογήσω, εὐλόγησα: *alabar; bendecir* ζητέω, ζητήσω, ἐζήτησα (fut. pas. ζητηθήσομαι): *buscar, desear* καλέω, καλέσω, ἐκάλησα, ἐκλήθην: *llama* λαλέω, λαλήσω, ἐλάλησα, ἐλαλήθην: *hablar, decir* παρακαλέω: (παρά + καλέω) *llamar, exhortar, consolar* περιπατέω, περιπατήσω, περιεπάτησα: *andar, caminar* ποιέω, ποιήσω, ἐποίησα, (fut. pas. ποιηθήσομαι): *hacer* φοβέομαι, φοβηθήσομαι, ----, ἐφοβήθην: *temer* [1] menos καλέσω

	Verbos contractos en -οω. δικαιόω, δικαιώσω, ἐδικαίωσα (fut. pas. ἐδικαιώθην): *justificar* πληρόω, πληρώσω, ἐπλήρωσα, ἐπληρώθην: *llenar, cumplir*

66

Analice los tres participios.

ἀντιλέγω: *oponerse, contradecir*
βλασφημέω: *blasfemar, insultar*
ζῆλος, -ου, m: *celo*

ἰδόντες[(a)] δὲ οἱ Ἰουδαῖοι τοὺς ὄχλους ἐπλήσθησαν[(b)] ζήλου καὶ ἀντέλεγον τοῖς ὑπὸ Παύλου **λαλουμένοις βλασφημοῦντες.** (Hch. 13:45)

[(a)] de ὁράω.
[(b)] aoristo pasiva de πίμπλημι: *llenar*

1. aoristo activa nom. pl. masc. predicativa
2. presente pasiva dat. pl. masc. o neutro, atributiva
3. presente activa nom. pl. masc. predicativa

	Tiempo	Voz	Caso	Núm.	Gén.	Posición (cp. #1-3) atributiva / predic.
1. ἰδόντες	____	____	____	____	____	_____
2. λαλουμένοις	____	____	____	____	____	_____
3. βλαφημοῦντες	____	____	____	____	____	_____

67

Y viendo los judíos las multitudes, fueron llenos de celo y contradecían[1] las cosas dichas por Pablo, blasfemando.

[1] *tiempo imperfecto — ¿Lo tradujo así?*

Traduzca el versículo anterior en forma bastante literal.

_____

_____

_____

68

La siguiente traducción provee un buen modelo para que evalúe la suya.

Los judíos, al ver a la multitud, se llenaron de envidia y contradecían con blasfemias a cuanto Pablo decía. (Biblia de Jerusalén)

Ciertas construcciones griegas, si se traducen literalmente, hacen difícil la comprensión del versículo, por cuanto no son giros naturales del español. En el versículo anterior dichas construcciones son las siguientes:

los gerundios   *viendo, blasfemando*
el plural   *las multitudes*
la voz pasiva   *fueron llenos*

el neutro plural
y voz pasiva   }   *las cosas dichas*

Transforme su traducción de manera que exprese las mismas ideas del griego pero por medio de construcciones más idóneas en español.

_____

_____

| 69 | Analice las formas en negrita. |

ἀναζάω: (ἀνά + ζάω) revivir

ἀποθνῄσκω, ἀποθανοῦμαι, ἀπέθανον: morir

ποτέ: en un tiempo

ἐγὼ δὲ ἔζων[1] χωρὶς νόμου ποτέ· ἐλθούσης[2] δὲ τῆς ἐντολῆς ἡ ἁμαρτία ἀνέζησεν[3], ἐγὼ δὲ ἀπέθανον[4]. (Ro. 7:9-10)

Tiempo	Modo	Voz	(Pers. y Núm.) o (Caso, Núm., Gén.)	1ª parte fundamental	Traducción
1. ___	___	___	___	___	___
2. ___	___	___	___	___	___
3. ___	___	___	___	___	___
4. ___	___	___	___	___	___

La respuesta se encuentra después del #70.

| 70 | ¿Con cuál palabra concuerda el participio ἐλθούσης del versículo anterior? |

τῆς ἐντολῆς

_____

Respuesta al #69.

	Tiempo	Modo	Voz	(Pers. y Núm.) o (Caso, Núm., Gén.)	1ª parte fundamental	Traducción
1.	imperf.	indic.	act.	1ª sing.	ζάω	vivía
2.	aor.	participio	act.	gen. sing. fem.	ἔρχομαι	viniendo, al venir, cuando vino
3.	aor.	indic.	act.	3ª sing.	ἀναζάω	revivió
4.	aor.	indic.	act.	1ª sing.	ἀποθνῄσκω	morí

| 71 | ¿Qué sentido tiene el caso genitivo de la locución ἐλθούσης τῆς ἐντολῆς? |

Es un genitivo absoluto: no tiene función dentro de la estructura gramatical de la oración.

_____

_____

| 72 | Traduzca el versículo del #69. |

Yo vivía sin ley en un tiempo. Pero cuando vino el mandamiento[1], el pecado revivió y yo morí.

[1] o, Al venir el m...

_____

_____

| 73 | Analice los tres participios en negrita. |

451

	εἰ: *si* ἐνοικέω, ἐνοικήσω, ἐνῴκησα: (ἐν + οἰκέω) *vivir en, habitar* ζωοποιέω: (ζῷον *ser viviente* + ποιέω) *vivificar* θνητός, -ή, -όν: *mortal* οἰκέω, οἰκήσω: *vivir, habitar*
1. aoristo activa gen. sing. masc. ἐγείρω atributiva 2. aoristo activa nom. sing. masc. ἐγείρω atributiva 3. presente activa gen. sing. neutro ἐνοικέω atributiva.	εἰ δὲ τὸ πνεῦμα τοῦ **ἐγείραντος**[1] τὸν Ἰησοῦν ἐκ νεκρῶν οἰκεῖ ἐν ὑμῖν, ὁ **ἐγείρας**[2] τὸν Χριστὸν ἐκ νεκρῶν ζωοποιήσει καὶ τὰ θνητὰ σώματα ὑμῶν διὰ τοῦ **ἐνοικοῦντος**[3] αὐτοῦ πνεύματος ἐν ὑμῖν. (Ro. 8:11)

	Tiempo	Voz	Caso	Núm.	Gén.	1ª parte fund.	Posición[1] atributiva/predic.
1.	____	____	____	____	____	_____	_____
2.	____	____	____	____	____	_____	_____
3.	____	____	____	____	____	_____	_____

[1] Cp. #1 – 3 en caso necesario.

74 *Si el espíritu del que levantó a Jesús de los muertos vive en vosotros, el que levantó a Cristo de los muertos vivificará también vuestros cuerpos mortales por medio de su Espíritu que habita en vosotros.*	Traduzca el versículo anterior. _____ _____ _____
75 participio aoristo, activa, genitivo, singular, masculino.	La palabra en negrita viene del verbo ἐπιτίθημι. Defina qué forma es.[1] γλῶσσα, -ης, f: *lengua* ἐπιτίθημι: (ἐπί + τίθημι) *imponer* προφητεύω: *profetizar* καὶ **ἐπιθέντος** αὐτοῖς τοῦ Παύλου χεῖρας ἦλθε τὸ πνεῦμα τὸ ἅγιον ἐπ᾽ αὐτούς, ἐλάλουν τε γλώσσαις καὶ ἐπροφήτευον. (Hch. 19:6) ἐπιθέντος: _____ [1] Consulte el XX-49 en caso necesario.
76 τοῦ Παύλου No tiene función dentro de la estructura de la oración; es un genitivo absoluto.	¿Con cuál palabra concuerda ἐπιθέντος? _____ ¿Cómo funciona esa locución en la oración? _____ _____
77	Al traducir el versículo del #75, redacte el genitivo absoluto primero en forma literal y luego con una construcción más natural al español.

*Y habiéndoles Pablo impuesto las manos…	Cuando Pablo había puesto sobre ellos las manos, vino el Espíritu Santo sobre ellos, y hablaban en lenguas y profetizaban.*	_____ _____ _____

78

κατοικοῦντες
ἀγνοήσαντες
ἀναγινωσκομέ-
νας
κρίναντες

Señale cuatro participios en el versículo.

> ἀγνοέω, ----, ἠγνόησα: *no conocer, ignorar*
> ἀναγινώσκω: (ἀνά + γινώσκω) *leer*
> κατοικέω: (κατά + οἰκέω) *habitar*

οἱ γὰρ κατοικοῦντες ἐν Ἰερουσαλὴμ καὶ οἱ ἄρχοντες αὐτῶν τοῦτον ἀγνοήσαντες καὶ τὰς φωνὰς τῶν προφητῶν τὰς κατὰ πᾶν σάββατον ἀναγινωσκομένας κρίναντες ἐπλήρωσαν. (Hch. 13:27)

79

La respuesta se encuentra después del #80.

Analice los participios.

	Tiempo	Voz	Caso	Núm.	Gén.	Posición atribut. / predic.
1. κατοικοῦντες	____	____	____	____	____	_____
2. ἀγνοήσανες	____	____	____	____	____	_____
3. ἀναγινωσκομένας	____	____	____	____	____	_____
4. κρίναντες	____	____	____	____	____	_____

80

La siguiente es una traducción literal: la transformación a construcciones más castizas se da en las notas.

Los habitantes de Jerusalén y sus gobernantes, no conociendo[1] a éste (a Jesús), ni las palabras de los profetas que son leídas[2] cada sábado[3], las cumplieron condenándole[4].

[1] *porque no le conocieron*
[2] *que se leen*
[3] *todos los sábados*
[4] *al condenarle*

Al traducir el versículo del #78 tome muy en cuenta la posición de los participios, como también las siguientes notas.

τοῦτον: Se refiere a Jesús.

φωνάς: φωνή admite la acepción *palabra*

κατά: Seguido del acusativo, puede ser distributivo; en este contexto no se traduce.

κρίναντες: Úsese la acepción *condenar*; súplase el complemento directo *le*.

ἐπλήρωσαν: Súplase el complemento directo *las* (refiriéndose a τὰς φωνὰς). Úsese la acepción *cumplir*.

_____

_____

_____

Respuesta al #79.

	Tiempo	Voz	Caso	Núm.	Gén.	atributiva/predicativa
1.	pres.	act.	nom.	pl.	masc.	atributiva
2.	aor.	act.	nom.	pl.	masc.	predicativa
3.	pres.	pas.	ac.	pl.	fem.	atributiva
4.	aor.	act.	nom.	pl.	masc.	predicativa

81

RESUMEN

En este capítulo los principales puntos nuevos son los siguientes.

1. El participio en posición atributiva, el cual se traduce con una oración subordinada de tipo adjetivo.
   Distinga bien esta posición, con su traducción correspondiente, de la posición predicativa. #1-7.

   Podemos representar esquemáticamente la distinción entre las dos posiciones en la forma siguiente.

Posición	Función en la oración	Traducción
Predicativa	Expresión circunstancial	Gerundio Oración circunstancial Infinitivo
Atributiva	Adjetival	Oración adjetiva

2. El participio sustantivado. #9-12.

3. Expresiones de comparación. #30-33.

4. Verbos contractos.
   Verbos en -αω: #53
   Verbos en -εω: #58
   Verbos en -οω: #60
   Participios: #63, 64

   Asegúrese de que puede traducir el verbo contracto en cualquier tiempo.

Repase bien estos puntos antes de pasar a la prueba final.

82

RESUMEN — Vocabulario

El resumen siguiente incluye todos los verbos contractos que aparecen 80 veces o más en el N.T.[1]

ἀγαπάω, ἀγαπήσω, ἠγάπησα, (fut. pas. ἀγαπηθήσομαι): *amar*
ἀκολουθέω, ἀκολουθήσω, ἠκολούθησα: *seguir, acompañar*
ἀλλήλων, -οις, -ους: *uno a otro, los unos a los otros*
ἀμήν: *de cierto, en verdad*
ἀποθνήσκω, ἀποθανοῦμαι, ἀπέθανον: *morir*
γεννάω, γεννήσω, ἐγέννησα, ἐγεννήθην: *engendrar, dar a luz*
γλῶσσα, -ης, f: *lengua*
δικαιόω, δικαιώσω, ἐδικαίωσα, ἐδικαιώθην: *poner en la debida relación con Dios, declarar justo, justificar*
εὐλογέω, εὐλογήσω, εὐλόγησα: *bendecir, alabar*
ζάω, ζήσω, ἔζησα: *vivir*

	ζητέω, ζητήσω, ἐζήτησα, (fut. pas. ζητηθήσομαι): *buscar; procurar, desear* ἤ: (en comparaciones) *que;* (otros contextos) *o* καθώς: *como, de la manera que* καί: *y, también, ni, asimismo, aun, mas* καλέω, καλέσω, ἐκάλεσα, ἐκλήθην: *llamar, invitar* λαλέω, λαλήσω, ἐλάλησα, ἐλαλήθην: *hablar, decir* μέσος, -η, -ον: *medio, que está en medio* ὁράω, ὄψομαι, εἶδον, ὤφθην²: *ver, observar, percibir* παρακαλέω, ----, παρεκάλεσα, παρεκλήθην: *rogar; alentar; consolar* περιπατέω, περιπατήσω, περιεπάτησα: *andar, caminar* πίνω, πίομαι, ἔπιον: *beber* πλείων, πλεῖον: (adjetivo, comparativo de πολύς) *más; mayor* πληρόω, πληρώσω, ἐπλήρωσα, ἐπληρώθην: *llenar; cumplir* ποιέω, ποιήσω, ἐποίησα, (fut. pas. ποιηθήσομαι): *hacer* φοβέομαι, φοβηθήσομαι, ----, ἐφοβήθην: *temer, tener miedo* ¹ Excepciones: δικαιόω y εὐλογέω, que son menos frecuentes. ² El verbo ὁράω no sigue la pauta de los demás verbos contractos en la formación de los otros tiempos.

83		PRUEBA
		1. οἱ λαλοῦντες ἐν ἀλλήλοις ἀκολουθήσουσι τὸν ἄνδρα τὸν δόντα αὐτοῖς τὸν ἄρτον.
		2. ἀγαπᾷ τὰς ἐντολὰς τοῦ κυρίου πλεῖον τῆς σοφίας τῶν ἀνθρώπων.
		3. οἱ ἐλθόντες εἰς τὸ βαπτισθῆναι ηὐλογοῦντο ὑπὸ τοῦ προφήτου τοῦ καλοῦντος εἰς τὸ ὄνομα τοῦ θεοῦ.
La respuesta se encuentra en el apéndice V-21.		4. ἀγαπάντων τῶν ἀδελφῶν ἀλλήλους ὁ θεὸς εὐλογήσει τὴν ἐκκλησίαν.

CAPÍTULO XXII

Al terminar este capítulo usted podrá traducir oraciones subordinadas relativas. Traducirá verbos en tiempo perfecto o pluscuamperfecto. Reconocerá seis partes fundamentales de los verbos de su vocabulario. Traducirá 23 palabras nuevas, incluyendo οἶδα con sus peculiaridades.

1 *éste*	La palabra en negritas en el versículo siguiente es un pronombre relativo. τίς ἐστιν οὗτος **ὅς** λαλεῖ βλασφημίας; (Lc. 5:21) *¿Quién es éste que habla blasfemias?* El pronombre relativo introduce una oración subordinada de tipo adjetivo, la cual califica a un sustantivo o pronombre de la oración principal. ¿A cuál sustantivo o pronombre califica la oración subordinada *que habla blasfemias?* _____
2 antecedente	El sustantivo o pronombre calificado por la oración subordinada relativa se llama **antecedente** del pronombre relativo. En el versículo anterior οὗτος es el _____ del pronombre relativo.
3 λαλεῖ	El pronombre relativo cumple una función gramatical dentro de la propia oración subordinada. En el versículo anterior, ὅς es el sujeto del verbo _____ de la oración subordinada.
4 nominativo	Como todo sujeto, ὅς está en caso _____ .
5 masculino singular	El pronombre relativo reproduce el género y número de su antecedente. Como el antecedente οὗτος es de género _____ y número _____ , el pronombre relativo ὅς también lo es.
6 que	El pronombre relativo ὅς se traduce con la palabra _____ .
7 ὅς	Señale en el versículo siguiente un pronombre relativo. Ἐφώνησαν οὖν τὸν ἄντρωπον ἐκ δευτέρου ὅς ἦν τυφλός. (Jn. 9:24)
8 *Entonces llamaron una segunda vez al hombre que era ciego.*	Traduzca el versículo anterior. δεύτερος, -α, -ον: *segundo* (ἐκ δευτέρου *una segunda vez*) τυφλός, -ή, -όν: *ciego* φωνέω, φωνήσω, ἐφώνησα, ἐφωνήθην: *llamar, clamar*
9 ὅς: sujeto del verbo ἄνθρωπον: complemento directo	En el versículo del #7, ¿qué función gramatical cumple el pronombre relativo ὅς en la oración subordinada? _____ En la oración principal, ¿qué oficio desempeña ἄνθρωπον? _____

10 nominativo acusativo	El pronombre relativo ὅς está en caso _____ ; pero su antecedente ἄνθρωπον está en caso _____ .

11

El pronombre relativo puede estar en cualquier caso, según lo exija la sintaxis de la oración subordinada en que se encuentra. El pronombre manifiesta los diferentes casos y géneros por medio de la siguiente declinación.

	Singular		
	Masculino	Femenino	Neutro
Nom.	ὅς	ἥ	ὅ
Gen.	οὗ	ἧς	οὗ
Dat.	ᾧ	ᾗ	ᾧ
Ac.	ὅν	ἥν	ὅ

	Plural		
Nom.	οἵ	αἵ	ἅ
Gen.	ὧν	ὧν	ὧν
Dat.	οἷς	αἷς	οἷς
Ac.	οὕς	ἅς	ἅ

Al observar la declinación del pronombre relativo, notará que es idéntica a los juegos de desinencias que se emplean en 1ª y 2ª declinaciones. Por tanto, la declinación del pronombre relativo no presenta ningún problema nuevo de aprendizaje. Lo que sí se necesita aprender es no confundir el pronombre relativo con los artículos ὁ, ἡ, τό, que son algo parecidos. Se difieren, sin embargo, en dos cosas, lo cual permite distinguirlos siempre.

1. En las formas que se escriben igual, las del pronombre relativo tienen acento, mientras las del artículo no lo tienen.

Pronombre relativo		Artículo	
Sing.	Pl.	Sing.	Pl.
ἥ	οἵ αἵ	ἡ	οἱ αἱ

2. En las demás formas, el artículo comienza con la letra τ. El pronombre relativo carece de esa letra.

Pronombre relativo			Artículo		
οὗ	ἧς	οὗ	τοῦ	τῆς	τοῦ
ᾧ	ᾗ	ᾧ	τῷ	τῇ	τῷ
	etc.			etc.	

Identifique en el versículo siguiente un pronombre relativo y un artículo.

μακάριαι . . . αἱ κοιλίαι αἵ οὐκ ἐγέννησαν. (Lc. 23:29)
Dichosas . . . las entrañas que no engendraron.

αἱ κοιλίαι αἵ
| |
artículo |
     pronombre
     relativo

12 τὸν παῖδα Ἰησοῦν antecedente ὅν pronom. relat.	Identifique en el versículo siguiente un pronombre relativo y su antecedente. ὁ θεὸς . . . ἐδόξασεν τὸν παῖδα αὐτοῦ Ἰησοῦν ὅν ὑμεῖς μὲν παρεδώκατε . . . *Dios glorificó a su hijo Jesús a quien vosotros a la verdad entregasteis . . .* (Hch. 3:13)
13 acusativo Porque funciona	En el versículo anterior, ¿cuál es el caso del antecedente? _____ ¿Por qué está en ese caso? _____

como el complemento directo de ἐδόξασεν.	
14 complemento directo del verbo παρεδώκατε	El pronombre relativo ὅν está en caso acusativo al igual que su antecedente, pero no por la misma razón. el caso de ὅν está determinado por la función que cumple en su propia oración subordinada. Dentro de esa oración subordinada ὅν desempeña el oficio de _____.
15 que, quien, el cual (la cual, lo cual)	En el versículo del #12 el pronombre relativo está traducido por la palabra *quien*. Compare el versículo del #1 donde la traducción emplea la palabra *que* para traducir el pronombre relativo. Tanto *que* como *quien* (en estos contextos) son pronombres relativos. Otro pronombre relativo que a veces se emplea para traducir el pronombre relativo griego es *el cual* (*la cual, lo cual*). El pronombre relativo ὅς, ἥ, ὅ admite las siguientes acepciones en español: _____
16 La partícula ἤ tiene espíritu suave, y el pronombre relativo ἥ tiene espíritu rudo.	En el versículo siguiente aparece una palabra semejante a una de las formas del pronombre relativo. Es la partícula ἤ, que se traduce *o* en este contexto. ¿Cómo se distingue del pronombre relativo en caso nominativo, género femenino (ἥ)? _____ _____ εἶπεν δὲ πρὸς αὐτους, Οὐχ ὑμῶν ἐστιν γνῶναι χρόνους ἢ καιροὺς οὓς ὁ πατὴρ ἔθετο ἐν τῇ ἰδίᾳ ἐξουσίᾳ. Hch. 1:7)
17 οὕς	Identifique en el versículo anterior un pronombre relativo. _____
18 *Dijo a ellos: «No es de vosotros saber los tiempos o los momentos que el Padre puso en su propia autoridad».*	Traduzca el versículo del #16. γνῶναι: repase las partes fundamentales del γινώσκω ἔθετο: En caso necesario, cp. XII-71 y XV-28,29 para identificar esta forma verbal. ἴδιος, -α, -ον: *propio* καιρός, -οῦ, m: *momento oportuno o designado* χρόνος, -ου, m: *tiempo (duración)* _____ _____
χρόνους **19** καὶ καιροὺς	Cuál es el antecedente del pronombre relativo οὕς (#16)?
20 acusativo . . . como complemento directo del infinitivo γνῶναι.	Los antecedentes χρόνους καὶ καιροὺς están en caso _____ porque funcionan _____
21 el complemento directo de ἔθετο	El pronombre relativo οὕς también está en caso acusativo, pero la razón de ese caso hay que buscarla dentro de la propia oración subordinada en que se encuentra. Dentro de la oración subordinada, οὕς funciona como _____.

22
 	
οὗ   caso genitivo
	Identifique un pronombre relativo y defina su caso.
	
	     ἀσθενέω: *estar enfermo*
	     βασιλικός, -ή, -όν: *real; oficial real*
	
	καὶ ἦν τις βασιλικὸς οὗ ὁ υἱὸς ἠσθένει ἐν Καφαρναούμ. (Jn. 4:46)

23 βασιλικός nom.	El antecedente del pronombre relativo del versículo anterior es el sustantivo _____ , de caso _____ .
24 *Había cierto oficial en Capernaum de quien el hijo estaba enfermo.*	Ensaye una traducción del versículo del #22, usando la acepción *quien* para traducir el pronombre relativo. _____
25 *Había . . . cierto oficial cuyo hijo estaba enfermo.*	En la traducción anterior resalta el hecho de que el pronombre relativo οὗ tiene valor posesivo. Para traducirlo más exactamente, nuestra lengua nos provee un vocablo que expresa el doble valor relativo y posesivo: *cuyo(s)*. Redacte de nuevo su traducción empleando el pronombre relativo y posesivo. _____
26 *Este es mi hijo amado en quien me complací.*	El pronombre relativo puede estar precedido por una preposición. Traduzca el versículo. ἀγαπητός, -ή, -όν: *amado* εὐδοκέω, ----, εὐδόκησα: *complacerse* οὗτός ἐστιν ὁ υἱός μου ὁ ἀγαπητός, ἐν ᾧ εὐδόκησα. (Mt. 17:5) _____
27 ᾧ: dativo antecedente: ὁ υἱ- ός, nominativo	Observe el caso del pronombre relativo y su antecedente en el versículo anterior. El pronombre relativo ᾧ está en caso _____ . Su antecedente es _____ , de caso _____ .
28 *El que no está contra nosotros, está por nosotros.*	En el N.T. el pronombre relativo aparece a menudo sin antecedente expreso. Funciona, entonces, igual que el pronombre relativo español acompañado del artículo: *el que (la que), el cual (la cual),* etc. Traduzca el versículo. καθ': = κατά delante de una palabra que comienza con espíritu rudo ὃς γὰρ οὐκ ἔστιν καθ' ἡμῶν, ὑπὲρ ἡμῶν ἐστιν. (Mr. 9:40) _____

29
 	
1. Pronombre relativo: ὅ
	Las formas del neutro son frecuentes en la construcción sin antecedente. Tanto el singular como el plural se traduce por *lo que, lo cual*.
	
	Identifique los pronombres relativos y traduzca los versículos.
	
	    1. ὃ ἐποίησεν αὕτη λαληθήσεται εἰς μνημόσυνον αὐτῆς. (Mr. 14:9)
	                          memoria

Lo que hizo ella (ésta) será contado para memoria de ella. 2. Pronombre relativo: ἅ *Les dijeron lo que hizo Jesús.*	2. εἶπαν[1] αὐτοῖς ἅ ἐποίησεν Ἰησοῦς. (Jn. 11:46) ———————————————————— [1] Obsérvese el empleo de la vocal α en este verbo de aoristo 2º.
30 *El que* } *quien* } *tiene oídos para oír, oiga.*	El pronombre relativo sin antecedente expreso puede usarse con sentido de generalización, tanto en griego como en español. su empleo en sentencias como la siguiente es frecuente. Traduzca el versículo, empleando una de las acepciones mencionadas en el #28, o bien el relativo *quien*. οὖς, ὠτός, n: *oído, oreja* ὅς ἔχει ὦτα ἀκούειν ἀκουέτω. (Mr. 4:9) ————————————————————
31 un participio sustantivado (junto con su complemento directo ὦτα)	El versículo que sigue significa lo mismo que el anterior, pero la construcción griega es diferente. En el versículo del #30 el verbo ἀκουέτω tiene por sujeto a toda la oración subordinada relativa ὅς ἔχει ὦτα ἀκούειν. En cambio, en el versículo a continuación el sujeto (en negritas) del verbo ἀκουέτω no es una oración subordinada sino ——————————————————— . **ὁ ἔχων ὦτα** ἀκουέτω. (Mt. 11:15) *sujeto*
32 *El que tiene oídos oiga.*	El participio en posición atributiva se traduce por medio de una oración subordinada adjetiva (cp. XXI-2), que es en realidad una oración relativa. Por tanto, los versículos del #30 y del #31 resultan casi iguales en la traducción. Traduzca el versículo del #31. ————————————————————
33 1. *El hombre que hace su voluntad será salvo.* 2. *El hombre que hace su voluntad será salvo.*	Traduzca las oraciones. 1. ὁ ἀνὴρ ὁ ποιῶν τὸ θέλημα αὐτοῦ σωθήσεται. ———————————————————— 2. ὁ ἀνὴρ ὅς ποιεῖ τὸ θέλημα αὐτοῦ σωθήσεται. ————————————————————
34 (en sus propias palabras) La oración 1. emplea un participio y su complemento directo (ὁ ποιῶν τὸ θέλημα αὐτοῦ).	A pesar de que la traducción de las dos oraciones anteriores es idéntica, en griego la construcción de ambas es diferente. Defina la diferencia. La oración 1. emplea ——————————————— ———————————————————— La oración 2. dice lo mismo pero emplea la construcción —————— ————————————————————

La oración 2. emplea una oración subordinada relativa (ὅς ποιεῖ τὸ θέλημα αὐτοῦ).

35	Prepare un borrador de traducción (literal) del trozo siguiente, observando tanto los pronombres relativos como los diferentes empleos del participio.

αἰτέω, αἰτήσω, ᾔτησα: *pedir; exigir*
βαστάζω, βαστάσω, ἐβάστασα: *llevar*
εἴσειμι: *entrar*
εἰσπορεύομαι: (εἰς + πορεύομαι) *entrar*
ἐλεημοσύνη, -ης, f: *limosna*
ἐρωτάω, ἐρωτήσω, ἠρώτησα: *preguntar, pedir*
θύρα, -ας, f: *puerta*
ἱερόν, -οῦ, n: *templo*
κοιλία, -ας, f: *vientre, entrañas*
μέλλω, μελλήσω: *estar a punto de*
ὑπάρχω: *ser* (= εἰμί)
χωλός, -ή, -όν: *cojo*
ὡραῖος, -α, -ον: *hermoso*

[2]καί τις ἀνὴρ χωλὸς ἐκ κοιλίας μητρὸς αὐτοῦ ὑπάρχων ἐβαστάζετο, ὃν ἐτίθουν καθ᾽[a] ἡμέραν πρὸς τὴν θύραν τοῦ ἱεροῦ τὴν λεγομένην Ὡραίαν τοῦ αἰτεῖν ἐλεημοσύνην παρὰ τῶν εἰσπορευομένων εἰς τὸ ἱερόν· [3]ὃς ἰδὼν Πέτρον καὶ Ἰωάννην μέλλοντας εἰσιέναι[b] εἰς τὸ ἱερὸν ἠρώτα ἐλεημοσύνην. (Hch. 3:2,3)

[a] κατά + acusativo = sentido distributivo: *cada día*
[b] infinitivo de εἴσειμι: *entrar*

_____

_____

_____

_____

La respuesta se encuentra después del #44.

36	Analice los participios del trozo anterior.

	Tiempo	Voz	Caso	Núm.	Gén.	Posición: atrib./ pred./ambigua[1]
1. ὑπάρχων	___	___	___	___	___	___
2. λεγομένην	___	___	___	___	___	___
3. εἰσπορευομένων	___	___	___	___	___	___
4. ἰδών	___	___	___	___	___	___
5. μέλλοντας	___	___	___	___	___	___

La respuesta se encuentra después del #44.

[1] Cuando tanto el participio como el sustantivo que éste califica carece de artículo, la posición del participio no se puede definir ni como atributiva ni como predicativa, sino que es ambigua.

37	Los participios en posición ambigua se interpretan a la luz del contexto. Si parecen calificar al sustantivo (o al pronombre), se traducirán con una oración subordinada adjetiva (relativa). Si no, se empleará en la traducción una oración circunstancial, un gerundio, o un infinitivo. Cp. XXI-22ss.

ὑπάρχων *que era* μέλλοντας *que estaban*	De los tres participios analizados como de posición ambigua (#36), ¿cuáles se traducen con una oración adjetiva (relativa)? _____ _____
38 Oración circunstancial: *cuando vio...* Gerundio: *viendo...* Infinitivo: *al ver...*	El tercer participio de posición ambigua, ἰδών, puede traducirse de las tres maneras indicadas en el #37. Ensaye las tres. _____ _____ _____

39
1. ac. sing. masc.
    ἀνήρ
 	
2. nom. sing.
    masc. ἀνήρ
	Analice también los dos pronombres relativos.
	
	               Caso Núm. Gén. Antecedente
	1. ὅν (v. 2) ____ ____ ____ _____
	
	2. ὅς (v. 3) ____ ____ ____ _____

40 La respuesta se encuentra después del #44.	En el pasaje anterior hay varias construcciones cuya traducción literal no produce una buena redacción en español. Redacte ahora una mejor traducción del trozo.

41
 	
Pronombre relativo: ἧς, genitivo
 	
Antecedente: ἐξ-ουσίας, genitivo
	Se ha visto que el caso del pronombre relativo está determinado por su función dentro de la oración subordinada (#4, 9, 10, 14, etc.).
	
	A la vez que se establece ese principio gramatical fundamental, hay que reconocer también que muy frecuentemente en los escritos del N.T. el pronombre relativo es atraído al caso de su antecedente, aunque dicho caso no responda a la exigencia de la oración subordinada.
	
	Por ejemplo, en el versículo siguiente, el pronombre relativo ᾗ funciona como complemento directo del verbo γινώσκει. Por tanto, se espera verlo en caso acusativo. Sin embargo aparece en dativo, atraído a ese caso por su antecedente ὥρᾳ, caso dativo.
	
	    ἥξει ὁ κύριος τοῦ δούλου ἐκείνου . . . ἐν ὥρᾳ ᾗ οὐ γινώσκει. (Mt. 24:50)
	    Vendrá el señor de aquel siervo . . . en una hora que no sabe.
	
	Identifique en el versículo siguiente un pronombre relativo y su antecedente. Analice también el caso de ambos.
	
	    . . . καυχήσωμαι περὶ τῆς ἐξουσίας ἡμῶν, ἧς ἔδωκεν ὁ κύριος . . . (2 Co. 10:8)
	    (aunque) . . . me gloriara
	
	Pronombre relativo: _____ caso: _____
	
	Antecedente: _____ caso: _____

42 *(aunque) . . . me gloriara acerca del*	Complete la traducción del versículo anterior. _____

poder nuestro, que el Señor dio . . .	
43 complemento directo de ἔδωκεν	¿Qué oficio gramatical desempeña el pronombre relativo ἧς dentro de la oración subordinada del versículo? _____
44 acusativo . . . porque está atraído al caso (gen.) de su antecedente.	Con base en la definición de su función gramatical (#43) se esperaría ver al pronombre relativo del versículo del #41 en caso_____, pero no aparece en ese caso porque _____
	Respuesta al #35, borrador de traducción de Hch. 3:2,3 ² *Y cierto hombre que era cojo desde el vientre de su madre era llevado*⁽ᵃ⁾, *a quien ponían*⁽ᵃ⁾ *cada día junto a la puerta del templo, la llamada Hermosa, para pedir limosna de los que entraban al templo,* ³ *el cual, viendo a Pedro y Juan que estaban por entrar al templo, pedía*⁽ᵃ⁾ *limosna.* ⁽ᵃ⁾ tiempo imperfecto
	Respuesta al #36. |	Tiempo	Voz	Caso	Núm.	Gén.	Posición atribut . / predic. / ambigua
---	---	---	---	---	---	---
1.	pres.	act.	nom.	sing.	masc.	ambigua
2.	pres.	pas.	ac.	sing.	fem.	atributiva
3.	pres.	med./pas.	gen.	pl.	masc.	atributiva
4.	aor.	act.	nom.	sing.	masc.	ambigua
5.	pres.	act.	ac.	pl.	masc.	ambigua	
	Respuesta al #40. Evalúe le traducción suya a la luz de ésta de la Biblia de Jerusalén. ² *Había un hombre, tullido desde su nacimiento, al que llevaban y ponían todos los días junto a la puerta del templo llamada Hermosa para que pidiera limosna a los que entraban en el templo.* ³ *Éste, al ver a Pedro y a Juan que iban a entrar en el templo, les pidió una limosna.*
45 *. . . del agua que yo le daré . . .* El pronombre relativo οὗ está en caso genitivo, a pesar de que funciona como el complemento directo del verbo δώσω. (Se esperaría un caso acusativo.) Esto sucede por atracción al caso de su antecedente ὕδατος, caso genitivo.	Complete la traducción del versículo y comente el caso del pronombre relativo οὗ. ὃς δ' ἂν πίῃ ἐκ τοῦ ὕδατος οὗ ἐγὼ δώσω αὐτῷ, οὐ μὴ διψήσει εἰς τὸν αἰῶνα. (Jn. 4:14) *Cualquiera que beba* _____ *no tendrá sed jamás.* Comentario del pronombre relativo: _____ _____ _____

46 *No creíste mis palabras, que (las cuales) serán cumplidas (se cumplirán) en su tiempo.*	Además de las formas que hemos visto del pronombre relativo, hay otras formas largas, que funcionan de manera idéntica a ὅς, ἥ, ὅ. Constan de éstas en composición con τις. Con pocas excepciones aparecen sólo en nominativo. Singular Plural | Masc.	Fem.	Neut.	Masc.	Fem.	Neut.
---	---	---	---	---	---
ὅστις	ἥτις	ὅ τι	οἵτινες	αἵτινες	ἅτινα	 Traduzca el versículo. οὐκ ἐπίστευσας τοῖς λόγοις μου, οἵτινες πληρωθήσονται εἰς τὸν καιρὸν[1] αὐτῶν. (Lc. 1:20) _____ _____ [1] Cp. #18
47 *Los que morimos al pecado, ¿cómo viviremos aún en él?*	Al igual que las formas cortas, las formas largas del pronombre relativo pueden aparecer sin antecedente expreso. Traduzca el versículo. ἔτι: *aún, todavía* οἵτινες ἀπεθάνομεν τῇ ἁμαρτίᾳ, πῶς ἔτι ζήσομεν ἐν αὐτῇ; (Ro. 6:2) _____
48	Hemos visto hasta ahora los siguientes tiempos del verbo: 	Presente	Futuro	Imperfecto	Aoristo	
---	---	---	---	---
			1º	2º
πιστεύω	πιστεύσω	ἐπίστευον	ἐπίστευσα	ἔλαβον
creo	*creeré*	*creía*	*creí*	*tomé* | Existen dos tiempos más, los cuales se denominan en la gramática griega tiempo perfecto y tiempo pluscuamperfecto. | Perfecto	Pluscuamperfecto
πεπίστευκα	(ἐ)πεπιστεύκειν

he creído	*había creído* |
	
	Los tiempos perfecto y pluscuamperfecto corresponden a los tiempos compuestos con el verbo auxiliar *haber* en español. El significado de estos dos tiempos perfectos es paralelo en griego y en español.
	
	El **perfecto** enfoca una acción pasada que guarda relación con el presente. Dicha acción tiene para el hablante un efecto que continúa hasta el momento de hablar.
	
	    ἐγὼ **πεπίστευκα** ὅτι σὺ εἶ ὁ Χριστὸς . . . (Jn. 11:27)
	    *Yo **he creído** que tú eres el Cristo . . .*
	
	Con el **pluscuamperfecto** se expresa una acción en el pasado, anterior a otra acción pasada.
	
	    παρέθεντο αὐτοὺς τῷ κυρίῳ εἰς ὅν **πεπιστεύκεισαν**. (Hch. 14:23)
	    *Les encomendaron al Señor en quien **habían creído**.*
	
	La conjugación de los tiempos perfecto sigue los patrones siguientes.

Tiempo perfecto

reduplicación + tema verbal + desinencias del perfecto
   πε   πιστευ

$$\left\{\begin{array}{ll} -κα & -καμεν \\ -κας & -κατε \\ -κε(ν) & -κασι(ν) \end{array}\right\}[1]$$

Tiempo pluscuamperfecto

                                     desinencias del

(aumento)[2] + reduplicación + tema verbal + pluscuamperfecto
  (ἐ)   πε   πιστευ

$$\left\{\begin{array}{ll} -κειν & -κειμεν \\ -κεις & -κειτε \\ -κει & -κεισαν \end{array}\right\}$$

Siguiendo los patrones bosquejados, complete la conjugación del verbo πιστεύω en perfecto y pluscuamperfecto.

Perfecto

he creído	πεπίστευκα	_____	*hemos creído*
has creído	_____	_____	*habéis creído*
ha creído	_____	_____	*han creído*

Pluscuamperfecto

había creído	(ἐ)πεπιστεύκειν	_____	*habíamos creído*
habías creído	_____	_____	*habíais creído*
había creído	_____	_____	*habían creído*

[1] Algunos verbos, que se señalan más adelante, omiten la κ de estas desinencias.

[2] El aumento se escribe aquí entre paréntesis porque las formas del pluscuamperfecto que se encuentran en el N.T. aparecen a menudo sin aumento.

Perfecto

πεπίστευκας
πεπίστευκέ(ν)

πεπιστεύκαμεν
πεπιστεύκατε
πεπιστεύκασι(ν)

Pluscuamperfecto

(ἐ)πεπιστεύκεις
(ἐ)πεπιστεύκει

(ἐ)πεπιστεύκειμεν
(ἐ)πεπιστεύκειτε
(ἐ)πεπιστεύκεισαν

49

El prefijo denominado reduplicación en los esquemas anteriores consta de una repetición de la consonante inicial π- del tema verbal, πιστει-, más la vocal ε: πε-.

Otros verbos forman la reduplicación de manera parecida.

Verbo	Tiempo perfecto	
δουλέω	δεδούλευκα	*he servido*
μένω	μεμένηκα[1]	_____
κρίνω	κέκρικα[1]	_____

Traduzca los dos verbos citados arriba.

[1] Los cambios en el tema del verbo se comentarán en el #73.

he permanecido

he juzgado

50

En la fonética griega, hay ciertas consonantes que no admiten repetición en sílabas seguidas. Por tanto, el verbo que comienza con una de esas consonantes forma la reduplicación con otra consonante parecida, o bien sin consonante alguna, como se comenta a continuación en **a.** y **b.** respectivamente.

	a. Los verbos que comienzan con φ, θ, o χ forman la reduplicación con π, τ, y κ respectivamente.
	Presente Perfecto *revelar*: φανερόω **πε**φανέρωκα *sanar*: θεραπεύω **τε**θεράπευκα *dividir*: χωρίζω **κε**χώρικα
	b. En los verbos que comienzan con las llamadas consonantes dobles ψ, ζ, o ξ, o con dos consonantes (que no incluyen λ, ρ, μ, ni ν) la reduplicación no emplea ninguna consonante, sino que consta simplemente de una ε.
	Presente Perfecto *buscar* ζητέω ἐζήτηκα *secar(se)* ξηραίνω ἐξήραμμαι (voz pas.) *conocer* γινώσκω ἔγνωκα
a. πε, τε, κε b. ἐ	En **a.** la reduplicación en los tres verbos consta de las sílabas _____, _____, y _____, respectivamente. En **b.** la reduplicación para todos los verbos es la sílaba _____ .
51	Hemos visto la formación de la reduplicación solamente en verbos que comienzan con consonante. En los que comienzan con vocal, no hay, naturalmente, una consonante que pueda repetirse. Por tanto, la reduplicación toma la misma forma de un aumento. Presente Perfecto *seguir* ἀκολουθέω ἠκολούθηκα *pararse*[1] ἵστημι ἕστηκα *confesar* ὁμολογέω ὡμολόγηκα
η- ε- ω- No. La vocal de la reduplicación difiere de acuerdo con la vocal original del tema.	Subraye la reduplicación en las formas del perfecto. ¿Consta la reduplicación de una misma letra en todos los verbos? _____ ¿Por qué? _____ _____ [1] En los tiempos perfecto y pluscuamperfecto el verbo ἵστημι sólo admite las acepciones intransitivas *pararse* o *estar parado*.
52	Los verbos compuestos con una preposición (como ἀν/ίστημι, ἀπο/στέλλω, κατα/βαίνω, etc.) insertan la reduplicación entre la preposición y el tema verbal. La forma de la reduplicación sigue los patrones descritos en #50 y 51.
	Tema verbal que Presente comienza con: Perfecto *descender* καταβαίνω consonante: β καταβέβηκα *irse* ἀναχωρέω consonante: χ ἀνακεχώρηκα *enviar* ἀποστέλλω dos consonantes: στ ἀπέσταλκα *levantar* ἀνίστημι vocal: ι ἀνέστηκα
1. -βε-. 2. -κε-. 3. -ε-. 4. -ε-.	Subraye la reduplicación en cada forma del perfecto.

| | | 53 | En cuanto a la formación de su reduplicación, algunos verbos no caben en ninguna de las categorías ya mencionadas. Los podemos catalogar como irregulares, con respecto a la manera en que forman la reduplicación. Debido a estas y otras irregularidades de formación, la forma del perfecto constituye una de las partes fundamentales del verbo, como se destacará más adelante (#73). |

	Presente	Perfecto	
oír	ἀκούω	ἀκήκοα[1]	_____
tener	ἔχω	ἔσχηκα	_____
ver	ὁράω	ἑώρακα y ἑόρακα	_____
decir, hablar	λέγω	εἴρηκα	_____

He oído
He tenido
He visto
He hablado, dicho

Traduzca las formas del perfecto.

[1] En algunos verbos falta la -κ- de las desinencias, tanto del perfecto como del pluscuamperfecto. Quedan señalados dichos verbos por sus partes fundamentales correspondientes al tiempo perfecto (cp. #73).

---

54 Traduzca también todas las formas del tiempo perfecto que aparecen en el #50, 51 y 52.

#50 a. _____   b. _____

_____   _____

_____   _____

#51   _____

_____

_____

#52   _____

_____

_____

_____

#50 a. He revelado
He sanado
He dividido

b. He buscado
He secado
He conocido

#51 He seguido
Me he parado
He confesado

#52 He descendido
Me he ido
He enviado
He levantado

---

55 Cambie los verbos griegos del perfecto en el #50 a 3ª persona del singular (cp. #48).

Ha revelado: _____

Ha sanado: _____

Ha dividido: _____

πεφανέρωκε(ν)
τεθεράπευκε(ν)
κεχώρικε(ν)

---

56 Cambie las formas del perfecto en el #51 a la persona y el número indicados por la traducción a continuación.

Hemos seguido: _____

ἠκολουθήκαμεν ἑστήκατε ὡμολόγηκας	*Habéis colocado:* _____ *Has confesado:* _____

57

Escriba las formas del pluscuamperfecto (cp. #48) indicadas por la traducción a continuación. Se emplean verbos cuya forma base, tanto para el tiempo perfecto como para el pluscuamperfecto, se da en #49-53.

En las formas del 2. y 3. queda indicado un posible aumento. Escriba las demás formas sin preocuparse por el aumento.

1. ἀκηκόειτε
2. (ἐ)κεκρίκειν
3. (ἐ)τεθεραπεύ-κει
4. ὡμολογήκει-σαν
5. ἐζητήκειμεν
6. καταβεβήκεις

1. *Habíais oído:* _____

2. *(Yo) Había juzgado:* (ἐ)_____

3. *(Él) Había sanado:* (ἐ)_____

4. *Habían confesado:* _____

5. *Habíamos buscado:* _____

6. *Habías descendido:* _____

58

1. *Hemos creído y hemos servido a Dios.*
2. *Habéis llenado Jerusalén de vuestra ense-ñanza.*
3. *¿Porque me has visto has creí-do?*
4. *Mas Jesús había hablado de su muerte.*

Traduzca las siguientes oraciones.

1. πεπιστεύκαμεν καὶ δεδουλεύκαμεν τῷ θεῷ.

_____

2. πεπληρώκατε τὴν Ἰερουσαλὴμ τῆς διδαχῆς ὑμῶν. (Hch. 5:28)
                                                    enseñanza

_____

3. ὅτι ἑώρακάς με πεπίστευκας; (Jn. 20:29)
   (#53)

_____

4. εἰρήκει δὲ ὁ Ἰησοῦς περὶ τοῦ θανάτου αὐτοῦ.
   (#53)   *muerte*

_____

59

El participio griego existe en cuatro tiempos. Hemos visto ya tres de ellos: presente, futuro y aoristo. el último es el participio de tiempo perfecto, que se forma a base del tema reduplicado del perfecto, más las desinencias indicadas en el cuadro a continuación.

Participio de tiempo perfecto

Singular

Masculino	Femenino	Neutro
πεπιστευ**κώς**	πεπιστυ**κυῖα**	πεπιστευ**κός**
πεπιστευ**κότος**	πεπιστευ**κυίας**	πεπιστευ**κότος**
πεπιστευ**κότι**	πεπιστευ**κυίᾳ**	πεπιστευ**κότι**
πεπιστευ**κότα**	πεπιστευ**κυῖαν**	πεπιστυ**κός**

Plural

πεπιστευκότες	πεπιστευκυῖαι	πεπιστευκότα
πεπιστευκότων	πεπιστευκυιῶν	πεπιστευκότων
πεπιστευκόσι	πεπιστευκυίαις	πεπιστευκόσοι
πεπιστευκότας	πεπιστευκυίας	πεπιστευκότα

Los verbos que forman el tiempo perfecto sin -κ-, la omiten también en el participio. Por ejemplo, el perfecto de ἔρχομαι es ἐλήλυθα y por tanto su participio es ἐληλυθώς, ἐληλυθυῖα, ἐληλυθός.

La declinación masculina del participio perfecto sigue la (1ª / 2ª / 3ª) declinación.

La declinación femenina sigue la (1ª / 2ª / 3ª) declinación.

masculino: 3ª
femenino: 1ª

60

El participio perfecto indica, por lo general, una acción que antecede a la del verbo principal. Se traduce con formas del perfecto o del pluscuamperfecto[1] en español.

Participio circunstancial: πεπιστευκότες ἔχουσι τὴν ζωὴν τὴν αἰώνιον.
Habiendo creído, tienen vida eterna.
Porque han creído tienen vida eterna.

Participio adjetival: οἱ πεπιστυκότες ἀπέθανον.
Los que habían creído murieron.

Analice los participios perfectos y traduzca las oraciones.

1. πάντες **οἱ ἐγνωκότες** τὴν ἀλήθειαν ἀγαπῶσι τὸν Ἰησοῦν.

   (#50) caso _____ (S / P)

   _____

2. **καταβεβηκότος** τοῦ γραμματέως ἀπὸ τῆς Ἰερουσαλήμ, ὁ λαὸς ἦλζον εἰς

   (#52) caso _____ (S / P)

   τὸ ἀκούειν[2] τοῦ νόμου.

   _____

   _____

3. ἠγάπησεν ὁ κύριος τοὺς ἄνδρας **τοὺς ἐληλυθότας** εἰς αὐτόν.

   _____

1. nominativo plural — *Todos los que han conocido la verdad aman a Jesús.*

2. genitivo singular — *Cuando el escriba había bajado de Jerusalén, el pueblo vino para escuchar la ley.*

3. *El Señor amó a los hombres que habían venido a él.*

[1] Se emplea el tiempo que mejor responda a las exigencias del contexto del participio.

[2] Cp. XVIII-46.

61

El participio del verbo ἵστημι es frecuente en el N.T. Aunque la forma regular del participio es ἑστηκώς, ἑστηκυῖα, ἑστηκός, son más comunes las siguientes formas irregulares (abreviadas):

Participio perfecto de ἵστημι

Masc.	Fem.	Neut.
ἑστώς	ἑστῶσα	ἑστώς

Como se notó en el #51, el verbo ἵστημι en tiempo perfecto significa *pararse*, o *estar parado, estar firme*, o simplemente *estar*.

1. 2ª pers. sing. perfecto *Tú por fe **estás firme**.* 2. nom. pl. ***Los que estaban*** *dijeron a Pedro: «Verdaderamente tú también eres de ellos».* 3. ac. pl. *Y saliendo alrededor de la tercera hora, vio a otros **parados** en la plaza . . .* 4. 3ª pers. pl. pluscuamperfecto *Cuando él todavía hablaba a la multitud, he aquí su madre y sus hermanos **se pararon** afuera deseando hablarle.*	Se traduce como si fuera un participio de tiempo presente, indicando acción simultánea con la del verbo principal. Analice las formas de ἵστημι que aparecen en las siguientes oraciones. Luego traduzca cada oración. ἔτι: *todavía* ἀληθῶς: *verdaderamente* 1. σὺ δὲ τῇ πίστει **ἕστηκας**. (Ro. 11:20) _____ pers. (S / P), tiempo _____ _____ 2. οἱ **ἑστῶτες** εἶπον τῷ Πέτρῳ, Ἀληθῶς καὶ σὺ ἐξ αὐτῶν εἶ. (Mt. 26:73) caso _____ (S / P) _____ (Mt. 20:3) 3. καὶ ἐξελθὼν περὶ τρίτην ὥραν εἶδεν ἄλλους **ἑστῶτας** ἐν τῇ ἀγορᾷ . . . caso _____ (S / P) _____ *plaza* . . . 4. Ἔτι αὐτοῦ λαλοῦντος τοῖς ὄχλοις ἰδοὺ ἡ μήτηρ καὶ οἱ ἀδελφοὶ αὐτοῦ **εἱστήκεισαν** ἔξω ζητοῦντες αὐτῷ λαλῆσαι. (Mt. 12:46) _____ pers. (S / P), tiempo _____ _____ _____
62 1. *Porque han hecho la voluntad de Dios serán salvos.* 2. *Los hermanos hablaron al que había tenido el espíritu malo.* 3. *Mataron a los que habían creído en el Señor.*	Traduzca las oraciones. 1. πεποιηκότες τὸ θέλημα τοῦ θεοῦ σωθήσονται. _____ 2. οἱ ἀδελφοὶ εἶπον τῷ ἐσχηκότι πνεῦμα πονηρόν. (#53) _____ 3. ἀπέκτεινον τοὺς πεπιστευκότας εἰς τὸν κύριος. _____

63	En el tiempo perfecto, las formas de voz media y de voz pasiva son idénticas. El participio de estas dos voces se forma con las desinencias ya conocidas del participio de voz media en los otros tiempos. Éstas se agregan directamente al tema verbal reduplicado.
	
	Participio, tiempo perfecto, voces media/pasiva
	
	tema reduplicado + desinencias { πεπιστευμένος
	   πεπιστευ -μένος, -μένη, -μένον πεπιστευμένη
	                                     πεπιστευμένον

1. *Los que habían sido bautizados por el apóstol siguieron al Señor.*	Analice los participios tanto de verbos completos (1.) como de verbos defectivos (2., 3.) y traduzca las oraciones.
	1. οἱ βεβαπτισμένοι ὑπὸ τοῦ ἀποστόλου ἠκολούθησαν τῷ κυρίῳ.
2. *Todos bebieron el agua hecha vino.*	_____
	2. ἔπιον πάντες τὸ ὕδωρ οἶνον γεγενημένον.
	<center>*vino* (de γίνομαι)</center>
3. *El que ha recibido al profeta es éste.*	_____
	3. ὁ δεδεγμένος τὸν προφήτην οὗτός ἐστιν.
	(de δέχομαι)
	_____

64	En los tiempos perfecto y pluscuamperfecto unas mismas formas sirven tanto para voz media como para voz pasiva, tal como sucede en el presente y el imperfecto.

Los dos juegos de desinencias que hemos usado para la voz media en los otros tiempos también se emplean en la formación de las voces media/pasiva del perfecto y pluscuamperfecto. Se aplican directamente al tema verbal, sin ninguna vocal ni signo temporal entre tema y terminación. |

Voces media/pasiva

Perfecto	Pluscuamperfecto
tema reduplicado + des. primarias de voz media	tema reduplicado + des. secundarias de voz media

πεπιστευ $\begin{cases} \text{-μαι} & \text{-μεθα} \\ \text{-σαι}^1 & \text{-σθε} \\ \text{-ται} & \text{-νται} \end{cases}$ (ἐ)πεπιστευ $\begin{cases} \text{-μην} & \text{-μεθα} \\ \text{-σο}^1 & \text{-σθε} \\ \text{-το} & \text{-ντο} \end{cases}$

Conjugue el verbo δουλεύω en las voces media y pasiva, tanto en perfecto como en pluscuamperfecto.

Perfecto	Pluscuamperfecto
_____ _____	_____ _____
_____ _____	_____ _____
_____ _____	_____ _____

[1] Estas formas de la desinencia de 2ª pers. singular son las originarias, las cuales en otros tiempos han sido alteradas en -η (presente, futuro), -ου (imperfecto y aoristo 2º) y –ω (aoristo 1º).

Perfecto

δεδούλευμαι
δεδούλευσαι
δεδούλευται

δεδουλεύμεθα
δεδούλευσθε
δεδούλευνται

Pluscuamperfecto

(ἐ)δεδουλεύμην
(ἐ)δεδούλευσο
(ἐ)δεδούλευτο

(ἐ)δεδουλεύμεθα
(ἐ)δεδούλεσθε
(ἐ)δεδούλευντο

65	Traduzca las conjugaciones anteriores.

Perfecto

Voz media	Voz pasiva
_____ _____	_____ _____
_____ _____	_____ _____
_____ _____	_____ _____

	Pluscuamperfecto	
	Voz media	Voz pasiva
La respuesta se encuentra después del #69.	_____ _____ _____ _____ _____ _____	_____ _____ _____ _____ _____ _____

66

Las traducciones anteriores expresan el sentido particular tanto de la voz media como de la pasiva. En cambio, en los verbos defectivos las formas medio-pasivas expresan solamente un significado de voz activa.

Traduzca la oración.   δέδεγμαι πάντας τοὺς ἄνδρας.
                                        (de δέχομαι)

He recibido a todos los hombres

_____

67

1. Buscaban al hombre que había sido echado de la aldea.

2. Los que siguen al Señor han sido llenados de su Espíritu.

3. Hemos llegado a ser apóstoles de los gentiles.

Traduzca las oraciones, analizando los verbos. Consulte la lista de partes fundamentales del #73 cuando el tema del verbo sea difícil de reconocer.

1. ἐζήτουν τὸν ἄνδρα ὃς βέβλητο ἐκ τῆς κώμης.

_____

2. οἱ ἀκολουθοῦντες τῷ κυρίῳ πεπλήρωνται τοῦ πνεύματος αὐτοῦ.

_____

3. γεγενήμεθα ἀπόστολοι ἐθνῶν.

_____

68

Tal como se puede observar en formas como δέδεγμαι (#66) y βεβαπτισμένοι (#63), la consonante final del tema verbal sufre ciertas alteraciones cuando se encuentra junto a las desinencias del perfecto.

Presente, voz media	Perfecto, voz media
δέχομαι	δέδεγμαι
βαπτίζομαι	βεβάπτισμαι

Cuando la consonante final del tema verbal entra en contacto con la consonante inicial de una desinencia, sufre las alteraciones necesarias para producir una combinación de sonidos aceptable en la fonética griega.

Puesto que en el perfecto, voces media/pasiva, las desinencias -μαι, -σαι, -ται, etc. se agregan directamente al tema verbal, es muy común que la consonante final del tema se modifique. Este fenómeno se observa en los dos ejemplos arriba.

Los cambios que ocurren en las consonantes siguen las pautas que se resumen en la tabla a continuación.

	μ	σ	τ	σθ
π, β, φ	μμ	ψ	πτ	φθ
κ, γ, χ	γμ	ξ	κτ	χθ
τ, δ, θ	σμ	σ	στ	σθ
λ	λμ	λσ	λτ	λθ
ϱ	ϱμ	ϱσ	ϱτ	ϱθ
ν	μμ	νσ	ντ	νθ

letras iniciales de las desinencias

Consonante final del tema verbal

Cuando una consonante de la columna a la izquierda se encuentra junto a una de las letras del renglón de arriba (letras iniciales de las desinencias) resulta la combinación de letras que señala la tabla en el punto de intersección de las dos. Por ejemplo, el perfecto de γράφω es γέγραφα. Tomando el tema reduplicado γεγραφ- tenemos una consonante final φ. Al agregar la desinencia -μαι, que comienza con μ, tendremos la nueva combinación de consonantes indicada donde φ y μ se cruzan en la tabla: μμ.

γέγραφ + **μ**αι → γέγρα**μμ**αι

Usando la tabla se puede formar las otras personas del verbo γράφω en perfecto, voces media/pasiva.

γεγραφ + **σ**αι → _____

γεγραφ + **τ**αι → _____

γεγραφ + **μ**εθα → _____

γεγραφ + **σ**θε → _____

γέγραψαι
γέγραπται
γεγράμμεθα
γέγραφθε

Nota: Ni en este ejercicio ni en la tabla arriba aparece la formación de la tercera persona plural con –νται, por cuanto presenta tantas dificultades de combinación de consonantes que el problema se resuelve de otra manera. La explicación se dará en el #72.

69

Forme también el perfecto de las voces media/pasiva de δέχομαι.

δεδεχ + **μ**αι   δέδεγμαι

δεδεχ + **σ**αι   _____

δεδεχ + **τ**αι   _____

δεδεχ + **μ**εθα   _____

δεδεχ + **σ**θε   _____

δέδεξαι
δέδεκται
δεδέγμεθα
δέδεχθε

Respuesta al #65.

Perfecto

Voz media		Voz pasiva	
He servido para mí	*Hemos servido para nosotros*	*He sido servido*	*Hemos sido servidos*
Has servido para ti	*Habéis servido para vosotros*	*Has sido servido*	*Habéis sido servidos*
Ha servido para sí	*Han servido para si*	*Ha sido servido*	*Han sido servidos*

Pluscuamperfecto

Voz media		Voz pasiva	
Había servido para mi	*Habíamos servido para nosotros*	*Había sido servido*	*Habíamos sido servidos*
Habías servido para ti	*Habíais servido para vosotros*	*Habías sido servido*	*Habíais sido servidos*
Había servido para si	*Habían servido para sí*	*Había sido servido*	*Habían sido servidos*

70
 	
He recibido
Has recibido
Ha recibido
   Hemos recibido
   Habéis recibido
	Traduzca la conjugación del #69, recordando que δέχομαι es verbo defectivo.
	
	_____ _____
	
	_____ _____
	
	_____

71
 	
δεδέγμην
  Había recibido
δέδεξο
  Habías recibido
δέδεκτο
  Había recibido
δεδέγμεθα
  Habíamos recibido
δέδεχθε
  Habíais recibido
	Por supuesto en la formación del pluscuamperfecto también sucede la transformación de consonantes.
	
	Conjugue el verbo δέχομαι en pluscuamperfecto y traduzca las formas.
	
	                                           Traducción
	
	δεδεχ + μην → _____ _____
	
	δεδεχ + σο → _____ _____
	
	δεδεχ + το → _____ _____
	
	δεδεχ + μεθα → _____ _____
	
	δεδεχ + σθε → _____ _____

72
 	
Perfecto, pasiva
3ª pl.
 	
Las palabras del profeta han sido escritas.
	Para resolver el problema de combinar las desinencias -νται y -ντο (3ª persona plural) con un tema verbal terminado en consonante, se recurre a la conjugación perifrástica del verbo. De esta manera simplemente se evita la transformación de consonantes, porque la forma perifrástica no conjuga el verbo en cuestión sino que emplea su participio, junto con una forma conjugada del verbo εἰμί.
	
	Hemos visto verbos perifrásticos en presente e imperfecto.
	
	     Presente: δεχόμενοί εἰσιν *están recibiendo*
	     Imperfecto: δεχόμενοι ἦσαν *estaban recibiendo*
	
	En esos dos tiempos hay un mismo participio. El verbo εἰμί *estar* es el que se conjuga, en presente y en imperfecto.
	
	El verbo perifrástico en tiempo perfecto, y específicamente en las voces media/pasiva, consta del participio medio/pasivo de tiempo perfecto más el verbo εἰμί en tiempo presente.
	
	     Perfecto: βεβαπτισμένοι εἰσίν *han sido bautizados*
	                   δεδεγμένοι εἰσίν *han recibido* (verbo defectivo)
	
	En el pluscuamperfecto aparece el verbo εἰμί en imperfecto. El participio es el mismo del perfecto.
	
	     Pluscuamperfecto: βεβαπτισμένοι ἦσαν *habían sido bautizados*
	                         δεδεγμένοι ἦσαν *habían recibido*
	
	Analice el verbo y traduzca la oración.
	
	   οἱ λόγοι τοῦ προφήτου **γεγραμμένοι εἰσίν**.
	               tiempo _____, voz _____ ____ pers. (S / P)
	
	_____

| | | 73 | Por lo que llevamos visto del tiempo perfecto, tanto de voz activa como de las voces media/pasiva, resalta el hecho de que el tema verbal a menudo sufre alteraciones. Hemos observado también que algunos verbos carecen de la -κ- en las desinencias. |

Por lo que llevamos visto del tiempo perfecto, tanto de voz activa como de las voces media/pasiva, resalta el hecho de que el tema verbal a menudo sufre alteraciones. Hemos observado también que algunos verbos carecen de la -κ- en las desinencias.

Los siguientes verbos sirven de ejemplo.

Verbo	Tema del presente	Tema del perfecto
ἀποστέλλω	-στελλ-	-σταλ- (#52)
ἀκούω	ἀκου-	ἀκηκο (#53)

Puesto que no se puede predecir cuáles serán esas alteraciones en un verbo dado, las formas del perfecto, tanto de la voz activa como de las voces media/pasiva, constituyen partes fundamentales del verbo; es decir formas básicas del vocablo. Es necesario aprenderlas para poder reconocer dicho verbo en cualquier contexto. Con las formas del perfecto (activa y media/pasiva) llegan a seis las partes fundamentales del verbo griego.

Con estas seis se forman todos los tiempos del verbo, en todos los modos.

En los tratados de gramática griega, el orden usual de las partes fundamentales es el que se indica en la lista siguiente. El aoristo pasivo, que hemos visto hasta ahora en cuarto lugar de las listas, debe aparecer en último lugar, ya que las formas del perfecto se conocen como la cuarta y quinta partes fundamentales.

A continuación se presenta una lista de los verbos que han aparecido en los resúmenes de vocabulario anteriores y que tienen formas de tiempo perfecto[1]. Estas nuevas partes fundamentales deben agregarse ya a su vocabulario activo. Aparecen entre paréntesis en la columna Perfecto media/pasiva algunas formas participiales. Esto significa que para esos verbos se conoce solamente el participio medio/pasivo, y no el indicativo correspondiente. Estudie las partes fundamentales antes de pasar al #74.

---

[1] Los verbos conocidos que no aparecen en la lista carecen de formas de perfecto en el N.T.

Presente	Perfecto	Futuro Aoristo	Perfecto, media/pasiva	Aoristo Pas.	
ἀγαπάω	ἠγάπηκα		(ἠγαπημένος)		amar
ἁγιάζω	----		ἡγίασμαι		consagrar, santificar
ἀκολουθέω	ἠκολούθηκα		----		seguir
ἀκούω	ἀκήκοα		----		oír, escuchar
ἁμαρτάνω	ἡμάρτηκα		----		pecar, cometer pecado
ἀναβαίνω	ἀναβέβηκα		----		subir, ascender
ἀνοίγω	ἀνέῳγα		ἀνέῳγμαι		abrir
ἀπέρχομαι	ἀπελήλυθα		----		irse
ἀπόλλυμι	ἀπολώλεκα		ἀπόλωλα (El perfecto sin κ sirve como voz media)		destruir, matar; (v. media) perecer
ἀποστέλλω	ἀπέσταλκα		ἀπέσταλμαι		enviar
βάλλω	βέβληκα		βέβλημαι		echar, tirar; poner
βαπτίζω	----		(βεβαπτισμένος)		bautizar
γεννάω	γεγέννηκα		γεγέννημαι		engendrar, dar a luz
γίνομαι	----		γεγένημαι		hacerse, llegar a ser; estar, acontecer, venir
γινώσκω	ἔγνωκα		ἔγνωσμαι		saber, conocer
γράφω	γέγραφα		γέγραμμαι		escribir

δέχομαι	----		δέδεγμαι		recibir
δίδωμι	δέδωκα		δέδομαι		dar
δικαιόω	----		δεδικαίωμαι		declarar justo, justificar
διώκω	----		(δεδιωγμένος)		perseguir; buscar
δουλεύω	δεδούλευκα		----		servir (como siervo, esclavo)
ἐγείρω	----		ἐγήγερμαι		levantar
ἐπιγινώσκω	ἐπέγνωκα		----		saber, enterarse
ἔρχομαι	ἐλήλυθα		----		venir, ir
εὐαγγελίζω	----		εὐηγγέλισμαι		evangelizar, anunciar las buenas nuevas
εὐλογέω	εὐλόγηκα		(εὐλογημένος)		bendecir, alabar
εὑρίσκω	εὕρηκα		----		encontrar, hallar
ἔχω	ἔσχηκα		----		tener
ἵστημι	ἕστηκα		----		(trans.) colocar, poner, establecer (intrans.) ponerse, pararse
καθαρίζω	----		(κεκαθαρισμένος)		limpiar, purificar
καλέω	κέκληκα		κέκλημαι		llamar
καταβαίνω	καταβέβηκα		----		bajar, descender
κράζω	κέκραγα		----		gritar
κρίνω	κέκρικα		----		juzgar
λαλέω	λελάληκα		λελάλημαι		hablar, decir
λαμβάνω	εἴληφα		----		tomar; recibir, obtener; quitar
λέγω	εἴρηκα		εἴρημαι		decir, hablar
μένω	μεμένηκα		----		permanecer, quedar, vivir
ὁράω	ἑώρακα y ἑόρακα		----		ver, observar; percibir
παραδίδωμι	παραδέδωκα		παραδέδομαι		entregar, traicionar
παρακαλέω	----		παρακέκλημαι		rogar; alentar; consolar
πέμπω	πέπομφα		----		enviar
περιπατέω	(περι[ε]πατήκειν)		----		caminar
πίνω	πέπωκα		----		beber
πιστεύω	πεπίστευκα		πεπίστευμαι		creer
πληρόω	πεπλήρωκα		πεπλήρωμαι		llenar; cumplir
ποιέω	πεποίηκα		πεπίημαι		hacer
πορεύομαι	----		(πεπορευμένος)		ir, proceder
σῴζω	σέσωκα		σέσωσμαι		salvar; sanar
τίτημι	τέθεικα		τέθειμαι		poner

74 El infinitivo de tiempo perfecto está formado por el tema reduplicado y el sufijo -κεναι. Por supuesto los verbos que omitan la -κ- en el modo indicativo también la omiten en el infinitivo.

Infinitivo, tiempo perfecto, voz activa

πεπιστευκέναι *haber creído*
ἀκηκοέναι *haber escuchado*

Traduzca la oración.

Podía haber envia-do a sus discípulos a la ciudad.	ἐδύνατο ἀπεσταλκέναι τοὺς μαθητὰς αὐτοῦ εἰς τὴν πόλιν. _____

75

El infinitivo perfecto de las voces media/pasiva también se forma del tema redu-plicado más un sufijo. En este caso el sufijo de infinitivo, voces media/pasiva, es -σθαι.

Infinitivo, tiempo perfecto, voces media/pasiva

πεπιστεῦ**σθαι**   *haber sido creído*
ἐληλύ**σθαι**   *haber ido* (verbo defectivo)

Forme los dos infinitivos del tiempo perfecto del verbo ποιέω y tradúzcalos.

Voz activa	Voces media/pasiva
πεποιηκέναι *haber hecho* πεποιῆσθαι *haber sido hecho haberse hecho*	_____ _____

76

Uno de los verbos más comunes del N.T. οἶδα *saber, conocer*, existe solamente en los tiempos perfecto y pluscuamperfecto, pero expresa con esas formas el sentido de presente y pasado.

Las desinencias con que se conjuga οἶδα son las del perfecto y pluscuamperfecto (sin κ, cp. #53 nota).

Perfecto

conozco, sé	οἶδα	οἴδαμεν	_____
_____	οἶδας	οἴδατε	_____
_____	οἶδε(ν)	οἴδασι	_____

Pluscuamperfecto

conocí, supe ⎫
conocía, sabía ⎬

ἤδειν	ἤδειμεν	_____
_____ ἤδεις	ἤδειτε	_____
_____ ἤδει	ἤδεισαν	_____

Infinitivo: εἰδέναι   Participio: εἰδώς, εἰδυῖα, εἰδός

Complete la traducción de οἶδα.

Perfecto
conoces, sabes
conoce, sabe

conocemos, sabemos
conocéis, sabéis
conocen, saben

Pluscuamperfecto
conociste, supiste
conoció, supo

conocimos, supimos
conocisteis, supisteis
conocieron, supieron
o:
conocías, sabías
conocía, sabía
etc.

77

Traduzca los versículos.   πνευματικός, -ή, όν: *espiritual*
                             κεφαλή, -ῆς, f: *cabeza*

1. οἴδαμεν γὰρ ὅτι ὁ νόμος πνευματικός ἐστιν. (Ro. 7:14)

_____

(1 Co. 11:3)

2. θέλω ὑμᾶς εἰδέναι ὅτι παντὸς ἀνδρὸς ἡ κεφαλὴ ὁ Χριστὸς ἐστιν.

_____

3. οὐκ ᾔδει ὅτι Ἰησοῦς ἐστιν[1]. (Jn. 20:14)

_____

[1] El tiempo de este verbo tendrá que modificarse en la traducción, porque va su-

1. *Pues sabemos que la ley es es-piritual.*
2. *Deseo que voso-tros sepáis[1] que la cabeza de todo hombre es Cristo.*
3. *No sabía que era Jesús.*
[1] *Si le fue difícil traducir esta construcción,*

vuelva a repasar en el capítulo VI, los #45 a 53.	bordinado al verbo principal, que está en un tiempo pasado.

78

El verbo οἶδα se parece en algo a otra forma verbal ya conocida: el aoristo εἶδον del verbo ὁράω *ver.*

La distinción entre οἶδα e εἶδον es doble:

1. Las formas de εἶδον son de aoristo 2º y siempre se traducen en pretérito. En cambio las formas de οἶδα se conjugan según el tiempo perfecto y se traducen en presente.

    Verbo ὁράω   Verbo οἶδα

    aoristo εἶδον: *vi*   perfecto οἶδα: *conozco, sé*

2. Como se destaca en los ejemplos arriba, la segunda distinción es de significado. εἶδον significa *ver.* οἶδα significa *conocer, saber.*

Complete las traducciones.

    1. εἶδεν δόξαν θεοῦ. (Hch. 7:55)

    _____

1. *Vio (la) gloria de Dios.*

    2. ἐγὼ οἶδα αὐτόν. (Jn. 7:29)

2. *Yo lo conozco.*

    _____

79

El pronombre relativo concuerda con el antecedente en género y número, pero no tiene que estar necesariamente en un mismo caso con el antecedente. El caso de las dos palabras puede ser distinto, porque está determinado por la función que cumple cada uno dentro de su propia oración (principal o subordinada).

pronombre relativo: ὅς

antecedente: ἄνθρωπον

Identifique en el versículo siguiente un pronombre relativo y su antecedente.

    Ἐφώνησαν οὖν τὸν ἄνθρωπον ἐκ δευτέρου ὅς ἦν τυφλός. (Jn. 9:24)

    _____

80

Tengo comida para comer que vosotros no conocéis.

Traduzca el versículo.   βρῶσις, -εως, f: *comida*

Ἐγὼ βρῶσιν ἔχω φαγεῖν ἥν ὑμεῖς οὐκ οἴδατε. (Jn. 4:32)

    _____

81

El participio de εἶδον (de ὁράω) ἰδών, ἰδοῦσα, ἰδόν, es especialmente frecuente en el N.T. Distíngalo bien de los ejemplos del participio de οἶδα: εἰδώς, εἰδυῖα, εἰδός (cp. #76) que s encuentran también en los versículos siguientes.

          πλανάω: (pasiva) *errar*
          γραφή, -ῆς, f: *Escritura(s)*

1. *Viendo las multitudes, subió al monte.*

    1. ἰδὼν δὲ τοὺς ὄχλους ἀνέβη εἰς τὸ ὄρος. (Mt. 5:1)

    _____

2. *A quien sin ver (-lo) (no viendo) amáis.*

    2. ὅν οὐκ ἰδόντες ἀγαπᾶτε. (1 P. 1:8)

    _____

3. *Erráis, no conociendo las Escrituras.*	3. πλανᾶσθε μὴ εἰδότες τὰς γραφάς. (Mt. 22:29)
4. *Pues Herodes temía a Juan, conociéndolo como hombre justo y santo. [...sabiendo (que era) hombre justo y santo.]*	4. ὁ γὰρ Ἡρῴδης ἐφοβεῖτο τὸν Ἰωάννην, εἰδὼς αὐτὸν ἄνδρα δίκαιον καὶ ἅγιον. (Mr. 6:20)

82	El breve pasaje siguiente incluye varios verbos en tiempo perfecto. También contiene algunos pronombres relativos. (Para repasar el pronombre relativo revise #1-15).

Traduzca el pasaje.

> εἶδος, -ους, n: *forma, apariencia*
> ἵνα: *para que*
> μαρτυρέω, μαρτυρήσω, ἐμαρτύρησα, μεμαρτύρηκα, μεμαρτύρημαι, ἐμαρτυρήθην: *testificar, ser testigo*
> μαρτυρία, -ας, f: *testimonio*
> μείζων, -ον: (forma comparativa de μέγας) *mayor*
> οὔτε: *no, ni*
> πώποτε: *nunca, jamás*
> τελειόω, ----, ἐτελείωσα, τετελείωκα, τετελείωμαι, ἐτελειώθην: *perfeccionar, completar*

[36] ἐγὼ δὲ ἔχω τὴν μαρτυρίαν μείζω[a] τοῦ Ἰωάννου[b]· τὰ γὰρ ἔργα ἃ δέδωκέν μοι ὁ πατὴρ ἵνα τελειώσω[c] αὐτά, αὐτὰ[d] τὰ ἔργα ἃ ποιῶ, μαρτυρεῖ περὶ ἐμοῦ ὅτι ὁ πατήρ με ἀπέσταλκεν. [37] καὶ ὁ πέμψας με πατὴρ ἐκεῖνος μεμαρτύρηκεν περὶ ἐμοῦ. οὔτε φωνὴν αὐτοῦ πώποτε ἀκηκόατε οὔτε εἶδος αὐτοῦ ἑωράκατε, [38] καὶ τὸν λόγον αὐτοῦ οὐκ ἔχετε ἐν ὑμῖν μένοντα, ὅτι ὃν ἀπέστειλεν ἐκεῖνος τούτῳ ὑμεῖς οὐ πιστεύετε. (Jn. 5:36-38)

[a] Caso acusativo, masculino y femenino.
[b] El caso genitivo está regido por el comparativo μείζω. Cp. XXI-30.
[c] *cumpliera* (subjuntivo)
[d] Repase los significados de αὐτός empleado como adjetivo XVIII-54, 55.

_____

_____

_____

_____

_____

_____ |
| La respuesta se encuentra después del #84. | |

83
 	
1. ἅ (v. 36)
   ἅ (v. 36)
   ὅν (v. 38)
 	
2. δέδωκεν (36)
   ἀπέσταλκεν (36)
   μεμαρτύρηκεν (37)
   ἀκηκόατε (37)
   ἑωράκατε (37)
 	
3. ἑωράκατε (37)
 	
4. πέμψας (37)
   μένοντα (38)
	Identifique en el trozo anterior los siguientes elementos:
	
	1. Pronombres relativos: _____ (v.___); _____ (v.___); _____ (v.___)
	
	2. Verbos en tiempo perfecto:
	
	_____ (v. ___) _____ (v. ___)
	
	_____ (v. ___) _____ (v. ___)
	
	_____ (v. ___)
	
	3. Una forma del verbo ὁράω: _____ (v.___)
	
	4. Participios:_____ (v.___); _____ (v.___)

84 El participio neutro εἰδός lleva el acento sobre la última sílaba. El sustantivo εἶδος en cambio, lleva su acento en la primera sílaba.	¿Cómo se distingue el sustantivo εἶδος (v. 37) del participio neutro de οἶδα (εἰδός — cp. #76)? _____ _____
	Respuesta al #82, traducción de Jn. 5:36-38. La siguiente traducción literal tiene por propósito ilustrar las construcciones griegas. Después de comparar su traducción con ésta, revísela también a la luz de unas buenas versiones del N.T. 36 *Yo tengo mayor testimonio que Juan. Porque las obras que el Padre me ha dado para que yo las cumpliera, las obras mismas que hago, testifican acerca de mí que el Padre me ha enviado.* 37 *El Padre que me envió, Aquél (él) ha testificado acerca de mí. No habéis oído jamás su voz, ni habéis visto su forma,* 38 *y su palabra no tenéis morando en vosotros, porque a quien Aquél envió a éste vosotros no creéis.*
85	Traduzca el pasaje. ἀνακειμαι: *reclinarse, estar a la mesa;* ὁ ἀνακείμενος: *el que está a la mesa, el invitado* ἄξιος, -α, -ον: *digno* γάμος, -ου, m: *boda, salón de bodas* διέξοδος, -ου, f: (διά + ἐκ + ὁδός) *salida* (Nótese el género femenino de esta palabra de 2ª declinación. Cp. ὁδός.) ἔνδυμα, -τος, n: *ropa, vestido* ἐνδύω, ----, ἐνέδυσα, ----, (ἐνδεδυμένος): *vestir,* (voz media) *vestirse, ponerse llevar* ἐταῖρος, -ου, m: *amigo, compañero* θεάομαι, ----, ἐθεασάμην, τεθέαμαι, ἐθεάθην: *ver, mirar* νυμφών, -ῶνος, m: *salón de bodas* ὁδός, -οῦ, f: *camino, calle* (Nótese el género femenino de esta palabra de la 2ª declinación.) συνάγω, συνάξω, συνήγαγον: (σύν + ἄγω) *reunir, juntar* τέ: *y* — τε καί: *tanto . . . como* φιμόω, φιμώσω, ἐφίμωσα, ----, ----, ἐφιμώθην: *callar,* (voz pasiva) *quedar callado*

⁸τότε λέγει τοῖς δούλοις αὐτοῦ, Ὁ μὲν γάμος ἕτοιμός ἐστιν, οἱ δὲ κεκλημένοι οὐκ ἦσαν ἄξιοι· ⁹πορεύεσθε οὖν ἐπὶ τὰς διεξόδους τῶν ὁδῶν, καὶ ὅσους ἐὰν εὕρητε^(a) καλέσατε εἰς τοὺς γάμους. ¹⁰καὶ ἐξελθόντες οἱ δοῦλοι ἐκεῖνοι εἰς τὰς ὁδοὺς συνήγαγον πάντας οὓς εὗρον, πονηρούς τε καὶ ἀγαθούς. καὶ ἐπλήσθη ὁ γάμος ἀνακειμένων. ¹¹εἰσελθὼν^(b) δὲ ὁ βασιλεὺς θεάσασθαι τοὺς ἀνακειμένους εἶδεν ἐκεῖ ἄνθρωπον οὐκ ἐνδεδυμένον ἔνδυμα γάμου· ¹²καὶ λέγει αὐτῷ, Ἑταῖρε, πῶς εἰσῆλθες ὧδε μὴ ἔχων ἔνδυμα γάμου; ὁ^(c) δὲ ἐφιμώθη. (Mt. 22:8-12)

^(a) ἐὰν εὕρητε = *hallaréis, encontraréis* (locución de modo subjuntivo)
^(b) Del verbo εἰσέρχομαι
^(c) El artículo funciona aquí como pronombre.

_____

_____

_____

_____

_____

_____

La respuesta se encuentra después del #89.

_____

_____

86

1. κεκλημένοι,
   v. 8
   ἐνδεδυμένον,
   v. 11

2. ἐξελθόντες, v.
   10, aoristo
   ἀνακειμένων,
   v. 10, presente
   εἰσελθὼν, v. 12,
   aoristo
   ἀνακειμένους,
   v. 11, presente
   ἔχων, v. 12, pre-
   sente

3. ὁράω: *ver*

Señale en el trozo anterior las siguientes expresiones.

1. Dos participios de tiempo perfecto:

   _____ (v. ___)   _____ (v. ___)

2. Cinco participios más (defina su tiempo):

Participio	v.	Tiempo
_____	_____	_____
_____	_____	_____
_____	_____	_____
_____	_____	_____
_____	_____	_____

3. La forma verbal εἶδεν (v. 11) proviene del verbo _____, que

significa _____ .

87

1. ὅσος, ὅση,
   ὅσον *cuanto, el*
   que
Si no reconoció

Compare las palabras ὅσους (v. 9) y οὓς (v. 10).

1. La primera, ὅσους, es una forma de _____, que significa

_____ .

---

esta palabra, repásela bien. 2. ὅς, ἥ, ὅ *que, quien, el cual* Si no pudo identificarlo, vuelva a repasar la primera parte de este capítulo.	2. La segunda, οὕς, es una forma de _____ que significa _____ .
88 El sustantivo ὁδός es de género femenino, aunque se declina en la 2ª declinación. (Cp. vocabulario, #85.) Por tanto lleva artículo y adjetivos en femenino.	¿Cómo se explica el empleo del artículo femenino con una palabra de 2ª declinación en la expresión τὰς ὁδοὺς (v. 10)? _____ _____
89 ὁ — ἐφιμώθη	En el v. 12 del trozo anterior hay un artículo que hace las veces de un pronombre. Es la palabra _____, que actúa como sujeto del verbo _____ .
	Respuesta al #85, traducción literal de Mt. 22:8-12. Consulte también las diferentes versiones del N.T. [8] *Entonces dice a sus siervos: «A la verdad la boda está lista, pero los que han sido llamados no eran dignos.* [9] *Así que id a las salidas de las calles, y a cuantos encontrareis invitad a las bodas».* [10] *Y saliendo los siervos aquellos a las calles, juntaron a todos cuantos encontraron, tanto malos como buenos. Y el salón de bodas fue lleno de invitados.* [11] *Y entrando el rey para ver a los invitados, vio allí a un hombre que no se había puesto un vestido de boda.* [12] *Y le dice: «Amigo, ¿cómo entraste aquí no teniendo vestido de boda?» Y él se calló.*
90 Revise cuidadosamente su tabla según los cuadros indicados.	La tabla de verbos que se elaboró en el capítulo XVII es incompleta sin los tiempos perfecto y pluscuamperfecto. Prepare ahora la parte que falta para completarla, llenando la hoja que se encuentra al final de este capítulo. Use el mismo verbo πιστεύω, que aparece en su tabla del capítulo XVII. Consulte los siguientes cuadros para verificar las conjugaciones a incluirse. Tiempos perfecto y pluscuamperfecto Indicativo, voz activa: #48; voces media y pasiva: #64. Tiempo perfecto Infinitivo, voz activa: #74; voces media y pasiva: #75. Participio, voz activa: #59; voces media y pasiva: #63.
91	Pruebe su conocimiento de los tiempos perfecto y pluscuamperfecto por medio del análisis siguiente. Cuando la forma verbal se identifica como participio, se analiza en términos de caso, número y género en vez de persona y número.

	Tiempo	Modo	Voz	Pers. y Núm. / o: Caso, Núm., Gén.	1ª parte fund.	Traducción
1. πεποιήκασι						
2. ἐληλυθώς [1]						
3. δεδεγμένον						
4. καταβεβήκαμεν						
5. εἴληφα[1]						
6. μεμενηκέναι						
7. ἀκηκόειτε[1]						

La respuesta se encuentra después del #95.	[1] Cp. #53, nota.

92 La respuesta se encuentra después del #95.	REPASO — Análisis verbal

Repase una vez más toda la conjugación verbal que tiene resumida en las tablas del capítulo XVII. Relacione con ella la conjugación en los tiempos perfecto y pluscuamperfecto de la tabla nueva de este capítulo. Luego examínese con el siguiente ejercicio de análisis, que pide también la traducción de las formas analizadas.

	Tiempo	Modo	Voz	Pers.	Núm.	1ª parte fund.	Posible traducción[1]
1. δεχόμεθα							
2. συνήγαγε							
3. ἐληλύθασι							
4. ἁγιάσαι							
5. ἐπέμφθην							
6. ἐζητήσατε							
7. δεδώκαμεν							
8. ἐγίνου							
9. ἐγερῶ							
10. ἀπεσταλκέναι							

[1] Sin contexto, una traducción no puede ser definitiva.

93	RESUMEN — El pronombre relativo

Los principales puntos acerca del pronombre relativo son los siguientes. Repáselos en los cuadros indicados.

1. El pronombre relativo cumple una función gramatical dentro de la oración subordinada que encabeza. Esta función determina su caso. #3-27. Sin embargo, el pronombre relativo a menudo es atraído al caso de su antecedente. #41-45.

2. El pronombre relativo puede usarse en forma sustantivada (sin antecedente).

	#28-30.
	3. La función de la oración subordinada relativa (encabezada por el pronombre relativo) es paralela a la del participio de posición atributiva. #31-34.
	4. Las formas largas del pronombre relativo son ὅστις, ἥτις, ὅ τι. #46-47.
	5. La declinación completa del pronombre relativo aparece en el #11.

94

REPASO — El pronombre relativo

Repase la declinación del pronombre relativo en el #11.

Asegúrese que puede distinguir entre el pronombre relativo y el artículo, según las distinciones explicadas en el #11.

Repase en los cuadros siguientes al #11 la función del pronombre relativo en las oraciones.

Luego practique la identificación y traducción del pronombre relativo en las oraciones siguientes.

μαρτηρέω, μαρτηρήσω, ἐμαρτύρησα, μεμαρτύρηκα,
μεμαρτύρημαι, ἐμαρτυρήθην: *testificar*
προάγω: (πρό + ἄγω) *ir delante (de)*

1. *El astro que vieron en el oriente iba delante de ellos.*

2. *¿Quién es éste acerca del cual oigo tales cosas?*

3. *Rabbí, el que estaba contigo al otro lado del Jordán, a quien tú has testificado, he aquí éste bautiza y todos vienen a él.*

1. ὁ ἀστὴρ ὃν εἶδον ἐν τῇ ἀνατολῇ προῆγεν αὐτούς. (Mt. 2:9)

——— *astro* ——————— *oriente* ———————————

2. τίς δέ ἐστιν οὗτος περὶ οὗ ἀκούω τοιαῦτα; (Lc. 9:9)

————————————————————— *tales cosas?*

3. Ῥαββί, ὃς ἦν μετὰ σοῦ πέραν τοῦ Ἰορδάνου, ᾧ σὺ μεμαρτύρηκας,

——————————— *al otro lado* ———————————————

ἴδε οὗτος βαπτίζει καὶ πάντες ἔρχονται πρὸς αὐτόν. (Jn. 3:26)

————————————————————————————————

95

RESUMEN — Vocabulario

Después de aprender las siguientes palabras nuevas, repase también en el #73 las nuevas partes fundamentales de los verbos.

ἀγαπητός, -ή, -όν: *amado*
αἰτέω, αἰτήσω, ᾔτησα: *pedir; exigir*
ἄξιος, -α, -ον: *digno; apropiado*
γραφή, -ῆς, f: *Escritura(s)*
δεύτερος, -α, -ον: *segundo* (ἐκ δευτέρου *una segunda vez*)
ἐρωτάω, ἐρωτήσω, ἠρώτησα: *preguntar; pedir*
ἔτι: *aún, todavía*
θάνατος, -ου, m: *muerte*
ἴδιος, -α, -ον: *propio, particular, personal*
ἱερόν, -οῦ, n: *templo*
καιρός, -οῦ, m: *momento oportuno* o *designado*
κεφαλή, -ῆς, f: *cabeza*

μαρτυρέω, μαρτυρήσω, ἐμαρτύρησα, μεμαρτύρηκα, μεμαρτύρημαι, ἐμαρτυρήθην: *testificar, ser testigo*

ὁδός, -οῦ, f: *camino, calle* (Nótese el género femenino de esta palabra de la 2ª declinación.)

οἶδα, ᾔδειν: *saber, conocer* (conjugación en perfecto y pluscuamperfecto con significado de presente y pasado)

ὅς, ἥ, ὅ: *que, quien, el cual*

ὅστις, ἥτις, ὅ τι: *que, quien, el cual*

συνάγω, συνάξω, συνήγαγον: (σύν + ἄγω) *reunir, juntar*

τέ: *y*; τε καὶ / τέ ... τέ / τέ ... δέ: *tanto ... como*

τυφλός, -ή, -όν: *ciego*

ὑπάρχω: *ser; estar a la disposición de*

χρόνος, -ου, m: *tiempo, extensión* o *período de tiempo*

ὥρα, -ας, f: *hora*

Respuesta al #91.

Tiempo	Modo	Voz	Pers. y Núm. / o: Caso, Núm., Gén.	1ª parte fund.	Traducción
1. perf.	indic.	act.	3ª pl.	ποιέω	*han hecho*
2. perf.	partic.	act.	nom. sing. masc.	ἔρχομαι	*habiendo venido*
3. perf.	partic.	med./pas.	ac. sing. masc., neut.	δέχομαι	*habiendo recibido*
4. perf.	indic.	act.	1ª pl.	καταβαίνω	*hemos descendido*
5. perf.	indic.	act.	1ª sing.	λαμβάνω	*he tomado, recibido*
6. perf.	infin.	act.	---- ----	μένω	*haber quedado*
7. plpf.	indic.	act.	2ª pl.	ἀκούω	*habíais oído*

Respuesta al #92.

Tiempo	Modo	Voz	Pers.	Núm.	1ª parte fund.	Posible traducción
1. pres.	indic.	med./pas.	1ª	pl.	δέχομαι	*recibimos*
2. aor.	indic.	act.	3ª	sing.	συνάγω	*reunió*
3. perf.	indic.	act.	3ª	pl.	ἔρχομαι	*han venido*
4. aor.	infin.	act.	--	--	ἁγιάζω	*santificar*
5. aor.	indic	pas.	1ª	sing.	πέμπω	*fui enviado*
6. aor.	indic.	act.	2ª	pl.	ζητέω	*buscasteis*
7. perf.	indic.	act.	1ª	pl.	δίδωμ	*hemos dado*
8. imperf.	indic.	med./pas.	2ª	sing.	γίνομαι	*eras, llegabas a ser*
9. fut.	indic.	act.	1ª	sing.	ἐγείρω	*levantaré*
10. perf.	infin.	act.	--	--	ἀποστέλλω	*enviar*

96

PRUEBA

1. ὃν ἔχεις οὐκ ἔστιν σου ἀνήρ.

2. ἀκήκοα τὴν ἀγάπην ὑμῶν ἣν ἔχετε εἰς πάντας τοὺς ἁγίους οἳ ἐν Χριστῷ εἰσίν.

3. δεδικαιώμεθα ἐν τῷ αἵματι τοῦ Χριστοῦ ὅς ἀπέθανε ὑπὲρ ἡμῶν.

	4. εὑρήκασι τοὺς μαθητὰς οὓς οἴδατε ὑμεῖς καὶ ἀγαπᾶτε.
	5. οὐκ ᾔδεισαν τὴν ὥραν ἐν ᾗ ἤρχετο ὁ ἴδιος κύριος.
	6. ὁ πατὴρ ἡμῶν οὗ ἐσμεν καὶ ᾧ δουλεύομεν, λελάληκεν ἡμῖν λέγων· οἱ δοῦλοι μου οἵτινες δεδουλεύκασί μοι εἰσελεύσονται εἰς τὴν δόξαν μου.
	7. ὁ χρόνος πεπλήρωται καὶ τὸ ἱερὸν παραδέδοται εἰς χεῖρας τῶν ἀπεσταλμένων ὑπὼ τοῦ θεοῦ.
	8. εἶπεν περὶ τῆς ἐξουσίας ἧς δεδώκει ὁ κύριος τοῖς ἀποστόλοις αὐτοῦ.
La respuesta se encuentra en el apéndice V-22.	9. οἱ μεμαρτυρηκότες ἐμοὶ εὐλογηθήσονται ὑπὸ τοῦ πατρός μου.

TIEMPOS PERFECTOS

Modo	Voz activa		Voces media y pasiva	
	Perfecto	Pluscuamperfecto	Perfecto	Pluscuamperfecto
Modo INDICATIVO	πεπίστευκα	(ἐ)πεπιστεύκειν		
Modo INFINITIVO				

PARTICIPIO PERFECTO

	Voz activa			Voces media y pasiva		
	Masculino	Femenino	Neutro	Masculino	Femenino	Neutro
Singular						
Plural						

Al terminar este capítulo usted podrá traducir oraciones con verbo en subjuntivo. Podrá traducir preguntas que comienzan con οὐ o μή. Traducirá 26 palabras nuevas.

1

En griego hay varias construcciones gramaticales que exigen un verbo en modo subjuntivo. La mayoría de ellas coinciden con el uso del subjuntivo en español.

El subjuntivo en oraciones subordinadas:

1. . . . ἵνα πᾶς ὁ πιστεύων ἐν αὐτῷ **ἔχη** ζωὴν αἰώνιον. (Jn. 3:15)
   . . . para que todo el que cree en él **tenga** *vida eterna.*

2. ὃς ἐὰν οὖν **λύση** μίαν τῶν ἐντολῶν τούτων . . . (Mt. 5:19)
   Así que cualquiera que **quebrante** *uno de estos mandamientos . . .*

El subjuntivo en oraciones principales:

3. δι' ὑπομονῆς **τρέχωμεν**. (Heb. 12:1)
   Corramos *con perseverancia.*

4. μὴ οὖν **μεριμνήσητε** εἰς τὴν αὔριον. (Mt. 6:34)
   No os **preocupéis** *del mañana.*

Observe en los verbos subrayados que las desinencias difieren de las desinencias conocidas para el indicativo.

	Indicativo			Subjuntivo	
	ἔχ**ει**	*tiene*	(aor.)	ἔχ**η**	*tenga*
	ἔλυ**σε**	*quebrantó*	(aor.)	λύ**ση**	*quebrante*
	τρέχ**ομεν**	*corremos*	(pres.)	τρέχ**ωμεν**	*corramos*
	ἐμεριμνή**σατε**	*os preocupasteis*	(aor.)	μεριμνή**σητε**	*os preocupéis*

Notará que la lista del indicativo incluye verbos del presente y del aoristo. Esta distinción de tiempo responde a una distinción paralela en el tiempo de los verbos en subjuntivo. El subjuntivo griego existe en dos tiempos: presente y aoristo. A continuación la conjugación del subjuntivo presente. Se presenta también la conjugación del indicativo, para facilitar la comparación.

Presente

Indicativo		Subjuntivo	
quebranto	λύ**ω**	λύ**ω**	*quebrante*
_____	λύεις	λύης	_____
_____	λύει	λύη	_____
_____	λύομεν	λύωμεν	_____
_____	λύετε	λύητε	_____
_____	λύουσι	λύωσι	_____

Subraye las desinencias tanto en las formas del indicativo como en las del subjuntivo.

Complete la traducción de los paradigmas

Indicativo

quebrantas -εις
quebranta -ει
quebrantamos -ομεν
quebrantáis -ετε
quebrantan -ουσι

Subjuntivo

-ης *quebrantes*
-η *quebrante*
-ωμεν *quebrantemos*
-ητε *quebrantéis*
-ωσι *quebranten*

2 1ª sing. *quebranto* o *que-* *brante (yo)* Nótese que existe una ambigüedad distinta en el sub-juntivo español. 1ª y 3ª pers. de sing. son iguales: *quebrante (yo), quebrante (él).*	En los paradigmas anteriores hay una forma que es igual en indicativo y subjunti-vo: la _____ persona (sing. / pl.), que puede traducirse _____ o _____ .
3 Indicativo λύ(ω) λύ(ο)μεν λύ(ει)ς λύ(ε)τε λύ(ει) λύ(ου)σι Subjuntivo λύ(ω) λύ(ω)μεν λύ(η)ς λύ(η)τε λύ(η) λύ(ω)σι	Al comparar las formas del subjuntivo con las del indicativo, se observa que la diferencia estriba en un cambio de vocal en la sílaba que sigue al tema verbal. En cada una de las doce formas del #1 encierre con un círculo la vocal (o el diptongo) que sigue al tema.
4 ω/η	Basado en las observaciones del #3 se puede decir que donde el indicativo tiene las vocales o/ε el subjuntivo tiene _____ .[1] [1] Exceptuamos la 1ª persona del singular, que es igual en los dos modos

5
 	
τρέχης
τρέχη
   τρέχωμεν
   τρέχητε
   τρέχωσι
	Concluimos, entonces, que la conjugación del sustantivo sigue la misma pauta del indicativo, con la diferencia solamente en la vocal que sigue al tema verbal, la cual se llama, lógicamente, vocal temática.
	
	Complete la conjugación de τρέχω *correr* en presente de subjuntivo.
	
	τρέχω τρέχ__ μεν
	
	τρέχ__ς τρέχ__τε
	
	τρέχ__ τρέχ__σι

6 Indicativo: *a* Subjuntivo: *e*	Compare también las formas en español del #1. En el indicativo el tema verbal *quebrant-* va seguido de la vocal ____ .[1] En el subjuntivo el tema verbal *quebrant-* va seguido de la vocal ____ . [1] Excepto en 1ª persona singular

7
 	
corra (yo)
corras
corra (él)
   corramos
   corráis
   corran
	La observación anterior demuestra que nuestra lengua realiza la conjugación en subjuntivo de una manera paralela a la del griego; es decir, cambiando la vocal que sigue al tema.
	
	Traduzca las formas de τρέχω en subjuntivo (#5)
	
	*corr*__ *corr*__ *mos*
	
	*corr*__ *s* *corr*__*is*
	
	*corr*__ *corr*__*n*

	8	Conjugue y traduzca el verbo πίνω en presente de subjuntivo.

8 Conjugue y traduzca el verbo πίνω en presente de subjuntivo.

Subjuntivo presente

		Traducción			Traducción
beba	πίνω				
bebas	πίνῃς	_____ πίνω	_____	_____	
beba	πίνῃ				
bebamos	πίνωμεν	_____	_____	_____	_____
bebáis	πίνητε				
beban	πίνωσι	_____	_____	_____	_____

9 Analice los verbos y traduzca el versículo.

θέλετε: pres. in-dic. 2ª pl. θέλω
ἐλθεῖν: aor. in-fin. ἔρχομαι
ἔχητε: pres. subj. 2ª pl. ἔχω

No queréis venir a mí para que tengáis vida.

καὶ οὐ θέλετε ἐλθεῖν πρός με ἵνα ζωὴν ἔχητε. (Jn. 5:40)

	Tiempo	Modo	Pers.	Núm.	1ª parte fund.
θέλετε					
ἐλθεῖν					
ἔχητε					

Traducción _____

10 Traduzca el versículo.

Así pues no dur-mamos como los demás, sino vele-mos y seamos so-brios.

ἄρα: *así que, así, pues*
γρηγορέω: *velar*
καθεύδω: *dormir*
λοιπός, -ή, -όν: *resto,* (pl.) *demás*
νήφω: *ser sobrio*

(1 Ts. 5:6)

ἄρα οὖν μὴ κατεύδωμεν ὡς οἱ λοιποί, ἀλλὰ γρηγορῶμεν καὶ νήφωμεν.

_____

11 El versículo siguiente contiene una forma del subjuntivo, en la oración subordina-da que comienza con ἵνα.

El versículo presenta además varios otros fenómenos gramaticales estudiados recientemente. Si necesita repasar alguno de ellos, consulte el capítulo y el cuadro indicado en las notas.

Traduzca el versículo.

δείκνυμι, δείξω, ἔδειξα, ----, ----, ἐδείχθην[a]: *mostrar*
ἵνα: *para que, que*
θαυμάζω, θαυμάσομαι, ἐθαύμασα, ----, ----, ἐθαυμάσθην: *maravillarse*
μείζων, -ον: *mayor*
φιλέω, ----, ἐφίλησα, πεφίληκα: *amar, querer*

ὁ γὰρ πατὴρ φιλεῖ τὸν υἱὸν καὶ πάντα δείκνυσιν αὐτῷ ἃ[b] αὐτὸς ποιεῖ, καὶ μείζονα τούτων[c] δείξει αὐτῷ ἔργα, ἵνα ὑμεῖς θαυμάζητε. (Jn. 5:20)

_____

_____

Pues el Padre ama al hijo y le muestra todo lo (todas las cosas) que él hace, y mayores obras que éstas le mostrará, para que vosotros os maravilléis.

[a] En el apéndice III-4.3.4 se explica la conjugación un poco irregular de este verbo en -μι.
[b] Cp. XXII-29.
[c] cp. XXI-30.

12 Indicativo λύ(ο)μαι λυ(ό)μεθα λύῃ λύ(ε)σθε λύ(ε)ται λύ(ο)νται Subjuntivo λύ(ω)μαι λυ(ώ)μεθα λύῃ λύ(η)σθε λύ(η)ται λύ(ω)νται	En las voces media/pasiva del subjuntivo, los verbos se conjugan según la misma pauta de cambio de las vocales observada ya en la voz activa (cp. #4). En las conjugaciones siguientes, encierre con un círculo las vocales que contrastan en el indicativo y el subjuntivo. Presente, voces media/pasiva <table><tr><td colspan="2">Indicativo</td><td colspan="2">Subjuntivo</td></tr><tr><td>λύομαι</td><td>λυόμεθα</td><td>λύωμαι</td><td>λυώμεθα</td></tr><tr><td>λύῃ</td><td>λύεσθε</td><td>λύῃ</td><td>λύησθε</td></tr><tr><td>λύεται</td><td>λύονται</td><td>λύηται</td><td>λύωνται</td></tr></table>
13 Sí: 2ª persona singular λύῃ	¿Hay alguna forma igual en las dos conjugaciones del #12? _____ ¿Cuál? _____
14 indicativo: o/ε subjuntivo: ω/η	En el modo indicativo, voces media/pasiva, la vocal que sigue al tema es ___ o ___ . En el modo subjuntivo, voces media/pasiva, la vocal que sigue al tema es ___ o ___ .
15 iguales	Aparte de la vocal temática que acabamos de comentar, las desinencias del indicativo y del subjuntivo, voces media/pasiva, son (iguales / distintas).
16 La respuesta se encuentra des- pués del #22.	Complete la traducción de los paradigmas del #12. Indicativo Voz media Voz pasiva *quebranto para mí* *soy quebrantado* _____ _____ _____ _____ _____ _____ _____ _____ _____ _____ Subjuntivo Voz media Voz pasiva *quebrante para mí* *sea quebrantado* _____ _____ _____ _____ _____ _____ _____ _____ _____ _____
17	Las traducciones de voz media y de voz pasiva sirven para verbos completos. En cambio, los verbos defectivos emplean estas formas con sentido de voz activa,

presente, subjuntivo, media/pasiva; 3ª pl. *Queremos que todos los hombres vengan a Jesús.*	como siempre se ha observado. Analice el verbo en negrita y traduzca la oración. θέλομεν ἵνα πάντες οἱ ἄνδρες **ἔρχωνται** εἰς τὸν Ἰησοῦν. tiempo _____ modo _____ voz _____ _____ pers. (sing. / pl.) _____
18 *No seamos orgullosos, irritándonos unos a otros, envidiándonos unos a otros.*	Traduzca el versículo, empleando la acepción *ser* para la forma del verbo γίνομαι. κενόδοξος, -ον: *orgulloso* προκαλέομαι: *irritar, enojar* φθονέω: *envidiar* (seguido del complemento directo en dativo) (Gá. 5:26) μὴ γινώμεθα κενόδοξοι, ἀλλήλους προκαλούμενοι, ἀλλήλοις φθονοῦντες. _____
19 1. El indicativo tiene aumento y el subjuntivo no. 2. El signo temporal es igual en los dos modos.	El subjuntivo griego existe en los tiempos presente y aoristo. El presente de subjuntivo se forma del tema verbal del presente, y con el cambio de vocal en las desinencias que observamos en #4 y 5. Subjuntivo presente: τρέχωμεν Cp. indicativo: τρέχομεν *corramos* *corremos* El subjuntivo aoristo se forma a base del tema verbal del aoristo. El subjuntivo aoristo nunca lleva aumento, como tampoco lo llevan el infinitivo ni el imperativo aoristos. Puesto que el aumento señala tiempo pasado, no tiene función en estos tres modos que no se refieren nunca al tiempo en el sentido de pasado, presente, futuro. El tiempo aoristo en los modos subjuntivo, infinitivo e imperativo sirve para destacar el aspecto de la acción. El aspecto de la acción en tiempo aoristo es indefinido, en contraste con el aspecto durativo de la acción en tiempo presente. Las desinencias que se emplean en el subjuntivo aoristo son las mismas del tiempo presente. el signo de aoristo -σ- es lo que señala que estas formas son de aoristo. Compárelas con las correspondientes formas del indicativo, y también con el subjuntivo de tiempo presente, #1.

Aoristo 1º

Indicativo		Subjuntivo	
ἔλυσα	ἐλύσαμεν	λύσω	λύσωμεν
ἔλυσας	ἐλύσατε	λύσῃς	λύσητε
ἔλυσε(ν)	ἔλυσαν	λύσῃ	λύσωσι(ν)

¿En qué difiere el subjuntivo aoristo del indicativo aoristo . . .

. . . en cuanto al aumento? _____

. . . en cuanto al signo temporal -σ-? _____

3. La vocal es α (ε en 3ª sing.) en indicativo. En subjuntivo varía entre ω/η. 4. Las desinencias son iguales excepto en 3ª pl. (Esto sucede porque el subjuntivo emplea las desinencias del presente. Cp. #1.)	. . . en cuanto a la vocal que sigue al signo temporal? _____ _____ . . . en cuanto a las desinencias? _____ _____

20 λύσῃ — aoristo θέλῃ — presente	El tiempo que se emplea en español para traducir el subjuntivo griego (tanto presente como aoristo) depende de la oración en que éste se encuentre. Los dos tiempos del subjuntivo griego se traducen al español a veces con el presente de subjuntivo, y otras veces con el imperfecto de subjuntivo[1]. 1. ὃς ἐὰν οὖν **λύσῃ** μίαν τῶν ἐντολῶν τούτων . . . (Mt. 5:19) *Así que cualquiera que **quebrante** uno de estos mandamientos . . .* 2. ὃς ἂν **θέλῃ** ἐν ὑμῖν εἶναι πρῶτος . . . (Mt. 20:27) *El que **quiera** ser el primero entre vosotros . . .* Los dos verbos en español, *quebrante* y *quiera* son de tiempo presente, modo subjuntivo En griego, los verbos en subjuntivo son de tiempo _____ (λύσῃ) y _____ (θέλῃ). (Consulte #1 y 19 en caso necesario.) [1] En ciertas construcciones se traducen aun con un tiempo del indicativo (cp. #71).

21 1. indefinida (tiempo aoristo) 2. durativa (tiempo presente)	Analicemos por qué se emplea el aoristo del subjuntivo en la oración 1. anterior, y el presente de subjuntivo en la 2. ¿Cuál aspecto de la acción es señalado por los diferentes tiempos? 1. ¿Es durativa o indefinida la acción de λύσῃ? _____ 2. ¿Es durativa o indefinida la acción de θέλῃ? _____

22 aoristo *(Te) Encargo delante de Dios y Cristo Jesús y los ángeles escogidos que guardes estas cosas...*	Analice el tiempo del verbo en subjuntivo y traduzca el versículo. διαμαρτύρομαι: *encargar, conjurar* ἐκλεκτός, -ή, -όν: *escogido, elegido* ἐνώπιον: *ante, en presencia de* φυλάσσω, φυλάξω, ἐφύλαξα, πεφύλαχα, ----, ἐφυλάχθην: *guardar* Διαμαρτύρομαι ἐνώπιον τοῦ θεοῦ καὶ Χριστοῦ Ἰησοῦ καὶ τῶν ἐκλεκτῶν ἀγγέλων, ἵνα ταῦτα φυλάξῃς . . . (1 Ti. 5:21) tiempo _____ _____ _____

Respuesta al #16.

	Indicativo		Subjuntivo	
	Voz media	Vos pasiva	Voz media	Voz pasiva
	quebrantas para ti	*eres quebrantado*	*quebrantes para ti*	*seas quebrantado*
	quebranta para sí	*es quebrantado*	*quebrante para sí*	*sea quebrantado*
	quebrantamos para nosotros	*somos quebrantados*	*quebrantemos para nosotros*	*seamos quebrantados*
	quebrantáis para vosotros	*sois quebrantados*	*quebrantéis para vosotros*	*seáis quebrantados*
	quebrantan para sí	*son quebrantados*	*quebranten para sí*	*sean quebrantados*

23

Indicativo
ἐποίησας
ἐποίησε
    ἐποιήσαμεν
    ἐποιήσατε
    ἐποίησαν

Subjuntivo
ποιήσῃς
ποιήσῃ
    ποιήσωμεν
    ποιήσητε
    ποιήσωσι

Conjugue el verbo ποιέω en aoristo, modos indicativo y subjuntivo.

Aoristo 1º
Indicativo

ἐποίησα   _____

_____   _____

_____   _____

Subjuntivo

ποιήσω   _____

_____   _____

_____   _____

24

futuro, indicativo,
1ª singular

La forma ποιήσω, que aparece bajo subjuntivo en el #23, es idéntica a una forma del indicativo de este mismo verbo. ¿Cuál es?

	Tiempo	Modo	Pers.	Núm.
ποιήσω {	aoristo	subj.	1ª	sing. (#23)
	_____	_____	_____	_____

25

aoristo subjunti-
vo, 1ª sing.

*¿Qué queréis que
os haga?*

Todos los verbos de aoristo 1º cuyo tema permanece igual en futuro y aoristo presentan la misma ambigüedad señalada en el #24. Sólo el contexto gramatical indicará cómo hay que entender la forma, si en futuro de indicativo o en aoristo de subjuntivo.

Analice el verbo subrayado y traduzca la pregunta.

τί θέλετε [1] **ποιήσω** ὑμῖν; (Mr. 10:36)

Análisis: _____

Traducción: _____

[1] Hay que suplir aquí la palabra ἵνα, que frecuentemente se omite.

26 *Estas cosas dijo Jesús, y habiendo levantado sus ojos al cielo dijo: «Padre, ha venido[1] la hora; glorifica a tu hijo, para que el hijo te glorifique».* [1] Si el verbo ἐλή-λυθεν le presentó dificultades, repase bien las partes fundamentales de ἔρχομαι.	Identifique el verbo en subjuntivo, analice su tiempo, y traduzca el versículo. δοξάζω, δοξάσω, ἐδόξασα, ----, δεδόξασμαι, ἐδοξάσθην: *glorificar* ἐπαίρω, ----, ἐπῆρα, ----, ----, ἐπήρθην: (ἐπί + αἴρω) *levantar* Ταῦτα ἐλάλησεν Ἰησοῦς, καὶ ἐπάρας τοὺς ὀφθαλμοὺς αὐτοῦ εἰς τὸν οὐ-ρανὸν εἶπεν, Πάτερ, ἐλήλυθεν[1] ἡ ὥρα· δόξασόν σου τὸν υἱόν, ἵνα ὁ υἱὸς δοξάσῃ σε . . . (Jn. 17:1) _____ _____ [1] Perfecto de ἔρχομαι; cp. XXII-73
27 Difieren en que el aoristo 1º lleva el signo temporal -σ- y el aoristo líquido y nasal no.	En el tiempo aoristo el verbo de tipo líquido y nasal (es decir, cuyo tema termina en λ, ρ, μ, ν) siempre omite el signo temporal -σ-. En estos verbos el aoristo del subjuntivo se forma simplemente del tema verbal del aoristo (sin aumento por supuesto), y las desinencias del subjuntivo. Aoristo líquido y nasal Indicativo Subjuntivo ἔμεινα μείνω ἔμεινας μείνῃς etc. etc. Compare el subjuntivo de aoristo líquido y nasal con el del aoristo 1º (#19). ¿En qué se difieren? _____

28
 	
 Puesto que el verbo líquido y nasal omite el signo temporal, y este verbo en particular no tiene un tema distintivo en aoristo, sus formas de presente y aoristo son iguales. El hecho de que la desinencias del subjuntivo siempre son iguales para los dos tiempos permite que esto suceda.
	Si el aoristo del subjuntivo en los verbos de tipo líquido y nasal no lleva el signo temporal, ¿cómo se distingue del tiempo presente del subjuntivo? En el caso de verbos como μένω hay un cambio de tema en el aoristo, y esto lo distingue del presente.
	
	           Subjuntivo
	 Presente: **μένω** Aoristo l. y n.: **μείνω**
	
	 Otros verbos de este mismo grupo no manifiestan ningún cambio de tema en el aoristo, y por tanto las formas del subjuntivo son idénticas en los dos tiempos.
	
	           Subjuntivo
	 Presente Aoristo l. y n.
	 κρίνω κρίνω
	 κρίνῃς κρίνῃς
	 etc. etc.
	
	 ¿Por qué son idénticos los dos tiempos del subjuntivo del verbo κρίνω?
	
	 _____
	
	 _____

29	Identifique el tiempo del verbo en negritas y traduzca el versículo.

tiempo aoristo *Así que levantaron piedras para que (las) echaran sobre él.*	αἴρω, ἀρῶ, ἦρα, ἦρκα, ἦρμαι, ἤρθην: *levantar, alzar, quitar* (cp. ἐπαί- ρω, #26) λίθος, -ου, m: *piedra* ἦραν οὖν λίθους ἵνα **βάλωσιν** ἐπ' αὐτόν. (Jn. 8:59) tiempo ———— ————————————————————————

30	Traduzca el versículo.
	ἄν: partícula que denota contingencia (no se traduce) ἐκλέγομαι, ----, ἐξελεξάμην, ----, ἐκλέλεγμαι: *escoger* (cp. ἐκλεκτός, #22) φέρω, οἴσω, ἤνεγκα, ----, ἠνέχθην: *llevar, traer* ἐγὼ ἐξελεξάμην ὑμᾶς καὶ ἔθηκα ὑμᾶς ἵνα ὑμεῖς ὑπάγητε καὶ καρπὸν φέρητε καὶ ὁ καρπὸς ὑμῶν μένῃ ἵνα ὅ τι(a) ἄν αἰτήσητε τὸν πατέρα ἐν τῷ ὀνόματί μου δῷ(b) ὑμῖν. (Jn. 15:16)
Yo os he escogido y os he puesto para que vayáis y llevéis fruto y vuestro fruto permanezca, para que todo lo que pidáis al Padre en mi nombre él os dé.	———————————————————————— ———————————————————————— ———————————————————————— (a) ὅ τι: forma larga del pronombre relativo; cp. XXII-46. Seguido de la partícula ἄν, ὅ τι se traduce *cualquier cosa que,* o *todo lo que.* (b) Subjuntivo aoristo de δίδωμι, 3ª pers. singular.

31	Identifique y analice los verbos en subjuntivo del versículo anterior.
1. ὑπάγητε: pres. subj. 2ª pl. 2. φέρητε: pres. subj. 2ª pl. 3. μένῃ: pres. subj. 3ª sing. 4. αἰτήσητε: aor. subj. 2ª pl. 5. δῷ: aor. subj. 3ª sing.	<table><tr><td></td><td>Tiempo</td><td>Modo</td><td>Persona</td><td>Número</td></tr><tr><td>1.</td><td></td><td>Subjuntivo</td><td></td><td></td></tr><tr><td>2.</td><td></td><td>Subjuntivo</td><td></td><td></td></tr><tr><td>3.</td><td></td><td>Subjuntivo</td><td></td><td></td></tr><tr><td>4.</td><td></td><td>Subjuntivo</td><td></td><td></td></tr><tr><td>5.</td><td></td><td>Subjuntivo</td><td></td><td></td></tr></table>

32	Cuatro de los cinco verbos en subjuntivo de Jn. 15:16 aparecen en ese modo porque están en una oración subordinada que comienza con ἵνα, *para que.* En el versículo siguiente tenemos una oración subordinada de otro tipo: . . . ὅ τι ἄν αἰτήσητε τὸν πατέρα . . . . . . *todo lo que pidáis al Padre en mi nombre . . .* Esta oración subordinada comienza con el pronombre indefinido relativo ὅ τι (cp. XXII-46) y la partícula ἄν. Compare los dos versículos citados en el #20, donde el pronombre relativo es ὅς (cp. XXII-11) y la partícula es ἐάν, sinónimo de ἄν en estos contextos. ὅς ἐάν λύσῃ . . . *Cualquiera que quebrante . . .*

	ὃς ἐὰν θέλη . . . *El que quiera ser . . .* *Cualquiera que . . .* En cada uno de los tres ejemplos arriba, tanto en español como en griego, es el pronombre relativo indefinido (ὅ τι, ὃς ἐὰν) lo que exige el subjuntivo. Traduzca el versículo.
Y el que quiera ser (el) primero entre vosotros, será vuestro esclavo.	καὶ ὃς ἂν θέλη ἐν ὑμῖν εἶναι πρῶτος ἔσται ὑμῶν δοῦλος. (Mt. 20:27)

33	Traduzca el versículo siguiente, parecida en su construcción a las anteriores. καὶ πάντα ὅσα[a] ἂν αἰτήσητε ἐν τῇ προσευχῇ πιστεύοντες λήμψεσθε[b]. (Mt. 21:22)
Todo cuanto pidáis en oración, creyendo, recibiréis.	[a] neutro plural de ὅσος, -η, -ον [b] de λαμβάνω

34	En el #30 aparece una forma subjuntiva del verbo δίδωμι: δῷ. Puesto que dicha forma es de tiempo aoristo, se construye sobre el tema breve característico del aoristo de los verbos en -μι. (Cp. XII-71, punto 2.) La conjugación de δίδωμι en subjuntivo aoristo es excepcional por cuanto emplea la misma vocal ω del tema para formar las desinencias. Tiene además unas formas variantes en 2ª y 3ª personas del singular. Subjuntivo aoristo de δίδωμι
	δῶ δῶμεν δῷς, δοῖς δῶτε δῷ, δοῖ, δώη δῶσι Traduzca el versículo.
¿Saliendo, compraremos doscientos denarios de pan[1] y les daremos de comer?	ἀγοράζω, ----, ἠγόρασα, ----, ----, ἠγοράσθην: *comprar* δηνάριον, -ου, n: *denario* διακόσιοι, -αι, -α: *doscientos* ἀπελθόντες ἀγοράσωμεν δηναρίων διακοσίων[1] ἄρτους καὶ δώσωμεν αὐτοῖς φαγεῖν; (Mr. 6:37)
[1] literalmente: *...pan de doscientos denarios...*	[1] El caso genitivo se emplea para expresar el precio de algo.

35	Otros verbos en -μι como τίθημι e ἵστημι también forman el subjuntivo aoristo a base del tema breve, pero emplean en las desinencias las vocales ω/η como los otros verbos. Subjuntivo aoristo de τίθημι e ἵστημι
	θῶ στῶ θῇς στῇς θῇ στῇ etc. etc.

Nadie tiene mayor amor que éste, que alguien[1] ponga su vida por sus amigos. [1] Si no reconoció el pronombre indefinido, repáselo en el XV-38-51.	Traduzca el versículo. οὐδείς, οὐδεμία, οὐδέν:[1] *nadie* φίλος, -ου, m: *amigo* μείζονα ταύτης ἀγάπην οὐδεὶς ἔχει, ἵνα τις τὴν ψυχὴν αὐτοῦ θῇ ὑπὲρ τῶν φίλων αὐτοῦ. (Jn. 15:13) _____ _____ [1] Palabra compuesta de οὐ (*no*) y el pronombre εἷς, μία, ἕν (*uno, una*). Cp. su declinación en el XXIV-55.

36 Se distinguen únicamente por el tema que se emplea, ya que el tema de aoristo 2º siempre difiere del de presente. Compárense λαμβάνωμεν (subjuntivo presente) y λάβωμεν (subjuntivo aoristo).	Los verbos de aoristo 2º forman el subjuntivo a base de su tema distintivo de aoristo (sin el aumento por supuesto) y luego las mismas desinencias (con ω/η) que hemos observado tanto en el aoristo 1º como en el presente Aoristo 2º Indicativo Subjuntivo ἔλαβον ἐλάβομεν λάβω λάβωμεν ἔλαβες ἐλάβητε λάβῃς λάβητε ἔλαβε ἔλαβον λάβῃ λάβωσι Dado el hecho de que las desinencias de presente y aoristo son iguales en el subjuntivo, ¿Cómo se distingue entre las formas de presente y las de aoristo 2º, ya que el aoristo de subjuntivo no tiene ni aumento ni signo de aoristo (-σ-)?[1] _____ _____ _____ [1] Si no puede contestar la pregunta, conjugue el mismo verbo λαμβάνω en presente de subjuntivo. Luego compare su conjugación en presente con la del aoristo 2º.

37 1. pres. indic. med./pas. 3ª pl. ἐγείρω 2. aor. subj. act. 1ª pl. ἐσθίω 3. aor. subj. act. 1ª pl. πίνω 4. pres. indic. act. 1ª pl. ἀπο-θνησκω	Analice los verbos en negrita. εἰ νεκροὶ οὐκ **ἐγείρονται**[1], **φάγωμεν**[2] καὶ **πίωμεν**[3], αὔριον γὰρ **ἀποθηνήσκομεν**[4]. (1 Co. 15:32) <table><tr><td></td><td>Tiempo</td><td>Modo</td><td>Voz</td><td>Pers.</td><td>1ª parte fund.</td></tr><tr><td>1.</td><td></td><td></td><td></td><td></td><td></td></tr><tr><td>2.</td><td></td><td></td><td></td><td></td><td></td></tr><tr><td>3.</td><td></td><td></td><td></td><td></td><td></td></tr><tr><td>4.</td><td></td><td></td><td></td><td></td><td></td></tr></table>

38
 	
Si (los) muertos no resucitan, comamos y bebamos, pues mañana morimos.
	Con base en el análisis anterior, traduzca el versículo.
	
	    εἰ: *si; puesto que*
	    αὔριον: *mañana, al día siguiente*
	
	_____

39	Conjugue el verbo ἔρχομαι en aoristo indicativo y subjuntivo.

Indicativo		Aoristo 2º		
ἦλθον ἤλθομεν		Indicativo		Subjuntivo
ἦλθες ἤλθετε				
ἦλθε(ν) ἦλθον		ἦλθον _____		_____ _____
Subjuntivo				
ἔλθω ἔλθωμεν		_____ _____		_____ _____
ἔλθῃς ἔλθητε				
ἔλθῃ ἔλθωσι		_____ _____		_____ _____

40

El subjuntivo también se encuentra en oraciones subordinadas introducidas por ἕως ἄν *hasta que, mientras (que)*.[1]

... ἴσθι ἐκεῖ ἕως ἄν εἴπω σοι. (Mt. 2:13)
... *permanece allí hasta que yo te diga.*

Traduzca el versículo.   ἐξέρχομαι: *salir*

ἐκεῖ μένετε ἕως ἄν ἐξέλθητε ... (Mr. 6:10)

_____

Permaneced allí hasta que salgáis...

[1] O por los sinónimos ἕως οὗ, ἕως ὅτου, ἄχρι(ς), ἄχρις οὗ, μέχρι(ς), μέχρις οὗ.

41

La partícula ἄν no siempre se usa cuando ἕως funciona como adverbio conjuntivo[1].

Traduzca el versículo.   ἀποδίδωμι: (ἀπό + δίδωμι) *pagar, devolver*
          φυλακή, -ῆς, f: *cárcel*

ἔβαλεν αὐτὸν εἰς φυλακὴν ἕως[1] ἀποδῷ τὸ ὀφειλόμενον. (Mt. 18:30)
          lo que debía

_____

Lo echó a la cárcel hasta que pagara lo que debía.

[1] Cp. la preposición ἕως *hasta*, XVIII-47.

42

A veces se emplea el modo indicativo después de ἕως.

Identifique el modo del verbo griego y traduzca el versículo.

          ἀνάγνωσις, -εως, f: *lectura*
          προσέχω: *dedicarse a, ocuparse de*

ἕως ἔρχομαι πρόσεχε τῇ ἀναγνώσει ... (1 Ti. 4:13)

modo indicativo

Hasta que yo venga, dedícate a la lectura...

          modo _____

_____

43

Cuando venga el hijo del hombre en su gloria y todos los ángeles con él, entonces se sentará sobre (el) trono de su gloria.

Traduzca el versículo.

          θρόνος, -ου, m: *trono*
          καθίζω, καθίσω, ἐκάθισα, κεκάθικα: *sentar(se)*
          ὅταν: (ὅτε *cuando* + ἄν cp. #30) *cuando, cuando quiera que*
          τότε: *entonces*

Ὅταν δὲ ἔλθῃ ὁ υἱὸς τοῦ ἀνθρώπου ἐν τῇ δόξῃ αὐτοῦ καὶ πάντες αἱ ἄγγελοι μετ' αὐτοῦ, τότε καθίσει ἐπὶ θρόνου δόξης αὐτοῦ. (Mt. 25:31)

_____

_____

44	Traduzca el versículo.	γρηγορέω: *velar*

γρηγορέω: *velar*
πειρασμός, -οῦ, m: *tentación*

44

Velad y orad, para que no entréis en tentación.

Traduzca el versículo.

γρηγορεῖτε καὶ προσεύχεσθε, ἵνα μὴ εἰσέλθητε εἰς πειρασμόν. (Mt. 26:41)

_____

45

1. Los tres tienen un mismo tema y emplean iguales desinencias.

2. Las vocales o/ε en el indicativo lo distinguen[1] de los paradigmas del subjuntivo, en que las vocales son ω/η.

Dentro del modo subjuntivo se distingue entre presente y aoristo por el signo temporal -σ- que lleva el aoristo.

La voz media del aoristo subjuntivo se construye sobre el mismo tema del aoristo, pero sin el aumento, por las razones destacadas en el #19.

Se emplean las mismas desinencias de la voz media del tiempo presente. Por tanto, sólo el signo temporal -σ-, distingue las formas del aoristo 1º de las del presente.

Subjuntivo aoristo 1º, voz media
λύσωμαι   λυσώμεθα
λύσῃ   λύσησθε
λύσηται   λύσωνται

Compare este paradigma con los del #12.

1. ¿En qué se parecen los tres paradigmas? _____

_____

2. ¿En qué se distinguen? _____

_____

[1] Excepto en 2ª persona singular.

46

Las vocales ω/η indican que el modo es subjuntivo.

El tema distintivo -λαβ- (cp. tema presente λαμβαν-) las identifica como de tiempo aoristo.

Por supuesto, el aoristo 2º carece de ese rasgo distintivo -σ- que tiene el aoristo 1º.

Sin embargo, el tema verbal distinto que aparece siempre en aoristo 2º lo distingue del presente.

Subjuntivo aoristo 2º, voz media
λάβωμαι   λαβώμεθα
λάβῃ   λάβησθε
λάβηται   λάβωνται

En este paradigma, ¿qué indica que las formas son de modo subjuntivo? _____

_____

¿Qué es lo que señala que son de tiempo aoristo? _____

_____

47

1. aor. indic. pas.
   3ª sing. δίδωμι
2. aor. subj. med.
   3ª sing. γίνομαι

Analice los verbos en negrita.

διακονία, -ας, f: *ministerio, servicio*

ἐδόθη μοι ἡ διακονία ἡ αὕτη ἵνα **γένωμαι** ἀπόστολος τῶν ἐθνῶν.

	Tiempo	Modo	Voz	Pers.	Núm.	1ª parte fund.
1. ἐδόθη						
2. γένηται						

48 *Este ministerio me fue dado para que llegara a ser apóstol de los gentiles.*	Traduzca la oración, tomando en cuenta el hecho de que γίνομαι es un verbo defectivo. ἐδόθη μοι ἡ διακονία ἡ αὕτη ἵνα γένωμαι ἀπόστολος τῶν ἐθνῶν. _____
49 *No saludéis a los que han sido enviados por el sumo sacerdote.*	Traduzca la oración. μὴ ἀσπάσησθε τοῖς ἀποσταλμένοις[1] ὑπὸ τοῦ ἀρχιερέως. _____ [1] Cp. XXII-63, 73 si necesita ayuda para identificar esta forma.
50 la θ(η)	La voz pasiva del subjuntivo en aoristo se forma a base de la 6ª parte fundamental, o sea la que corresponde al aoristo pasivo del indicativo. Como no se emplea nunca el aumento fuera del modo indicativo, ese elemento desaparece de la forma verbal. El signo de aoristo pasivo -θη- se combina con las desinencias del subjuntivo en la manera que se observa en el siguiente paradigma. Subjuntivo aoristo, voz pasiva λυθῶ λυθῶμεν λυθῇς λυθῆτε λυθῇ λυθῶσι(ν) ¿Cuál elemento en las formas del paradigma le indica que son de tiempo aoristo, voz pasiva? _____
51 Carecen de aumento, lo cual indica que no son del indicativo. La vocal de las desinencias, ω/η, señala el subjuntivo.	¿Cómo se sabe que las formas del paradigma anterior son de modo subjuntivo? _____ _____
52 *No juzguéis[1] para que no seáis juzgados.* [1] Aunque traducida con subjuntivo en español, nótese que la forma griega es del imperativo. Este uso del imperativo se comentará en #68, 69.	En el contexto siguiente, el subjuntivo aoristo de voz pasiva del verbo λύω se traduce *sea (fuera) quebrantada*. ὁ ἱερεὺς οὐκ ἤθελε ἵνα ὁ νόμος λυθῇ. *El sacerdote no quería que la ley fuera quebrantada.* Traduzca el versículo. μὴ κρίνετε ἵνα μὴ κριθῆτε. (Mt. 7:1) _____

53 Activa πιστεύω πιστεύῃς πιστεύῃ πιστεύωμεν πιστεύητε πιστεύωσι Media/pasiva πιστεύωμαι πιστεύῃ πιστεύηται πιστυώμεθα πιστεύησθε πιστεύωνται	Repasemos toda la conjugación del modo subjuntivo por medio de una tabla de las formas que corresponden a los diferentes tiempos y voces. Al final del capítulo hay una hoja preparada para la elaboración de una tabla del modo subjuntivo. Empleando el verbo πιστεύω, escriba en ella la conjugación de tiempo presente del subjuntivo, voces activa y media/pasiva. Para refrescar la memoria, consulte el #1 (voz activa) y el #12 (media/pasiva).
54 Voz activa *crea, creyera (él)* *creamos, creyéramos* *creáis, creyerais* *crean, creyeran* Voz media *crea, creyera para sí* *creamos, creyéramos* *para nosotros* *creáis, creyerais* *para vosotros* *crean, creyeran* *para sí* Voz pasiva *sea, fuera, creído (él)* *seamos, fuéramos* *creídos* *seáis, fuerais creídos* *sean, fueran creídos*	Según el contexto, la traducción de subjuntivo puede darse con cualquiera de las dos formas del subjuntivo español. Complete la traducción del subjuntivo presente griego. <div align="center">Traducción del subjuntivo de tiempo presente griego Voz activa</div> *crea, creyera (yo* _____ *creas, creyeras* _____ _____ _____ <div align="center">Voz media o Voz pasiva</div>*crea, creyera, para mí* *sea, fuera, creído (yo)* *creas, creyeras, para ti* *seas, fueras, creído* _____ _____ _____ _____ _____ _____ _____ _____
55 La vocal que si-gue al tema: ω/η.	Observe las formas que tiene escritas en la tabla. ¿Cuál elemento común a todas ellas las identifica como de modo subjuntivo? _____
56 La de 1ª persona singular del pre-sente, voz activa: πιστεύω.	Entre las formas que ya aparecen en la tabla del subjuntivo hay una que es idénti-ca a una forma del indicativo. ¿Cuál es? _____ _____
57	Al observar todas las formas del presente de subjuntivo, se nota que aparecen en

πιστεύῃ: 3ª pers. sing. act. πιστεύῃ: 2ª pers. sing. med./pas.	la tabla dos formas iguales. ¿Cuáles son? _____ _____
58 voz activa: *crea, creyera (él)* voz media: *creas, creyeras para ti* voz pasiva: *seas, fueras, creído*	Señale en el #54 tres diferentes traducciones que corresponden a la forma πιστεύῃ. _____ _____ _____
59 La respuesta se encuentra después del #61. Escriba estos paradigmas en la tabla del modo subjuntivo	En la columna del aoristo 1º de la tabla, se escriben tres paradigmas distintos: voz activa, voz media, voz pasiva. Repáselas en #19, 45 y 50 respectivamente, y luego escriba a continuación las formas de πιστέω que ilustran las tres voces del aoristo 1º en modo subjuntivo. Voz activa Voz media Voz pasiva
60 presente: aspecto durativo aoristo: aspecto indefinido	La traducción de las formas que acaba de escribir en la tabla será la misma de las formas del presente (#54). Nos volvemos a preguntar: ¿por qué existen, entonces, dos tiempos para el subjuntivo? Tal como lo indica la ausencia del aumento en el subjuntivo aoristo, dicho tiempo no se refiere a tiempo pasado. La distinción entre presente y aoristo de subjuntivo no es de tiempo sino de aspecto de la acción. El presente enfoca una acción de aspecto _____ y el aoristo se refiere al aspecto _____.[1] [1] Consulte el #19 si necesita ayuda para completar la oración.
61 Voz activa ἀποστείλω ἀποστείλῃς ἀποστείλῃ ἀποστείλωμεν ἀποστείλητε ἀποστείλωσι Voz media ἀποστείλωμαι ἀποστείλῃ ἀποστείληται ἀποστειλώμεθα ἀποστείλησθε ἀποστείλωνται	En la conjugación del subjuntivo las formas que corresponden al aoristo líquido y nasal no muestran el signo temporal -σ-. Lo único que las distingue de las formas del mismo verbo en presente de subjuntivo es un cambio en el tema, como sucede en el verbo μένω, con tema de aoristo μειν-. Tal como se observa en la conjugación de πιστεύω en presente y aoristo de subjuntivo, las desinencias que se emplean son idénticas en los dos tiempos. Así que el verbo de tipo líquido y nasal que no manifieste un tema alterado en tiempo aoristo (por ejemplo κρίνω con tema κριν- en los dos tiempos) tiene formas iguales para la conjugación de los dos tiempos (cp. #28). Conjugue en la tabla del subjuntivo el verbo ἀποστέλλω en tiempo aoristo (tema de aoristo ἀποστειλ-). Escriba las conjugaciones en voz activa y voz media solamente.

	Respuesta al #59, paradigmas del subjuntivo aoristo.

Voz activa	Voz media	Voz pasiva
πιστεύσω	πιστεύσωμαι	πιστευθῶ
πιστεύσῃς	πιστεύσῃ	πιστευθῆς
πιστεύσῃ	πιστεύσηται	πιστευθῇ
πιστεύσωμεν	πιστευσώμεθα	πιστυθῶμεν
πιστεύσητε	πιστεύσησθε	πιστευθῆτε
πιστεύσωσι	πιστεύσωνται	πιστευθῶσι

62

Voz activa
λάβω   λάβωμεν
λάβῃς   λάβητε
λάβῃ   λάβωσι

Voz media
λάβωμαι
λάβῃ
λάβηται
   λαβώμεθα
   λάβησθε
   λάβωνται

También en los verbos de aoristo 2º los tiempos presente y aoristo de subjuntivo se distinguen solamente por un cambio de tema. Las desinencias que se emplean en ambos tiempos son iguales.

Después de repasar los #36 y 46, escriba en la tabla del subjuntivo la conjugación correspondiente a las voces activa y media del verbo λαμβάνω.

63

ἀποσταλῇ
   ἀπόσταλῶμεν
   ἀποσταλῆτε
   ἀποσταλῶσι

Escriba el paradigma en la tabla del subjuntivo, bajo aoristo, pasiva sin θ.

Además del aoristo de pasiva que ya tenemos en la tabla del subjuntivo, debemos mencionar el aoristo de pasiva sin -θ-; es decir, la conjugación que omite la -θ- del signo -θη-. Consulte el XVII-64 para ver la formación del aoristo sin -θ- en modo indicativo.

Para la tabla del subjuntivo, tome otra vez el verbo ἀποστέλλω, cuya 6º parte fundamental (aoristo, pasiva, indicativo) es ἀπεστάλην. A partir de esta forma se construye el aoristo de pasiva del modo subjuntivo, quitando el aumento y agregando las desinencias del subjuntivo aoristo (#50), pero sin la -θ-.

Complete la conjugación.

Subjuntivo aoristo, voz pasiva sin -θ-

ἀπεστάλην (6º parte fundamental)	ἀπόσταλῶ	_____
	ἀποσταλῇς	_____
_____	_____	

64

Porque siendo de tiempo aoristo (lo cual se sabe por el tema breve), carecen de aumento y tienen desinencias formadas con la misma vocal -ω- del tema.

Para completar el repaso del subjuntivo, vuelva a estudiar las formas del subjuntivo aoristo del verbo δίδωμι, en el #34.

¿Cómo se puede reconocer a tales formas como de modo subjuntivo? _____

_____

65 Las vocales ω/η que unen el tema verbal con las desinencias. Se puede mencionar también la ausencia del aumento en las formas del aoristo.	Con la tabla que acaba de elaborar, tiene a la vista toda la información acerca de las formas del subjuntivo. Al revisar el conjunto de formas subjuntivas, diga cuál es la clave para reconocerlas como tales. _____ _____

66 Mientras escribe un borrador de traducción muy literal, vaya analizando los verbos subrayados. Consulte las tablas del sistema verbal del capítulo XVII, las tablas del participio (capítulos XIX y XX), y los paradigmas del subjuntivo en la tabla de este capítulo.

διαβλέπω: (διά + βλέπω) *ver claramente*
δοκός, -οῦ, f: *tronco, viga*
ἐκβάλλω: (ἐκ + βάλλω) *sacar*
ἔμπροσθεν: *ante, delante (de)*
ἰδού: *he aquí, ¡mira!, hay*
κάρφος, ους, n: *motita*
κατανοέω, ----, κατενόησα: (κατά + νοέω) *considerar, fijarse*
καταπατέω, καταπατήσω, κατεπάτησα, ----, ----, κατεπατήθην:
                (κατά + πατέω) *pisotear*
κρίμα, -τος, n: *juicio*
κύων, κυνός, (dat. pl. κυσί) m: *perro*
μαργαρίτης, -ου, m: *perla*
μετρέω, ----, ἐμέτρησα (fut. pas. μετρηθήσομαι): *medir*
μέτρον, -ου, n: *medida*
μηδέ: *ni*
μήποτε: *no sea que, para que no*
ῥήγνυμι y ῥήσσω, ῥήξω, ἔρρηξα: *despedazar*
σός, σή, σόν: (adjetivo posesivo) *tu, tuyo*
στρέφω, ----, ἔστρεψα, ἐστράφην: *volver(se)*
τότε: *entonces*
ὑποκριτής, -οῦ, m: *hipócrita*
χοῖρος, -ου, m: *cerdo*

¹Μὴ κρίνετε, ἵνα μὴ **κριθῆτε**· ²ἐν ᾧ γὰρ κρίματι κρίνετε **κριθήσεσθε**, καὶ ἐν ᾧ μέτρῳ μετρεῖτε **μετρηθήσεται** ὑμῖν. ³τί δὲ βλέπεις τὸ κάρφος τὸ ἐν τῷ ὀφθαλμῷ τοῦ ἀδελφοῦ σου, τὴν δὲ ἐν τῷ σῷ ὀφθαλμῷ δοκὸν οὐ κατανοεῖς; ⁴ἢ πῶς **ἐρεῖς** τῷ ἀδελφῷ σου, Ἄφες **ἐκβάλω** τὸ κάρφος ἐκ τοῦ ὀφθαλμοῦ σου, καὶ ἰδοὺ ἡ δοκὸς ἐν τῷ ὀφθαλμῷ σοῦ; ⁵ὑποκριτά, **ἔκβαλε** πρῶτον τὴν δοκὸν ἐκ τοῦ ὀφθαλμοῦ σου, καὶ τότε **διαβλέψεις** ἐκβαλεῖν τὸ κάρφος ἐκ τοῦ ὀφθαλμοῦ τοῦ ἀδελφοῦ σου. ⁶Μὴ **δῶτε** τὸ ἅγιον τοῖς κυσίν, μηδὲ **βάλητε** τοὺς μαργαρίτας ὑμῶν ἔμπροσθεν τῶν χοίρων, μήποτε καταπατήσουσιν αὐτοὺς ἐν τοῖς ποσὶν αὐτῶν καὶ **στραφέντες** **ῥήξωσιν** ὑμᾶς.

(Mt. 7:1-6)

	Tiempo	Modo	Voz	Pers.	Núm.
v. 1 κριθῆτε					
v. 2 κριθήσεσθε					

	μετρηθήσεται					
v. 4	ἐρεῖς					
	Ἄφες					
	ἐκβάλω					
v. 5	ἔκβαλε					
	διαβλέψεις					
v. 6	δῶτε					
	βάλητε					
	στραφέντες					
	ῥήξωσιν					

_____

_____

_____

_____

_____

_____

_____

_____

_____

La respuesta se encuentra después del #69.

67

En el trozo anterior aparecen tres mandatos negativos.

v. 1 Μὴ κρίνετε
v. 6 Μὴ δῶτε . . . μηδὲ βάλητε

Compare el tiempo empleado en los dos versículos.

v.1 tiempo ——————————— ; v. 6 tiempo ———————————

v. 1 presente

v. 6 aoristo

68

En los mandatos del v. 1 y los del 6 hay también una distinción de modo:

v. 1 imperativo   v.6 subjuntivo

Los mandatos en aoristo del v. 6 están en modo **subjuntivo**, al igual que su traducción al español.

μὴ δῶτε   *no deis*   μηδὲ βάλητε   *ni echéis*

En cambio, μὴ κρίνετε del v. 1 es un mandato negativo en tiempo presente del **imperativo**. Aunque el griego emplea el modo imperativo, en español lo traducimos con el subjuntivo, porque nuestra lengua no admite el uso del imperativo en las expresiones negativas.

μὴ κρίνετε   (*no juzgad)   *no juzguéis*

	Estos dos versículos ilustran el siguiente principio:
	En griego el **mandato negativo** se expresa $\Bigg\langle$ en **imperativo** cuando se usa tiempo **presente** / en **subjuntivo** cuando se usa tiempo **aoristo**
igual	Estas dos maneras de expresar el mandato negativo en griego se traducen (igual / diferente) en español.
presente del imperativo	**69** A pesar de la traducción igual, las dos maneras de expresar en griego un mandato negativo encierran cierta distinción de significado. Cuando el mandato negativo está expresado con el tiempo presente del imperativo, indica que la acción ya se está realizando, y que ha de terminarse. En este caso, entonces, μὴ κρίνετε puede traducirse *dejad de juzgar*. En cambio, el mandato negativo expresado con el aoristo del subjuntivo significa que la acción no ha comenzado todavía, y que se prohíbe que comience. Así que al decir *no deis lo santo . . . ni echéis las perlas...* entendemos que nunca han de comenzarse tales acciones. Un mandato negativo en (presente del imperativo / aoristo del subjuntivo) indica que las personas deben suspender una acción que ya están realizando.

Respuesta al #66, análisis de verbos y borrador de traducción.

		Tiempo	Modo	Voz	Pers.	Núm.
v. 1	κριθῆτε	aor.	subj.	pas.	2ª	pl.
v. 2	κριθήσεσθε	fut.	indic.	pas.	2ª	pl.
	μετρηθήσεται	fut.	indic.	pas.	3ª	sing.
v. 4	ἐρεῖς	fut	indic.	act.	2ª	sing.
	Ἄφες	aor.	imperat.	act.	2ª	sing.
	ἐκβάλω	aor.	subj.	act.	1ª	sing.
v. 5	ἔκβαλε	aor.	imperat.	act.	2ª	sing.
	διαβλέψεις	fut.	indic.	act.	2ª	sing.
v. 6	δῶτε	aor.	subj.	act.	2ª	pl.
	βάλητε	aor.	subj.	act.	2ª	pl.
	στραφέντες	aor.	partic.	pas.	—	— (nom. pl.)
	ῥήξωσιν	aor.	subj.	act.	3ª	pl.

[1] *No juzguéis para que no seáis juzgados.* [2] *Pues con el juicio con que juzgáis seréis juzgados, y con la medida con que medís os será medido.* [3] *¿Por qué ves la motita en el ojo de tu hermano, y no te fijas en la viga en tu ojo?* [4] *¿O cómo dirás a tu hermano: «Permite (que) saque la motita de tu ojo», y hay una viga en el ojo tuyo?* [5] *Hipócrita, saca primero la viga del ojo tuyo, y entonces verás claramente para sacar la motita del ojo de tu hermano.* [6] *No deis lo santo a los perros, ni echéis vuestras perlas ante los cerdos, no sea que las pisoteen[a] con sus pies y volviéndose, os despedacen.*

[a] Aunque *pisoteen* se traduce con el subjuntivo, el verbo καταπατήσουσιν está en modo indicativo.

Al igual que ῥήξωσιν, que sí está en subjuntivo, el verbo καταπατήσουσιν depende de la palabra introductoria de la oración subordinada μήποτε, y por tanto esperamos que los dos verbos aparezcan en subjuntivo.

En el período Koiné, sin embargo, comenzaba a emplearse el futuro de indicativo precisamente en oraciones subordinadas de propósito. Este versículo en par-

	ticular ilustra la ambivalencia de la época, al usar los dos modos dentro de una misma oración subordinada.
70	RESUMEN — Expresiones en subjuntivo

En todos los ejemplos anteriores, los verbos griegos que se hallan en modo subjuntivo también aparecen en subjuntivo en la traducción al español. Esto se debe al hecho de que las construcciones que piden el subjuntivo son iguales en ambos idiomas. Antes de entrar en ciertas construcciones subjuntivas griegas que no tienen paralelo en el subjuntivo español (#71), resumamos las expresiones que ya hemos visto.

1. Expresiones de propósito introducidas por ἵνα (o a veces ὅπως) *para que.*

    δοξασόν σου τὸν υἱόν, **ἵνα** ὁ υἱὸς **δοξάσῃ** σε. (Jn. 17.1)
    *Glorifica a tu Hijo **para que** el Hijo te **glorifique**.*

    προσηύξαντο περὶ αὐτῶν **ὅπως λάβωσιν** πνεῦμα ἅγιον. (Hch. 8:15)
    *Oraron acerca de ellos **para que recibieran** el Espíritu Santo.*

Cuando la expresión es negativa se emplea el adverbio μή: ἵνα μή, ὅπως μή *no sea que.* A veces la palabra μή se emplea sola para introducir la oración negativa de propósito. También se usan las palabras μή πως (o μήπως) y μή ποτε (o μήποτε) con ese mismo sentido de propósito negativo.

    γρηγορεῖτε καὶ προσεύχεσθε, **ἵνα μὴ εἰσέλθητε** εἰς πειρασμόν. (Mt. 26:41)
    *Velad y orad **para que no entréis** en tentación.*

2. Oraciones introducidas por el pronombre relativo indefinido ὃς ἄν o ὃς ἐάν *cualquiera.*

    ὃς ἐὰν οὖν **λύσῃ** μίαν τῶν ἐντολῶν τούτων . . . (Mt. 5:19)
    *Así que **cualquiera que quebrante** uno de estos mandamientos . . .*

3. Oraciones introducidas por el adverbio conjuntivo ἕως (ἄν) *hasta que.*

    ἐκεῖ μένετε **ἕως** ἄν **ἐξέλθητε** . . . (Mr. 6:10)
    *Permaneced allí hasta que **salgáis** . . .*

4. Exhortaciones (siempre 1ª persona plural, puesto que en las demás personas se emplea el imperativo para exhortar a la acción).

    φάγωμεν καὶ **πίωμεν** . . . (1 Co. 15:32)
    Comamos *y* **bebamos** . . .

5. Prohibiciones que empleen el aoristo[1].

    μὴ δῶτε τὸ ἅγιον τοῖς κυσίν. (Mt. 7:6)
    ***No deis** lo santo a los perros.*

En todos los ejemplos expuestos, el verbo griego en modo subjuntivo se traduce al español con un verbo de modo _____.

[1] En tiempo presente se usa el imperativo aun en expresiones negativas. Cp. #64, 65. |
| subjuntivo | |
| **71** | No todos los usos del subjuntivo en griego son paralelos al subjuntivo en español. |

A continuación se presentan dos construcciones que en griego emplean el subjuntivo pero que en nuestra lengua se expresan con el modo indicativo.

1. La pregunta deliberativa
Una pregunta que no pide datos sino que expresa una vacilación entre varias posibilidades, se expresa en griego con el subjuntivo.
Este tipo de pregunta se traduce al español con el modo indicativo.
A menudo usamos el tiempo futuro para expresar la conjetura o vacilación encerrada en el subjuntivo griego.

> τί οὖν **ποιήσωμεν**[1]; (Lc. 3:10)
> *¿Qué **haremos**?* (Valera)

Los traductores emplean diferentes recursos para comunicar el matiz de deliberación o vacilación de la pregunta griega en modo subjuntivo.
Compare las siguientes traducciones de la pregunta que acabamos de transcribir.
> Biblia de Jerusalén, Popular, Hispanoamericana: *¿Qué debemos hacer?*
> Nácar-Colunga: *¿Qué hemos de hacer?*
> Bover: *¿Qué haremos, pues?*
> Ecuménica: *¿Qué tenemos que hacer?*

2. Negación enfática
A distinción de la simple expresión negativa que emplea el adverbio οὐ y el modo indicativo, hay otras oraciones que hacen una negación enfática de una acción futura. En estas últimas se usan los dos adverbios negativos οὐ μή, y el verbo aparece en modo subjuntivo.

La traducción al español busca la manera de expresar el tono enfático mediante palabras como *jamás*, *de ninguna manera*, etc. Puesto que la acción referida es futura, empleamos el futuro del indicativo para traducir el verbo griego en subjuntivo.

> **οὐ μὴ ἐξέλθῃς** ἐκεῖθεν . . . (Lc. 12:59)
> **Jamás saldrás** de allí . . .

Traduzca los versículos

> ἐκφεύγω, ἐκφεύξομαι, ἐξέφυγον, ἐκπέφυγα: (ἐκ + φεύγω) *escapar*

1. οὐ μὴ ἐκφύγωσιν. (1 Ts. 5:3)

_____

2. δῶμεν ἢ μὴ δῶμεν; (Mr. 12:14)

_____

[1] Subjuntivo, tiempo aoristo.

---

1. *Jamás escaparán.* o: *De ninguna manea escaparán.* 2. *¿Daremos o no daremos?* o: *¿Hemos de dar...*	(see above)

72
aor. subj. act. 3ª pl.

Analice el verbo ἐκφύγωσιν del versículo anterior.

Tiempo _____ Modo _____ Voz _____ Pers. ____ (sing. / pl)

73
Porque en griego se expresa una

¿Por qué razón se emplea el subjuntivo en el verbo de 1 Ts. 5:3 (#71)?

_____

512

negación enfática por medio del modo subjuntivo del verbo, junto con los negativos οὐ y μή.	
74 subjuntivo	Las oraciones negativas en griego pueden expresarse de dos maneras: 1. Con el adverbio negativo οὐ y el verbo en modo indicativo. 2. Con los adverbios negativos οὐ μή y el verbo en modo ———————
75 Están en subjuntivo porque expresan una pregunta deliberativa.	Los verbos δῶμεν (#71) están en modo ——————— porque ——————— ———————————————————————————————————

76

1. ἐπικαλέσωνται: aor. subj. med. 3ª pl. ἐπικαλέω

2. πιστεύσωσιν
3. ἀκούσωσιν
4. κηρύξωσιν
   aor. subj. act. 3ª pl. πιστεύω, ἀκούω, κηρύσσω

5. ἀποσταλῶσιν: aor. subj. pas. 3ª pl. (Cp. #63.) ἀποστέλλω

Identifique cinco verbos de modo subjuntivo y analícelos.

> ἐὰν μή: *a menos que*
> ἐπικαλέω, ἐπικαλέσομαι, ἐπεκάλεσα, ----, ἐπικέκλημαι, ἐπεκλήθην: (ἐπί + καλέω) v. activa – *nombrar, llamar*; v. media – *invocar*
> χωρίς: *sin*

[14] Πῶς οὖν ἐπικαλέσωνται εἰς ὃν οὐκ ἐπίστευσαν; πῶς δὲ πιστεύσωσιν οὗ οὐκ ἤκουσαν; πῶς δὲ ἀκούσωσιν χωρὶς κηρύσσοντος; [15] πῶς δὲ κηρύξωσιν ἐὰν μὴ ἀποσταλῶσιν; (Ro. 10:14-15a)

	Tiempo	Modo	Voz	Pers.	Núm.	1ª parte fund.
1.						
2.						
3.						
4.						
5.						

77

Así que, ¿cómo invocarán (a aquel) en quien no han creído?[1] *Y ¿cómo creerán (en aquel) de quien no han oído?*[1] *Y ¿cómo oirán sin uno que (les) predique? Y ¿cómo predicarán a menos que sean enviados?*

[1] En este contexto el aoristo se traduce mejor con el tiempo perfecto en español.

Traduzca los versículos del #76.

Nota: En la oración griega falta el antecedente de los pronombres relativos ὅν y οὗ. El traductor puede suplir las palabras *...a aquel* y *...en aquel*.

——————————————————————————————————————

——————————————————————————————————————

——————————————————————————————————————

78 Porque expresan preguntas delibe-rativas.	¿Por qué están en subjuntivo los verbos de los versículos del #76: ἐπικαλέσωνται, πιστεύσωσιν, ἀκούσωσιν, κηρύξωσιν? _____

79
 	
sí
	Cuando una pregunta griega va encabezada por el adverbio negativo οὐ (οὐκ, οὐχ, οὐχί), insinúa una respuesta afirmativa, al igual que en español el empleo de _no_ al principio de una pregunta indica que se espera una respuesta afirmativa.
	
	    οὐχ οὗτός ἐστιν ὁ τοῦ τέκτονος υἱός; (Mt. 13:55)
	    ¿**No** es éste el hijo del carpintero?
	
	La respuesta que se espera a esta pregunta es (sí / no).

80
 	
¿No hacen aun los publicanos lo mis-mo? Respuesta: Sí.
	Traduzca la pregunta y contéstela.
	
	    οὐχὶ καὶ οἱ τελῶναι τὸ αὐτὸ ποιοῦσιν; (Mt. 5:46)
	       publicanos
	
	_____ Respuesta: _____

81
 	
_No_
	En contraste con las preguntas de respuesta afirmativa (#79, 80) se formulan otras a las que se espera una respuesta negativa.
	En griego, cuando se espera una respuesta negativa, se emplea el adverbio negati-vo μή al comienzo de la pregunta.
	En español el adverbio _acaso_ tiene ese mismo propósito.
	
	    Μὴ ὁ νόμος ἡμῶν κρίνει τὸν ἄνθρωπον ἐὰν μὴ ἀκούσῃ πρῶτον; (Jn. 7:51)
	    ¿**Acaso** nuestra ley juzga al hombre sin que lo oiga primero?
	
	Conteste la pregunta de este versículo. _____

82 μή	La pregunta del #81 sugiere una respuesta negativa porque lleva al principio la palabra _____.
83 _Los que estaban con él de los fariseos oyeron estas cosas y le dijeron: «¿Acaso nosotros también somos ciegos?»_	Traduzca el versículo. Ἤκουσαν ἐκ τῶν Φαρισαίων ταῦτα οἱ μετ' αὐτοῦ ὄντες, καὶ εἶπον αὐτῷ, Μὴ καὶ ἡμεῖς τυφλοί ἐσμεν; (Jn. 9:40) _____ _____
84 Esperaban la respuesta _no_. Porque la pregun-ta empieza con la palabra μή.	Nosotros diríamos que los fariseos sí estaban ciegos, sin embargo, ¿cuál es la res-puesta que ellos esperaban a su propia pregunta? _____ ¿Cómo se sabe que esperaban esa respuesta? _____ _____
85	A veces la pregunta de respuesta negativa emplea la partícula interrogativa μήτι, sinónimo de μή. Traduzca el versículo.

¿Acaso soy yo, Señor? Esperaba la respuesta *no*.	Μήτι ἐγώ εἰμι κύριε; (Mt. 26:22) _____ Al hacer esta pregunta, ¿qué respuesta esperaba cada uno de los discípulos? _____
86 οὐ: contestación *sí* μή: contestación *no*	Si una pregunta griega comienza con οὐ, se espera la contestación (sí / no). Si comienza con μή (o μήτι), se espera la contestación (sí / no).

87
 	
¿Acaso puede un ciego guiar a un ciego?
Respuesta: *No.*
 	
¿No caerán ambos en (el) hoyo?
Respuesta: *Sí.*
	Traduzca las dos preguntas e indique la respuesta que espera el hablante en cada caso.
	
	    ἀμφότεροι, -αι, -α: *ambos*
	    βόθυνος, -ου, m: *hoyo*
	    ἐμπίπτω, ἐμπεσοῦμαι, ἐνέπεσον: (ἐν + πίπτω) *caer*
	    ὁδηγέω: *guiar*
	
	Μήτι δύναται τυφλὸς τυφλὸν ὁδηγεῖν;
	οὐχὶ ἀμφότεροι εἰς βόθυνον ἐμπεσοῦνται; (Lc. 6:39)
	
	_____ Respuesta: _____
	
	_____ Respuesta: _____

88 En todas están bien traducidas; sin embargo, en la versión Moderna la primera pregunta no tiene toda la fuerza de μήτι en griego.	¿Están bien traducidas las dos preguntas de Lc. 6:39 en las siguientes versiones? Señale las traducciones que le parecen buenas. _____ *¿Por ventura puede un ciego guiar a un ciego? ¿No caerán acaso entrambos en la hoya?* (Bover) _____ *¿Acaso puede un ciego servirle de guía a otro ciego? ¿No van a caer así los dos en algún hoyo?* (Popular) _____ *¿Puede el ciego guiar al ciego? ¿No caerán ambos en el hoyo?* (Moderna) (Valera) _____ *¿Acaso puede un ciego guiar a otro ciego? ¿No caerán ambos en el hoyo?*
89 La respuesta se encuentra después del #90.	Como preparación para la prueba final del capítulo, repase ahora la conjugación en modo subjuntivo por medio de la tabla que ya tiene elaborada. Repase también la distinción entre presente y aoristo dada en el #60. Luego pruebe su conocimiento de este modo analizando los siguientes verbos. Algunos de ellos no son de modo subjuntivo. Consulte el vocabulario (apéndice VI) para verificar las partes fundamentales. {{TABLE}}

{{TABLE}} =

	Tiempo	Modo	Voz	Pers.	Núm.	1ª parte fund.
1. πίητε						
2. κράσωσι						
3. γινώσκωμεν						
4. γίνωμαι						
5. ἀποκτείνει						
6. πιστεύσῃ						
7. κρίνῃς						

La respuesta se encuentra después del #90.	8. προσεύχονται						
	9. δεξώμεθα						
	10. κληθῶ						

90

REPASO — Las funciones del modo subjuntivo en griego

Repase en los cuadros indicados las diferentes expresiones que emplean el modo subjuntivo.

1. Expresiones de propósito
2. Oraciones de relativo indefinido
3. Exhortaciones en 1ª persona
4. Prohibiciones
⎫ #70

5. Pregunta deliberativa
6. Negación enfática
⎫ #71

El empleo del subjuntivo en la pregunta deliberativa y la negación enfática no corresponde al uso del subjuntivo en español. Por tanto, ponga especial atención a los ejemplos de estas construcciones en #72-78.

Respuesta al #89.

	Tiempo	Modo	Voz	Pers.	Núm.	1ª parte fund.
1.	aor.	subj.	act.	2ª	pl.	πίνω
2.	aor.	subj.	act.	3ª	pl.	κράζω
3.	pres.	subj.	act.	1ª	pl.	γινώσκω
4.	pres.	subj.	med./pas.	1ª	sing.	γίνομαι
5.	pres.	indic.	act.	3ª	sing.	ἀποκτείνω
6.	aor.	subj.	act.; med.	3ª; 2ª	sing.	πιστεύω
7.	pres. o aor.	subj.	act.	2ª	sing.	κρίνω
8.	pres.	indic.	med./pas.	3ª	pl.	προσεύχομαι
9.	aor.	subj.	med.	1ª	pl.	δέχομαι
10.	aor.	subj.	pas.	1ª	sing.	καλέω

Repase de nuevo en las tablas de conjugación los puntos en que falló su análisis.

91

REPASO — Conjugación verbal

Ya que hemos repasado el modo subjuntivo en su conjunto, conviene repasar también los otros modos de la conjugación verbal, con el fin de relacionarlos con la conjugación en subjuntivo. Revise por tanto las tablas de conjugación del capítulo XVII y la del capítulo XXII, para luego probar su capacidad de identificar las siguientes formas.

	Tiempo	Modo	Voz	Pers.	Núm.	1ª parte fund.	Posible traducción[1]
1. φιλεῖτε							
2. ἀποκρίνεσθαι							
3. δοξάσω							
4. πινέτω							
5. ἐξελέξατο							

6. ἀποστελοῦμεν							
7. κρίνειν							
8. ἀπεκτάνθη							
9. ἐλήλυθα							
10. ἐπληροῦντο							

¹ Una traducción segura dependería del contexto del verbo en la oración, pero aquí por lo menos se hace el esfuerzo de expresar en castellano lo que se analiza en griego.

La respuesta se encuentra después del #92.

92

RESUMEN — Vocabulario

Las siguientes palabras nuevas son de uso frecuente en el N.T. y por tanto se deben aprender como parte de su vocabulario activo.

αἴρω, ἀρῶ, ἦρα, ἦρκα, ἦρμαι, ἤρθην: *levantar, alzar, quitar*
ἄν: *partícula que denota contingencia (no se traduce)*
ἄρα: *así que, así, pues*
δείκνυμι, δείξω, ἔδειξα, ----, ----, ἐδείχθην: *mostrar, señalar; explicar*
δοξάζω, δοξάσω, ἐδόξασα, ----, δεδόξασμαι, ἐδοξάσθην: *glorificar*
ἐὰν μή: *si no, a menos que*
ἐκλέγομαι, ----, ἐξελεξάμην, ----, ἐκλέλεγμαι: *escoger*
ἐκλεκτός, -ή, -όν: *escogido, elegido*
ἔμπροσθεν: *ante, delante de*
ἐνώπιον: *ante, en presencia de*
ἐπαίρω, ----, ἐπῆρα, ----, ----, ἐπήρθην: (ἐπί + αἴρω) *levantar*
ἕως: *hasta; hasta que, mientras (que)*
ἰδού: *he aquí, ¡mira!; hay*
ἵνα: *para que*
μείζων, -ον: *mayor*
μηδέ: *ni*
μήποτε: *no sea que*
μήτι: (interrogativo) *¿acaso…?*
ὅταν: (ὅτε *cuando* + ἄν) *siempre que, cuando (quiera) que*
οὐδείς, οὐδεμία, οὐδέν: *nadie*
πειρασμός, -οῦ, m: *tentación*
σός, σή, σόν: (adjetivo posesivo) *tu, tuyo*
τότε: *entonces*
φέρω, οἴσω, ἤνεγκα, ----, ----, ἠνέχθην: *llevar, traer*
φιλέω, ----, ἐφίλησα, πεφίληκα: *amar, querer*
χωρίς: *sin*

Respuesta al #91

	Tiempo	Modo	Voz	Pers.	Núm.	1ª parte fund.	Posible traducción
1. φιλεῖτε	pres.	indic.	act.	2ª	pl.	φιλέω	*amáis*
2. ἀποκρίνεσθαι	pres.	infin.	med./pas.	—	—	ἀποκρίνομαι	*contestar*
3. δοξάσω	fut.	indic.	act.	1ª	sing.	δοξάζω	*glorificaré*
4. πινέτω	pres.	imprv.	act.	3ª	sing.	πίνω	*beba*
5. ἐξελέξατο	aor.	indic.	med.	3ª	sing.	ἐκλέγομαι	*escogió*
6. ἀποστελοῦμεν	fut.	indic.	act.	1ª	pl.	ἀποστέλλω	*enviaremos*

7. κρίνειν	pres.	infin.	act.	—	—	κρίνω	*juzgar*
8. ἀπεκτάνθη	aor.	indic.	pas.	3ª	sing.	ἀποκτείνω	*fue matado*
9. ἐλήλυθα	perf.	indic.	act.	1ª	sing.	ἔρχομαι	*he venido*
10. ἐπληροῦντο	impf.	indic.	med./pas.	3ª	pl.	πληρόω	*se cumplían, eran cumplidos*

93	PRUEBA
	1. οὐ μὴ φάγω τοῦτον τὸν ἄρτον ἀπὸ ταύτης τῆς ὥρας.
	2. προσεύχομαι τῷ πατρί μου ὑπὲρ ὑμῶν ἵνα μένητε ἐν ἐμοὶ ἕως ἔλθω ἐν τῇ βασιελίᾳ τοῦ πατρός μου.
	3. μὴ φοβηθῆτε τοὺς ἀγγέλους τοὺς ζῶντας ἐν τῷ φωτὶ τοῦ θεοῦ.
	4. οὐ περιπατήκαμεν μετὰ τοῦ προφήτου ὃς ἐδίδασκεν τοὺς λαούς;
	5. δοξάσωμεν τὸν κύριον ἡμῶν ἐνώποιν πάντων τῶν ἀνδρῶν καὶ τῶν ἀγγέλων τῶν ἐκλεκτῶν.
	6. ὃς ἂν ἔρχηται ἐν τῷ ὀνόματι τοῦ κυρίου ἀγαπήσει τοὺς ἀδελφούς.
La respuesta se encuentra en el apéndice V-23.	7. μὴ ἐποίησας τὸ θέλημά μου;

MODO SUBJUNTIVO

	Presente	Aoristo 1º	Aoristo l. y n.	Aoristo 2º
Voz ACTIVA				
Voz MEDIA				
Voz PASIVA			Pasiva sin θ	

Al terminar este capítulo usted podrá traducir tres tipos de oración condicional. Reconocerá una expresión en modo optativo. Traducirá 10 palabras nuevas, incluyendo el número uno (εἷς) en sus diferentes formas.

1 εἰ δὲ θέλεις εἰς τὴν ζωὴν εἰσελθεῖν... *si deseas entrar a la vida...* Εἴ τις ἔρχεται πρός με καὶ οὐ μισεῖ τὸν πατέρα αὐτοῦ καὶ τὴν μητέρα... *si alguien viene a mí y no odia...*	Oraciones condicionales como las siguientes tienen, tanto en griego como en español, una misma estructura. 1) εἰ δὲ θέλεις εἰς τὴν ζωὴν εἰσελθεῖν, τήρησον(a) τὰς ἐντολάς. (Mr. 19:17) *Mas si deseas entrar a la vida, guarda los mandamientos.* 2) Εἴ τις ἔρχεται πρός με καὶ οὐ μισεῖ(b) τὸν πατέρα ἑαυτοῦ καὶ τὴν μητέρα ... οὐ δύναται εἶναί μου μαθητής. (Lc. 14:26) *Si alguien viene a mí y no odia a su padre y madre . . . no puede ser mi discípulo.* (a) τηρέω, τηρήσω, ἐτήρησα, τετήρηκα, τετήρημαι, ἐτηρήθην: *guardar* (b) μισέω, μισήσω, ἐμίσησα, μεμίσηκα: *odiar* Subraye en las oraciones griegas y en su traducción al español, la oración subordinada que expresa una condición.
2 εἰ βούλει	La oración subordinada condicional (la que subrayó en las oraciones del #1) se llama **prótasis**. Subraye la prótasis de la siguiente oración. Πάτερ, εἰ βούλει παρένεγκε τοῦτο τὸ ποτήριον ἀπ' ἐμοῦ. (Lc. 22:42) *Padre, si quieres, aparta de mí esta copa.*
3 prótasis	La oración subordinada que subrayó en el # 2 se llama _____ .
4 indicativo	¿En cuál modo está el verbo de la prótasis de las oraciones del #1 y 2? (indicativo / imperativo / subjuntivo)
5 indicativo, porque el hablante cree que la condición va a cumplirse.	Cuando el hablante expresa una condición con un verbo en modo indicativo (*Si alguien viene...*) está señalando que él considera que esa condición va a cumplirse. En el siguiente versículo el verbo de la prótasis está en modo _____ porque _____ εἰ δὲ πνεύματι ἄγεσθε, οὐκ ἐστὲ ὑπὸ νόμον. (Gá. 5:18) *Si sois guiados por el Espíritu, no estáis bajo la ley.*
6 ἐδίωξαν indicativo	Cuando se refiere a una realidad ya existente, la prótasis con verbo en indicativo es casi equivalente a una oración circunstancial de causa; la palabra εἰ *si* significa *puesto que* o *porque*. En las siguientes palabras de Jesús, por ejemplo, la condición expresa una realidad histórica. εἰ ἐμὲ ἐδίωξαν, καὶ ὑμᾶς διώξουσιν. (Jn. 15:29) *Si me persiguieron a mí, os perseguirán a vosotros.* *Puesto que...* Subraye el verbo de la prótasis. ¿En cuál modo está? _____

7 *Así que, si vosotros siendo malos, sabéis dar buenas dádivas a vuestros hijos, cuánto más el Padre del cielo dará el Espíritu Santo a los que lo piden.*	Traduzca el versículo. δόμα, -τος, n: *don, dádiva* πόσῳ μᾶλλον: *cuánto más* εἰ οὖν ὑμεῖς πονηροὶ ὑπάρχοντες οἴδατε δόματα ἀγαθὰ διδόναι τοῖς τέκνοις ὑμῶν πόσῳ μᾶλλον ὁ πατὴρ ὁ ἐξ οὐρανοῦ δώσει πνεῦμα ἅγιον τοῖς αἰτοῦσιν αὐτόν. (Lc. 11:13) _____ _____ _____
8 οἴδατε - indicativo	Subraye el verbo de la prótasis en el versículo anterior. ¿En cuál modo está? _____
9 εἰ	Escriba la palabra griega que se ha traducido *si* en las oraciones condicionales que hemos visto: _____

10
 	
πόσῳ μᾶλλον ὁ πατὴρ . . . αὐτόν.
	Una oración condicional se constituye de dos partes importantes:
	
	     1. la oración subordinada que expresa la condición (la **prótasis**)
	     2. la oración principal, que recibe el nombre de **apódosis**.
	
	Subraye la apódosis del versículo del #7.

11
 	
Así que si yo el Señor y maestro lavé vuestros pies, vosotros también debéis lavar los pies los unos de los otros.
	Traduzca el versículo. διδάσκαλος, -ου, m: *maestro*
	            νίπτω, ἔνιψα: *lavar*
	            ὀφείλω: *deber*
	
	εἰ οὖν ἐγὼ ἔνιψα ὑμῶν τοὺς πόδας ὁ κύριος καὶ ὁ διδάσκαλος, καὶ ὑμεῖς ὀφείλετε ἀλλήλων νίπτειν τοὺς πόδας. (Jn. 13:14)
	
	_____
	
	_____

12 *Y le preguntaron y le dijeron: «¿Por qué bautizas, si tú no eres el Cristo ni Elías ni el profeta?»*	Traduzca el versículo. Ἠλίας, -ου, m: *Elías* οὐδέ: *ni* καὶ ἠρώτησαν αὐτὸν καὶ εἶπαν αὐτῷ, Τί οὖν βαπτίζεις εἰ σὺ οὐκ εἶ ὁ Χριστὸς οὐδὲ Ἠλίας οὐδὲ ὁ προφήτης; (Jn. 1:25) _____ _____
13 Prótasis: εἰ σὺ οὐκ εἶ ὁ Χριστὸς... Apódosis: Τί οὖν βαπτίζεις	Señale en el versículo anterior la prótasis y la apódosis.
14	Para poder comparar el tipo de oración condicional que hemos visto con otros tipos que se presentarán en breve, hagamos una descripción esquemática del que ya se ha presentado, al cual designamos oración condicional, Tipo A.

Prótasis εἰ indicativo	En el primer espacio del esquema a continuación, escriba el vocablo *si* que se ha empleado en las oraciones condicionales. En el segundo espacio indique en cuál modo aparece el verbo de la prótasis. <div align="center">Oración condicional, Tipo A Prótasis　　　　　　Apódosis _____ _____ , ... *si*　　　modo del verbo</div>
15 A	La oración condicional que emplea en la prótasis la palabra εἰ, y el verbo en indicativo, se denomina tipo ____ .
16 ἐάν subjuntivo	En contraste con las de tipo A, hay otras oraciones condicionales que se construyen de manera un poco diferente. Observe en el versículo siguiente los elementos señalados en la prótasis. Prótasis **ἐάν** τις **φάγη** ἐκ τούτου τοῦ ἄρτου ζήσει εἰς τὸν αἰῶνα. (Jn. 6:51) *Si alguien comiere de este pan　　　vivirá para siempre.* ¿Cuál palabra griega se emplea en el sentido de *si*? _____ ¿En cuál modo está el verbo de la prótasis? _____
17 Se diferencian en dos cosas: 1) en el vocablo *si*: es εἰ en Tipo A; ἐάν en Tipo B. 2) en el modo del verbo: es indicativo en Tipo A, subjuntivo en Tipo B.	La oración del versículo anterior representa un segundo tipo de oración condicional, que recibe la designación tipo B. Compare el siguiente diagrama con el del #14. Oración condicional, Tipo B Prótasis　　　　　Apódosis <u>ἐάν</u>　<u>subjuntivo</u> , ... *si*　　modo de verbo ¿En qué se diferencian los dos tipos de oración condicional? _____ _____
18 Tipo B (νίψω = subjuntivo aoristo)	¿Cuál tipo de oración condicional representa la siguiente oración? (Tipo A / B) Ἐὰν μὴ νίψω[1] σε, οὐκ ἔχεις μέρος μετ' ἐμοῦ. (Jn. 13:8) *Si no te lavare, no tienes parte conmigo.* [1] V. #11.
19	Tal como se ve en #16 y 18, la oración condicional de tipo B puede traducirse con el sustantivo futuro en español. El subjuntivo de la prótasis (φάγη *comiere*, νίψω *lavare*) señala una eventualidad futura. En la oración griega el subjuntivo puede ser o de tiempo presente o de tiempo aoristo, según el aspecto de la acción (durativo o indefinido) que se quiere señalar. El empleo del subjuntivo indica que el hablante tiene cierta duda de que la condición llegue a realizarse. Es este elemento de duda respecto del cumplimiento de

	la condición lo que exige el subjuntivo en la oración griega de Tipo B. Por el momento vamos a traducir la oración condicional de Tipo B con el futuro de subjuntivo español.

Traduzca el versículo.

παράκλητος, -ου, m: *llamado en auxilio, intercesor*

καὶ ἐάν τις ἁμάρτῃ παράκλητον ἔχομεν πρὸς τὸν πατέρα, Ἰησοῦν Χριστὸν δίκαιον. (1 Jn. 2:1)

Mas si alguien pecare, tenemos un intercesor con el Padre, Jesucristo, justo.

_____

_____

20

Aunque comprendemos sin problema la traducción con futuro de subjuntivo en español (#16, 18, 19), reconocemos que en nuestra lengua moderna ya no se usan corrientemente formas como *comiere, lavare, pecare*. Puesto que el futuro de subjuntivo ha desaparecido de la lengua hablada, podemos traducir la oración condicional de tipo B con un verbo en indicativo.

#16 *Si alguien come este pan…*
#18 *Si no te lavo…*
#19 *Si alguien peca…*

Traduzca la siguiente oración de dos maneras: 1) con futuro de subjuntivo; 2) con indicativo.

ἐλεύσομαι δὲ ταχέως πρὸς ὑμᾶς ἐὰν ὁ κύριος θελήσῃ. (1 Co. 4:19)
               pronto

1) Vendré pronto a vosotros si el Señor quisiere.

2) …si el Señor quiere

1) _____

2) _____

21

Hemos observado (#19) que el verbo de la prótasis griega de tipo B puede estar en cualquier tiempo del subjuntivo, es decir en presente o aoristo de subjuntivo.[1] La diferencia entre esos dos tiempos estriba en el aspecto de la acción: el presente indica una acción durativa, y el aoristo una acción no especificada como durativa, es decir el aspecto de la acción queda indefinido.

Por ejemplo, en 1 Jn. 2:1 (#19) ἁμάρτῃ está en aoristo de subjuntivo porque el autor apenas contempla la posibilidad de un acto de pecado y no una acción continua en el pecado (lo que hubiera requerido el presente de subjuntivo).

¿En cuál tiempo está el verbo θελήσῃ de la prótasis en el versículo del #20?

aoristo

_____

[1] No hay futuro de subjuntivo en griego.

22

RESUMEN PARCIAL — Oraciones condicionales

	Prótasis	Traducción del verbo	Ejemplo
Tipo A La condición o se cumple, o ya es una realidad.	εἰ + indicativo *si* modo del verbo	indicativo	εἰ τις ἔρχεται… *Si alguien viene…*

	Prótasis	Traducción del verbo	Ejemplo
Tipo B La condición expresa una eventualidad futura.	ἐάν + __subjuntivo__ _si_ modo del verbo	1) futuro de subjuntivo o: 2) indicativo	ἐάν τις φάγῃ . . . 1) _Si alguien comiere..._ 2) _Si alguien come..._

1. Tipo B 2. Tipo A	Defina el tipo (A o B) de oración condicional en los siguientes versículos. 1. ἰδοὺ βάλλω αὐτὴν εἰς κλίνην . . . ἐὰν μὴ μετανοήωσιν . . . (Ap. 2:22) _He aquí yo la echo a una cama . . . si no se arrepienten . . ._ 2. εἰ ταῦτα ποιεῖς, φανέρωσον σεαυτὸν τῷ κόσμῳ. (Jn. 7:4) _Si haces estas cosas, manifiéstate al mundo._
23 b. Porque el verbo ἁμάρτῃ está en subjuntivo	Si los dos tipos de oración condicional pueden traducirse con el indicativo en español, ¿cuál es el valor de distinguirlos en griego? En su labor exegética, el estudiante del N.T. encontrará ciertos pasajes donde le será útil distinguir el empleo del subjuntivo griego en una oración condicional. Cuando se emplea el subjuntivo en griego, se comunica que la condición no se ha cumplido todavía, que es apenas una posible eventualidad futura. Por ejemplo, en 1 Jn. 2:1 (#19), ¿cómo concibe el autor esa condición _si alguien peca_? _____ a. como una condición cumplida _____ b. como una eventualidad posible ¿Por qué? _____
24 griego: indicativo español: subjuntivo en la prótasis, y potencial en la apódosis	Un tercer tipo de oración condicional griega difiere más del español que los tipos A y B. Es la oración condicional en que el hablante se refiere a una condición que él concibe como contraria a la realidad, como en el ejemplo siguiente. Εἰ ὁ θεὸς πατὴρ ὑμῶν ἦν, ἠγαπᾶτε ἂν ἐμέ. (Jn. 8:42) _Si Dios fuera vuestro Padre, me amaríais._ Por la construcción de la oración en español, nos damos cuenta que el hablante enuncia una condición (la prótasis) que él concibe como contraria a la realidad (es decir, cree que Dios no es el Padre de sus oyentes). La lengua española nos comunica este hecho por medio del modo subjuntivo de tiempo imperfecto en la prótasis (_fuera_) y el potencial (futuro hipotético) en la apódosis (_amaríais_). Comparemos los verbos de la traducción con los de la oración griega: griego: . . . ἦν (indicativo) . . . ἠγαπᾶτε (indicativo) . . . español: . . ._fuera_ (subjuntivo) . . . _amaríais_ (potencial) . . . Es evidente que la oración griega no emplea los mismos recursos gramaticales que el español para expresar una oración condicional de este tipo. En griego los verbos están en modo _____ . En cambio, en español el verbo de la prótasis está en modo _____ y el de la apódosis en _____ .

25 εἰ	La oración que expresa una condición concebida como contraria a la realidad (#24) se llama oración condicional, tipo C. ¿Cuál palabra griega se traduce *si* en la oración condicional, tipo C (#24)? _____
26 ἄν	En la apódosis de la oración del #24 hay una partícula que no se traduce. Es la palabrita _____ .
27 indicativo	La oración griega que expresa una condición concebida como contraria a la realidad se diagrama de la siguiente manera. Compare este diagrama con los del #22. Oración condicional, tipo C Prótasis Apódosis εἰ + <u> indicativo </u> ἄν + <u> indicativo </u> modo del verbo (partícula) modo del verbo En la oración griega de condición contraria a la realidad, tanto el verbo de la prótasis como el de la apódosis está en modo _____ .
28 Prótasis εἰ . . . <u>διεκρίνομεν</u> indicativo Apódosis ἄν . . . <u>ἐκρινόμεθα</u> indicativo <u>juzgáramos</u> . . . subjuntivo <u>seríamos juzgados</u> potencial	Contraste con el diagrama anterior el siguiente diagrama de la oración condicional de este tipo en español. Traducción de la oración condicional, tipo C Prótasis Apódosis <u> si </u> + <u>subjuntivo (en imperfecto)</u> <u> potencial </u> modo del verbo modo del verbo Identifique en el ejemplo siguiente todos los elementos de los diagramas (#27, 28), tanto de la oración griega como de la traducción al español. εἰ δὲ ἑαυτοὺς διεκρίνομεν, οὐκ ἂν ἐκρινόμεθα. (1 Co. 11:31) *Mas si juzgáramos a nosotros mismo, no seríamos juzgados.*
29 imperfecto	Cuando en la oración condicional griega de tipo C los verbos de las dos proposiciones están en **tiempo imperfecto del indicativo**, la oración se refiere a un momento **presente**. En la oración del #24 se habla de un momento presente para Jesús y sus oyentes. Por tanto, la oración condicional se construye con los verbos en el tiempo _____ del indicativo.
30 presente	La oración del #24, con los verbos en tiempo imperfecto, se refiere a un momento (presente / pasado) para el hablante y sus oyentes.
31 imperfecto	¿En cuál tiempo están los verbos de la siguiente oración condicional? εἰ ἐκ τοῦ κόσμου ἦτε, ὁ κόσμος ἂν τὸ ἴδιον ἐφίλει. (Jn. 15:19)
32 1. indicativo imperfecto 2. εἰ 3. ἄν	Analicemos los elementos de la oración del #31. 1) Los dos verbos están en modo _____ , tiempo _____ . 2) La palabra *si* es _____ . 3) En la apódosis aparece la partícula _____ .

33 sí	Compare el análisis que acaba de hacer (#32) con el diagrama del #27. ¿Corresponde el versículo del #31 a la oración condicional de tipo C? _____
34 contraria a la realidad	La oración condicional de tipo C expresa una condición concebida como (una realidad / una eventualidad / contraria a la realidad).
35 *Si fuerais del mundo, el mundo amaría a lo suyo.*	Traduzca el versículo del #31 de manera que exprese una condición contraria a la realidad. (Cp. #24) _____

36
 	
1. ἤρεσκον
   ἤμην
2. indicativo
   imperfecto
3. εἰ
4. ἄν
5. tipo C
   contraria a la
   realidad
	Analice el siguiente versículo. ἀρέσκω: *complacer*
	
	εἰ ἔτι ἀνθρώποις ἤρεσκον, Χριστοῦ δοῦλος οὐκ ἂν ἤμην. (Gá. 1:10)
	
	1. Subraye los verbos.
	2. Los dos verbos están en modo_____ , tiempo_____ .
	3. La palabra *si* es _____.
	4. En la apódosis aparece la partícula_____.
	5. Con base en este análisis, concluimos que la oración condicional es de tipo _____ . La condición se concibe como _____ .

37 *Si todavía complaciera a los hombres, no sería siervo de Cristo.*	Traduzca el versículo anterior de manera que exprese una condición contraria a la realidad. _____ _____
38 (en sus propias palabras) En griego se usa el indicativo en las dos partes, más la partícula de contingencia, ἄν, en la apódosis. En español no se usa el indicativo sino el subjuntivo en la prótasis y el potencial en la apódosis.	La estructura gramatical del griego contrasta con la del español en la oración condicional concebida como contraria a la realidad (tipo C). griego español Prótasis Apódosis Prótasis Apódosis εἰ + indicativo, ἄν[1] + indicativo, *si* + subjuntivo, potencial tiempo pasado tiempo pasado tiempo pasado Describa la diferencia de estructuras con sus propias palabras. _____ _____ [1] En un número limitado de casos, la partícula ἄν se omite.
39 presente	En los cuatro ejemplos que hemos visto de la oración condicional tipo C (#24, 28, 31, 36) todos los verbos griegos están en tiempo imperfecto (siempre en modo indicativo). Según lo expuesto en el #29, la oración condicional griega de tipo C emplea el tiempo imperfecto para referirse a un momento (presente / pasado).

40 aoristo para referirse a un momento pasado	Para referirse a **un momento pasado** la oración condicional griega de tipo C emplea el **aoristo del indicativo** en los dos verbos. ¿En cuál tiempo están los verbos griegos del versículo siguiente? _____ ¿Por qué se ha empleado ese tiempo? _____ εἰ ἐν Τύρῳ καὶ Σιδῶνι **ἐγένοντο** αἱ δυνάμεις αἱ γενόμεναι ἐν υμῖν, πάλαι ἂν ἐν σάκκῳ καὶ σποδῷ **μετενόησαν**. (Mt. 11:12) *Si en Tiro y Sidón se hubieran hecho los milagros que se han hecho en vosotros, hace tiempo que se habrían arrepentido con saco y ceniza.*
41 griego: aoristo de indicativo en ambos verbos español: *hubieran sabido* pluscuamperfecto del subjuntivo *habrían crucificado* perfecto del potencial *hubieran crucificado* pluscuamperfecto del subjuntivo	La traducción del versículo anterior también señala el tiempo **pasado**. Para ese efecto se emplea en español los tiempos perfectos. Prótasis: **pluscuamperfecto del subjuntivo** — *se hubieran hecho* Apódosis: **perfecto del potencial** — *se habrían arrepentido* o **pluscuamperfecto del subjuntivo** — *se hubieran arrepentido* Analice el tiempo y el modo de los verbos, tanto en griego como en español, del versículo siguiente. εἰ γὰρ **ἔγνωσαν**, οὐκ ἂν τὸν κύριον τῆς δόξης **ἐσταύρωσαν**. (1 Co. 2:8) _____ _____ *Porque si **hubieran sabido**, no **habrían crucificado** al Señor de la gloria* _____ _____ . . . . , *no **hubieran crucificado** . . .* _____
42 pasado	En el versículo anterior el autor se refiere a un momento (presente / pasado).
43 *Señor, si hubieras estado aquí, mi hermano no habría muerto.* *. . . no hubiera muerto.*	Puesto que el verbo εἰμί no tiene otro tiempo pasado que el imperfecto, las formas ἦν, ἦς, ἦν, etc. se emplean también para referirse a condiciones contrarias a la realidad en un momento pasado. En el versículo siguiente, por ejemplo, está claro que María se refiere al pasado. Además, el verbo de la apódosis ἀπέθανεν está en tiempo aoristo. Traduzca el versículo. Κύριε, εἰ ἦς ὧδε οὐκ ἄν μου ἀπέθανεν ὁ ἀδελφός. (Jn. 11:32) _____
44	En el versículo siguiente las formas del verbo εἰμί aparecen en tiempo imperfecto tanto en la prótasis como en la apódosis. El contexto indica que se refieren al pasado. Traduzca el versículo. κοινωνός, -όν: *participante, cómplice* καὶ λέγετε, Εἰ ἤμεθα ἐν ταῖς ἡμέραις τῶν πατέρων ἡμῶν οὐκ ἂν ἤμεθα αὐτῶν κοινωνοὶ ἐν τῷ αἵματι τῶν προφήτων. (Mt. 23:30)

Y decís: «Si hubiéramos estado en los días de nuestros padres, no habríamos sido cómplices en la sangre de los profetas». *…no hubiéramos sido…*	_____ _____

45
 	
1. Sí
 	
2. εἰ + tiempo pasado de indicativo en la prótasis.
 	
  ἄν + tiempo pasado del indicativo en la apódosis
	Puesto que en griego la construcción de la oración que expresa una condición concebida como contraria a la realidad difiere tanto de la oración correspondiente en español, conviene repasar una vez más los diagramas gramaticales respectivos.
	
	Vuelva a leer los #27 y 28, como así también el #38.
	
	Ahora indique si el siguiente versículo expresa una condición contraria a la realidad, y por qué.
	
	           οὐδ' = οὐδέ: *no, ni siquiera*
	
	  εἰ μὲν οὖν ἦν ἐπὶ γῆς οὐδ' ἂν ἦν ἱερεύς. (Heb. 8:4)
	
	1. (Sí / No) expresa una condición concebida como contraria a la realidad.
	
	2. ¿Cuáles son sus razones para su respuesta en el 1.? _____
	
	_____
	
	_____

46 *Así que si a la verdad estuviera en la tierra, ni siquiera sería sacerdote.*	Traduzca el versículo anterior. _____ _____
47	El siguiente diagrama reúne todo lo que se ha dicho respecto a las tres formas de la oración condicional en griego. Los números en la primera columna indican los cuadros de este capítulo en que se explica el tipo de oración indicado.

RESUMEN — Oraciones condicionales

	Prótasis	Apódosis	Traducción	Ejemplo
Tipo A La prótasis expresa una condición que se cumple o que ya existe. #1-15	εἰ + indicativo	(cualquier modo)	Prótasis: indicativo	εἰ δὲ θέλεις εἰς τὴν ζωὴν εἰσελθεῖν, τήρησον τὰς ἐντολάς. (Mt. 19:17) *Mas si deseas entrar a la vida, guarda los mandamientos.*
Tipo B La prótasis expresa una eventualidad futura. #16-23	ἐάν + subjuntivo	(cualquier modo)	Prótasis: subjuntivo, futuro o: indicativo, presente	ἐάν τις ἁμάρτῃ παράκλητον ἔχομεν πρὸς τὸν πατέρα . . . (1 Jn. 2:1) *Si alguien pecare (peca), tenemos un intercesor con el Padre…*

	Prótasis	Apódosis	Traducción	Ejemplo

Tipo C
 	
La prótasis expresa una condición concebida como contraria a la realidad. #24-46
	εἰ + indicativo en tiempo pasado	ἄν + indicativo en tiempo pasado	Prótasis:
			  subjuntivo, imperfecto o pluscuamperfecto
			
			Apódosis:
			  potencial
			o: perfecto del potencial
			o: subjuntivo, pluscuamperfecto
				εἰ γὰρ ἔγνωσαν, οὐκ ἂν τὸν κύριον τῆς δόξας ἐσταύρωσαν. (1 Co. 2:8)
				
				Porque si hubieran sabido, no habrían crucificado al Señor de la gloria.
				. . . no hubieran crucificado . . .

1. B 2. A 3. C 4. A	Analice los siguientes versículos, señalando el tipo de oración condicional que representan. Tipo _____ 1. Ἐὰν εἴπωμεν, Ἐξ οὐρανοῦ, ἐρεῖ ἡμῖν, . . . (Mt. 21:25) _____ 2. εἰ θέλεις, ποιήσω ὧδε τρεῖς σκηνάς . . . (Mt. 17:4) _____ 3. Εἰ τυφλοὶ ἦτε, οὐκ ἂν εἴχετε ἁμαρτίαν. (Jn. 9:41) _____ 4. εἰ ταῦτα οἴδατε, μακάριοί ἐστε . . . (Jn. 13:17)
48 1. *Si decimos: «Del cielo», nos dirá...* 2. *Si deseas, haré aquí tres tabernáculos...* 3. *Si fuerais ciegos, no tendríais pecado.* 4. *Si sabéis estas cosas, bienaventurados sois.*	Traduzca los versículos del #47. μακάριος, -α, -ον: *bienaventurado, feliz* σκηνή, -ῆς, f: *tienda, tabernáculo* τρεῖς: *tres* 1. _____ 2. _____ 3. _____ 4. _____
49 con el subjuntivo	En algunas oraciones condicionales parecidas a las de tipo C, el verbo no aparece en indicativo sino en un modo que existía en el griego antiguo: el modo optativo. El optativo se encuentra muy poco ya en el período Koiné. El modo optativo expresaba contingencia, posibilidad o deseo, de una manera más dudosa o más suavizada que el modo subjuntivo. Cuando el modo optativo se emplea en la prótasis de una oración condicional, expresa un caso hipotético. El versículo siguiente contiene un verbo en optativo. εἰ καὶ **πάσχοιτε** διὰ δικαιοσύνην, μακάριοι. (1 P. 3:14) *Aunque sufrierais a causa de la justicia, dichosos de vosotros.* (Biblia de Jerusalén) ¿Con cuál modo en español se ha traducido el optativo πάσχοιτε? _____

50	El optativo a menudo se traduce con el subjuntivo español, pero no siempre. Por ejemplo, en el siguiente versículo el optativo ἔχοιεν aparece en modo _____ _____ en la traducción. εἴ τι ἔχοιεν πρὸς ἐμέ . . . (Hch. 24:19) . . . *si es que tienen algo contra mí* . . . (Biblia de Jerusalén)	

indicativo

51	La característica distintiva de la conjugación en modo optativo es la sílaba -οι- que se observa en las formas πάσχοιτο (#49) y ἔχοιεν (#50). La sílaba -οι- aparece en el tiempo presente del optativo y también en aoristo 2º. La sílaba característica del aoristo 1º (voces activa y media) es -αι-. En voz pasiva de aoristo 1º cambia a -ειη-. Consulte ahora el apéndice III-4.1.1-4.1.3, modo optativo, y revise la conjugación de dicho modo. Después de un breve estudio, pase al trabajo a continuación. Indique cuáles de los siguientes verbos están en modo optativo.	

1. γένοιτο   5. ἐδόξασαν
2. τίθημι   6. τηρειθείη
3. θέλοι   7. πεποιήκειν
4. δυναίμην   8. λύσαιμι

1. 3. 4. 6. 8.

52	Por cuanto el modo optativo no es frecuente en el N.T., la oración condicional con optativo no se incluyó en el esquema de los tres tipos de oración condicional (#47). Mencionaremos brevemente otras dos clases de oraciones en que aparece el modo optativo.	

1) El modo optativo se emplea en oraciones independientes para expresar un deseo o un voto.

Αὐτὸς δὲ ὁ θεὸς τῆς εἰρήνης **ἁγιάσαι** ὑμᾶς ὁλοτελεῖς, καὶ ὁλόκληρον ὑμῶν τὸ πνεῦμα καὶ ἡ ψυχὴ καὶ τὸ σῶμα ἀμέμπτως ἐν τῇ παρουσίᾳ τοῦ κυρίου ἡμῶν Ἰησοῦ Χριστοῦ **τηρηθείη**. (1 Ts. 5:23)

El mismo Dios de paz os **santifique** *por completo; y todo vuestro ser, espíritu, alma y cuerpo,* **sea guardado** *irreprensible para la venida de nuestro Señor Jesucristo.*

Dentro de esta categoría de voto o deseo, cabe el modismo μὴ γένοιτο, *que no sea (hecho), que no acontezca.* Puesto que una frase como μὴ γένοιτο puede traducirse con varias frase más o menos equivalentes en español, encontramos una gran variedad entre las diferentes versiones y aun dentro de una misma versión bíblica. Muchos traductores interpretan el impersonal μὴ γένοιτο como una alusión velada a Dios.

μὴ γένοιτο   (Lc. 20:16)

¡Dios nos libre! (Valera)
De ninguna manera (Jerusalén)
¡Nunca tal suceda! (Hispanoamericana)
¡Ni lo quiera Dios! (Popular)
¡No quiera Dios! (Bover)

2) Cuando el modo optativo se emplea con la partícula ἄν en una oración inde-

	pendiente, expresa una contingencia. Este uso del optativo corresponde a nuestro empleo del futuro de indicativo en sentido de conjetura, tal como se nota en el versículo siguiente.
1) un deseo o voto 2) una contingen- cia	Τί ἂν θέλοι ὁ σπερμολόγος οὗτος λέγειν; (Hch. 17:18) *¿Qué querrá decir este palabrero?* El modo optativo se emplea en oraciones independientes para expresar 1) ——————— o ——————— ; y 2) ———————— .
53 La preposición εἰς no lleva acento, y el espíritu que lleva es suave. En cambio εἷς *uno* tiene espíritu rudo y acento circunflejo.	Antes de pasar al resumen del vocabulario de este capítulo, observemos en el versículo siguiente la palabra *uno*. ὁ δὲ θεὸς εἷς ἐστιν. (Gá. 3:20) *Dios es uno.* La palabra εἷς *uno* no ha de confundirse con la preposición εἰς *a, hacia*. Identifique cómo se puede distinguir las formas εἷς y εἰς. ————————————————————————————————
54 1. *Los muchos somos un pan, un cuerpo.* 2. *Vino a él una esclava.*	La palabra *uno* tiene formas masculinas, femeninas y neutras: εἷς (m.) *uno* μία (f.) *una* ἕν (n.) *uno* Traduzca los versículos. παιδίσκη, -ης, f: *esclava* 1. εἷς ἄρτος, ἓν σῶμα, οἱ πολλοί ἐσμεν. (1 Co. 10:17) ———————————————————————————————— 2. προσῆλθεν αὐτῷ μία παιδίσκη. (Mt. 26:69) ————————————————————————————————
55 ⁴ *Un cuerpo y un Espíritu, como también fuisteis llamados en una esperanza de vuestro llamamiento;* ⁵ *un Señor, una fe, un bautismo;* ⁶ *un Dios y Padre de todos, el que es sobre todos y por todos y en todos.*	La palabra εἷς, μία, ἕν se declina como sigue. | Masculino	Femenino	Neutro
---	---	---
εἷς	μία	ἕν
ἑνός	μιᾶς	ἑνός
ἑνί	μιᾷ	ἑνί
ἕνα	μίαν	ἕν	 Traduzca los siguientes versículos. κλῆσις, -εως, f: *llamamiento* ⁴ἓν σῶμα καὶ ἓν πνεῦμα, καθὼς καὶ ἐκλήθητε ἐν μιᾷ ἐλπίδι τῆς κλήσεως ὑμῶν· ⁵εἷς κύριος, μία πίστις, ἓν βάπτισμα· ⁶εἷς θεὸς καὶ πατὴρ πάντων, ὁ ἐπὶ πάντων καὶ διὰ πάντων καὶ ἐν πᾶσιν. (Ef. 4:4-6) ———————————————————————————————— ———————————————————————————————— ————————————————————————————————

56
 	
Pues desde ahora estarán cinco en una misma casa...
	La palabra εἷς, μία, ἕν no siempre se traduce simplemente *uno, una*. Por ejemplo, en el siguiente versículo ἑνί es enfático y se traduce mejor con *una misma* (en femenino para concordar con la traducción de οἴκῳ).
	
	        πέντε: *cinco*
	        νῦν: *ahora*
	
	    ἔσονται γὰρ ἀπὸ τοῦ νῦν[1] πέντε ἐν ἑνὶ οἴκῳ . . . (Lc. 12:52)
	
	———————————————————————————
	
	[1] El adverbio νῦν aparece con el artículo τοῦ porque funciona como término de la preposición ἀπό.

57
 	
Y vi cuando el cordero abrió uno de los siete sellos y oí uno de los cuatro seres vivientes decir como con voz de trueno: «Ven».
	Traduzca el versículo. ἀρνίον, -ου, n: *cordero*
	
	    Καὶ εἶδον ὅτε ἤνοιξεν τὸ ἀρνίον μίαν ἐκ τῶν ἑπτὰ σφραγίδων, καὶ ἤκουσα
	
	———————————————— *siete sellos* ——————————
	
	    ἑνὸς ἐκ τῶν τεσσάρων ζῴων λέγοντος ὡς φωνῇ βροντῆς, Ἔρχου. (Ap. 6:1)
	
	————— *cuatro seres vivientes* —————— *trueno* —————

58
 	
Y en el primer día de la semana vinieron a la tumba...
	En otros contextos una forma de εἷς puede significar *primero*.
	
	Traduzca el versículo.
	
	    τῇ δὲ μιᾷ[1] τῶν σαββάτων . . . ἐπὶ τὸ μνῆμα ἦλθον . . . (Lc. 24:1)
	            semana *tumba*
	
	———————————————————————————
	
	[1] Súplase ἡμέρᾳ.

59 Corrija su trabajo según la lista de números.	Además del número *uno*, otros números importantes en el N.T. son los siguientes. 1. εἷς, μία, ἕν 10. δέκα 2. δύω, (dat. δυσί)[1] 11. ἕνδεκα 3. τρεῖς (m. y f.), τρία (n.)[1] 12. δώδεκα 4. τέσσαρες (m. y f.), τέσσερα (n.)[1] 5. πέντε 20. εἴκοσι(ν) 6. ἕξ 7. ἑπτά 100. ἑκατόν 8. ὀκτώ 9. ἐννέα 1000. χίλιοι, χίλιαι, χίλια Después de estudiar la lista de números, pruébese con el siguiente ejercicio. Sin mirar la lista, escriba la palabra griega correspondiente a cada número indicado. 12 ——————————— 100 ——————————— 7 ——————————— 2 ——————————— 1 ——————————— 6 ——————————— 10 ——————————— 1000 ——————————— [1] Consulte en el apéndice III la declinación de estos números.

60	RESUMEN — Vocabulario

Además de las siguientes palabras nuevas, repase también los números del #59, y el vocabulario nuevo de los capítulos más recientes.

ἀρνίον, -ου, n: *cordero*
διδάσκαλος, -ου, m: *maestro*
ἐάν: *si, aun si*
εἰ: *si;* (en ciertos contextos) *puesto que*
εἷς, μία, ἕν: *uno, uno solo*
μακάριος, -α, -ον: *bienaventurado, feliz*
νῦν: *ahora*
ὀφείλω: *deber, tener que, estar obligado a*
οὐδέ: *ni*
παράκλητος, -ου, m: *llamado en auxilio, intercesor*

61	REPASO

Repase en el #47 y 48 los tres tipos de oración condicional. Domine el análisis.

Lea de nuevo #49-52 acerca del modo optativo.

62	PRUEBA

1. εἰ δοξάζομεν τὸν κύριον τὸν ἀγαπῶντα ἡμᾶς, ὀφείλομεν καὶ δουλεύειν αὐτῷ ἐν τοῖς ἔργοις ἡμῶν.

2. εἰ ὁ διδάσκαλος ἐγίνωσκε τὰς γραφὰς τὰς ἁγίας, ἂν ἐδίδασκε τὰς δέκα ἐντολὰς ἅς ὁ θεὸς δέδωκε τῷ λαῷ αὐτοῦ τῷ ἐκλεκτῷ.

3. ἐὰν μὴ ἔρχηται ὁ παράκλητος, οὐ σωθησόμεθα.

4. εἰ εἷς τῶν γραμματέων ἤγειρε τοὺς νεκρούς, οἱ ὄχλοι αὐτῷ ἂν ἐπηρώτησε, Τί ποιεῖς σὺ τοῦτο;

La respuesta se encuentra en el apéndice V-24.

63	Con este capítulo finalizamos el estudio de la gramática básica del griego. Conviene pasar revista a lo que se ha estudiado y a la vez proyectarnos hacia el futuro, para descubrir de qué manera este estudio puede servir a nuestro objetivo último: la exégesis del N.T.

De aquí en adelante usted estudiará directamente el texto griego del N.T., y consultará el presente libro sólo cuando sea necesario verificar su análisis morfológico y sintáctico. Para facilitar esa consulta, el apéndice III le provee extensas tablas de declinación y conjugación, con su correspondiente bosquejo de contenido. El siguiente ejercicio le ayudará a familiarizarse con el apéndice III.

Para entender correctamente el pasaje, analice lo sustantivos y los verbos subrayados, indicando la sección del apéndice III donde se encuentran, así como se ha hecho para el primero y el segundo de la lista.

Ἤκουσαν εκ <u>τῶν Φαρισαίων</u> <u>ταῦτα</u> οἱ μετ᾽ <u>αὐτοῦ</u> <u>ὄντες</u>, καὶ <u>εἶπον</u> <u>αὐτῷ</u>,
   1   2   3   4   5   6   7

Μὴ καὶ <u>ἡμεῖς</u> τυφλοί <u>ἐσμεν</u>; <u>εἶπεν</u> <u>αυτοῖς</u> ὁ Ἰησοῦς, Εἰ τυφλοὶ <u>ἦτε</u>, οὐκ ἂν
        8   9   10   11   12

<u>εἴχετε</u> ἁμαρτίαν· νῦν δὲ <u>λέγετε</u> ὅτι <u>βλέπομεν</u>· ἡ <u>ἁμαρτία</u> <u>ὑμῶν</u> <u>μένει</u>.
   13   14   15   16 17 18

(Jn. 9:40,41)

	Sección del apénd. III	Tiempo	Modo	Voz	Pers. y núm., o: Caso, núm. gén.	1ª parte fund., o: forma de nominativo
1.	4.1.1	aor.	indic.	act.	3ª pl.	ἀκούω
2.	1.2	—	—	—	gen. sing. masc.	Φαρισαῖος
3.						
4.						
5.						
6.						
7.						
8.						
9.						
10.						
11.						
12.						
13.						
14.						
15.						
16.						
17.						
18.						

La respuesta se encuentra después del #64.

---

64 El apéndice III solamente la ayuda a identíficar las formas sustantivas según su caso, género, etc., y las formas verbales según su tiempo, modo, etc. Para analizar la sintaxis, es decir, las relaciones entre las palabras, será necesario consultar el índice al final del libro, bajo el tema específico que hay que analizar en cada construcción gramatical. Por ejemplo, si el pasaje que está estudiando le presenta una expresión partitiva, buscará ese tema en el índice analítico, donde se le indicará el X-28, de la manera como está señalado en el trozo a continuación. El índice de palabras griegas también le ayudará a encontrar la información que necesita.

Identifique los demás temas gramaticales ejemplificados en las construcciones subrayadas y apunte la localización de la información pertinente, según los índices del libro.

Ἤκουσαν <u>ἐκ τῶν Φαρισαίων</u> <u>ταῦτα</u> <u>οἱ</u> μετ' αὐτοῦ <u>ὄντες</u>, καὶ εἶπον αὐτῷ,
1   2 3   3

<u>Μὴ καὶ ἡμεῖς τυφλοί ἐσμεν</u>; εἶπεν αὐτοῖς ὁ Ἰησοῦς, <u>Εἰ τυφλοὶ ἦτε, οὐκ ἂν</u>
4

<u>εἴχετε ἁμαρτίαν</u>· νῦν δὲ λέγετε <u>ὅτι</u> βλέπομεν· ἡ ἁμαρτία ὑμῶν μένει.
5   6   (Juan 9:40,41)

	Tema	Sección del libro
1.	Partitivo	X-28
2.		
3.		
4.		
5.		
6.		

2. Adjetivo en neutro plural; XVI-52
3. Participio sustantivado; XXI-9
4. μή al comienzo de una pregunta; XXIII-81
5. Oración condicional; XXIV-47, 48
6. ὅτι al comienzo de una cita directa; Apéndice VI

Respuesta al #63.

Sección del apénd. III		Tiempo	Modo	Voz	Pers. y núm., o: Caso, núm. gén.	1ª parte fund., o: forma de nom.
3.	3.2	—	—	—	nom. o ac. pl. neutro	τοῦτο
4.	3.1	—	—	—	gen. sing. masc.	αὐτός
5.	5.4	pres.	partic.	act.	nom. pl. masc.	εἰμί
6.	4.1.1	aor.	indic.	act.	3ª pl.	λέγω
7.	3.1	—	—	—	dat. sing. masc.	αὐτός
8.	3.1	—	—	—	nom. pl. masc. y fem.	ἡμεῖς
9.	4.4	pres.	indic.	act.	1ª pl.	εἰμί
10.	4.1.1	aor.	indic.	act.	3ª sing.	λέγω
11.	3.1	—	—	—	dat. pl. masc.	αὐτός
12.	4.4	imperf.	indic.	act.	2ª pl.	εἰμί
13.	4.1.1	imperf.	indic.	act.	2ª pl.	ἔχω
14.	4.1.1	pres.	indic.	act.	2ª pl.	λέγω
15.	4.1.1	pres.	indic.	act.	1ª pl.	βλέπω
16.	1.1	—	—	—	nom. sing. fem.	ἁμαρτία
17.	3.1	—	—	—	gen. pl. masc. y fem.	ὑμεῖς
18.	4.1.1	pres.	indic.	act.	3ª sing	μένω

APENDICE I

Acentuación

1. Definiciones

1.1 Los acentos: su forma

Los acentos que se encuentran en las palabras griegas tienen tres formas:

| ´ | ` | ~ |
| agudo | grave | circunflejo |

No han de confundirse con éstos los espíritus suave ᾽ y rudo ῾ que aparecen sobre la vocal inicial en toda palabra que comienza con vocal (cp. Cap. 1-5). Como toda palabra griega (excepto las proclíticas y enclíticas - cp. 6) lleva acento, las palabras que comienzan con vocal llevan las dos marcas, espíritu y acento: ἔχω.

1.2 Los acentos: su significado

Aunque los acentos originalmente señalaban elevación o depresión de tono, se recomienda que se pronuncien simplemente con intensidad de voz, como en español y en griego moderno.

1.3 Sílabas

Toda vocal o diptongo (combinación de dos vocales que se pronuncian juntas) constituye una sílaba. Por tanto la palabra griega tiene tantas sílabas como vocales o diptongos.

βασιλεία — βα/σι/λει/α (cuatro sílabas)

1.4 Vocales largas y cortas

Para el propósito de la acentuación, las vocales se designan largas o cortas:

1.4.1 ε y ι son siempre cortas.

1.4.2 η y ω son siempre largas.

1.4.3 α, ι y υ son a veces largas, a veces cortas.

1.4.4 Los diptongos son largos (inclusive el diptongo "impropio" ᾳ) con la excepción del caso mencionado en 1.4.5.

1.4.5 Cuando -οι y -αι se encuentran al final de una palabra (es decir sin ninguna letra después del diptongo), se consideran como vocal corta.

2. Reglas generales

2.1 Hay solamente un acento por palabra. (Excepción: La palabra que lleva además el acento de una enclítica. Cp. punto 6.)

2.2 El acento puede colocarse únicamente en las últimas tres sílabas.

| ἀδελφός | λαμβάνω | ἄνθρωπος |
| acento en la última | en la penúltima | en la antepenúltima |

2.3 El acento agudo en la última sílaba de una palabra se sustituye por el acento grave a menos que preceda a un signo de puntuación. En este último caso el acento permanece agudo.

ἀπέθανε ὁ ἀδελφός.
agudo

ὁ ἀδελφὸς ἀπέθανε.
grave

2.4 Si la última sílaba es larga, el acento no puede colocarse en la antepenúltima.

ἀληθίᾳ   (cp. ἀλήθεια)
λαμβάνω (cp. λάμβανε)

ἀνθρώπου   (cp. ἄνθρωπος)

2.5 Las palabras de dos sílabas en que la última es corta y el acento cae en la penúltima, llevan acento circunflejo si la penúltima es larga, agudo si la penúltima es corta.

λόγος   εἶπον

3. Regla de **acentuación recesiva** del verbo: el acento del verbo se retrae lo más distante posible de la sílaba final. Si la última es corta, el acento se retrae hasta la antepenúltima. Si la última es larga, el acento puede retraerse solo hasta la penúltima (cp. 2.4).

3.1 Ejemplos

3.1.1 Polisílabos con la última sílaba corta.

Verbos de tres sílabas o más: el acento se retrae hasta la antepenúltima.

λάμβανε   ἐπιστεύσαμεν

Verbos de dos sílabas: puesto que no hay antepenúltima, el acento se coloca en la penúltima, en forma de circunflejo si ésta es larga (cp. 2.5).

κλαῖε   ἔχε

3.1.2 Polisílabos con la última sílaba larga. El acento se coloca siempre sobre la penúltima, en forma de agudo.

λαμβάνω   κλαίει   ἔχεις   ἐπιστεύθην

3.1.3 Monosílabos. Si la sílaba es larga, se usa el acento circunflejo. Si es corta, el acento agudo.

ἦν   σχές[1]

3.2 Excepciones

3.2.1 Los infinitivos de tiempo aoristo (con la excepción del de voz media del aoristo 1° [2] y el caso 3.2.2 a continuación) y los de tiempo perfecto llevan el acento en la penúltima sílaba. El acento toma forma de circunflejo si dicha sílaba es larga.[3]

πιστεῦσαι	aoristo 1º, activa
ἁγιάσαι	aoristo 1º, activa
πιστευθῆναι	aoristo 1º, pasiva
γενέσθαι	aoristo 2º, media
πεπιστευκέναι	perfecto, activa
πεπιστεῦσθαι	perfecto, media y pasiva

---

[1] Imperativo de aoristo de ἔχω.

[2] πιστεύσασθαι.

[3] Excepción: perfecto, media y pasiva.

538

3.2.2 El infinitivo del aoristo 2°, voz activa, lleva acento circunflejo en la última.

εἰπεῖν   ἐλθεῖν

3.2.3 En formas verbales que llevan aumento el acento no puede retroceder más allá del aumento.

ἀπῆλθον   (Aunque la última es corta, el acento no puede retroceder hasta la antepenúltima; cp. 3.1.1.)

3.2.4 Algunas formas del imperativo llevan acento irregular.

εἰπέ   λαβέ   ἰδέ

3.2.5 Los verbos contractos y los verbos de tipo líquido y nasal (en tiempo futuro), llevan acento circunflejo en la sílaba contracta si en la forma original no contracta había acento en la primera vocal.

ἀγαπῶ   μενοῦμεν

4. Regla de **acentuación persistente** del sustantivo y del adjetivo: el acento permanece en la sílaba que lo lleva en caso nominativo [1], a menos que un cambio en la cantidad de la última sílaba lo haga cambiar de lugar (cp. 2.4) o de forma (cp. 2.5).

4.1 Ejemplos

4.1.1 Palabras con acento en la **antepenúltima** en nominativo: el acento pasa a la penúltima cuando la desinencia es sílaba larga (cp. 2.4).

4.1.1.1 1ª declinación. Algunos sustantivos terminan en α corta en nominativo. Sin embargo el α de la desinencia -ας (genitivo singular y acusativo plural) es larga.

ἀλήθεια	ἀλήθειαι [2]
ἀληθείας	ἀληθειῶν [3]
ἀληθείᾳ	ἀληθείαις
ἀλήθειαν	ἀληθείας

4.1.1.2 2ª declinación.

ἄνθρωπος	ἄνθρωποι [4]
ἀνθρώπου	ἀνθρώπων
ἀνθρώπῳ	ἀνθρώποις
ἄνθρωπον	ἀνθρώπους

4.1.1.3 3ª declinación. En 3ª declinación la forma determinante no es la del nominativo, que puede ser una forma abreviada, sino la del genitivo.

ἄρχων	ἄρχοντες
ἄρχοντος	ἀρχόντων
ἄρχοντι	ἄρχουσι
ἄρχοντα	ἄρχοντας

Esta pauta es también la de los participios: πιστεύων, πιστεύοντος, etc.

---

[1] En 3ª declinación, el caso genitivo - cp. 4.1.1.3

[2] cp. 1.4.5

[3] cp. 4.2.1

[4] cp. 1.4.5

4.1.2   Palabras que llevan su acento en la **penúltima** en nominativo[1]: el acento toma forma de circunflejo si la penúltima es larga y la última corta (cp. 2.5).

4.1.2.1   1ª declinación.

ἡμέρα [2]	ἡμέραι	προφήτης	προφῆται [3]
ἡμέρας	ἡμερῶν [4]	προφήτου	προφητῶν [4]
ἡμέρᾳ	ἡμέραις	προφήτῃ	προφήταις
ἡμέραν	ἡμέρας	προφήτην	προφήτας
		προφῆτα	

4.1.2.2   2ª declinación.

δοῦλος	δοῦλοι	κόσμος	κόσμοι	σημεῖον	σημεῖα
δούλου	δούλων	κόσμου	κόσμων	σημείου	σημείων
δούλῳ	δούλοις	κόσμῳ	κόσμοις	σημείῳ	σημείοις
δοῦλον	δούλους	κόσμον	κόσμους	σημεῖον	συμεῖα
δοῦλε					

4.1.2.3   3ª declinación.

ἐλπίς	ἐλπίδες
ἐλπίδος	ἐλπίδων
ἐλπίδη	ἐλπίδι(ν)
ἐλπίδα	ἐλπίδας

4.1.3   Palabras que llevan su acento en la **ultima** sílaba en nominativo: el acento cambia a circunflejo en genitivo y dativo, singular y plural. (Sólo en 1ª y 2ª declinaciones.)

4.1.3.1   1ª declinación.

ἐντολή	ἐντολαί
ἐντολῆς	ἐντολῶν
ἐντολῇ	ἐντολαῖς
ἐντολήν	ἐντολάς

4.1.3.2   2ª declinación.

ἀδελφός	ἀδελφοί
ἀδελφοῦ	ἀδελφῶν
ἀδελφῷ	ἀδελφοῖς
ἀδελφόν	ἀδεφλούς

4.1.4   Palabras de 3ª declinación, monosílabas en nominativo, se rigen por la siguiente pauta: acento en la última en genitivo y dativo (singular y plural[5]); acento en la primera sílaba en nominativo y acusativo.

χείρ	χεῖρες
χειρός	χειρῶν
χειρί	χερσί(ν)
χεῖρα [6]	χεῖρας [6]

---

[1] En genitivo, si son de 3ª declinación.
[2] El α de esta palabra es larga, en contraste con el α de ἀλήθεια (cp. 4.1.1.1).
[3] cp. 1.4.5
[4] cp. 4.2.1
[5] Circunflejo en genitivo plural.
[6] El α de estas desinencias es corta, por tanto el acento de la penúltima es circunflejo. Cp. 2.5.

La palabra πᾶς sigue esta «pauta de monosílabos» solo en singular.

πᾶς	πάντες	πᾶν	πάντα
παντός	πάντων	παντός	πάντων
παντί	πᾶσι	παντί	πᾶσι
πάντα	πάντας	πᾶν	πάντα

Aunque no es monosílabo, γυνή sigue esta pauta.

γυνή	γυναῖκες
γυναικός	γυναικῶν
γυναικί	γυναιξί
γυναῖκα	γυναῖκας

4.2 Excepciones

4.2.1 Todos los sustantivos de 1ª declinación llevan acento circunflejo en la última sílaba del genitivo plural: -ῶν. Esto no se aplica a los adjetivos con la excepción del femenino πᾶσα que en genitivo plural se acentúa en la última, tal como los sustantivos: πασῶν.

4.2.2 Sustantivos de 3ª declinación con tema terminado en ι/ε llevan acento en la antepenúltima del genitivo singular y plural. Esto constituye una excepción a la regla general 2.4.

πόλις	πόλεις
πόλεως	πόλεων
etc.	etc.

4.2.3 Algunos monosílabos de 3ª declinación no siguen la «pauta de los monosílabos» del 4.1.4 en su forma de genitivo plural.

οὖς: gen. pl. ὤτων   παῖς: gen. pl. παίδων

5. Regla **de acentuación invariable** en las preposiciones, conjunciones y adverbios: el acento no cambia de lugar ni de forma (excepto por el cambio estipulado en 2.3). En ciertas palabras la forma es excepcional, como en ὥστε (cp. 2.5)

6. Proclíticas y enclíticas

6.1 Las palabras proclíticas carecen de acento propio y se pronuncian junto con la palabra que les sigue. (Cp. προκλίνω - *inclinarse hacia delante*.) La proclítica puede recibir el acento de una enclítica (cp. 6.2.3).

Las proclíticas son:

> Las formas ὁ, ἡ, οἱ, αἱ del artículo.
> El negativo οὐ (οὐκ, οὐχ).
> Las preposiciones εἰς, ἐν, ἐκ (ἐξ).
> Las conjunciones εἰ, ὡς.

6.2 Las palabras enclíticas son las que se pronuncian tan estrechamente con la palabra que les precede que le ceden su acento. (Cp. ἐγκλίνω - *inclinarse hacia atrás*.)

Las enclíticas son:

> Las formas del indicativo presente de φημί e εἰμί (excepto 2ª persona singular εἶ).
> Las formas del pronombre indefinido τις, τι *alguien, alguno, algo*. (Cp. vocabulario en Apéndice VI).
> Las formas átonas del pronombre personal de 1ª y 2ª persona μου, μοι, με, σου, σοι, σε.

Los adverbios indefinidos πού, ποτέ, πώς.
La conjunción τε.
La partícula enfática γε.

La enclítica pierde su acento de acuerdo con las siguientes reglas.

6.2.1	Cuando sigue a una palabra con acento circunflejo en la última, la enclítica pierde su acento.	παῖς ἐστιν
6.2.2	Cuando sigue a una palabra con acento agudo en la última, la enclítica pierde su acento. El acento agudo no se convierte en grave (cp. 2.3).	ἀδελφός ἐστιν
6.2.3	Cuando sigue a una palabra con acento en la antepenúltima o con acento circunflejo en la penúltima, o una proclítica, la enclítica le cede su acento en forma aguda.	ἄνθρωπός τις δοῦλοί τινες εἴ τις
6.2.4	Cuando sigue a una palabra con acento agudo en la penúltima, la enclítica de una sílaba pierde su acento, pero la de dos sílabas lo retiene.	λόγος τις λόγοι εἰσίν

6.2.5   Excepciones

6.2.5.1   Si la enclítica es la primera palabra de una oración, o si sigue a un signo de puntuación, puede tener acento.
En esta posición ἐστίν se acentúa ἔστιν.

τινὲς δὲ καὶ τῶν Ἐπικουρείων . . .   (Hch. 17:18)

6.2.5.2   Después de las palabras ἀλλά, εἰ, καί, οὐ, τοῦτο y ὡς las formas de εἰμί retienen su acento.   (ἔστιν como en 6.2.5.1)

οὐκ εἰμὶ ἐγὼ ὁ Χριστός.   (Jn. 3:28)

APÉNDICE II

Cambios fonológicos

1. Cambios en las vocales

1.1 Alargamiento

Cuando se agrega el aumento a los verbos que comienzan con vocal, se produce un alargamiento de dicha vocal inicial, según la siguiente tabla.

Vocal o diptongo inicial		Alargamiento (aumento)	Ejemplos Presente	Ejemplos Imperfecto
α	→	η	ἀγαπάω	ἠγάπων
ε	→	η[1]	ἐγείρω	ἤγειρον
ο	→	ω	ὀφείλω	ὤφειλον
ι	→	ῑ[2]	ἰσχύω	ἴσχυον
υ	→	ῡ[2]	ὑστερέω	ὑστέρουν
αι	→	η / η	αἰτέω / ἄιρω	ἤτουν / ἦρον
αυ	→	ηυ	αὐξάνω	ηὔξανον
οι	→	ῳ	οἰκοδομέω	ᾠκοδόμουν
ευ	→	ηυ / ευ	εὐκαιρέω	ηὐκαίρουν / εὐκαίρουν
ει	→	no cambia	εἰρηνέω	εἰρηνεύουν

1.2 Contracción

La contracción de vocales se produce en los verbos que terminan el tema con las vocales α, ε y ο. Cuando se agregan las terminaciones que comienzan con vocal, las vocales se alteran en la forma que indica la tabla siguiente.

		ε	ει	η	ῃ	ο	ου	ω
Vocal	α	α	ᾳ	α	ᾳ	ω	ω	ω
final	ε	ει	ει	η	ῃ	ου	ου	ω
del tema	ο	ου	οι	ω	οι	ου	ου	ω

Vocal inicial de la desinencia

Cuando una de las vocales de la columna a la izquierda aparece en un verbo junto a una de las vocales de la hilera de arriba, se produce la contracción que se halla donde cruzan las dos filas en la tabla. Por ejemplo, α + ε = α, α + ει = ᾳ, etc.

Estas modificaciones de las vocales en los verbos contractos pueden representarse también por medio de reglas de contracción que expresan lo mismo que la tabla anterior.

---

[1] Excepción: ἔχω; imperfecto εἶχον; aoristo ἔσχον.
[2] La rayita, que representa una vocal alargada, no se usa en el texto griego.

543

Contracciones que se forman con una α final del tema verbal.

$$\alpha + \begin{Bmatrix} \varepsilon \\ \eta \end{Bmatrix} \to \alpha$$

$$\alpha + \begin{Bmatrix} \varepsilon\iota \\ \eta \end{Bmatrix} \to \alpha$$

$$\alpha + \begin{Bmatrix} o \\ o\upsilon \\ \omega \end{Bmatrix} \to \omega$$

Contracciones que se forman con una ε final del tema verbal

$$\varepsilon + \varepsilon \to \varepsilon\iota$$

$$\varepsilon + o \to o\upsilon$$

$$\varepsilon + \begin{Bmatrix} \varepsilon\iota \\ \eta \\ \eta \\ o\upsilon \\ \omega \end{Bmatrix} \to \text{la } \varepsilon \text{ se absorbe, o sea, quedan:} \begin{Bmatrix} \varepsilon\iota \\ \eta \\ \eta \\ o\upsilon \\ \omega \end{Bmatrix}$$

Contracciones que se forman con una o final del tema verbal

$$o + \begin{Bmatrix} \varepsilon \\ o \\ o\upsilon \end{Bmatrix} \to o\upsilon$$

$$o + \begin{Bmatrix} \varepsilon\iota \\ \eta \end{Bmatrix} \to o\iota$$

$$o + \begin{Bmatrix} \eta \\ \omega \end{Bmatrix} \to \omega$$

2. Cambios en las consonantes

   2.1   Combinación en consonantes dobles

   2.1.1   Cuando la σ inicial de una desinencia se coloca después de una consonante labial (π, β, φ) al final del tema, se produce la consonante doble ψ. La combinación πτ más σ también produce ψ.

$$\begin{Bmatrix} \pi \\ \beta \\ \phi \\ \pi\tau \end{Bmatrix} + \sigma \to \psi$$

   2.1.1.1   Verbos

Presente			Futuro	Aoristo 1º
πέμπω	+ σ →		πέμψω	ἔπεμψα
τρίβω	+ σ →		τρίψω	ἔτριψα
γφάφω	+ σ →		(γράψω)	ἔγραψα
καλύπτω	+ σ →		καλύψω	ἐκάλυψα

2.1.1.2   Sustantivos

Nom. sing. (tema + ς)	Gen. sing. (tema + ος)	Dat. pl. (tema + σι)
Ἄραψ	Ἄραβος	Ἄραψι

2.1.2   Cuando la σ de una desinencia se coloca después de una consonante gutural (κ, γ, χ) al final del tema, se produce la consonante doble ξ. La combinación σσ + σ también produce ξ.

$$\left.\begin{array}{c}\kappa\\\gamma\\\chi\\\sigma\sigma\end{array}\right\} + \sigma \rightarrow \xi$$

2.1.2.1   Verbos

Presente			Futuro	Aoristo 1º
διώκω	+ σ →		διώξω	ἐδίωξα
ἄγω	+ σ →		ἄξω	ἦξα
ἐλέγχω	+ σ →		ἐλέγξω	ἤλεγξα
κηρύσσω	+ σ →		κηρύξω	ἐκήρυξα

2.1.2.2   Sustantivos

Nom. sing. (tema + ς)	Gen. sing. (tema + ος)	Dat. pl. (tema + σι)
σάρξ	σαρκός	σαρξί
λάρυγξ	λάρυγγος	λάρυγξι
ὄρνιξ	ὄρνιχος	ὄρνιξι

2.2 Desaparición de consonantes

2.2.1   Las consonantes dentales (τ, δ, ζ, θ) al final del tema desaparecen cuando se agrega una desinencia que comienza con σ o con κ.

$$\left.\begin{array}{c}\tau\\\delta\\\zeta\\\theta\end{array}\right\} + \left\{\begin{array}{c}\sigma\\\kappa\end{array}\right\} \rightarrow \left\{\begin{array}{c}\sigma\\\kappa\end{array}\right.$$

2.2.1.1   Verbos

Presente	Futuro	Aoristo 1º	Perfecto
καθίζω	καθίσω	ἐκάθισα	κεκάθικα

2.2.1.2   Sustantivos

Nominativo sing.	Genitivo sing.	Dativo plural
χάρις	χάριτος	χάρισι
ἐλπίς	ἐλπίδος	ἐλπίσι

2.2.2 La consonante σ desaparece cuando, en la formación verbal, se encuentra pospuesta a la vocal formativa agregada al tema verbal, y antepuesta a otra vocal o diptongo.

				Vocal formativa			2ª pers. sing., voz media
Presente	πιστευ	+		ε	σαι	→	πιστεύῃ [1]
Futuro:	πιστευ	+ σ	ε	σαι	→	πιστεύσῃ [1]
Imperfecto:	ἐπιστευ	+		ε	σο	→	ἐπιστεύου [1]
Aoristo	ἐπιστευ	+ σ	α	σο	→	ἐπιστεύσω [1]

2.2.3 La σ del signo temporal desaparece cuando el tema verbal termina en consonante líquida (λ, ϱ) o nasal (μ, ν). Esta regla fonética produce el tipo de conjugación llamado líquida y nasal.

		Futuro	Aoristo
κρίνω ⎫ ⎬ ἐγείϱω ⎭	+ σ →	⎰ κρινῶ ⎱ ἐγερῶ	⎰ ἔκρινα ⎱ ἤγειρα

2.2.4 Cuando la consonante ν (o la combinación ντ) se encuentra antepuesta a una σ, uno de los dos elementos desaparece.

$$\left.\begin{matrix} ν \\ ντ \end{matrix}\right\} + σ → ν \qquad o: \qquad \left.\begin{matrix} ν \\ ντ \end{matrix}\right\} + σ → σ$$

2.2.4.1 En la mayoría de las palabras, desaparece la ς de la desinencia del nominativo singular (más la τ de la combinación ντ).

Nom. (tema + ς)	Gen. (tema + ος)
ποιμήν	ποιμένος
ἀρχών	ἄρχοντος
πιστεύω	πιστεύοντος

2.2.4.2 La ν (o la ντ) desaparece ante la desinencia σι del dativo plural.

Nom. (tema + ς)	Gen. (tema + ος)	Dat. pl. (tema + σι)
ποιμήν	ποιμένος	ποιμέσι
ἄρχων	ἄρχοντος	ἄρχουσι
πιστεύων	πιστεύοντος	πιστεύουσι
τίς [2]	τίνος	τίσι

2.3 Asimilación a sonido semejante. Ciertas consonantes se convierten en otras para asemejarse más a la consonante que les sigue.

2.3.1 Cuando una consonante labial (se incluye aquí también la combinación πτ) se encuentra junto a una dental, se transforma de tal forma que las dos consonantes tengan ciertas características fonéticas en común: sorda oclusiva (πτ), sonora oclusiva (βδ), o sorda fricativa (φθ).

$$\left.\begin{matrix} π \\ β \\ φ \\ πτ \end{matrix}\right\} + τ → πτ \qquad \left.\begin{matrix} π \\ β \\ φ \\ πτ \end{matrix}\right\} + δ → βδ \qquad \left.\begin{matrix} π \\ β \\ φ \\ πτ \end{matrix}\right\} + θ → φθ$$

---

[1] Las vocales que se encuentran juntas después de la desaparición de la σ (presente: ε + αι; futuro: ε + αι; imperfecto: ε + ο; aoristo: α + ο) se contraen según las reglas de contracción vocálica de 1.2.

[2] La forma τις no sigue la regla 2.2.4.1 sino que pierde la ν del tema ante la ς de la desinencia.

2.3.1.1 Verbos

$$\left.\begin{array}{l}\pi\acute{\epsilon}\mu\boldsymbol{\pi}\omega \\ \kappa\alpha\lambda\acute{\upsilon}\boldsymbol{\pi}\tau\omega \\ \lambda\alpha\mu\boldsymbol{\beta}\acute{\alpha}\nu\omega\ (\text{tema: }\lambda\alpha\boldsymbol{\beta})\end{array}\right\} + \theta\eta\nu \rightarrow \left\{\begin{array}{l}\dot{\epsilon}\pi\acute{\epsilon}\mu\boldsymbol{\phi}\theta\eta\nu \\ \dot{\epsilon}\kappa\alpha\lambda\acute{\upsilon}\boldsymbol{\phi}\theta\eta\nu \\ \dot{\epsilon}\lambda\acute{\eta}\boldsymbol{\phi}\theta\eta\nu\end{array}\right.$$

2.3.1.2 Palabras compuestas

$$\dot{\epsilon}\boldsymbol{\pi}(\tau\alpha) + \boldsymbol{\delta}\acute{\omicron}\mu\omicron\varsigma \rightarrow \check{\epsilon}\boldsymbol{\beta}\delta\omicron\mu\omicron\varsigma$$

2.3.2 Cuando una consonante gutural (o la combinación $\sigma\sigma$) se encuentra ante una consonante dental, se transforma de tal forma que las dos consonantes tengan ciertas características fonéticas en común: sorda oclusiva ($\kappa\tau$), sonora oclusiva ($\gamma\delta$), o sorda fricativa ($\chi\theta$).

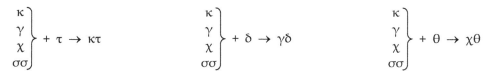

$$\left.\begin{array}{l}\kappa \\ \gamma \\ \chi \\ \sigma\sigma\end{array}\right\} + \tau \rightarrow \kappa\tau \qquad \left.\begin{array}{l}\kappa \\ \gamma \\ \chi \\ \sigma\sigma\end{array}\right\} + \delta \rightarrow \gamma\delta \qquad \left.\begin{array}{l}\kappa \\ \gamma \\ \chi \\ \sigma\sigma\end{array}\right\} + \theta \rightarrow \chi\theta$$

2.3.2.1 Verbos

	Perfecto 3ª sing. media / pasiva	Aoristo, pasiva
$\dot{\alpha}\nu\omicron\acute{\iota}\gamma\omega$	$\dot{\alpha}\nu\acute{\epsilon}\omega\boldsymbol{\kappa}\tau\alpha\iota$	$\dot{\alpha}\nu\epsilon\acute{\omega}\boldsymbol{\chi}\theta\eta\nu$
$\kappa\eta\rho\acute{\upsilon}\boldsymbol{\sigma\sigma}\omega$		$\dot{\epsilon}\kappa\eta\rho\acute{\upsilon}\boldsymbol{\chi}\theta\eta\nu$

2.3.3 La consonante ν se asimila a la consonante que le sigue, transformándose en μ ante una consonante labial (π, β, ϕ), o en γ ante una gutural (κ, γ, χ), o en λ ante una λ.

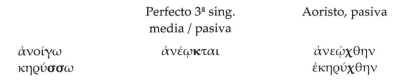

$$\nu + \left\{\begin{array}{l}\pi \\ \beta \\ \phi\end{array}\right\} \rightarrow \mu \left\{\begin{array}{l}\pi \\ \beta \\ \phi\end{array}\right. \qquad \nu + \left\{\begin{array}{l}\kappa \\ \gamma \\ \chi\end{array}\right\} \rightarrow \gamma \left\{\begin{array}{l}\kappa \\ \gamma \\ \chi\end{array}\right. \qquad \nu + \lambda \rightarrow \lambda\lambda$$

2.3.3.1 Palabras compuestas

$\sigma\acute{\upsilon}\boldsymbol{\nu}$	+	$\boldsymbol{\phi}\acute{\epsilon}\rho\omega$	$\rightarrow$	$\sigma\upsilon\boldsymbol{\mu}\phi\acute{\epsilon}\rho\omega$	(Imperfecto: $\sigma\upsilon\nu\acute{\epsilon}\phi\epsilon\rho\omicron\nu$)
$\dot{\epsilon}\boldsymbol{\nu}$	+	$\kappa\alpha\lambda\acute{\epsilon}\omega$	$\rightarrow$	$\dot{\epsilon}\boldsymbol{\gamma}\kappa\alpha\lambda\acute{\epsilon}\omega$	(Imperfecto: $\dot{\epsilon}\nu\epsilon\kappa\acute{\alpha}\lambda\omicron\upsilon\nu$)
$\sigma\acute{\upsilon}\boldsymbol{\nu}$	+	$\lambda\alpha\mu\beta\acute{\alpha}\nu\omega$	$\rightarrow$	$\sigma\upsilon\boldsymbol{\lambda}\lambda\alpha\mu\beta\acute{\alpha}\nu\omega$	(Imperfecto: $\sigma\upsilon\nu\epsilon\lambda\acute{\alpha}\mu\beta\alpha\nu\omicron\nu$)

2.3.4 Delante de la consonante μ las consonantes labiales, guturales y dentales se transforman en μ, γ, σ respectivamente.

$$\left.\begin{array}{l}\pi \\ \beta \\ \phi\end{array}\right\} + \mu \rightarrow \mu\mu \qquad \left.\begin{array}{l}\kappa \\ \gamma \\ \chi\end{array}\right\} + \mu \rightarrow \gamma\mu \qquad \left.\begin{array}{l}\tau \\ \delta \\ \theta\end{array}\right\} + \mu \rightarrow \sigma\mu$$

2.3.4.1 Perfecto, voces media y pasiva

$$\gamma\rho\acute{\alpha}\boldsymbol{\phi}\omega + \mu\alpha\iota \rightarrow \gamma\acute{\epsilon}\gamma\rho\alpha\boldsymbol{\mu}\mu\alpha\iota$$

$$\pi\lambda\acute{\epsilon}\boldsymbol{\kappa}\omega + \mu\alpha\iota \rightarrow \pi\acute{\epsilon}\pi\lambda\epsilon\boldsymbol{\gamma}\mu\alpha\iota$$

$$\pi\epsilon\acute{\iota}\boldsymbol{\theta}\omega + \mu\alpha\iota \rightarrow \pi\acute{\epsilon}\pi\epsilon\iota\boldsymbol{\sigma}\mu\alpha\iota$$

APÉNDICE III

Declinación y conjugación

1. **Sustantivos**
   - 1.1 Primera declinación
   - 1.2 Segunda declinación
   - 1.3 Tercera declinación
     - 1.3.1 Temas terminados en consonante
     - 1.3.2 Temas terminados en -ι/ε
     - 1.3.3 Temas terminados en -ευ
     - 1.3.4 Temas terminados en -η/ε (masculino) y -ο/ε (neutro)

2. **Adjetivos**
   - 2.1 El artículo
   - 2.2 Adjetivos de 1ª y 2ª declinaciones
   - 2.3 Adjetivos de 3ª declinación
   - 2.4 Numerales
     - 2.4.1 — 2.4.5

3. **Pronombres**
   - 3.1 Pronombres personales
   - 3.2 Pronombre demostrativo
   - 3.3 Pronombre interrogativo
   - 3.4 Pronombre indefinido
   - 3.5 Pronombre relativo
   - 3.6 Pronombres reflexivos
   - 3.7 Pronombre recíproco

4. **Verbos**
   - 4.1 Verbos en -ω
     - 4.1.1 Voz activa
     - 4.1.2 Voz pasiva
     - 4.1.3 Voz media
   - 4.2 Verbos contractos
     - 4.2.1 Voz activa
     - 4.2.2 Voces pasiva y media
     - 4.2.3 Verbo contracto irregular ζάω
   - 4.3 Verbos en -μι
     - 4.3.1 Voz activa
     - 4.3.2 Voz pasiva
     - 4.3.3 Voz media
     - 4.3.4 Verbos en -μι excepcionales
   - 4.4 El verbo εἰμί

5. **Participios**
   - 5.1 Participios de verbos en -ω
     - 5.1.1 Voz activa
     - 5.1.2 Voz pasiva
     - 5.1.3 Voz media
   - 5.2 Participios de verbos contractos
     - 5.2.1 Voz activa
     - 5.2.2 Voces pasiva y media
   - 5.3 Participios de verbos en -μι
     - 5.3.1 Voz activa
     - 5.3.2 Voces pasiva y media
   - 5.4 Participio del verbo εἰμί

1. Sustantivos

1.1 Primera declinación

<table>
<tr><td colspan="2" align="center">en -η</td><td colspan="2" align="center">en -α</td></tr>
<tr><td>Singular</td><td>Plural</td><td>Singular</td><td>Plural</td></tr>
<tr><td>κώμη aldea</td><td>κῶμαι</td><td>ἀλήθεια verdad</td><td>ἀλήθειαι</td></tr>
<tr><td>κώμης</td><td>κωμῶν</td><td>ἀληθείας</td><td>ἀληθειῶν</td></tr>
<tr><td>κώμῃ</td><td>κώμαις</td><td>ἀληθείᾳ</td><td>ἀληθείαις</td></tr>
<tr><td>κώμην</td><td>κώμας</td><td>ἀλήθειαν</td><td>ἀληθείας</td></tr>
</table>

<table>
<tr><td colspan="2" align="center">en -η y -α</td><td colspan="2" align="center">Masculino</td></tr>
<tr><td>Singular</td><td>Plural</td><td>Singular</td><td>Plural</td></tr>
<tr><td>γλῶσσα lengua</td><td>γλῶσσαι</td><td>προφήτης profeta</td><td>προφῆται</td></tr>
<tr><td>γλώσσης</td><td>γλωσσῶν</td><td>προφήτου</td><td>προφητῶν</td></tr>
<tr><td>γλώσσῃ</td><td>γλώσσαις</td><td>προφήτῃ</td><td>προφήταις</td></tr>
<tr><td>γλῶσσαν</td><td>γλώσσας</td><td>προφήτην</td><td>προφήτας</td></tr>
</table>

1.2 Segunda declinación

<table>
<tr><td colspan="2" align="center">Masculino</td><td colspan="2" align="center">Neutro</td></tr>
<tr><td>Singular</td><td>Plural</td><td>Singular</td><td>Plural</td></tr>
<tr><td>ἄνθρωπος hombre</td><td>ἄνθρωποι</td><td>σημεῖον señal</td><td>σημεῖα</td></tr>
<tr><td>ανθρώπου</td><td>ανθρώπων</td><td>σημείου</td><td>σημείων</td></tr>
<tr><td>ἀνθρώπῳ</td><td>ἀνθρώποις</td><td>σημείῳ</td><td>σημείοις</td></tr>
<tr><td>ἄνθρωπον</td><td>ἀνθρώπους</td><td>σημεῖον</td><td>σημεῖα</td></tr>
</table>

1.3 Tercera declinación

1.3.1 Temas terminados en consonante

<table>
<tr><td colspan="2" align="center">Masculino y femenino</td><td colspan="2" align="center">Neutro</td></tr>
<tr><td>Singular</td><td>Plural</td><td>Singular</td><td>Plural</td></tr>
<tr><td>ἐλπίς esperanza</td><td>ἐλπίδες</td><td>σῶμα cuerpo</td><td>σώματα</td></tr>
<tr><td>ἐλπίδος</td><td>ἐλπίδων</td><td>σώματος</td><td>σωμάτων</td></tr>
<tr><td>ἐλπίδι</td><td>ἐλπίσι(ν) [1]</td><td>σώματι</td><td>σώμασι(ν) [1]</td></tr>
<tr><td>ἐλπίδα</td><td>ἐλπίδας</td><td>σῶμα</td><td>σώματα</td></tr>
</table>

1.3.2 Temas terminados en -ι/ε

<table>
<tr><td>Singular</td><td>Plural</td></tr>
<tr><td>δύναμις poder</td><td>δυνάμεις</td></tr>
<tr><td>δυνάμεως</td><td>δυνάμεων</td></tr>
<tr><td>δυνάμει</td><td>δυνάμεσι(ν)</td></tr>
<tr><td>δύναμιν</td><td>δυνάμεις</td></tr>
</table>

1.3.3 Temas terminados en -ευ

<table>
<tr><td>Singular</td><td>Plural</td></tr>
<tr><td>βασιλεύς rey</td><td>βασιλεῖς</td></tr>
<tr><td>βασιλέως</td><td>βασιλέων</td></tr>
<tr><td>βασιλεῖ</td><td>βασιλεῦσι(ν)</td></tr>
<tr><td>βασιλέα</td><td>βασιλεῖς</td></tr>
</table>

---

[1] Consulte las reglas de cambios en las consonantes, apéndice II.

1.3.4 Temas terminados en -η/ε (masculino) y -ο/ε (neutro)

	Masculino		Neutro	
	Singular	Plural	Singular	Plural
	συγγενής *pariente*	συγγενεῖς	ἔθνος *nación*	ἔθνη
	συγγενοῦς	συγγενῶν	ἔθνους	ἐθνῶν
	συγγενεῖ	συγγενέσιν	ἔθνει	ἔθνεσιν
	συγγενῆ	συγγενεῖς	ἔθνος	ἔθνη

2. Adjetivos

2.1 El artículo

Singular			Plural		
Masculino	Femenino	Neutro	Masculino	Femenino	Neutro
ὁ	ἡ	τὸ	οἱ	αἱ	τὰ
τοῦ	τῆς	τοῦ	τῶν	τῶν	τῶν
τῷ	τῇ	τῷ	τοῖς	ταῖς	τοῖς
τὸν	τὴν	τὸ	τοὺς	τὰς	τὰ

2.2 Adjetivos de 1ª y 2ª declinaciones

Singular			Plural		
Masculino	Femenino	Neutro	Masculino	Femenino	Neutro
καλός *bueno*	καλή	καλόν	καλοί	καλαί	καλά
καλοῦ	καλῆς	καλοῦ	καλῶν	καλῶν	καλῶν
καλῷ	καλῇ	καλῷ	καλοῖς	καλαῖς	καλοῖς
καλόν	καλήν	καλόν	καλούς	καλάς	καλά

Con el femenino en -α

	Singular		Plural
(δίκαιος) *justo*	δίκαια	(δίκαιον)	δίκαιαι
	δικαίας		δικαίων
	δικαίᾳ		δικαίαις
	δίκαιαν		δικαίας

2.3 Adjetivos de 3ª declinación

Singular			Plural		
Masculino	Femenino	Neutro	Masculino	Femenino	Neutro
πᾶς *todo, cada*	(πᾶσα)	πᾶν	πάντες	(πᾶσαι)	πάντα
παντός		παντός	πάντων		πάντων
παντί		παντί	πᾶσι(ν)		πᾶσι(ν)
πάντα		πᾶν	πάντας		πάντα

Hay también adjetivos que se declinan como sustantivos de 1.3.2 y 1.3.3. La declinación de los adjetivos semejantes al tipo 1.3.4 se diferencia de éste solamente por la vocal empleada en el nominativo y el acusativo singular del neutro

Masc. y Fem.	Neutro, sing.
(ἀληθής)	ἀληθές *verdadero*
	ἀληθοῦς
	ἀληθεῖ
	ἀληθές

551

2.4 Numerales

2.4.1 *Uno, una*

Masculino	Femenino	Neutro
εἷς	μία	ἕν
ἑνός	μιᾶς	ἑνός
ἑνι	μιᾷ	ἑνί
ἕνα	μίαν	ἕν

2.4.2 *Dos*

Los tres géneros

δύο
δύο
δυσί(ν)
δύο

2.4.3 *Tres*

Masculino y Femenino	Neutro
τρεῖς	τρία
τριῶν	τριῶν
τρισί(ν)	τρισί(ν)
τρεῖς	τρία

2.4.4 *Cuatro*

Masculino y Femenino	Neutro
τέσσαρες	τέσσερα (ο τέσσαρα)
τεσσάρων	τεσσάρων
τέσσαρσι(ν)	τέσσαρσι(ν)
τέσσαρας	τέσσερα

2.4.5 Números comunes

		Ordinales
1	εἷς, μία, ἕν	πρῶτος, -η, -ον *primero*
2	δύο	δεύτερος, -α, -ον *segundo*
3	τρεῖς, τρία	τρίτος, -η, -ον
4	τέσσαρες, τέσσερα	τέταρτος, -η, -ον
5	πέντε	πέμπτος, -η, -ον
6	ἕξ	ἕκτος, -η, -ον
7	ἑπτά	ἕβδομος, -η, -ον
8	ὀκτώ	ὄγδοος, -η, -ον
9	ἐννέα	ἔνατος, -η, -ον
10	δέκα	δέκατος, -η, -ον
11	ἕνδεκα	ἐνδέκατος, -η, -ον
12	δώδεκα	δωδέκατος, -η, -ον
20	εἴκοσι(ν)	
24	εἴκοσι τέσσαρες	
30	τριάκοντα	
40	τεσσαράκοντα	
50	πεντήκοντα	πεντηκοστός, -η, -ον
60	ἑξήκοντα	
70	ἐβδομήκοντα	
80	ὀγδοήκοντα	
90	ἐνενήκοντα	
100	ἑκατόν	

200	διακόσιοι
300	τριακόσιοι
400	τετρακόσιοι
500	πεντακόσιοι
600	ἑξακόσιοι
700	ἑπτακόσιοι
800	ὀκτακόσιοι
900	ἐνακόσιοι
1000	χίλιοι; ἡ χιλιάς, -αδος (*un grupo de mil*)

3. Pronombres

3.1 Pronombres personales

1ª persona

Singular		Plural
ἐγώ *yo*		ἡμεῖς *nosotros*
ἐμοῦ	μου [1]	ἡμῶν
ἐμοί	μοι	ἡμῖν
ἐμέ	με	ἡμᾶς

2ª persona

Singular		Plural
σύ *tú*		υμεῖς *vosotros*
σοῦ	σου [1]	ὑμῶν
σοί	σοι	ὑμῖν
σέ	σε	ὑμᾶς

3ª persona

Singular			Plural		
Masculino	Femenino	Neutro	Masculino	Femenino	Neutro
αὐτός *él*	αὐτή *ella*	αὐτό *ello*	αὐτοί	αὐταί	αὐτά
αὐτοῦ	αὐτῆς	αὐτοῦ	αὐτῶν	αὐτῶν	αὐτῶν
αὐτῷ	αὐτῇ	αὐτῷ	αὐτοῖς	αὐταῖς	αὐτοῖς
αὐτόν	αὐτήν	αὐτό	αὐτούς	αὐτάς	αὐτά

3.2 Pronombre demostrativo

Singular			Plural		
Masculino	Femenino	Neutro	Masculino	Femenino	Neutro
οὗτος *este*	αὕτη *esta*	τοῦτο *esto*	οὗτοι	αὗται	ταῦτα
τούτου	ταύτης	τούτου	τούτων	τούτων	τούτων
τούτῳ	ταύτῃ	τούτῳ	τούτοις	ταύταις	τούτοις
τοῦτον	ταύτην	τοῦτο	τούτους	ταύτας	ταῦτα

3.3 Pronombre interrogativo

Singular		Plural	
Masc. y Fem.	Neutro	Masc. y Fem.	Neutro
τίς *quién*	τί *qué, por qué*	τίνες	τίνα
τίνος	τίνος	τίνων	τίνων
τίνι	τίνι	τίσι(ν)	τίσι(ν)
τίνα	τί	τίνας	τίνα

3.4 Pronombre indefinido (palabra enclítica)

Singular		Plural	
Masc. y Fem.	Neutro	Masc. y Fem.	Neutro
τις *uno, alguno*	τι *algo*	τινὲς	τινὰ
τινὸς	τινὸς	τινῶν	τινῶν
τινὶ	τινὶ	τισὶ(ν)	τισὶ(ν)
τινὰ	τι	τινὰς	τινὰ

---

[1] Formas enclíticas

3.5 Pronombre relativo

Singular			Plural		
Masculino	Femenino	Neutro	Masculino	Femenino	Neutro
ὅς *que, quien*	ἥ	ὅ	οἵ	αἵ	ἅ
οὗ	ἧς	οὗ	ὧν	ὧν	ὧν
ᾧ	ᾗ	ᾧ	οἷς	αἷς	οἷς
ὅν	ἥν	ὅ	οὕς	ἅς	ἅ

3.6 Pronombres reflexivos

Singular

1ª persona	2ª persona	3ª persona		
		Masculino	Femenino	Neutro
- - - -	- - - -	- - - -	- - - -	- - - -
ἐμαυτοῦ *(de) mí mismo*	σεαυτοῦ *(de) ti mismo*	ἑαυτοῦ *(de) sí...*	ἑαυτῆς	ἑαυτοῦ
ἐμαυτῷ	σεαυτῷ	ἑαυτῷ	ἑαυτῇ	ἑαυτῷ
ἐμαυτόν	σεαυτόν	ἑαυτόν	ἑαυτήν	ἑαυτό

Plural, las tres personas

Masculino	Femenino	Neutro	
- - - -	- - - -	- - - -	
ἑαυτῶν	ἑαυτῶν	ἑαυτῶν	*(de) nosotros, vosotros, sí mismos*
ἑαυτοῖς	ἑαυταῖς	ἑαυτοῖς	
ἑαυτούς	ἑαυτάς	ἑαυτά	

3.7 Pronombre recíproco

Plural

- - - -

ἀλλήλων *uno a otro*
ἀλλήλοις
ἀλλήλους

4. Verbos

4.1 Verbos en -ω

4.1.1 Voz activa

VOZ ACTIVA							
	λύω *desatar*				λαμβάνω *tomar*	λύω *desatar*	
	Presente	Futuro	Imperfecto	Aoristo 1º	Aoristo 2º [1]	Perfecto	Pluscuamperf.
MODO INDICA-TIVO	λύω λύεις λύει λύομεν λύετε λύουσι(ν)	λύσω λύσεις λύσει λύσομεν λύσετε λύσουσι(ν)	ἔλυον ἔλυες ἔλυε(ν) ἐλύομεν ἐλύετε ἔλυον	ἔλυσα ἔλυσας ἔλυσε(ν) ἐλύσαμεν ἐλύσατε ἔλυσαν	ἔλαβον ἔλαβες ἔλαβε(ν) ἐλάβομεν ἐλάβετε ἔλαβον	λέλυκα λέλυκας λέλυκε(ν) λελύκαμεν λελύκατε λελύκασι(ν)	(ἐ)λελύκειν (ἐ)λελύκεις (ἐ)λελύκει (ἐ)λελύκειμεν (ἐ)λελύκειτε (ἐ)λελύκεισαν
MODO INFINI-TIVO	λύειν	(λύσειν)		λῦσαι	λαβεῖν	λελυκέναι	
MODO IMPERA-TIVO	λῦε λυέτω λύετε λυέτωσαν			λῦσον λυσάτω λύσατε λυσάτωσαν	λαβέ λαβέτω λάβετε λαβέτωσαν		
MODO SUBJUN-TIVO	λύω λύῃς λύῃ λύωμεν λυήτε λύωσι(ν)			λύσω λύσῃς λύσῃ λύσωμεν λύσητε λύσωσι(ν)	λάβω λάβῃς λάβῃ λάβωμεν λάβητε λάβωσι		
MODO OPTA-TIVO	λύοιμι λύοις λύοι λύοιμεν λύοιτε λύοιεν			λύσαιμι λύσαις λύσαι λύσαιμεν λύσαιτε λύσαιεν			

---

[1] Además de los aoristos 1º y 2º, hay dos variantes más en este tiempo:
1) el aoristo líquido y nasal, el cual omite la σ del aoristo 1º: ἔκρινα, ἔκρινας, etc.
2) el aoristo 2º que agrega las desinencias sin emplear las vocales ο/ε. La vocal final del tema hace las veces de esas vocales: ἔγνων, ἔγνως, etc.

4.1.2   Voz pasiva

	VOZ PASIVA					
				γράφω *escribir*		
	Presente	Futuro	Imperfecto	Aoristo	Aoristo sin θ	Perfecto	Pluscuamperf.
MODO INDICA- TIVO	λύομαι λύῃ λύεται	λυθήσομαι λυθήσῃ λυθήσεται	ἐλυόμην ἐλύου ἐλύετο	ἐλύθην ἐλύθης ἐλύθη	ἐγράφην ἐγράφης ἐγράφη	λέλυμαι λέλυσαι λέλυται	(ἐ)λελύμην (ἐ)λέλυσο (ἐ)λέλυτο
	λυόμεθα λύεσθε λύονται	λυθησόμεθα λυθήσεσθε λυθήσονται	ἐλυόμεθα ἐλύεσθε ἐλύοντο	ἐλύθημεν ἐλύθητε ἐλύθησαν	ἐγράφημεν ἐγράφητε ἐγράφησαν	λελύμεθα λέλυσθε λέλυνται	(ἐ)λελύμεθα (ἐ)λέλυσθε (ἐ)λέλυντο
MODO INFINI- TIVO	λύεσθαι	(λυθήσεσθαι)		λυθῆναι	γραφῆναι	λέλυσθαι	
MODO IMPERA- TIVO	λύου λυέσθω λύεσθε λυέσθωσαν			λύθητι λυθήτω λύθητε λυθήτωσαν	γράφηθι γραφήτω γράφητε γραφήτωσαν		
MODO SUBJUN- TIVO	λύωμαι λύῃ λύηται λυώμεθα λύησθε λύωνται			λυθῶ λυθῇς λυθῇ λυθῶμεν λυθῆτε λυθῶσι(ν)	γραφῶ γραφῇς γραφῇ γραφῶμεν γραφῆτε γραφῶσι(ν)		
MODO OPTA- TIVO	λυοίμην λύοιο λύοιτο λυοίμεθα λύοισθε λύοιντο			λυθείην λυθείης λυθείη λυθείημεν λυθείητε λυθείησαν			

4.1.3 Voz media

VOZ MEDIA							
					γίνομαι *llegar a ser*		
	Presente	Futuro	Imperfecto	Aoristo 1º	Aoristo 2º	Perfecto	Pluscuamperf.
MODO INDICA-TIVO	igual a la voz pasiva	λύσομαι λύσῃ λύσεται λυσόμεθα λύσεσθε λύσονται	igual a la voz pasiva	ἐλυσάμην ἐλύσω ἐλύσατο ἐλυσάμεθα ἐλύσασθε ἐλύσαντο	ἐγενόμην ἐγένου ἐγένετο ἐγενόμεθα ἐγένεσθε ἐγένοντο	igual a la voz pasiva	igual a la voz pasiva
MODO INFINI-TIVO	= a pasiva	(λύσεσθαι)		λύσασθαι	γενέσθαι		
MODO IMPERA-TIVO	igual a la voz pasiva			λῦσαι λυσάσθω λύσασθε λυσάσθωσαν	γένου γενέσθω γένεσθε γενέσθωσαν		
MODO SUBJUN-TIVO	igual a la voz pasiva			λύσωμαι λύσῃ λύσηται λυσώμεθα λύσησθε λύσωνται	γένωμαι γένῃ γένηται γενώμεθα γένησθε γένωανται		
MODO OPTA-TIVO	igual a la voz pasiva			λυσαίμην λύσαιο λύσαιτο λυσαίμεθα λύσαισθε λύσαιντο	γενοίμην γένοιο γένοιτο γενοίμεθα γενοίσθε γένοιντο		

4.2 Verbos contractos

4.2.1 Voz activa

VOZ ACTIVA							
	Presente				Imperfecto		
	-αω	-εω	-οω		-αω	-εω	-οω
MODO INDICA- TIVO	ἀγαπῶ ἀγαπᾷς ἀγαπᾷ ἀγαπῶμεν ἀγαπᾶτε ἀγαπῶσι(ν)	φιλῶ φιλεῖς φιλεῖ φιλοῦμεν φιλεῖτε φιλοῦσι(ν)	πληρῶ πληροῖς πληροῖ πληροῦμεν πληροῦτε πληροῦσι(ν)		ἠγάπων ἠγάπας ἠγάπα ἠγαπῶμεν ἠγαπᾶτε ἠγάπων	ἐφίλουν ἐφίλεις ἐφίλει ἐφιλοῦμεν ἐφιλεῖτε ἐφίλουν	ἐπλήρουν ἐπλήρους ἐπλήρου ἐπληροῦμεν ἐπληροῦτε ἐπλήρουν
MODO INFINI- TIVO	ἀγαπᾶν	φιλεῖν	πληροῦν				
MODO IMPERA- TIVO	ἄγαπα ἀγαπάτω ἀγαπᾶτε ἀγαπάτωσαν	φίλει φιλείτω φιλεῖτε φιλείτωσαν	πλήρου πληρούτω πληροῦτε πληρούτωσαν				
MODO SUBJUN- TIVO	ἀγαπῶ ἀγαπᾷς ἀγαπᾷ ἀγαπῶμεν ἀγαπᾶτε ἀγαπῶσι(ν)	φιλῶ φιλῇς φιλῇ φιλῶμεν φιλῆτε φιλῶσι(ν)	πληρῶ πληροῖς πληροῖ πληρῶμεν πληρῶτε πληρῶσι(ν)				

4.2.2 Voces pasiva y media

VOCES PASIVA Y MEDIA							
	Presente				Imperfecto		
	-αω	-εω	-οω		-αω	-εω	-οω
MODO INDICA- TIVO	ἀγαπῶμαι ἀγαπᾶσαι ἀγαπᾶται ἀγαπώμεθα ἀγαπᾶσθε ἀγαπῶνται	φιλοῦμαι φιλῇ φιλεῖται φιλούμεθα φιλεῖσθε φιλοῦνται	πληροῦμαι πληροῖ πληροῦται πληρούμεθα πληροῦσθε πληροῦνται		ἠγαπώμην ἠγαπῶ ἠγαπᾶτο ἠγαπώμεθα ἠγαπᾶσθε ἠγαπῶντο	ἐφιλούμην ἐφιλοῦ ἐφιλεῖτο ἐφιλούμεθα εφιλεῖσθε ἐφιλοῦντο	ἐπληρούμην ἐπληροῦ ἐπληροῦτο ἐ῾ῆηρούμεθα ἐπληροῦσθε ἐπληροῦντο
MODO INFINI- TIVO	ἀγαπᾶσθαι	φιλεῖσθαι	πληροῦσθαι				
MODO SUBJUN- TIVO	ἀγαπῶμαι ἀγαπᾷ ἀγαπᾶται ἀγαπώμεθα ἀγαπᾶσθε ἀγαπῶνται	φιλῶμαι φιλῇ φιλῆται φιλώμεθα φιλῆσθε φιλῶνται	πληρῶμαι πληροῖ πληρῶται πληρώμεθα πληρῶσθε πληρῶνται				

4.3   Verbos en -μι. Las desinencias personales se agregan directamente al tema verbal. Puesto que la vocal que aparece junto a las desinencias pertenece al tema, varía de un verbo a otro: δίδωμι, ἵστημι, etc.

4.3.1   Voz activa

	VOZ ACTIVA					
	Presente		Imperfecto		Aoristo	
					Aoristo «κ»	Aoristo 2º [1]
MODO INDICATIVO	δίδωμι	ἵστημι	ἐδίδουν	ἵστην	ἔδωκα	ἔστην
	δίδως	ἵστης	ἐδίδους	ἵστης	ἔδωκας	ἔστης
	δίδωσι(ν)	ἵστησι(ν)	ἐδίδου	ἵστη	ἔδωκε(ν)	ἔστη
	δίδομεν	ἵσταμεν	ἐδίδομεν	ἵσταμεν	ἐδώκαμεν	ἔστημεν
	δίδοτε	ἵστατε	ἐδίδοτε	ἵστατε	ἐδώκατε	ἔστητε
	διδόασι(ν)	ἱστᾶσι(ν)	ἐδίδοσαν	ἵστασαν	ἔδωκαν	ἔστησαν
MODO INFINITIVO	διδόναι	ἱστάναι			δοῦναι	στῆναι
MODO IMPERATIVO	δίδου	ἵστη			δός	στῆθι (-στα)
	διδότω	ἱστάτω			δότω	στήτω
	δίδοτε	ἵστατε			δότε	στῆτε
	διδότωσαν	ἱστάτωσαν			δότωσαν	στήτωσαν
MODO SUBJUNTIVO	διδῶ	ἱστῶ			δῶ	στῶ
	διδῷς, -οῖς	ἱστῇς			δῷς, δοῖς	στῇς
	διδῷ, -οῖ	ἱστῇ			δῷ, δοῖ, δώῃ	στῇ
	διδῶμεν	ἱστῶμεν			δῶμεν	στῶμεν
	διδῶτε	ἱστῆτε			δῶτε	στῆτε
	διδῶσι(ν)	ἱστῶσι(ν)			δῶσι(ν)	στῶσι(ν)

---

[1] El verbo ἵστημι tiene también formas de aoristo 1º: ἔστησα, ἔστησας, etc.

4.3.2 Voz pasiva

	VOZ PASIVA					
	Presente		Imperfecto		Aoristo	
MODO INDICATIVO	δίδομαι	ἵσταμαι	ἐδιδόμην	ἱστάμην	ἐδόθην	ἐστάθην
	δίδοσαι	ἵστασαι	ἐδίδοσο	ἵστασο	ἐδόθης	ἐστάθης
	δίδοται	ἵσταται	ἐδίδοτο	ἵστατο	ἐδόθη	ἐστάθη
	διδόμεθα	ἱστάμεθα	ἐδιδόμεθα	ἱστάμεθα	ἐδόθημεν	ἐστάθημεν
	δίδοσθε	ἵστασθε	ἐδίδοσθε	ἵστασθε	ἐδόθητε	ἐστάθητε
	δίδονται	ἵστανται	ἐδίδοντο	ἵσταντο	ἐδόθησαν	ἐστάθησαν
MODO INFINITIVO	δίδοσθαι	ἵστασθαι			δοθῆναι	σταθῆναι
MODO IMPERATIVO	δίδοσο	ἵστασο			δόθητι	στάθητι
	διδόσθω	ἱστάσθω			δοθήτω	σταθήτω
	δίδοσθε	ἵστασθε			δόθητε	στάθητε
	διδόσθωσαν	ἱστάσθωσαν			δοθήτωσαν	σταθήτωσαν
MODO SUBJUNTIVO	διδῶμαι				δοθῶ	σταθῶ
	διδῷ				δοτῆς	σταθῆς
	διδῶται				δοθῇ	σταθῇ
	διδώμεθα				δοθῶμεν	σταθῶμεν
	διδῶσθε				δοθῆτε	σταθῆτε
	διδῶνται				δοθῶσι(ν)	σταθῶσι(ν)

4.3.3 Voz media

	VOZ MEDIA			
	Presente	Imperfecto	Aoristo	
MODO INDICATIVO	igual a la voz pasiva	igual a la voz pasiva	ἐδόμην	
			ἔδου	
			ἔδοτο	
			ἐδόμεθα	
			ἔδοσθε	
			ἔδοντο	
MODO INFINITIVO			δόσθαι	
MODO SUBJUNTIVO			δῶμαι	στῶμαι
			δῷ	στῇ
			δῶται	στῆται
			δώμεθα	στώμεθα
			δῶσθε	στῆσθε
			δῶνται	στῶνται

4.3.4 Verbos en -μι excepcionales. Los verbos δείκνυμι y ἀπόλλυμι se conjugan en forma parecida a δίδωμι. Sin embargo, estos dos verbos tienen también formas que se asemejan más a la conjugación en -ω, lo cual indica que estos verbos se hallan en un período de transición entre la conjugación en -μι y la conjugación en -ω.

Se presenta a continuación una clasificación de las formas de δείκνυμι y de ἀπόλλυμι que aparecen en el N.T. y que manifiestan esta ambivalencia en la conjugación.

	δείκνυμι		ἀπόλλυμι	
	Conjugación -μι	Conjugación -ω	Conjugación -μι	Conjugación -ω
	Presente, VOZ ACTIVA			
MODO INDICATIVO	1ª sing. δείκνυμι 3ª sing. δείκνυσι(ν)	2ª sing. δεικνύεις		3ª sing. ἀπολλύει
MODO INFINITIVO		δεικνύειν		
MODO IMPERATIVO				2ª sing. ἀπόλλυε
	Presente, VOZ MEDIA			
MODO INDICATIVO			3º sing. ἀπόλλυται 1ª pl. ἀπολλύμεθα 3ª pl. ἀπώλλυνται	
	Imperfecto, VOZ MEDIA			
MODO INDICATIVO			3ª pl. ἀπώλλυντο	

4.4 El verbo εἰμί

	εἰμί					
	Presente		Futuro		Imperfecto	
	Singular	Plural	Singular	Plural	Singular	Plural
MODO INDICATIVO	εἰμί εἶ ἐστίν	ἐσμέν ἐστέ εἰσίν	ἔσομαι ἔσῃ ἔσται	ἐσόμεθα ἔσεσθε ἔσονται	ἤμην ἦς ἦν	ἦμεν, ἤμεθα ἦτε ἦσαν
MODO INFINITIVO	εἶναι					
MODO IMPERATIVO	ἴσθι ἔστω, ἤτω	ἔστε ἔστωσαν, ἤτωσαν				
MODO SUBJUNTIVO	ὦ ᾖς ᾖ	ὦμεν ἦτε ὦσι(ν)				

5. Participios

5.1 Participios de verbos en -ω

5.1.1 Voz activa

Participios, VOZ ACTIVA					
Presente			**Futuro**		
Masculino	Femenino	Neutro	Masculino	Femenino	Neutro
Singular			*Singular*		
λύων	λύουσα	λῦον	λύσων	λύσουσα	λῦσον
λύοντος	λυούσης	λύοντος	λύσοντος	λυσούσης	λύσοντος
λύοντι	λυούσῃ	λύοντι	etc.	etc.	etc.
λύοντα	λύουσαν	λῦον			
Plural			*Plural*		
λύοντες	λύουσαι	λύοντα	λύσοντες	λύσουσαι	λύσοντα
λυόντων	λυουσῶν	λυόντων	etc.	etc.	etc.
λύουσι(ν)	λυούσαις	λύουσι(ν)			
λύοντας	λυούσας	λύοντα			
Aoristo 1º			**Aoristo 2º**		
Masculino	Femenino	Neutro	Masculino	Femenino	Neutro
Singular			*Singular*		
λύσας	λύσασα	λῦσαν	λαβών	λαβοῦσα	λαβόν
λύσαντος	λυσάσης	λύσαντος	λαβόντος	λαβούσης	λαβόντος
λύσαντι	λυσάσῃ	λύσαντι	λαβόντι	λαβούσῃ	λαβόντι
λύσαντα	λύσασαν	λῦσαν	λαβόντα	λαβοῦσαν	λαβόν
Plural			*Plural*		
λύσαντες	λύσασαι	λύσαντα	λαβόντες	λαβοῦσαι	λαβόντα
λυσάντων	λυσασῶν	λυσάντων	λαβόντων	λαβουσῶν	λαβόντων
λύσασι(ν)	λυσάσαις	λύσασι(ν)	λαβοῦσι(ν)	λαβούσαις	λαβοῦσι(ν)
λύσαντας	λυσάσας	λύσαντα	λαβόντας	λαβούσας	λαβόντα
Perfecto					
Masculino	Femenino	Neutro			
Singular					
λελυκώς	λελυκυῖα	λελυκός			
λελυκότος	λελυκυίας	λελυκότος			
λελυκότι	λελυκυίᾳ	λελυκότι			
λελυκότα	λελυκυῖαν	λελυκός			
Plural					
λελυκότες	λελυκυῖαι	λελυκότα			
λελυκότων	λελυκυιῶν	λελυκότων			
λελυκόσι(ν)	λελυκυίαις	λελυκόσι(ν)			
λελυκότας	λελυκυίας	λελυκότα			

5.1.2 Voz pasiva

Participios, VOZ PASIVA					
Presente			**Futuro**		
Masculino	Femenino	Neutro	Masculino	Femenino	Neutro
Singular			*Singular*		
λυόμενος	λυομένη	λυόμενον	λυθησόμενος	λυθησομένη	λυθησόμενον
λυομένου	λυομένης	λυομένου	λυθησόμενου	λυθησομένης	λυθησόμενου
λυεμένῳ	λυομένῃ	λυομένῳ	etc.	etc.	etc.
λυόμενον	λυομένην	λυόμενον			
Plural					
λυόμενοι	λυομέναι	λυόμενα			
λυομένων	λυομένων	λυομένων			
λυομένοις	λυομέναις	λυομένοις			
λυομένους	λυομένας	λυόμενα			
Aoristo			**Aoristo (Pasiva sin θ)**		
Masculino	Femenino	Neutro	Masculino	Femenino	Neutro
Singular			*Singular*		
λυθείς	λυθεῖσα	λυθέν	γραφείς	γραφεῖσα	γραφέν
λυθέντος	λυθείσης	λυθέντος	γραφέντος	γραφείσης	γραφέντος
λυθέντι	λυθείσῃ	λυθέντι	etc.	etc.	etc.
λυθέντα	λυθεῖσαν	λυθέν			
Plural					
λυθέντες	λυθεῖσαι	λυθέντα			
λυθέντων	λυθεισῶν	λυθέντων			
λυθεῖσι(ν)	λυθείσαις	λυθεῖσι(ν)			
λυθέντας	λυθείσας	λυθέντα			
Perfecto					
Masculino	Femenino	Neutro			
Singular					
λελυμένος	λελυμένη	λελυμένον			
λελυμένου	λελυμένης	λελυμένου			
λελυμένῳ	λελυμένῃ	λελυμένῳ			
λελυμένον	λελυμένην	λελυμένον			
Plural					
λελυμένοι	λελυμέναι	λελυμένα			
λελυμένων	λελυμένων	λελυμένων			
λελυμένοις	λελυμέναις	λελυμένοις			
λελυμένους	λελυμένας	λελυμένους			

5.1.3 Voz media

Participios, VOZ MEDIA					
Presente			**Futuro**		
			Masculino	Femenino	Neutro
igual a la voz pasiva			*Singular*		
			λυσόμενος	*λυσομένη*	*λυσόμενον*
			λυσομένου	*λυσομένης*	*λυσομένου*
			etc.	etc.	etc.
Aoristo 1º			**Aoristo 2º**		
Masculino	Femenino	Neutro	Masculino	Femenino	Neutro
	Singular			*Singular*	
λυσάμενος	*λυσαμένη*	*λυσάμενον*	*λαβόμενος*	*λαβομένη*	*λαβόμενον*
λυσαμένου	*λυσαμένης*	*λυσαμένου*	*λαβομένου*	*λαβομένης*	*λαβομένου*
etc.	etc.	etc.	etc.	etc.	etc.
Perfecto					
igual a la voz pasiva					

5.2 Participios de verbos contractos

5.2.1 Voz activa, tiempo presente[1]

VOZ ACTIVA					
-αω			-εω		
Masculino	Femenino	Masculino	Femenino	Masculino	Femenino
Singular			Singular		
ἀγαπῶν	ἀγαπῶσα	ἀγαπῶν	φιλῶν	φιλοῦσα	φιλοῦν
ἀγαπῶντος	ἀγαπώσης	ἀγαπῶντος	φιλοῦντος	φιλούσης	φιλοῦντος
ἀγαπῶντι	ἀγαπώσῃ	ἀγαπῶντι	φιλοῦντι	φιλούσῃ	φιλοῦντι
ἀγαπῶντα	ἀγαπῶσαν	ἀγαπῶν	φιλοῦντα	φιλοῦσαν	φιλοῦν
Plural			Plural		
ἀγαπῶντες	ἀγαπῶσαι	ἀγαπῶντα	φιλοῦντες	φιλοῦσαι	φιλοῦντα
ἀγαπώντων	ἀγαπωσῶν	ἀγαπώντων	φιλουντῶν	φιλουσῶν	φιλούντων
ἀγαπῶσι(ν)	ἀγαπώσαις	ἀγαπῶσι(ν)	φιλοῦσι(ν)	φιλούσαις	φιλοῦσι(ν)
ἀγαπῶντας	ἀγαπώσας	ἀγαπῶντα	φιλούντας	φιλούσας	φιλοῦντα

-οω		
Masculino	Femenino	Masculino
Singular		
πληρῶν	πληροῦσα	πληροῦν
πληροῦντος	πληρούσης	πληροῦντος
πληροῦντι	πληρούσῃ	πληροῦντι
πληροῦντα	πληροῦσαν	πληροῦν
Plural		
πληροῦντες	πληροῦσαι	πληροῦντα
πληρούντων	πληρουσῶν	πληρούντων
πληροῦσι(ν)	πληρούσαις	πληροῦσι(ν)
πληροῦντας	πληρούσας	πληροῦντα

5.2.2 Voces pasiva y media, tiempo presente [1]

VOCES PASIVA Y MEDIA		
-αω	-εω	-οω
ἀγαπώμενος, -η, -ον	φιλούμενος, -η, -ον	πληρούμενος, -η, -ον

[1] En los demás tiempos, los verbos contratos son regulares

5.3 Verbos en -μι. Las terminaciones participiales se agregan directamente al tema verbal. Por tanto no hay uniformidad en la vocal que aparece junto a ellas, puesto que dicha vocal pertenece al tema verbal.

5.3.1 Voz activa

VOZ ACTIVA					
Presente					
δίδωμι			ἵστημι		
Masculino	Femenino	Neutro	Masculino	Femenino	Neutro
Singular			Singular		
διδούς	διδοῦσα	διδόν	ἱστάς	ἱστᾶσα	ἱστάν
διδόντος	διδούσης	διδόντος	ἱστάντος	ἱστάσης	ἱστάντος
διδόντι	διδούσῃ	διδόντι	ἱστάντι	ἱστάσῃ	ἱστάντι
διδόντα	διδοῦσαν	διδόν	ἱστάντα	ἱστᾶσαν	ἱστάν
Plural			Plural		
διδόντες	διδοῦσαι	διδόντα	ἱστάντες	ἱστᾶσαι	ἱστάντα
διδόντων	διδουσῶν	διδόντων	ἱστάντων	ἱστασῶν	ἱστάντων
διδοῦσι(ν)	διδούσαις	διδοῦσι(ν)	ἱστᾶσι(ν)	ἱστάσαις	ἱστᾶσι(ν)
διδόντας	διδούσας	διδόντα	ἱστάντας	ἱστάσας	ἱστάντα
Aoristo					
δίδωμι			ἵστημι		
Masculino	Femenino	Neutro	Masculino	Femenino	Neutro
Singular			Singular		
δούς	δοῦσα	δόν	στάς	στᾶσα	στάν
δόντος	δούσης	δόντος	στάντος	στάσης	στάντος
etc.	etc.	etc.	etc.	etc.	etc.
Perfecto					
			ἵστημι		
			Masculino	Femenino	Neutro
			Singular		
			ἑστώς	ἑστῶσα	ἑστός
			ἑστῶτος	ἑστώσης	ἑστῶτος
			ἑστῶτι	ἑστώσῃ	ἑστῶτι
			ἑστῶτα	ἑστῶσαν	ἑστός
			Plural		
			ἑστῶτες	ἑστῶσαι	ἑστῶτα
			ἑστώτων	ἑστωσῶν	ἑστώτων
			ἑστῶσι(ν)	ἑστώσαις	ἑστῶσι(ν)
			ἑστώτας	ἑστώσας	ἑστῶτα
			Aparece también el participio perfecto regular:		
			ἑστηκώς	ἑστηκυῖα	ἑστηκός
			ἑστηκότος	ἑστηκυίας	ἑστηκότος
			etc.	etc.	etc.

5.3.2 Voces pasiva y media

VOCES PASIVA Y MEDIA	
Presente	
δίδωμι	ἵστημι
διδόμενος, -η, -ον	ἱστάμενος, -η, -ον

5.4 Participios del verbo εἰμί

Singular			Plural		
Masculino	Femenino	Neutro	Masculino	Femenino	Neutro
ὤν	οὖσα	ὄν	ὄντες	οὖσαι	ὄντα
ὄντος	οὖσης	ὄντος	ὄντων	οὐσῶν	ὄντων
ὄντι	οὖσῃ	ὄντι	οὖσι(ν)	οὖσα	οὖσι(ν)
ὄντα	οὖσαν	ὄν	ὄντας	οὖσας	ὄντα

APÉNDICE IV

Adverbios

		INTERROGATIVO	INDEFINIDO (enclíticas)	DEFINIDO	RELATIVO
ESPACIO	Dónde (-ου)	ποῦ ¿dónde?	πού en alguna parte	ὧδε aquí ἐκεῖ ahí ἐγγύς cerca ἔξω afuera	οὗ } ὅπου } donde
	De dónde (-θεν)	πόθεν		ἐκεῖθεν de ahí	ὅθεν (de) donde
TIEMPO	(-τε)	πότε ¿cuándo?	ποτέ en un tiempo	τότε entonces νῦν ahora νυνί } ἄρτι } ahora mismo πάντοτε siempre ἔτι todavía ἤδη ya πάλιν otra vez	ὅτε } ὁπότε } cuando
MANERA[1]	(-ως)	πῶς ¿cómo?	πώς de alguna manera	οὕτω(ς) así εὐθέως] εὐθύς] inmediatamente	ὡς como καθώς así como

[1] Muchos otros adverbios de manera se forman con el sufijo -ως agregado al tema de un adjetivo:

Adjetivo	Tema	Sufijo		Adverbio de manera
ἀληθής	ἀληθή-	+ -ως	→	ἀληθῶς verdaderamente
καλός	καλ-	+ -ως	→	καλῶς bien

APÉNDICE V

Comprobación de las pruebas

1. Respuesta a la prueba del Capítulo I

   1. eyéneto Ioanis vaptidson en ti erimo ke kirison váptisma metanías is áfesin amartión.

   2. | 1. ita | 4. zita | 7. fi |
   |---|---|---|
   | 2. psi | 5. ji | 8. omega |
   | 3. lamda | 6. gama | 9. thita |

   3. | 1. ν | 3. ι | 5. ψ |
   |---|---|---|
   | 2. σ, ς | 4. θ | 6. ξ |

   4. | 1. ω | 3. λ | 5. ϱ |
   |---|---|---|
   | 2. η | 4. ζ | 6. γ |

   5. | α | η | ν | τ |
   |---|---|---|---|
   | β | θ | ξ | υ |
   | γ | ι | ο | φ |
   | δ | κ | π | χ |
   | ε | λ | ϱ | ψ |
   | ζ | μ | σ, ς | ω |

2. Respuesta a la prueba del Capítulo II

   1. *Los hermanos conocen a los buenos hombres (a los hombres buenos).*
   2. *Un hombre escucha (oye).*
   3. *Conozco al señor.*
   4. *Dices (hablas).*
   5. *El buen Dios habla y los hombres escuchan (oyen).*
   6. *El hombre tiene (a) (un) hermano.*
   7. *Escucháis (oís).*
   8. *Tenemos (a) (unos) hermanos.*

3. Respuesta a la prueba del Capítulo III

   1. *Los hombres hablan a los hermanos.*
   2. *Conoces a Dios, siervo (esclavo).*
   3. *La palabra de Dios habla al hombre.*
   4. *Escuchamos (oímos).*
   5. *Tenéis buenos siervos (esclavos).*
   6. *Un hombre escucha (oye).*
   7. *Conozco al hermano de los hombres.*

4. Respuesta a la prueba del Capítulo IV

   1. *Somos los señores de los siervos.*
   2. *El hermano era santo.*
   3. *Eres el Dios de los hombres.*
   4. *Los hombres son hermanos del buen siervo.*
   5. *Sois santos.*
   6. *Soy hijo del señor.*

7. *Eran hermanos.*

8. *La palabra de Dios es santa.*

9. *Había un hombre.* o: *Era hombre.*

10. *Dios es santo.*

5. Respuesta a la prueba del Capítulo V

1. *¿Quién tiene (a) los siervos?*

2. *¿Qué dice el hermano?* o: *¿Por qué habla el hermano?*

3. *¿Quién es (un) hijo de Dios?*

4. *¿Por qué escuchamos?* o: *¿Qué oímos?*

5. *¿Quién eres, Señor?*

6. *¿A quién conoce Dios?*

7. *¿Quiénes hablan a los hermanos?*

8. *¿A quién hablan los señores?*

9. *¿De quién era hermano?*

6. Respuesta a la prueba del Capítulo VI

1. *Deseas conocer a los hermanos.*

2. *Decimos que el Señor tiene a los siervos (esclavos).*

3. *¿Quiénes desean que el hijo sea bueno?*

4. *Reciba el hijo la palabra santa.*

5. *Escucha (oye) (tú).*

7. Respuesta a la prueba del Capítulo VII

1. *Dios decía a los hombres, «Las obras de los niños son buenas».*

2. *¿Quiénes tenían a los siervos (esclavos)?*

3. *Creíais al hijo de Dios.*

4. *Recibíamos (tomábamos) la santa palabra.*

5. *Hablaba (yo) al buen señor.* o: *Hablaban . . .*

6. *Oías (escuchabas).*

7. *El niño desea conocer la palabra.*

8. Respuesta a la prueba del Capítulo VIII

1. *Los hermanos escuchaban el mensaje (oían la palabra) todo el día.*

2. *Digan los hijos de los hombres en sus corazones: «Santo es el reino de Dios».*

3. *Deseamos escuchar una voz del cielo.*

4. *Los niños creían al hijo de Dios.*

5. *Desean que él juzgue con justicia.*

9. Respuesta a la prueba del Capítulo IX

1. *Decíamos a los hijos: «Escucharéis una voz del cielo».*

2. *El Dios de ellos (su Dios) los juzgará en el día postrero.*

3. *Dirá el Señor: «Los santos tendrán vida en la tierra».*

4. *Los hombres malvados echan las cosas santas del reino.*

5. *Desde los primeros días permanecéis en la palabra del Señor.*

6. *Los santos eran buenos.*

7. *Levantaremos a los hermanos.*

10. Respuesta a la prueba del Capítulo X

   1. *Yo te conocía y yo escuché tu voz.*
   2. *Vosotros creísteis en él porque vio vuestros corazones.*
   3. *Nuestro Dios nos dijo: «Muchos de mis siervos no permanecieron en mí».*

11. Respuesta a la prueba del Capítulo XI

   1. *Yo os dije, «Creed en nuestro Señor».*
   2. *Vine, pues, desde el reino del cielo y habito entre la(s) multitud(es) de los hombres sobre la tierra.*
   3. *Quise verte y hablarte.*
   4. *Permanezca sobre vosotros la paz del Señor.*

12. Respuesta a la prueba del Capítulo XII

   1. *Daré la vida a mis siervos, dice el Señor.*
   2. *El hombre puso a los niños en el reino de los santos.*
   3. *Nuestro Dios pone su vida por nosotros.*
   4. *Perdona mis pecados, Señor.*
   5. *El Señor desea dar a vosotros su amor.*

13. Respuesta a la prueba del Capítulo XIII

   1. *Tened (tenéis) fe en su sangre.*
   2. *Entregaron al rey en manos de los hombres que estaban en la ciudad.*
   3. *Bautizó a todas las naciones (gentiles) con Espíritu Santo y poder.*
   4. *El temor del Dios verdadero tomó a toda carne.*
   5. *Anunciaremos a todos los hombres la palabra de gracia y fe.*
   6. *Los reyes del mundo darán a sus siervos todas las cosas.*

14. Respuesta a la prueba del Capítulo XIV

   1. *Los muertos fueron levantados por nuestro Dios.*
   2. *Santificado sea el nombre del Señor.*
   3. *Las multitudes eran bautizadas por el santo varón.*
   4. *Las otras naciones serán enseñadas en (por) la ley de Dios.*
   5. *Me fue dada toda autoridad.*
   6. *Somos salvos por la sangre de su hijo.*
   7. *Los padres no desean ser juzgados por el rey.*
   8. *Dijo Jesús al hombre (varón): «Se limpio».*

15. Respuesta a la prueba del Capítulo XV

   1. *Jesús tomó para sí a ciertos discípulos.*
   2. *Algunos deseaban salvarse.*
   3. *Enseñamos a los niños las leyes del profeta.* (voz media: participación plena del sujeto)
   4. *Os bautizasteis en el nombre del padre.*
   5. *Alguien habla para sí.*

16. Respuesta a la prueba del Capítulo XVI

   1. *Fueron a la gran ciudad para saludar a todos los hermanos de la iglesia.*
   2. *Este hombre está a punto de venir con los otros discípulos.*

3. *En aquel día vino la gloria de Dios sobre todos los gentiles (naciones) porque temieron su nombre.*

4. *No recibimos a estos hombres como profetas, sino (que) los entregamos en las manos del rey.*

5. *Venid y orad en mi nombre, y recibiréis el espíritu de verdad.*

17. Respuesta a la prueba del Capítulo XVII

1. *Los que (cuantos) vieron esta señal temieron.*

2. *El sumo sacerdote a la verdad será juzgado por (la) ley, y será justo ante Dios.*

3. *Le dijeron todo lo que (cuanto) hizo el profeta.*

4. *Suben al monte santo para orar.*

5. *Oíamos la palabra y la recibíamos.*

6. *Queda (tú) allí para servir al anciano.*

7. *Toda la gloria fue dada el rey.*

18. Respuesta a la prueba del Capítulo XVIII

1. *Entregó su vida (la vida de sí mismo) para salvarnos.*

2. *Todo el pueblo salió al desierto con los profetas del Dios verdadero.*

3. *Vuestro padre (el padre de vosotros) dice a sus hijos (los hijos de sí mismo): «Por medio del nombre mío (el nombre de mí) vosotros haréis milagros y señales entre los hombres».*

4. *Después de que las naciones recibieron la palabra santa, el profeta del Señor dijo entre sí: «Mi Dios (el Dios de mí) hizo esto con su Espíritu (el Espíritu de sí mismo)».*

19. Respuesta a la prueba del Capítulo XIX

1. *Descendiendo del monte, las mujeres iban al desierto. (Descendían . . . e iban . . .)*

2. *El apóstol, al ver a la multitud venir a la aldea, oró a Dios. (. . . cuando veía a la multitud venir . . .)*

3. *El escriba enseñaba al pueblo* { *cuando / mientras / porque* } *(éste) estaba en la ciudad.*

4. *Los hombres estaban predicando en el (día) sábado.*

20. Respuesta a la prueba del Capítulo XX

1. *Cuando los mensajeros de Juan vinieron por el mar / Al venir por el mar los mensajeros de Juan / Viniendo por el mar los mensajeros de Juan* } *vieron a sus discípulos* { *subir al barco. / cuando subían del barco.*

2. *Después que / Cuando* } { *predicaron / habían predicado / Al predicar* } *los apóstoles, todos los hombres creyeron en Jesús, abriendo sus corazones al Señor.*

3. *Contestó y / Al contestar,* } *dijo: «Venid a mi».*

4. *Después de echar fuera a los malvados / Cuando había echado fuera a los malvados / Habiendo echado fuera a los malvados* } *el apóstol empezó a enseñar a los buenos.*

5. Cuando se fue Jesús ⎫ inmediatamente los dos escribas ⎧ se levantaron y ⎫ hablaron al pueblo
   Al irse Jesús ⎭   ⎩ levantándose ⎭

    diciendo: ⎧ «Después que salvó ⎫
            ⎨ «Habiendo salvado ⎬ a su pueblo, nuestro Dios nos dio los mandamientos».
            ⎩ «Porque salvó ⎭

21. Respuesta a la prueba del Capítulo XXI

1. *Los que están hablando (hablan) entre sí (unos a otros) seguirán al hombre que les da el pan.*
2. *(Él) ama los mandamientos del Señor más que la sabiduría de los hombres.*
3. *Los que vinieron para bautizarse eran bendecidos por el profeta que invoca el nombre de Dios.*
4. *Porque los hermanos se aman unos a otros, Dios bendecirá a la iglesia.*

22. Respuesta a la prueba del Capítulo XXII

1. *El[1] que tienes no es tu esposo.* (Jn. 4:18)
2. *He oído de vuestro amor que tenéis para todos los santos que están en Cristo.*
3. *Hemos sido justificados por la sangre de Cristo, quien murió por nosotros.*
4. *Han encontrado a los discípulos a quienes vosotros conocéis y amáis.*
5. *No conocían (conocieron) la hora en que venía su propio señor.*
6. *El Padre nuestro, de quien somos y a quien servimos, ha hablado a nosotros diciendo: «Mis siervos que me han servido entrarán a mi gloria».*
7. *El tiempo se ha cumplido y el templo ha sido entregado en manos de los que han sido enviados por Dios.*
8. *Habló acerca de la autoridad que el Señor había dado a sus apóstoles.*
9. *Los que han testificado acerca de mí serán bendecidos por mi Padre.*

23. Respuesta a la prueba del Capítulo XXIII

1. *No como jamás este pan desde esta hora.*
2. *Oro a mi Padre por vosotros para que permanezcáis en mí hasta que venga en el reino de mi Padre.*
3. *No temáis a los ángeles que viven en la luz de Dios.*
4. *¿No hemos caminado con el profeta que enseñaba a los pueblos?*
5. *Glorifiquemos al Señor nuestro delante de todos los hombres y los ángeles escogidos.*
6. *El que venga en nombre del Señor amará a los hermanos.*
7. *¿Acaso hiciste mi voluntad?*

24. Respuesta a la prueba del Capítulo XXIV

1. *Si glorificamos al Señor que nos ama, debemos también servirle con nuestras obras.*
2. *Si el maestro conociera las santas escrituras, enseñaría los diez mandamientos que Dios ha dado a su pueblo escogido.*
3. *Si no viene (viniere) el intercesor, no seremos salvos.*
4. *Si uno de los escribas hubiera levantado a los muertos, las multitudes le habrían (hubieran) preguntado: «Por qué haces tú esto».*

---

[1] En griego, caso acusativo, puesto que funciona como el CD de ἔχεις.

Vocabulario

Los primeros capítulos del presente texto emplean poco vocabulario, y el estudiante, al hacer los ejercicios, aprende las palabras casi inconscientemente. En cambio, a partir del capítulo XIII el vocabulario es mucho más extenso, y por tanto se requiere del estudiante un esfuerzo especial para dominarlo.[1]

Todas las palabras incluidas en el resumen de vocabulario de cada capítulo son de uso frecuente en el Nuevo Testamento y deben aprenderse de memoria, aun cuando no se hayan practicado mucho en el transcurso del capítulo.

La siguiente lista de vocabulario recoge las palabras de todos los resúmenes; constituye así una lista del vocabulario básico del Nuevo Testamento.

A

ἀγαθός, -ά, -όν: *bueno, recto*

ἀγαπάω, ἀγαπήσω, ἠγάπησα, ἠγάπηκα: *amar*

ἀγάπη, -ης, f: *amor*

ἀγαπητός, -ή, όν: *amado*

ἄγγελος, -ου, m: *mensajero, ángel*

ἁγιάζω, ----, ἡγίασα, ----, ἡγίασμαι, ἡγιάσθην: *consagrar, santificar*

ἅγιος, -α, -ον: *apartado para Dios, santo*

ἀδελφός, -οῦ, m: *hermano*

αἷμα, -ατος, n: *sangre*

αἴρω, ἀρῶ, ἦρα, ἦρκα, ἦρμαι, ἤρθην: *levantar, alzar; quitar*

αἰτέω, αἰτήσω, ἤτησα: *pedir; exigir*

ἀκολουθέω, ἀκολουθήσω, ἠκολούθησα, ἠκολούθηκα: *seguir, acompañar* (con dat.)

ἀκούω, ἀκούσω, ἤκουσα, ἀκήκοα, ----, ἠκούσθην: *oír, escuchar* (con ac. o gen.)

ἀλήθεια, -ας, f: *verdad, veracidad*

ἀληθής, -ές: *verdadero, sincero*

ἀλλά: *pero, sino*

ἀλλήλων, -οις, -ους: *uno a otro, los unos a los otros*

ἄλλος, -η, -ο: *otro*

ἁμαρτάνω, ἁμαρτήσω, ἥμαρτον (a veces ἁμαρτησ- en otros modos), ἡμάρτηκα: *pecar, cometer pecado*

ἁμαρτία, -ας, f: *pecado*

ἀμήν: *amén, de cierto, en verdad*

ἄν: *partícula que denota contingencia (no se traduce)*

ἀναβαίνω, ἀναβήσομαι, ἀνέβην, ἀναβέβηκα: *subir, ascender*

ἀνήρ, ἀνδρός, m: *varón, hombre*

ἄνθρωπος, -ου, m: *hombre*

ἀνίστημι, ἀναστήσω, ἀνέστησα y ἀνέστην: *levantar; levantarse, resucitar*

ἀνοίγω, ἀνοίξω, ἀνέῳξα, ἀνέῳγα, ἀνέῳγμαι, ἀνεῴχθην: *abrir*

ἄξιος, -α, -ον: *digno; apropiado*

ἀπαγγέλλω, ἀπαγγελῶ, ἀπήγγειλα, ----, ----, ἀπηγγέλην: *anunciar, informar*

ἀπέρχομαι, ἀπελεύσομαι, ἀπῆλθον, ἀπελήλυθα: *irse, partir*

ἀπό (ἀπ', ἀφ'): *de, desde*

ἀποθνήσκω, ἀποθανοῦμαι, ἀπέθανον: *morir*

ἀποκρίνομαι, ἀποκριθήσομαι, ἀπεκρινάμην, ----, ----, ἀπεκρίθην: *contestar, responder*

ἀποκτείνω, ἀποκτενῶ, ἀπέκτεινα, ἀπεκτάνθην: *matar*

ἀπόλλυμι, ἀπολέσω y ἀπολῶ, ἀπώλεσα (voz media ἀπωλόμην), ἀπολώλεκα: *destruir, matar;* (voz media) *perecer*

ἀποστέλλω, ἀποστελῶ, ἀπέστειλα, ἀπέσταλκα, ἀπέσταλμαι, ἀπεστάλην: *enviar, despachar*

ἀπόστολος, -ου, m: *apóstol, mensajero*

ἄρα: *así que, así, pues*

ἀρνίον, -ου, n: *cordero*

ἄρτος, -ου, n: *pan*

ἀρχιερεύς, -έως, m: *sumo sacerdote*

ἄρχομαι, ἄρξομαι, ἠρξάμην: *comenzar, empezar*

ἄρχων, -οντος, m: *gobernante, oficial*

ἀσθενής, -ές: *enfermo, débil*

ἀσπάζομαι, ----, ἠσπασάμην: *saludar*

αὐτός, αὐτή, αὐτό: (adjetivo) *mismo;* (pronombre) *él, ella, ello*

ἀφίημι, ἀφήσω, ἀφῆκα, ----, ----, ἀφέθην: *perdonar; permitir, dejar*

B

βάλλω, βαλῶ, ἔβαλον, βέβληκα, βέβλημαι, ἐβλήθην: *echar, tirar; poner*

---

[1] Al final del vocabulario se encuentran unas sugerencias para el aprendizaje del mismo.

βαπτίζω, βαπτίσω, ἐβάπτισα, ----, ----, ἐβαπτίσ-
    θην: bautizar
βασιλεία, -ας, f: reino
βασιλεύς, -έως, m: rey
βλέπω, βλέψω, ἔβλεψα: ver, mirar

Γ

γάρ: porque, pues; ciertamente
γεννάω, γεννήσω, ἐγέννησα, γεγέννηκα, γε-
    γέννημαι, ἐγεννήθην: engendrar; dar a luz
γῆ, γῆς, f: tierra, país, región; suelo
γίνομαι, γενήσομαι, ἐγενόμην, ----, γεγένημαι,
    ἐγενήθην: llegar a ser, hacerse, ser; estar; su-
    ceder, venir
γινώσκω, γνώσομαι, ἔγνων, ἔγνωκα,
    ἔγνωσμαι, ἐγνώσθην: conocer, saber
γλῶσσα, -ης, f: lengua
γραμματεύς, -έως, m: escriba
γραφή, -ῆς, f: Escritura(s)
γράφω, ----, ἔγραψα, γέγραφα, γέγραμμαι,
    ἐγράφην: escribir
γυνή, γυναικός, f: mujer, esposa

Δ

δέ: mas, pero, sino; y; asimismo
δεῖ: es menester, es necesario
δείκνυμι, δείξω, ἔδειξα, ----, ----, ἐδείχθην: mos-
    trar, señalar; explicar
δεύτερος, -α, -ον: segundo (ἐκ δευτέρου una se-
    gunda vez)
δέχομαι, ----, ἐδεξάμην, ----, δέδεγμαι, ἐδέχθην:
    recibir, aceptar, acoger
διά (δι'): (con gen.) por medio de; (con ac.) por causa
    de
διδάσκαλος, -ου, m: maestro
διδάσκω, διδάξω, ἐδίδαξα, ----, ----, ἐδιδάχθην:
    enseñar
δίδωμι, δώσω, ἔδωκα, δέδωκα, δέδομαι, ἐδόθην:
    dar, conceder; colocar; establecer
δίκαιος, -α, -ον: justo, bueno, en la debida relación
    con Dios
δικαιοσύνη, -ης, f: lo que Dios exige; lo que es justo;
    justicia
δικαιόω, δικαιώσω, ἐδικαίωσα, ----, δεδικαίω-
    μαι, ἐδικαιώθην: poner en la debida relación
    con Dios, declarar justo, justificar
διώκω, διώξω, ἐδίωξα: perseguir; buscar; expulsar
δόξα, -ης, f: gloria, esplendor
δοξάζω, δοξάσω, ἐδόξασα, ----, δεδόξασμαι,
    ἐδόξασθην: glorificar
δουλεύω, δουλεύσω, ἐδούλευσα, δεδούλευκα:
    servir (como siervo o esclavo); ser esclavo

de (con dat.)
δοῦλος, -ου, m: siervo, esclavo
δύναμαι, δυνήσομαι, ----, ----, ----, ἠδυνάσθην e
    ἠδυνήθην: poder, ser capaz
δύναμις, εως, f: poder, fuerza; hecho portentoso, mi-
    lagro
δύο: dos

E

ἐάν: si, aun si
ἐὰν μή: si no, a menos que
ἑαυτοῦ, -ῆς, -οῦ: (pronombre reflexivo) sí mismo;
    (pl.) nosotros, vosotros, sí mismos
ἐγείρω, ἐγερῶ, ἤγειρα, ----, ἐγήγερμαι, ἠγέρθην:
    levantar, alzar; despertar
ἐγώ (ἐμοῦ, ἐμοί, ἐμέ): yo
ἔθνος, -ους, n: nación, pueblo; (pl.) los gentiles
εἰ: si; (en ciertos contextos) puesto que
εἰμί, ἔσομαι, (imperf. ἤμην): ser; estar; suceder
εἰρήνη, -ης, f: paz
εἰς: a, hacia, hasta; en; para
εἷς, μία, ἕν: uno, uno solo
ἐκ (ἐξ): de, de dentro
ἕκαστος, -α, -ον: cada uno
ἐκβάλλω, ἐκβαλῶ, ἐχέβαλον, ----, ----, ἐξεβλή-
    θην: echar fuera; despedir, despachar
ἐκεῖ: allí, allá
ἐκεῖνος, -η, -ον: aquel, aquella, aquello; él, ella, ello
ἐκκλησία, -ας, f: iglesia
ἐκλέγομαι, ----, ἐξελεξάμην, ----, ἐκλέλεγμαι:
    escoger
ἐκλεκτός, -ή, -όν: escogido, elegido
ἐμαυτοῦ, -ῆς: (pronombre reflexivo) mí mismo
ἐμός, -ή, -όν: mi, mío
ἔμπροσθεν: ante, delante (de)
ἐν: en, dentro; con, por
ἐντολή, -ῆς, f: mandamiento
ἐνώπιον: ante, en presencia de
ἐξουσία, -ας, f: autoridad; derecho; capacidad; poder
ἔξω: fuera, afuera
ἐπαίρω, ----, ἐπῆρα, ----, ----, ἐπήρθην: levantar,
    alzar
ἐπί (ἐπ', ἐφ'): (con gen., dat., ac.) en, sobre; a; cerca
    de
ἐπιβάλλω, ἐπιβαλῶ, ἐπέβαλον: echar encima, po-
    ner encima
ἐπιγινώσκω, ἐπιγνώσομαι, ἐπέγνων, ἐπέγνω-
    κα, ----, ἐπεγνώσθην: conocer, comprender,
    reconocer, darse cuenta
ἔργον, -ου, n: obra, hecho
ἔρημος, -ου, f: lugar desierto, yermo
ἔρχομαι, ἐλεύσομαι, ἦλθον, ἐλήλυθα: venir
ἐρῶ: V. λέγω

ἐρωτάω, ἐρωτήσω, ἠρώτησα: *preguntar; pedir*

ἐσθίω, φάγομαι, ἔφαγον: *comer*

ἔσχατος, -η, -ον: *último, postrero*

ἕτερος, -α, -ον: *otro*

ἔτι: *aún, todavía*

ἕτοιμος, -η, -ον: *listo, preparado*

εὐαγγελίζω, ----, εὐηγγέλισα, ----, εὐηγγέλισ-μαι, εὐηγγελίσθην: *anunciar la buena nue-va, evangelizar*

εὐαγγέλιον, -ου, n: *buena nueva, evangelio*

εὐλογέω, εὐλογήσω, εὐλόγησα, εὐλόγηκα: *ben-decir, alabar*

εὑρίσκω, εὑρήσω, εὗρον, εὕρηκα, ----, εὑρέθην: *encontrar, hallar*

ἔφαγον: V. ἐσθίω

ἔχω, ἕξω, ἔσχον, ἔσχηκα: *tener*

ἕως: *hasta; hasta que, mientras (que)*

Z

ζάω, ζήσω, ἔζησα: *vivir*

ζητέω, ζητήσω, ἐζήτησα: *buscar, procurar, desear*

ζωή, -ῆς, f: *vida*

H

ἤ: *o; (con comparativos) que*

ἦλθον: V. ἔρχομαι

ἡμεῖς: *nosotros*

ἡμέρα, -ας, f: *día*

ἦν, ἦσαν: V. εἰμί

Θ

θάλασσα, -ης, f: *mar; lago*

θάνατος, -ου, m: *muerte*

θέλημα, -τος, n: *voluntad, deseo*

θέλω, θελήσω, ἠθέλησα: *desear, querer, estar re-suelto*

θεός, -οῦ, m: *Dios, dios*

I

ἴδιος, -α, -ον: *propio, particular, personal*

ἰδού: *he aquí; ¡mira!, hay*

ἱερόν, -οῦ, n: *templo*

Ἰησοῦς, -οῦ, (dat. -οῦ, ac. -οῦν): *Jesús, Josué*

ἱμάτιον, -ου, n: *prenda de vestir, (pl.) ropa*

ἵνα: *para que*

Ἰούδας, -α, m: *Judá, Judas*

ἵστημι, στήσω, ἔστησα y ἔστην, ἕστηκα, ----, ἐστάθην: *(transitivo) colocar, poner, esta-blecer; (intransitivo) ponerse, pararse*

Ἰωάννης, -ου, m: *Juan*

K

καθαρίζω, καθαριῶ, ἐκαθάρισα, ----, ----, ἐκα-θαρίσθην: *limpiar, purificar*

κάθημαι, καθήσομαι: *estar sentado, sentarse*

καθώς: *como, así como*

καί: *y, también, ni, asimismo, aun, mas*

καιρός, -οῦ, m: *momento oportuno o designado*

κακός, -ή, -όν: *malo, malvado*

καλέω, καλήσω, ἐκάλεσα, κέκληκα, κέκλημαι, ἐκλήθην: *llamar; invitar*

καλός, -ή, -όν: *bueno; correcto; apropiado*

καρδία, -ας, f: *corazón*

καρπός, -οῦ, m: *fruta, fruto*

κατά (κατ', καθ'): *(con gen.) contra; de, de lo alto de; (con ac.) según; para; por (con idea de distribución o repetición)*

καταβαίνω, καταβήσομαι, κατέβην, καταβέβη-κα: *bajar, descender*

κεφαλή, -ῆς, f: *cabeza*

κηρύσσω, κηρύξω, ἐκήρυξα, ἐκηρύχθην: *pro-clamar, predicar*

κόσμος, -ου, m: *mundo, universo*

κράζω, κράξω, ἔκραξα, κέκραγα: *gritar*

κρίνω, κρινῶ, ἔκρινα, κέκρικα: *juzgar, enjuiciar*

κύριος, -ου, m: *Señor, señor*

κώμη, -ης, f: *aldea*

Λ

λαλέω, λαλήσω, ἐλάλησα, λελάληκα, λελάλη-μαι, ἐλαλήθην: *hablar, decir*

λαμβάνω, λήμψομαι, ἔλαβον, εἴληφα, ----, ἐλήμφθην: *tomar; recibir, obtener; quitar*

λαός, -οῦ, m: *pueblo, nación*

λέγω, ἐρῶ, εἶπον, εἴρηκα, εἴρημαι, ἐρρέθην: *de-cir, hablar; llamar*

λόγος, -ου, m: *palabra, dicho, mensaje*

M

μαθητής, -οῦ, m: *discípulo, alumno, seguidor*

μακάριος, -α, -ον: *bienaventurado, feliz*

μαρτυρέω, μαρτυρήσω, ἐμαρτύρησα, μεμαρ-τύρηκα, μεμαρτύρημαι, ἐμαρτυρήθην: *testificar, ser testigo*

μέγας, μεγάλη, μέγα: *grande*

μείζων, -ον: *mayor*

μέλλω, μελλήσω: *(seguido del infinitivo) tener la intención de, ir a, estar a punto de*

μέν: *partícula que indica contraste, énfasis o con-tinuidad; a la verdad, en verdad*

μένω, μενῶ, ἔμεινα, μεμένηκα: *permanecer, que-darse; vivir*

μέσος, -η, -ον: *medio, que está en medio*

μετά (μετ', μεθ'): (con gen.) *con;* (con ac.) *después de*

μή: (con verbos que no son de modo indicativo) *no; ¿acaso…?* (indica que se espera una respuesta negativa)

μηδέ: *ni*

μήποτε: *no sea que, para que no*

μήτηρ, -τρός, f: *madre*

μήτι: *¿acaso…?*

N

νεκρός, -ά, -όν: *muerto*

νόμος, -ου, m: *ley*

νῦν: *ahora*

Ο

ὁ, ἡ, τό: *el, la, lo; él, ella, ello;* τοῦ con el inf. *para (que)*

ὁδός, -οῦ, f: *camino, calle*

οἶδα, ᾔδειν: *saber, conocer* (se conjuga en perfecto y pluscuamperfecto, con significado de presente y pasado)

οἰκία, -ας, f: *casa, propiedad; familia*

οἶκος, -ου, m: *casa, vivienda*

ὅλος, -η, -ον: *todo, entero*

ὄνομα, -τος, n: *nombre*

ὁράω, ὄψομαι, εἶδα e εἶδον, ἑώρακα y ἑόρακα: *ver, observar; percibir*

ὄρος, -ους, n: *montaña, colina, monte*

ὅς, ἥ, ὅ: *que, quien, el que*

ὅσος, -η, -ον: *cuanto; el que*

ὅστις, ἥτις, ὅ τι: *que*

ὅταν: *siempre que, cuando quiera que*

ὅτε: *cuando, mientras*

ὅτι: *que, porque;* puede señalar el comienzo de una cita directa «. . . .»

οὐ (οὐκ, οὐχ, οὐχί): *no*

οὐδέ: *ni*

οὐδείς, οὐδεμία, οὐδέν: *nadie*

οὖν: *así que, de manera que, por consiguiente*

οὐρανός, -οῦ, m: *cielo*

οὗτος, αὕτη, τοῦτο: (adjetivo y pronombre) *este, esta, esto; él, ella, ello*

οὕτως: *así*

ὀφείλω: *deber, tener que, estar obligado a*

ὀφθαλμός, -οῦ, m: *ojo*

ὄχλος, -οῦ, m: *gentío, multitud, muchedumbre; gente (común), pueblo*

Π

παιδίον, -ου, n: *niño*

πάλιν: *otra vez, de nuevo*

παρά: (con gen.) *de;* (con dat.) *para con, junto a;* (con ac.) *junto a*

παραβολή, -ῆς, f: *parábola, proverbio*

παραδίδωμι, παραδώσω, παρέδωκα, παραδέδωκα, ----, παρεδόθην: *entregar, traicionar*

παρακαλέω, ----, παρεκάλεσα, ----, παρακέκλημαι, παρεκλήθην: *rogar; alentar, consolar*

παράκλητος, -ου, m: *llamado en auxilio, intercesor*

πᾶς, πᾶσα, πᾶν: *todo; cada, cada uno*

πατήρ, πατρός, m: *padre*

πειρασμός, -οῦ, m: *tentación*

πέμπω, πέμψω, ἔπεμψα, πέπομφα, ----, ἐπέμφθην: *enviar*

περί: (con gen.) *acerca de;* (con ac.) *alrededor de*

περιπατέω, περιπατήσω, περιεπάτησα: *andar, caminar*

πίνω, πίομαι, ἔπιον, πέπωκα: *beber*

πιστεύω, πιστεύσω, ἐπίστευσα, πεπίστευκα, πεπίστευμαι, ἐπιστεύθην: *creer, confesar* (con dat.)

πίστις, -εως, f: *fe, confianza*

πιστός, -ή, -όν: *fiel, fidedigno*

πλείων, πλεῖον: *más; mayor*

πληρόω, πληρώσω, ἐπλήρωσα, πεπλήρωκα, πεπλήρωμαι, ἐπληρώθην: *llenar; cumplir*

πλοῖον, -ου, n: *barco, barca*

πνεῦμα, -ατος, n: *Espíritu, espíritu; viento*

ποιέω, ποιήσω, ἐποίησα, πεποίηκα, πεποίημαι: *hacer*

πόλις, -εως, f: *ciudad*

πολύς, πολλή, πολύ: *mucho*

πονηρός, -ά, -όν: *malo, maligno, pecaminoso*

πορεύομαι, πορεύσομαι, ----, ----, ----, ἐπορεύθην: *ir, proceder*

πούς, ποδός, m: *pie*

πρεσβύτερος, -α, -ον: *anciano, viejo*

πρός: (con ac.) *a, para, con*

προσεύχομαι, προσεύξομαι, προσηυξάμην: *orar*

προφήτης, -ου, m: *profeta*

πρῶτος, -η, -ον: *primero, principal*

πτωχός, -ή, -όν: *pobre*

πῦρ, -ός, n: *fuego*

πῶς: *cómo*

Σ

σάββατον, -ου, n: *sábado; semana*

σάρξ, σαρκός, f: *carne, cuerpo físico; naturaleza humana*

σεαυτοῦ, -ῆς: (pronombre reflexivo) *ti mismo*

σημεῖον, -ου, n: *señal, milagro*

σήμερον: *hoy*

σός, σή, σόν: *tu, tuyo*

σοφία, -ας, f: *sabiduría*

σύ (σοῦ, σοί, σε): *tú*

σύν: *con*

συνάγω, συνάξω, συνήγαγον: *reunir, juntar*

συναγωγή, -ῆς, f: *sinagoga*

σῴζω, σώσω, ἔσωσα, σέσωκα, σεσῴσμαι, ἐσώθην: *salvar; sanar*

σῶμα, -ατος, n: *cuerpo*

T

τέ: (enclítica) *y;* τὲ καί, o, τὲ . . . . τέ, o, τὲ . . . . δέ: *tanto . . . . como*

τέκνον, -ου, n: *niño*

τίθημι, θήσω, ἔθηκα, τέθεικα, τέθειμαι, ἐτέθην: *poner; deponer*

τίς, τί: *¿quién? ¿cuál?* τί: *¿qué? ¿por qué?*

τις, τι: (enclítica) *uno, alguno, alguien,* (neutro) *algo*

τόπος, -ου, m: *lugar, sitio, región*

τότε: *entonces*

τυφλός, -ή, -όν: *ciego*

Υ

ὕδωρ, ὕδατος, n: *agua*

υἱός, -οῦ, m: *hijo*

ὑμεῖς: *vosotros*

ὑπάγω: *ir, irse*

ὑπάρχω: *ser; estar a la disposición de*

ὑπέρ: (con gen.) *por, en pro de, para;* (con ac.) *más allá de, más que*

ὑπό: (con gen.) *por;* (con ac.) *debajo de, bajo*

Φ

φαγεῖν, φάγομαι: V. ἐσθίω

φέρω, οἴσω, ἤνεγκα, ----, ----, ἠνέχθην: *llevar, traer*

φιλέω, ----, ἐφίλησα, πεφίληκα: *amar, querer*

φοβέομαι, φοβηθήσομαι, ----, ----, ----, ἐφοβήθην: *temer, tener miedo*

φόβος, -ου, m: *temor, miedo*

φωνή, -ῆς, f: *voz, sonido*

φῶς, φωτός, n: *luz*

X

χάρις, -ιτος, m: *gracia, bondad, misericordia*

χείρ, χειρός, f: *mano*

χρεία, -ας, f: *necesidad, falta*

χρόνος, -ου, m: *tiempo, extensión o período de tiempo*

χωρίς: *sin*

Ψ

ψυχή, ῆς, f: *vida interna, aliento de vida, personalidad; vida (física); ser viviente*

Ω

ὧδε: *aquí*

ὥρα, -ας, f: *hora*

ὡς: *como*

ὥστε: *de tal manera que, de modo que*

El estudio del vocabulario

Las siguientes sugerencias tienen por propósito facilitarle al estudiante un método para el aprendizaje del vocabulario que le pueda ayudar en esta tarea hasta que, con la práctica, desarrolle su propia técnica.

1. Lea la palabra en voz alta pronunciándola cuidadosamente. Consulte a menudo el capítulo I para verificar la pronunciación.

2. Pregúntese qué significan las terminaciones o las formas que aparecen con el vocablo.

   2.1 El sustantivo

   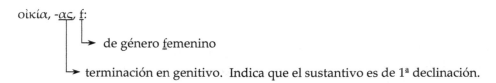

   - de género femenino
   - terminación en genitivo. Indica que el sustantivo es de 1ª declinación.

   2.2 El adjetivo

   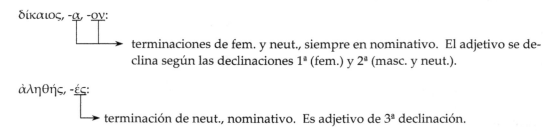

   - terminaciones de fem. y neut., siempre en nominativo. El adjetivo se declina según las declinaciones 1ª (fem.) y 2ª (masc. y neut.).

   ἀληθής, -ές:

   - terminación de neut., nominativo. Es adjetivo de 3ª declinación.

   2.3 El verbo: las partes fundamentales

   πιστεύω, πιστεύσω, ἐπίστευσα, πεπίστευκα, πεπίστευμαι, ἐπιστεύθην
   - presente - futuro - aoristo - perfecto - perfecto, voces media y pasiva - aoristo, voz pasiva

3. Vuelva a leer en voz alta las formas griegas y también la(s) acepción(es) en español.

4. Escriba las formas en griego una vez que las haya pronunciado. Revise la ortografía.

5. Oculte las formas griegas y procure decirlas con sólo mirar la acepción en español. Repita este paso hasta que pueda recordar todas las palabras.

6. Hágase una prueba: prepare una lista de las acepciones en español, sin seguir el orden alfabético de las palabras griegas. Luego escriba las palabras en griego, apuntando para los verbos todas las partes fundamentales, y para los sustantivos las terminaciones e indicaciones de género. Corrija la prueba.

7. Repita los pasos 4 a 6 con las palabras que resultaron incorrectas en la prueba.